KB269412

韓國考古學專門用語集

한국고고학전문용어집

진인진

참여한 사람들

송만영(숭실대학교 사학과)

김상태(국립춘천박물관)

소상영(충청문화재연구원)

강병학(한양문화재연구원)

서길덕(한성문화재연구원)

박경신(숭실대학교 한국기독교박물관)

권도희(한강문화재연구원)

오재진(중앙문화재연구원)

오준혁(중앙문화재연구원)

남진주(중앙문화재연구원)

이재욱(혜안미디어)

한국고고학전문용어집

초판 1쇄 발행 ｜ 2018년 10월 23일
초판 2쇄 발행 ｜ 2019년 7월 15일

엮   음 ｜ 중앙문화재연구원 엮음
발행인 ｜ 김태진
발행처 ｜ 진인진
등   록 ｜ 제25100-2005-000003호
본문편집 ｜ 배원일
주   소 ｜ 경기도 과천시 별양상가 1로 18 614호(별양동 과천오피스텔)
전   화 ｜ 02-507-3077~8
팩   스 ｜ 02-507-3079
홈페이지 ｜ http://www.zininzin.co.kr
이메일 ｜ pub@zininzin.co.kr

ⓒ 진인진 2018
ISBN 978-89-6347-392-5 93900

1. 이 책은 2014년 12월 15일부터 2016년 12월 14일까지 중앙문화재연구원과 체결하여 수행한 학술용역 결과물을 편집 · 수록한 것이다.

2. 용어는 국립문화재연구소에서 발간한 『韓國考古學事典』(2001)에 수록된 한글 명칭을 준용하였다. 그러나 『한국고고학사전』에 수록되지 않은 일부 용어는 집필진의 의견을 조율하여 사용하였다.

3. 각 시대는 한국고고학회에서 발간한 『한국고고학강의』(2015)를 기준으로 구분하였다.

4. 집필진은 다음과 같다.
   연구책임 총괄 : 송만영(숭실대학교 사학과)
   구석기시대 : 김상태(국립춘천박물관)
   신석기시대 : 소상영(충청문화재연구원)
   청동기시대 : 강병학(한양문화재연구원)
   초기철기시대 : 서길덕(한성문화재연구원)
   원삼국시대 : 박경신(숭실대학교 한국기독교박물관)
   삼국 · 통일신라시대 : 권도희(한강문화재연구원), 오재진(중앙문화재연구원)
   고려 · 조선시대 : 오준혁(중앙문화재연구원), 남진주(중앙문화재연구원)
   전자도면 : 이재욱(혜안미디어)

5. 용어는 시대별로 대분류 한 후 유구와 유물로 소분류하여 편집하였다.

6. 유물 용어의 편집은 토 · 도제류, 옥 · 석제류, 금속류, 기타류 순으로 하였다. 단 소재가 다른 동일 기종의 유물인 경우 함께 편집하였다.

7. 용어의 배열은 한글 자모순으로 하였으며, 유사한 종류는 대분류로 묶은 후 소분류하였다.
   예시) 중도식무문토기(바리), 중도식무문토기(시루) 등

8. 용어의 표기는 한글, 한자, 영문 순으로 하였다.

9. 인용은 한국고고학회의 『학보 원고 집필 요령』에 준하여 표기하였다.

10. 참고문헌은 논문, 단행본, 보고서 순으로 기재하였으며, 한글 자모순으로 배치하였다.

책을 펴내며

1998년 지표조사 의무화와 더불어 급증한 발굴조사는 학문적 연구의 확대를 가져왔으며, 왕성한 연구활동은 연구방법론의 다양화와 변화를 이루었다. 학문의 관심사는 사회적 현상이나 이슈와의 관련 속에서 변화되었으며, 연구방법론은 다양한 접근과 해석을 가능하게 하였다. 관심사와 연구방법론의 변화는 학술용어상의 변화를 수반하며, 필요에 따라 새로운 단어가 만들어지고 개념이 재정립되기도 한다. 최근의 연구활동이 학제간 활동을 중심으로 이루어지면서 다른 학문분야로부터 새로운 용어가 도입되기도 한다. 학문용어의 변화에 대해서는 정확한 설명과 개념정립이 이루어져야 하며, 그렇지 않을 경우 학문의 발전은 한계를 노출할 수밖에 없을 것이다.

이번 총서는 사전류로서 시대별 유구 및 유물에 대한 세부명칭과 간단한 개념을 수록하여 고고학 입문자 및 연구자, 그리고 일반인 등 현재 통용되고 있는 고고학 용어 및 개념에 대한 최신의 정의를 필요로 하는 사람들에게 도움이 될 것이다. 특히 일선에서 혹서와 혹한, 그리고 열악한 환경을 극복하며 오롯이 매장문화재 발굴조사에 매진하는 연구원들에게 가뭄의 단비처럼 기본 지침서가 되리라 기대하고, 앞으로도 고고학계에 도움이 될 수 있는 다양한 분야와 주제를 가지고 학술총서 간행을 지속적으로 이어나가고자 한다.

끝으로 여러 가지 바쁜 일정에도 불구하고 자료수집과 원고를 집필하신 김상태 선생님을 비롯한 연구자분들, 어려운 여건 속에서 이 학술총서가 간행되기까지 책임연구자로서 기획과 집필자 선정부터 최종 교열까지 맡아주신 숭실대학교 송만영 선생님과 박경신 선생님께 감사드린다. 또한 총서가 간행될 수 있도록 애써준 우리 연구원 연구기획실 직원 여러분, 간행을 맡아주신 김태진 사장님과 관계자 여러분들께 감사의 인사를 드린다.

2018년 10월
중앙문화재연구원장 조 상 기

발간에 붙여

박물관에서 도록 원고를 작성해야 하는 학예사라면, 사무실에서 보고서 원고를 작성해야 하는 연구원이라면, 한 번쯤은 유구, 유물의 고고학 세부 명칭에 대해서 고민한 경험이 있다. 개인의 관심 전공 분야와는 다르게 다양한 시대와 성격의 유구, 유물에 대해서 객관적으로 기술해야 하는 업무 때문이다. 사실 이 책을 발간하게 된 동기도 과거의 고고학 초년생이었을 때, 전공 범위 밖의 다양한 발굴 유물을 기술할 때의 어려움이 있었는데, 똑같은 어려움을 느끼는 지금의 젊은 연구자에게 조금이나마 도움이 되었으면 하는 바람이 있었기 때문이다.

이 책의 집필진은 박물관과 발굴 현장에서 유구와 유물 기술에 익숙한 시대별 전공자로 구성되었다. 고고학 연구의 최일선에서 유구와 유물을 객관적으로 기술해야 하는 업무를 수행하였고, 지금은 후속 연구자들이 기술한 원고를 교정해야 하는 입장에서 세부 명칭의 적합성을 가장 잘 인식하는 연구자들이다.

본래 이 책은 출판을 목표로 기획된 것은 아니었다. 집필진인 숭실대학교 한국기독교박물관의 박경신 선생님이 박물관 소장 유물을 기술할 때, 참고하려고 만든 일종의 가제본된 책자가 토대가 되어 서적 발간에 이르게 되었다. 책 발간을 계획하고 잡다한 실무를 맡은 박경신 선생님의 노력이 있었기에 한 권의 완성된 책으로 엮을 수 있었다.

최근 홍수처럼 쏟아져 나오는 고고학 전문 서적과 비교하면, 이 책은 특정한 주제를 가지고 저술된 것이 아니기에 혹여나 천덕꾸러기가 되지 않을까 걱정이 없는 것은 아니지만, 박물관과 발굴 현장에서 연구하는 젊은 연구자에게 작은 보탬이 될 것이라는 기대감 하나만으로 출간을 강행하게 되었다. 아무쪼록 이 책이 책장에 꽂혀 있기보다는 책상 위에서 실무 지침서의 역할을 다하기를 바랄 뿐이다.

여러 집필진들이 2년 여에 걸쳐 자료를 수집하고 여러 차례 편집회의를 거쳐 책의 완성을 눈 앞에 보게 되었지만, 시대별로 누락되거나 또는 부족한 부분이 있을 것이라 생각된다. 그 잘못은 오로지 연구책임자인 필자에게 있음을 분명히 하고 싶다.

끝으로 발굴 현장과 연구실의 바쁜 일정에도 불구하고 자료 수집과 편집을 맡아주신 아홉 분의 집필진과 도면을 가독성 있게 정리해 주신 이재욱선생님, 그리고 고고학 용어의 영어 감수를 맡아 주신 고일홍선생님에게 감사드린다. 특히 이 책이 발간될 수 있도록 재정적인 도움을 주신 중앙문화재연구원의 조상기원장님과 진인진 출판사 관계자에게도 감사의 말씀을 올린다.

2018년 10월
집필진을 대표하여 송만영 씀

::목차

::목차

I

구석기시대

舊石器

1. 그리는 부위

　가. 뗀석기의 도면은 기본적으로 3개의 면을 그린다.

　　- 석기의 방향을 특정할 수 있는 경우는 : 전면(등면)–측면 – 후면(배면)

　　　※ 참조: 가로날도끼(p.15), 격지(p.18), 밀개(p.32) 등

　　- 방향을 특정하기 어려운 경우는 특징을 잘 보여 주는 면을 선정한다.

　　　※ 참조: 갈린돌(p.16), 망치돌(p.27), 여러면석기(p.34) 등

　나. 특징이 단순한 석기의 경우 2개, 혹은 1개면으로 간략화 할 수 있다.

　　　※ 참조: 모룻돌(p.28), 주먹찌르개(p.39) 등

　다. 상세도를 추가할 수 있는 경우

　　- 단면: 석기의 단면이 형식 분류나 기능적 속성 등과 관련이 있을 경우(갈린돌 p.16)

　　　※ 단면을 그릴 때는 그 위치를 표시해 주어야 한다.(주먹찌르개 p.39)

　　- 타격면: 몸돌이나 격지의 타격면 속성을 상세히 보여 주고자 할 경우(돌날몸돌 p.24)

　　- 잔손질면: 잔손질의 세부적인 특징을 보여 주고자 할 경우(밀개 p.32)

　라. 격지면이 확인될 경우 등면/배면을 구분하여 기술하며, 그렇지 않을 경우는 작업면과 날의 방향에
　　따라 정면/후면, 윗면/아랫면을 구분한다.

2. 그리는 방향

　가. 일반적으로 날, 혹은 날의 뾰족한 부분을 위쪽으로 하여 그린다.

　나. 날이 도구의 장축 방향과 일치하는 경우에는 날을 측면에 위치하도록 그린다.

　　　※ 예: (옆)긁개, 톱니날 등

　다. 도구의 사용 방향이 분명한 경우에는 그 사용 방향에 맞추어 그린다.

　　　※ 예: 망치돌, 간돌도끼 등

　라. 일반 격지류는 타격점(맞은점)을 아래로, 몸돌과 돌날류는 타격면을 위로 둔다.

＊ 상기 방식을 기본으로 하되, 석기의 특징을 잘 보여 줄 수 있는 방식으로 변용 가능하며, 기타 특정 기준을
적용할 시에는 일러두기를 통해 보고자의 의도를 밝혀둔다.

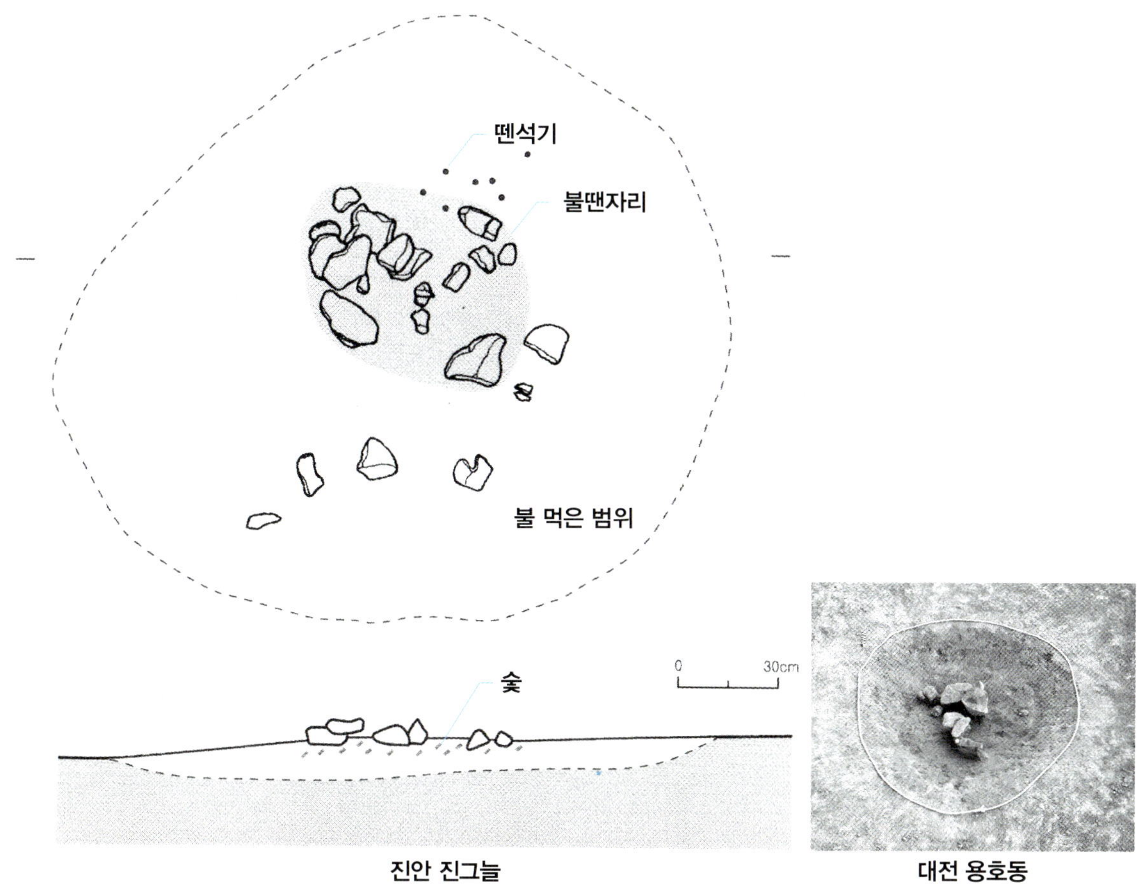

진안 진그늘   대전 용호동

　우리나라 구석기시대 유적에서 발견되는 유구는 집자리, 불땐자리, 석기제작장 등이 있다. 불땐자리는 진안 진그늘유적과 대전 용호동유적에서 확인되었는데, 특별한 시설없이 약간의 구덩이를 파고 불을 피웠던 것으로 추정된다.

* 이기길, 2004, 「진안 진그늘유적 구석기문화층 성격과 의미」, 『호남고고학보』 19, 호남고고학회.

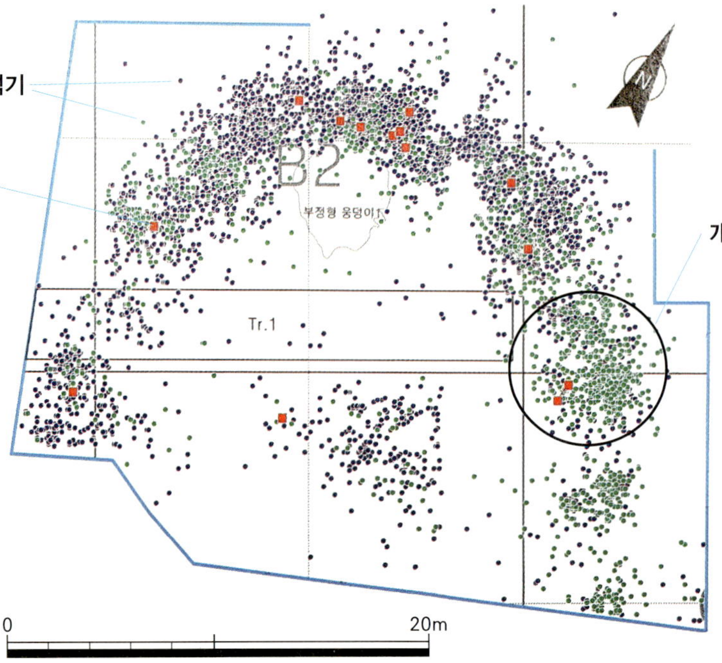

홍천 하화계리

단양 수양개

　　우리나라 구석기시대 유적에서 발견되는 석기제작장은 홍천 하화계리유적, 단양 수양개유적 등과 같이 흑요석이나 셰일 등 단일 석재만으로 석기를 제작했던 소규모 유구이다. 그에 비해 속초 청호동유적은 다수의 소규모 석기제작장들이 집단적으로 분포하는 양상으로 주목된다. 각각의 소규모 제작장은 모룻돌을 중심으로 작은 개별 블럭을 이루며 서로 연접하고 있다. 조사 범위 내에서 확인된 블럭의 분포양상은 직경 30m 가량의 반원형을 이룬다. 중앙부에 별도의 제작장이 추가로 확인되어 전체적으로는 둥글게 원을 그리며 형성되었을 것으로 추정된다. 석재는 수정, 규암, 화강암, 셰일 등 다양하게 혼재하며 석재별로 집중되는 양상은 확인되지 않는다.

＊ 예맥문화재연구원, 2018, 『속초 청호동유적』.

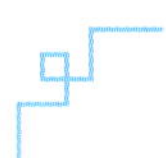

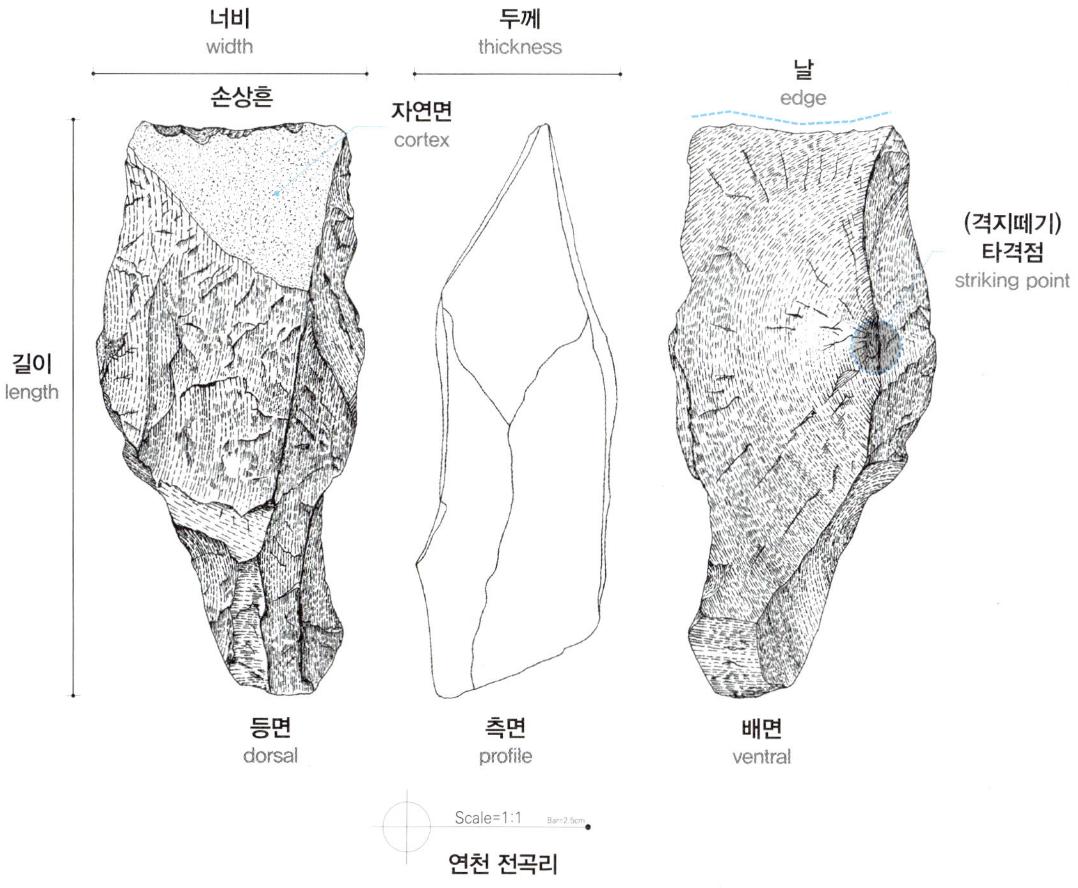

연천 전곡리

가로날도끼는 주로 대형격지를 이용하여 몸체의 긴 방향과 직교하도록 자르는 날을 만든 석기로 전기구석기시대의 대표적인 대형석기류이다. 몸체를 성형하는 2차 가공은 있지만 날은 자연날을 사용하거나 2차 가공을 거의 하지 않는 경향을 가지고 있다. 따라서 격지의 배면 특징을 뚜렷하게 가지고 있는 경우가 많다. 우리나라 구석기유적의 대형석기군에서는 상대적으로 양적 비율이 낮은 석기이다.

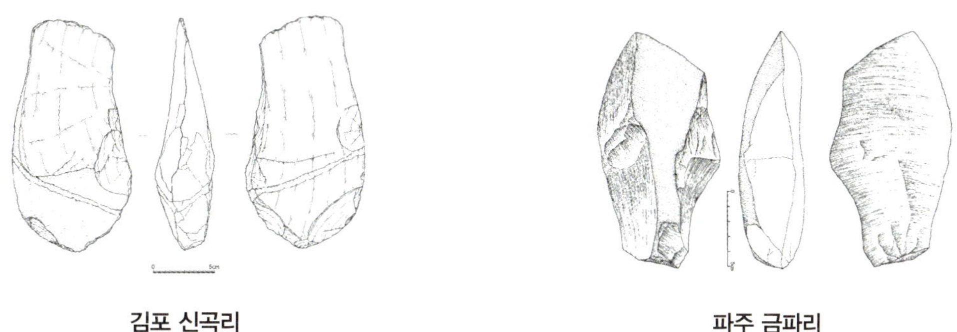

김포 신곡리　　　　　　　**파주 금파리**

* 문화재관리국 문화재연구소, 1983, 『전곡리』.

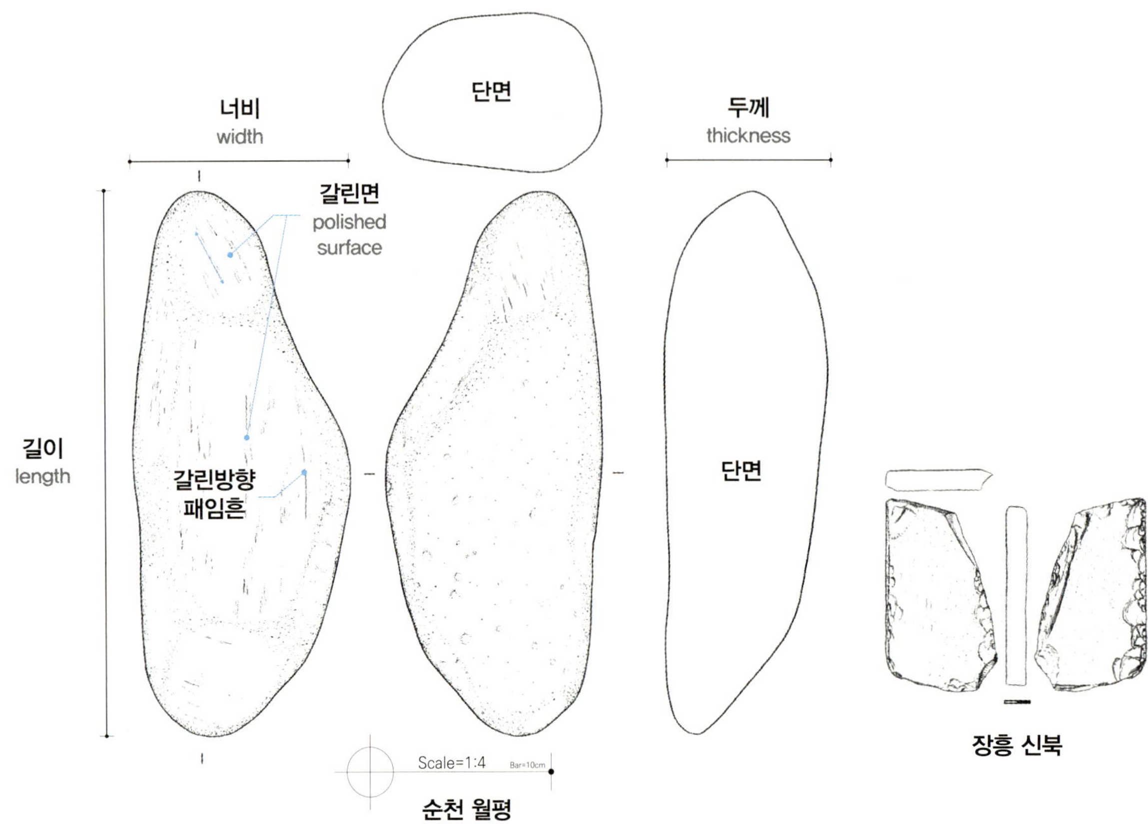

마연 기법은 신석기시대에 널리 사용되었지만 그 시작은 구석기시대 부터이다. 후기구석기시대의 '마연' 기법은 두 종류로 구분되는데 도구 제작 기법으로 이용된 경우와 어떤 행위의 결과로 석재가 마연된 경우이다. 위 사례는 후자에 속하는데, 자갈돌의 표면 여러 곳이 반들반들하게 갈려있으며 갈린 방향으로 굵게 긁힌 자욱이 여러 줄 남아있다. 대전 용호동, 장흥 신북유적에서는 이보다 더 곱게 갈린돌이 발굴된 사례가 있다. 한편 석기 제작과정에서 마연 기법이 응용되는 경우가 있는데, 흑요석제 좀돌날몸돌의 타격면에서 떼개의 미끌어짐을 방지하기 위해 거칠게 가는 경우가 확인된다.

* 조선대학교박물관, 2004, 『순천 월평』.

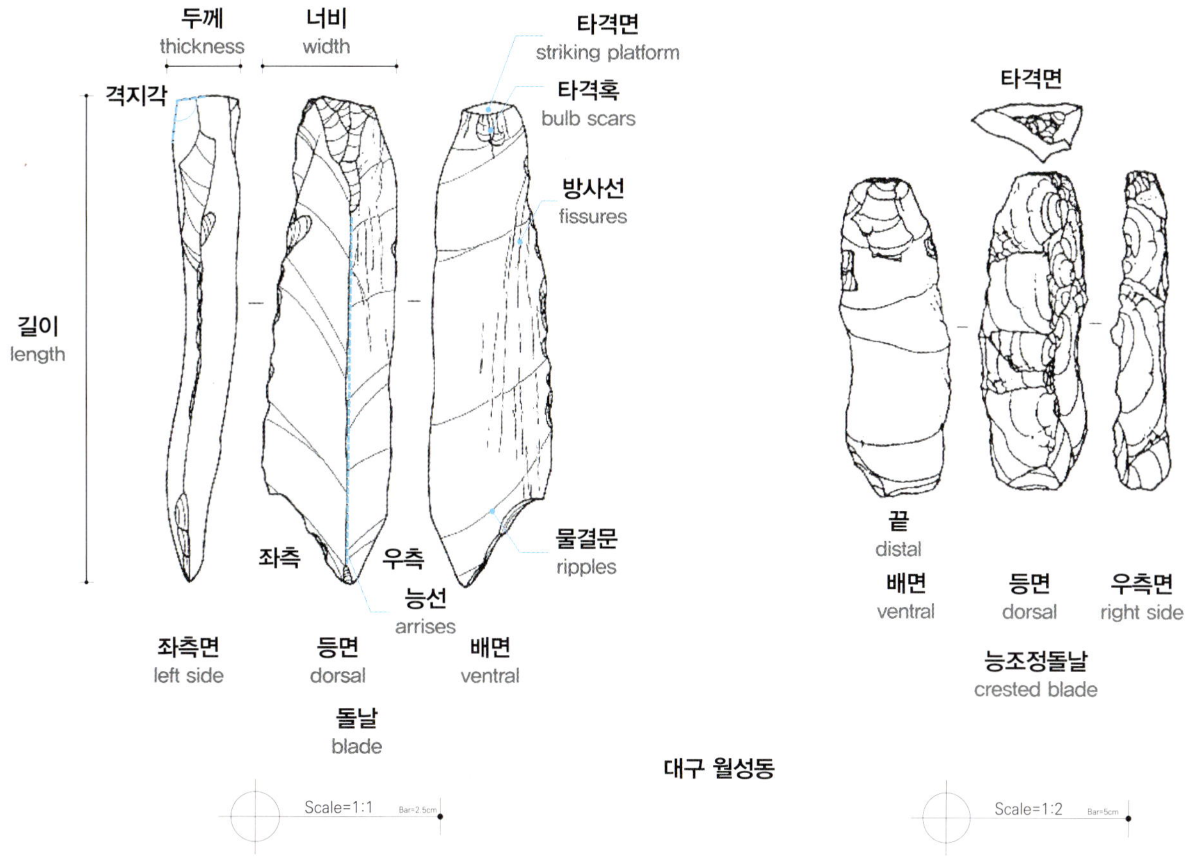

　돌날은 "길이가 너비에 비해 2배 이상이고 양측연이 나란한(돌날 기술에 의해 제작된) 격지"와 같이 형태적(기술적) 특징에 의해 정의된다. 그러나 돌날과 유사한 형태의 긴 격지도 종종 발견되므로 등면의 평행 능선 유무, 돌날몸돌 성형과정에서 만들어지는 부산물(타격면 형성 혹은 재생 격지, 능조정돌날 등)의 공반 여부를 확인하는 것이 필요하다. 한편 석재 면에서도 흑요석, 혼펠스 등과 같은 미정질의 석재가 선별적으로 사용되었다는 점도 참고할 수 있다. 돌날몸돌을 준비하는 과정에서 돌날면을 양면가공에 의해 선가공하였을 경우 첫돌날은 등면에 선가공의 흔적인 능선을 가진 돌날이 떼어진다. 유적에서 능조정돌날이 발견된다면 돌날몸돌 준비 과정에 대한 기술적 정보를 제공해주는 것이다. 돌날 생산 기술은 후기구석기시대의 표지적 기술로 뗀석기 제작 기술 중 가장 발달된 기술체계이다. 석기 반제품의 표준화 및 대량생산을 통해 후기구석기시대 석기제작 전반에 혁신을 가져다 준다. 돌날도 석기로써 사용 가능하지만 긁개, 밀개, 찌르개, 새기개 등 대부분의 소형석기를 제작하는 몸체로 활용되었다. 한반도의 돌날기술은 후기구석기시대가 시작되면서 나타나기 시작해 좀돌날기술 단계까지 지속되는 것으로 추정되며, 한반도 전역에서 확인된다.

＊ 장용준, 2007, 『한국 후기구석기의 제작기법과 편년 연구』, 학연문화사.
　경상북도문화재연구원, 2008, 『대구 월성동 777-2번지 유적』.

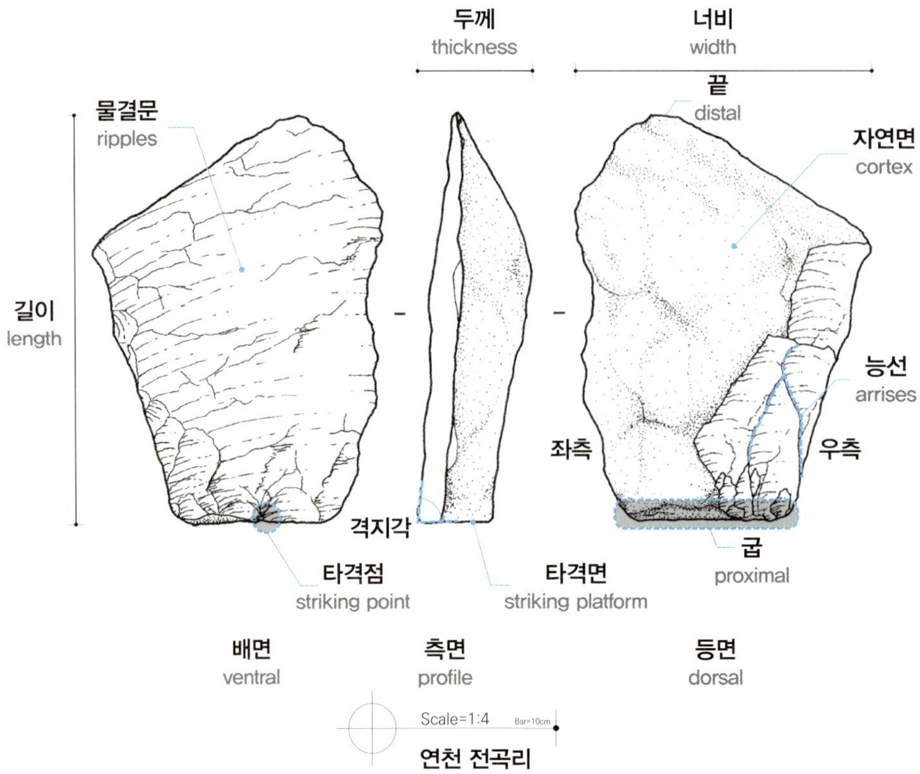

__연천 전곡리__

격지는 몸돌 혹은 석기로 부터 떨어진 모든 조각을 총칭하는 것으로 다양한 하위 개념들을 가지고 있지만 가장 일반적으로는 몸돌에서 의도적으로 떼어낸 조각을 의미한다. 의도적인 격지 떼기 과정에서 부수적으로 떼어낸 조각돌, 몸돌이나 석기의 성형 과정에서 떼어낸 조각, 2차 가공 등에서 떼어낸 작은 부스러기들, 새기개와 같이 특정 석기를 만들 때 떼어낸 조각들도 모두 광의의 격지에 포함된다. 격지는 몸돌로부터 떼어내는 과정에서 격지면에 독특한 물리적 흔적을 가지게 되는데, 격지 형태와 물리적 특징을 종합하여 다양한 기술적 속성을 파악할 수 있으며, 유적에서 발견되지 않는 석기의 존재까지도 유추할 수 있게 해주는 중요한 고고학자료이다.

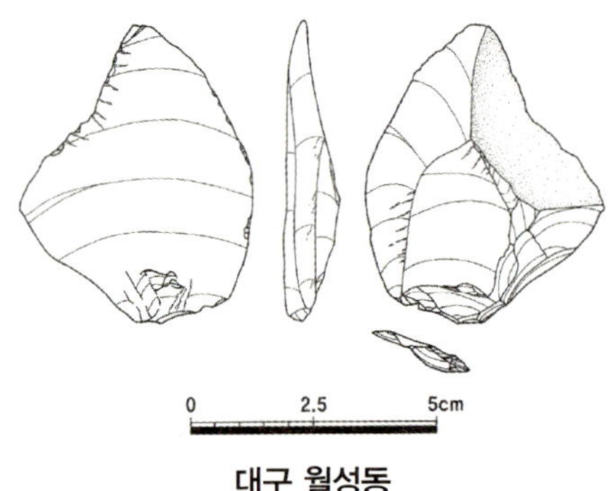

__대구 월성동__

* 한양대학교 문화재연구소, 2001, 『전곡 구석기유적』.

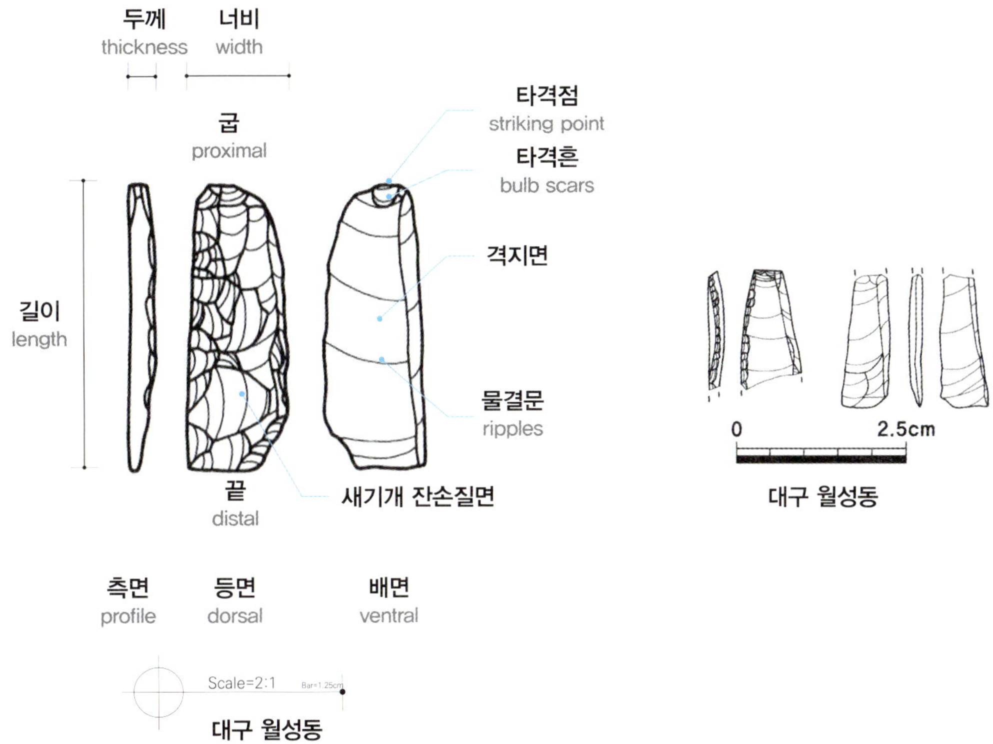

　　새기개격지는 새기개 면(날)을 만드는 최종 과정에서 새기개 떼기(burin blow)에 의해 떼어낸 격지로 좀돌날과 종종 유사한 형태를 가지고 있으므로 주의를 요한다. 일반 좀돌날과 달리 새기개격지는 떼내기 전의 선행 잔손질 면이 등면에 남아있는 경우가 있고 단면이 장방형이거나 사다리꼴인 경우가 많으므로 양 측면이 날인 좀돌날과는 서로 구분할 수 있다. 새기개를 제작한 기술을 추정 복원할 수 있는 자료로서의 의미가 있다.

* 경상북도문화재연구원, 2008, 『대구 월성동 777-2번지 유적』.

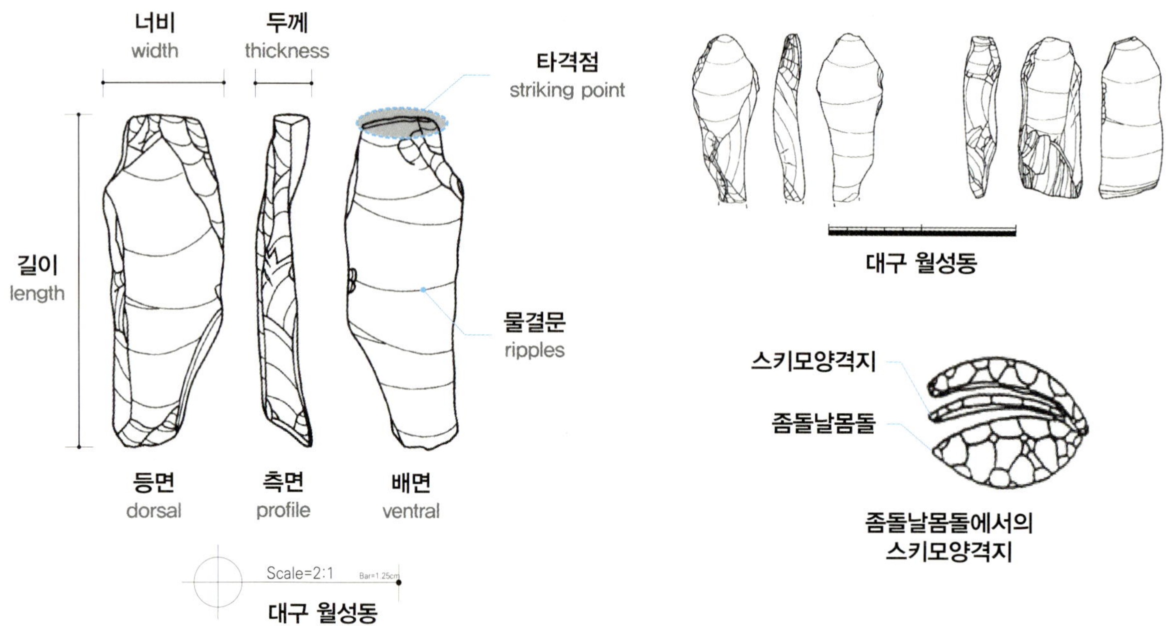

　　스키모양격지는 좀돌날몸돌의 타격면을 형성하는 과정에서 만들어지는 스키모양의 길쭉하고 양면이 편평한 격지이다. 양면가공에 의해 좀돌날몸돌의 전체적인 형태를 만든 후에 타격면 형성을 위해 긴 방향으로 격지를 떼어낼 때 두 번째부터 떼어지는 격지이다. 대개는 살짝 휘어 있으며 가장자리에는 몸돌 성형을 위한 양면가공 과정에서 생긴 뗀면이 거의 직각에 가까운 면으로 남아있어 단면이 장방형을 이룬다.

＊ 경상북도문화재연구원, 2008, 『대구 월성동 777-2번지 유적』.

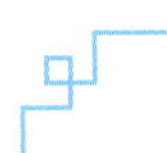

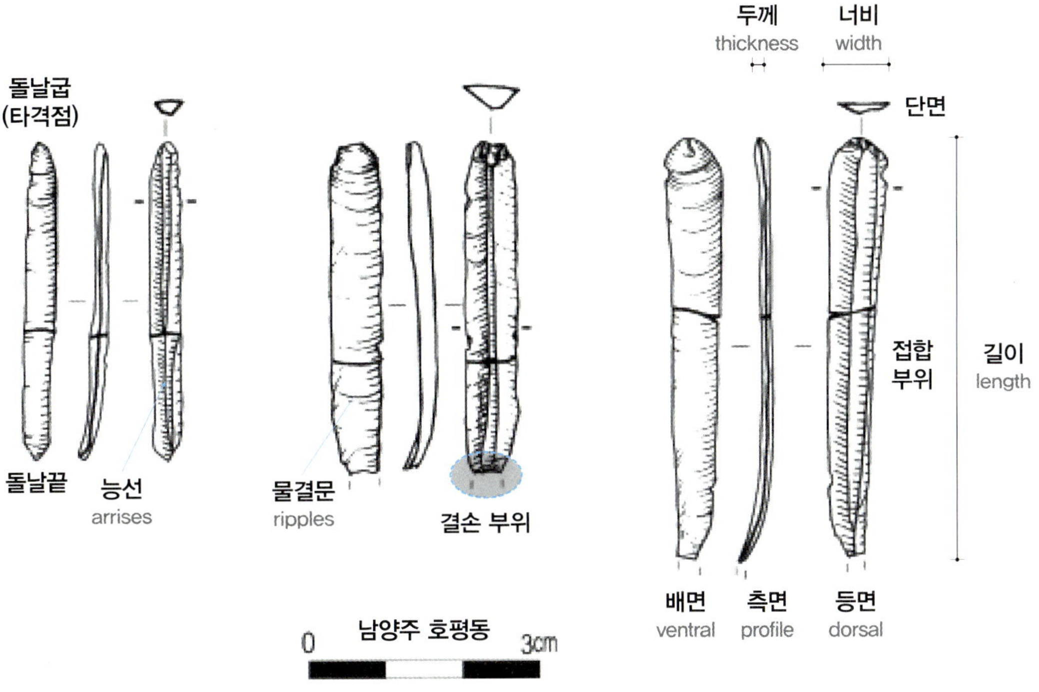

좀돌날은 대개 길이 5cm 이하, 너비 1.2cm 이하에 해당되는 작은 돌날이다. 기술적으로는 좀돌날기술에 의해 제작된 것을 의미하며 돌날과 많은 부분에서 기술적, 형태적 속성을 공유할 뿐만 아니라 심지어는 석재 선택 경향면에서도 거의 동일하다. 좀돌날은 주로 결합식도구의 날로 사용되는데, 곧은 부분을 사용하기 위해 두꺼운 굽부분과 가늘고 휘인 끝부분을 제거하기 위해 고의적으로 부러뜨린 경우가 많아 유적에서는 완전한 형태로 발견되는 예가 드물다.

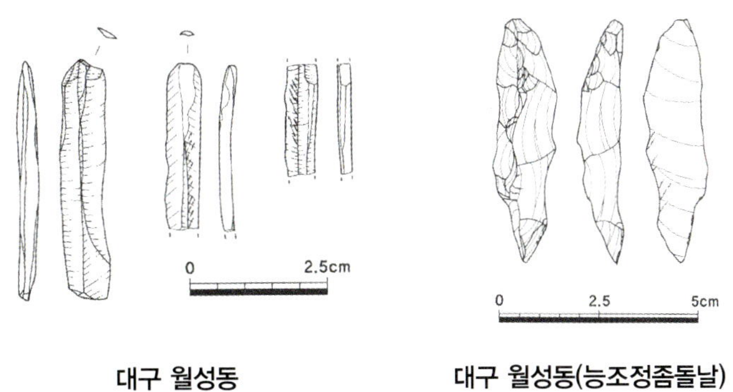

대구 월성동   대구 월성동(능조정좀돌날)

* 기전문화재연구원, 2008, 『남양주 호평동 구석기유적』.

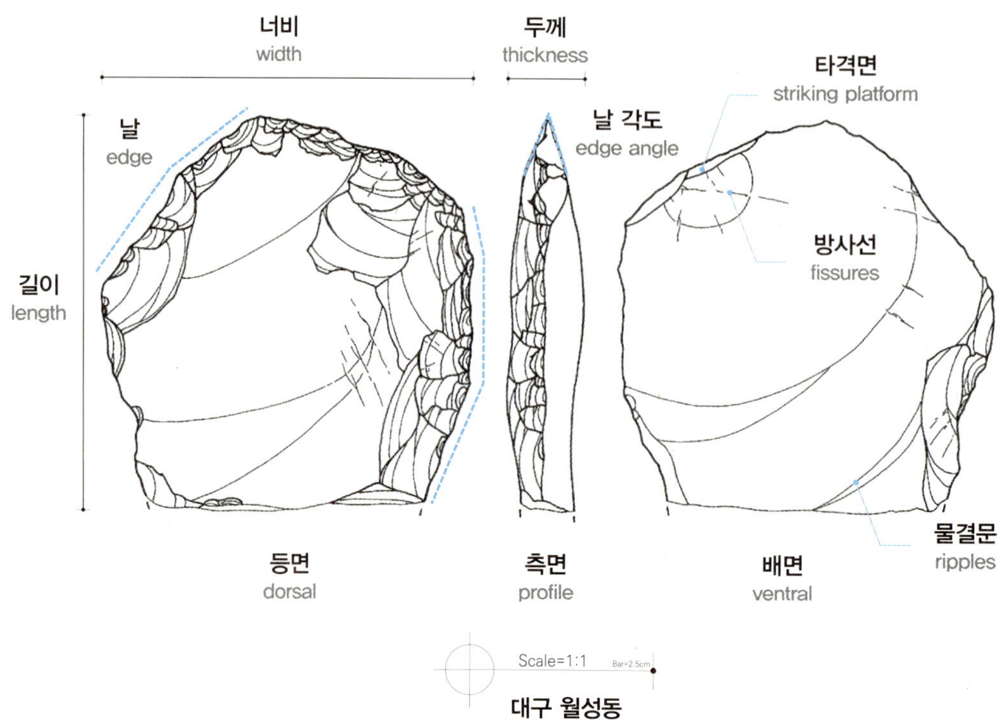

긁개는 격지나 돌날의 가장자리에 날카로운 자르는 날을 만든 석기로 전기부터 후기구석기시대에 이르기까지 다양한 형태로 제작되었다. 긁개의 형식분류는 날의 위치와 평면 형태, 몸체의 형태와 크기 등에 따라 이루어진다. 일반적인 생활유적의 석기 구성이라면 단위 유적의 석기 분류에서 양적으로 가장 많은 비율을 차지한다. 긁개의 날은 밀개에 비해 날카로우며, 얇게 잘라내는 기능에 적합한 속성을 가지고 있다. 위 사례는 격지를 긁개로 가공한 것으로 굽을 중심으로 좌우에 2개의 직선날을 등방향 잔손질에 의해 만들었다.

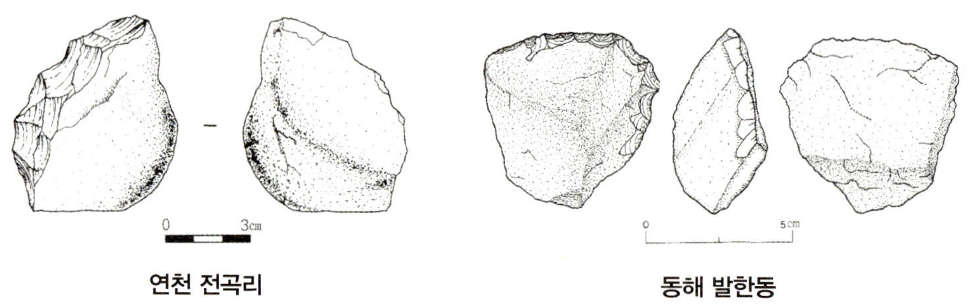

---

* 경상북도문화재연구원, 2008, 『대구 월성동 777-2번지 유적』.

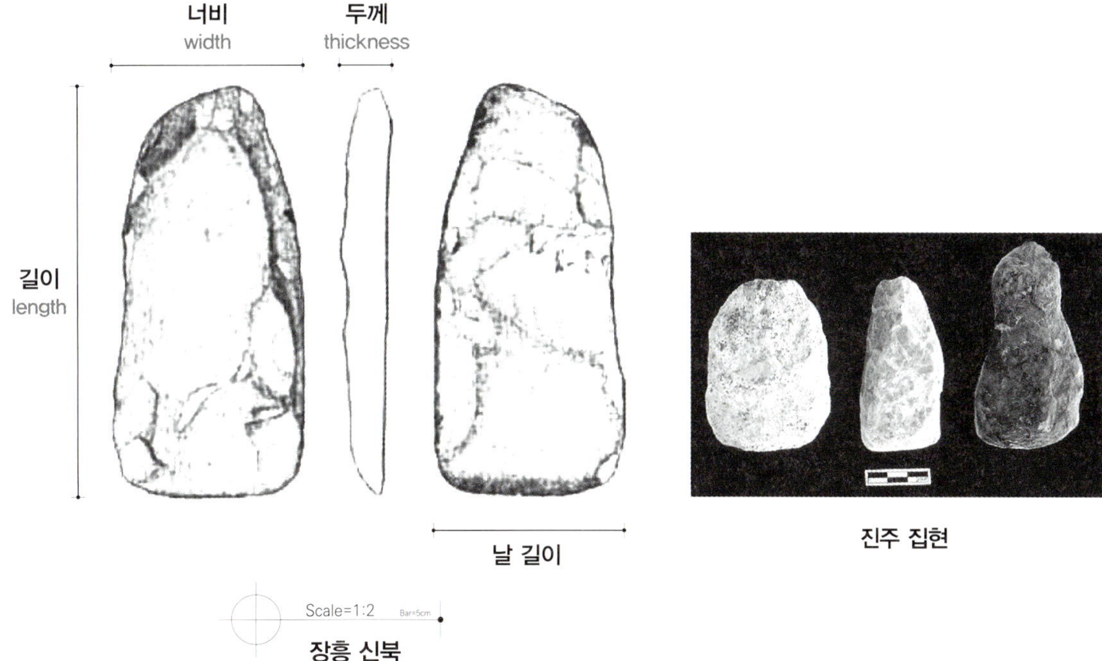

주로 날부분만 집중적으로 마연한 간돌도끼이다. 단양 수양개, 장흥 신북, 진주 집현유적 등 현재까지는 한반도의 중부 이하에서만 출토되고 있다. 장흥 신북유적의 절대연대를 참고하면 출현 시기는 3만~2만년전에 해당한다. 일본의 구석기유적에서는 상당히 많은 양의 간돌도끼가 출토되는데, 국부마제석부 혹은 인부마제석부로 칭하며 후기구석기시대 전반기에 출현하는 것으로 알려져 있다.

＊ 조선대학교박물관, 2008, 『장흥 신북 구석기유적』.

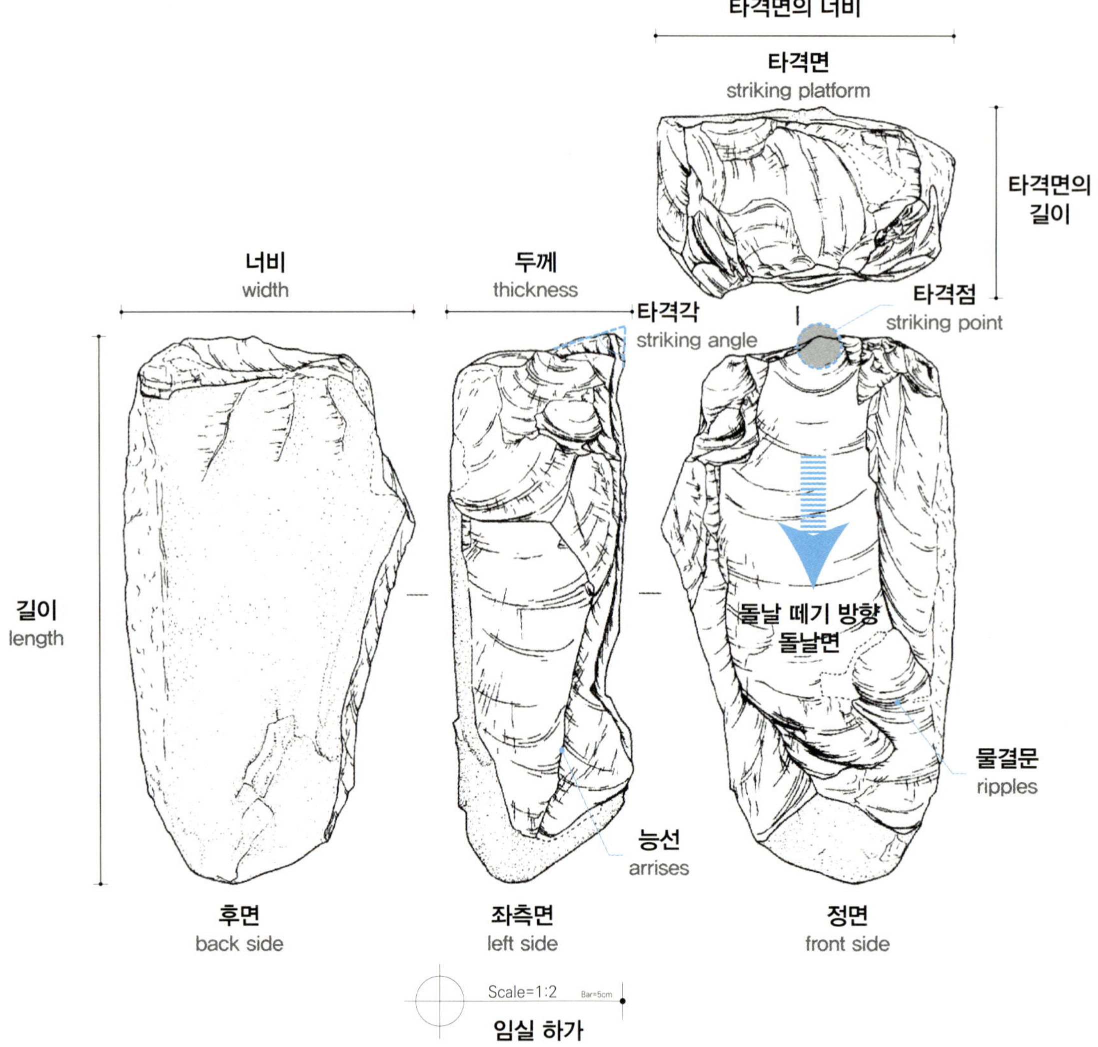

　　돌날몸돌은 돌날을 떼기 위해 준비되었거나 이미 떼어낸 몸돌로 타격(준비)면과 돌날(떼어낸)면을 가지고 있다. 발굴된 돌날몸돌의 대부분은 반복된 돌날 제작에 의해 크기가 작아진 상태로 발견된다. 일반적인 격지 제작과는 달리 전형적인 돌날의 제작은 몇 단계의 준비 과정이 필요하며 돌날몸돌에는 이러한 준비 과정에 대한 정보가 남아있다. 타격면은 망치로 타격하기에 최적의 상태로 미리 가공하며, 돌날면은 첫 돌날(crested blade)이 길고 곧게 떼어지도록 가파른 엇갈림떼기로 가공된다. 이러한 준비 과정이 필요한 이유는 하나의 몸돌에서 최대한 많은 양의 돌날을 안정적으로 생산해 내기 위해서이다. 하지만 후기구석기시대의 후반부로 갈수록 아무런 준비 과정 없이 돌날을 제작한 돌날몸돌도 종종 확인된다.

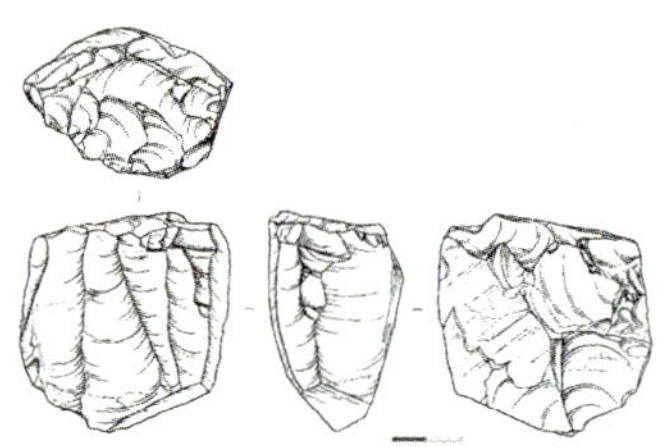

순천 월평2

* 조선대학교박물관, 2008, 『임실 하가유적』.

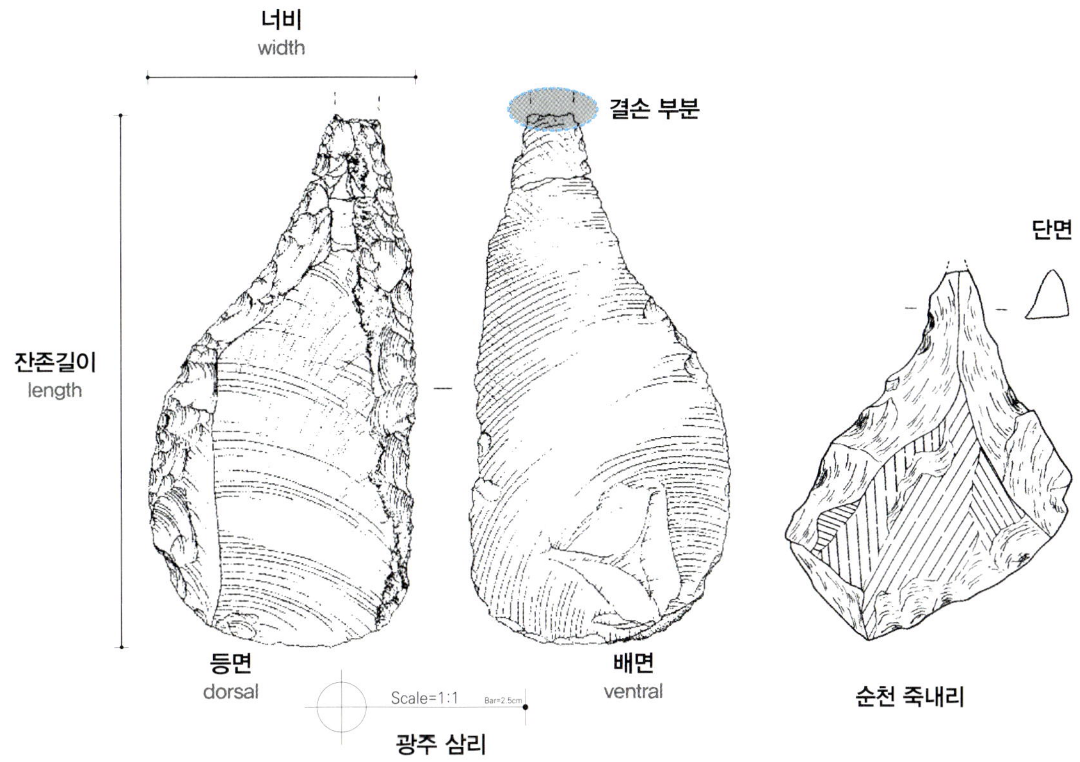

　　뚜르개는 뾰족한 날을 가진 소형석기의 일종으로 날의 단면은 대개 삼각형에 가깝지만 다각형이거나 원형에 가까운 경우도 있다. 날 길이는 짧은 편이며, 아랫부분이 급격히 넓어져 찌르개류와 구분할 수 있다. 뾰족한 날부분뿐만 아니라 뭉툭한 몸통부분에도 세심하게 2차 가공이 베풀어지는 경우도 있다. 출토 수량이 많지 않아 단일 유적에서 차지하는 비율은 낮다.

* 기전문화재연구원, 2003, 『광주 삼리 구석기유적』.

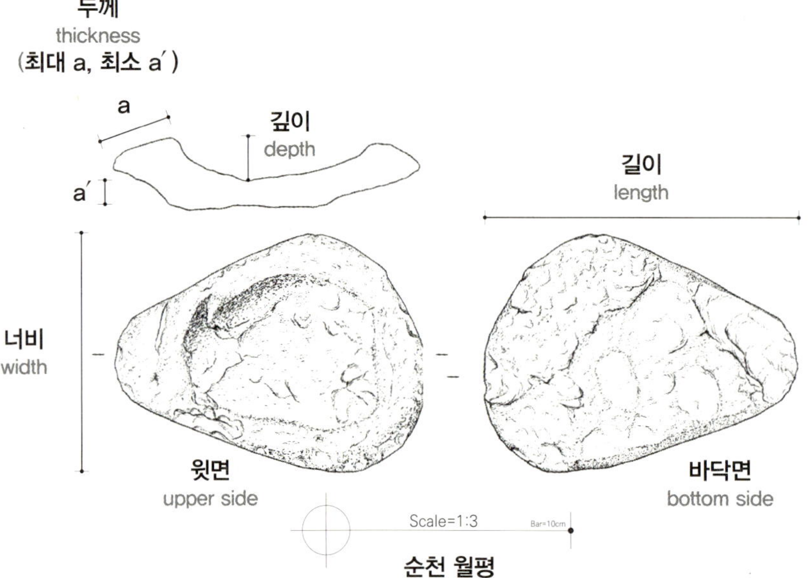

구석기시대의 석제 용기는 세계적으로 출토 사례가 희소하다. 프랑스의 후기구석기시대 동굴유적에서 등잔으로 추정되는 유물이 보고되었으며, 순천 월평유적과 임실 하가유적에서 그릇모양의 석기가 각 1점씩 발굴되었다. 향후 유사 자료의 증가를 지켜 볼 필요가 있다. 라스코동굴을 비롯하여 18,000년 전 무렵의 서유럽 후기구석기시대 동굴벽화유적에서 석제 램프들이 발견되었는데, 돌조각을 그대로 이용하거나 전면을 완벽하게 갈아서 마치 주걱모양으로 손잡이까지 만든 것 등 다양한 형태를 보여준다.

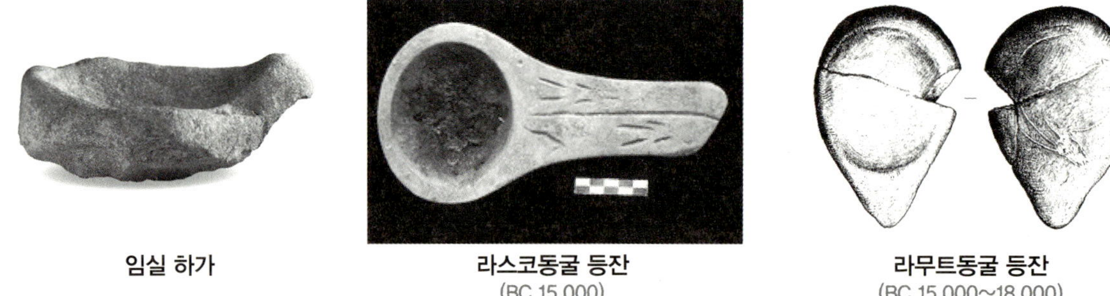

임실 하가

라스코동굴 등잔
(BC 15,000)

라무트동굴 등잔
(BC 15,000~18,000)

---

* 조선대학교박물관, 2004, 『순천 월평』.

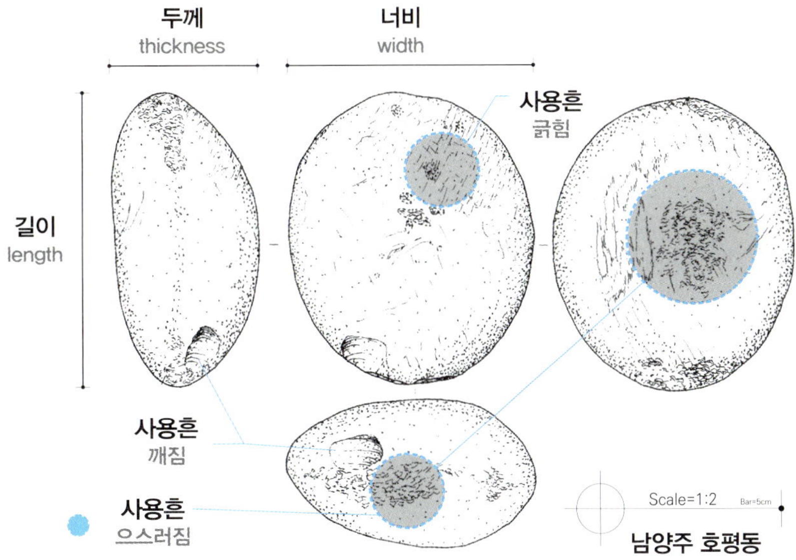

망치는 구석기시대의 대표적인 석기 제작 도구 중 하나로 재질에 따라 단단한 망치와 무른 망치로 나뉜다. 단단한 망치는 주로 자갈돌이며, 무른 망치는 조직이 느슨한 돌, 나무나 뿔, 뼈 등이 해당된다. 우리나라에서 가장 일반적으로 발견되는 망치돌은 대체로 표면이 매끈하고 형태가 둥글거나 길쭉한 자갈돌을 이용한 것이다. 유적에서는 다양한 크기의 망치돌이 여러 점 발굴되는데, 작업 대상이나 공정에 따라 선택적으로 사용하였을 것으로 판단된다. 망치돌의 표면에는 특징적인 사용흔이 남아있다. 주로 으스러짐과 패임, 긁힘, 깨짐(마치 껍질이 벗겨진 듯 얇고 넓은 격지흔)으로 나타나는데, 자갈돌의 한쪽 가장자리나 모서리 부분에 집중적으로 관찰된다.

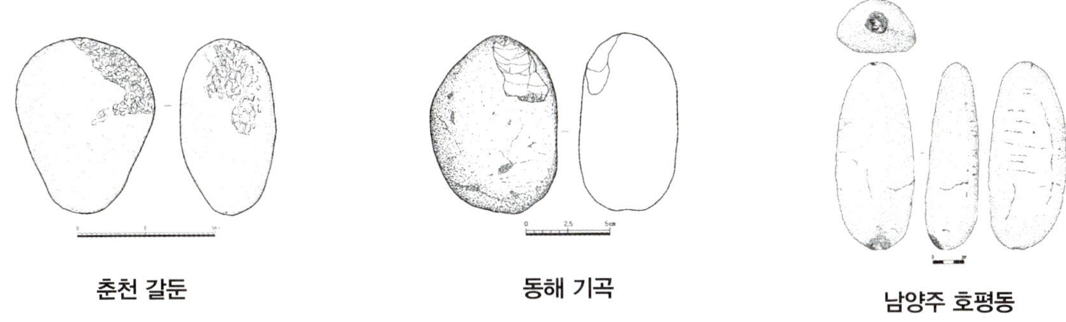

춘천 갈둔   **동해 기곡**   **남양주 호평동**

* 기전문화재연구원, 2008, 『남양주 호평동 구석기유적』.

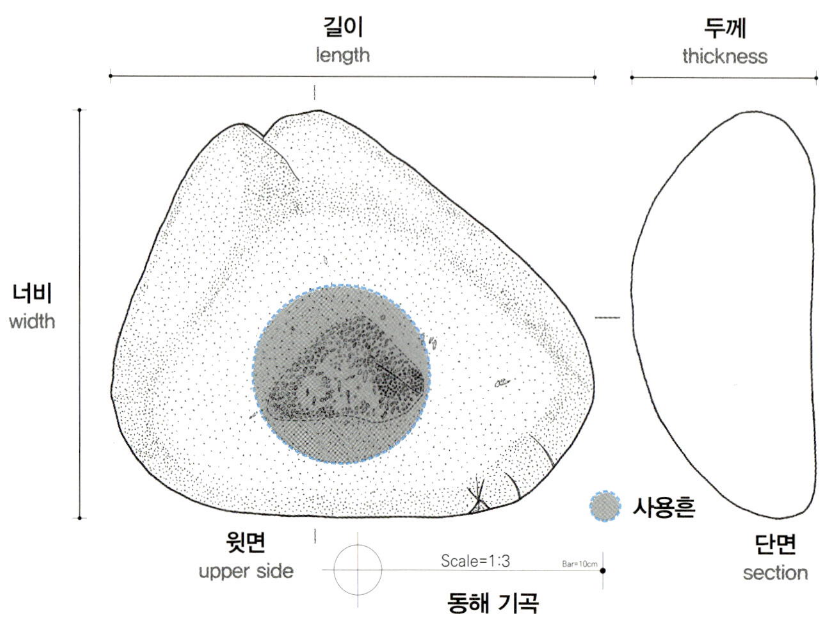

　　모룻돌은 석기 제작시에 모루망치떼기 등의 기법에 이용되는 제작 도구의 일종이다. 소형 모룻돌의 경우에 망치로 사용한 흔적이 동시에 남아있기도 하다. 10~30cm 가량의 넓적한 자갈돌이 모룻돌로 이용되는데 특정 석재에 대한 선호 경향은 없다. 대체로 한쪽 면은 땅바닥에 고정하기 쉽도록 넓고 편평하며 작업면으로 사용한 반대쪽은 볼록하거나 편평한 형태가 많다. 사용흔은 으스러짐이나 패인 형태로 관찰되는데 망치돌의 사용흔과 유사하다.

임실 하가　　　　　　　　　　　파주 와동리

＊ 강원문화재연구소, 2005, 『동해 기곡유적』.

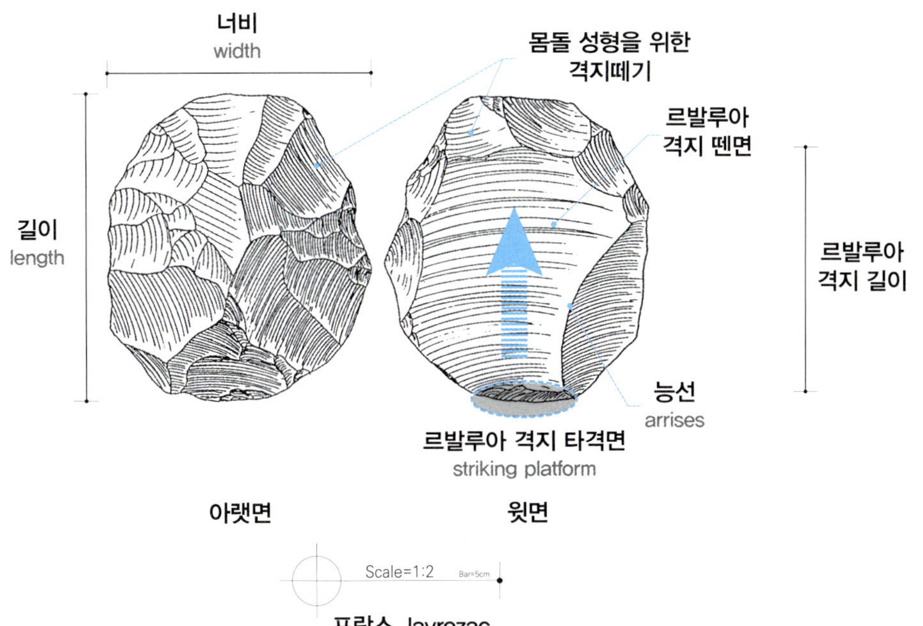

중기구석기시대에 특히 유행했던 석기 제작 기법이다. 격지를 떼어내기 위한 준비 작업으로 사전에 몸돌의 가장자리를 돌아가며 격지를 떼어내는 과정에서 르발루아 몸돌의 특징적인 형태가 나타난다. 양 면 혹은 한쪽 면을 돌려떼기 한 후 한쪽 가장자리에 타격 준비면을 마련하고 1~2개의 르발루아 격지를 생산해 내는 데 타격 준비면 없이 격지떼기가 이루어지기도 한다. 우리나라에서 현재까지 발견된 사례가 없다. 간혹 르발루아형 몸돌로 소개하는 경우가 있으나 기술적 특징과 형태적 특징을 주의 깊게 확인할 필요가 있다.

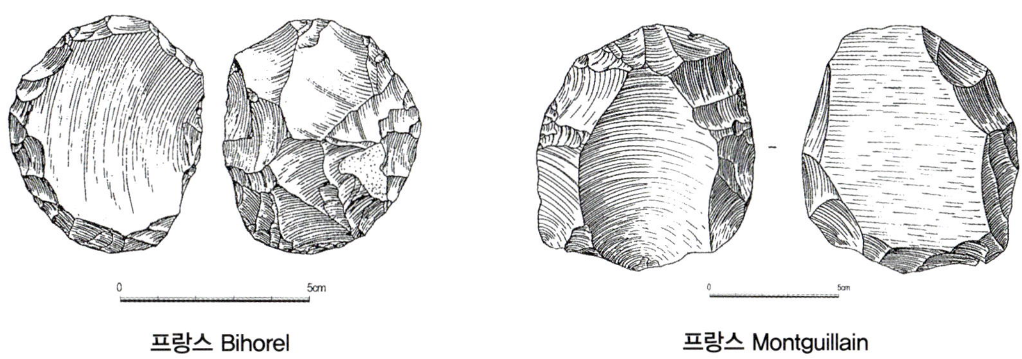

* Francois Bordes, 1981, 『Typologie de Paleolithique_Ancien et Moyen』, Institut de Quaternaire Universite de Bordeaux I.

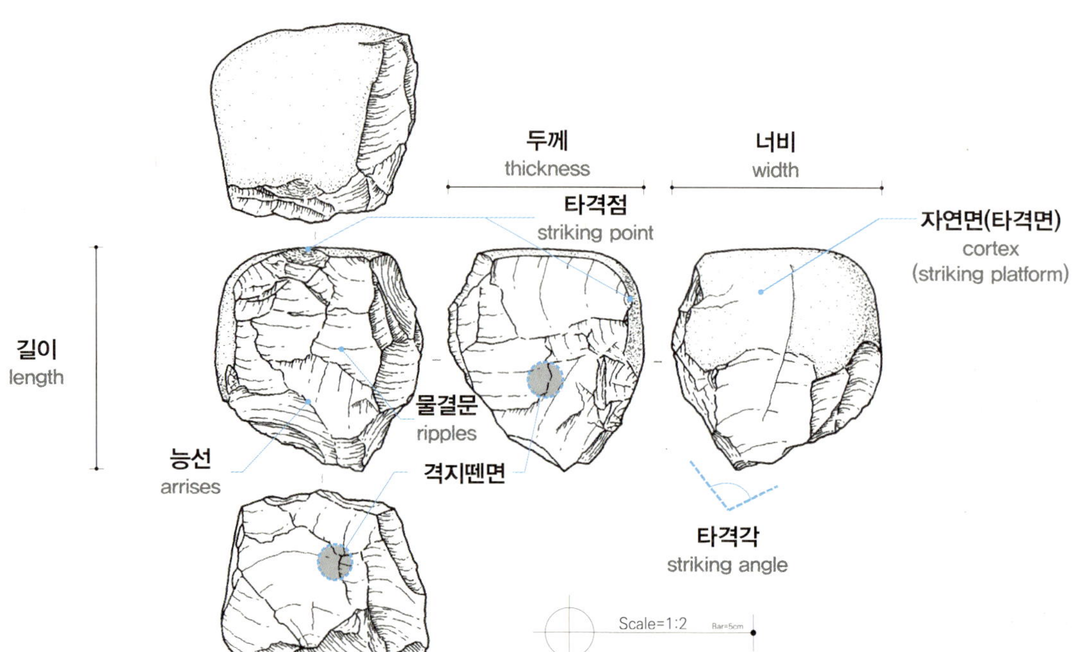

몸돌은 격지를 떼어냈거나 떼어내기 위한 행위가 반영된 석기이다. 전기구석기시대에는 격지를 떼어낸 몸돌이 완성된 석기(몸돌석기)가 되는 경향이 강했으나 점차 떼어낸 격지를 석기로 다시 가공하거나 격지 자체가 석기(격지석기)가 되는 방향으로 전환되었다. 구석기시대에 석기 제작 기술이 발전하면서 대형석기와 몸돌석기가 감소하고 소형석기와 격지석기가 증가하는 경향은 이러한 흐름이 반영된 결과이다. 르발루아 혹은 돌날몸돌과 같이 특정 기술이 적용된 몸돌과 달리 일반 격지를 생산하기 위한 몸돌은 임의적인 격지떼기의 결과로 정형성이 낮지만 타격면의 수와 위치 및 최종 형태에 따라 다각형, 원추형, 렌즈형(주산알형), 부정형 등으로 분류된다. 위 사례의 경우 자연면을 타격면으로 활용하여 몸돌을 돌려가며 격지를 생산하였고, 그 결과 다각형의 형태가 되었다.

연천 전곡리   홍천 하화계리

* 한국문화재보호재단, 2010, 『김포 신곡리 구석기유적』.

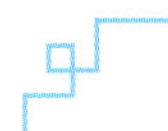

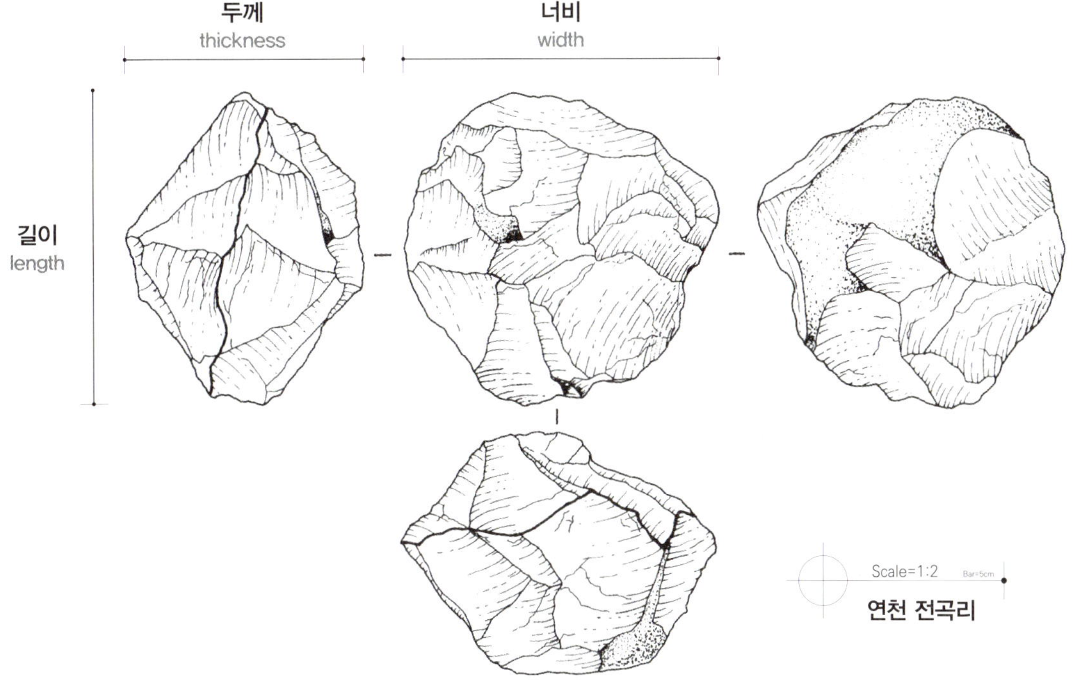

　　서로 마주보는 두 개의 타격면을 가진 몸돌에서 가장자리를 따라 돌아가며 격지떼기를 할 경우에 최종적으로 남게되는 주판알 형태의 몸돌이다. 돌날기술과 같은 특정 기술과 결합되지 않은 일반적 범주의 몸돌에 속한다. 양극형, 혹은 원반형 몸돌은 원반형석기(Discoid), 르발루아 몸돌 등과 혼동되기 쉽다. 원반형석기는 양면가공 석기류의 한 종류로 가장자리에 2차 가공을 함으로써 좀 더 정돈된 형태로 완성되는 특징을 갖고 있으며, 르발루아 몸돌은 최종적으로 르발루아 격지를 생산해 내기 위해 정연한 구심식 떼기를 한다는 점에서 원반형몸돌과 구분된다.

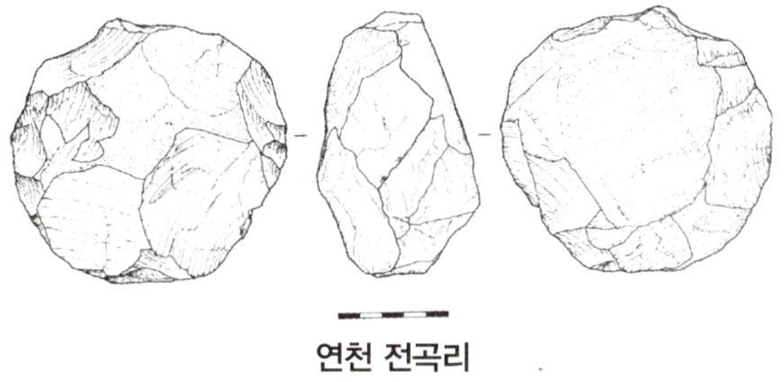

* 한양대학교 문화재연구소, 2001, 『전곡 구석기유적』.

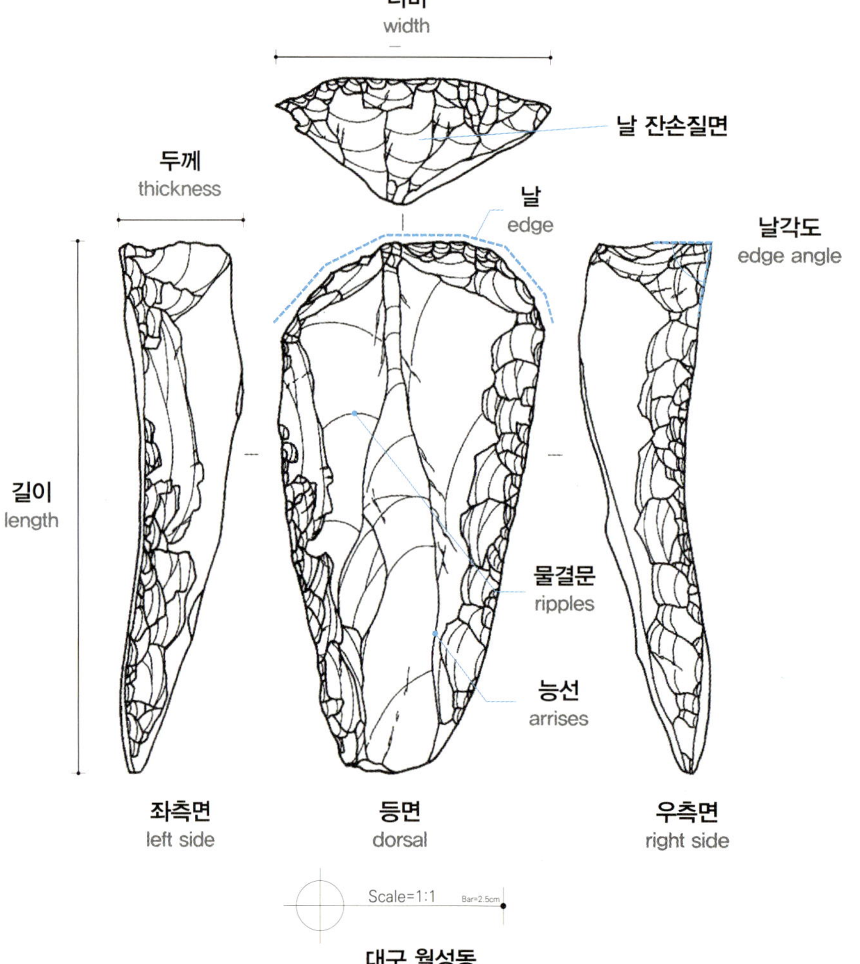

대구 월성동

　밀개는 격지나 돌날의 일부에 가파른 날을 만든 석기로 후기구석기시대의 대표적인 소형석기 중 하나이다. 격지나 돌날의 긴쪽 끝부분에 날을 형성하며, 날 가공은 등방향으로 이루어진 것이 많다. 전체적인 형태와 날 가공 방법 등에 따라 다양한 형식으로 분류된다. 긁개에 비해 날이 가파르며 크기는 일반적으로 작다. 후기구석기시대 이전까지는 격지를 몸체(blank)로 하였으나 후기구석기시대부터는 돌날을 주로 이용하였다. 위 사례의 경우 등면의 평행한 능선으로 보아 돌날을 가공하여 밀개를 만든 것으로 보이며, 날의 반대쪽 가장자리에도 잔손질이 남아있는 것은 손잡이 장착을 목적으로 이루어진 것으로 보인다.

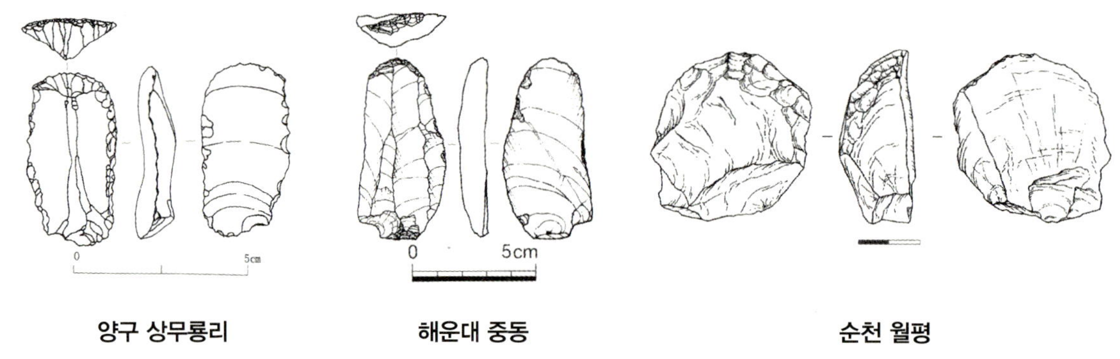

양구 상무룡리　　　　**해운대 중동**　　　　**순천 월평**

* 경상북도문화재연구원, 2008, 『대구 월성동 777-2번지 유적』.

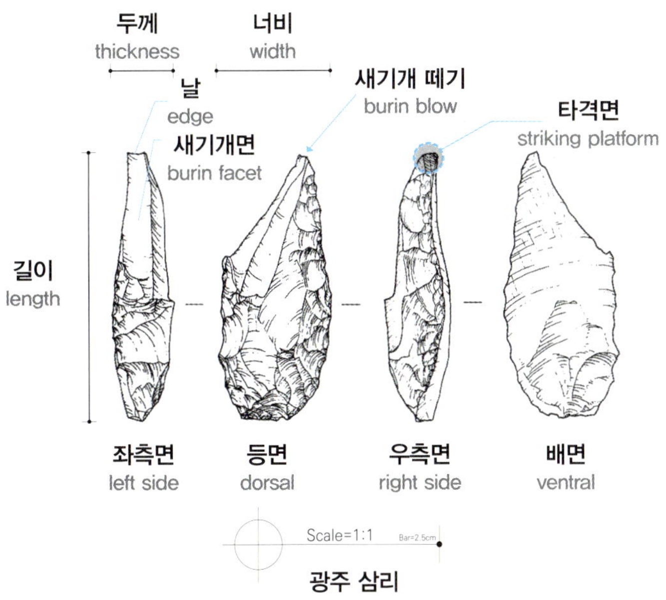

새기개는 후기구석기시대에 들어 정형화된 석기 중 하나이다. 돌날이나 길쭉한 격지의 한쪽 끝에 '새기개떼기(burin blow)'로 불리우는 격지떼기 기술을 활용하여 끌과 유사한 날을 형성시킨다. 새기개떼기에 의해 떨어진 격지는 좀돌날과 유사하며, 새기개격지로 불리운다. 새기개는 날의 위치나 몸체 성형 방식에 따라 형식분류하는데, 뼈나 뿔, 나무 등의 가공에 사용하였을 것으로 추정하고 있다. 일반적으로 새기개떼기가 관찰되면 도면상에 화살표로 이를 표시해준다.

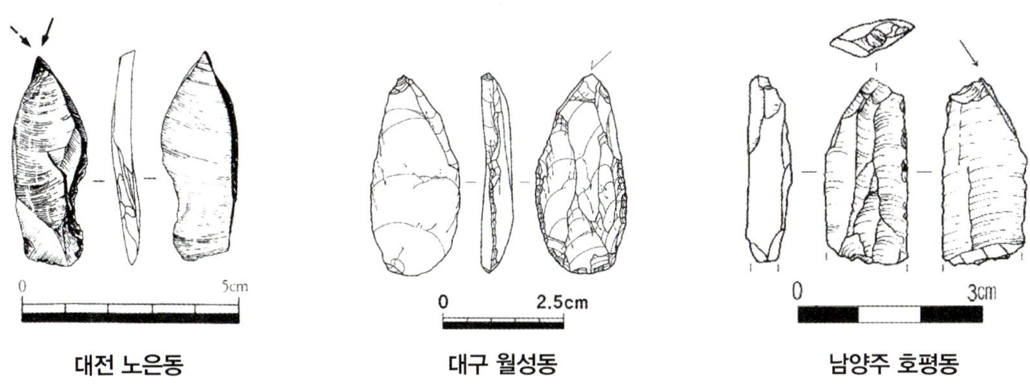

대전 노은동   대구 월성동   남양주 호평동

* 기전문화재연구원, 2003, 『광주 삼리 구석기유적』.

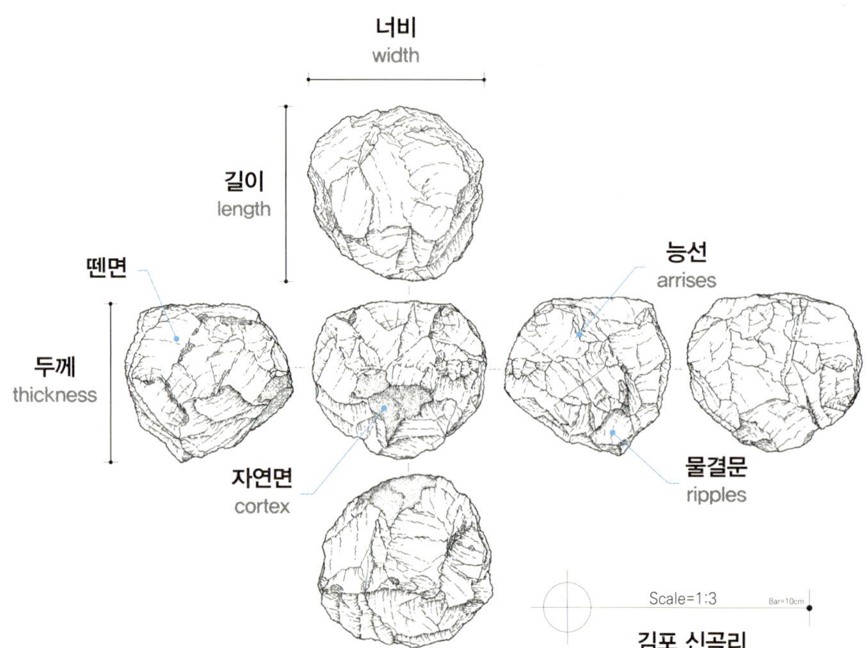

여러면석기는 여러 방향으로 타격하여 구체에 가깝게 만든 석기로 전기구석기시대부터 사용된 대형석기 중 하나이다. 둥근 자갈돌의 일부를 가공하기도 하지만 대부분의 경우에는 표면의 상당 면적을 벗겨내듯이 가공함으로써 결과적으로 전면이 뗀면이 된 석기이다. 표면 가공이 진전되어 거의 구체일 경우에 공모양석기(bola, stong ball)로 분류할 수 있다. 우리나라의 경우에 후기구석기시대의 유적에서는 출토량이 급감하는 경향을 보여준다. 석재는 석영류에 한정되며 망치의 일종, 몸돌의 소진된 형태, 사냥돌, 분쇄구 등의 용도로 추측되기도 한다.

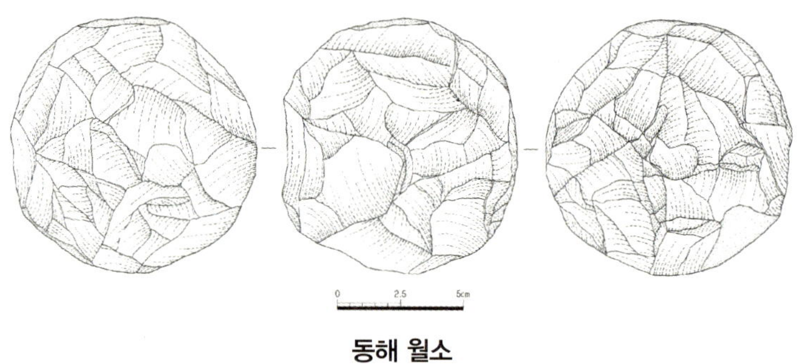

동해 월소

* 한국문화재보호재단, 2010, 『김포 신곡리 구석기유적』.

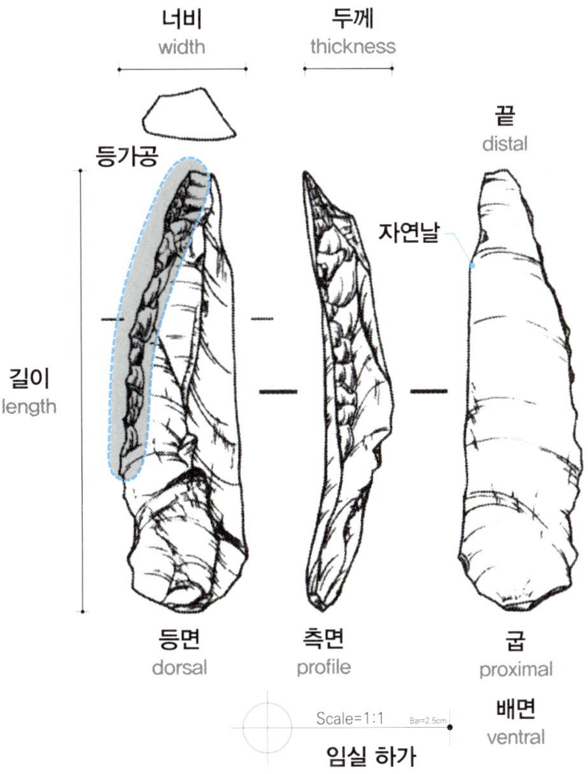

　　등칼은 자르는 날과 더불어 날 반대편을 가파른 잔손질에 의해 무디게 만들거나(backed) 혹은 자연적으로 무딘 각도의 등을 가진 석기이다. 위 사례는 돌날을 가공한 자르개로 돌날의 날카로운 자연날(cutting edge)을 이용하기 위해 반대쪽 가장자리를 등방향의 가파른 가공으로 무디게 만들었다.

＊ 조선대학교박물관, 2008, 『임실 하가유적』.

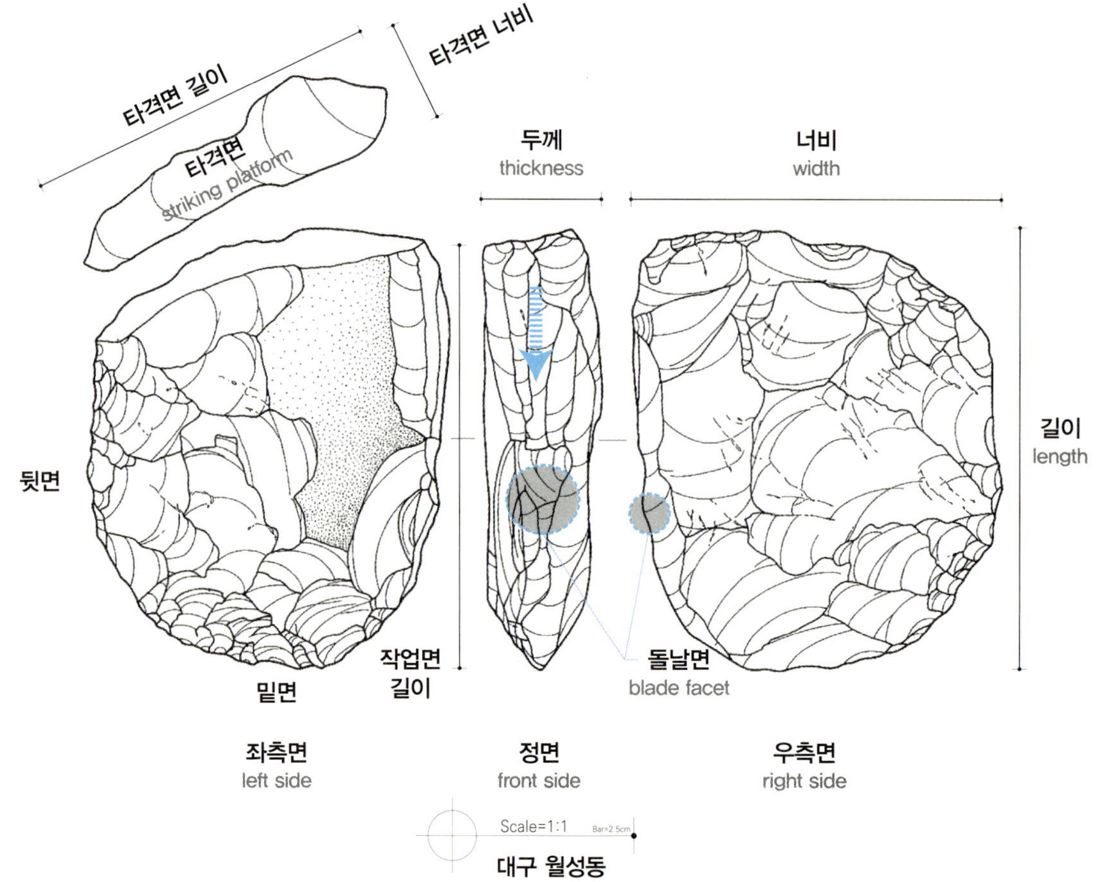

좀돌날몸돌은 좀돌날을 떼어낸 몸돌이다. 좀돌날 기술은 후기구석기시대 중반 이후에 출현한 기술로 소형의 돌날(좀돌날, 통상 길이 50mm 이하, 너비 12mm 이하)을 생산하는 기술이다. 좀돌날 기술은 돌날 기술과 마찬가지로 몸돌을 준비하는 과정이 선행되는데, 돌날몸돌과는 비교할 수 없을 만큼 지역과 시기별로 다양한 변이 양상을 보여준다. 몸돌 크기가 작으므로 좀돌날을 떼어내는 작업을 하는 동안 어딘가에 단단히 고정하기 위해 아랫부분을 쐐기형태로 가공하기도 하며, 좀돌날떼기가 주로 눌러떼기에 의해 이루어지므로 타격면이 미끄럽지 않도록 거칠게 갈기도 한다. 하지만 시기가 늦어지면 돌날기법과 마찬가지로 별도의 사전 가공 없이 자연면을 타격면으로 좀돌날을 생산해 내기도 한다.

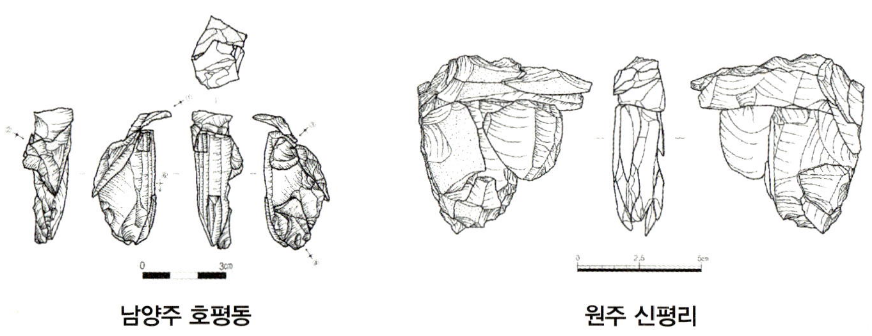

남양주 호평동   원주 신평리

* 경상북도문화재연구원, 2008, 『대구 월성동 777-2번지 유적』.

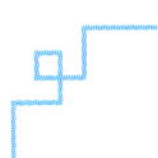

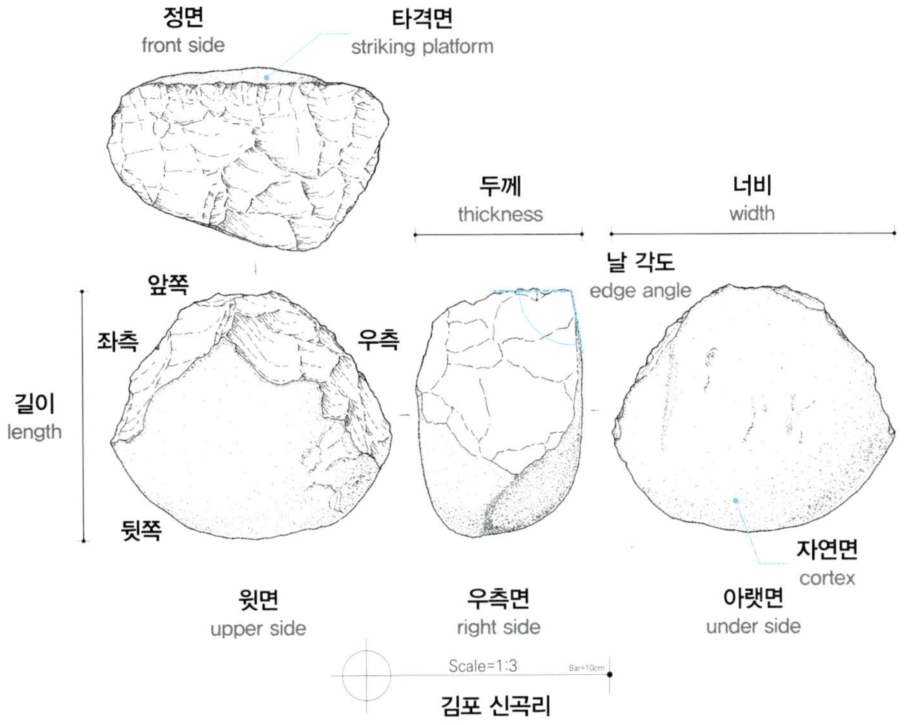

주먹대패는 주로 사갈돌의 일부를 가파르게 가공하여 닐을 만든 대형석기의 일종이다. 단면찍개와 형태는 비슷하지만 거친 수법으로 90°에 가까운 가파른 날을 성형한 후 2차 가공에 의해 날을 가지런하게 정돈하는 점이 찍개와는 구별되는 점이다. 또한 날의 아랫면에 해당하는 부분은 편평하고 윗면은 높으며 날은 둥근 형태를 취하고 있어 대형 밀개와 유사한 형태를 보여주기도 한다. 대형석기군에 속하지만 일부 소형석기로도 발견되는 사례가 있다.

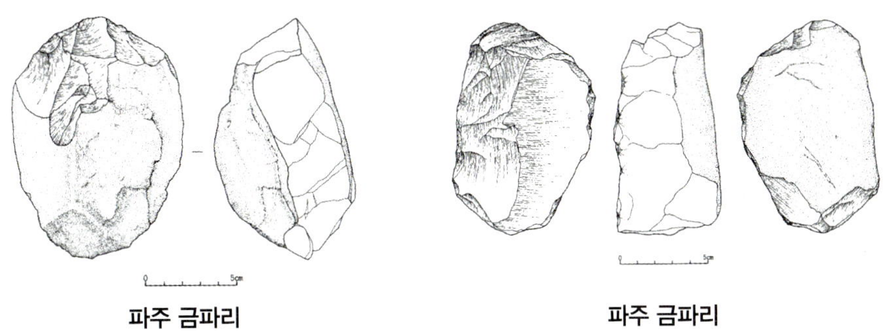

파주 금파리　　　　　　파주 금파리

* 한국문화재보호재단, 2010, 『김포 신곡리 구석기유적』.

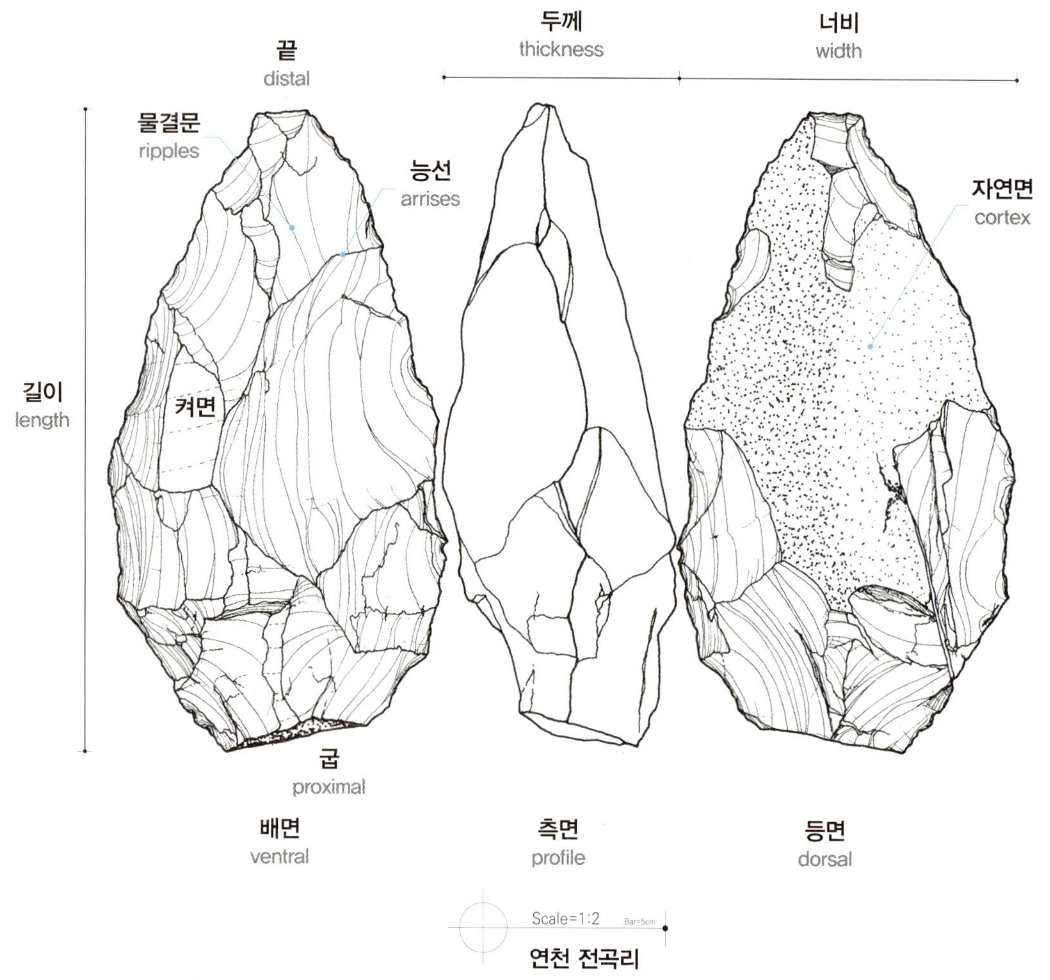

　　주먹도끼는 양면이 가공된 대형석기로 단면은 좌우가 대칭인 렌즈형이며 가장자리를 돌아가며 자르는 날이 형성되어 있다. 위 사례처럼 대형격지에 만들어지기도 하지만 우리나라에서는 하나의 자갈돌을 가공하는 경우가 많다. 평면 형태에 따라 첨두형, 타원형, 심장형 등으로 구분된다. 우리나라의 주먹도끼는 양쪽 면 혹은 한쪽 면에 자연면을 남기는 경향이 강하고 몸통이 두꺼우며 끝부분을 중심으로만 날이 형성되어 있는 경우가 많은데, 이는 다루기 쉽지 않은 석영·규암류를 주요 석재로 사용하기 때문이다. 전기구석기시대의 주요 기종이지만 우리나라의 경우에 후기구석기시대까지도 많은 양이 출토되고 있다.

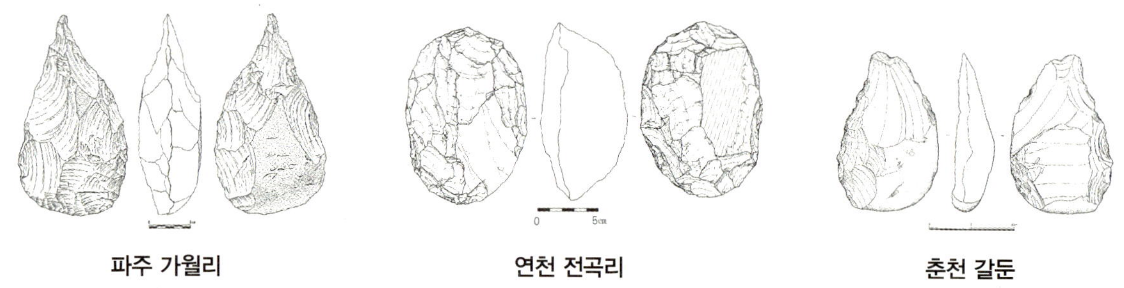

파주 가월리　　　　　　연천 전곡리　　　　　　춘천 갈둔

* 문화재관리국 문화재연구소, 1983, 『전곡리』.

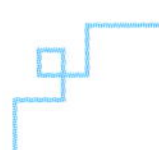

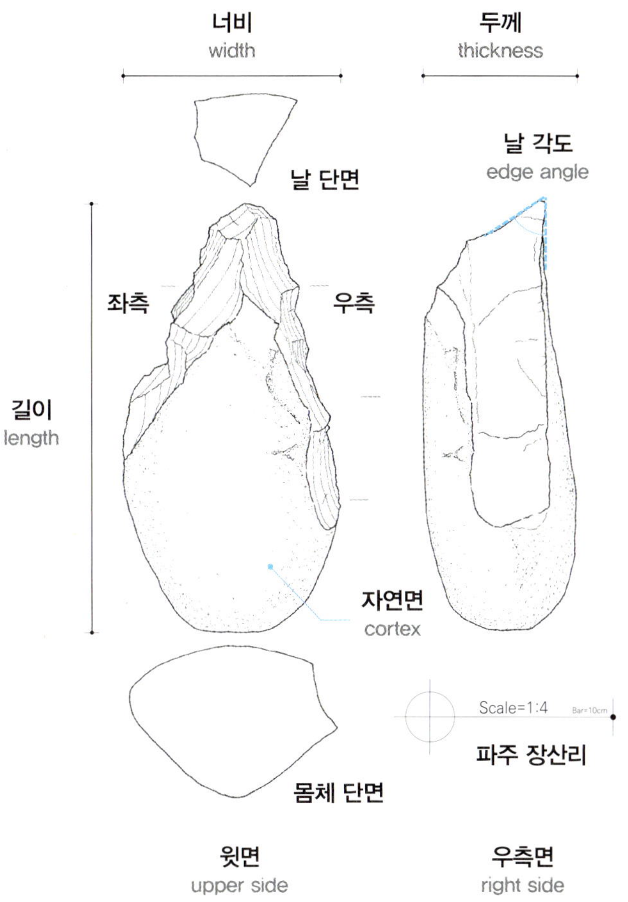

주먹찌르개는 두터운 몸체(주로 자갈돌)의 한쪽을 집중적으로 가공하여 단면이 삼각형에 가까운 뾰족한 날을 만든 대형석기의 한 종류이다. 찌르는 날의 반대쪽은 대부분 자연면을 그대로 유지하므로 주먹찌르개의 평면형은 상당히 불규칙하다. 날의 끝부분을 집중적으로 가공하되 가파른 각도의 거친 단면 가공이며, 날의 단면은 삼각형이나 사각형에 가까워 주먹도끼류와 서로 구분할 수 있다.

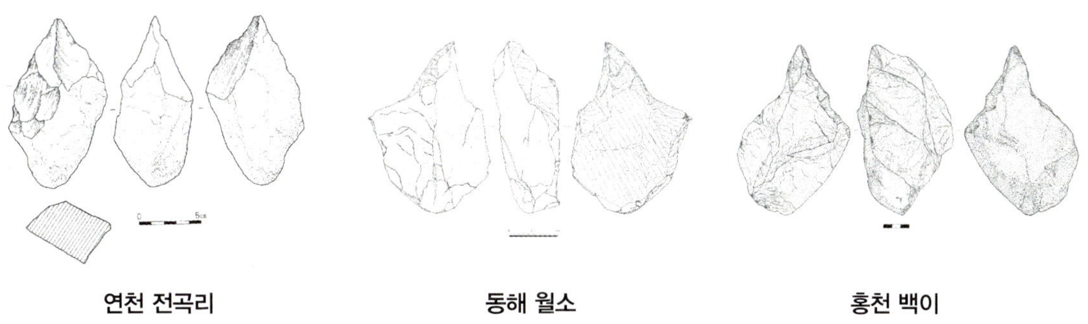

연천 전곡리　　　　동해 월소　　　　홍천 백이

* 서울대학교박물관, 2004, 『파주 장산리 구석기유적 시굴조사보고서』.

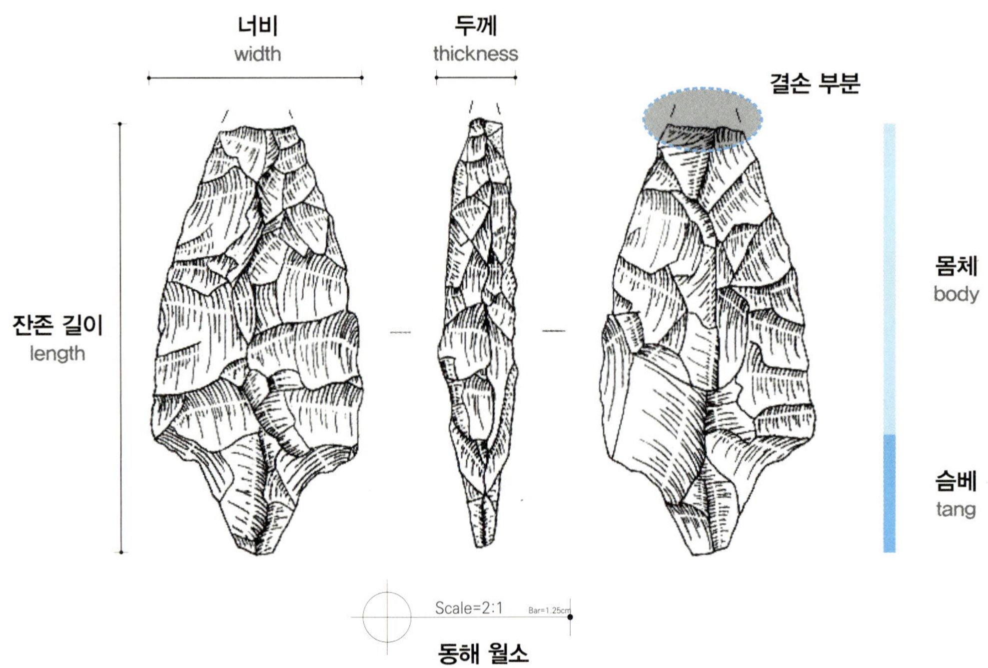

　　양면가공 눌러떼기 기법으로 제작한 화살촉은 구석기시대 최말기에 출현한다. 화살대와 결합되는 것으로 추정되는 아랫부분은 슴베를 갖춘 형태와 오목하거나 직선형으로 마무리된 형태로 구분된다. 화살촉보다 작은 소형 찌르개가 동해 기곡유적과 포천 화대리유적에서 발견되었는데, 석재나 제작 기법은 화살촉과 동일하며 아랫부분은 직선형으로 마무리되었다. 화살촉과 유사한 기능의 석기로 추정되지만 출토 예가 적어 향후 검토가 필요하다.

동해 기곡　　　　　　동해 기곡　　　　　　포천 화대리

* 예맥문화재연구원, 2010, 『동해 묵호진동 월소유적』.

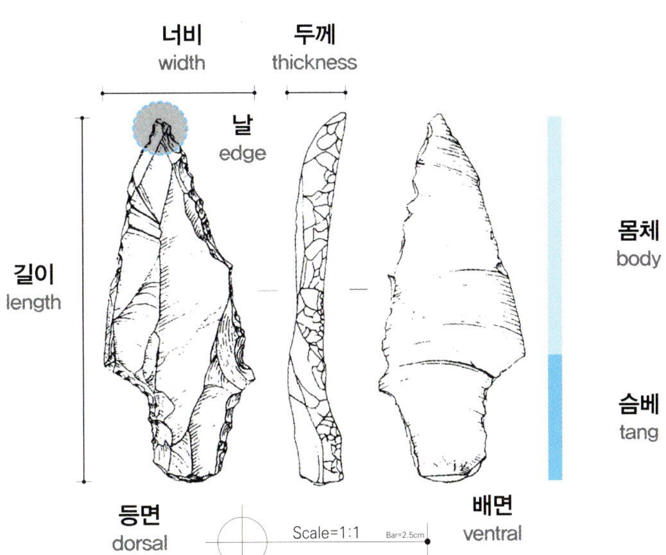

슴베찌르개는 후기구석기시대의 대표적인 사냥용 도구 중 하나로, 한반도를 중심으로 일본의 큐슈지역과 러시아 연해주지역까지 발견되고 있다. 주로 돌날을 이용하여 제작하는데 돌날의 자연날을 최대한 활용하며 최소한의 등방향 잔손질로 찌르개의 날을 만든다. 자루에 고정되는 슴베 부분과 몸체 부분으로 구분되며, 날보다는 슴베를 만드는 잔손질에 보다 치중하는 경향이 있다.

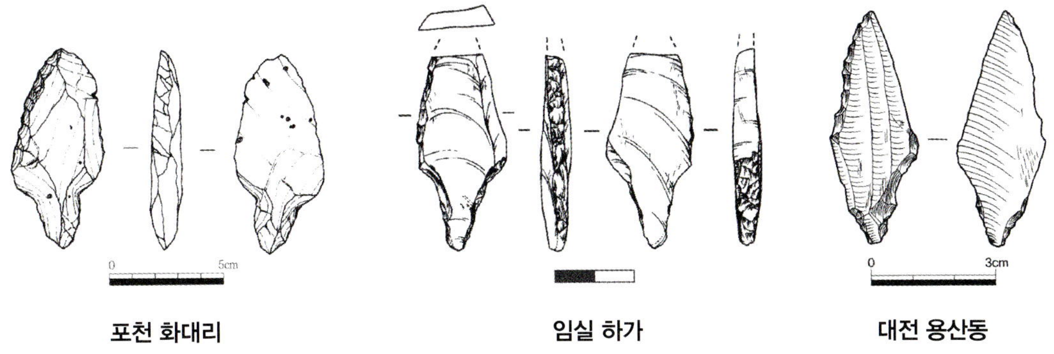

* 한창균, 2002, 「대전 용호동 구석기유적」, 『동북아세아 구석기연구』, 한양대학교 문화재연구소.

尖頭器(柳葉形尖頭器) | Bifacial point

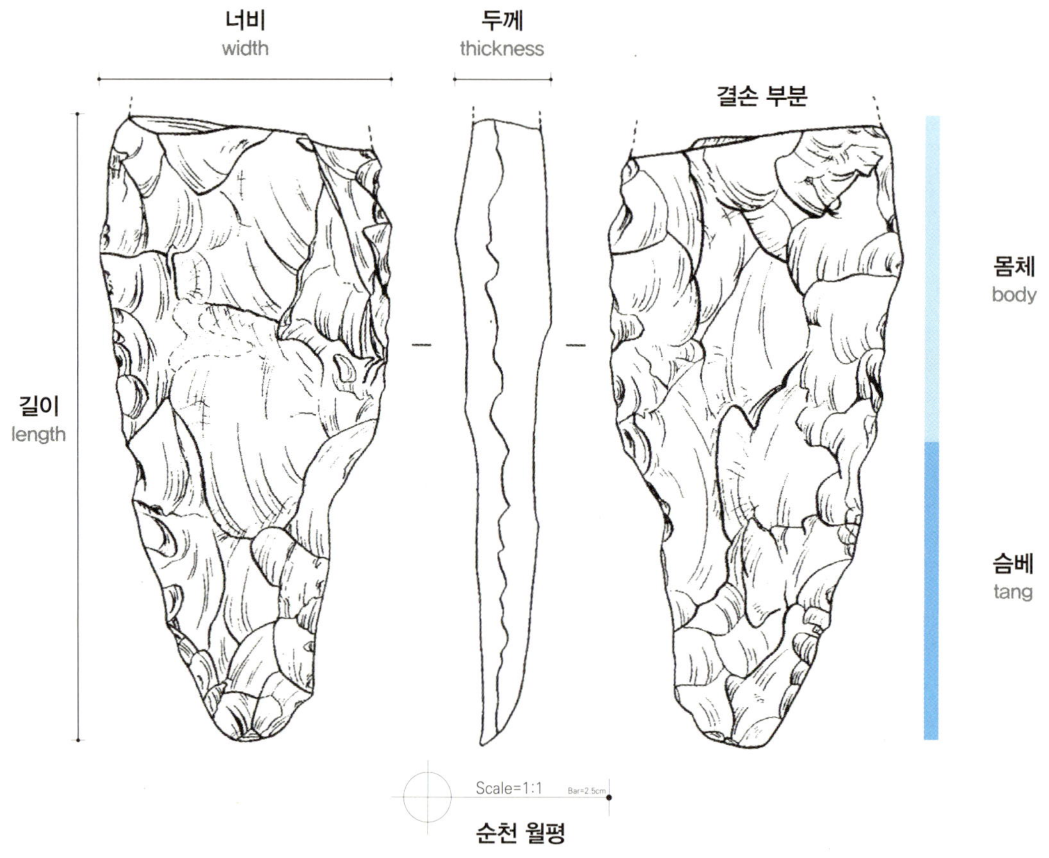

양면가공찌르개는 돌날이나 긴 격지의 양면을 눌러떼기 혹은 무른 망치에 의해 정교하게 잔손질하여 끝과 가장자리를 날카롭게 가공한 석기이다. 한쪽 끝은 약간 뭉툭하고 오목한 것으로 보아 자루에 장착하였을 것으로 보인다. 후기구석기시대 사냥 기술의 발달과 함께 출현하는 석기로 우리나라에서는 후기구석기시대 후반부에 나타난다. 일본에서는 출토량이 상당히 많음에 비해 우리나라에서는 출토 예가 극히 적은 편이다. 완성된 형태가 길쭉한 나뭇잎모양과 비슷해서 '월계수잎모양찌르개'로 칭하기도 한다.

공주 석장리

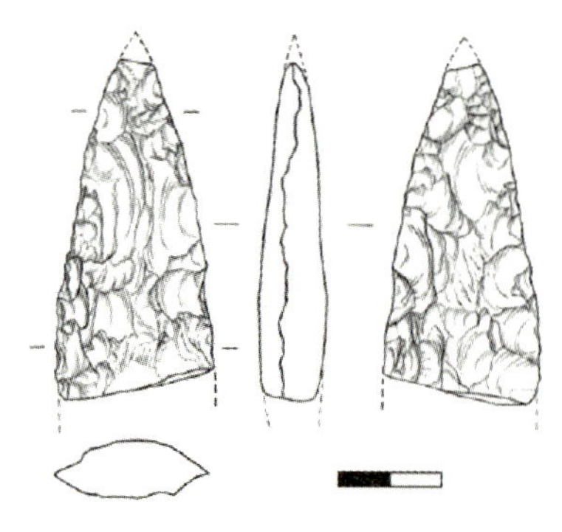

장흥 신북

* 조선대학교박물관, 2002, 『순천 월평유적』.

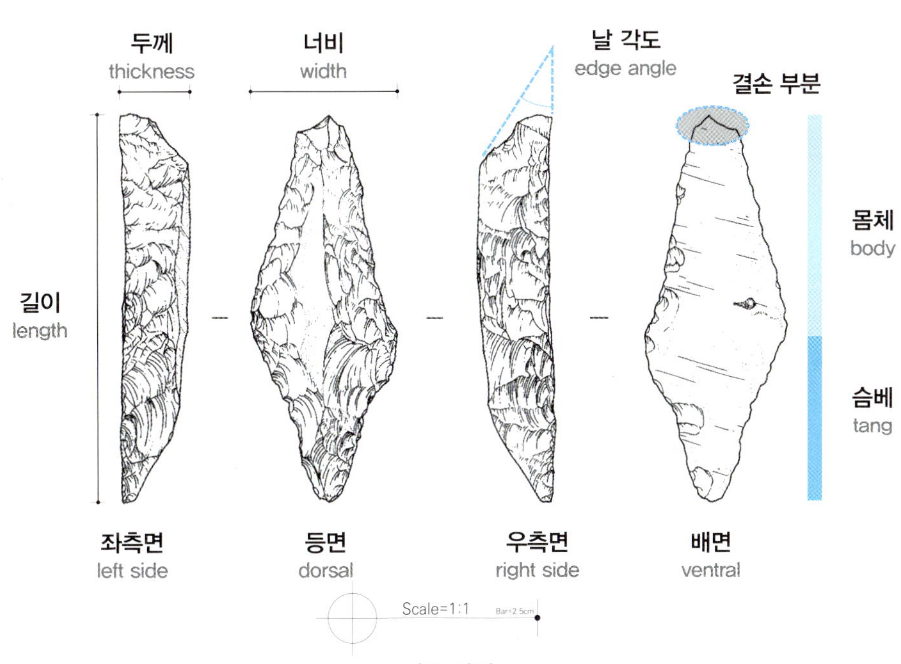

광주 삼리

추형찌르개는 찌르개(point)류의 일종으로, 두티운 격지에 가파른 등방향 잔손질만으로 뾰족한 끝괴 슴베를 형성하여 단면 삼각형 또는 사다리꼴을 하고 있다. 일본에서 아이라Tn 화산재(AT) 이후에 출현하는 일본계 석기로 알려져 있으며 북해도를 제외한 열도 전역에서 출토되고 있는데, 동북부 지역일수록 소형화한다. 한반도에서는 매우 소량 발견되었는데 광주 삼리, 단양 수양개, 임실 하가유적 등에서 좀돌날기술 단계의 석기들과 공반되어 출토되었다.

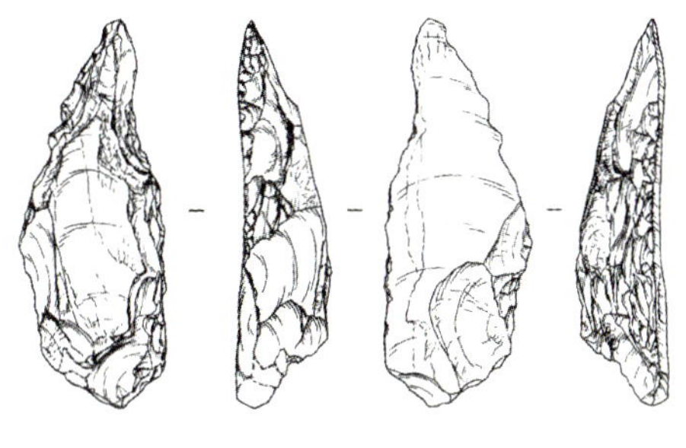

임실 하가

* 기전문화재연구원, 2003, 『광주 삼리 구석기유적』.

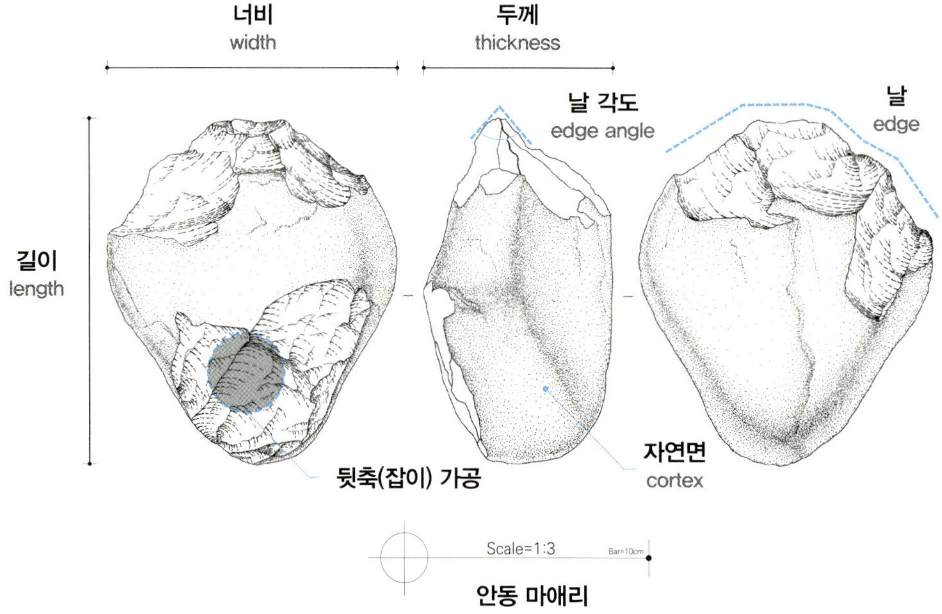

찍개는 한쪽 가장자리에 날카로운 찍는 날을 만든 대형석기로 주로 자갈돌을 이용해 제작한다. 날을 만드는 방법에 따라 외면, 양면찍개로 구분한다. 전기구석기시대의 대표적인 대형석기 중 하나이자 가장 초기 형태의 석기로 평면 형태가 매우 불규칙하며 크기도 다양하다. 우리나라에서는 특정 석기문화와 관계없이 광범위한 지역에서 출토되는데 특히 동아시아에서 오랫동안 유지되었다.

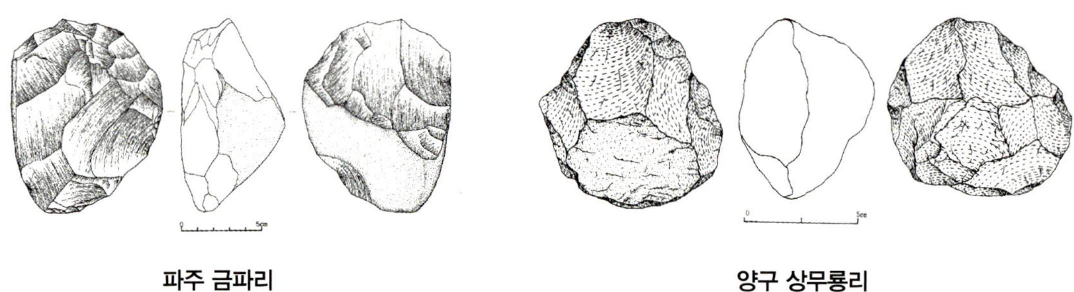

파주 금파리

양구 상무룡리

* 경상북도문화재연구원, 2011, 『안동 마애리 구석기유적』.

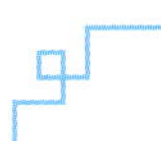

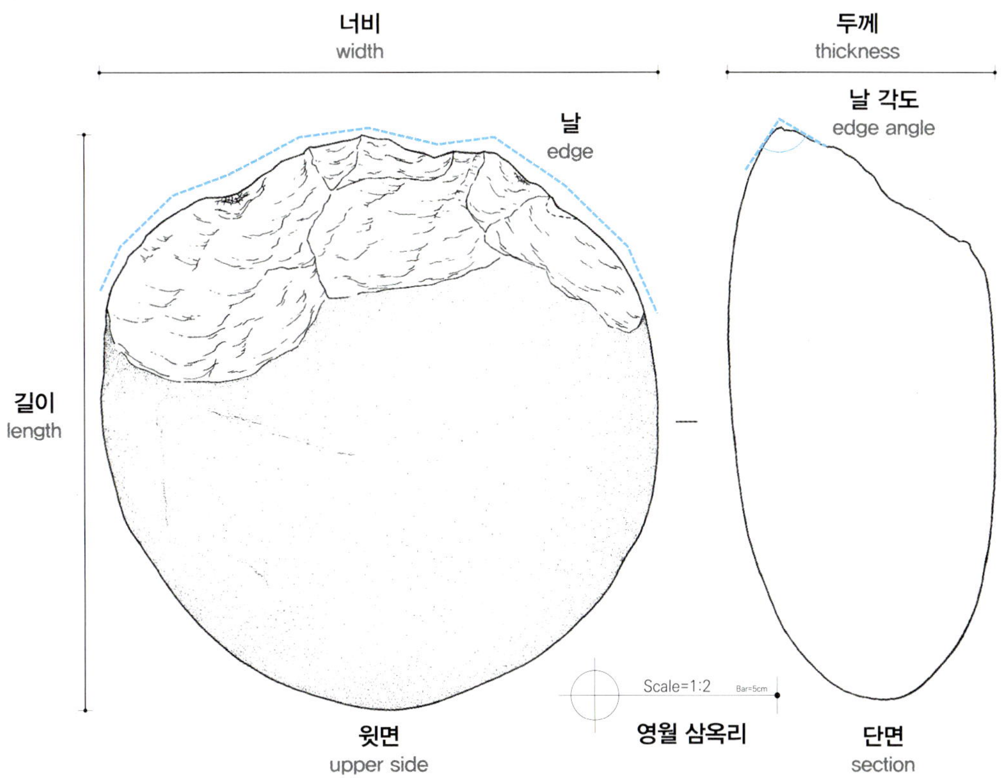

양면찍개와는 달리 외면찍개는 한쪽 방향으로만 날가공을 한 찍개이다. 외면찍개의 경우에 2~3차례의 간단한 타격만으로 날을 완성한 경우도 확인된다. 우리나라의 구석기시대 유적에서는 외면찍개와 양면찍개의 출토 양상이 시기상으로나 지역상의 차이를 보여주지 않으며 단일 유적에서도 혼재되고 있어 두 석기가 서로 분명한 다른 목적이나 제작 의도를 갖고 있는 것으로 보기 어렵다.

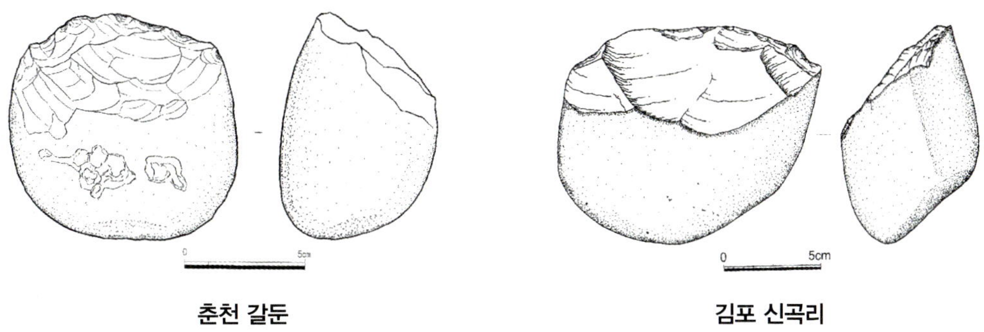

춘천 갈둔   김포 신곡리

* 강원문화재연구소, 2010, 『영월 삼옥리유적』.

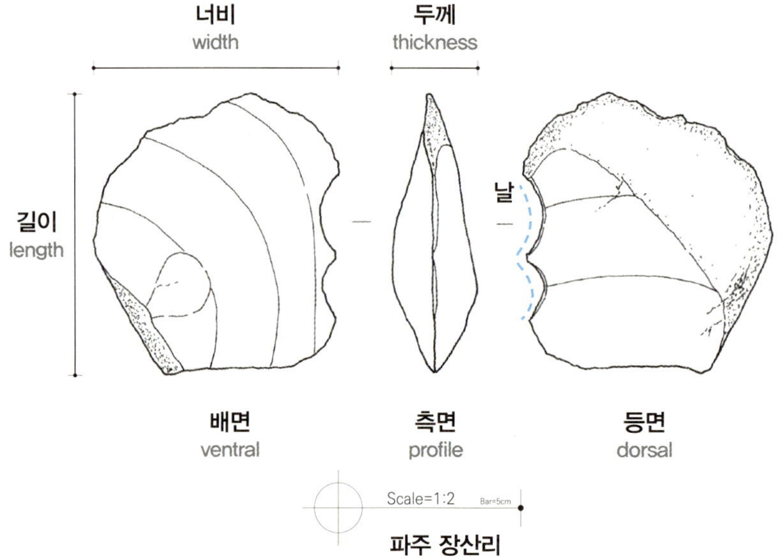

톱니날석기는 2개 이상 연속된 홈날이 형성되어 있는 석기이다. 대체로 소형석기에 속하며 우리나라에서는 중기구석기시대 이후 나타나지만 전체 석기군에서 차지하는 비율은 낮은 편이다. 석재는 시대나 지역에 관계없이 석영류가 많이 이용되었다.

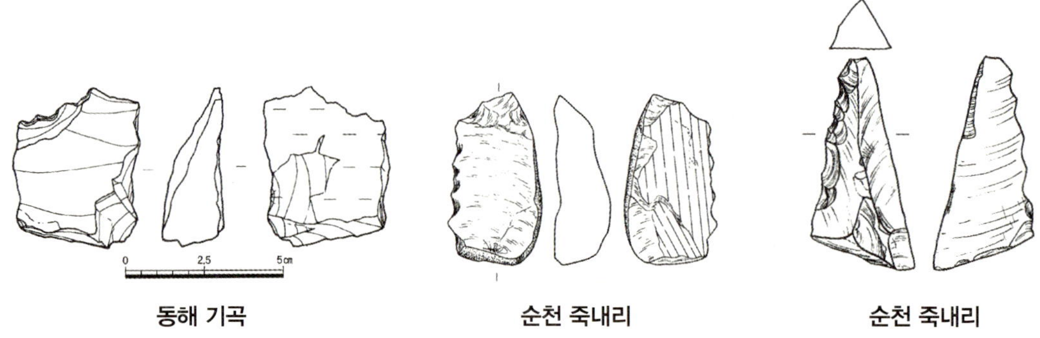

---

* 서울대학교박물관, 2004, 『파주 장산리 구석기유적 시굴조사보고서』.

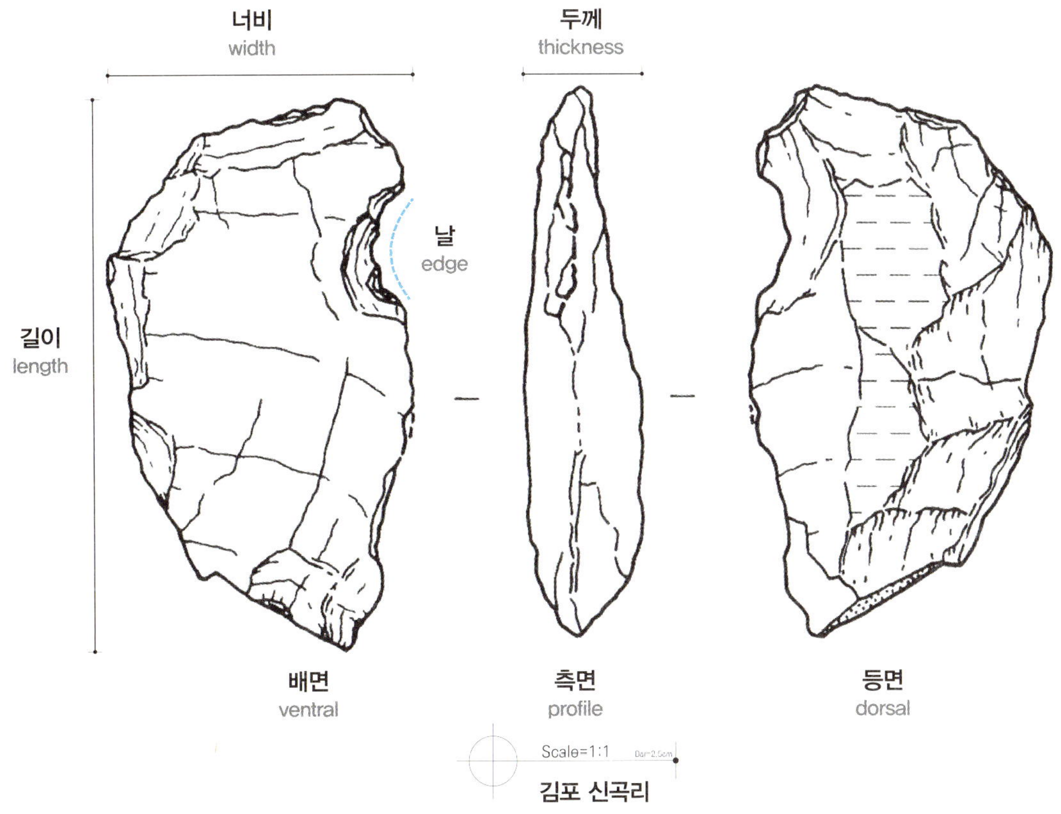

격지 혹은 돌날에 깊고 작은 오목날을 형성시킨 소형석기로 날의 속성은 긁개에 가깝다. 오목날 가공 방법에 따라 형식분류가 이루어지는데, 구석기시대 전시기에 걸쳐 사용되었다.

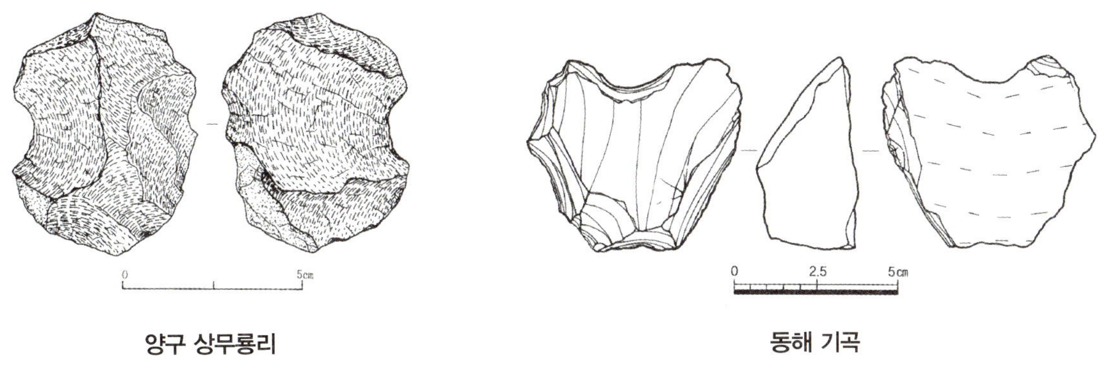

* 한국문화재보호재단, 2010, 『김포 신곡리 구석기유적』.

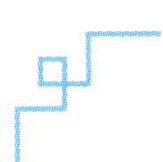

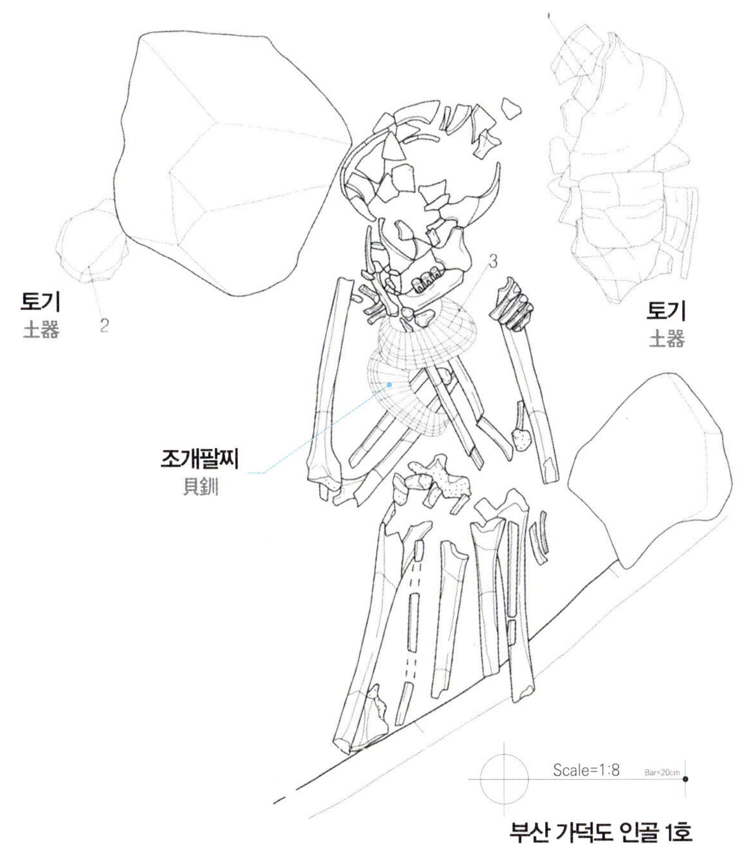

부산 가덕도 인골 1호

　　신석기시대 무덤은 부산 가덕도, 통영 연대도 등 남부 해안 및 도서 지방에서 주로 발견된다. 매장 형태는 대부분 단독장이며, 매장 자세는 바로펴묻기[伸展葬], 굽혀묻기[屈葬], 옆으로 묻기[側臥葬] 등이 있으나 대체로 굽혀묻기가 우세하다. 인골 주변에 굴토의 흔적이 나타나지 않는 것으로 볼 때 땅위에 시신을 안치하고 흙, 돌 등을 이용하여 매장한 것으로 추정된다. 부장품으로는 조개팔찌[貝釧], 뼈발찌, 토기, 옥제품 등이 있으며, 적색 안료가 발견되는 경우도 있다.

* 한국문물연구원, 2014, 『부산 가덕도 장항유적』.

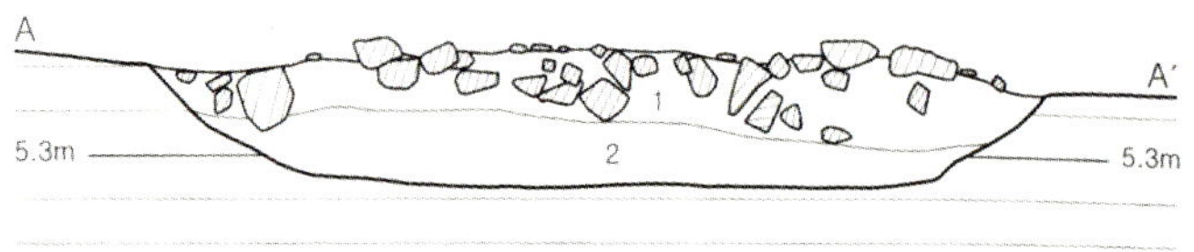

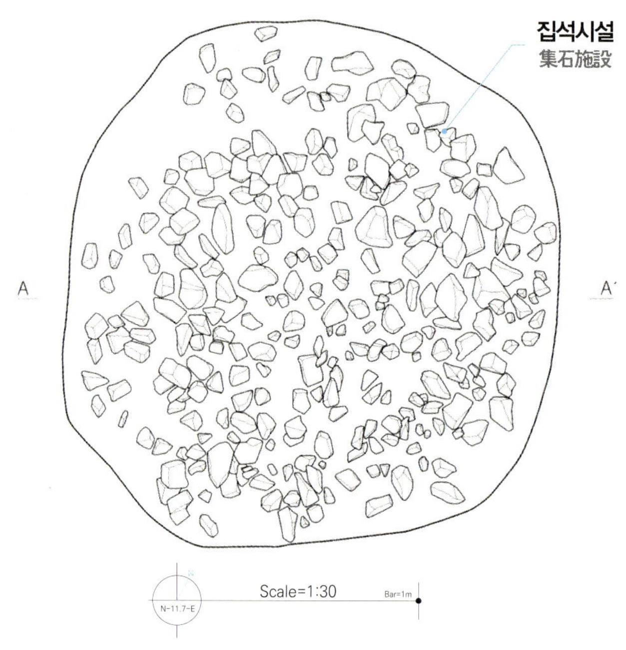

인천 운북동 2지점 13호 바깥화덕

땅을 굴토하여 구덩이[竪穴]을 조성한 후에 내부에 돌을 쌓아 만든 형태의 바깥화덕[野外爐址]이다. 우리나라 신석기시대 전 시기, 전 지역에 걸쳐 확인된다. 유구 기능에 대해서는 매장을 위한 시설물로 보는 견해도 있으나 대체로 음식물 조리를 위한 기능을 가졌던 것으로 추정된다.

＊ 한강문화재연구원, 2012, 『인천 운북동유적』.

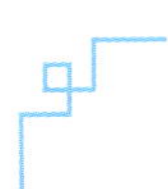

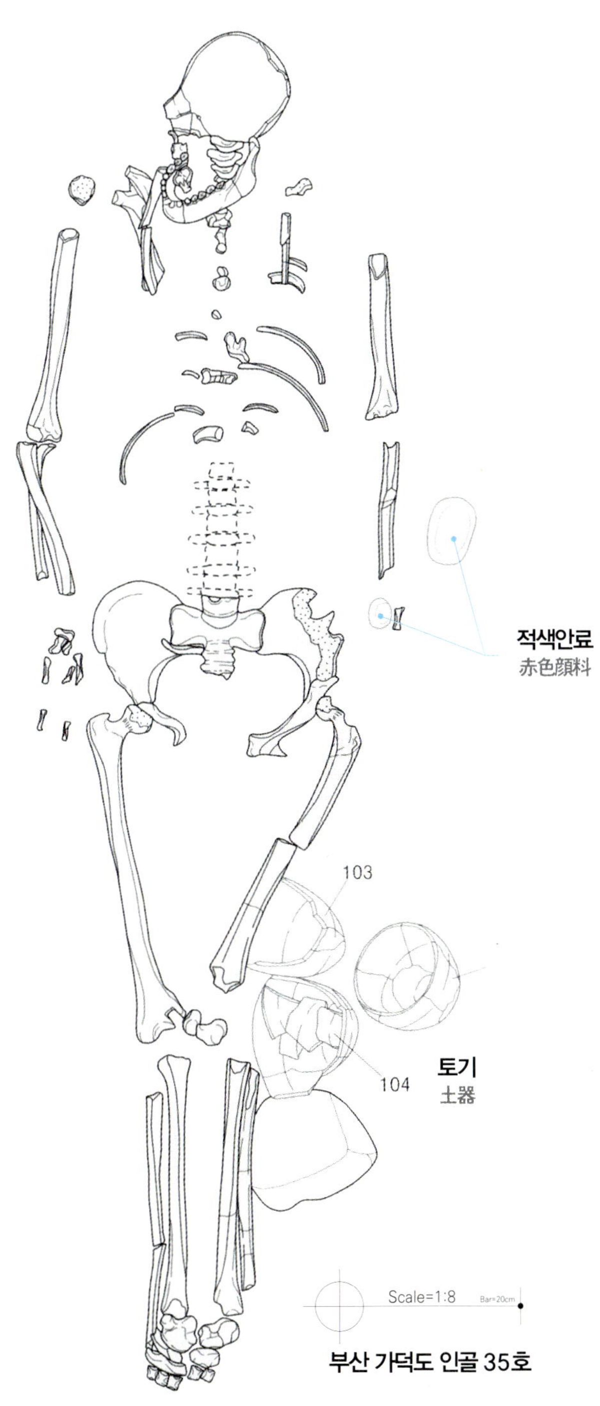

* 한국문물연구원, 2014, 『부산 가덕도 장항유적』.

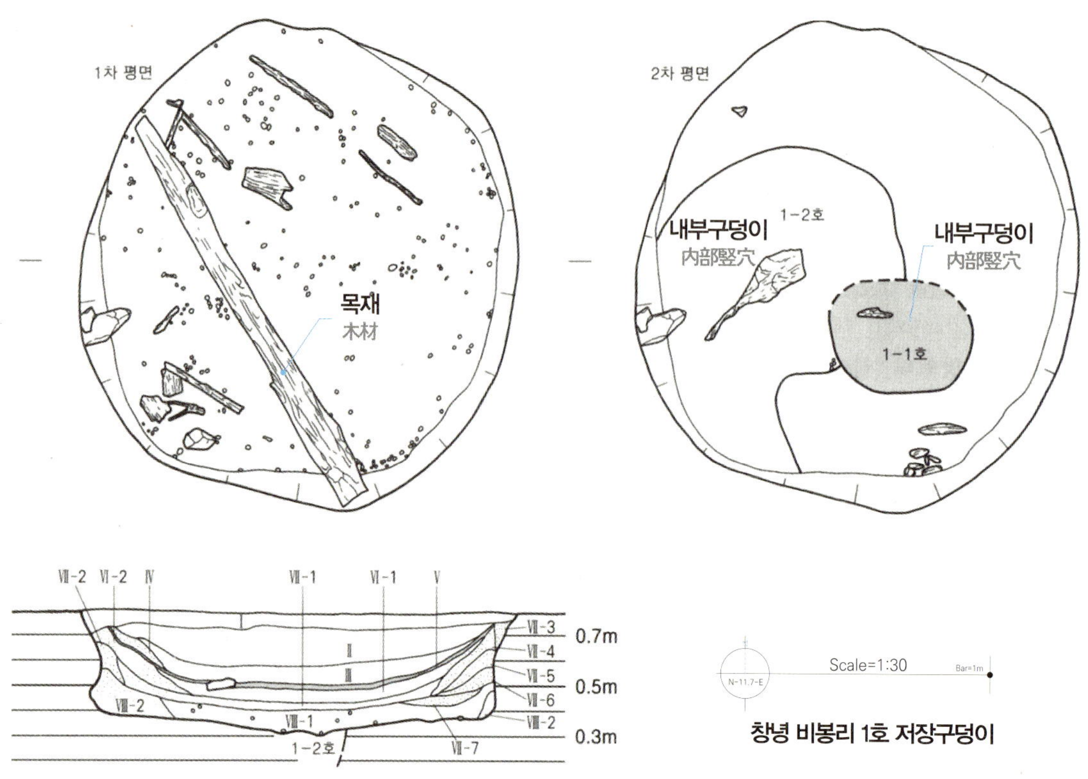

창녕 비봉리 1호 저장구덩이

둥근꼴의 구덩이[竪穴]는 집자리, 바깥화덕[野外爐址]과 함께 가장 흔하게 발견되는 유구이지만 출토유물이나 내부 시설이 거의 없어 기능을 파악하기 어렵다. 하지만 창녕 비봉리 저습지 유적에서 도토리가 발견되어 대체로 저장구덩이의 성격을 가진 것으로 추정된다. 저장구덩이 내부에서는 도토리와 같은 견과류와 목재, 직물편 등이 출토되었다.

＊ 국립김해박물관, 2008, 『비봉리』.

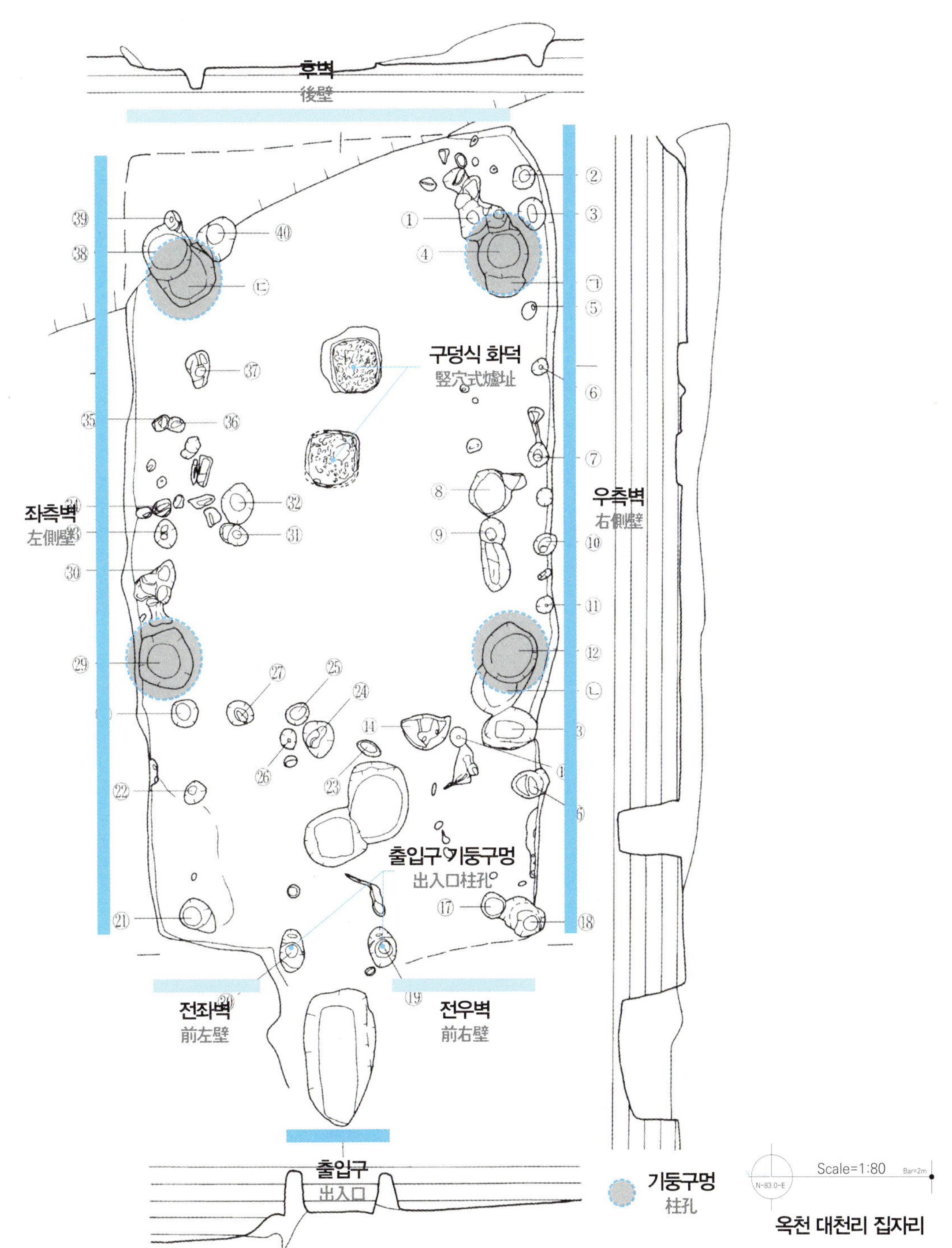

돌출된 출입구를 가진 긴네모꼴집자리는 신석기시대 중기에 충청 내륙지역을 중심으로 경기도 남부와 전라북도 북부에 나타난다. 집자리는 낮은 구릉의 정상부에 1~2기만이 입지하는 특징을 보이며 처음 발견된 유적명을 따라 '대천리식 집자리'라고도 불린다. 내부 중앙에 1~2기의 구덩식 화덕을 갖추고 있으며 기본적으로 사주식(四柱式)의 기둥 배치를 가진다.

＊ 한남대학교중앙박물관, 2003, 『옥천 대천리 신석기유적』.

__집자리(네모꼴집자리) | 方形住居址 | Square-shaped dwelling

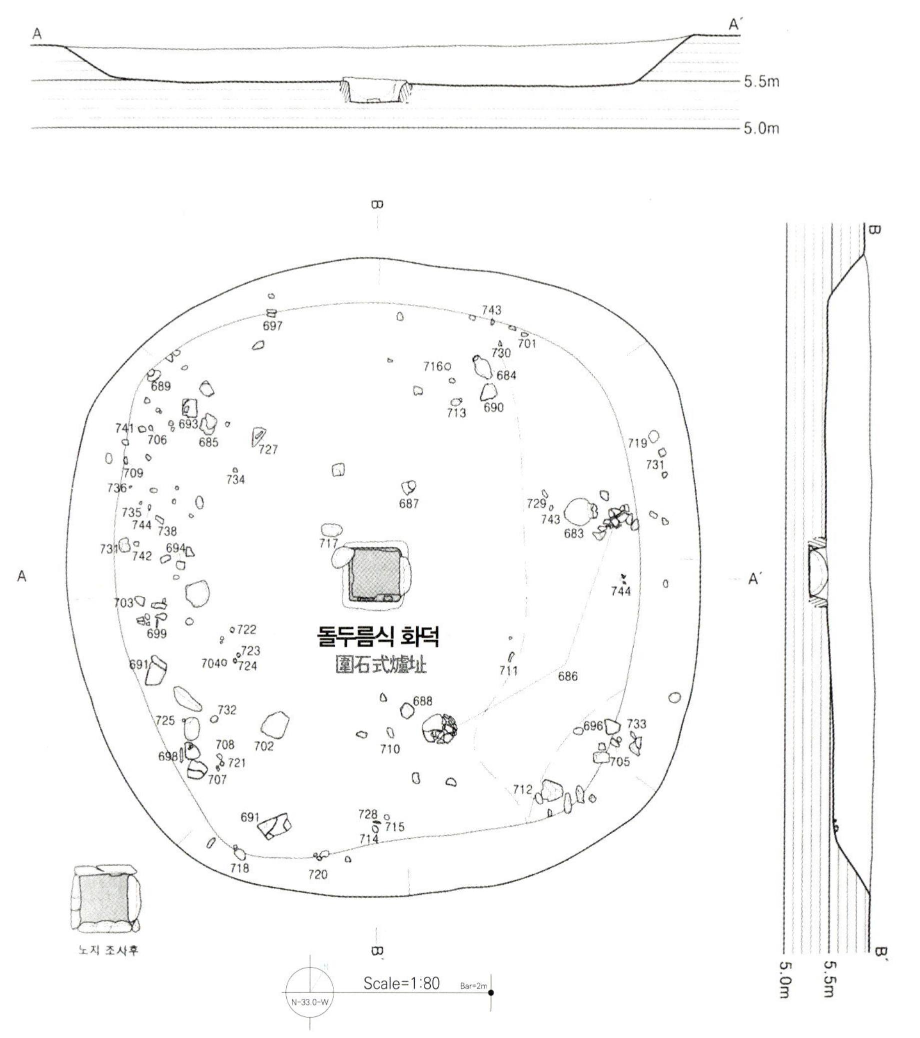

양양 오산리 C지구 3호 집자리

중부 동해안 지역 신석기시대 전기 집자리의 평면 형태는 둥근꼴과 네모꼴이 주류를 이룬다. 내부시설로는 주거공간 중앙에 돌두름식 화덕[圍石式爐址]을 갖추고 있으며, 기둥자리는 벽가 배열을 이루는 경우도 있지만 뚜렷하게 확인되지 않거나 불규칙한 경우도 많다. 출입구 시설은 확인되지 않는 경우가 대부분이다.

＊ 예맥문화재연구원, 2010, 『양양 오산리유적』.

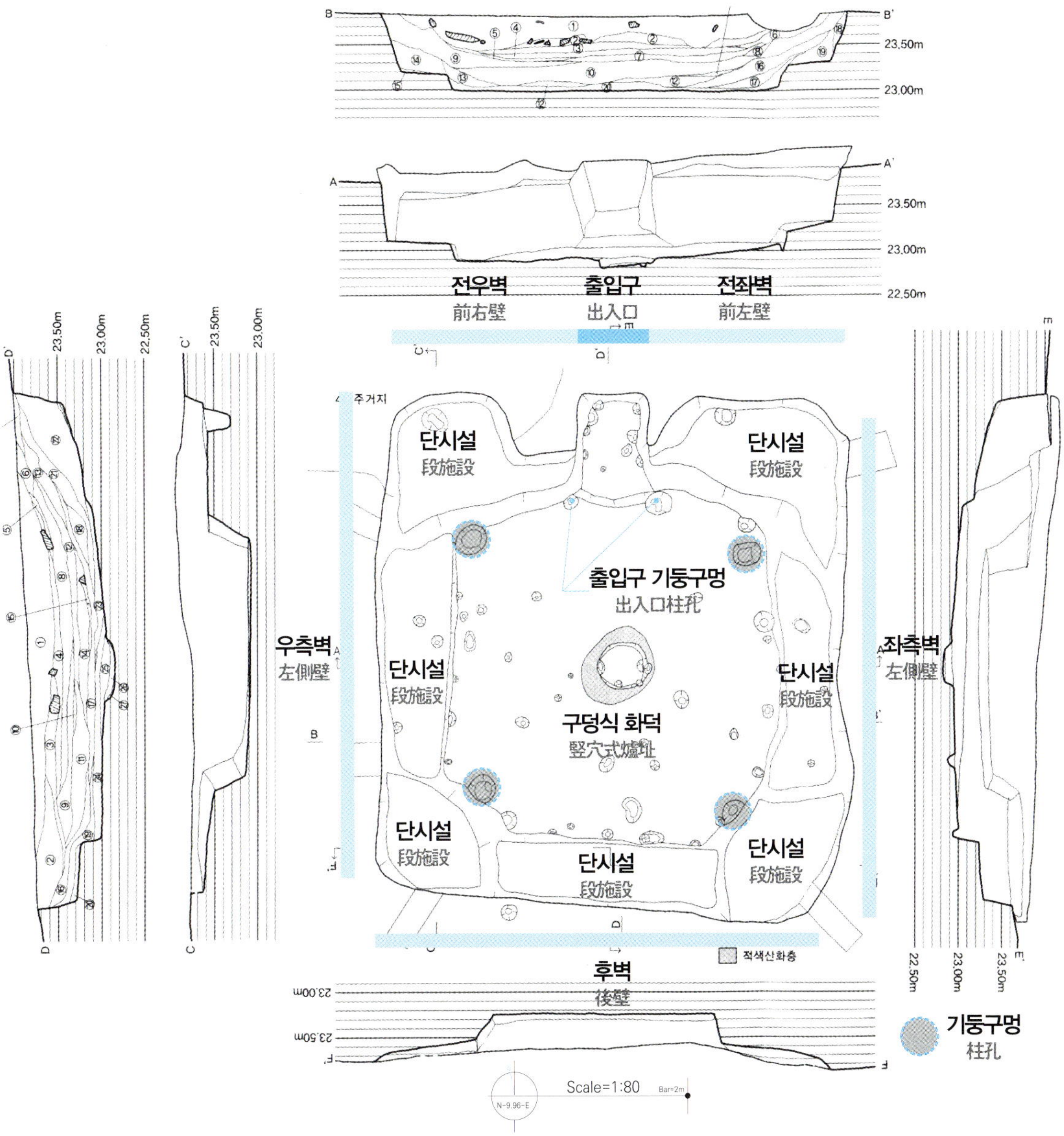

집자리(네모꼴집자리) | 方形住居址 | Square-shaped dwelling

인천 운서동 Ⅰ2지점 3호 집자리

　　돌출된 출입구와 단시설, 구덩식 화덕을 갖춘 네모꼴의 중서부 지역 신석기시대 전기 집자리로 주로 해안 및 섬 지역에서 발견된다. 단시설은 네 벽 전체 또는 일부에 설치되는데 주 공간과 분리된 보조공간으로 침상, 선반 등의 용도로 추정되나 확실하지 않다. 단시설은 중기 이후 일부 주거지에도 나타나지만 정형성은 떨어진다.

＊ 중앙문화재연구원, 2010, 『인천 운서동유적Ⅰ』.

집자리(네모꼴집자리) | 方形住居址 | Square-shaped dwelling

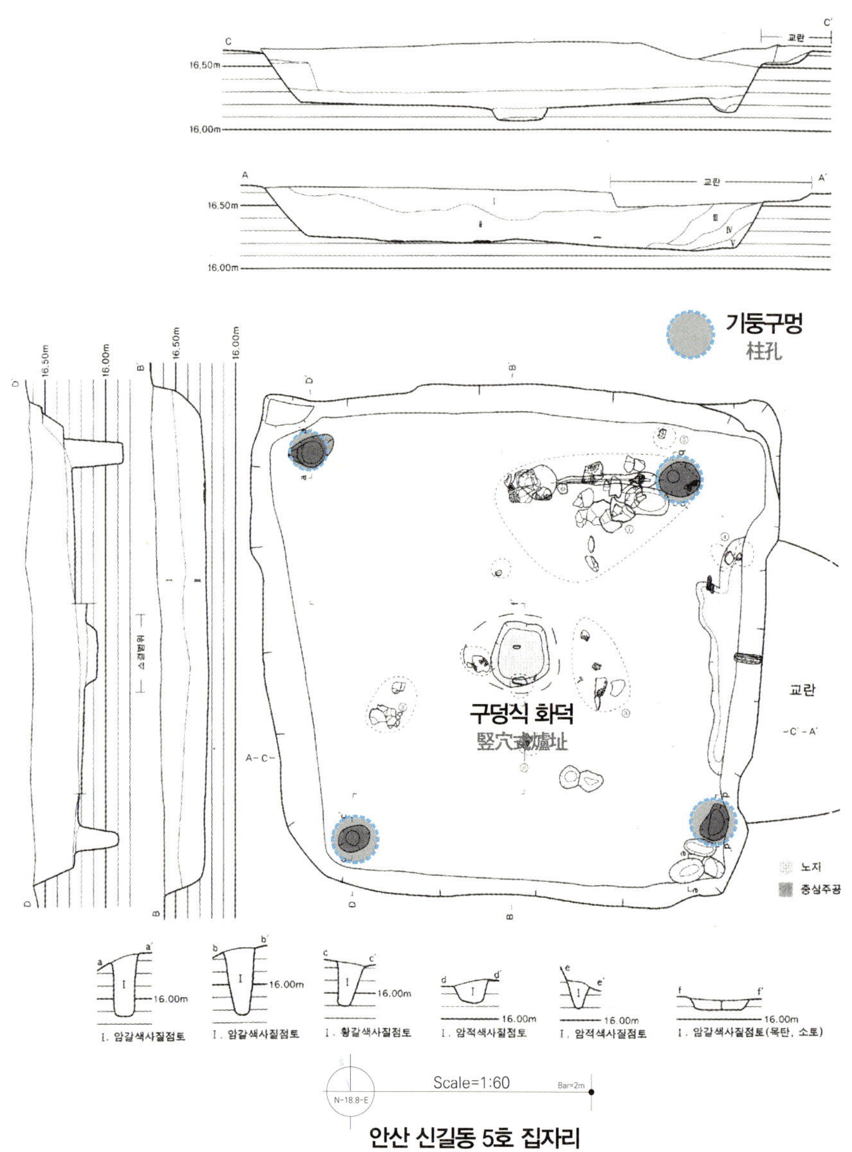

안산 신길동 5호 집자리

신석기시대 중기 이후에 집자리의 평면 형태는 네모꼴이 주류를 차지한다. 내부시설로는 정연한 사주식(四柱式)의 기둥 배치와 중앙에 1기의 구덩식 화덕[竪穴式 爐址]를 갖추고 있다. 일부 집자리에는 돌출된 출입구가 확인되는 경우도 있지만 대체로 발견되지 않는다.

* 고려문화재연구원, 2009, 『안산 신길동 유적Ⅱ』.

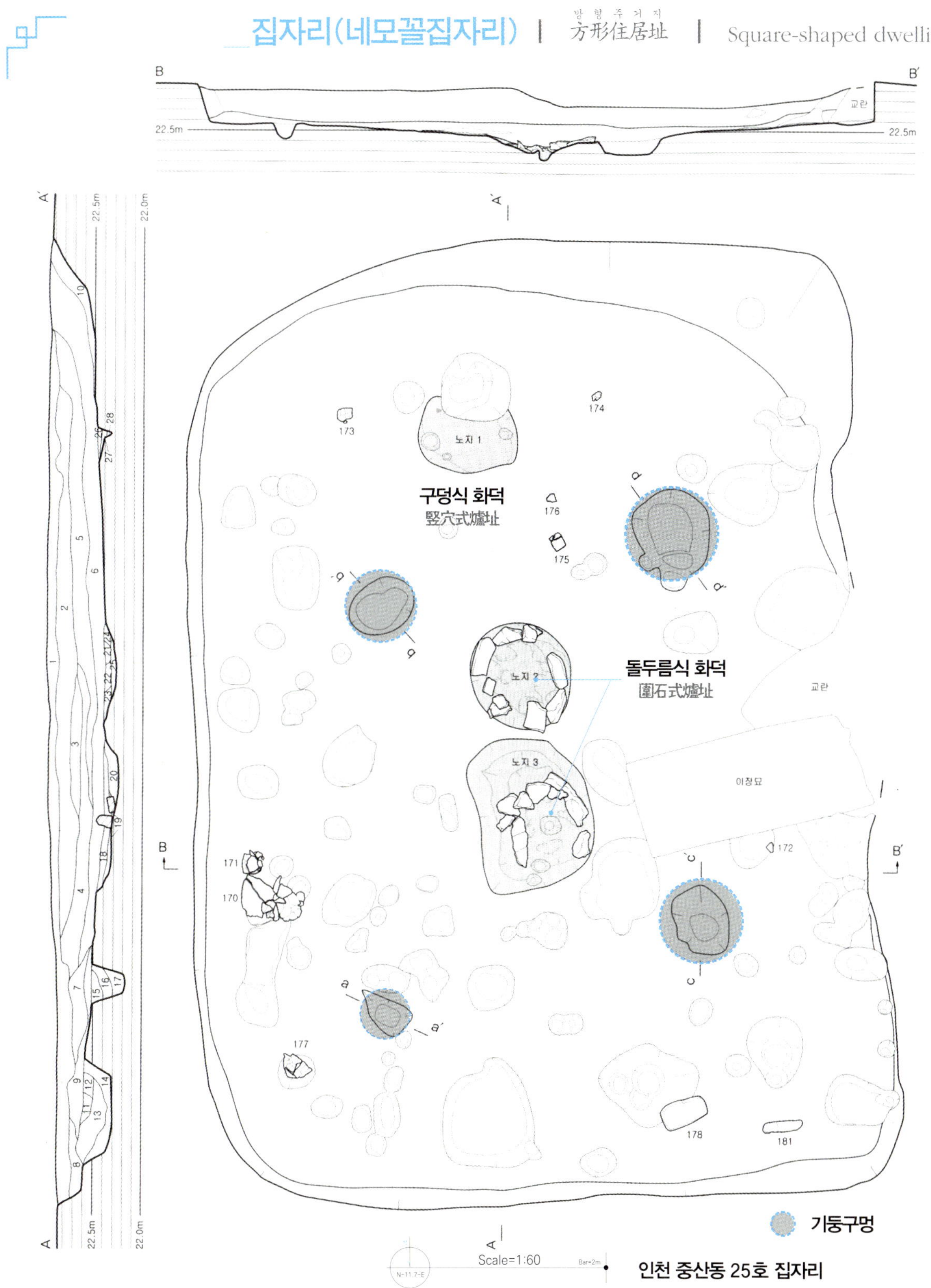

신석기시대 후기 집자리의 평면 형태는 대체로 네모꼴이 주류를 이룬다. 기둥 배치는 사주식(四柱式)이 기본이지만 정형성이 많이 떨어지고 내부 바닥에는 용도를 알 수 없는 다수의 작은 구덩이[竪穴]가 배치된 경우가 많다. 화덕자리는 돌두름식[圍石式]과 구덩식[竪穴式]이 함께 나타나며 여러 개의 화덕이 중복되어 설치된 예도 다수 발견된다.

* 한강문화재연구원, 2012, 『인천 중산동유적』.

집자리(둥근꼴집자리) | 圓形住居址 | Circular dwelling

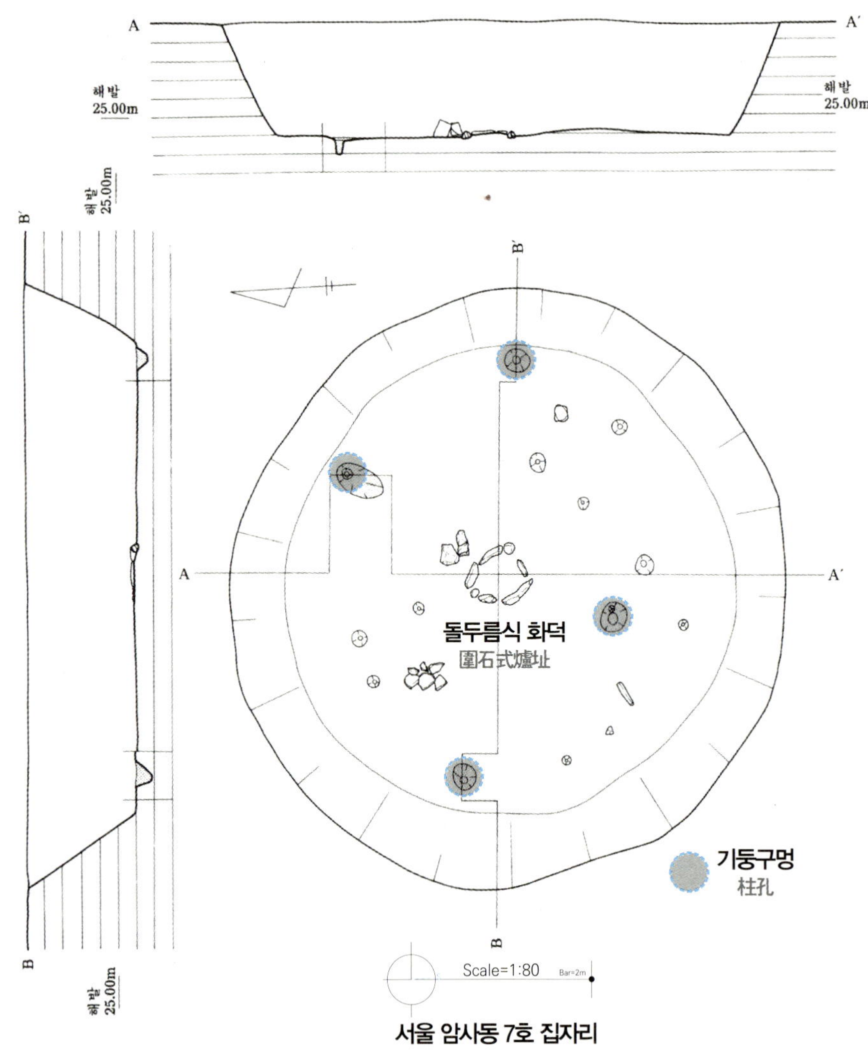

서울 암사동 7호 집자리

    중서부지역 신석기시대 전기 집자리의 평면 형태는 둥근꼴과 네모꼴이 주류를 이룬다. 둥근꼴집자리는 신석기시대 전기에 강변 충적대지에 입지한 취락에서 주로 보인다. 주거 공간 중앙에 돌두름식 화덕[圍石式爐址]을 갖추고 있으며 사주식(四柱式)의 기둥 배치를 기본으로 한다. 돌출된 출입구 시설을 갖춘 경우도 있지만 별도의 출입구가 확인되지 않는 경우가 많다

＊ 국립중앙박물관, 1994, 『암사동』.

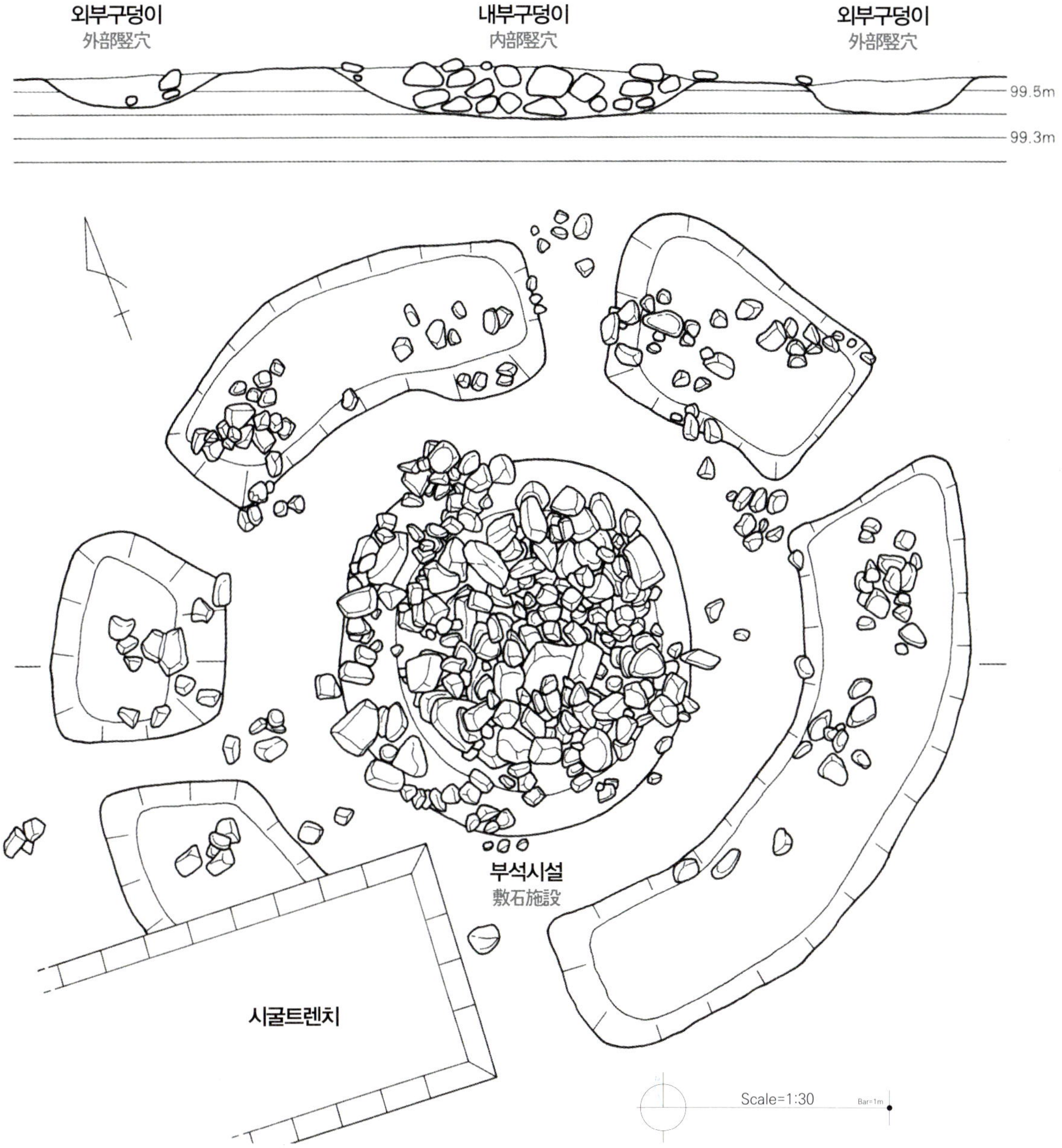

김천 송죽리 4호 토기가마

구덩이에 부석시설(敷石施設)을 한 토기가마이다. 화재 위험성을 방지하기 위해 주거 공간과 일정하게 떨어진 곳에 위치하며 일정한 온도를 올릴 수 있는 대형 부석시설이라는 점에서 토기가마로 추정된다. 하지만 유구 주변에 토기편이 거의 발견되지 않아 단순 바깥화덕[野外爐址]으로 보는 견해도 있다.

＊ 배성혁, 2007, 「신석기시대의 토기요 연구-김천 송죽리 토기요지를 중심으로-」, 『한국고고학보』62, 한국고고학회.
　홍은경, 2011, 「신석기시대 집석유구의 기능에 대한 비판적 검토」, 『한국고고학보』81, 한국고고학회.
　계명대학교 행소박물관, 2006, 『김천 송죽리 유적Ⅰ』.

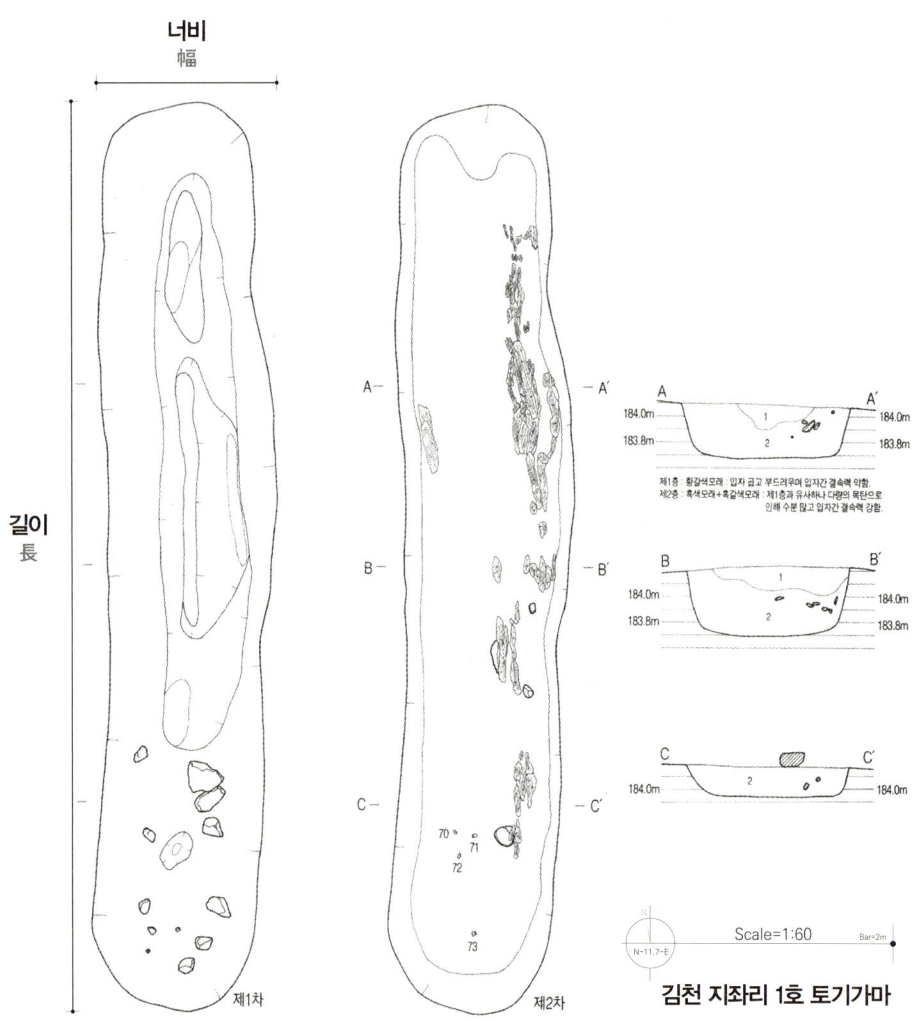

길쭉한 구상유구(溝狀遺構) 형태의 토기가마로 단독 또는 2기가 세트로 발견된다. 김천 지좌리유적 외에 확인된 유적이 거의 없어 정확한 시기는 알 수 없으나 신석기시대 후기에 주로 이용된 것으로 추정된다. 단면은 'U'자상이며 내부에는 목탄열이 확인되는 경우가 많은데 이는 소성의 마지막 단계에서 초본류 등을 덮어 나타난 현상으로 추정된다.

* 대동문화재연구원, 2012, 『김천 지좌리 유적 I』.

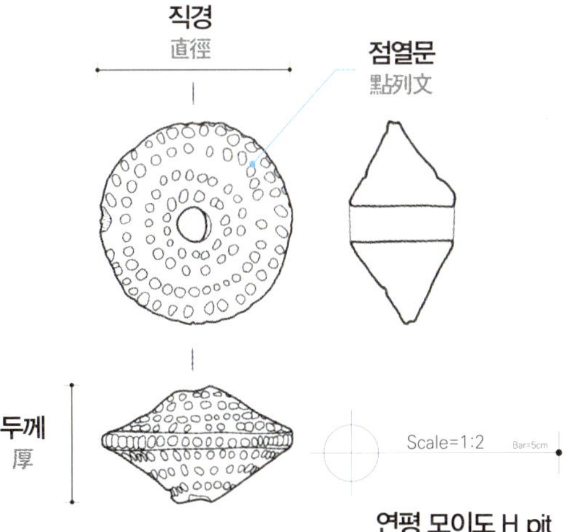

가락바퀴[紡錘車]는 실을 만들 때 쓰이는 도구로 방직구(紡織具) 부품 중 하나이다. 가운데 뚫린 구멍에 나무를 끼워 돌림으로써 실을 생산하는 도구이다. 우리나라 신석기시대에는 대체로 토제품이 출토되며 단면 형태는 능형, 삼각형, 장방형, '凸'형 등 다양하다. 표면에는 침선문, 점열문 등이 시문되나, 문양을 새기지 않은 경우도 있다.

◈ 국립문화재연구소, 2003, 『연평 모이도 패총』.

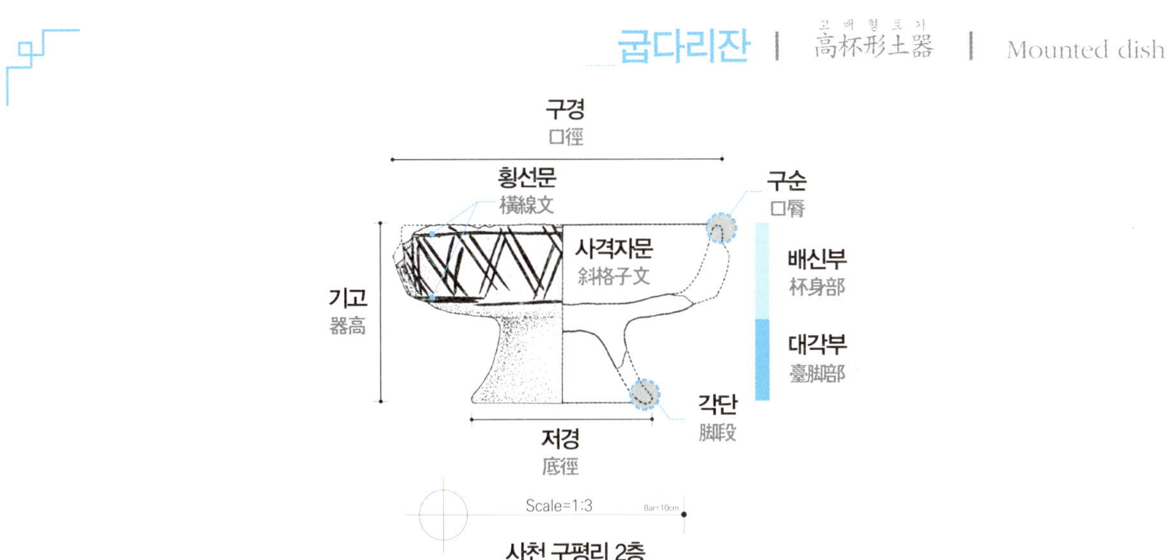

우리나라 신석기시대에는 매우 드물게 출토되며, 완형에 가깝게 출토된 것은 사천 구평리유적 출토품이 거의 유일하다. 배신부에는 횡선문(橫線文)과 사격자문(斜格子文)이 새겨져 있다. 신석기시대 후기 이후에 제작된 것으로 의례에 사용된 것으로 추정된다.

◈ 단국대학교중앙박물관, 1993, 『사천 구평리유적』.

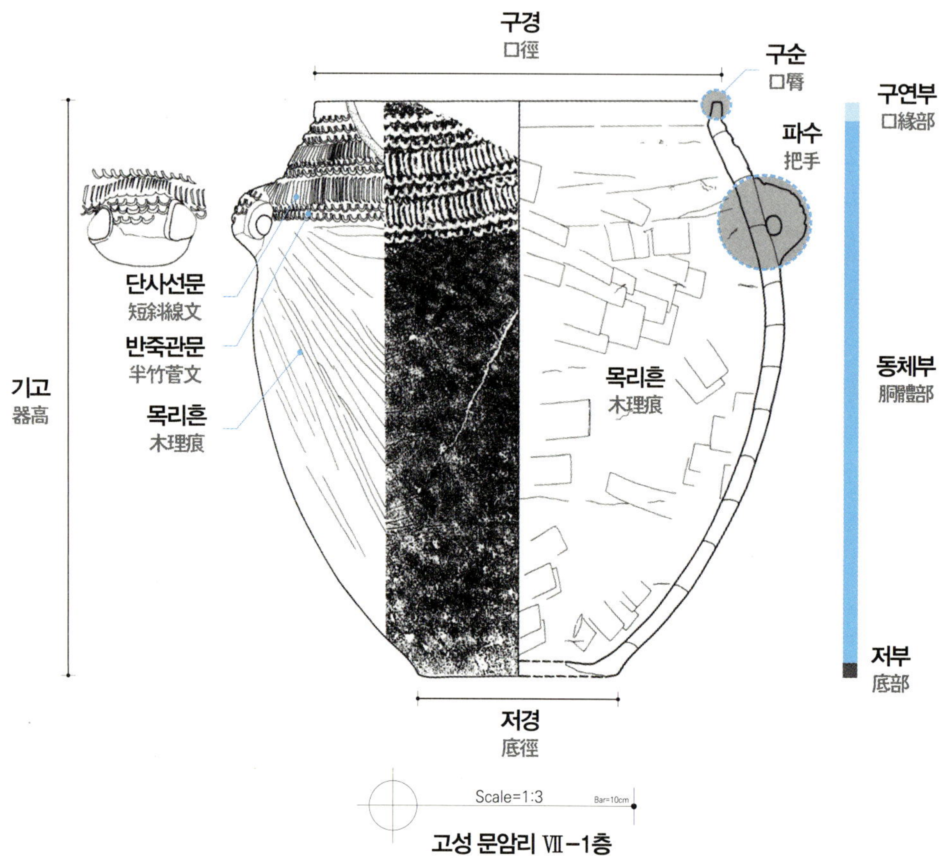

* 국립문화재연구소, 2004, 『고성 문암리 유적』.

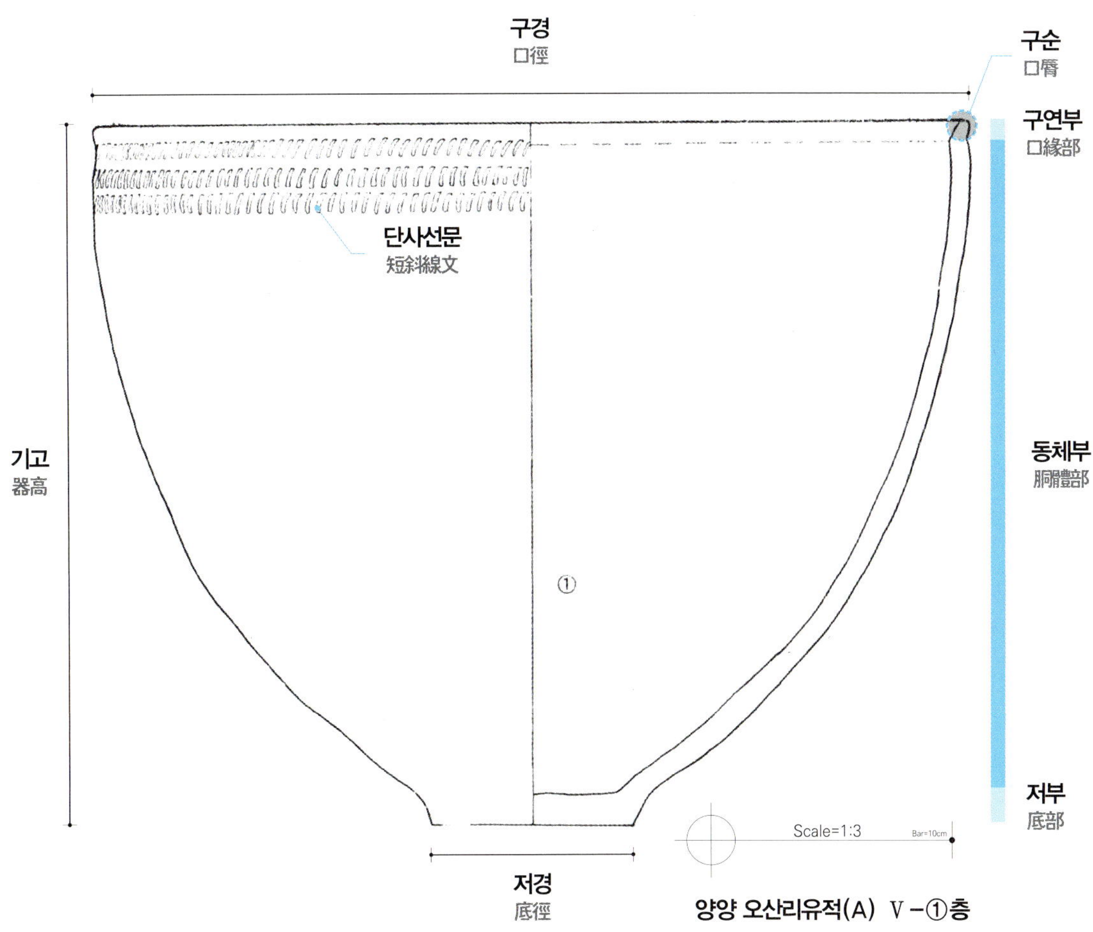

납작밑[平底] 바리형[鉢形]의 기형에 구연부에 압날(押捺)의 단사선문(短斜線文)이 시문된 토기이다. 양양 오산리유적에서 처음 발견되어 '오산리식 토기'라고도 불린다. 오산리식 토기의 기종은 주로 바리형이지만 옹형에 둥근 고리형 파수가 달린 경우도 있다. 주로 동해안 지역에서만 발견되며 덧무늬[隆起文]토기와 병행하는 것으로 알려져 있으나, 오산리 C지구 유적의 층위관계로 볼 때 발생시기는 덧무늬토기보다 선행하는 것으로 볼 수도 있다.

* 서울대학교박물관, 1984, 『오산리 유적』.

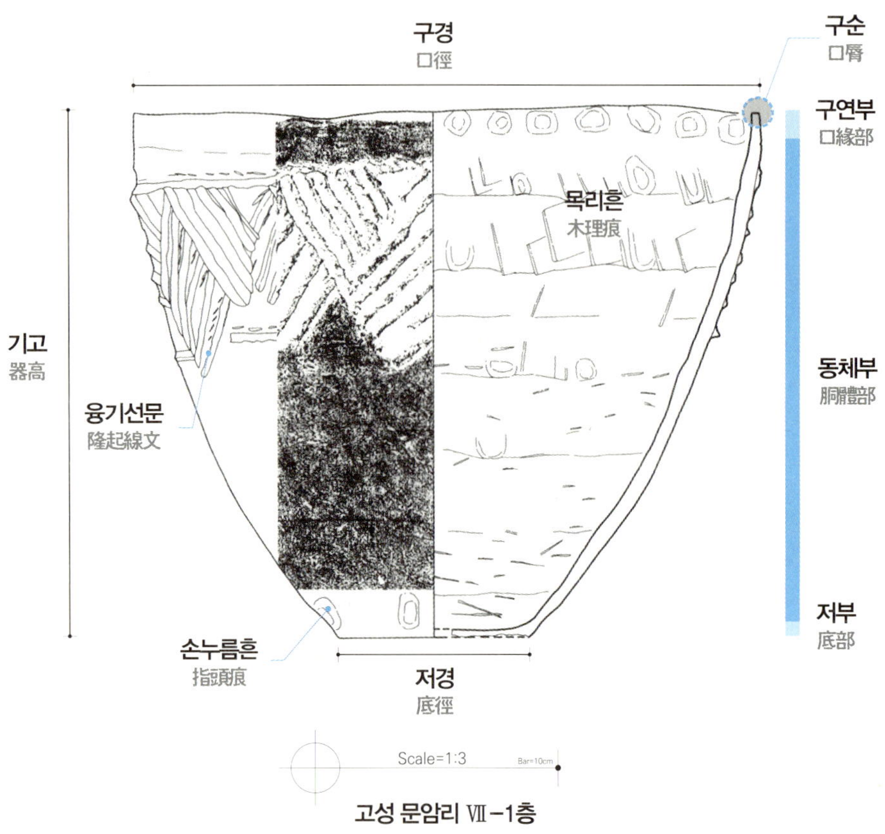

고성 문암리 Ⅶ-1층

덧무늬[隆起文]토기는 동남해안 지역 신석기시대 조기를 대표하는 토기이다. 토기에 문양을 새기지 않고 점토띠를 덧붙여 문양을 표현한 토기를 통칭한다. 덧무늬는 점토띠의 두께에 따라 크게 융기대문(隆起帶文)과 융기선문(隆起線文)으로 구분되며 융기대문의 발생 시기가 빠르고 평저에서 원저 형태로 변화하는 것으로 알려져 있다. 시간의 흐름에 따라 융기대문과 융기선문이 복합적으로 시문된 경우가 많으며, 침선문양과도 복합적으로 시문된다.

---

* 국립문화재연구소, 2004, 『고성 문암리 유적』.

납작밑바리덧무늬토기

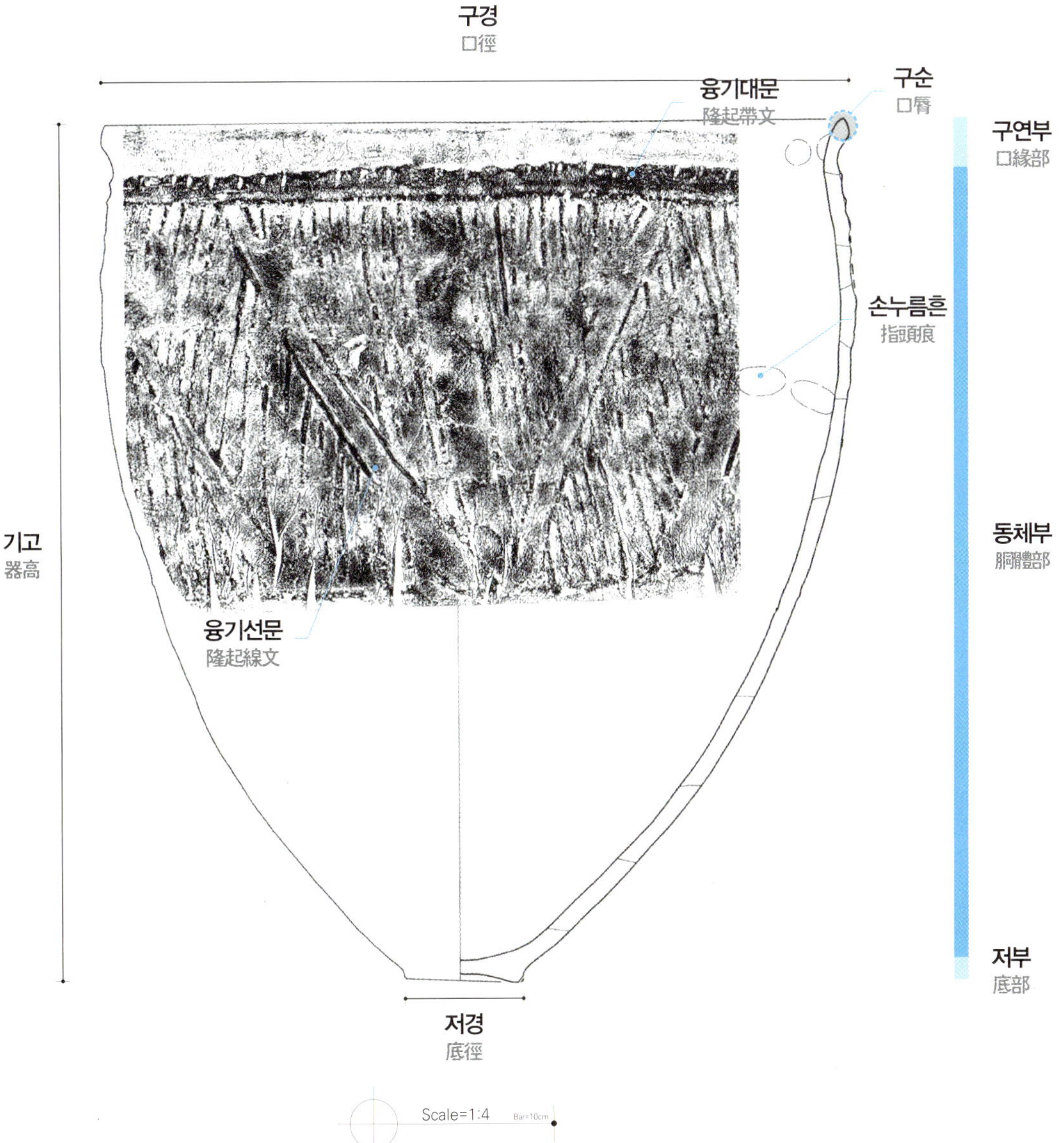

부산 동삼동 3층

* 국립중앙박물관, 2004, 『동삼동패총 Ⅱ』.

납작밑바리민무늬토기

평저발형무문양토기
平底鉢形無文樣土器 | Plain coarse pottery with flat bottom

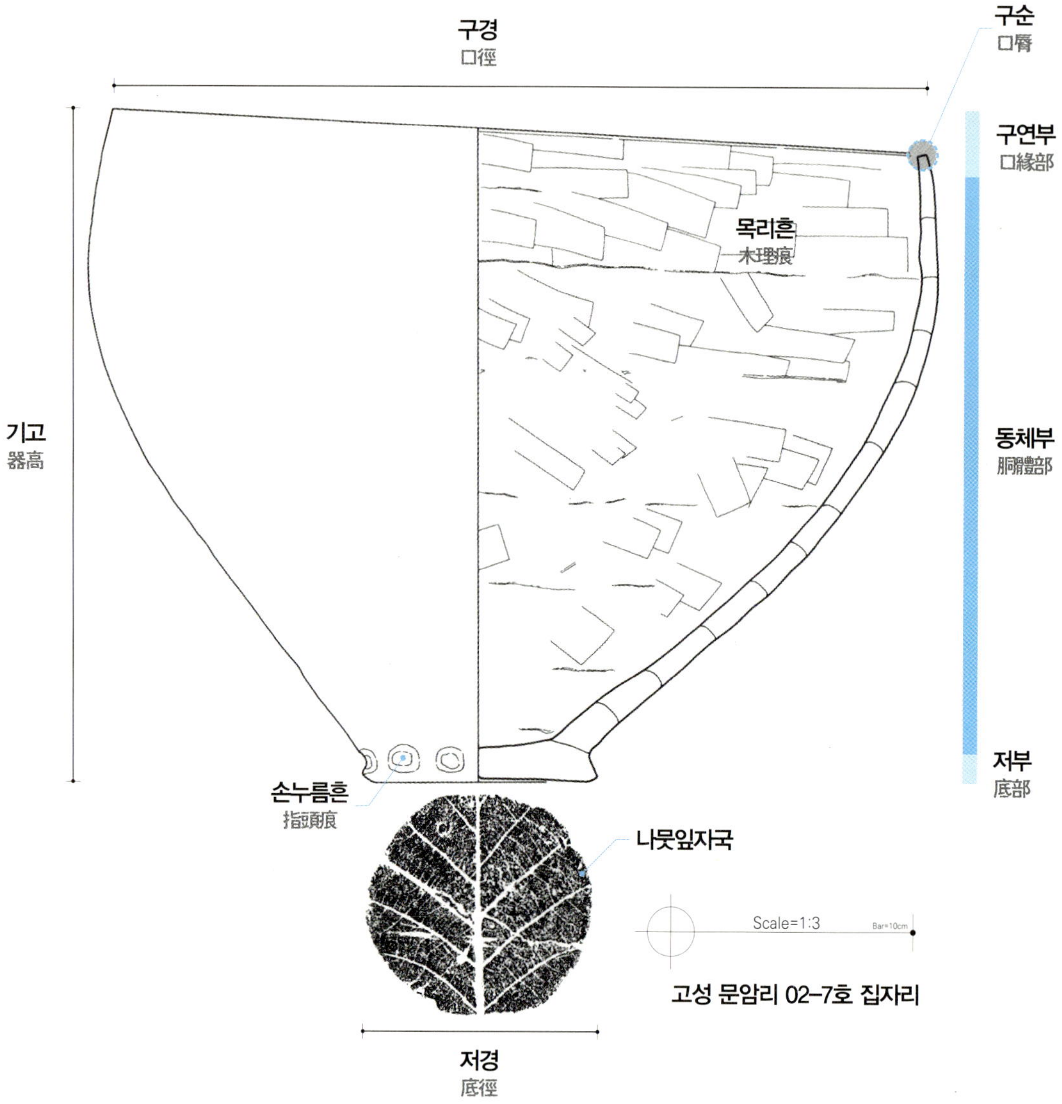

동해안 지역을 중심으로 신석기시대 조기에 주로 출토되는 민무늬[無文樣]토기이다. 형태는 납작밑[平底] 바리형[鉢形]에 문양이 새겨져 있지 않은 경우가 대부분이지만 구연부를 중심으로 압날(押捺)의 점열(點列), 단사선문(短斜線文)이 시문된 경우도 있다. 또한 파수(把手)가 부착되거나 적색안료(赤色顏料)를 바른 후 마연(磨研)한 토기도 함께 출토된다.

* 국립문화재연구소, 2004, 『고성 문암리 유적』.

平底鉢形無文樣土器 | Plain coarse pottery with flat bottom

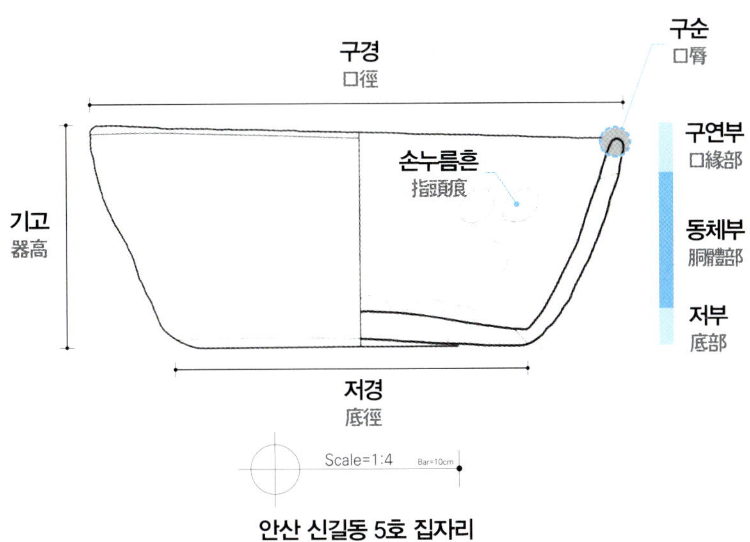

안산 신길동 5호 집자리

굽이 없는 납작밑[平底] 바리형[鉢形]의 민무늬[無文樣]토기로 신석기시대 전 시기에 걸쳐 출토되지만 둥근밑[圓底] 토기에 비해 출토수는 매우 적다. 대체로 기고가 구경에 비해 작은 얕은바리[淺鉢]형이며 문양이 새겨져 있지 않은 경우가 대부분이다. 드물게 대형 토기가 출토되기도 하지만 둥근바닥[圓底] 토기에 비해 소형이 대부분이다. 식기 등 일상 생활용기로 사용된 것으로 추정된다.

* 고려문화재연구원, 2009, 『안산 신길동 유적 Ⅱ』.

납작밑바리민무늬토기(고산리식토기)

平底鉢形無文樣土器 · 高山里式土器 | Plain organic-tempered pottery

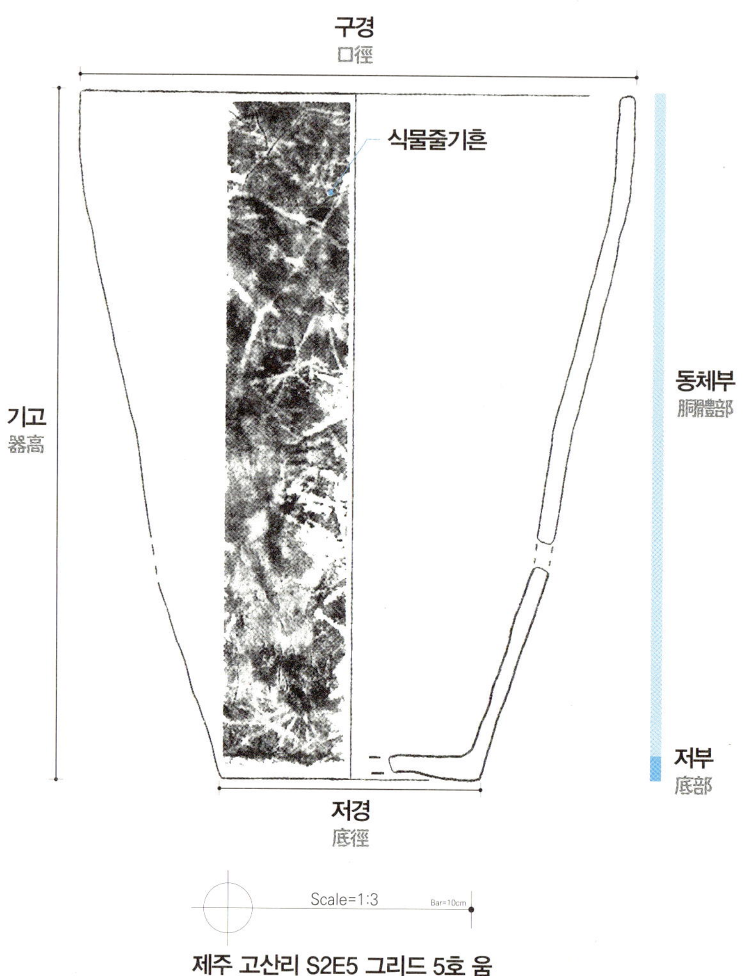

제주 고산리 S2E5 그리드 5호 움

    '고산리식토기'는 식물성 첨가제가 태토에 혼입된 토기로 제주도 지역에서만 발견된다. 토기 표면과 기벽에 식물성 줄기흔이 확인되는데, 주로 벼과의 식물이 첨가제로 사용되었다. 태토가 거칠고 약해 완형으로 출토된 경우는 거의 없지만 대체로 약하게 축약된 굽을 가진 납작밑[平底] 바리형[鉢形] 민무늬[無文樣]토기이다. 우리나라 신석기시대에서 가장 오래된 토기로 알려져 있으며, 토층에서 채취한 화산재의 연대와 러시아 일본 초창기 토기와의 비교를 통해 기원전 10,000년을 상회하는 것으로 여겨지기도 한다. 하지만 지금까지의 방사성탄소연대 측정 결과로는 기원전 8,000년을 전후한 시기부터 제작된 것으로 보는 것이 합리적이다.

---

* 제주문화유산연구원, 2017, 『제주 고산리유적 Ⅲ』.

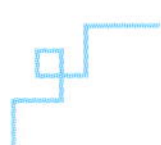

납작밑시루형토기 | 平底甑形土器 | Steamer-shaped pottery

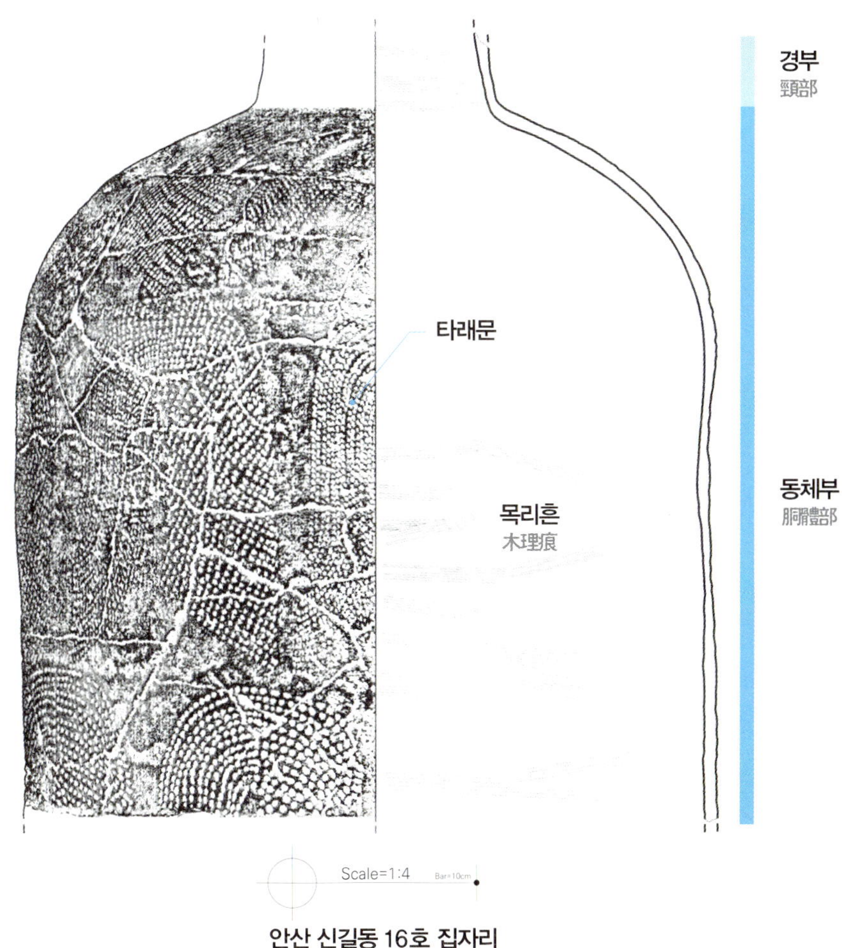

안산 신길동 16호 집자리

　　중부 지역 신석기시대 유적에서 출토되는 특수한 기형의 토기로 길고 좁은 경부(頸部)와 넓은 몸통을 하고 있으며 납작바닥[平底] 형태이다. 문양은 점열(點列)의 타래문이 주로 시문되고 활석 또는 석면이 태토에 혼입되어 있다. 출토 수량이 많지 않고 여러 유적에서 출토되는 토기의 형태와 문양, 태토가 거의 유사하여 토기의 유통과 관련된 것으로 추정되기도 한다.

* 고려문화재연구원, 2009, 『안산 신길동 유적Ⅱ』.

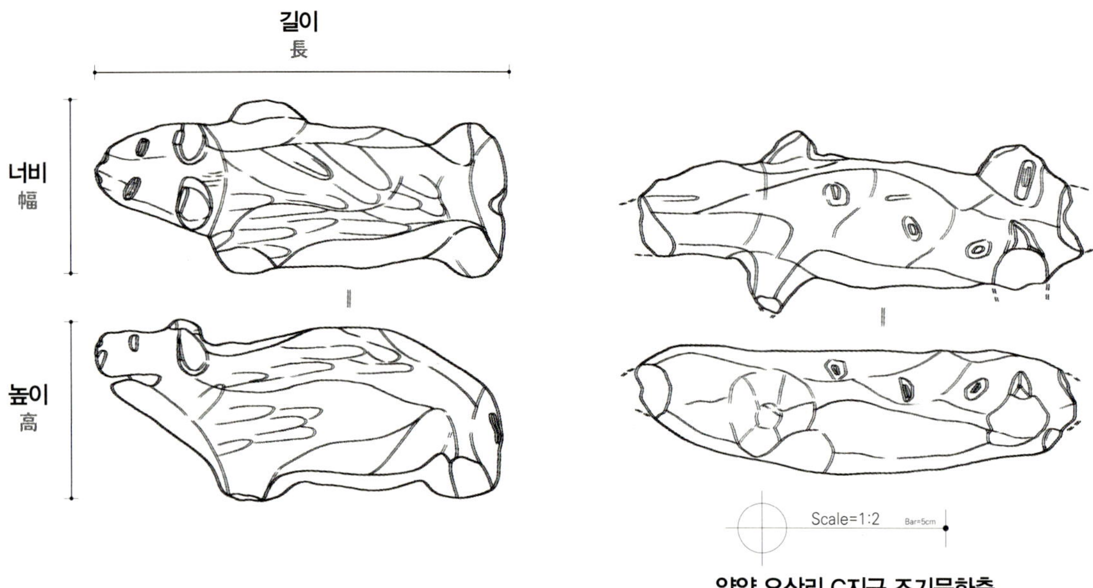

양양 오산리 C지구 조기문화층

토우(土偶)는 흙으로 빚어 만든 인형으로 인물상뿐만 아니라 동물이나 사물을 본떠 만든 것을 통칭한다. 남한 지방에서는 동남해안 지역에서 소량 출토된다. 인물상은 신암리유적 출토품이 대표적이며 돼지나 곰의 형상을 본뜬 것으로 추정되는 것이 오산리, 욕지도, 동삼동에서 출토되었다.

---

* 예맥문화재연구원, 2010, 『양양 오산리유적』.

원저심발형이중구연토기
圓底深鉢形二重口緣土器 | Double-rimmed pottery with pointed bottom

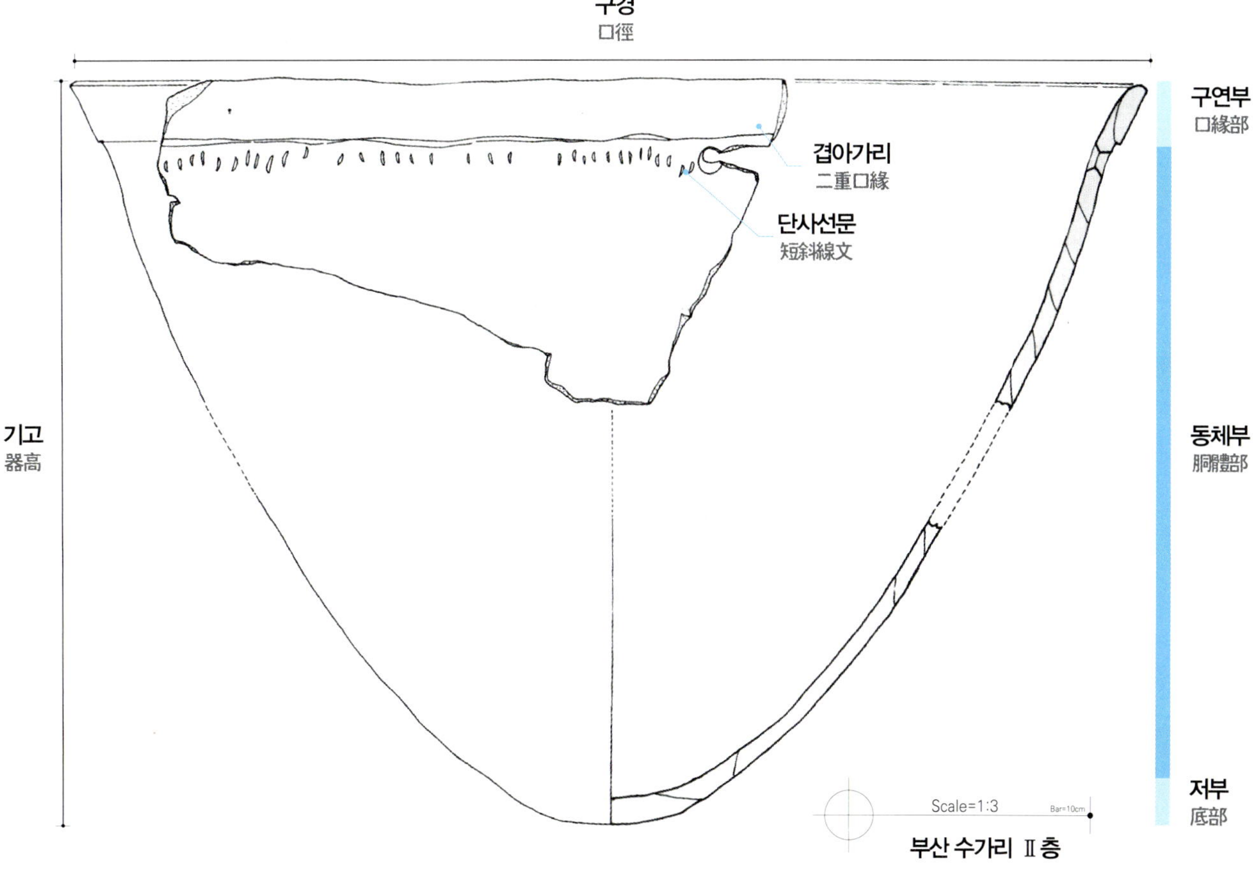

　　남부 지역 신석기시대 후·말기를 대표하는 토기이다. 구연부를 이중으로 말아서 겹아가리[二重口緣]로 제작한 것이 특징으로 문양은 구연 아래에 압날(押捺)의 단사선문이 시문되기도 하지만 민무늬[無文樣]인 경우가 많다. 청동기시대 조·전기의 겹아가리 토기와 연결되는 것으로 주장하는 견해도 있으나 방사성탄소연대로 볼 때 시기 차이가 크고 제작 수법에도 차이가 있어 직접적인 관계는 불확실하다

※ 부산대학교박물관, 1981, 『김해 수가리패총 Ⅰ』.

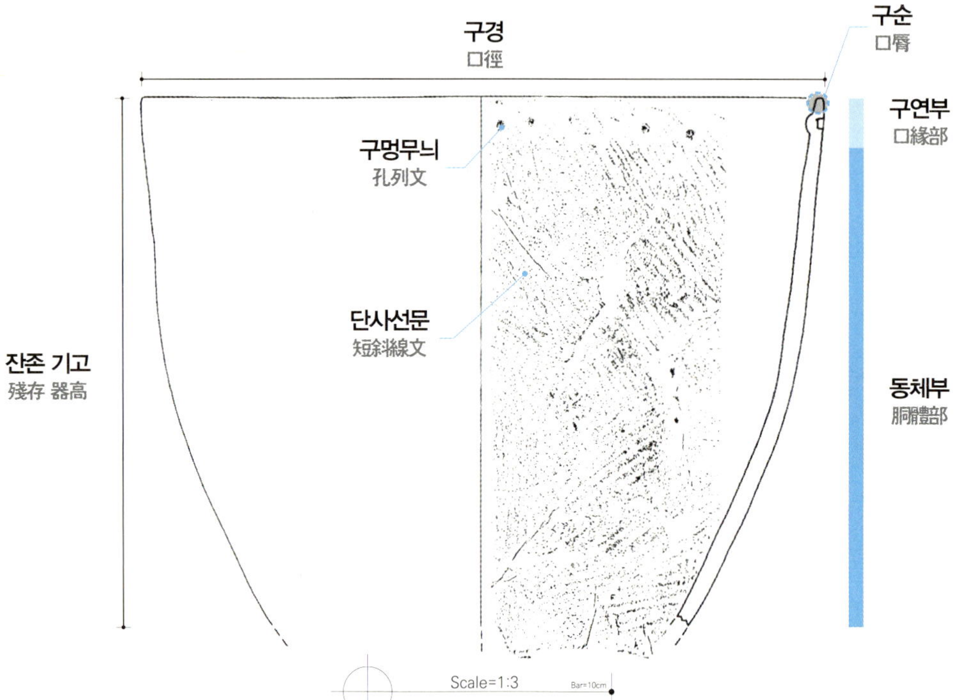

둥근밑깊은바리구멍무늬토기

원 서 십 발 형 공 열 문 토 기
圓底深鉢形孔列文土器 | Perforated-rim pottery with pointed bottom

중서부 해안 및 도서 지역의 신석기시대 후기 유적에서 출토되는 토기로 수량은 많지 않다. 완형으로 출토된 경우가 없어 정확한 기형은 알 수 없으나 구연과 동체부 형태로 볼 때 둥근밑[圓底] 깊은바리[深鉢形]으로 추정된다. 구멍무늬[孔列文]는 구연부 바로 아래에 반관통으로 새겨진 경우가 대부분이며 침선(沈線)의 사선문(斜線文) 사격자문(斜格子文) 등과 조합된다. 청동기시대 구멍무늬[孔列文]토기와의 연결 관계는 불확실하다.

* 서울대학교박물관, 2006, 『용유도 남북동·을왕동 Ⅰ 유적』.

둥근밑깊은바리민무늬토기

圓底深鉢形無文樣土器 | Plain coarse pottery with pointed bottom

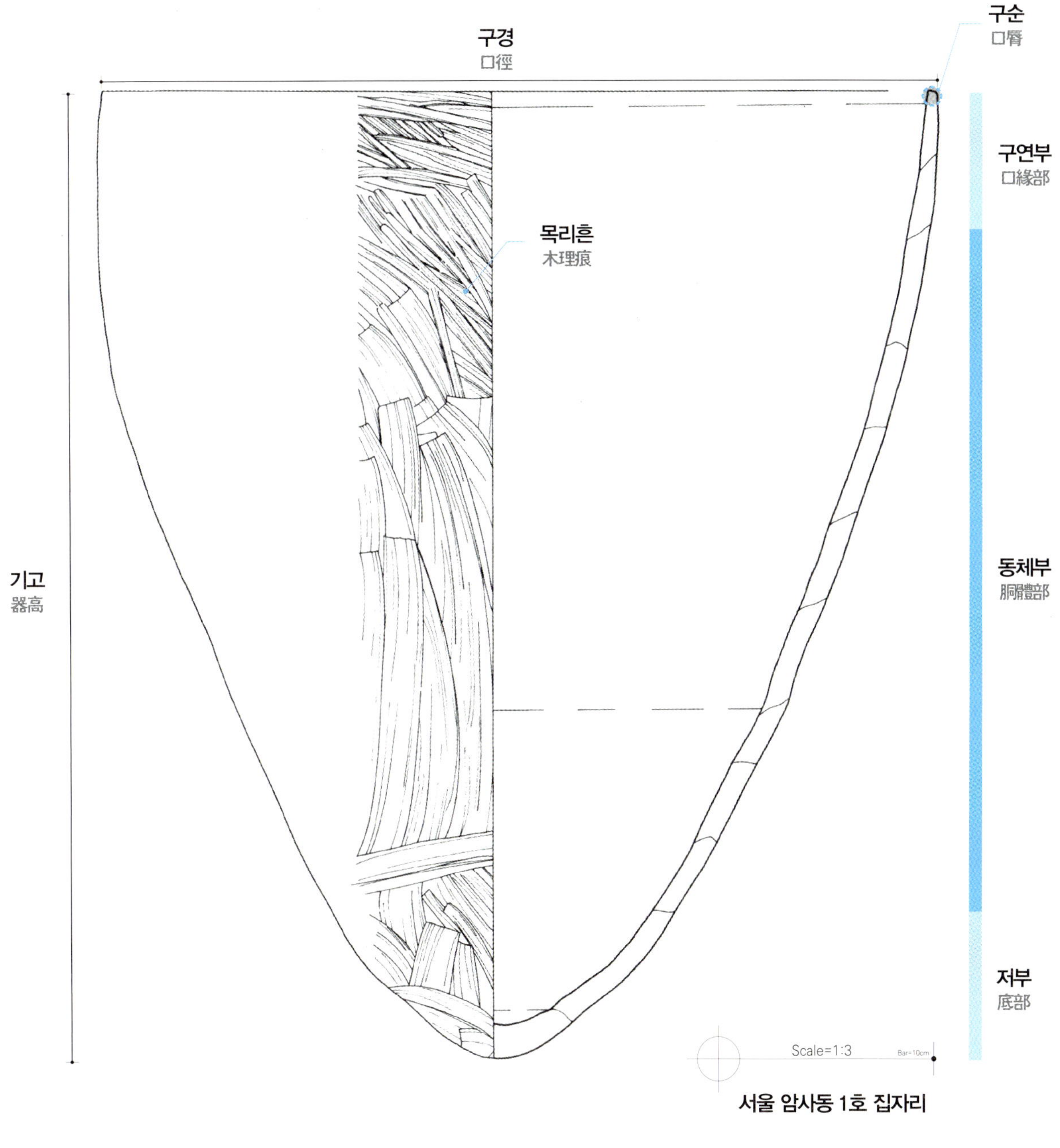

서울 암사동 1호 집자리

둥근밑깊은바리형[圓底深鉢形] 토기는 남한지방 신석기시대 전기 이후의 토기를 대표하는 기형이다. 표면에 무늬가 새겨져 있지 않은 경우는 주로 늦은 시기에 많이 출토되지만 이른 시기에도 일부 출토된다.

* 국립중앙박물관, 1994, 『암사동』.

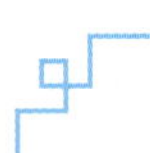

圓(尖)底深鉢形櫛文土器 | Comb-pattern pottery with pointed bottom

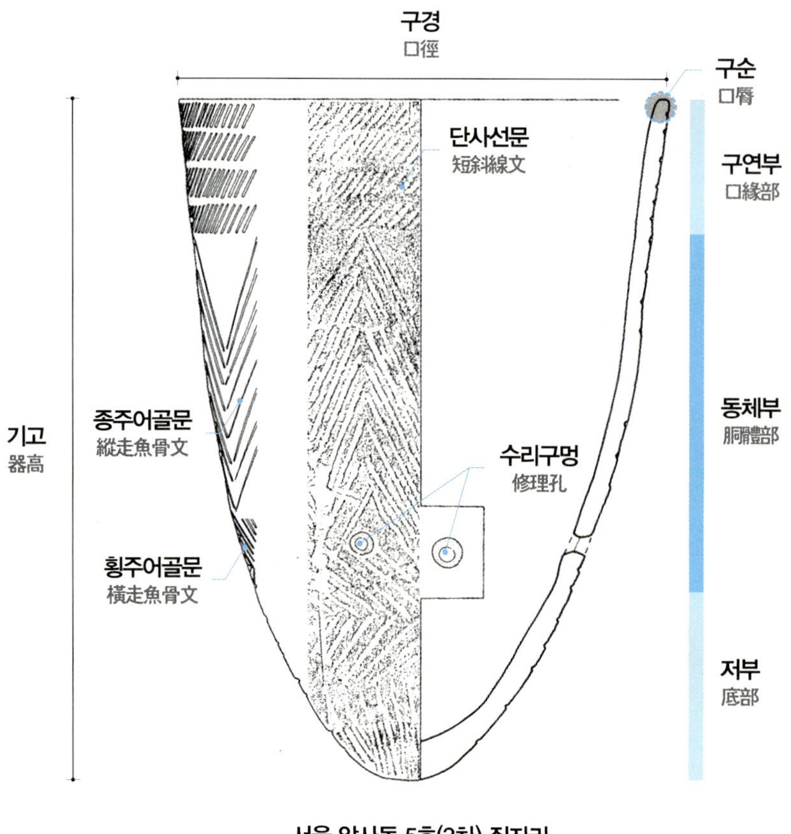

서울 암사동 5호(3차) 집자리

    둥근밑깊은바리형[圓底深鉢形]토기는 장란형(長卵形), 포탄형(砲彈形) 토기로 불리기도 하며 중서부·남부 지역 신석기시대 전기 이후의 토기를 대표하는 기형으로, 전기~후기에 걸쳐 가장 많은 출토수를 차지한다. 구연부, 동체부, 저부에 서로 다른 문양을 시문하는 구분계토기(區分系土器)와 전면에 동일한 문양을 시문하는 동일계토기(同一系土器)로 크게 구분할 수 있다. 이른 시기에는 표면 전체에 문양이 시문되지만 저부, 동체부 순으로 점차 문양이 생략되는 경향을 보인다. 구분계토기는 구연부에 단사선문(短斜線文), 조문(爪文) 등을 눌러서 시문[押捺施文]하고 동체부와 저부에는 종·횡주어골문(縱·橫走魚骨文), 사선문(斜線文), 격자문(格子文) 등을 그어서 시문한다. 구연부와 동체부 문양 사이에는 능형문(菱形文), 타래문 등의 부가문(附加文)이 새겨지는 경우도 있다. 동일계토기는 주로 횡주어골문(橫走魚骨文), 격자문(格子文) 등을 시문하는 경우가 많다.

＊ 국립중앙박물관, 1994, 『암사동』.

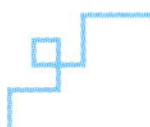

원 형 저 심 발 형 즐 문 토 기
圜(尖)底深鉢形櫛文土器 | Comb-pattern pottery with pointed bottom

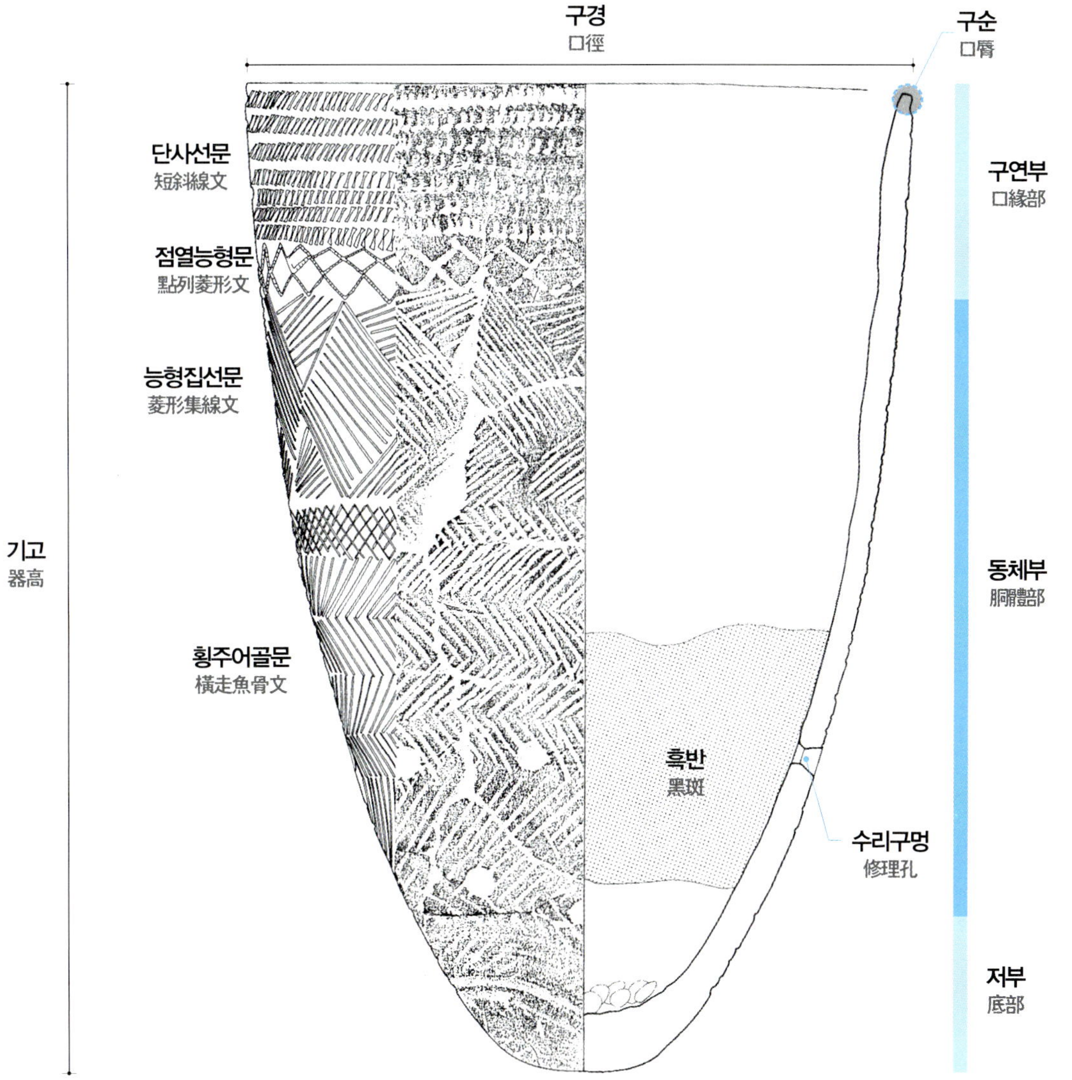

서울 암사동 5호(3차) 집자리

* 국립중앙박물관, 1994, 『암사동』.

원 첨 저 심 발 형 즐 문 토 기
圓(尖)底深鉢形櫛文土器　|　Comb-pattern pottery with pointed bottom

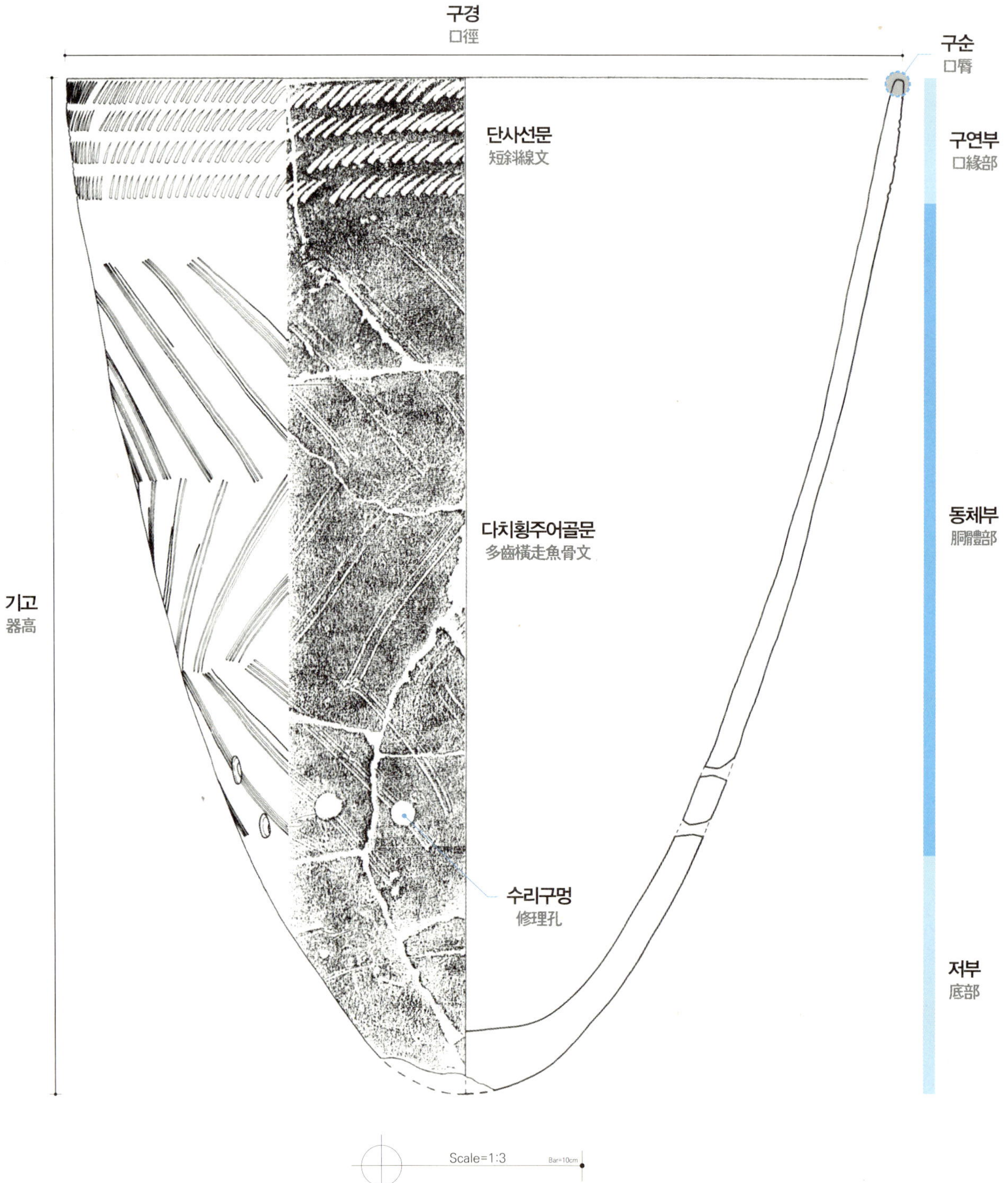

＊ 국립중앙박물관, 1994, 『암사동』.

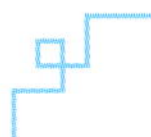

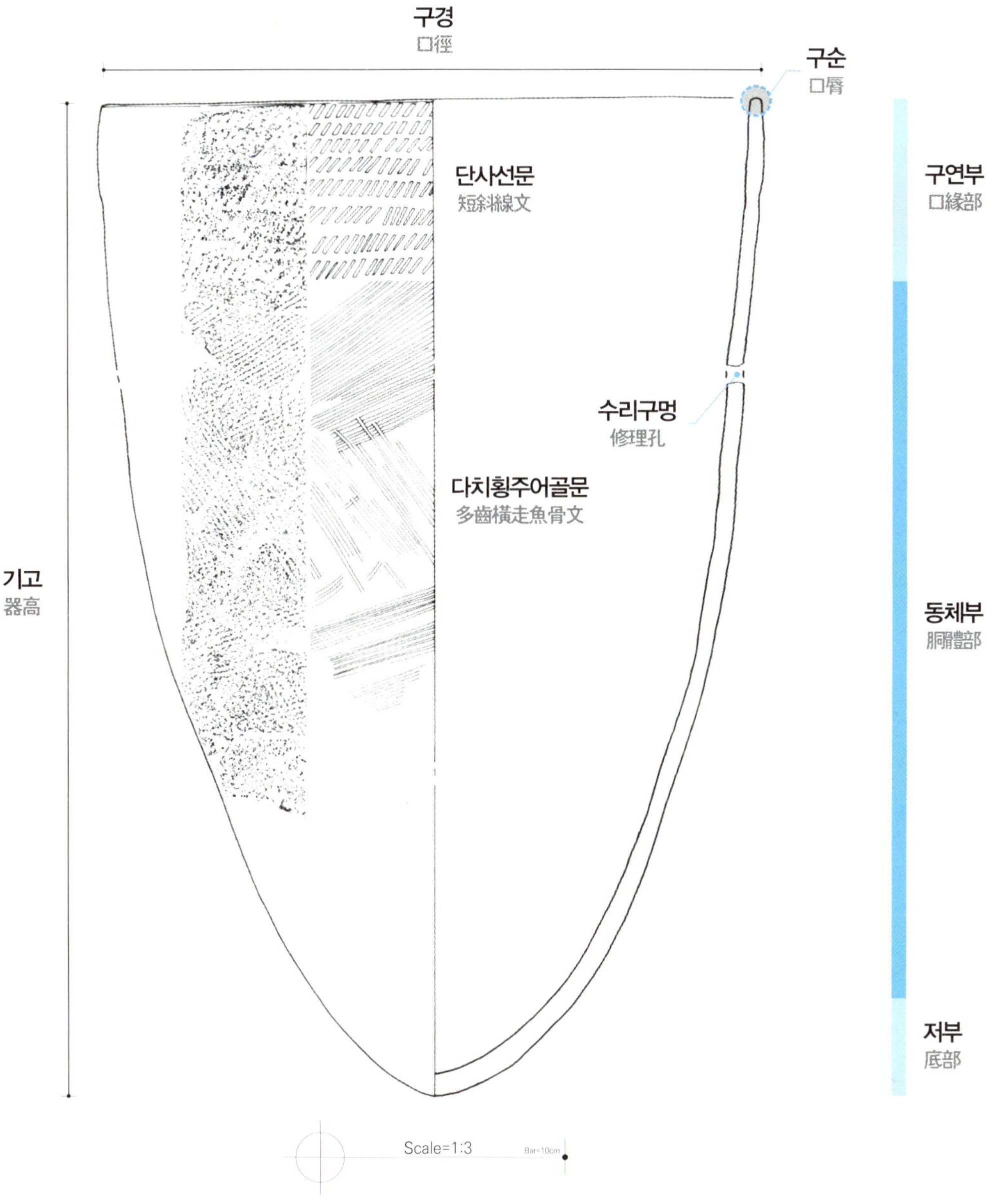

圓(尖)底深鉢形櫛文土器 | 
Comb-pattern pottery with pointed bottom

시흥 능곡동 6호 집자리

* 기전문화재연구원, 2010, 『시흥 능곡동유적』.

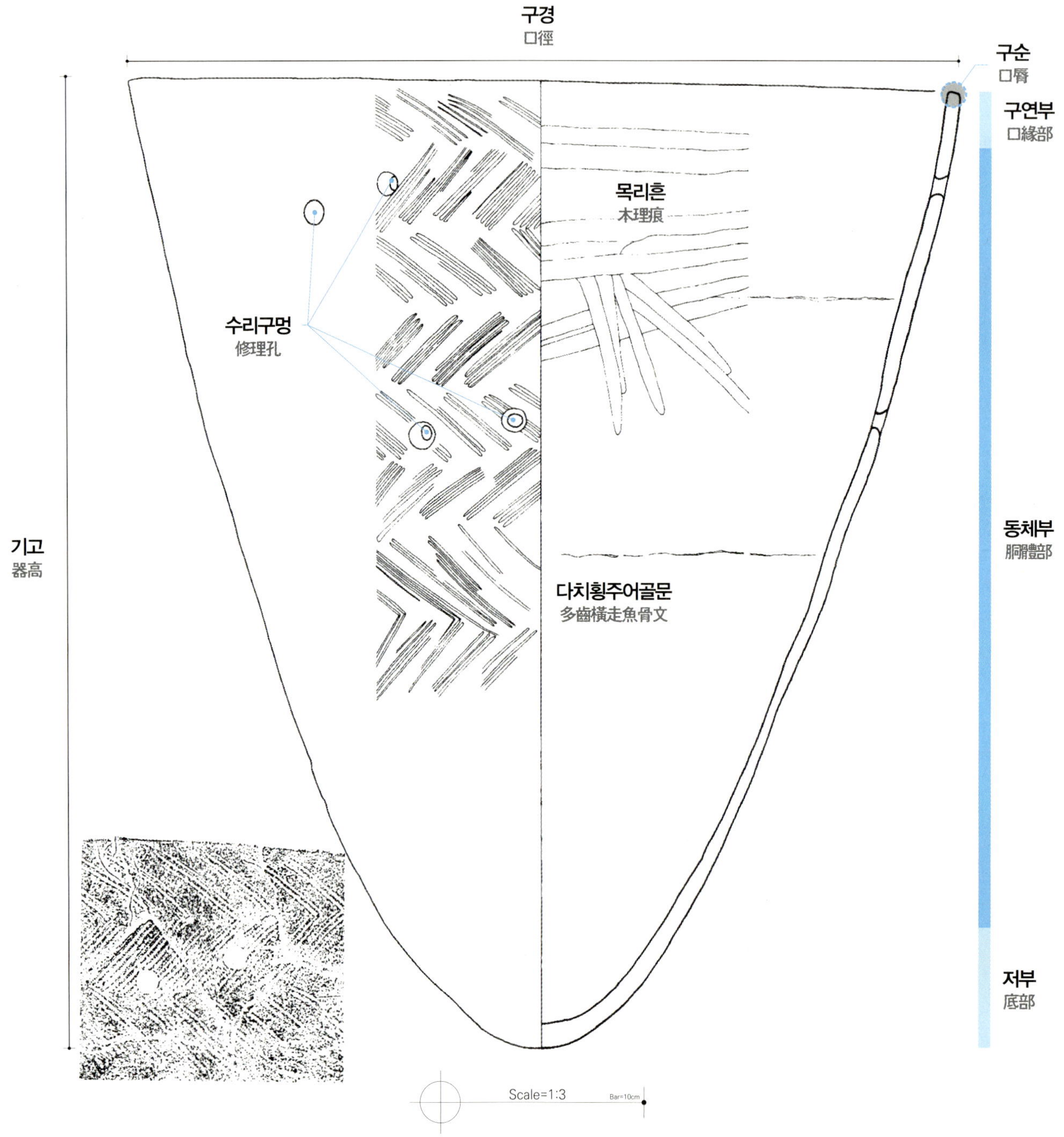

둥근밑깊은바리빗살무늬토기

^{원 첨 저 심 발 형 즐 문 토 기}
圓(尖)底深鉢形櫛文土器 | Comb-pattern pottery with pointed bottom

시흥 능곡동 21호 집자리

＊ 기전문화재연구원, 2010, 『시흥 능곡동유적』.

圓(尖)底深鉢形櫛文土器 | Comb-pattern pottery with pointed bottom

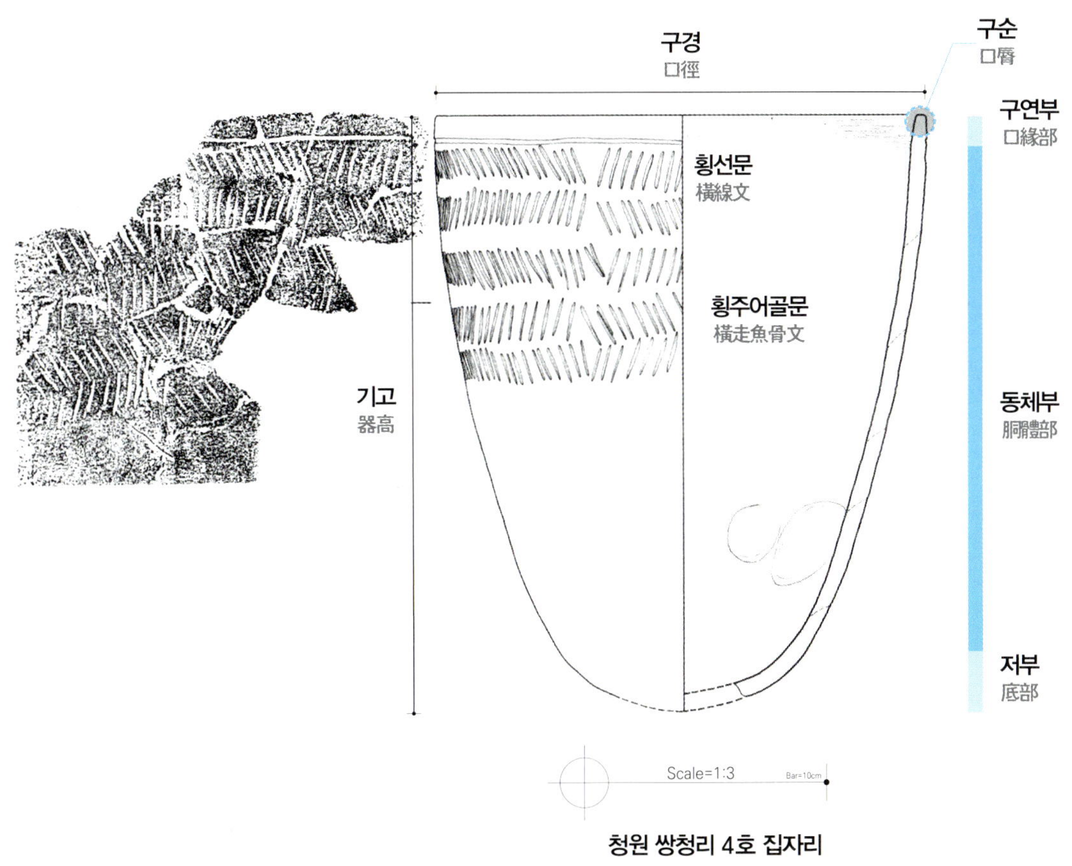

청원 쌍청리 4호 집자리

구연부 바로 아래 한줄의 횡선문(橫線文)을 두르고 동체 상부까지 단치구(單齒具)로 횡주어골문(橫走魚骨文)을 새긴 둥근밑[圓底] 깊은바리형[深鉢形] 빗살무늬토기이다. 주로 충청도 내륙을 중심으로 발견되며, 마름모꼴문[菱格文]이 시문된 금강식토기(錦江式土器)와 공반되는 경우가 많다.

※ 국립청주박물관, 1993, 『청원 쌍청리 주거지』.

圓(尖)底深鉢形櫛文土器 | Comb-pattern pottery with pointed bottom

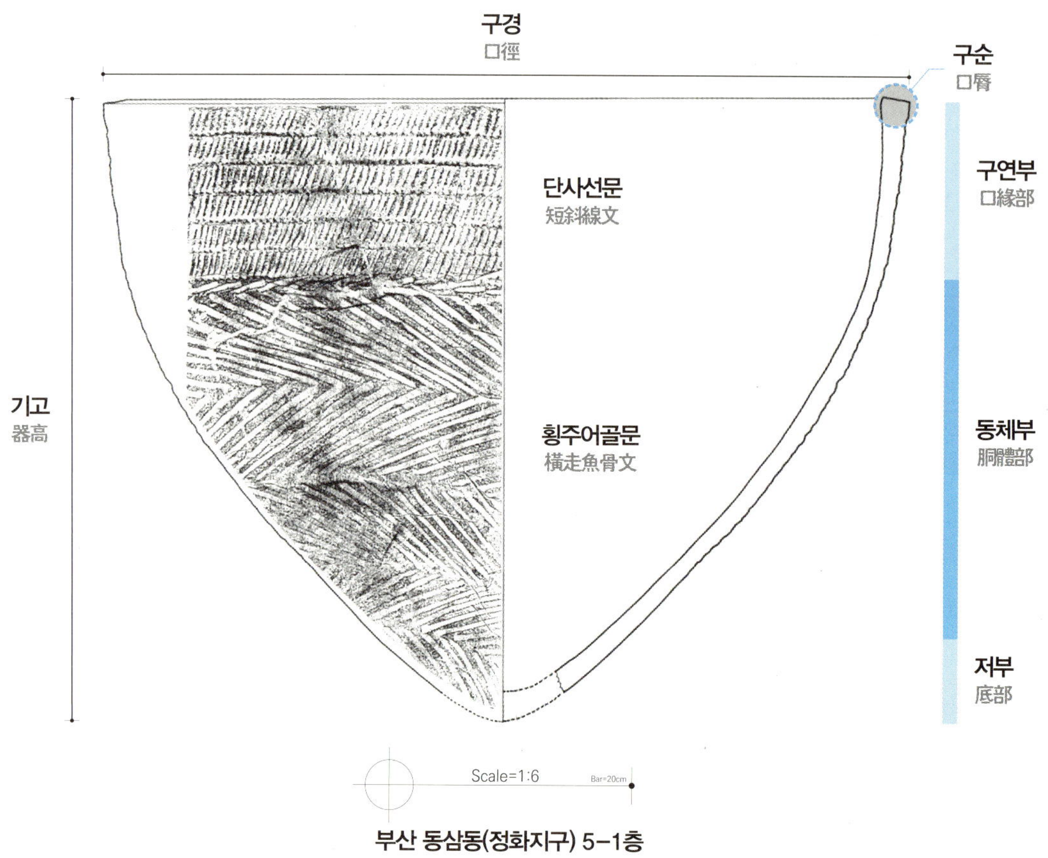

부산 동삼동(정화지구) 5-1층

　　남부 지역에서 주로 발견되는 둥근밑깊은바리형[圓底深鉢形] 빗살무늬토기로 중서부 지역의 토기에 비해 기고가 낮고 구연 지름이 크다. 구연부 문양은 중서부 지역과 같이 눌러서 찍은 단사선문(短斜線文)이 주로 시문되지만 시문구(施文具)를 표면에 찍은 후 완전히 떼지 않고 연속해서 눌러찍은[連屬押捺] 것이 특징적이다. 동체부와 저부에는 횡주어골문(橫走魚骨文), 집선문(集線文) 등이 시문되는데 중서부 지역에 비해 시작과 끝이 명확하고 굵은선[太線]으로 시문되는 경우가 많다.

* 부산박물관, 2007, 『동삼동패총 정화지역 발굴조사보고서』.

 둥근밑깊은바리빗살무늬토기

圓(尖)底深鉢形櫛文土器 | Comb-pattern pottery with pointed bottom

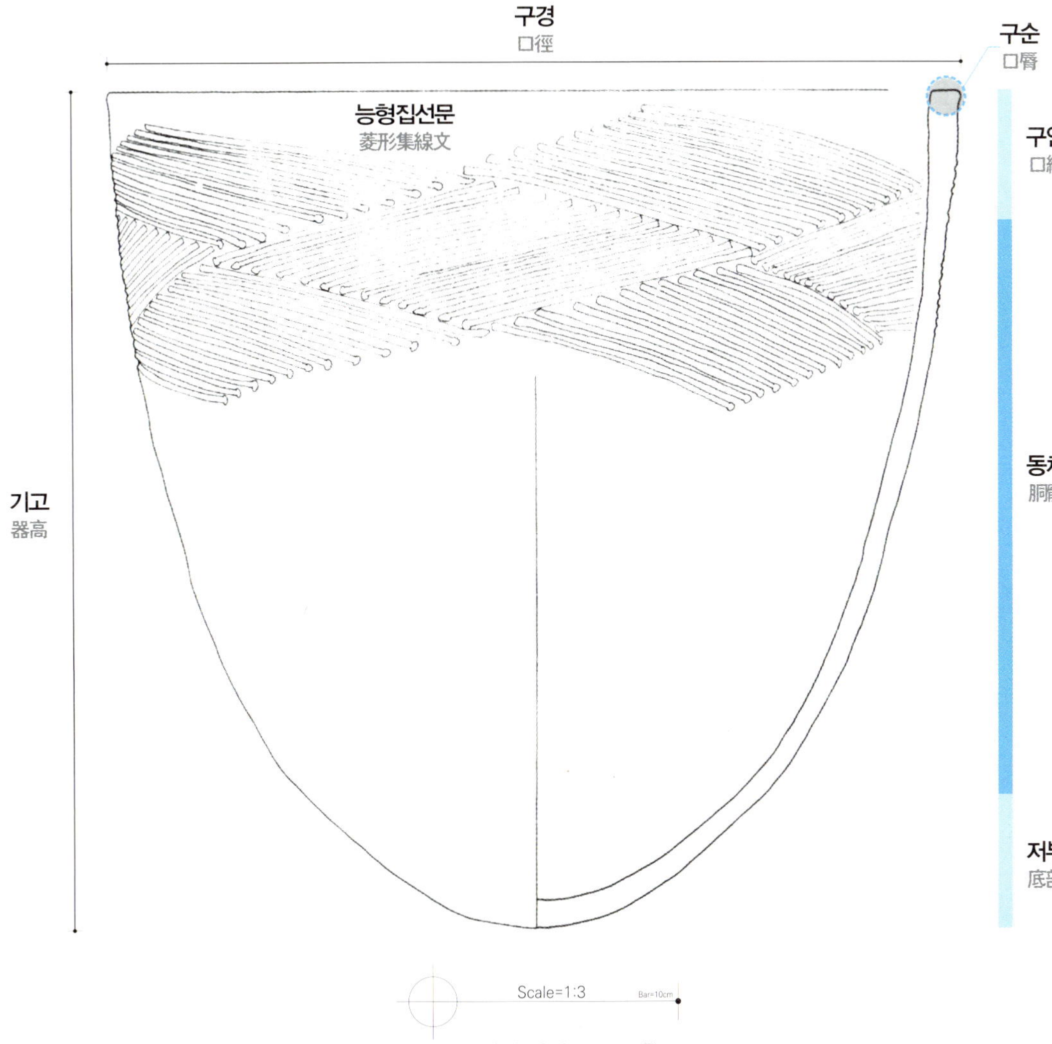

부산 수가리 Ⅳ~Ⅴ층

　　중서부 지역 빗살무늬토기에 그어서 새긴 문양[沈線文]에 비해 선이 굵고 문양의 시작과 끝이 분명하게 나타나는 문양으로 태선문(太線文)으로 통칭된다. 눌러찍은[押捺] 단사선문(短斜線文) 등과 함께 동체부에 새겨지는 경우도 있으며, 단독으로 시문되기도 한다. 영동 지역에서는 중서부 지역의 침선문(沈線文)과 남부 지역의 태선문(太線文)이 공반 출토되기도 한다.

* 부산대학교박물관, 1981, 『김해수가리패총Ⅰ』.

圓底甕隆起文土器 | Raised design pottery with rounded bottom

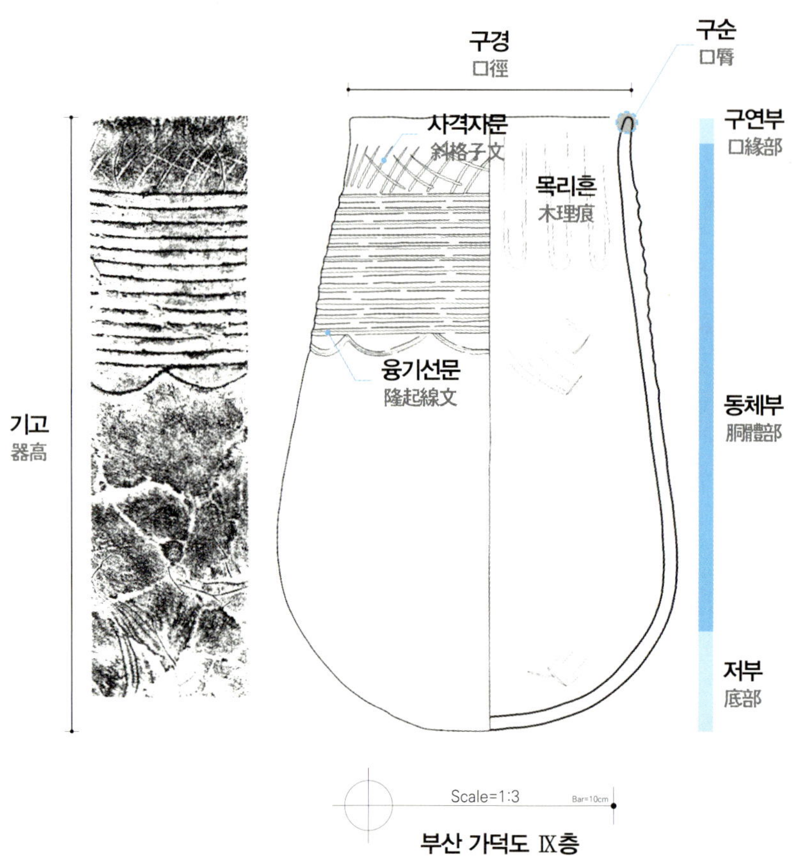

둥근밑독[圓底甕] 형태의 덧무늬[隆起文]토기로 구연부 바로 아래에 가는선[沈線]으로 사격자문(斜格子文)을 새기고 동체 상부에는 융기선문(隆起線文)을 시문하였다. 이와같이 침선문과 융기문이 결합된 형태의 토기는 동·남해안 지역 신석기시대 조기의 늦은 시기에 주로 출토된다.

※ 한국문물연구원, 2014, 『부산 가덕도 장항유적』.

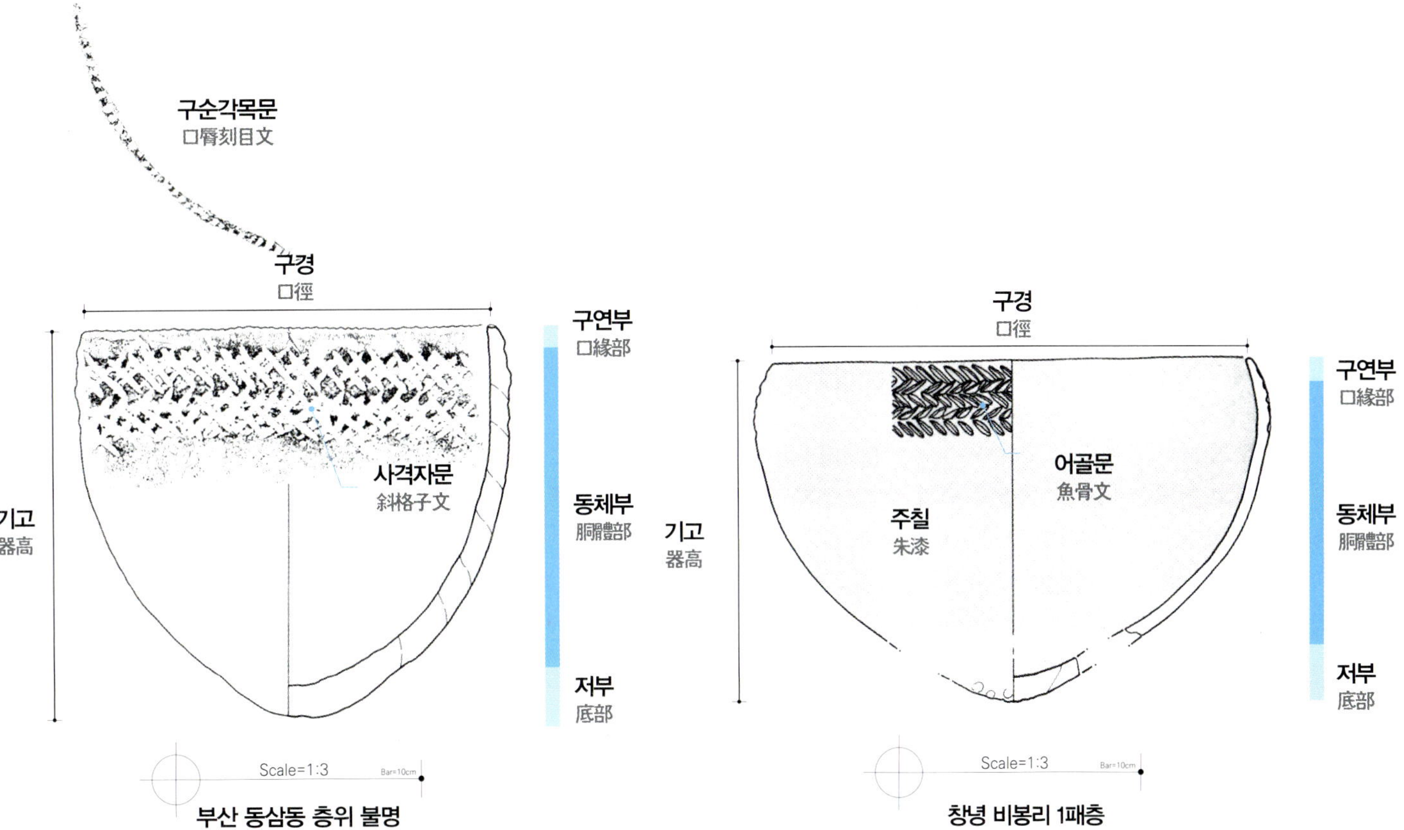

둥근밑바리형[圓底鉢形] 압인문(押引文)토기로 남해안 지역의 신석기시대 조·전기에 발견된다. 영선동 유적에서 처음 발견되어 '영선동식 토기'라고도 불린다. 문양은 구연부에 한정되어 토기 표면을 찍은 후 짧게 그은 압인문(押引文) 형태의 어골문(魚骨文), 사격자문(斜格子文) 등이 시문되며, 구순각목문(口脣刻目文)이 새겨지거나, 붉은칠[朱漆]이 입혀진 경우도 있다.

＊ 국립김해박물관, 2008, 『비봉리』.

  국립중앙박물관, 2005, 『동삼동패총 I』.

원 더 받 융 기 문 토 기
圓底鉢隆起文土器 | Raised design pottery with rounded bottom

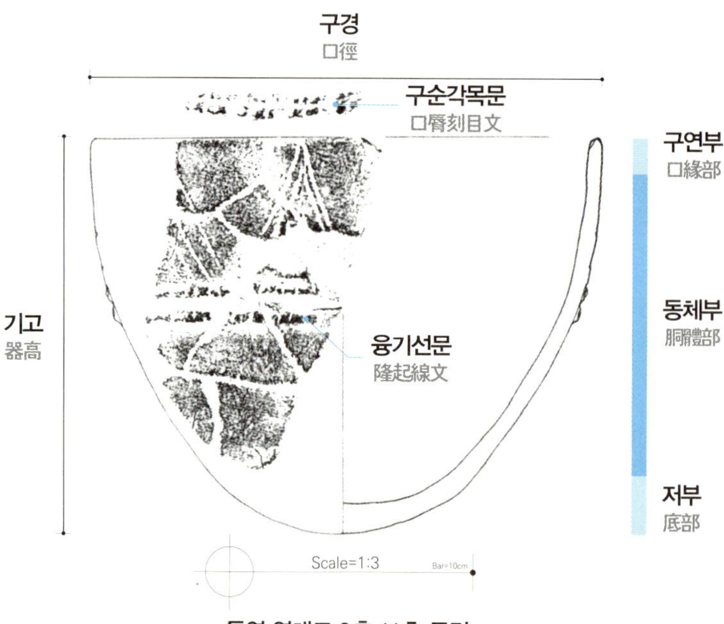

통영 연대도 3층 11호 무덤

둥근밑바리형[圓底鉢形]의 융기문토기로 구연부와 동체 상부에 종주어골문(縱走魚骨文) 형태의 침선문(沈線文)과 융기선문(隆起線文)이 결합되어 있으며, 구순(口脣)에는 각목문(刻目文)이 새겨져 있다.

* 국립진주박물관, 1993, 『연대도Ⅰ』.

원 더 받 형 무 목 양 토 기
圓底鉢形無文樣土器 | Plain coarse pottery with rounded bottom

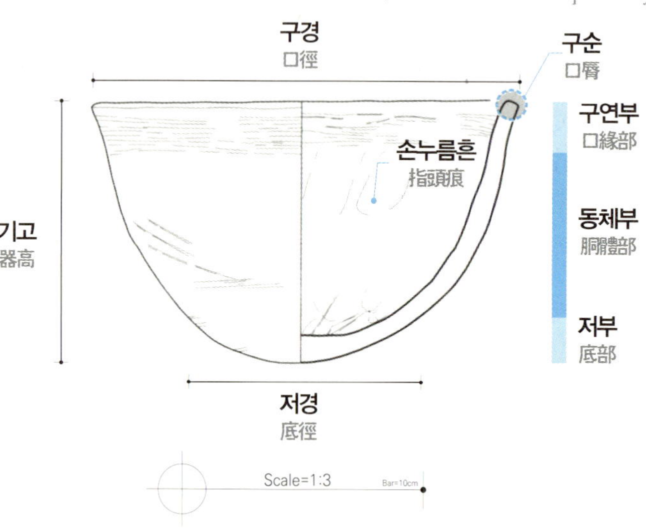

부산 가덕도 신석기시대 묘역

* 한국문물연구원, 2014, 『부산 가덕도 장항유적』.

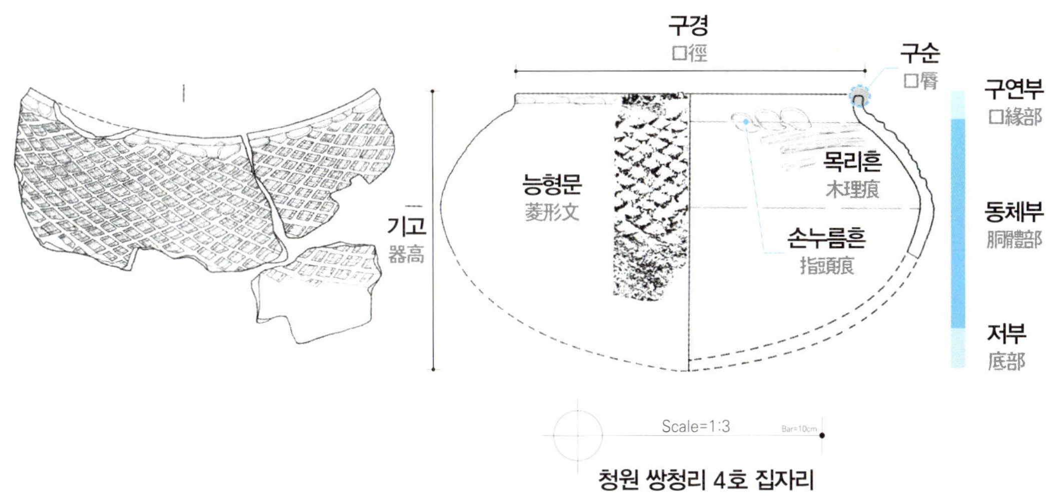

청원 쌍청리 4호 집자리

마름모꼴[菱形]의 문양을 눌러찍어[押捺·押引] 연속적으로 시문한 호형토기(壺形土器)이다. 문양은 구연부와 동체 상부에 시문되며 동체부 중앙에서 최대경을 이루는 기형이 전형적인 형태이다. 청원 쌍청리유적에서 처음 발견되었으며, 금강 일대에서 주로 발견되어 '금강식 토기'라는 명칭으로 불리우는데, 처음 발견된 유적명을 따라 '쌍청리식 토기'라고도 한다. 주로 호서 내륙 지역의 신석기시대 중기 유적에서 출토되지만 경기도 일대의 유적에서도 소량 출토된다.

＊ 국립청주박물관, 1993, 『청원 쌍청리 주거지』.

원 저 호 형 무 문 양 토 기
圓底壺形無文樣土器 | Plain coarse pottery with rounded bottom

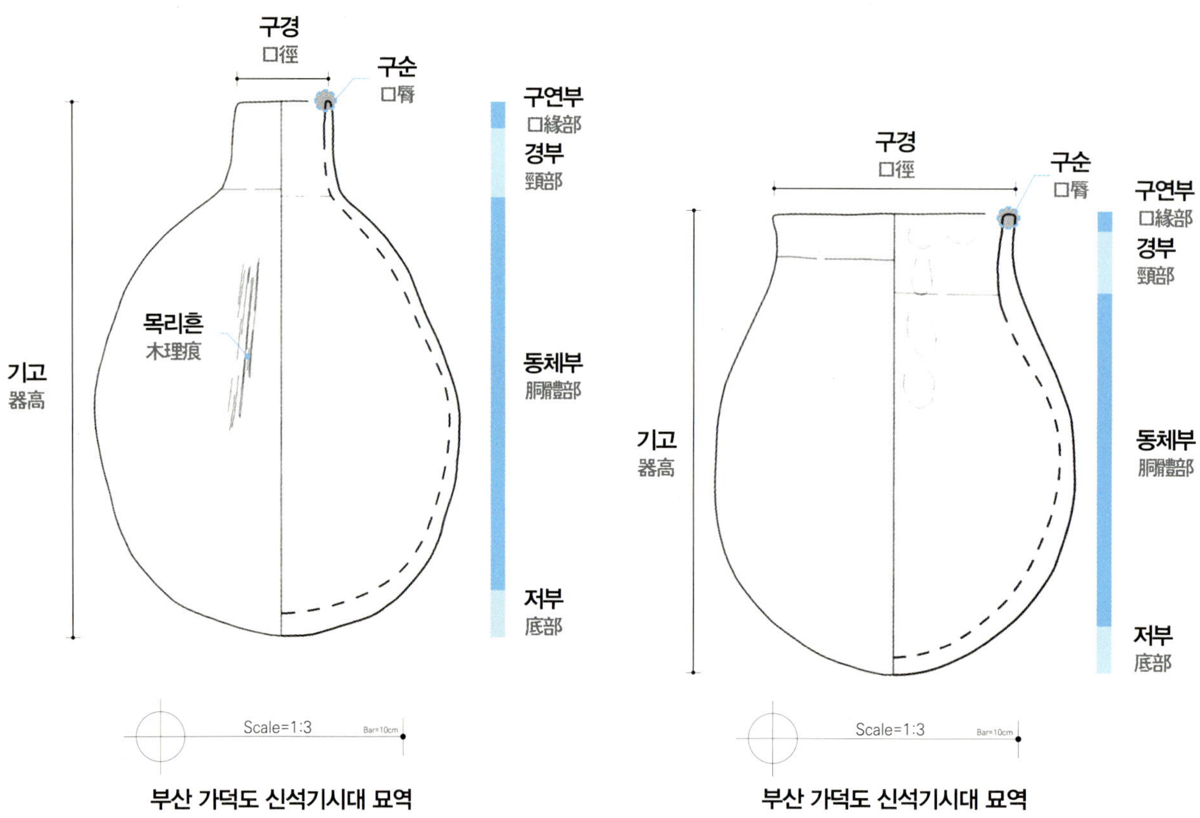

부산 가덕도 신석기시대 묘역 부산 가덕도 신석기시대 묘역

둥근밑항아리형[圓底壺形]의 민무늬[無文樣]토기로 동남해안을 중심으로 출토된다. 문양을 새기지 않은 경우가 대부분이나, 경부나 동체부에 문양을 새긴 경우도 있으며, 고리형 파수가 부착되기도 한다. 기형은 경부 길이에 따라 장경호(長頸壺)와 단경호(短頸壺)로 구분된다.

* 한국문물연구원, 2014, 『부산 가덕도 장항유적』.

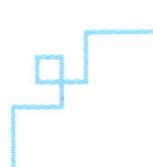

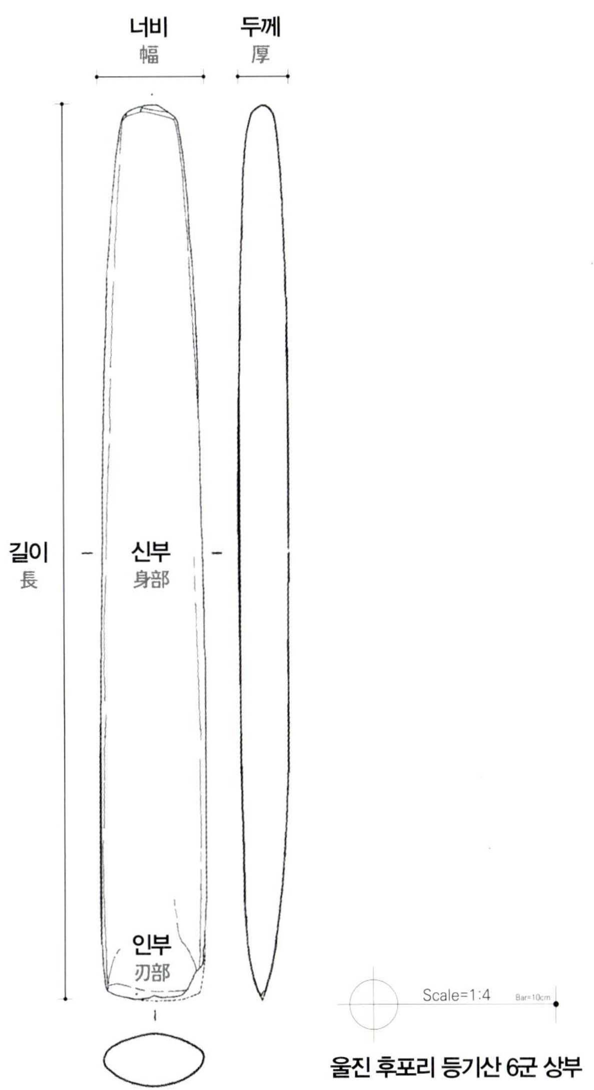

울진 후포리 등기산 6군 상부

　　울진 후포리유적에서 출토된 장대형(長大形) 간돌도끼[磨製石斧]이다. 후포리유적에서는 세골장(洗骨葬) 형태로 시신을 매장한 것으로 추정되는 유구가 발견되었는데 다수의 간돌도끼[磨製石斧]가 유구의 상부를 덮고 있는 형태로 출토되었다. 매끄럽게 전면을 갈아 만들었으며 날에 사용 흔적이 없는 것으로 보아 부장용으로 제작된 것으로 실생활에 사용하지는 않은 것으로 판단된다.

* 성림문화재연구원, 2016, 『울진 후포리 등기산 유적』.

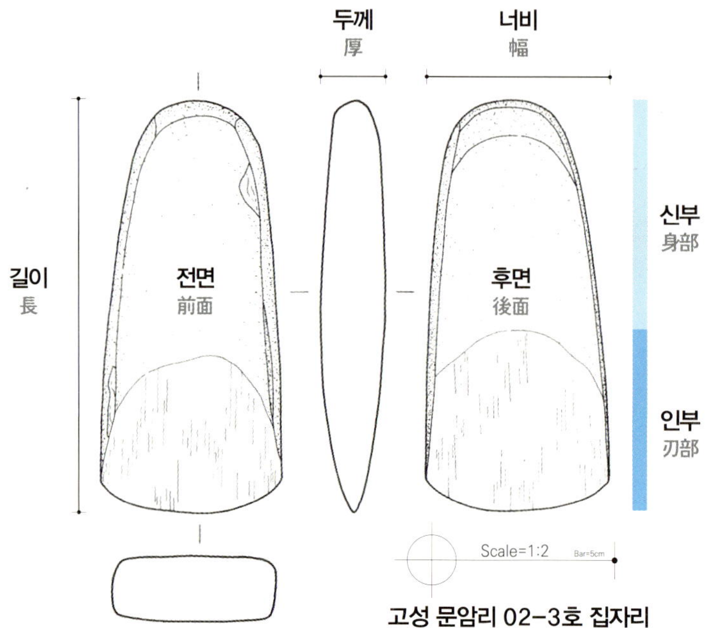

고성 문암리 02-3호 집자리

모양떼기로 형태를 만들고 전면을 매끄럽게 갈아 만든 간돌도끼이다. 석기의 양면을 갈아 날[刃部]을 세운 형태로 조갯날도끼 또는 양인석부(兩刃石斧)라고도 한다. 신석기시대 전 시기에 걸쳐 출토되지만 출토 수량은 많지 않다. 대형 도끼는 나무를 베는데 주로 사용하고 소형 도끼는 나무 가공에 이용된 것으로 추정된다.

＊ 국립문화재연구소, 2004, 『고성 문암리 유적』.

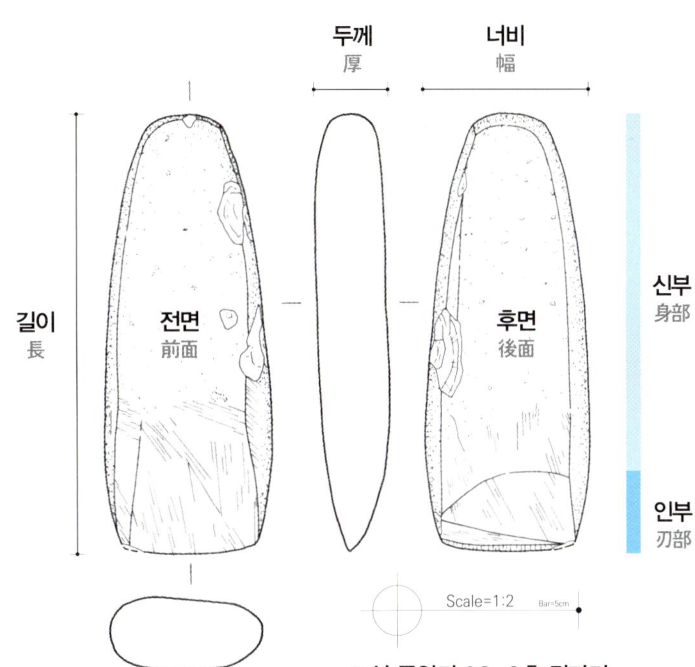

고성 문암리 02-3호 집자리

모양떼기로 형태를 만들고 전면을 매끄럽게 갈아 만든 간돌도끼이다. 석기의 한 면을 갈아 날[刃部]을 세운 형태로 편인(片刃) 또는 단인석부(單刃石斧)라고도 한다. 신석기시대 전 시기에 걸쳐 출토되지만 출토 수량이 많지 않고 대체로 소형이다. 나무 가공에 주로 사용된 것으로 추정된다.

* 국립문화재연구소, 2004, 『고성 문암리 유적』.

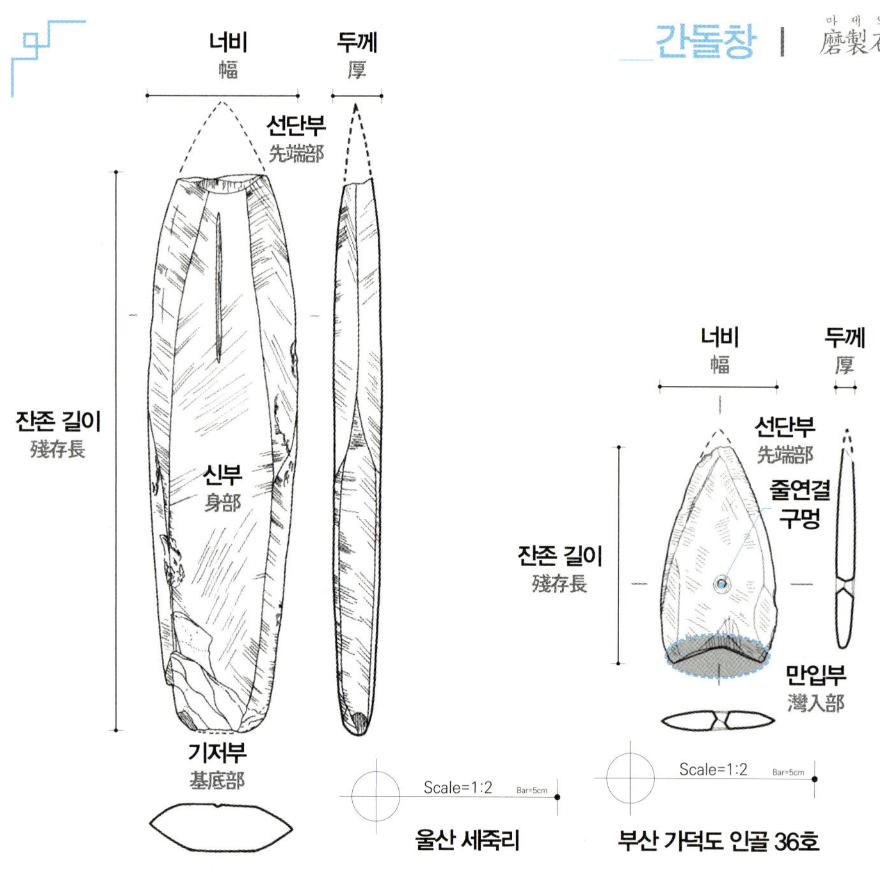

평면 형태는 간돌화살촉[磨製石鏃]과 유사하지만 크기로 볼 때 창의 용도로 사용된 것으로 추정된다. 몸통에 뚫린 구멍은 자루에 고정하는데 사용되었거나 자루와 연결하여 분리식으로 사용되었을 가능성도 있다.

＊ 동국대학교 매장문화재연구소, 2007, 『울산 세죽리유적 I 』.

　한국문물연구원, 2014, 『부산 가덕도 장항유적』.

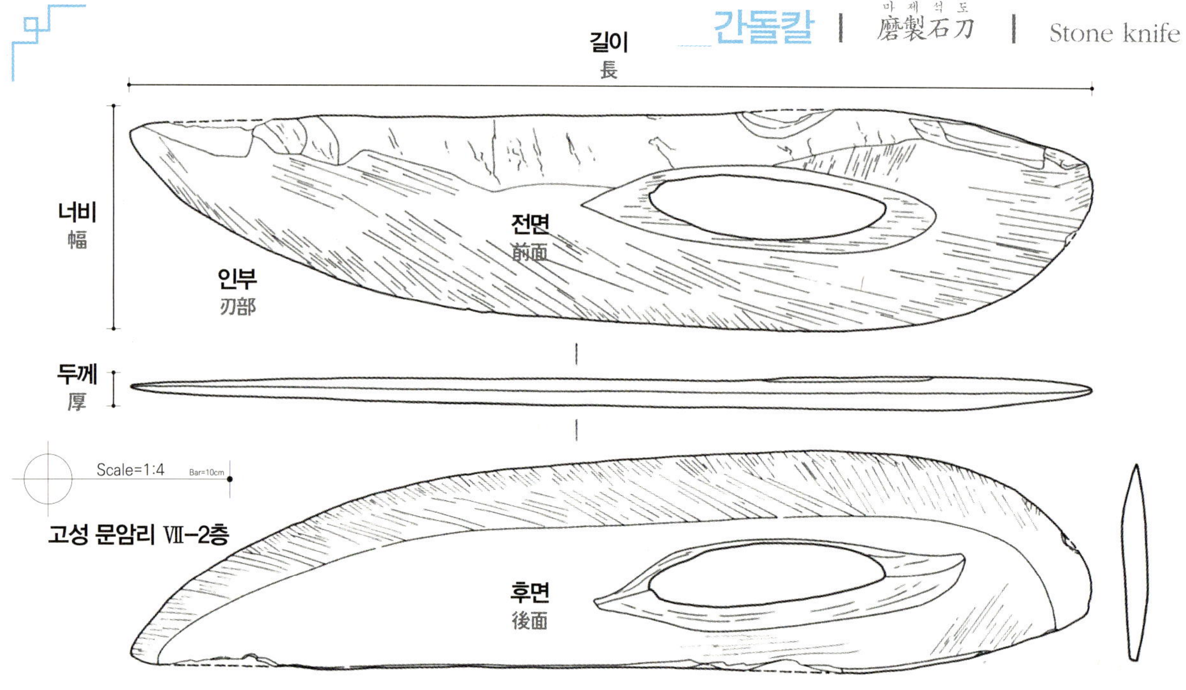

　청동기시대의 반달돌칼[半月形石刀]과 유사한 형태의 간돌칼[磨製石刀]이다. 한쪽 면만 날을 세운 편인(片刃)이며 긴 타원형의 구멍이 뚫려있다.

＊ 국립문화재연구소, 2004, 『고성 문암리 유적』.

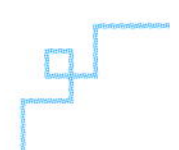

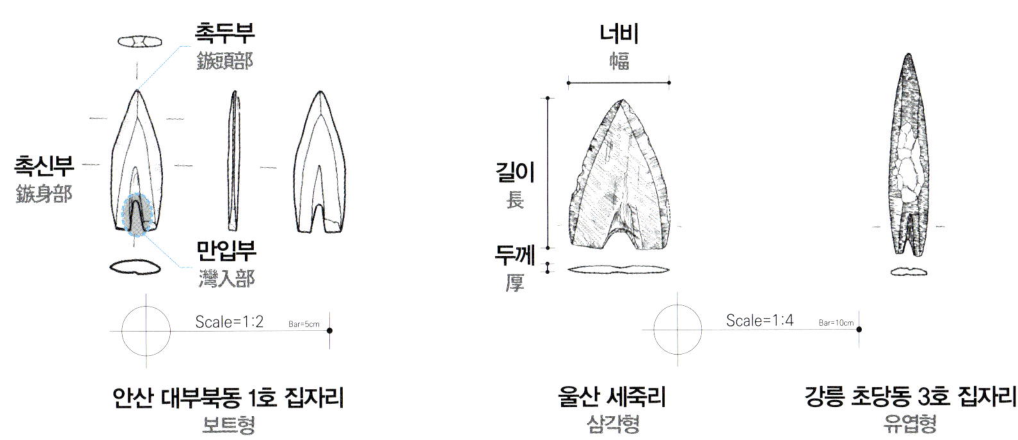

안산 대부북동 1호 집자리
보트형

울산 세죽리
삼각형

강릉 초당동 3호 집자리
유엽형

삼각(三角)만입형(灣入形)의 간돌화살촉(磨製石鏃)이다. 평면 형태에 따라 유엽형(柳葉形), 삼각형(三角形), 보트형 등으로 분류된다.

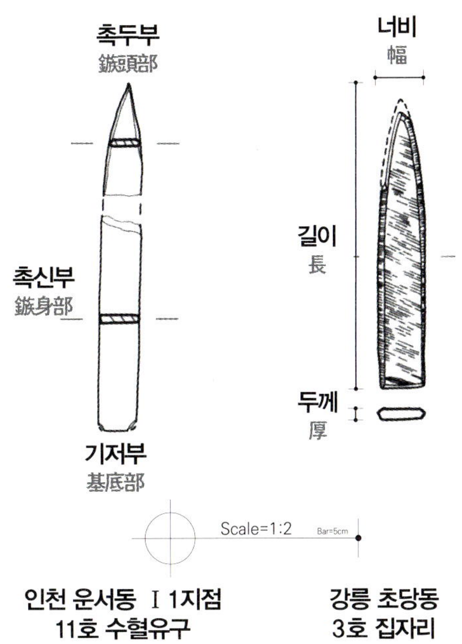

인천 운서동 Ⅰ1지점
11호 수혈유구

강릉 초당동
3호 집자리

일자형의 긴 마제석촉으로 자루와 결합되는 부분은 일자로 제작되어 있다. 연구자에 따라 주로 어로에 사용된 찔개살로 분류하는 경우도 있다.

* 강원문화재연구소, 2006, 『강릉 초당동 신석기 유적』.
동국대학교 매장문화재연구소, 2007, 『울산 세죽리유적 Ⅰ』.
중앙문화재연구원, 2010, 『인천 운서동유적 Ⅰ』.
한국문화유산연구원, 2014, 『안산 대부북동 유적』.

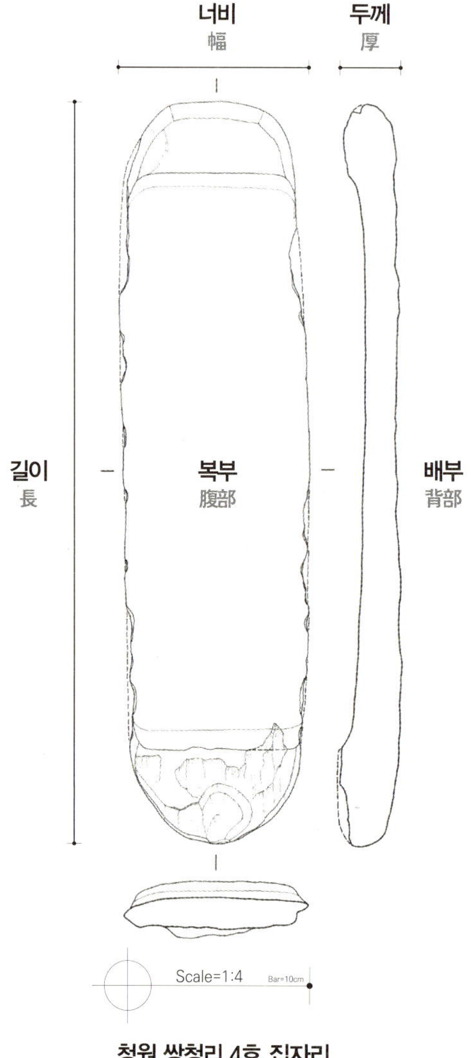

청원 쌍청리 4호 집자리

　도토리 등의 견과류나 곡물의 껍질을 벗기고 제분하는데 사용하는 도구로 갈판과 세트를 이루어 사용된다. 이른 시기에는 다양한 형태의 갈돌이 사용되나 후기로 갈수록 갈돌의 폭이 갈판보다 크게 제작되어 갈돌의 양끝은 자연면이 남아 돌출되는 경우가 많다

---

* 국립청주박물관, 1993, 『청원 쌍청리 주거지』.

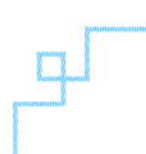

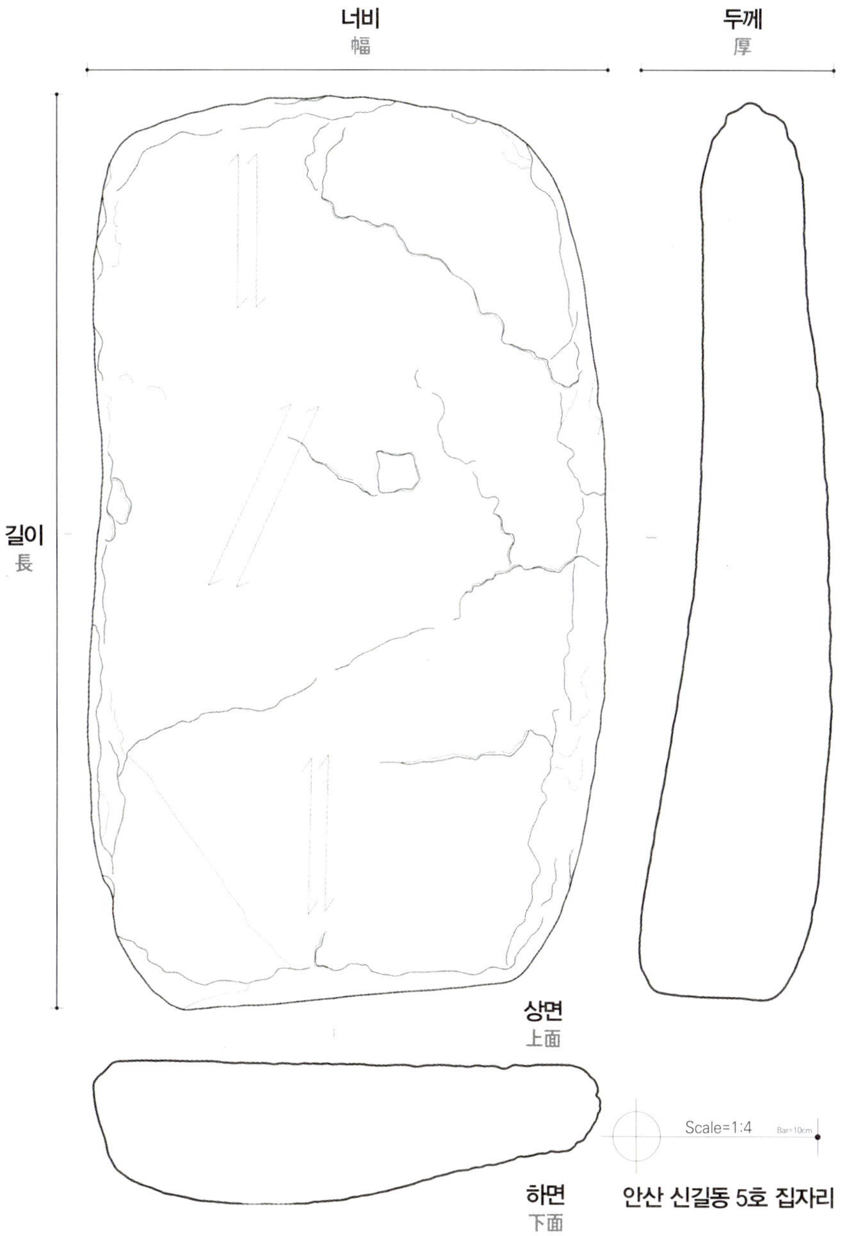

도토리 등의 견과류나 곡물의 껍질을 벗기고 제분하는데 사용하는 도구로 갈돌과 세트를 이룬다. 이른 시기에는 불규칙하게 갈린 흔적이 남아있는 경우가 많지만 후기로 갈수록 직선 방향의 갈린 흔적이 주로 관찰된다. 홈돌이나 대석 등 다용도로 사용되기도 한다.

* 고려문화재연구원, 2009, 『안산 신길동 유적Ⅱ』.

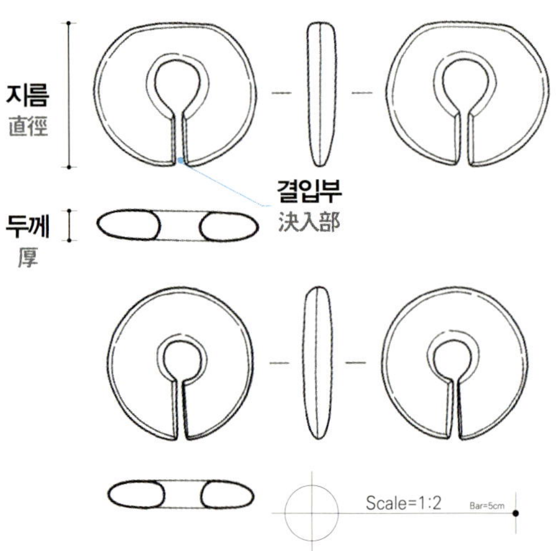

고성 문암리 02-3호 매장유구

　형태가 중국고대 옥기인 결(玦, 佩玉)과 유사하다 하여 붙여진 명칭으로 옥석을 둥글게 갈아 가운데 구멍을 뚫고 귓불에 낄 수 있도록 결입부(決入部)를 만든 고리형의 귀걸이다. 신석기시대 이른 시기부터 우리나라를 비롯한 동북아시아에서 사용된 장신구이다. 우리나라에서는 고성 문암리, 부산 동삼동 등 동·남해안 유적을 중심으로 소량 출토된다.

＊ 국립문화재연구소, 2004, 『고성 문암리 유적』.

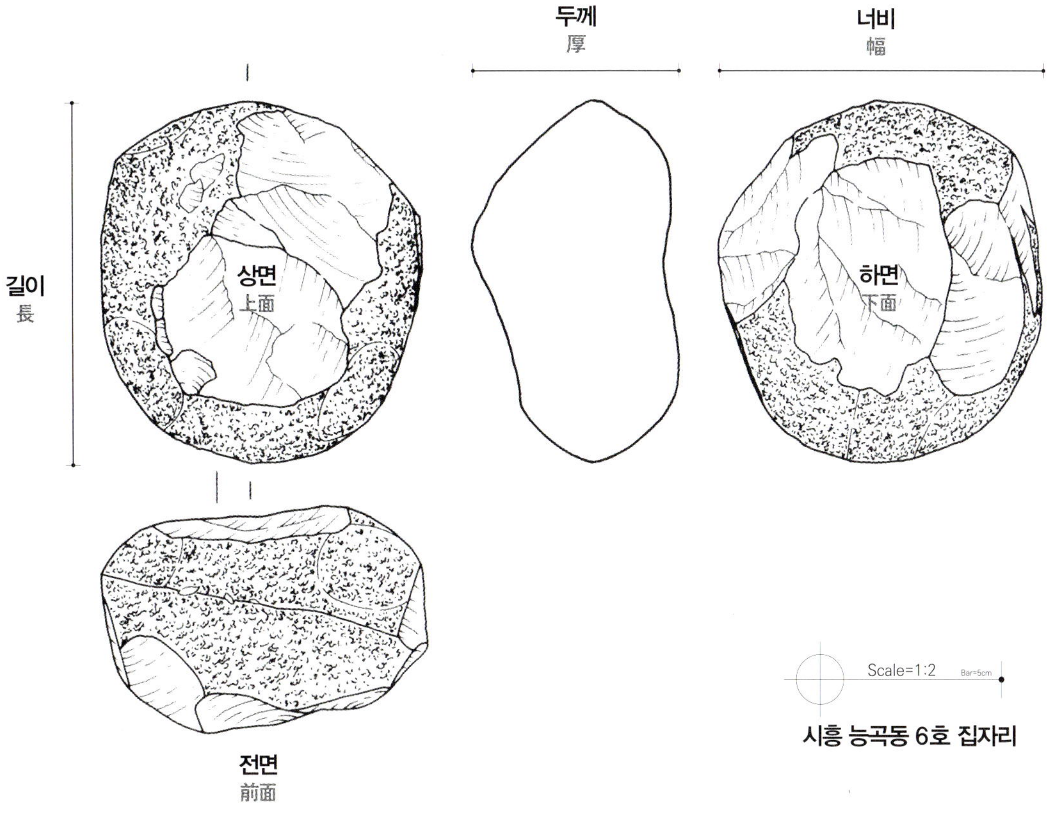

시흥 능곡동 6호 집자리

견과류의 껍질을 벗기거나 곡물을 빻는데 주로 사용한 것으로 추정되는 뗀석기이다. 주로 석영제로 제작되며 자연석을 그대로 이용하거나 일부를 거칠게 떼어 내여 형태를 만든다. 구석기시대 여러면석기[多角面圓球]와 유사하게 둥근 형태를 갖춘 경우가 많다. 측면을 중심으로 두드린 흔적이 관찰된다.

* 기전문화재연구원, 2010, 『시흥 능곡동유적』.

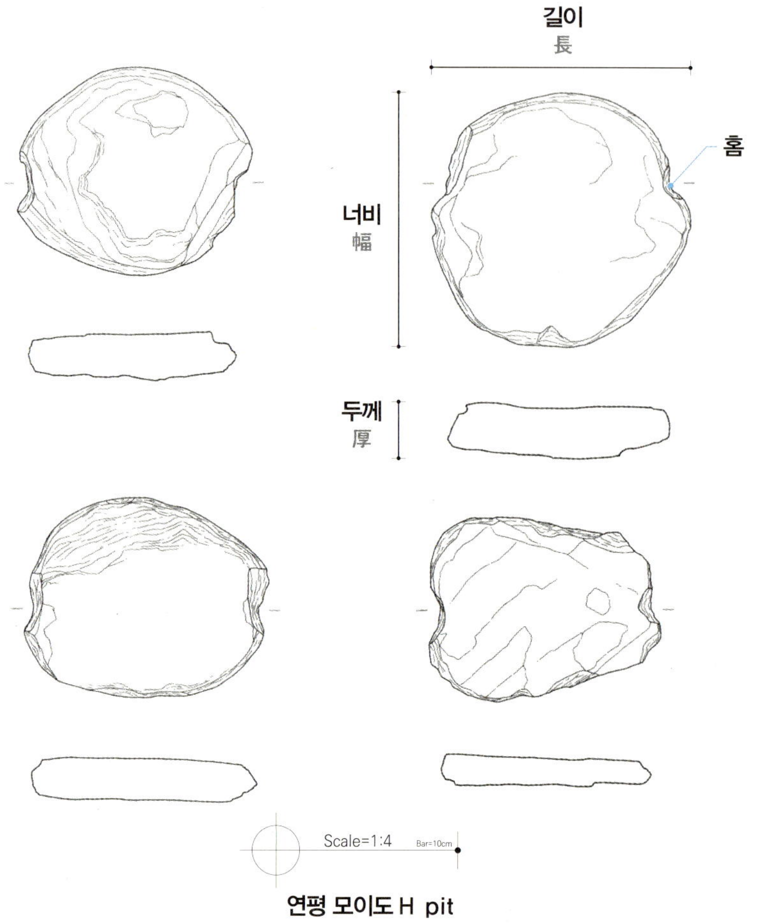

연평 모이도 H pit

길쭉한 타원형 자갈돌의 양 장축에 홈을 내어 만든 그물추이다. 해안 및 도서 지역의 패총유적에서 대량으로 출토된다. 내륙 지역 강변 충적지에 위치한 유적에서는 출토량이 비교적 많지만 구릉에서는 드물게 출토된다. 일반적으로 해안 및 도서 지역에서 출토되는 그물추가 내륙의 출토품보다 크기가 크다.

* 국립문화재연구소, 2003, 『연평 모이도 패총』.

날간돌도끼 | 刃部磨製石斧 | Polished stone axe

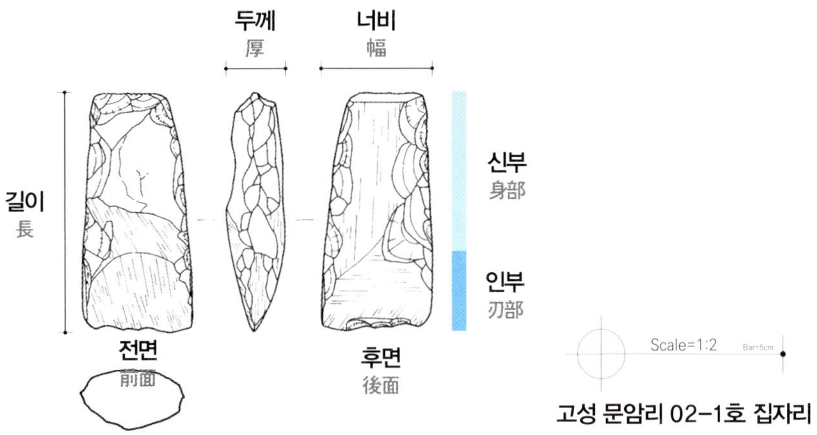

고성 문암리 02-1호 집자리

모양떼기로 전체적인 형태를 만들고 한쪽 끝의 양면을 갈아 날을 만든 돌도끼[刃部磨製石斧]이다. 신석기시대 전 시기에 걸쳐 고르게 출토되며 주로 나무 가공에 사용된 것으로 추정된다.

＊ 국립문화재연구소, 2004, 『고성 문암리 유적』.

대롱옥 | 管玉 | Tubular jade

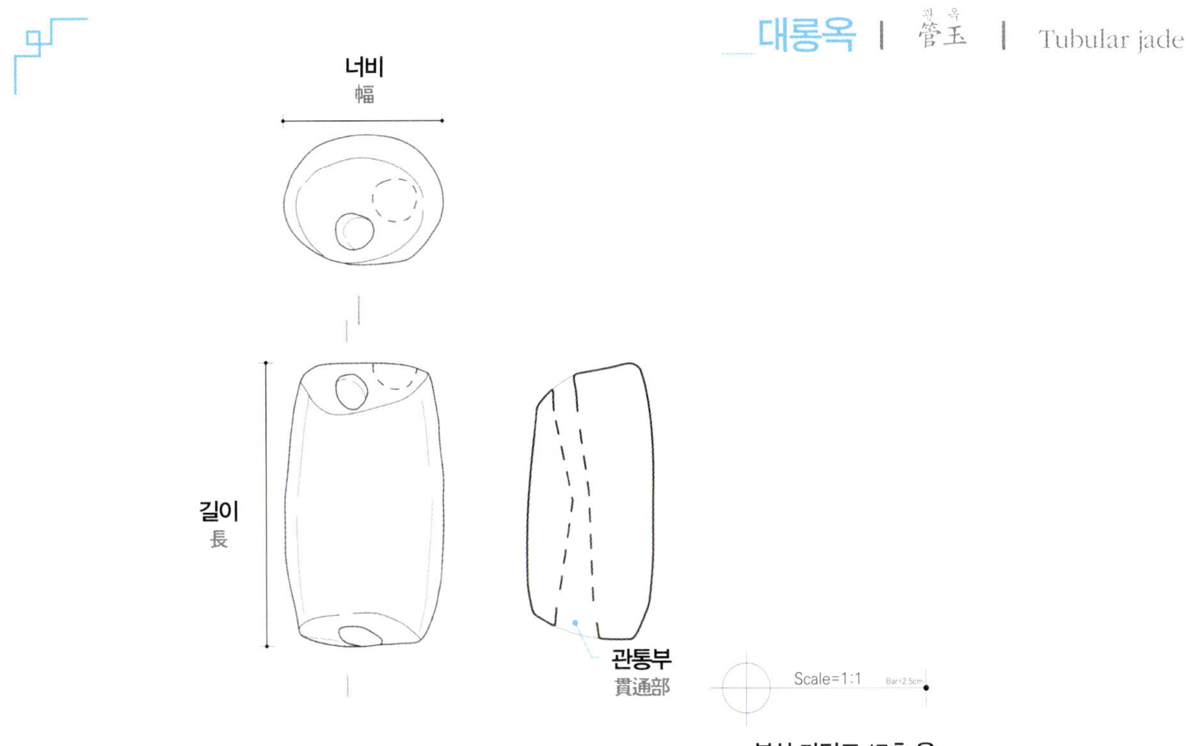

부산 가덕도 17호 움

활석이나 연옥 등을 원통형으로 가공하고 중앙에 구멍을 뚫어 만든 장신구이다. 여러 개를 줄에 걸어 목걸이나 팔찌 등으로 사용된 것으로 추정된다.

＊ 한국문물연구원, 2014, 『부산 가덕도 장항유적』.

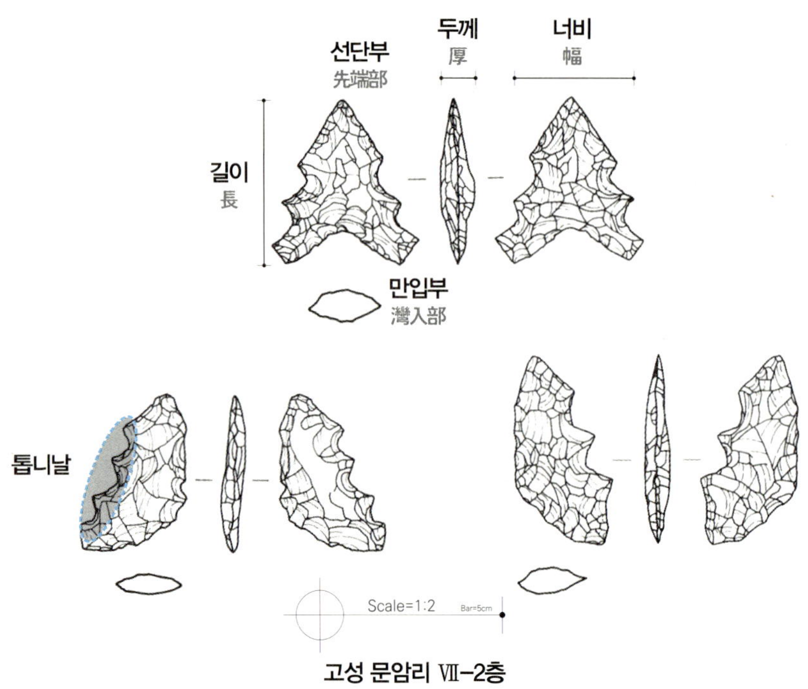

고성 문암리 Ⅶ-2층

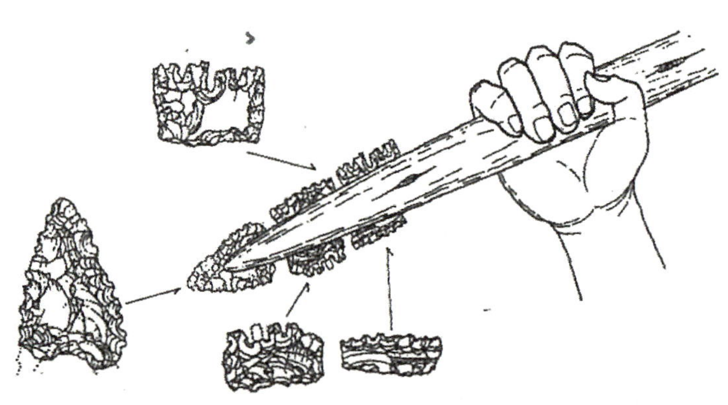

결합식 작살 복원도

　흑요석으로 제작한 뗀작살로 선단부와 날부분을 따로 제작하여 나무나 뼈로 만든 자루에 결합한 조합식 작살이다. 보통 석촉형의 작살끝[鏃頭]과 여러 개의 옆날[側刃]로 구성된다. 대형어류를 포획할 때 사용한 어로 도구이다.

---

* 국립문화재연구소, 2004, 『고성 문암리 유적』.
　복천박물관, 2011, 『선사·고대의 패총-인간, 바다, 그리고 삶』.

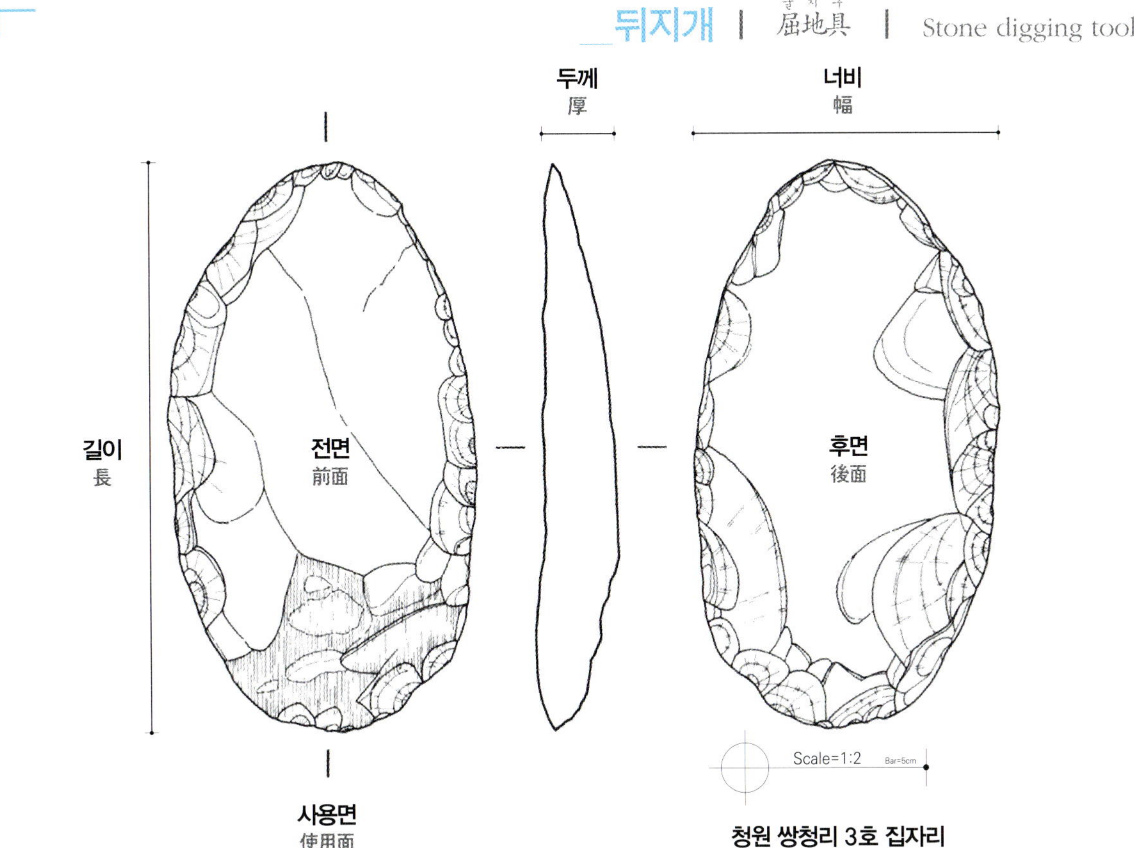

청원 쌍청리 3호 집자리

뒤지개[掘地具]는 우리나라 신석기시대 유적에서 가장 흔하게 출토되는 뗀석기로 장방형, 타원형 등의 형태를 띠고 있다. 가옥 축조나 구근류 채취, 농경 등에 주로 사용된 것으로 추정되지만, 패총유적에서도 다수 출토되는 것으로 볼 때 조개 채집에도 이용된 것으로 추정된다.

＊ 국립청주박물관, 1993, 『청원 쌍청리 주거지』.

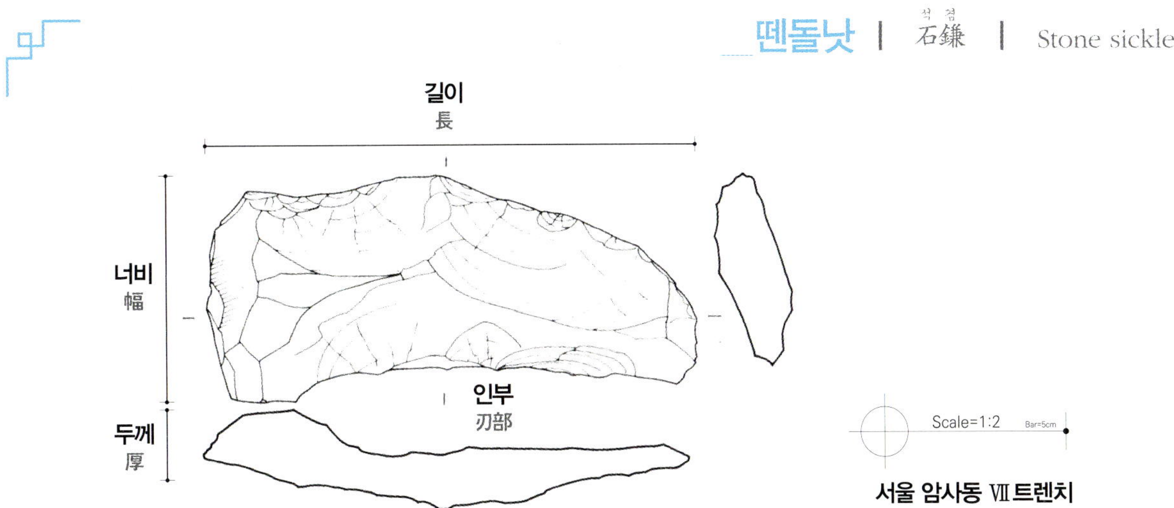

서울 암사동 Ⅶ트렌치

모양떼기로 형태를 잡은 후에 한쪽 면에 날을 만들어 사용하였다. 철제 낫과 형태가 유사하지만 낫의 용도로 사용되었는지는 확실하지 않다.

＊ 국립중앙박물관, 1994, 『암사동』.

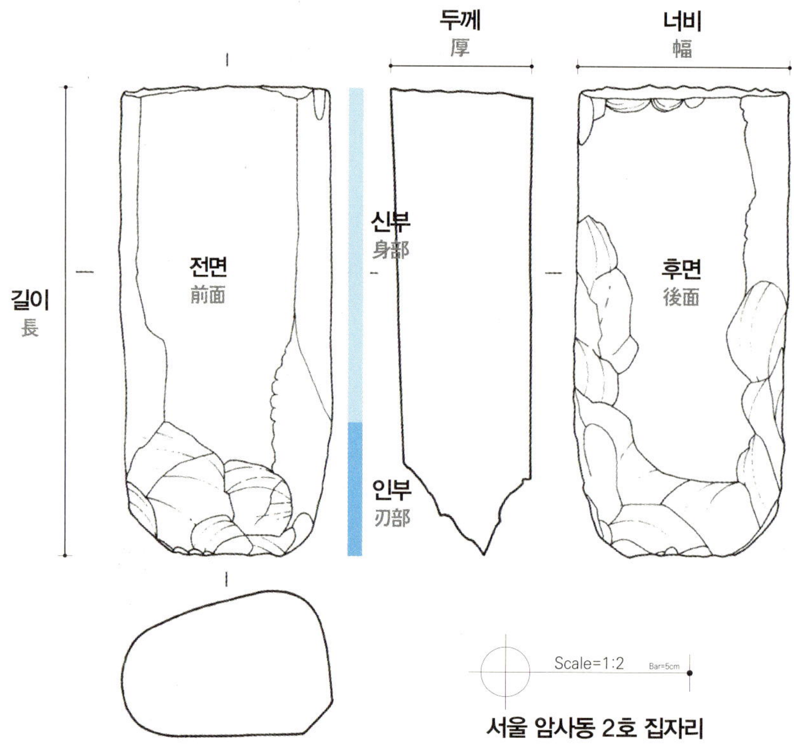

서울 암사동 2호 집자리

석재 양끝을 떼어내어 날을 세운 떼돌도끼[打製石斧]이다. 신석기시대 떼돌도끼는 크기와 단면, 인부 형태, 제작 기법에 따라 여러 형식으로 세분되지만 대체로 나무를 베거나 자르는데 사용된 도구로 추정된다.

* 국립청주박물관, 1993, 『청원 쌍청리 주거지』.

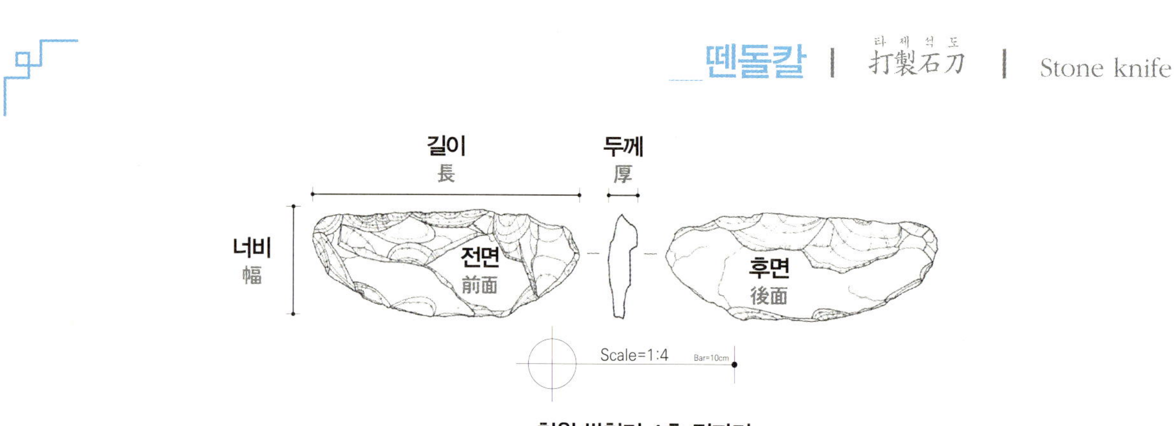

청원 쌍청리 4호 집자리

청동기시대의 반달돌칼[半月形石刀]과 형태적으로 유사한 떼돌칼이다.

* 국립청주박물관, 1993, 『청원 쌍청리 주거지』.

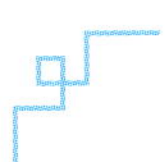

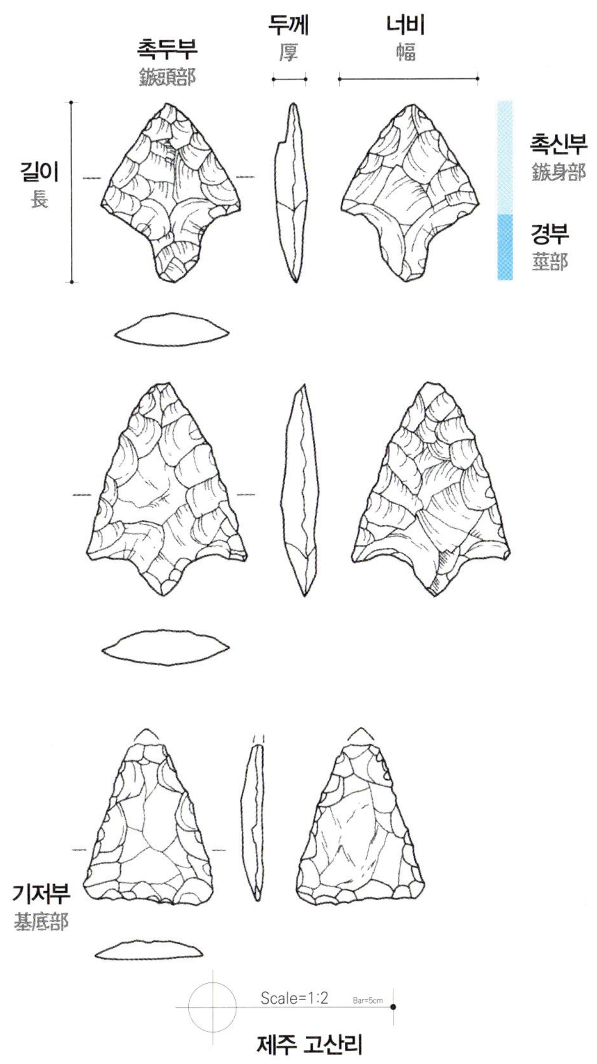

응회암이나 안산암 등 화산암으로 제작된 떼돌화살촉[打製石鏃]으로 고산리식 토기와 공반 출토되며 구석기시대 뗀석기 전통과 연결되는 신석기시대 초창기의 대표적인 석기이다. 평면 형태는 대체로 삼각형이며 유경식(有莖式)과 무경식(無莖式)이 함께 출토되는데 무경식의 비율이 높다.

* 제주문화유산연구원 , 2014, 『제주 고산리 유적』.

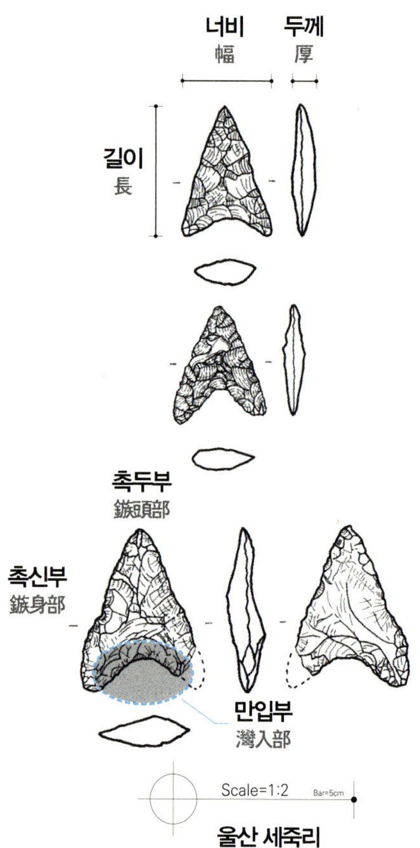

　사냥의 대표적인 도구인 돌화살촉은 제작 방법에 따라 크게 떼돌화살촉[打製石鏃]과 간돌화살촉[磨製石鏃]으로 구분된다. 떼돌화살촉은 남해안의 패총유적을 중심으로 출토되며 흑요석이나 점판암으로 제작된다. 크기는 2~3cm 정도이며 형태는 삼각만입형(三角灣入形)이 대부분이다.

---

* 동국대학교 매장문화재연구소, 2007, 『울산 세죽리유적Ⅰ』.

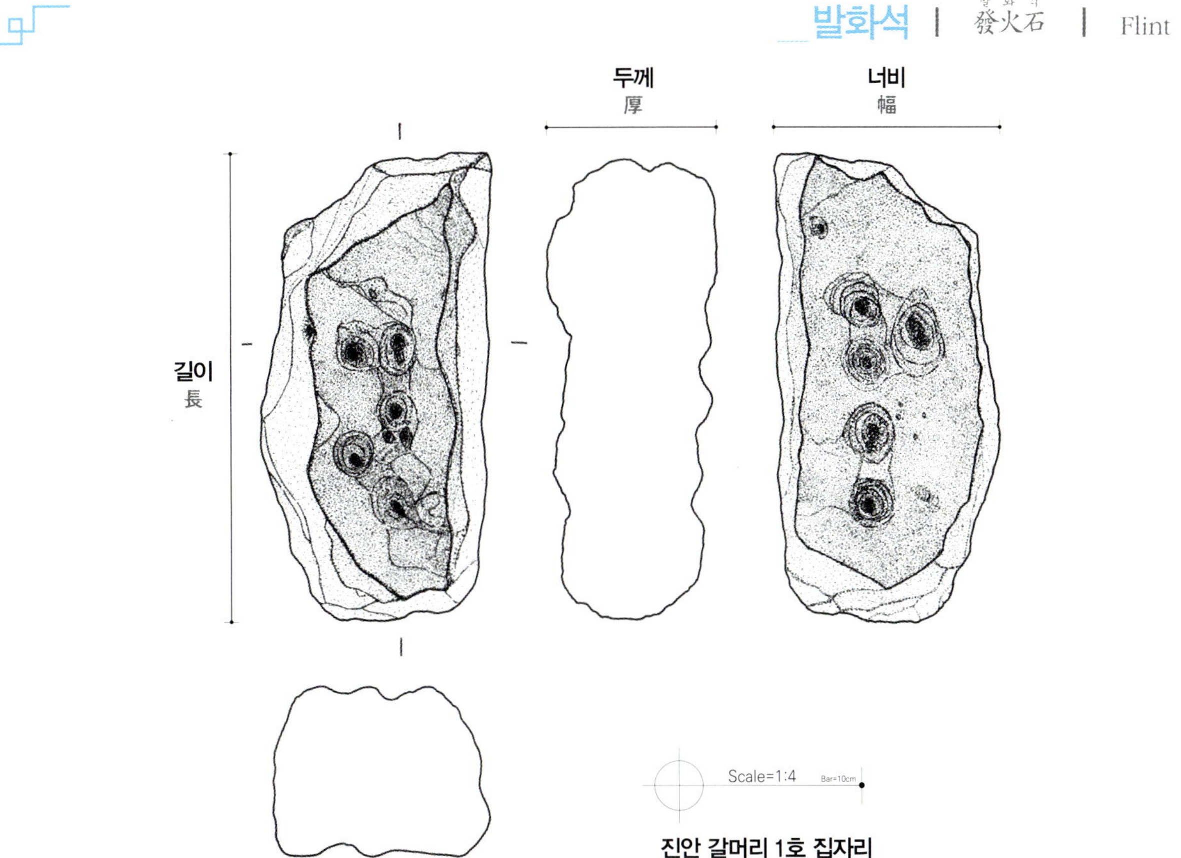

진안 갈머리 1호 집자리

발화석(發火石)은 석재의 평탄면에 한 개 내지 여러 개의 발화공을 시공한다. 자연석을 그대로 이용하거나 파손된 석기를 재사용하는 경우가 많아 형태는 일정하지 않다

* 호남문화재연구원, 2003, 『갈머리유적』.

숟가락모양석기 | 石匙形石器 | Spoon-shaped stone tool

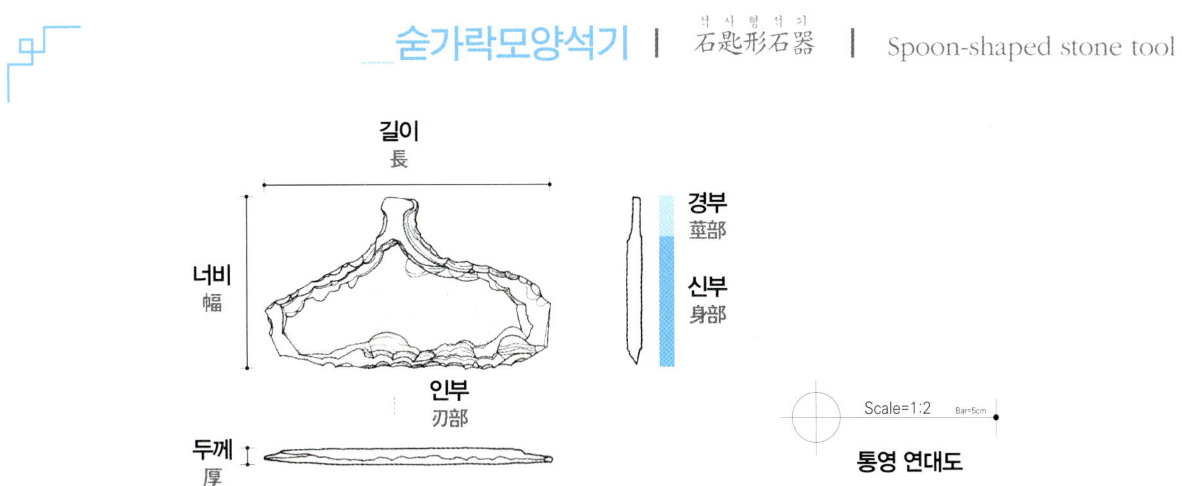

통영 연대도

숟가락과 유사한 형태라 하여 석시(石匙)로 통칭된다. 일본 죠몽[繩文]문화의 고유한 석기로 알려져 있으며 남해안 지역에서 주로 출토되는 숟가락모양 석기는 교류의 산물로 추정된다. 정확한 용도는 알 수 없으나 해안 지역에서 주로 출토되는 것으로 볼 때 어패류를 처리하는데 사용된 것으로 추정된다.

* 국립진주박물관, 1993, 『연대도 I 』.

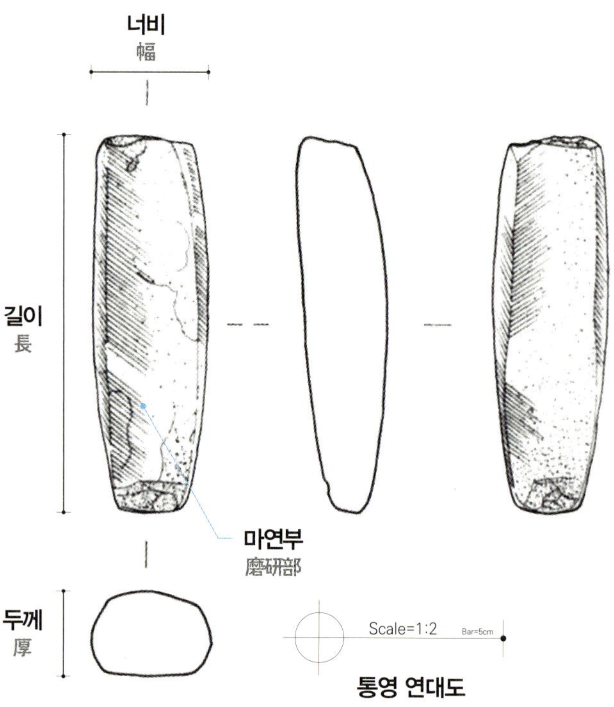

통영 연대도

석기, 골각기, 옥기 등을 제작하는데 사용한 숫돌이다. 주로 사암이나 이암계통의 석재로 제작된다.

* 국립진주박물관, 1993, 『연대도 Ⅰ』.

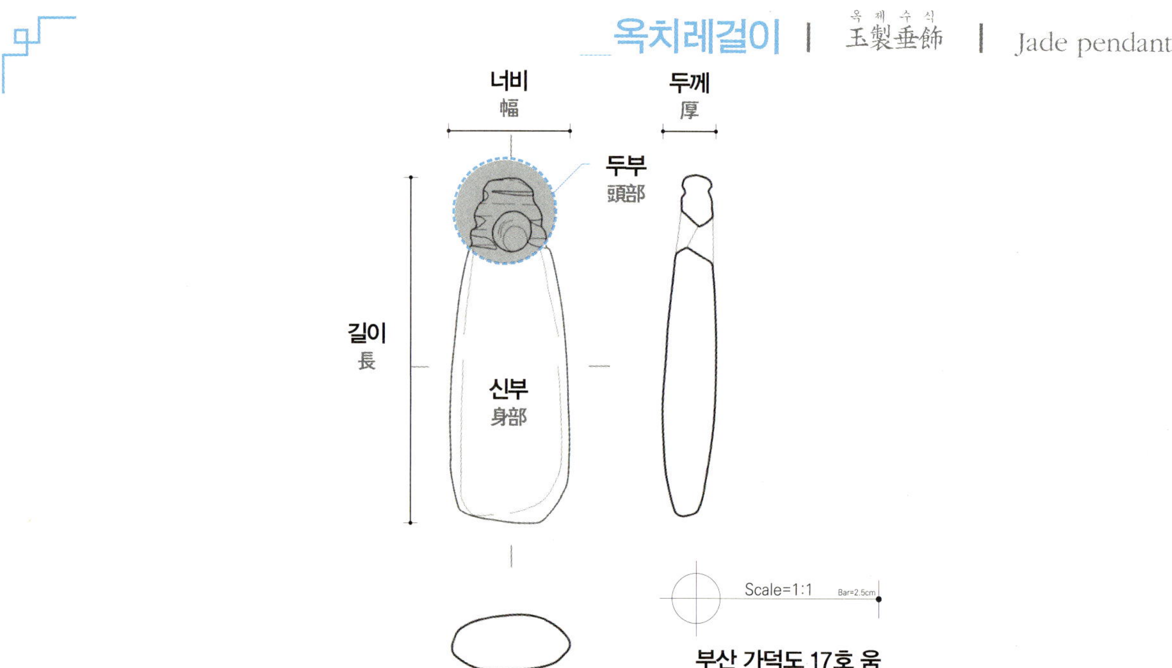

부산 가덕도 17호 움

목걸이 등의 펜던트로 사용된 장신구이다. 옥제품 외에 동물뼈, 조개 등으로도 제작된다. 옥치레걸이[玉製垂飾]는 활석, 연옥 등으로 제작되며, 줄을 연결할 수 있는 구멍이 상부에 뚫려 있다. 평면 형태는 판상형, 관옥형, 어망추형, 곡옥형 등이 있다.

* 한국문물연구원, 2014, 『부산 가덕도 장항유적』.

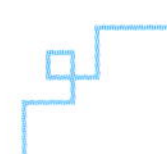

이음식낚싯바늘 | 組合式釣針 | Composite fishhook

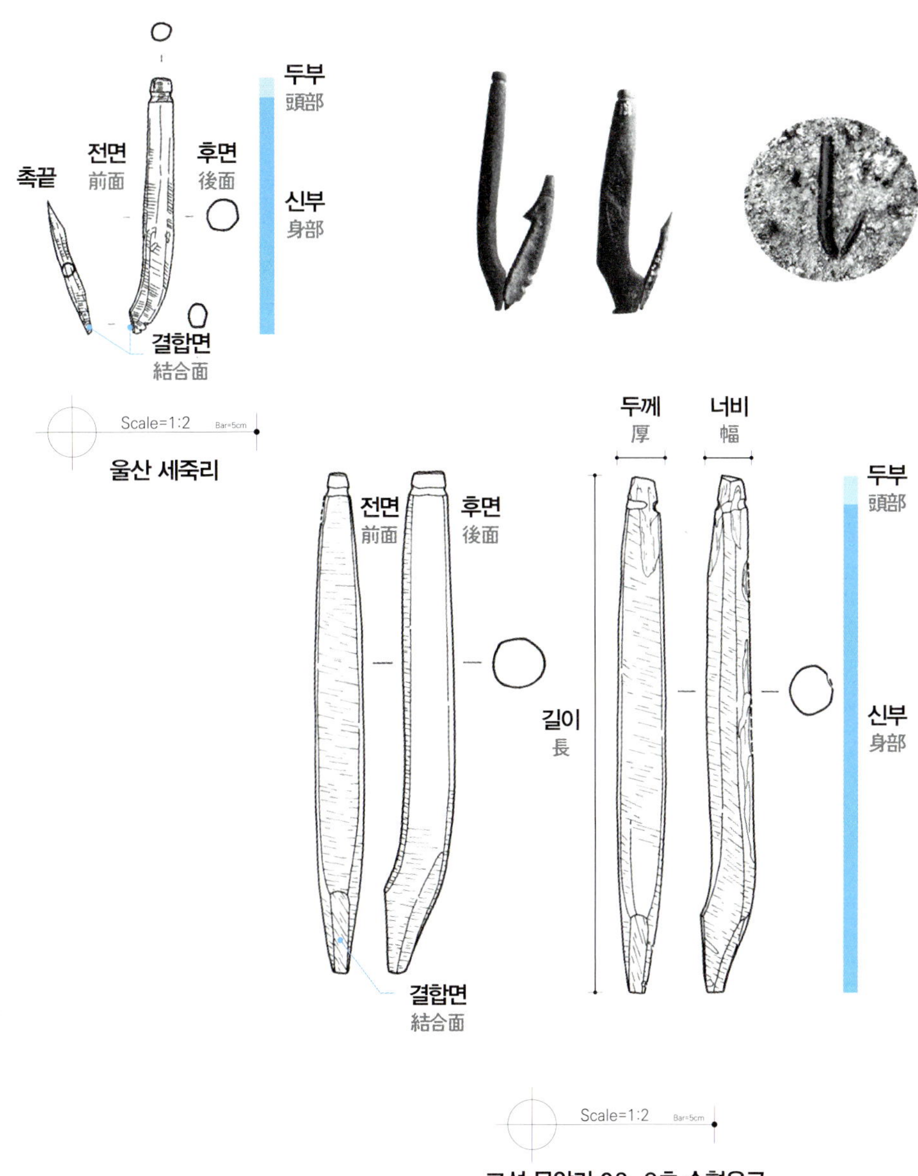

고성 문암리 02-8호 수혈유구

　　이음식낚싯바늘[組合式釣針]은 동남해안 지역에서 주로 출토되며 중서부 지역에서는 출토되지 않는다. 주로 돌로 만든 축과 뼈로 만든 바늘이 결합되어 하나의 낚싯바늘을 이루는 형태이다. 낚시의 축은 주로 돌을 이용하여 만들지만 골제나 패각으로 제작되는 경우도 있다. 이음식낚싯바늘은 신석기시대 조기에 출현하여 말기까지 사용되지만 중기에는 출토 수가 줄어든다. 축 형태와 결합면의 구조에 따라 여러 형태로 구분되는데 오산리형(동해안식)으로 불리는 것은 축부가 'J'자형으로 구부러져 있지만 남해안에서 주로 출토되는 범방형(남해안식)은 'I'자형이 많다. 바늘은 사슴뼈나 멧돼지 견치를 이용하여 만들며 미늘은 바늘의 안쪽(내기식) 혹은 바깥쪽(외기식)에 만드는데 미늘이 없는 경우(무기식)도 있다.

＊ 동국대학교 매장문화재연구소, 2007, 『울산 세죽리유적 Ⅰ』.

　국립문화재연구소, 2004, 『고성 문암리 유적』.

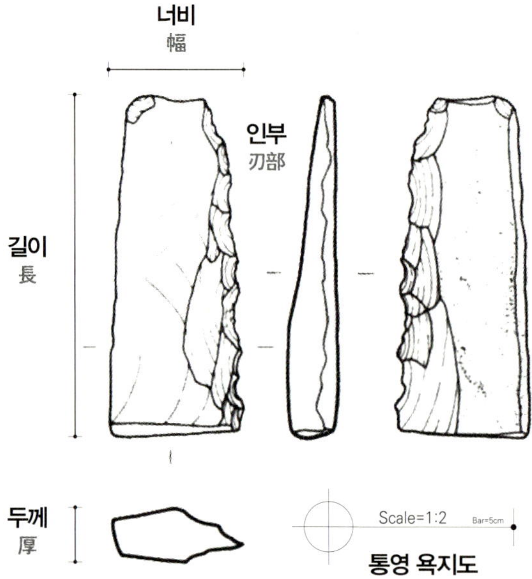

통영 욕지도

톱니날석기[石距]는 니암, 세일, 혼펠스 등 입자가 치밀한 판상의 석재를 가공하여 제작된다. 형태는 세장방형에 한쪽 장변을 잔손질하여 날을 세웠다. 명칭과 같이 실제 톱과 같은 기능을 했는지는 불명확하다.

＊ 국립진주박물관, 1989, 『욕지도』.

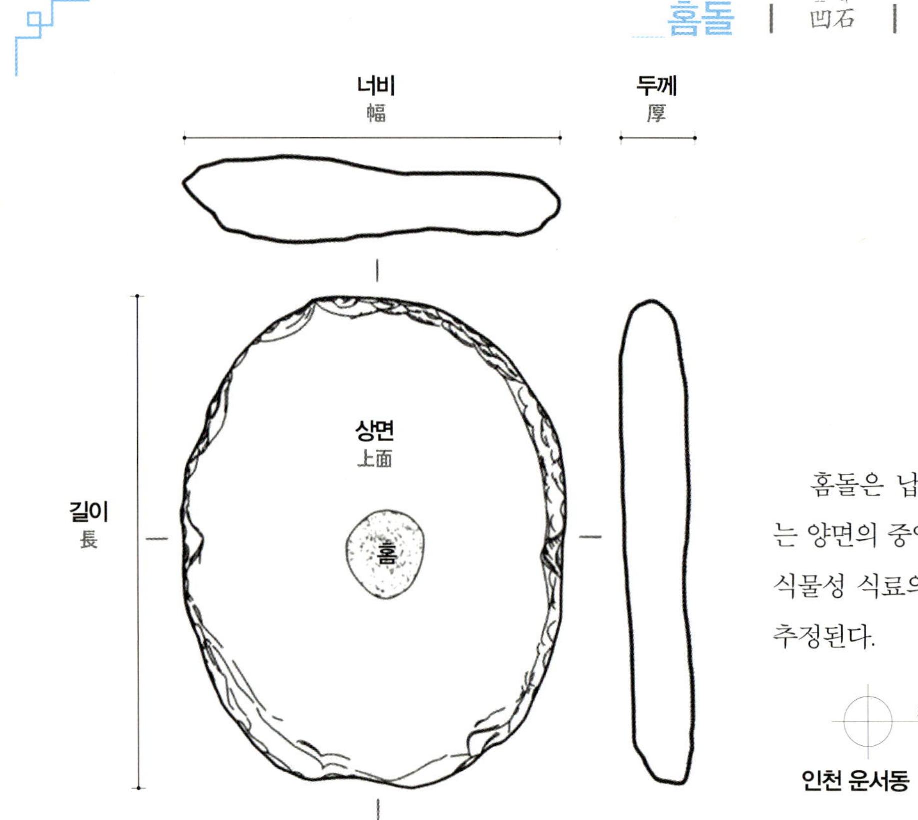

홈돌은 납작한 자연석의 한면 또는 양면의 중앙에 오목한 홈을 만들어 식물성 식료의 가공에 사용된 것으로 추정된다.

인천 운서동 Ⅰ 2지점 14호 집자리

＊ 중앙문화재연구원, 2010, 『인천 운서동 유적 Ⅰ』.

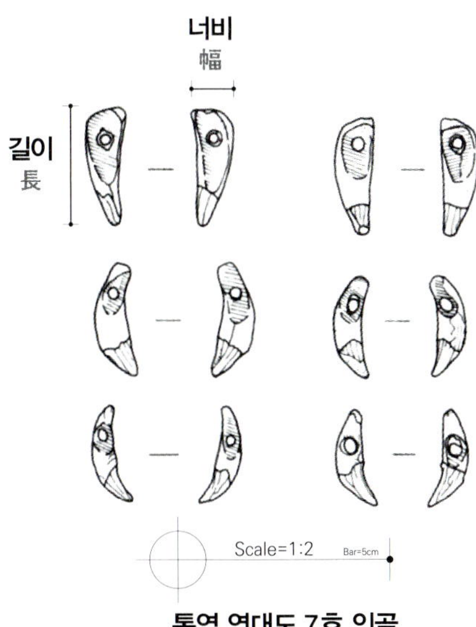

통영 연대도 7호 인골

발찌는 동물 이빨을 가공하여 만든 것인데 연대도 7호 인골에서 출토된 것이 우리나라에서는 유일하다. 이 발찌는 돌고래, 수달, 너구리 등 3종의 동물뼈 이빨 124개를 연결하여 만들었다.

* 국립진주박물관, 1993, 『연대도Ⅰ』.

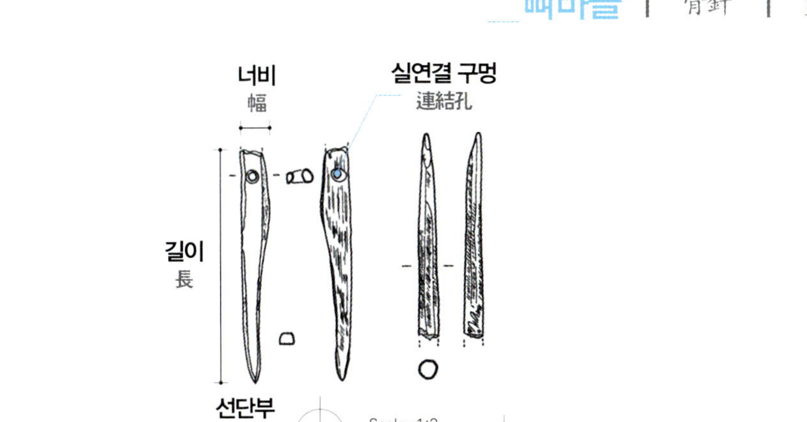

부산 동삼동 정화지구 2호 집자리

사슴 뿔이나 동물 관상골을 정밀하게 가공하여 두부에 구멍을 뚫은 형태이다. 현대의 바늘과 재질은 다르지만 형태적으로 매유 유사하다. 가오리의 꼬리가시나 새뼈를 이용한 골침도 보고된 바 있으나 인위적인 가공 여부는 불확실하다.

* 부산박물관, 2007, 『동삼동패총 정화지역 발굴조사보고서』.

부산 동삼동 정화지구 1호 집자리

연평 모이도 1호 집자리

부산 동삼동 5층

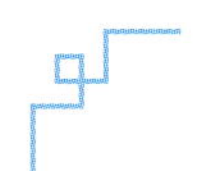

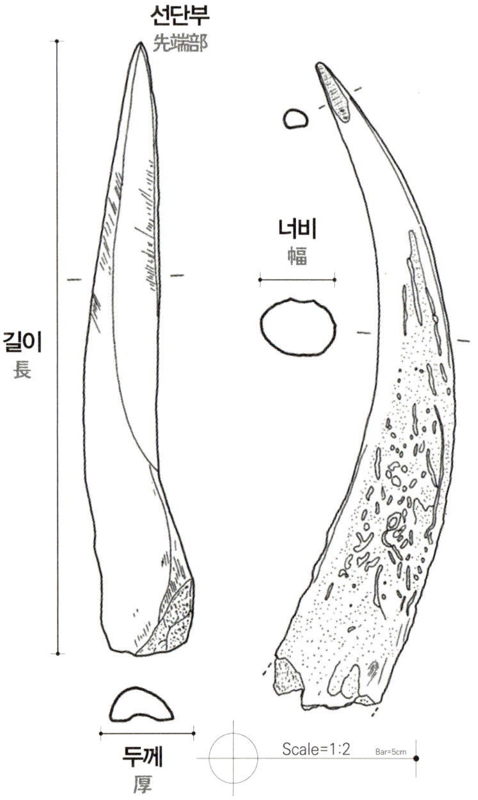

신석기시대 뼈도구[骨角器] 중에서 뼈송곳[尖頭器]은 가장 많은 출토수를 보인다. 뼈송곳은 넓은 의미에서 선단부(先端部)를 뾰족하게 갈아 만든 뼈도구를 통칭한다. 주로 사슴의 뿔과 중수 · 중족골, 경골, 척골 등이 주요 재료로 사용된다. 용도는 사냥과 물고기잡이, 가죽이나 의복 가공 등에 다양하게 사용된 것으로 추정된다.

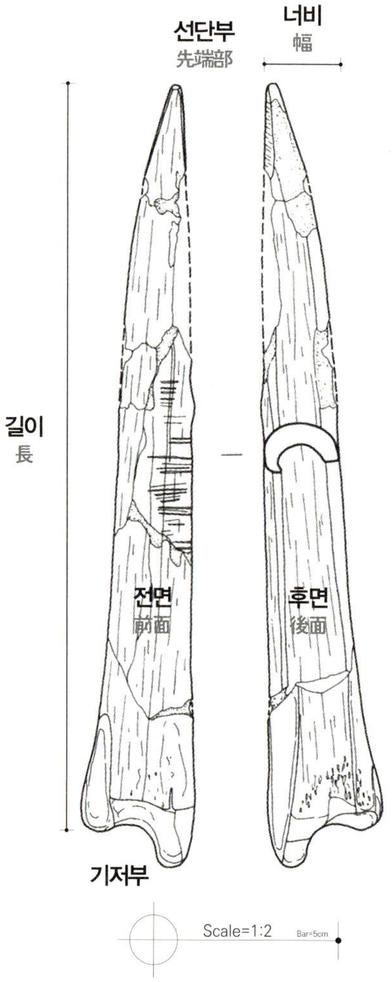

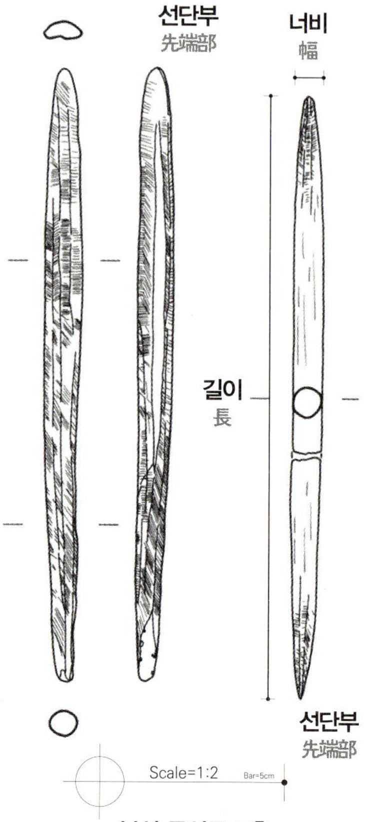

* 부산박물관, 2007, 『동삼동패총 정화지역 발굴조사보고서』.
국립문화재연구소, 2003, 『연평 모이도 패총』.
국립중앙박물관, 2005, 『동삼동패총 Ⅰ』.

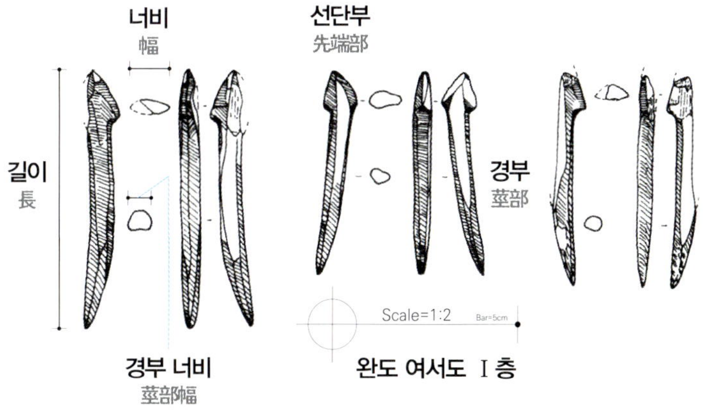

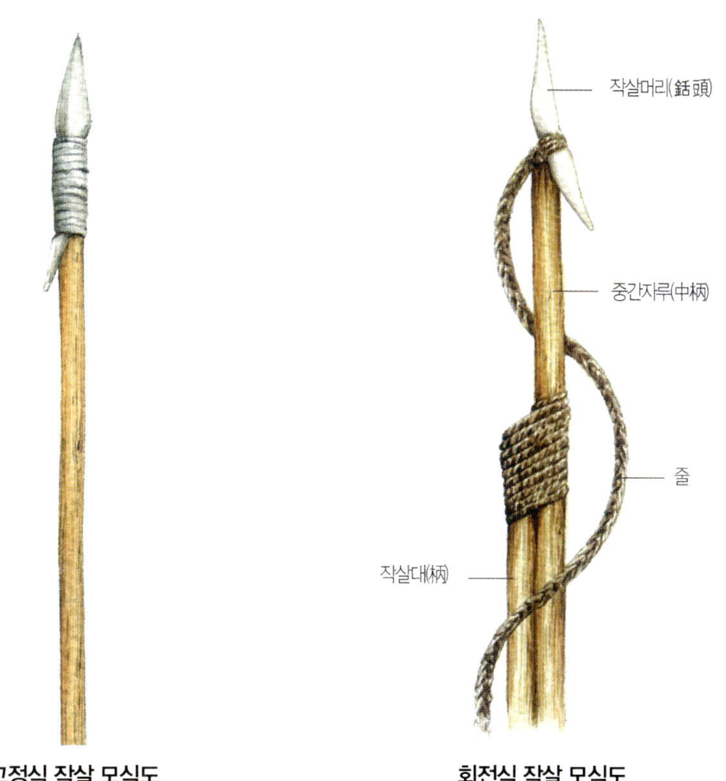

고정식 작살 모식도   회전식 작살 모식도

신석기시대 대표적인 어로구(漁撈具)의 하나로 자루에 착장되는 형태와 사용 방법에 따라 고정식 작살과 회전식(분리식) 작살로 구분된다. 작살과 찔개살은 이를 사용했을 때 자루가 손을 떠나는 경우를 작살, 자루가 손에 남는 경우를 찔개살로 구분한다. 그러나 이를 구분하기는 어려우며 넓은 범위에서 모두 작살에 속한다고 할 수 있다.

* 목포대학교박물관, 2007, 『완도 여서도 패총』.

복천박물관, 2011, 『선사·고대의 패총-인간, 바다, 그리고 삶』.

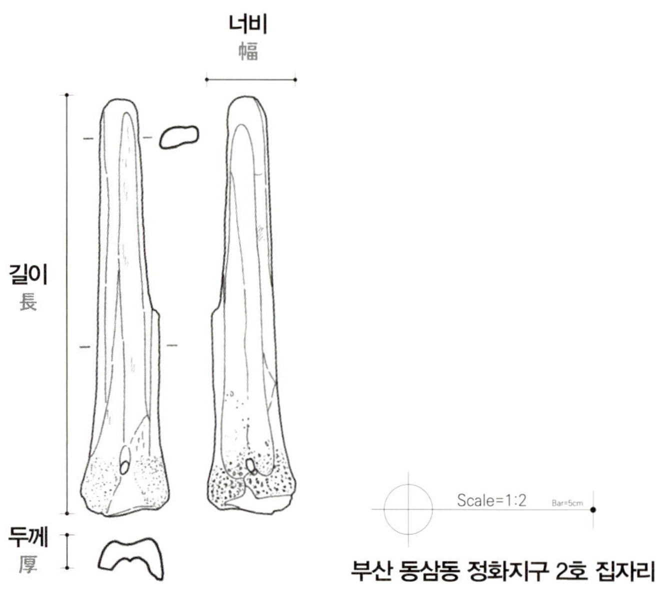

부산 동삼동 정화지구 2호 집자리

주로 사슴의 중수골이나 중족골을 이용하여 선단부를 둥글게 'U'자형으로 만든 뼈도구를 통칭한다. 조개류의 가공이나 가죽의 무두질 등에 사용된 것으로 추정된다.

* 국립중앙박물관, 2005, 『동삼동패총 Ⅰ』.

뼈화살촉 | 骨鏃 | Bone arrowhead

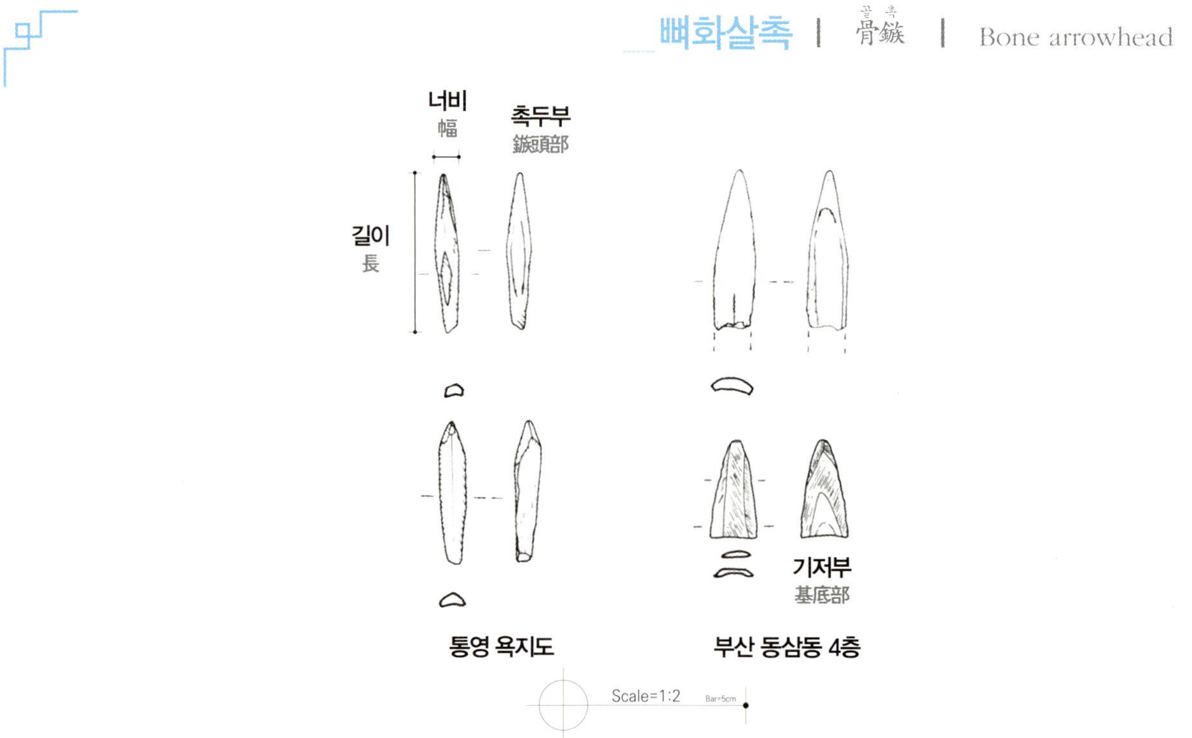

* 국립진주박물관, 1989, 『욕지도』.
  부산박물관, 2007, 『동삼동패총 정화지역 발굴조사보고서』.

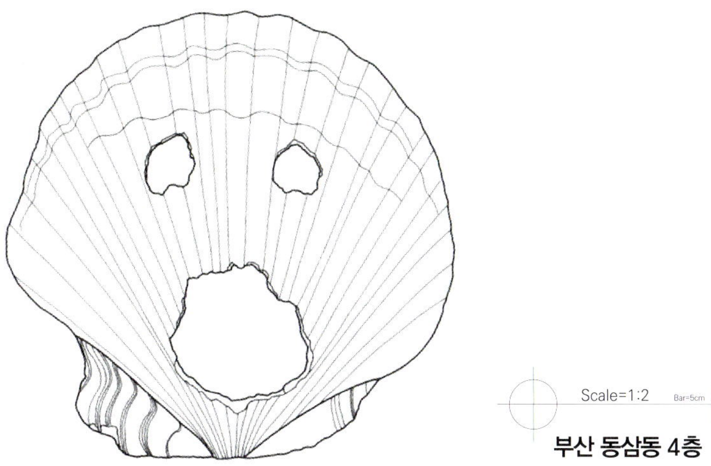

가리비의 복정부와 복연부에 눈과 입을 형상화하여 구멍을 뚫은 형태이다. 1971년 국립중앙박물관에서 실시한 동삼동패총 발굴조사에서 1점이 출토되었으며, 부산박물관이 실시한 동삼동패총 정화지역 발굴조사에서도 유사한 유물이 출토된 바 있다. 의례용기로 추정되고 있으나 형태적으로 매우 단순하여 그 성격은 분명하지 않다.

＊ 국립중앙박물관, 2004, 『동삼동패총Ⅲ』.

역T자형낚싯바늘 | 易T字形釣針 | T-shaped fishhook

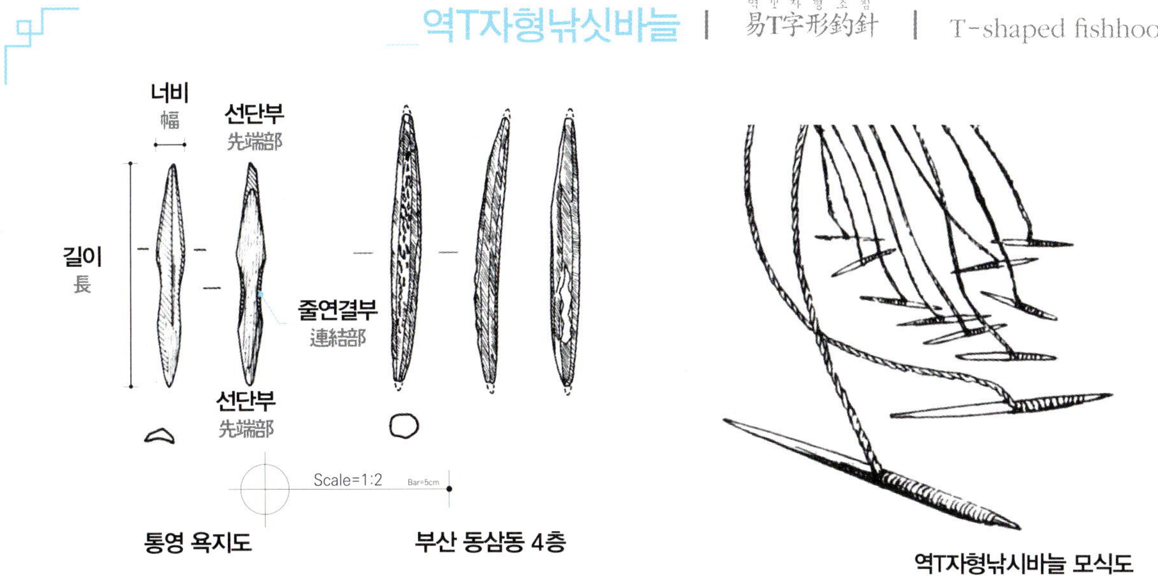

단식낚싯바늘[單式釣針]의 일종으로 낚시줄과 연결되었을 때 형태에 착안하여 명명되었다. 가운데에 줄과 연결되는 홈이 파여져 있거나 양끝만을 날카롭게 가공한 경우도 있다. 남해안의 패총유적에서 주로 출토되지만 수는 많지 않다.

＊ 국립중앙박물관, 2005, 『동삼동패총 I 』.
　국립진주박물관, 1989, 『욕지도』.
　힐러리 스튜어트(주강현 역), 2010, 『인디언의 바다』, 블루앤노트.

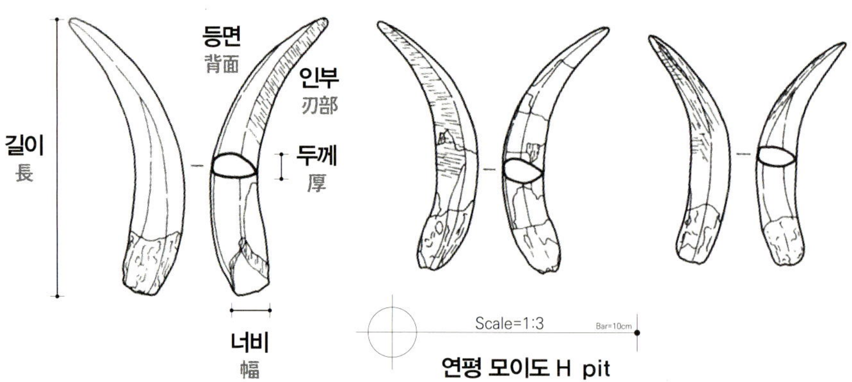

이빨칼[牙刀]은 고라니 견치의 날카로운 면을 일부 가공하여 도구로 이용한 뼈도구이다. 6cm 내외의 소형으로 자루에 끼워 다용도로 사용된 것으로 추정된다.

* 국립문화재연구소, 2003, 『연평 모이도 패총』.

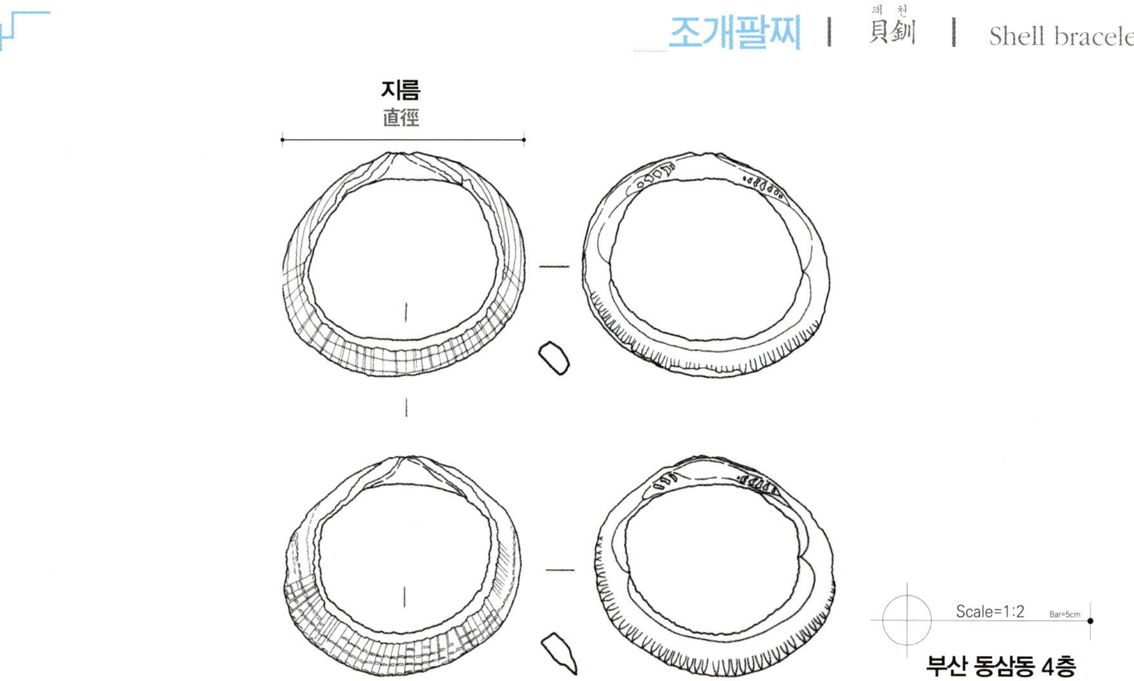

신석기시대 장신구 중에 가장 많은 출토수를 보인다. 조개팔찌[貝釧]는 투박조개, 피조개 등 대형 조개의 정상부를 타격하여 뚫은 후 주변을 갈아서 제작한다. 주로 팔찌로 사용한 것으로 추정되나 가덕도 인골에서 목부분에 위치한 경우도 있고 손목에 착용하기 어려울 정도로 작은 경우도 있어 다양한 형태의 장신구로 활용되었을 것으로 추정된다.

* 국립중앙박물관, 2004, 『동삼동패총Ⅲ』.

III

청동기시대

青銅器

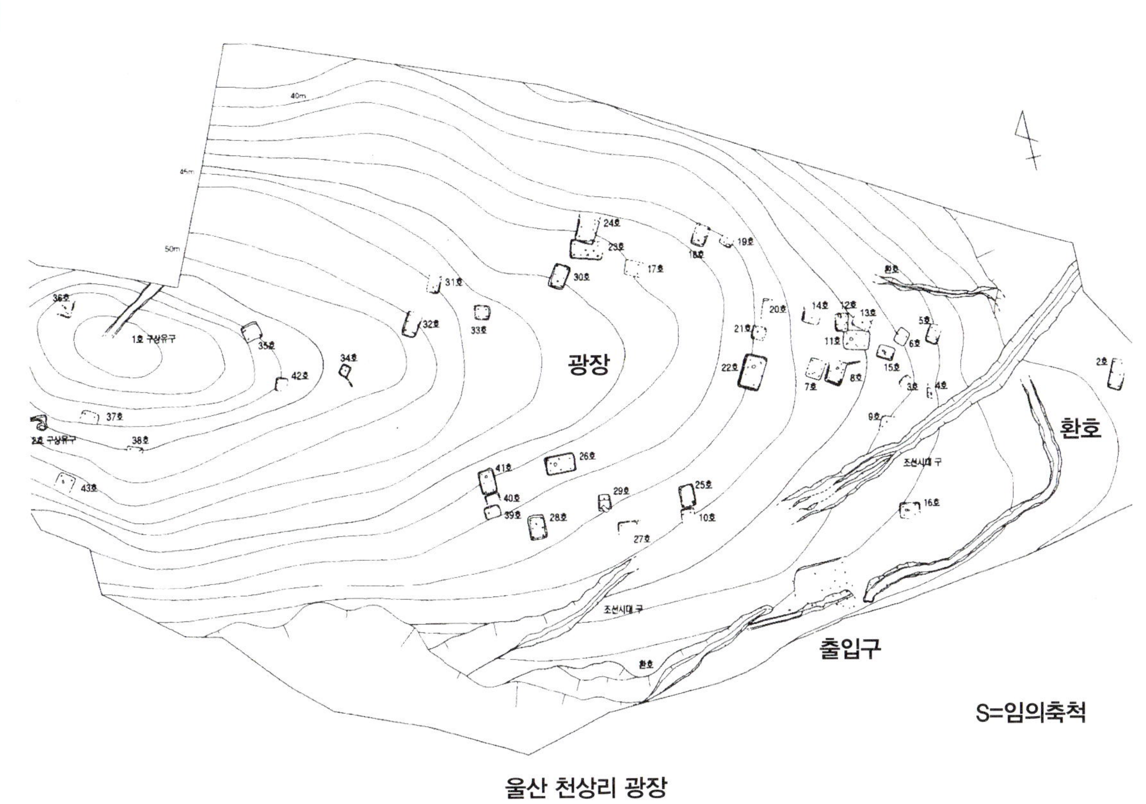

울산 천상리 광장

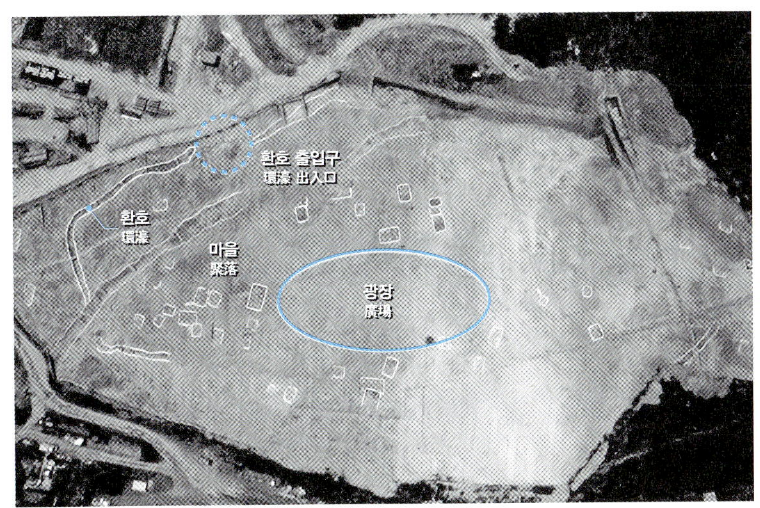

광장은 마을유적의 구릉 정상부 주변의 평탄한 부분에 집자리[住居址]가 확인되지 않고 공지(空地)로 남아 있는 부분을 말한다. 이곳은 가옥이 입지하기에 양호한 지형임에도 불구하고 집자리가 확인되지 않고 주변으로만 공지를 감싸듯이 환상(環狀)으로 배치하고 있어 마을의 공공장소(公共場所), 즉 광장으로 규정짓고 있다. 광장의 역할은 마을공동체의 공공의 이익을 위한 공동노동장, 생산물 분배장, 의식장(儀式場) 등의 공용지(公用地)였으며, 공동체 성원의 규제가 존재하였을 것으로 여겨진다. 또한 광장을 중심으로 결합된 주거군(住居群)은 혈연관계를 바탕으로 한 세대공동체(世代共同體)로 규정하고, 이 주거군을 마을의 최소단위(最小單位) 내지는 기준단위(基準單位)로 보는 견해가 있다.

* 崔鍾圭, 2002, 「廣場에 대한 認識」, 『歷史敎育論集』13 · 14, 歷史敎育學會.
嶺南文化財硏究院, 2002, 『蔚山 川上里 聚落遺蹟』.

무논, 수리시설 | 水田, 水利施設 | Rice field(Paddy), Irrigation facilities

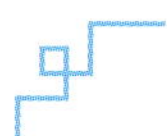

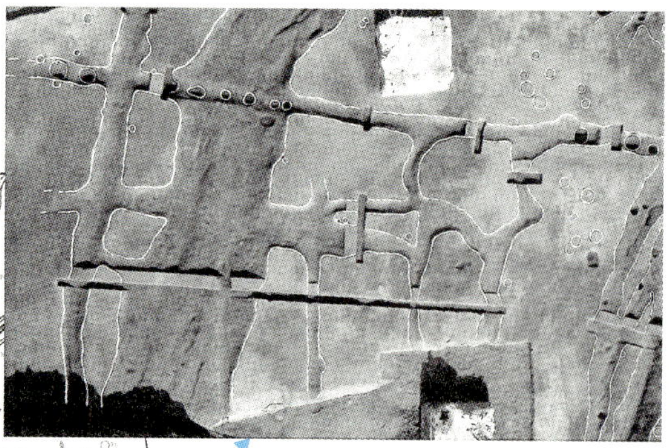

무논 및 수로

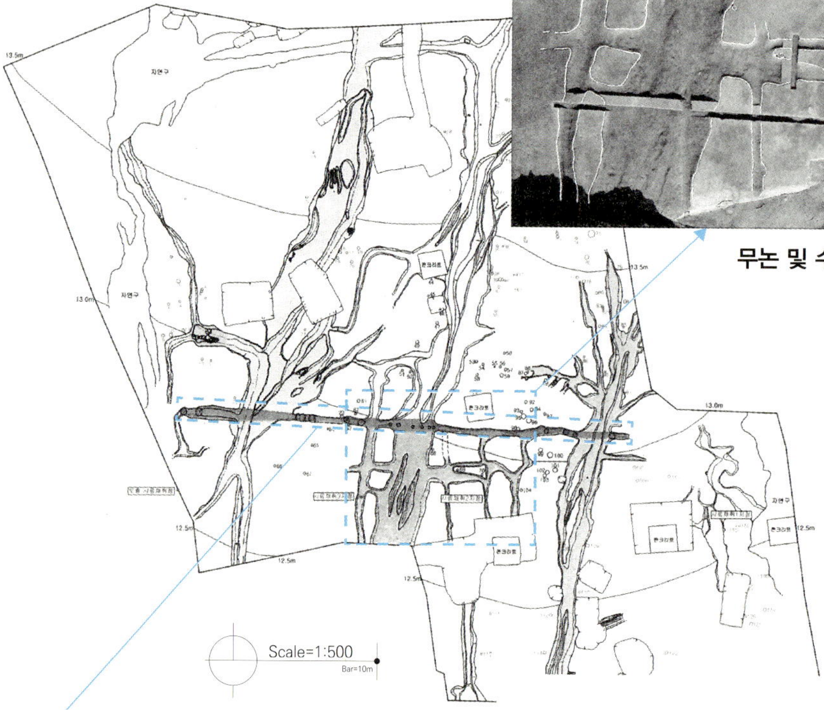

김해 구산동 96번지 수리시설

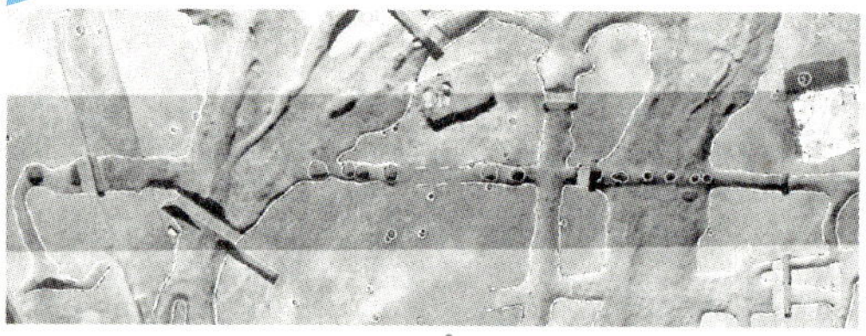

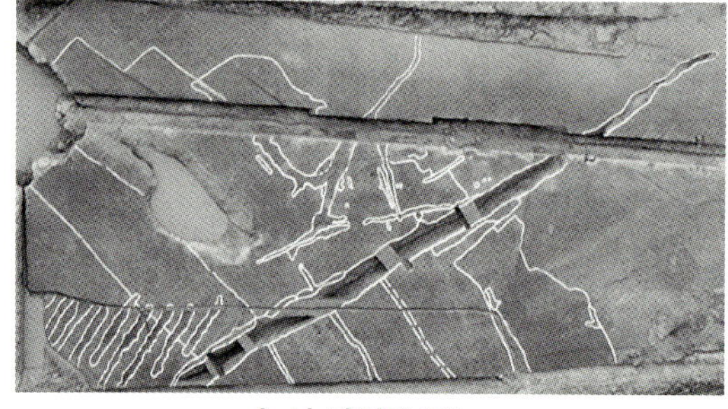

보

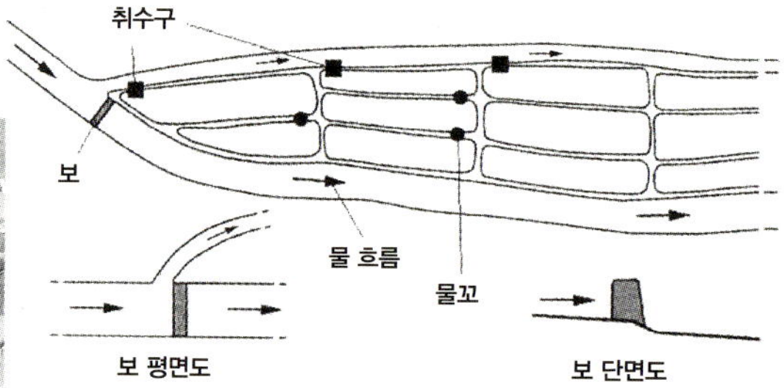

무논 및 수리시설 모식도

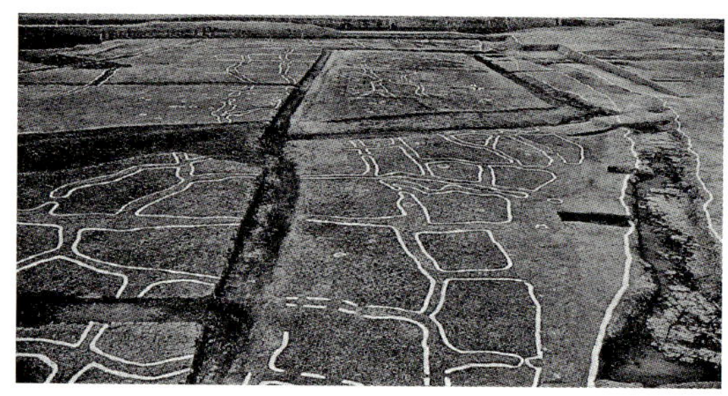

논산 마전리 무논

울산 무거동 옥현 무논

※ 국립중앙박물관, 2010, 『청동기시대 마을 풍경』.
충남대학교박물관, 2007, 『호서지역의 청동기문화』.
경상문화재연구원, 2015, 『김해 구산동 96번지 유적』.

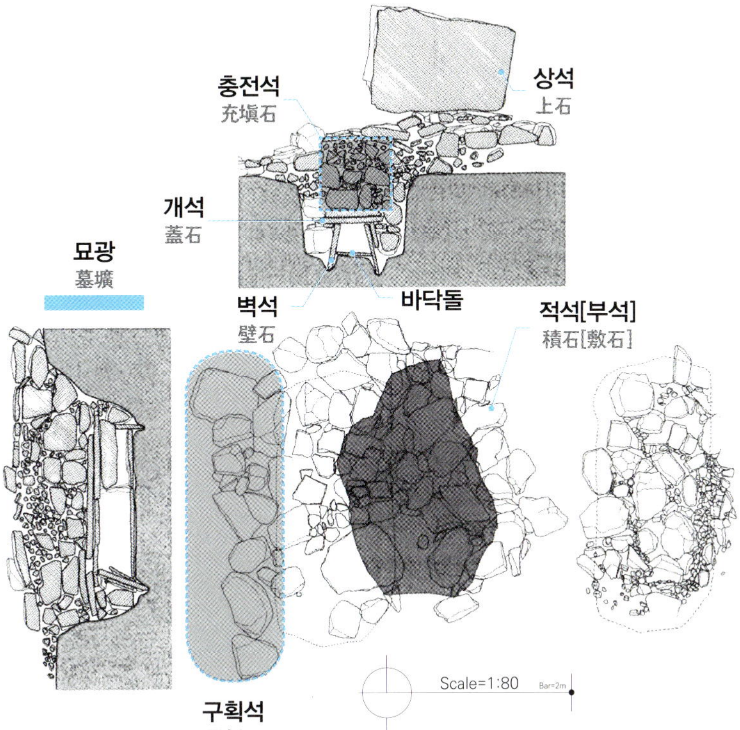

사천 이금동 A-1호 고인돌

산청 매촌리 고인돌(묘역식)

강화 부근리 고인돌(탁자식)

진주 귀곡동 대촌 고인돌(기반식)

진주 대평리 고인돌(개석식)

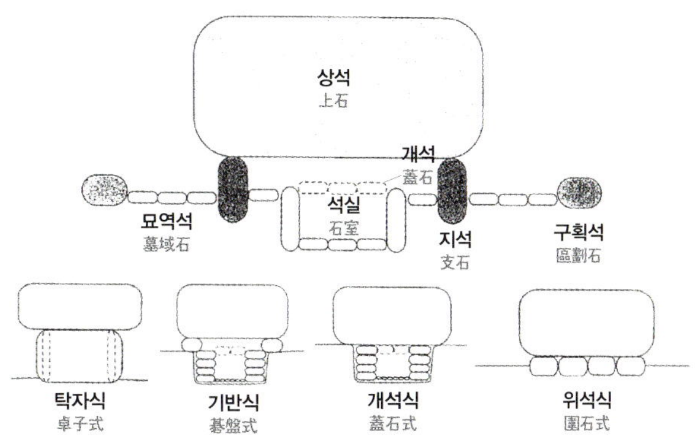

고인돌 형식 및 세부명칭

* 국립중앙박물관, 2010, 『청동기시대 마을 풍경』.
국립진주박물관, 2002, 『청동기시대의 大坪·大坪人』.
한국고고학회, 2010, 『한국고고학강의』, 사회평론.
慶南考古學硏究所, 2003, 『泗川 梨琴洞 遺蹟』.

무덤(독널무덤) | 甕棺墓 | Jar coffin grave

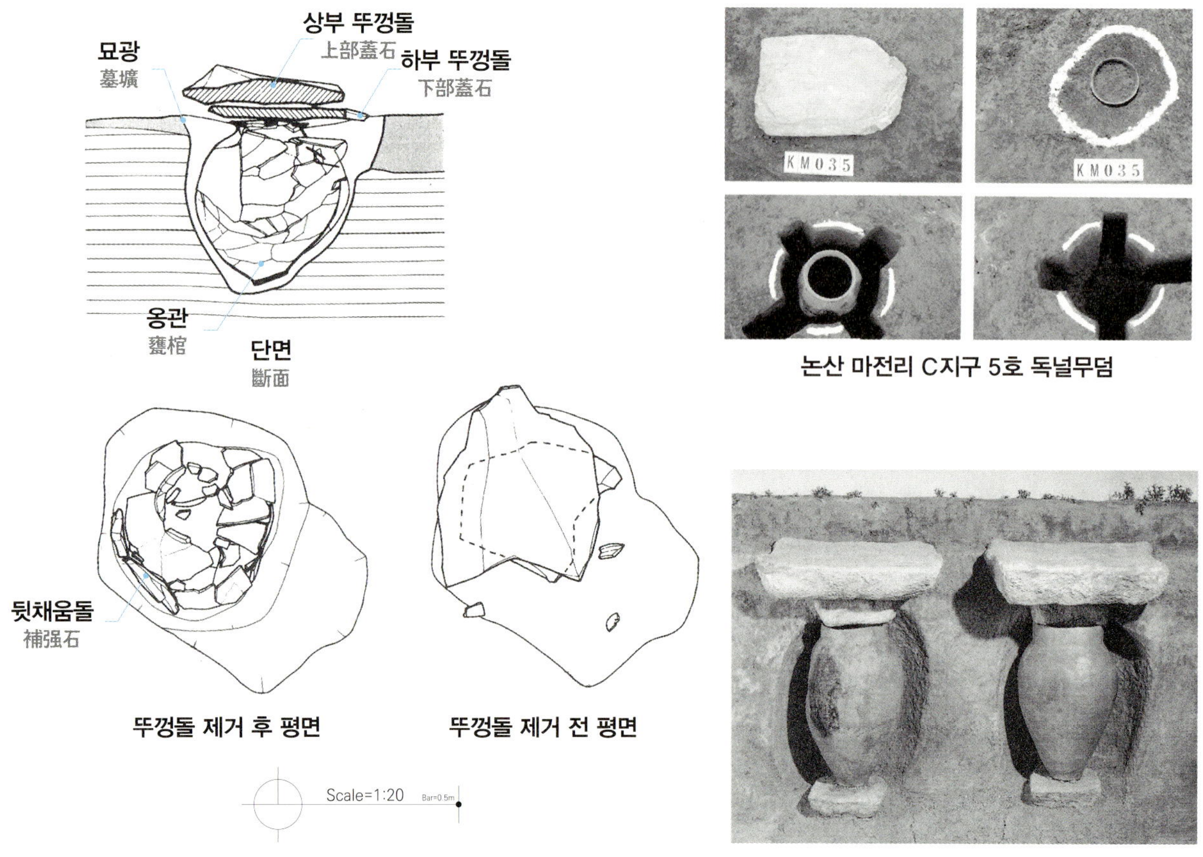

사천 이금동 A−8호 독널무덤

논산 마전리 C지구 5호 독널무덤

익산 석천리 독널무덤 복원 모습

    독널무덤은 고인돌[支石墓], 돌뚜껑움무덤[石蓋土壙墓], 돌널무덤[石棺墓]과 함께 한국 청동기시대의 대표적인 무덤 양식 중의 하나로 일상생활에서 사용하던 독[甕]을 사용하여 주검이나 뼈를 묻는 무덤 양식 이다. 토기 크기나 형태로 볼 때 유아 전용의 무덤이거나 성인의 시체를 썩혀 육탈된 유골을 안치하기 위한 무덤으로 알려져 있다. 이 무덤은 독널의 안치 방법에 따라 독을 수직으로 세우는 직치(直置)와 비스듬히 눕 혀서 안치하는 사치(斜置)로 구분되며, 주로 금강 유역에서 확인되는 무덤 양식이다. 독널의 바닥에는 구멍 이 뚫려있는 경우가 많은데, 이 구멍은 배수나 방습 혹은 의례행위와 관련된 것으로 추정하기도 한다. 껴묻 거리는 거의 발견되지 않고 있지만 간헐적으로 대롱옥[管玉]이 출토된다.

＊ 國立文化財研究所, 2004, 『韓國考古學專門事典-靑銅器時代篇-』.

  國立中央博物館, 1993, 『韓國의 先·原史土器』.

  충남대학교박물관, 2007, 『호서지역의 청동기문화』.

  慶南考古學硏究所, 2003, 『泗川 梨琴洞 遺蹟』.

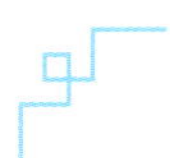

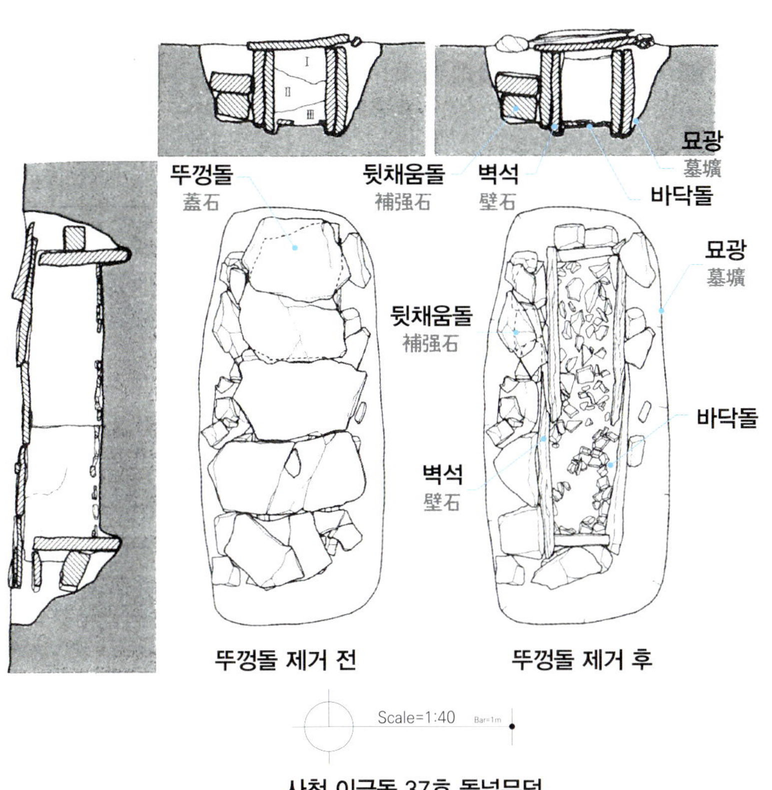

사천 이금동 37호 돌널무덤

진주 대평 옥방 1지구 돌널무덤

진주 대평 옥방 4지구 돌널무덤

돌널무덤은 고인돌[支石墓], 돌뚜껑움무덤[石蓋土壙墓], 독널무덤[甕棺墓]과 함께 한국 청동기시대의 대표적인 무덤 양식 중의 하나로 시베리아, 중국 동북지방, 한반도, 일본 등 폭 넓은 지역에서 발견되고 있다. 이 무덤은 지하에 무덤구덩을 파고 판돌이나 깬돌, 강돌 등으로 장방형의 매장주체부를 만들고, 그 위에 1매 이상의 뚜껑돌을 덮은 무덤 양식을 의미한다. 이러한 무덤은 네 벽과 바닥, 그리고 뚜껑돌을 각각 1~2매의 판돌을 사용하여 상자 모양으로 만들었다고 해서 돌상자무덤[石箱墓]라고도 부른다. 돌널에 사용되는 돌의 형태는 판돌이나 판돌형의 깬돌인 경우와 괴석이나 강돌인 경우로 분류되는데, 이들 모두를 돌널무덤으로 포함시키는 경우와 후자를 돌덧널무덤으로 보는 경우도 있다. 널은 조립 방식에 따라 '표', 'ㅁ', 'Ⅱ', 'Ⅲ'자형으로 구분되지만 '표'자형이 대부분이며, 그 형태에 따라 시간성이나 공간성을 보이지는 않는 것으로 알려져 있다. 매장주체부는 대부분 널의 네 벽과 주변에 별다른 시설이 없지만 일부에서는 널 주위에 강돌을 넓게 펴서 시설하기도 하며, 무덤 주위로 도랑[溝] 시설을 갖춘 무덤도 확인되고 있는데, 이러한 형태는 별도로 주구무덤[周溝墓]으로 분류된다.

國立文化財研究所, 2004, 『韓國考古學專門事典-靑銅器時代篇-』.
국립진주박물관, 2002, 『청동기시대의 大坪·大坪人』.
慶南考古學研究所, 2003, 『泗川 梨琴洞 遺蹟』.

무덤(돌덧널무덤) | 石槨墓 | Stone lined grave

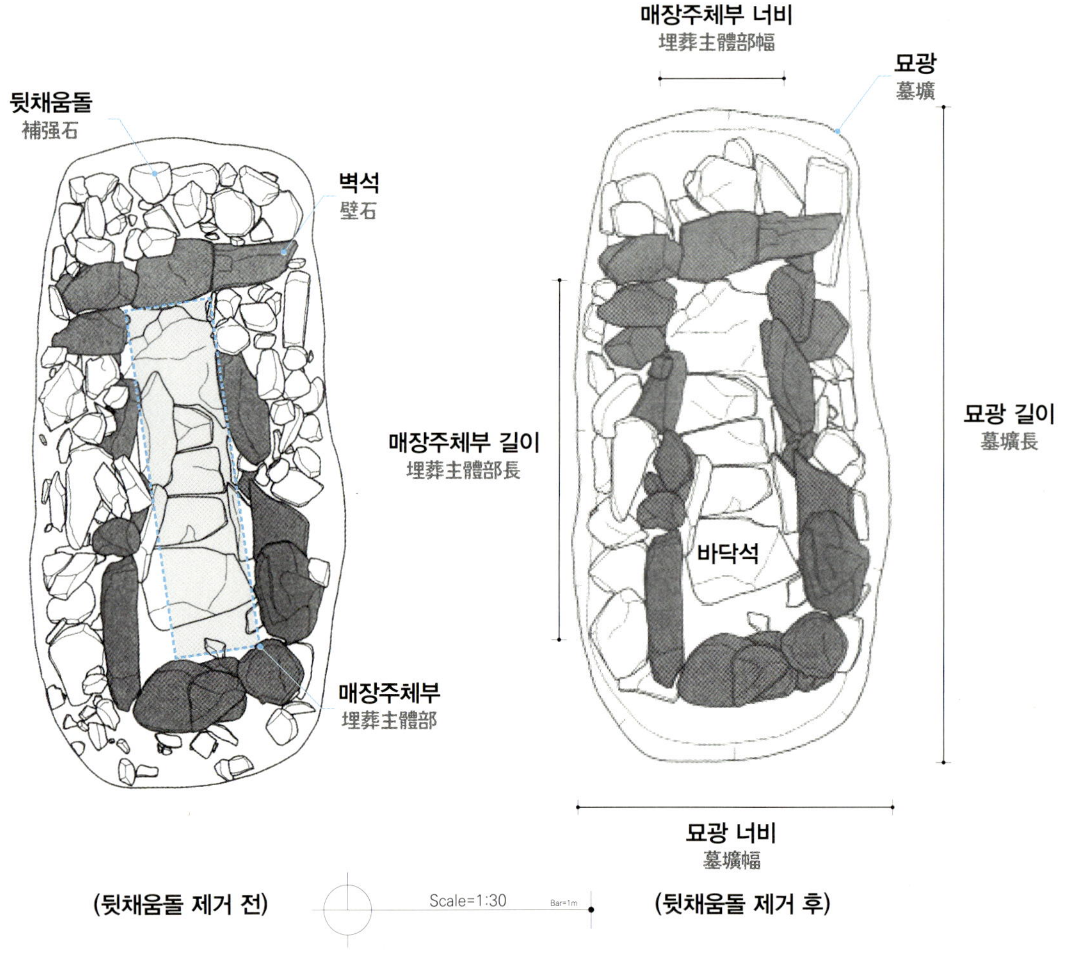

진주 이곡리 5호 돌덧널무덤

돌덧널무덤은 돌로 덧널[槨]을 만들어 그 내부에 널[棺]과 부장품을 수납하도록 만든 구조이다. 청동기시대 한반도 일부 지역에서 조영된 무덤 형태이고 삼국시대를 거쳐 고려시대까지 보이는 무덤이지만 주로 청동기시대의 것을 지칭하고 있다.

* 國立文化財研究所, 2001, 『韓國考古學事典』.
  國立文化財研究所, 2009, 『韓國考古學專門事典-古墳篇-』.
  東亞細亞文化財研究院, 2007, 『晋州 耳谷里 先史遺蹟 I - 진주 생물단지 조성부지내』.

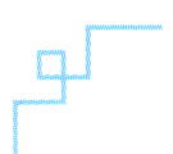

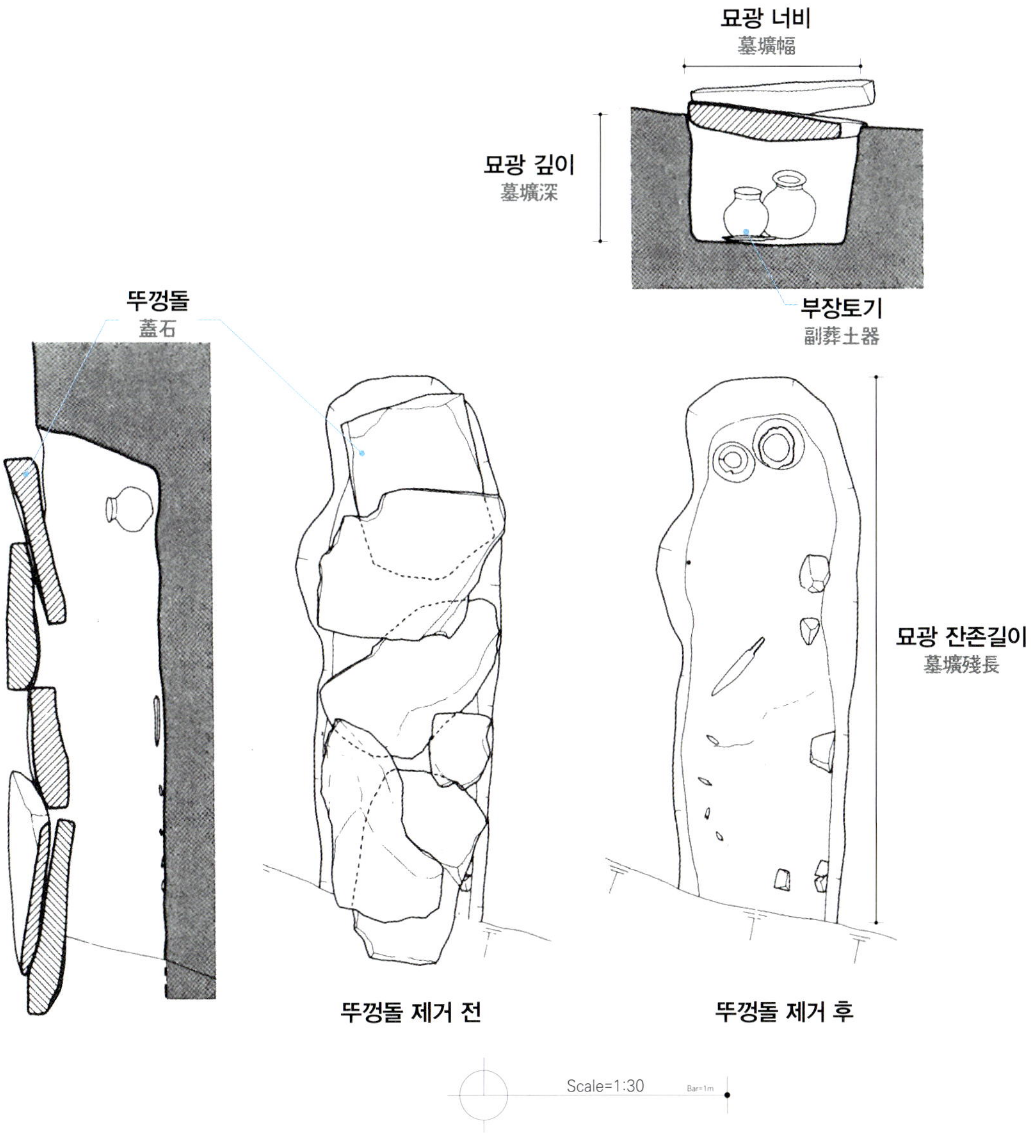

사천 이금동 5호 돌뚜껑움무덤

돌뚜껑움무덤은 금강 중하류 지역에서 가장 밀집된 분포를 보이면서 돌널무덤[木棺墓], 독널무덤[甕棺墓]과 혼재되어 발견된다. 일반적으로 장방형의 무덤구덩[墓壙]을 파고 그 위에 판돌형[板石形]의 돌로 상부를 덮는 구조의 무덤으로 움무덤[土壙墓]의 일종이다. 무덤구덩의 축조방법에 따라 일단(一段)의 무덤구덩 위에 뚜껑돌을 덮는 일단돌뚜껑움무덤과 상하 이단(二段)으로 축조된 이단돌뚜껑움무덤으로 구분된다. 이 무덤은 대부분 네 벽이 순수한 움의 형태를 보이지만 일부 벽에는 판돌형의 벽석(壁石)이 발견되기도 하며, 바닥시설로는 돌널무덤과 마찬가지로 생토를 그대로 사용한 경우, 깬돌[割石]이나 강돌[川石]로 바닥을 깐 경우, 송국리식 토기를 전면이나 일부에 까는 경우가 있다. 매장시설로서 나무널[木棺]의 사용여부는 불분명하다.

◦ 國立文化財硏究所, 2004,『韓國考古學專門事典-靑銅器時代篇-』.
  慶南考古學硏究所, 2003,『泗川 梨琴洞 遺蹟』.

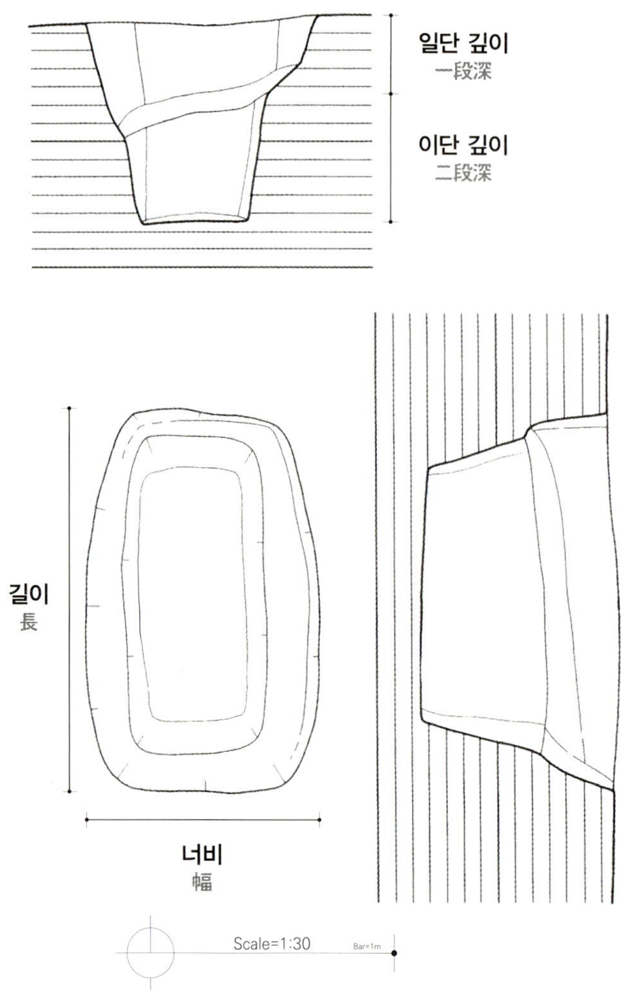

진주 대평 옥방 1지구 20호 움무덤(일부 편집)

움무덤은 지하에 구덩이를 파서 시신을 안치하는 매장 방법을 총칭한다. 평면 형태는 장방형, 방형, 장타원형, 원형 등이 있으나, 장방형과 장타원형이 일반적이다. 시신을 직접 보호하는 나무널[木棺]이 묘광 속에 안치되거나 나무덧널[木槨]이 설치된 형태의 것은 특별한 장구(葬具) 없이 시신만 안치하는 순수움무덤과 구분하는 것이 일반적이지만 나무널이나 나무덧널이 이미 부패하여 그 사용 여부를 명확하게 파악할 수 없는 경우도 움무덤의 범주에 포함시키고 있는 것이 통례이다. 청동기시대 돌뚜껑움무덤[石蓋土壙墓], 고인돌[支石墓], 돌널무덤[石棺墓], 돌덧널무덤[石槨墓], 독무덤[甕棺墓] 등 보편적인 묘제에 비해 제한적으로 확인되고 있어 청동기시대에 주류를 이루는 묘제는 아니었던 것으로 이해된다. 이 시대의 움무덤은 양 단벽이 둥그스름하게 처리된 평면 장타원형이 많으며, 묘광은 2단 또는 1단으로 파인 것이 대부분이다. 통나무나 판재 등의 나무널 사용 여부는 아직 불분명하지만 초기철기시대에 통나무널이 보편적으로 사용된 것을 참고하면 청동기시대에도 통나무널이 사용되었을 가능성이 있다.

◦ 國立文化財研究所, 2009, 『韓國考古學專門事典-古墳篇-』.

慶南考古學研究所, 2002, 『晋州 大坪 玉房1·9地區 無文時代 集落』.

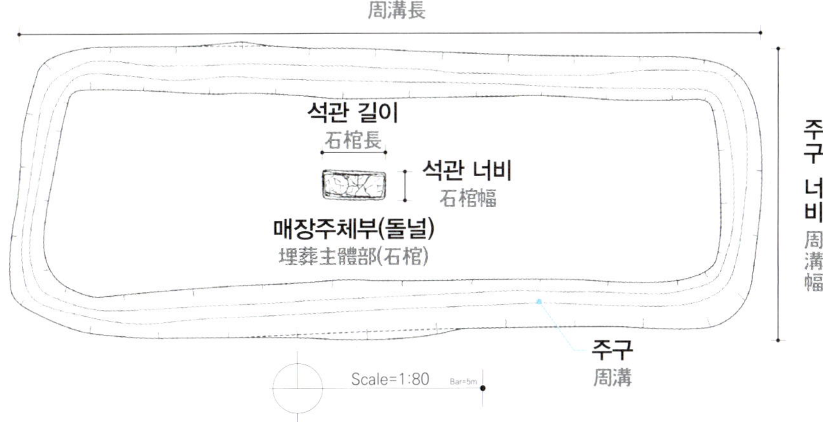

춘천 천전리 4호 주구무덤

춘천 천전리 A지역 주구무덤

한반도 중서부나 서남부 지역에서 주로 확인되고 있는 기원전 2세기~기원후 3세기 무렵까지의 원삼국시대 주구묘(周溝墓)나 주구토광묘(周溝土壙墓)와는 다른 청동기시대의 주구무덤으로서 춘천 천전리 주구무덤이 대표적이다. 전자의 주구(周溝) 평면 형태는 눈썹형, 방형(方形), 원형(圓形), 타원형(楕圓形) 등 다양하며 매장주체부는 나무널[木棺]이나 나무덧널[木槨]이 대부분이다. 반면, 청동기시대 주구무덤의 주구는 방형과 (세)장방형이 대부분이고, 매우 대형의 것도 존재하며, 단수(單數) 혹은 복수(複數)의 매장주체부가 확인되는데, 돌널[石棺]이나 토광이 대부분이다.

◦ 국립중앙박물관, 2010, 『청동기시대 마을 풍경』.
　江原文化財研究所, 2008, 『泉田里-A지역』.

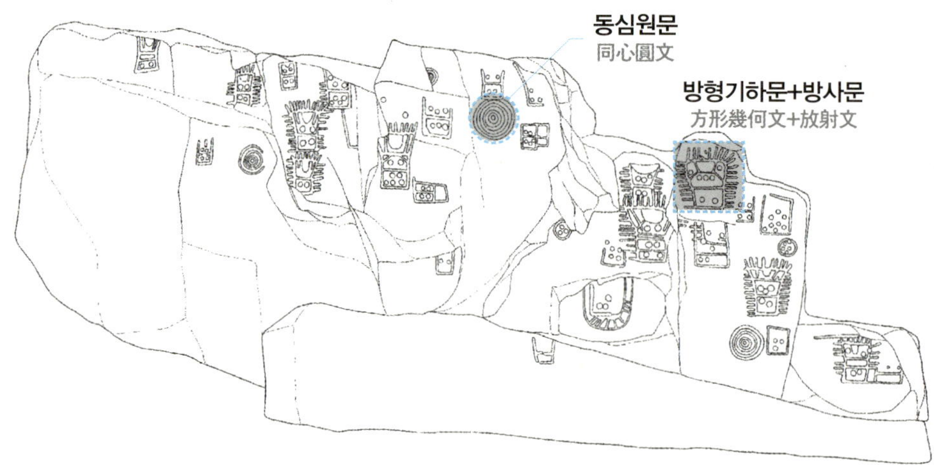

Scale=임의축척

고령 양전동 바위그림

　　바위그림은 선사·고대인의 주술과 기원을 담고 있는 것으로, 표현기법 상 암각(岩刻, graving)과 암채(岩彩, painting)로 구분되나, 한반도에서의 바위그림은 모두 암각된 것이다. 암각의 표현방법과 내용에 따라 크게 세 개의 군으로 분류가 가능하다. 첫째는 동물, 인물, 사냥하는 모습, 성기 등을 사실적으로 표현한 것으로 울산 대곡리 바위그림에서 확인된다. 둘째는 연속 마름모꼴을 비롯한 각종 기하학적 무늬로 이루어져 있는 것으로 울산 천전리 바위그림에서 보인다. 셋째는 사람의 얼굴 또는 신상(神像)으로 이루어진 고령 양전동 바위그림 등이 있다. 이러한 바위그림의 제작시기에 대해서는 여러 견해가 있으나 주변에서 출토되는 유물이나 당시의 생활상 등을 고려하여 대체로 청동기시대로 보고 있다.

＊ 國立文化財硏究所, 2004, 『韓國考古學專門事典-靑銅器時代篇-』.
　국립중앙박물관, 2010, 『청동기시대 마을 풍경』.

진주 평거 4-1지구 청동기시대 밭8

진주 평거 4-1지구 청동기시대 밭8 토층

진주 대평리 어은1지구 밭

두둑과 이랑 모식도

* 국립중앙박물관, 2010, 『청동기시대 마을 풍경』.
　慶南發展研究院 歷史文化센터, 2012, 『진주 평거 4-1지구 유적-진주 평거4지구 도시 개발사업지구 내』.

울산 입암리 1호 선돌

선돌은 고인돌과 함께 거석문화(巨石文化)의 일종으로 자연석이나 자연석을 일부 다듬어 세워놓고 신앙의 대상으로 삼은 것이다. 선돌은 켈트어로 '돌(石, men)'과 '높다(高, hir)'라는 의미로 '멘히어(Menhir)'라 하며, 영어로 'Standing Stone', 희랍어로 'Monolith'라 한다. 한자로는 세워진 돌이라 하여 입석(立石)으로 쓰고 있다. 선돌은 대개 단독으로 세워진 것이 많지만 유럽의 경우 열을 지어 있거나[列石], 원형으로 배치한 것[環狀列石] 등도 있다. 우리나라 선돌은 형태상 두 가지로 구분되는데, 하나는 일반적인 선돌 형태로, 자연석을 수직으로 땅에 세워 놓은 것이며, 다른 하나는 누석단 형태의 적석(積石) 선돌이다. 선돌은 묘역 수호신, 지역 수호신, 풍요 기원신 등의 원시종교적인 기능과 이정표라는 실용적인 기능을 가지며, 민간신앙과 관련하여 역사시대 이후에 세워진 것이 대다수를 차지하지만 대구 진천동이나 울산 입암리와 같이 청동기시대부터 축조되었다.

＊ 國立文化財研究所, 2004, 『韓國考古學專門事典-靑銅器時代篇-』.

　울산문화재연구원, 2010, 『울산 太和江文化』.

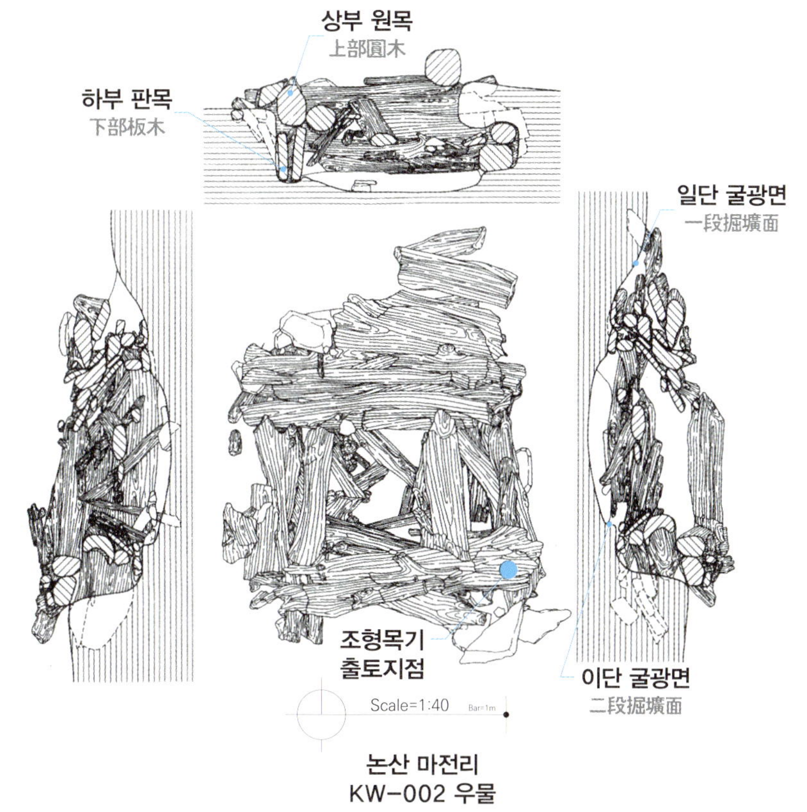

논산 마전리
KW-002 우물

측면

평면

논산 마전리
KW-001 우물

---

* 복천박물관, 2006, 『선사·고대의 제사-풍요와 안녕의 기원』.

高麗大學校 埋藏文化財硏究所, 2004, 『麻田里遺蹟-C地區』.

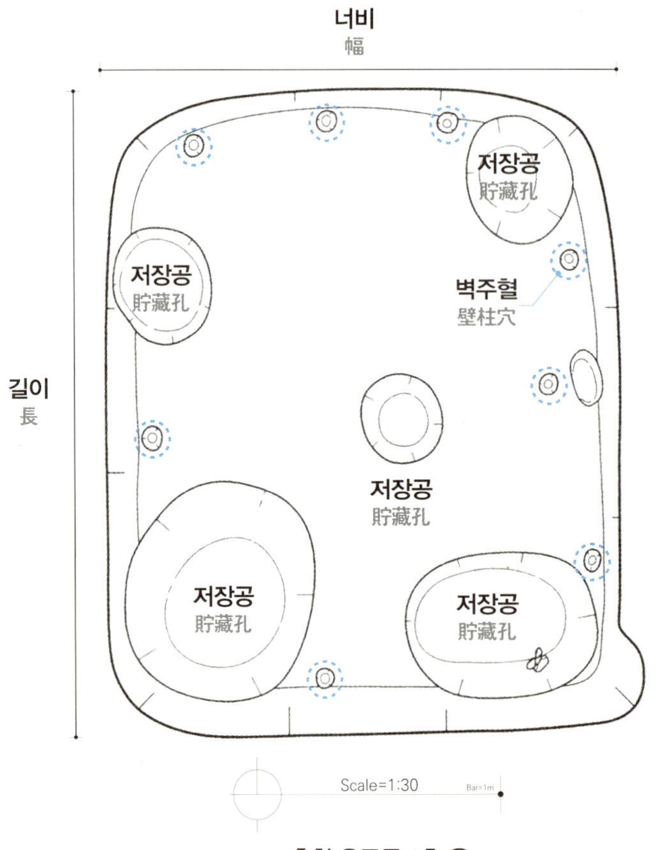

춘천 우두동 1호 움

　움의 사전적 의미는 '식품을 저장하기 위해 만든 구조물'로서 땅에 구덩이를 파고 그 위에 짚으로 지붕을 만들어 덮은 것으로 겨울철 냉해나 비바람의 피해를 막고 식품을 장기간 저장하기 위해 설치한 구조물을 말한다. 저장하는 식품에 따라 사과움, 감자움, 김치움, 무움 등으로 구분된다. 고고학적으로 사용되는 '움'의 의미는 움집자리나 움무덤과 같이 땅을 수직으로 파고 그 안에 일정한 기능이나 용도를 부여하는 것을 말한다. 그 용도에 따라 집이 될 수도 있고, 무덤이나 저장, 함정, 기타 다양한 용도를 사용될 수 있다. 하지만, 고고학적으로 명확하게 그 기능을 유추하기 어려울 때 보통 그 형태적인 면을 고려하여 움[竪穴]으로 명칭하고 있다. 평면 형태나 깊이 등은 매우 다양하며, 바닥이나 벽면에 아무런 시설이 없는 것과 함께 저장공과 같은 작은 움을 부가적으로 시설한 것도 확인된다. 현재로서는 저장용 움이 가장 많이 확인되고 있으며, 주로 청동기시대 중기 이후 마을유적의 집자리 주변이나 집자리로부터 일정 정도 떨어진 곳에서 군집하여 분포하는 경향이 있다.

---

* 江原文化財研究所, 2011, 『春川 牛頭洞遺蹟 I -직업훈련원 진입도로 확포장공사구간 유적 발굴조사 보고서』.

제단 및 제사유구 | 祭壇 및 祭祀遺構 | Alter and Ritual debris

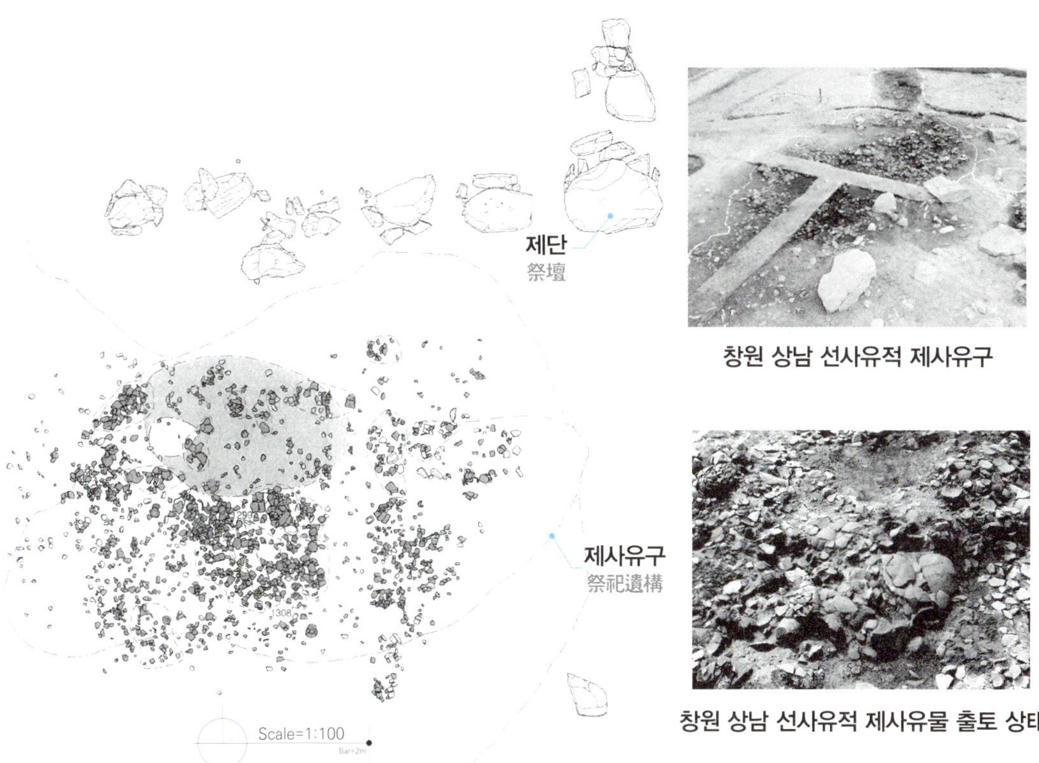

창원 상남 선사유적 제사유구

창원 상남 선사유적 제사유물 출토 상태

진주 평거 124호 제사유구와 127호 제단

제사용 토기와 석기

국립중앙박물관, 2010, 『청동기시대 마을 풍경』.

복천박물관, 2006, 『선사·고대의 제사-풍요와 안녕의 기원』.

慶南發展硏究院 歷史文化센터, 2011, 『진주 평거 3-1지구 유적-진주 평거3지구 택지개발사업지구 내』.

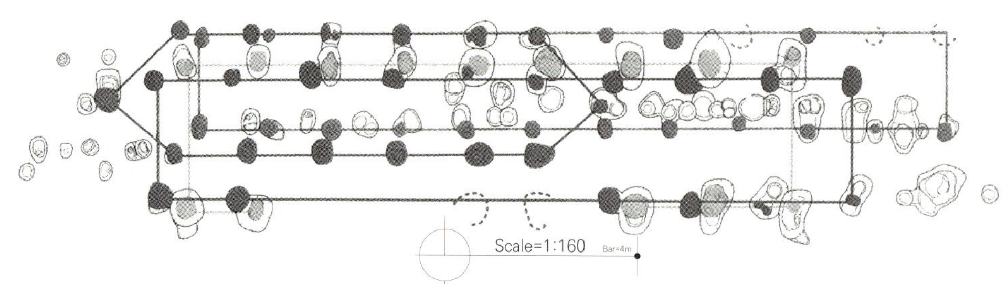

부여 송국리 3-6호 지상식건물터

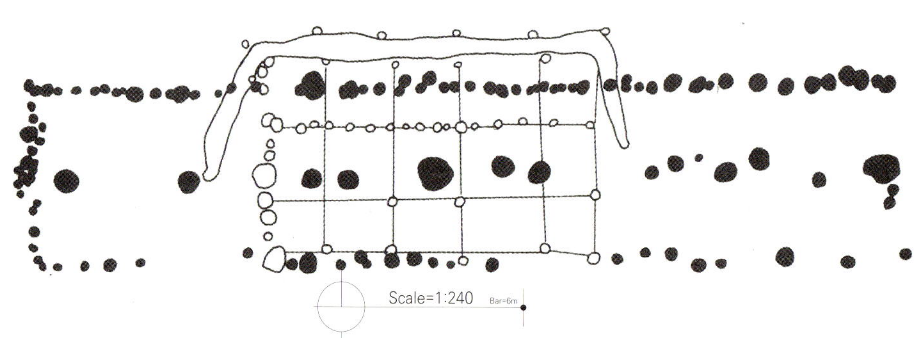

사천 이금동 60호 지상식건물터

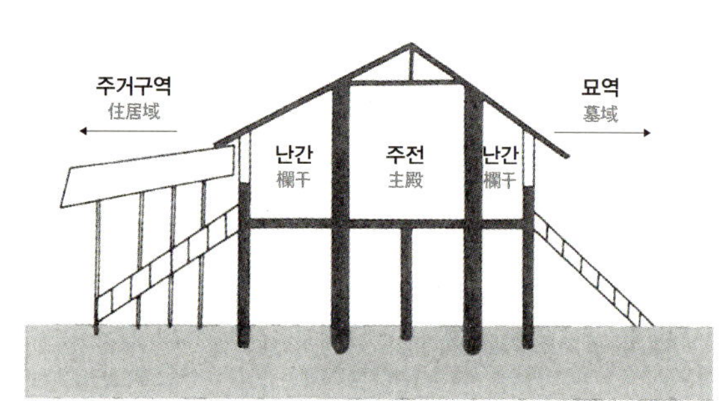

사천 이금동 61호 지상식건물터 복원도

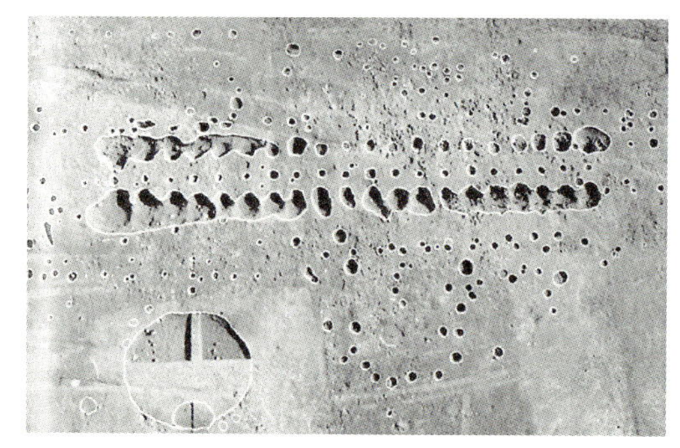

사천 이금동 61호 지상식건물터

＊ 慶南考古學研究所, 2003,『泗川 梨琴洞 遺蹟』.

한국전통문화대학교 고고학연구소, 2011,『松菊里Ⅶ-부여 송국리유적 제12 · 13차 발굴조사』.

지진구 세부

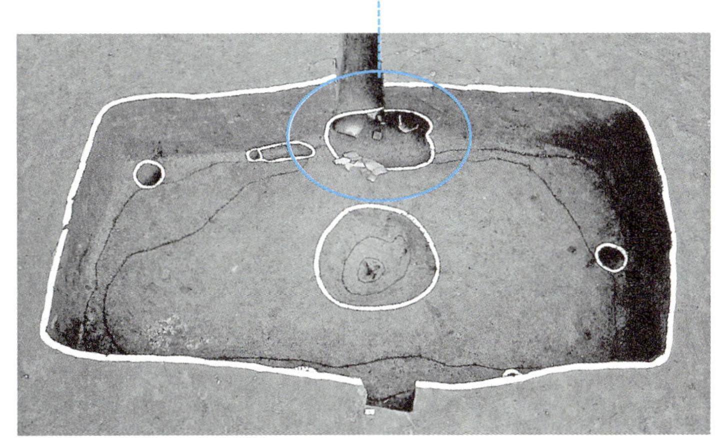

진주 대평리 집자리

　지진구란 건물을 짓기 전에 그 건물이 들어설 땅의 기(氣)를 진압하여 건물의 안전과 영속을 빈다는 의미에서 기초를 다지면서 자신에게 발원하는 의식을 거행할 때 납입되는 봉안물을 말한다. 청동기시대에는 집터의 기둥을 받치는 초석 아래에 마연토기편 등을 흩어놓은 듯이 깔아 두거나 집자리의 수혈벽 속에 일정한 크기로 자른 공열문토기 구연부, 숫돌, 옥 등을 넣어두기도 한다. 이것을 지진구 매납의 시원적인 형태로 볼 수 있다. 다만, 일부 연구자들은 지진구가 아닌 저장 공간으로 보는 견해도 있다.

＊ 국립중앙박물관, 2010, 『청동기시대 마을 풍경』.
　 복천박물관, 2006, 『선사·고대의 제사−풍요와 안녕의 기원』.

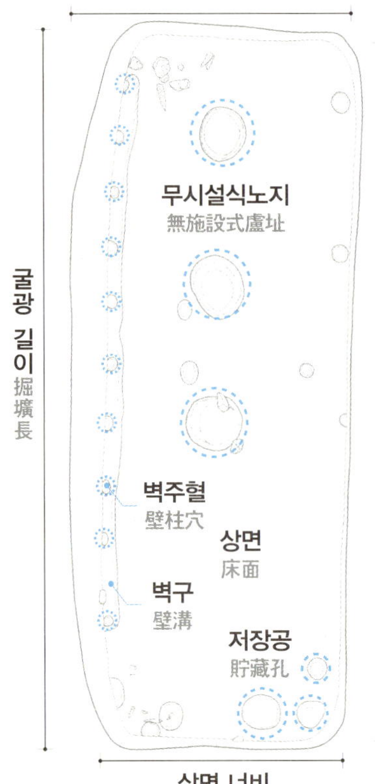

김포 양촌 1지점
D구역 청26호 집자리

역삼동식 집자리

대전 용계동 2호 집자리

가락동[둔산]식 집자리

김천 송죽리
돌두름식[圍石式]노지

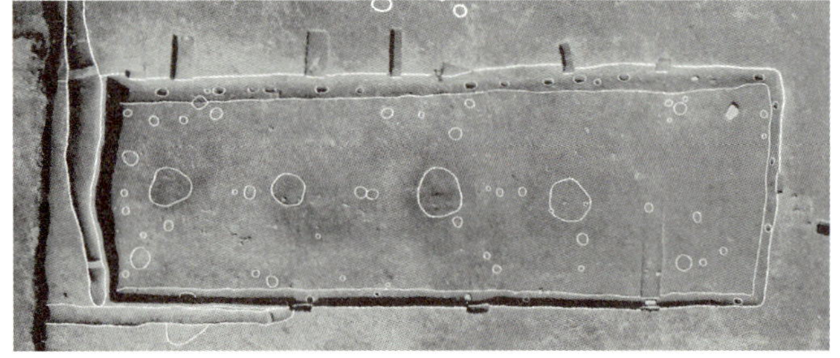
울산 교동리 192-37 9호 집자리

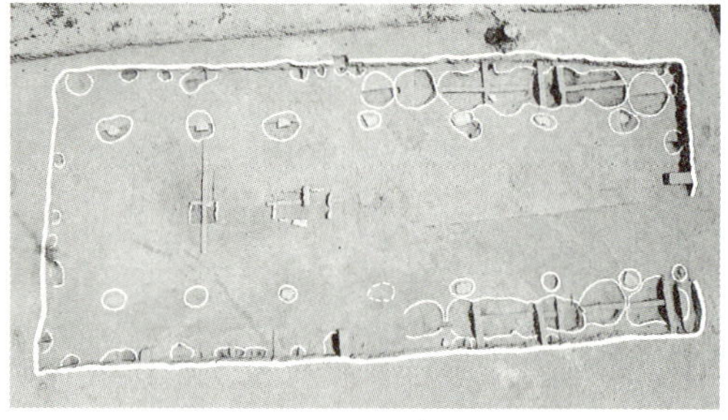
제천 감나무골 유물산포지5(마구역 3호 집자리)

* 국립대구박물관, 2005, 『머나먼 진화의 여정 사람과 돌』.

국립중앙박물관, 2010, 『청동기시대 마을 풍경』.

高麗文化財研究院, 2013, 『金浦 陽村 遺蹟-김포 한강신도시 2단계 문화재 시발굴조사(1~6지점)』.

中央文化財研究院, 2011, 『大田 道安地區 宅地開發事業敷地內 大田 龍溪洞遺蹟』.

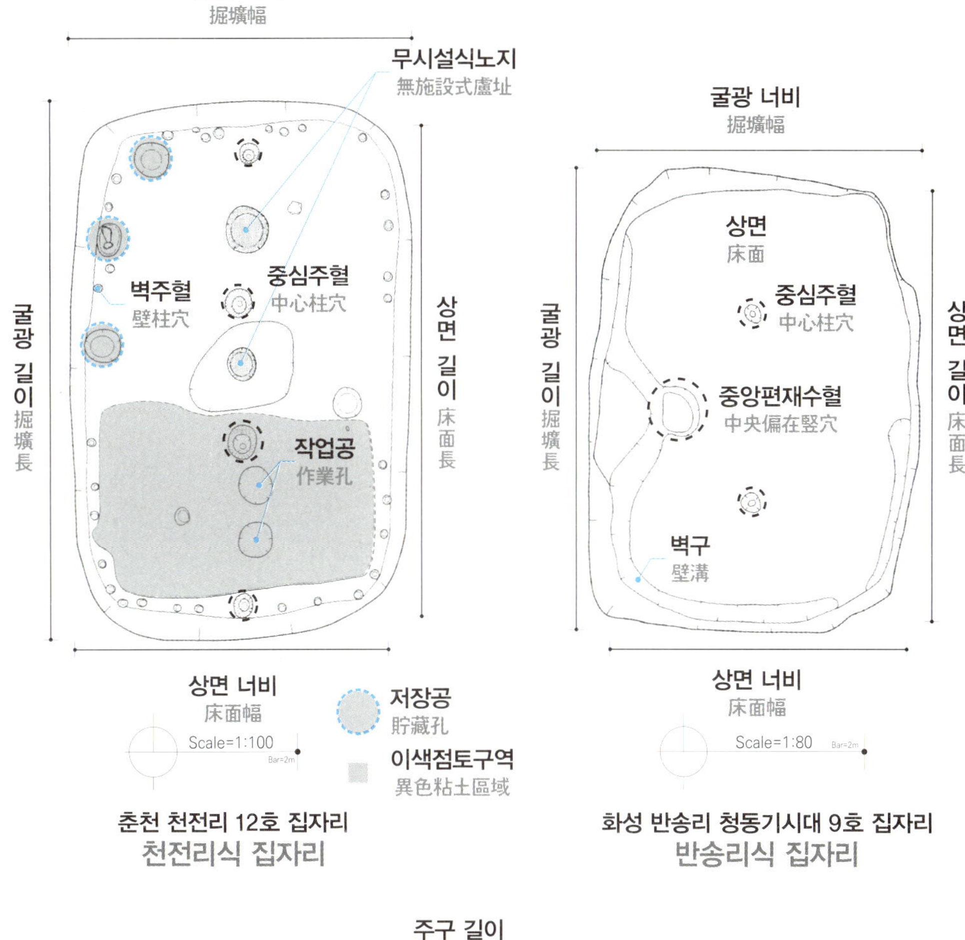

춘천 천전리 12호 집자리
천전리식 집자리

화성 반송리 청동기시대 9호 집자리
반송리식 집자리

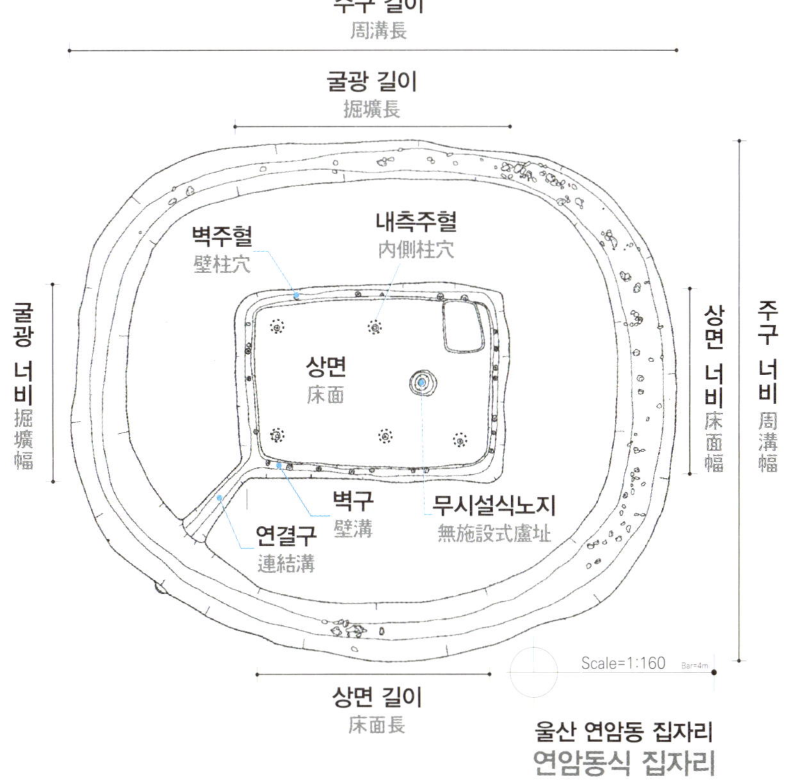

울산 연암동 집자리
연암동식 집자리

* 江原文化財研究所, 2008, 『泉田里-A지역』.

蔚山大學校博物館, 2011, 『울산 연암동유적』.

한신대학교박물관, 2007, 『華城 盤松里 靑銅器時代 聚落』.

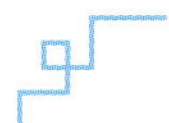

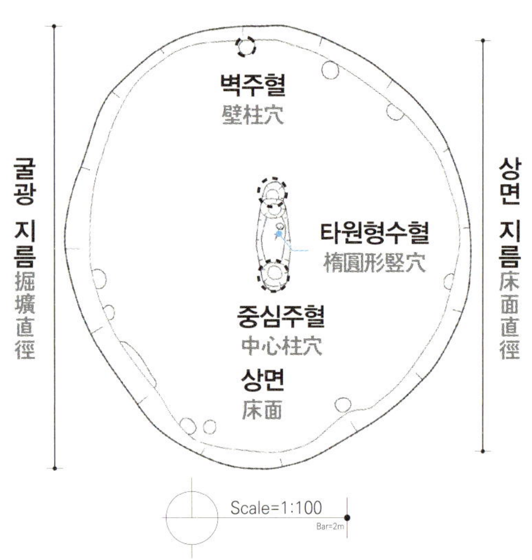

부여 송국리 68호 집자리

진주 대평 옥방 2지구 집자리

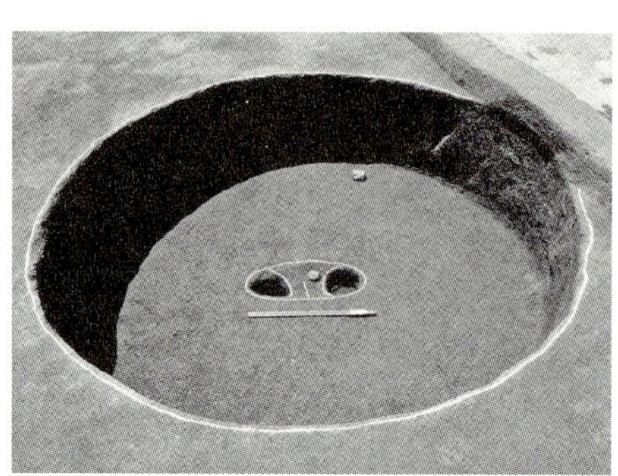

부여 송국리 집자리

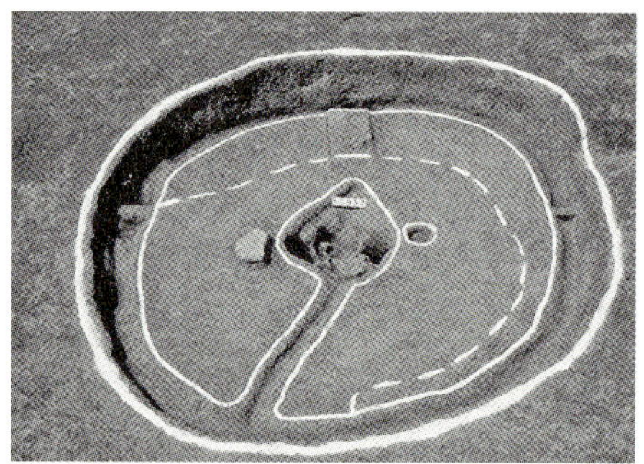

보령 관창리 KC-052호 집자리

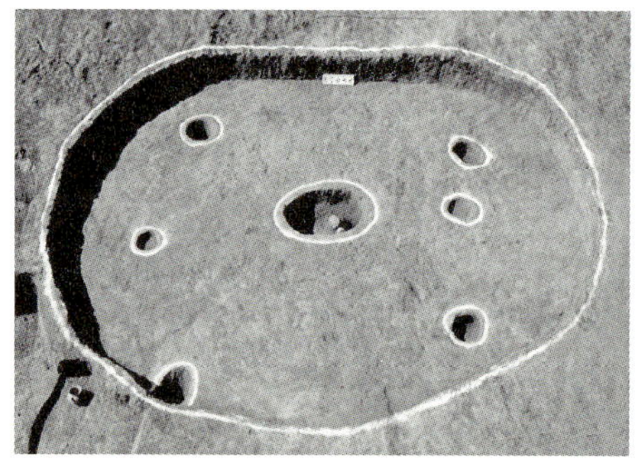

보령 관창리 KC-088호 집자리

송국리식 집자리

* 국립진주박물관, 2002, 『청동기시대의 大坪·大坪人』.

  충남대학교박물관, 2007, 『호서지역의 청동기문화』.

  한국전통문화대학교 고고학연구소, 2013, 『松菊里Ⅷ-부여 송국리유적 제14차 발굴조사』.

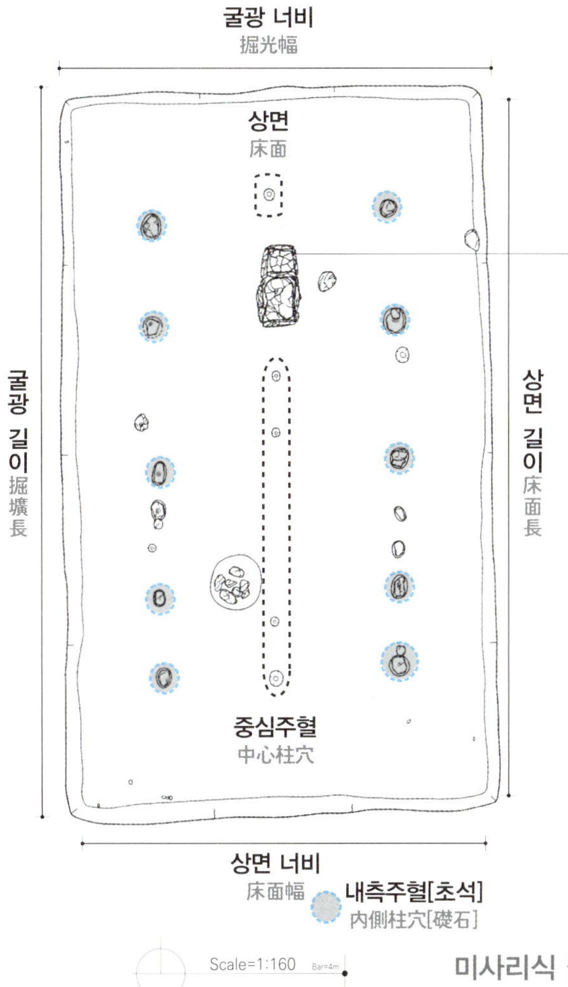

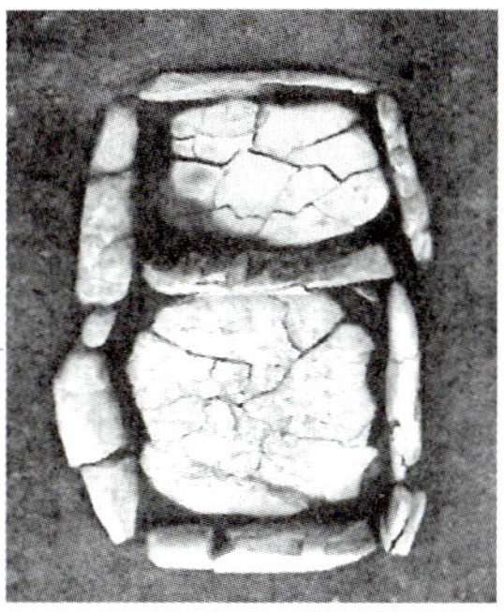

굴광 너비
掘光幅

상면
床面

상면
길이
床面
長

상면
길이
床面長

굴광
길이
掘壙
長

석상위석식노지
石床圍石式爐址

중심주혈
中心柱穴

상면 너비
床面幅

내측주혈[초석]
內側柱穴[礎石]

Scale=1:160

미사리식 집자리

정선 아우라지 12호 집자리(일부 편집)

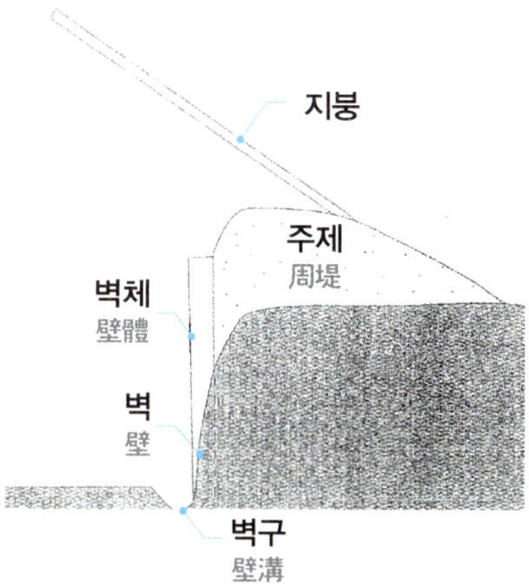

지붕

주제
周堤

벽체
壁體

벽
壁

벽구
壁溝

집자리의 내 · 외부시설 명칭

진주 대평리 어은1지구 집자리

◦ 국립중앙박물관, 2010, 『청동기시대 마을 풍경』.

江原文化財研究所, 2011, 『정선 아우라지 유적-정선 아우라지 관광단지 조성부지 내 2차 발굴조사 보고서』.

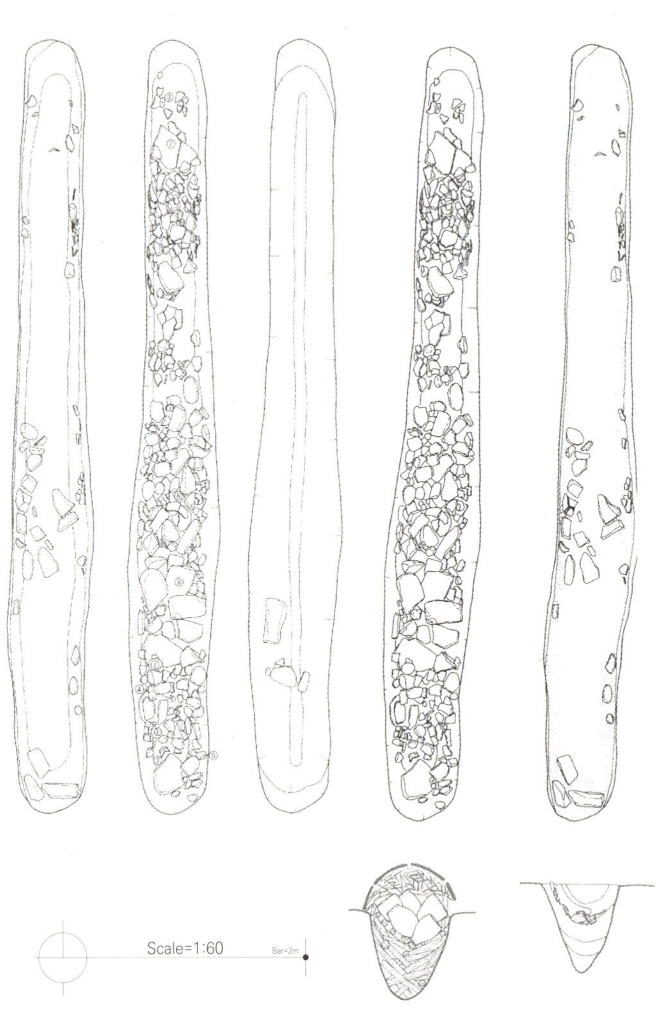

진주 대평 옥방 1지구 619호 구상(溝狀) 토기가마

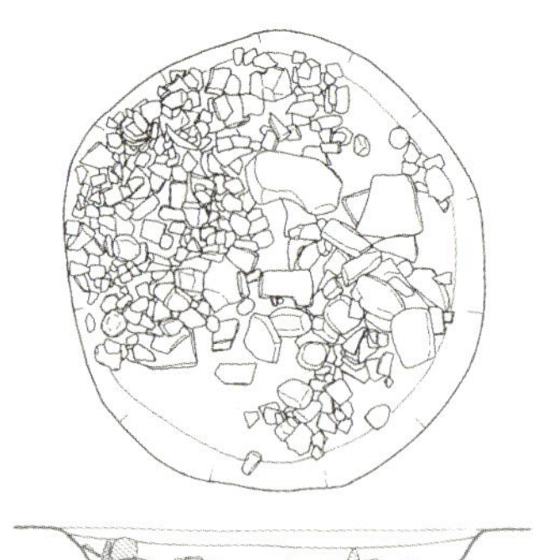

진주 대평 옥방 1지구 620호 원형(圓形) 토기가마

보령 관창리 토기가마

* 慶南考古學硏究所, 2002, 『晋州 大坪 玉房1·9地區 無文時代 集落』.

高麗大學校 埋藏文化財硏究所, 2001, 『寬倉里 遺蹟』.

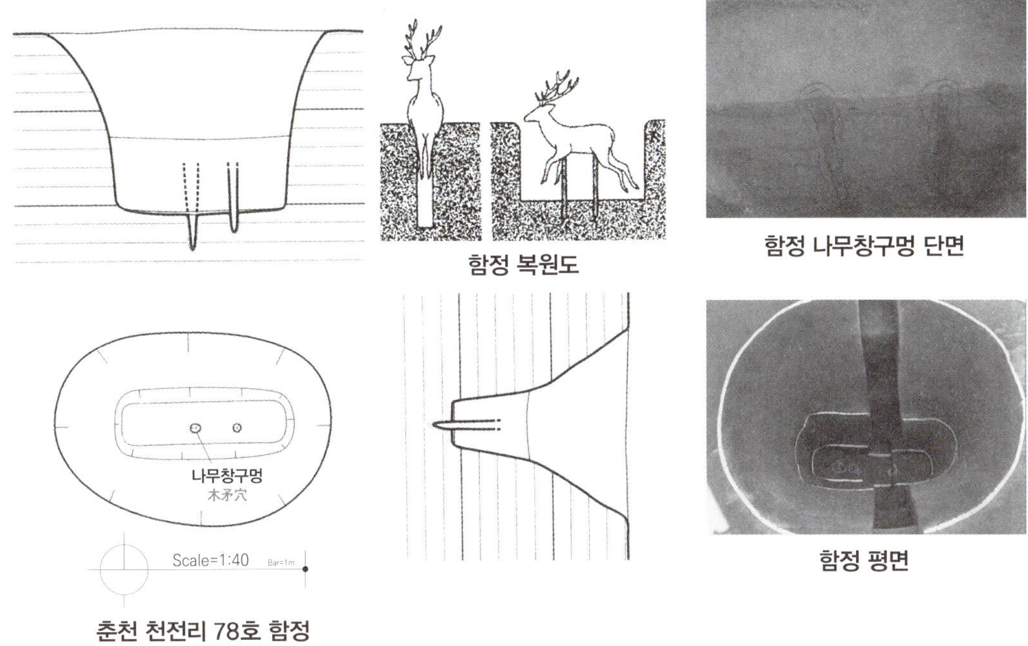

함정 복원도

함정 나무창구멍 단면

나무창구멍
木矛穴

Scale=1:40   Bar=1m

춘천 천전리 78호 함정

함정 평면

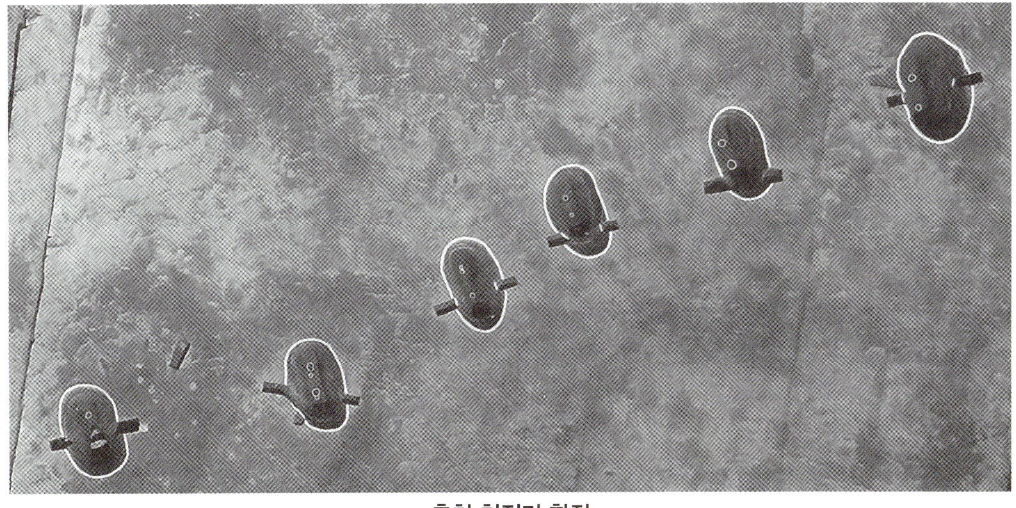

춘천 천전리 함정

　함정이란 짐승 따위를 잡기 위해 땅에 판 구덩이를 말한다. 함정은 멧돼지나 사슴류와 같은 식량과 가죽을 얻는 생업활동이면서 곡식을 보호하는 역할도 하였을 것이다. 함정은 대체로 평면 형태가 횡타원형이며, 규모는 길이가 대체로 2~3m 내외이고, 깊이는 1~2m 정도이다. 단면 형태는 'V'자 혹은 'Y'자형이다. 바닥에서 직경 10cm 내외, 깊이 30cm 정도의 작은 구멍이 확인되는데 짐승을 살상하기 위한 창이 꽂혀 있었던 흔적으로 추정된다. 여러 개의 함정이 긴 띠를 이루듯이 설치되어 있는 경우가 많다.

＊ 국립중앙박물관, 2010, 『청동기시대 마을 풍경』.
　울산문화재연구원, 2010, 『울산 太和江文化』.
　江原文化財研究所, 2008, 『泉田里-B지역』.

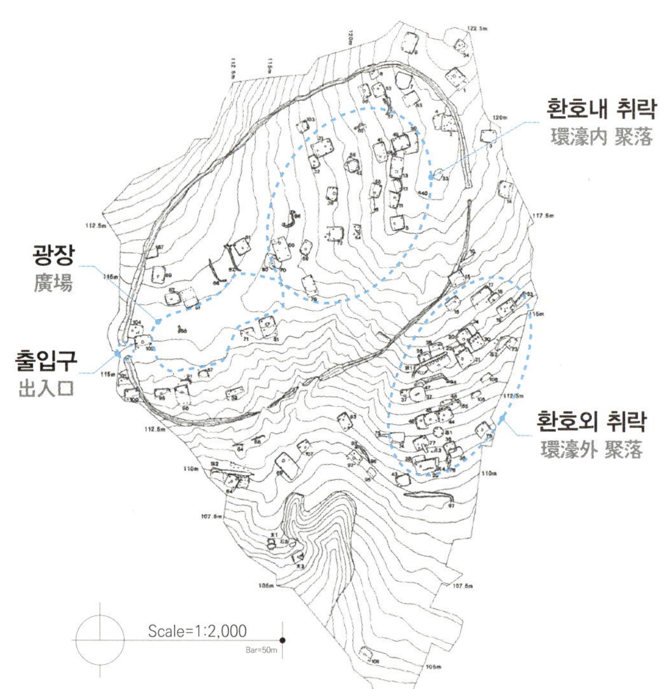

울산 검단리 마을 환호

창원 남산 환호

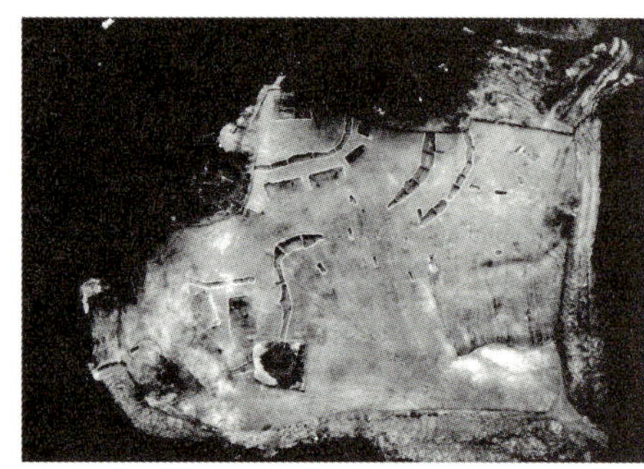

청원 대율리 환호

울산 연암동 환호

선사시대 마을의 주변을 둘러싼 도랑을 의미하는 바, 도랑 안에 물이 있었다는 것을 전제로 한 용어여서 환구(環溝)라고 부르는 것이 옳다는 견해도 있다. 환호는 그 도랑의 깊이가 깊고 폭이 넓은 것에서부터 그렇지 아니한 다양한 사례가 있는데, 단면 형태도 'V'자형, 'U'자형 등 다양하다. 한반도에서는 청동기시대 전기부터 확인된다. 환호의 기능은 주로 적의 공격으로부터 방어를 하기 위한 기능, 뱀이나 야생동물로부터 보호하기 위한 기능, 외부와 구분하는 심리적·상징적 경계선이라는 견해 등이 있다.

* 國立文化財研究所, 2004, 『韓國考古學專門事典-靑銅器時代篇-』.

국립중앙박물관, 2010, 『청동기시대 마을 풍경』.

울산문화재연구원, 2010, 『울산 太和江文化』.

釜山大學校博物館, 1995, 『蔚山 檢丹里 마을 遺蹟』.

가지무늬토기 | 彩文土器 | Eggplant pattern pottery

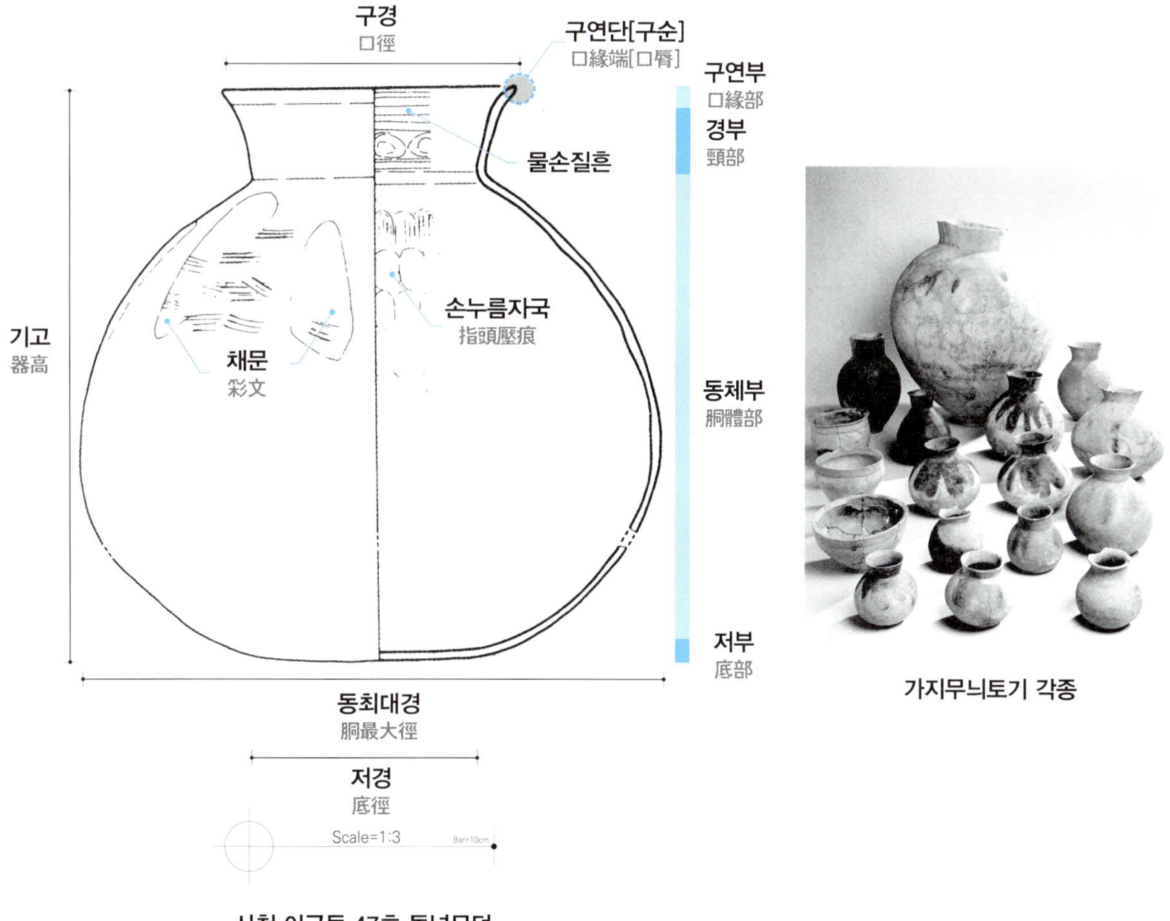

사천 이금동 47호 돌널무덤

가지무늬토기 각종

    백색 색조의 간토기[磨硏土器]로서 구연이 곧게 외경 또는 서서히 외반하고 구형(球形)의 동체부를 가지며 말각평저(抹角平底) 또는 원저(圓低)의 짧은목항아리[短頸壺] 기형인데, 동체부의 상반부에 걸쳐 가지 모양의 흑반(黑斑)이 베풀어진 토기이다. 붉은간토기[赤色磨硏土器]처럼 기벽이 얇고 정선된 바탕흙[胎土]을 사용하여 마연기법으로 제작된 토기로서, 집자리에서도 출토되지만 주로 무덤에서 출토되는 의례용기로 알려져 있다. 가지무늬의 흑반은 토기 소성이 끝난 단계에서 가열된 토기 표면에 유기물질을 붙이거나 목탄 막대기 등으로 문질러, 탄소를 기면에 흡착시켜 제작되는 것으로 알려져 있다. 이 토기의 분포는 한반도 남부 지역에 한정되지만, 그 문양만으로 본다면 중국 동북 지역에서도 확인되며, 시기는 청동기시대 중기설도 있지만 전기부터 사용된 것으로 보는 견해도 있다.

＊ 國立文化財硏究所, 2004, 『韓國考古學專門事典-靑銅器時代篇-』.
　국립진주박물관, 2002, 『청동기시대의 大坪·大坪人』.
　慶南考古學硏究所, 2003, 『泗川 梨琴洞 遺蹟』.

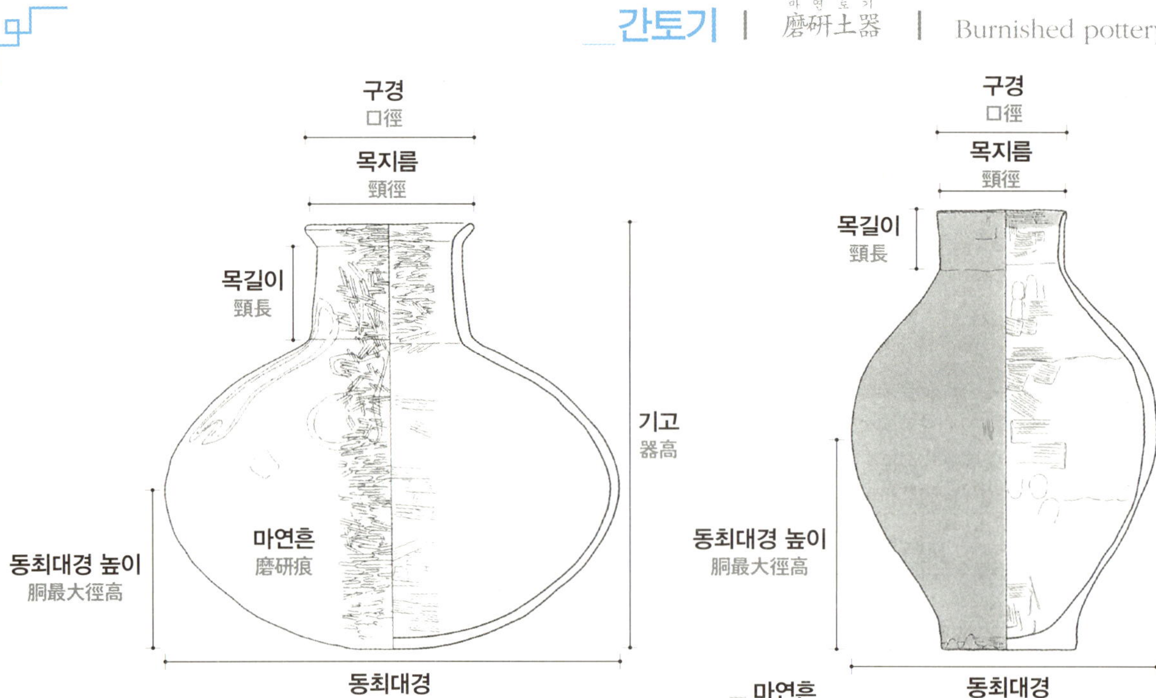

진주 대평 옥방 1지구 7호 집자리 | 원주 문막리 1호 집자리

간토기 각종

국립중앙박물관, 2010, 『청동기시대 마을 풍경』.

慶南考古學硏究所, 2002, 『晋州 大坪 玉房 1·9地區 無文時代 集落』.

한강문화재연구원, 2012, 『원주 문막리유적』.

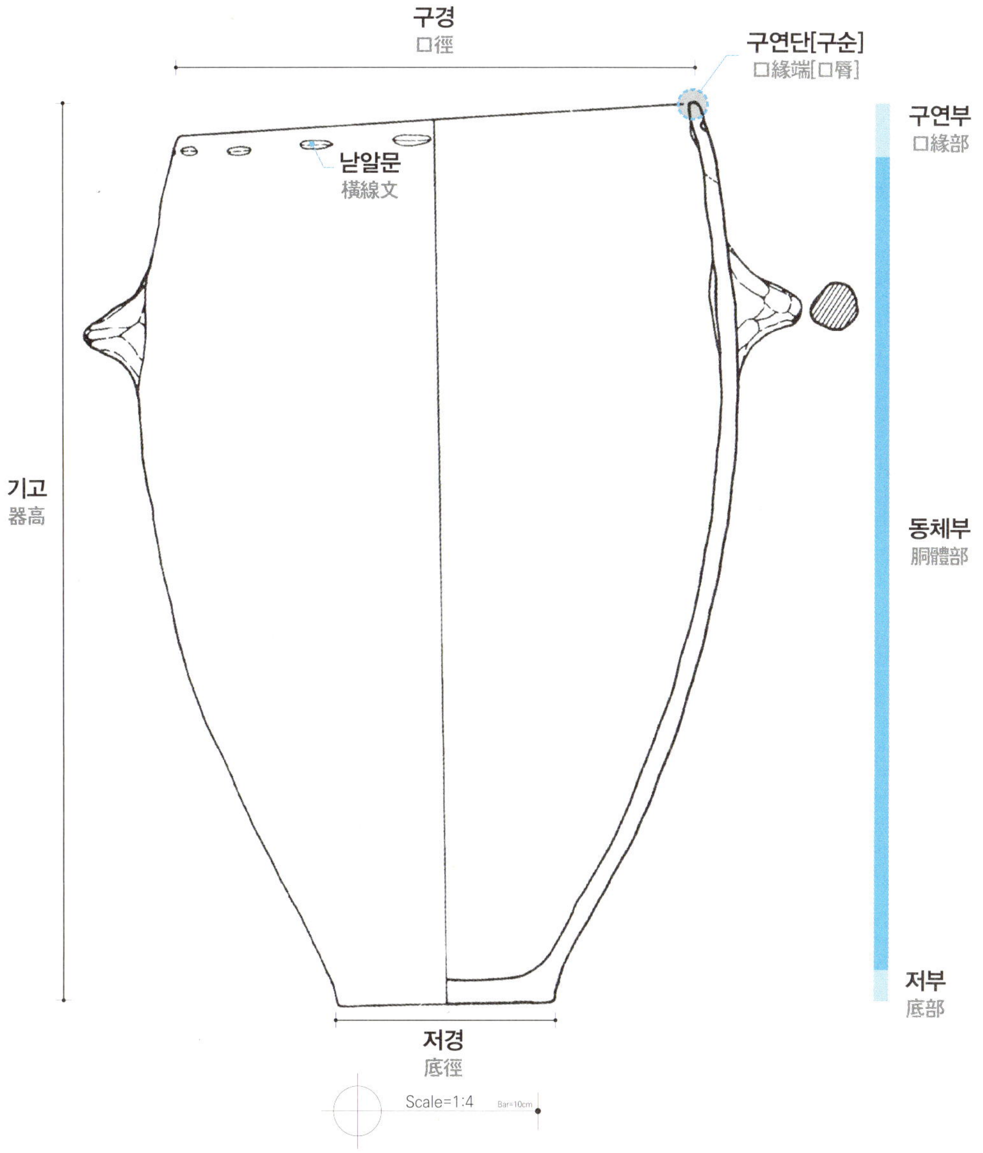

검단리식토기, 낟알무늬토기 | 檢丹里式土器 | Geomdanri-type pottery

울산 검단리 36호 집자리

　　검단리식토기는 울산을 중심으로 하는 한반도 동남해안 지역에서 발견되는 청동기시대 중기의 토기이다. 청동기시대 중기, 또는 후기에 해당하는 한반도 중서부 지역의 송국리문화 단계에 병행한다. 깊은 바리모양토기[深鉢形土器]의 아가리 부분에 구멍무늬, 낟알 모양의 짧은 빗금무늬[短斜線文], 횡침선문(橫沈線文) 등이 단독으로 새겨진 토기를 말한다. 그 밖에 손잡이가 달린 심발형토기, 적색마연호(赤色磨研壺), 울산식집자리, 'ㄱ'자형돌칼[東北形石刀] 등의 물질자료가 결합된 것을 '검단리유형'이라고 부르고 있다.

이수홍, 2005, 「검단리식토기의 시공간적 위치와 성격에 대한 일고찰」, 『영남고고학』 36, 영남고고학회.

釜山大學校博物館, 1995, 『蔚山 檢丹里 마을 遺蹟』.

二重口緣短斜線口脣刻目孔列文土器, 欣岩里式土器 | Heunamri-type pottery

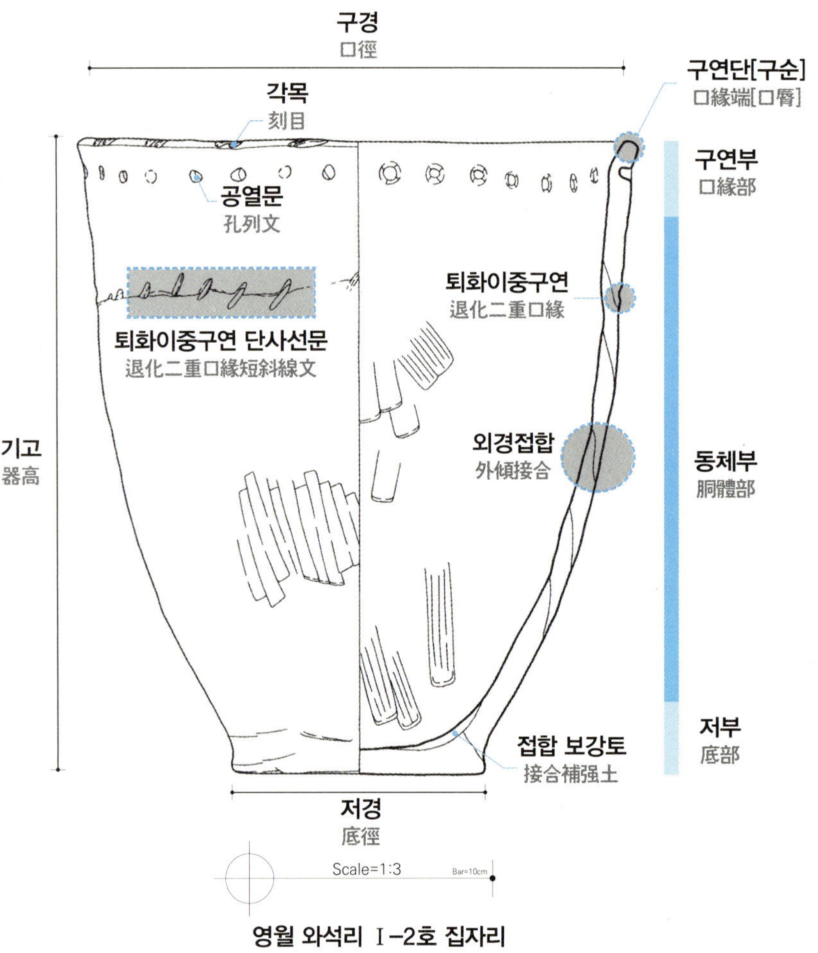

영월 와석리 I-2호 집자리

　　가락동식토기(可樂洞式土器), 역삼동식토기(驛三洞式土器), 미사리식토기(渼沙里式土器) 등과 함께 청동기시대 전기를 대표하는 민무늬토기[無文土器]의 한 형식이다. 전형적인 흔암리식토기는 역삼동식토기의 구멍무늬[孔列文]와 가락동식토기의 겹아가리[二重口緣] 또는 짧은빗금무늬[短斜線文]가 하나의 개체에 복합적으로 새겨진 것을 말한다. 문양으로는 구멍무늬+겹아가리를 비롯하여 구멍무늬+짧은빗금무늬, 구멍무늬+겹아가리+짧은빗금무늬, 구멍무늬+골아가리+겹아가리+짧은빗금무늬 등이 확인된다. 일부 토기에서는 짧은빗금무늬 대신에 'X'자모양이나 톱니무늬[鋸齒文] 등이 새겨지는 경우도 있으며, 구멍무늬 역시 구멍이 완전히 뚫린 것과 그렇지 않은 것[突瘤文]이 모두 존재한다. 이들 문양 요소가 새겨진 토기 기형은 대부분 깊은바리모양토기[深鉢形土器]이다.

＊ 國立文化財研究所, 2004, 『韓國考古學專門事典-青銅器時代篇-』.
　江原考古文化研究院, 2012, 『寧越 臥石里遺蹟-국지도 88호선 와석재터널 공사구간 내 유적 발굴조사 보고서』.

二重口緣短斜線孔列文土器, 欣岩里式土器 | Heunamri-type pottery

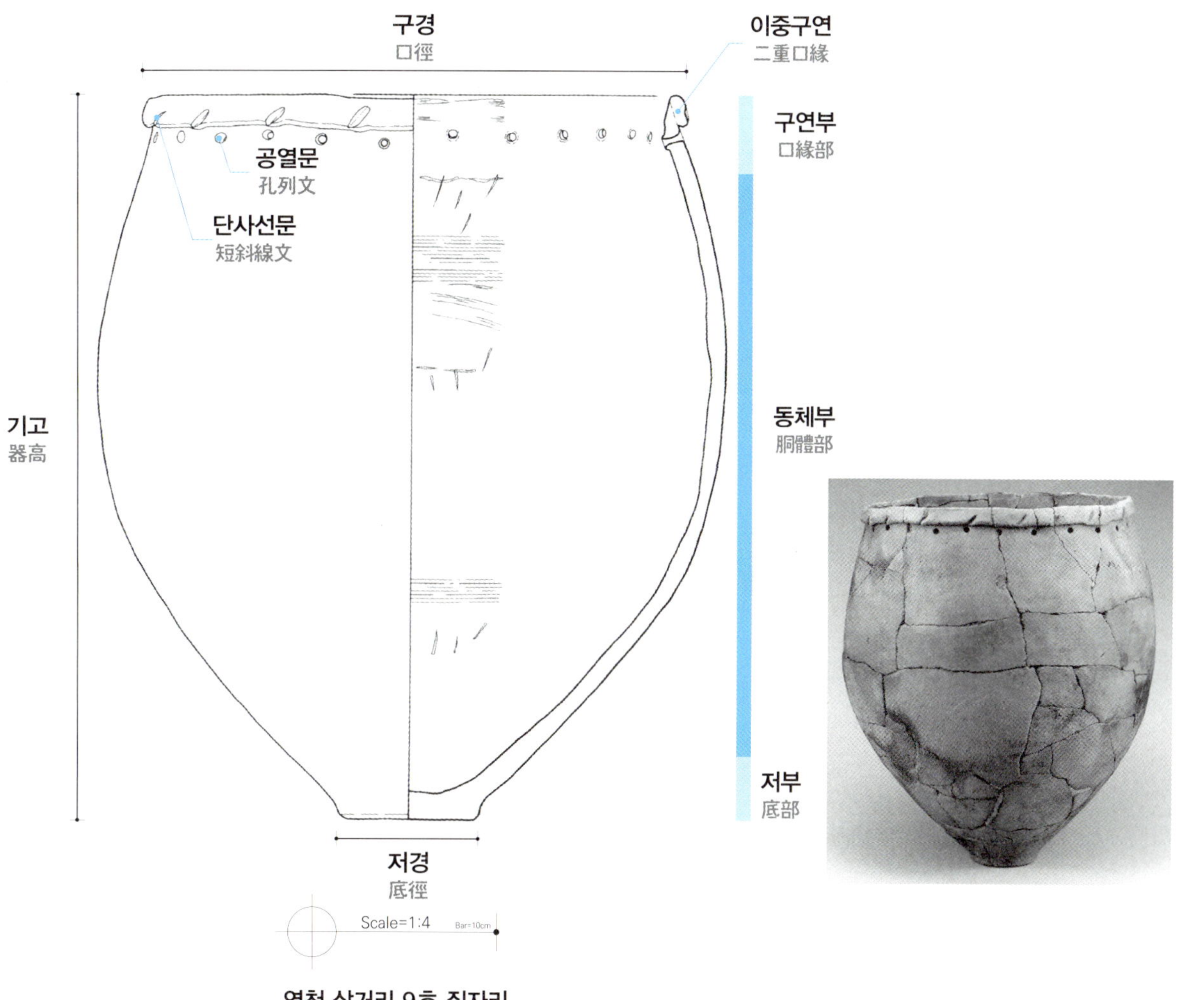

연천 삼거리 9호 집자리

＊ 국립김해박물관, 2005, 『전환기의 선사토기』.

경기도박물관, 2002, 『漣川 三巨里遺蹟』.

二重口緣短斜線文土器, 可樂洞式土器 | Garakdong-type pottery

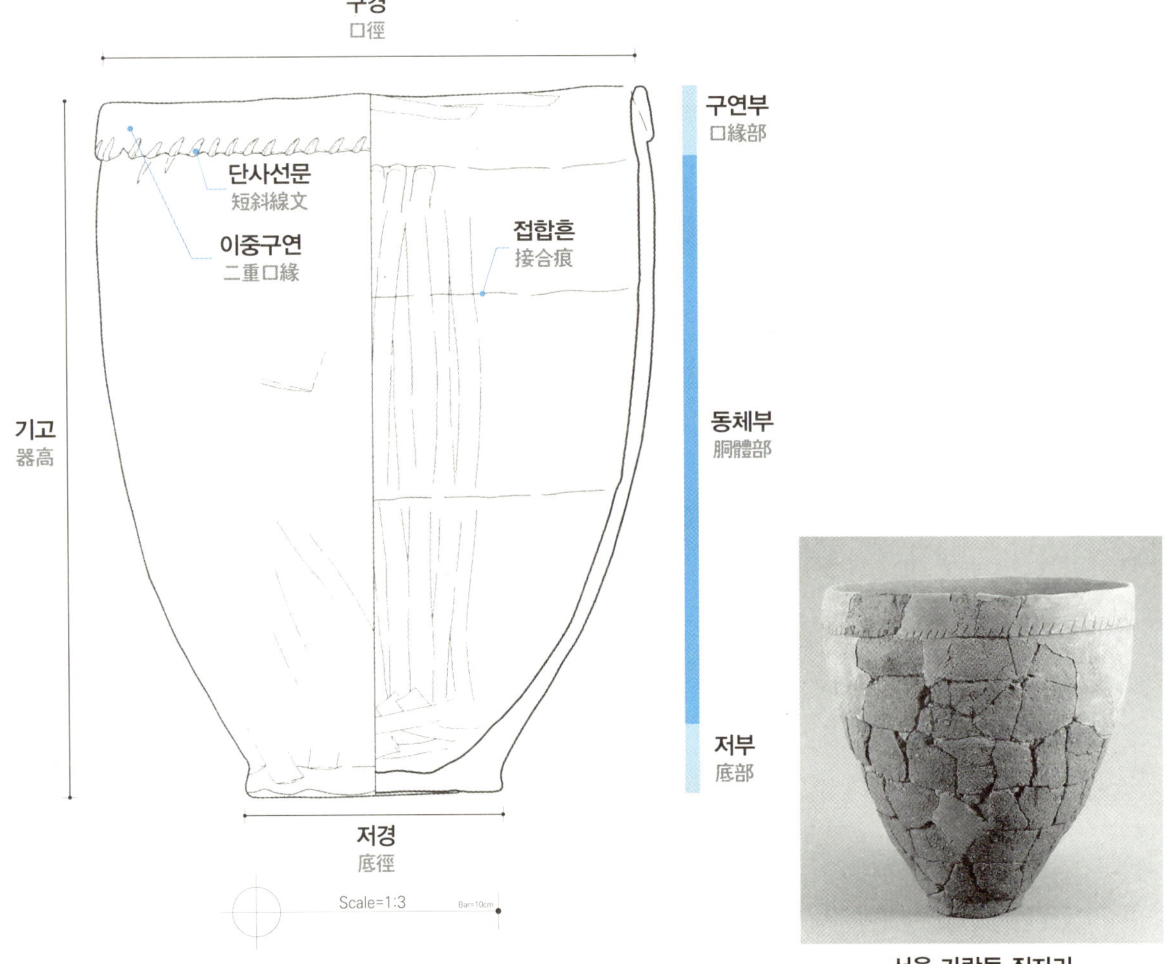

원주 동화리 청동기시대 1호 집자리

서울 가락동 집자리

청동기시대 전기를 대표하는 민무늬토기[無文土器] 형식 가운데 하나이다. 겹아가리[二重口緣]에 짧은 빗금무늬[短斜線文]를 새긴 점이 가장 큰 특징으로 1963년 서울 가락동유적 발굴조사에서 출토된 토기를 표지(標識)로 한다. 토기는 평저(平底) 바닥의 깊은바리모양[深鉢形], 항아리모양[壺形], 또는 사발모양[盌 形]의 토기로 구성되어 있으며, 문양은 겹아가리, 짧은빗금무늬, 짧은빗금무늬+골아가리무늬[口脣刻目文], 겹아가리+톱니무늬[鋸齒文], 겹아가리+골아가리무늬, 겹아가리+짧은빗금무늬+골아가리무늬, 겹아가리+톱 니무늬+골아가리무늬 등을 포함한다. 짧은빗금무늬는 주로 구연부 하단에 일정한 간격을 두고 연속적으로 새겨진 것이 특징이지만, 일부는 톱니무늬인 경우도 있다. 가락동식토기는 장방형 또는 세장방형 평면에 돌 두름식[圍石式] 화덕자리[爐址]나 주춧돌[礎石]이 설치되어 있는 가락동[둔산]식집자리에서 주로 출토된 다. 이들 집자리는 대전, 청주를 중심으로 하는 금강 유역에 집중적으로 분포하는 지역적 특징을 보여주고 있다.

* 國立文化財硏究所, 2004, 『韓國考古學專門事典-靑銅器時代篇-』.

國立中央博物館, 1993, 『韓國의 先·原史土器』.

한강문화재연구원, 2008, 『원주 동화리유적』.

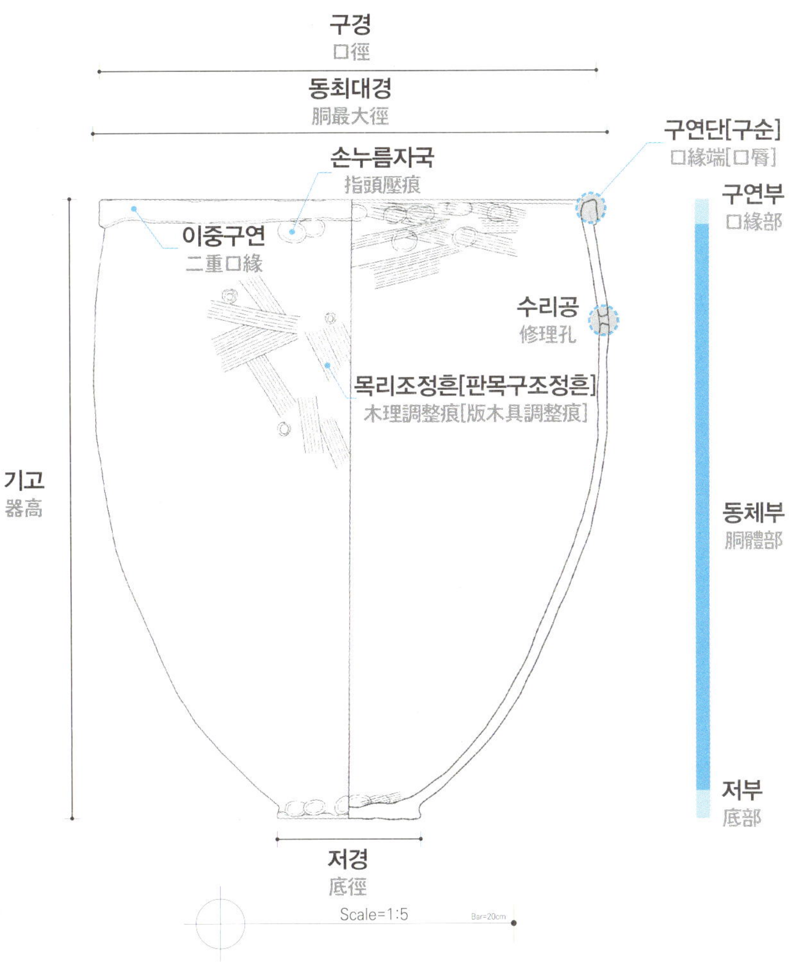

연기 대평리 KC-008호

겹아가리토기 구연부 각종

* 국립김해박물관, 2005, 『전환기의 선사토기』.

韓國考古環境研究所, 2012, 『燕岐 大平里遺蹟-行政中心複合都市敷地 3-1-B地點』.

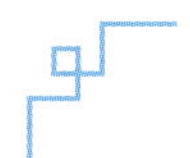

곤은긴목항아리 | 直口長頸壺 | Jar with long straight mouth

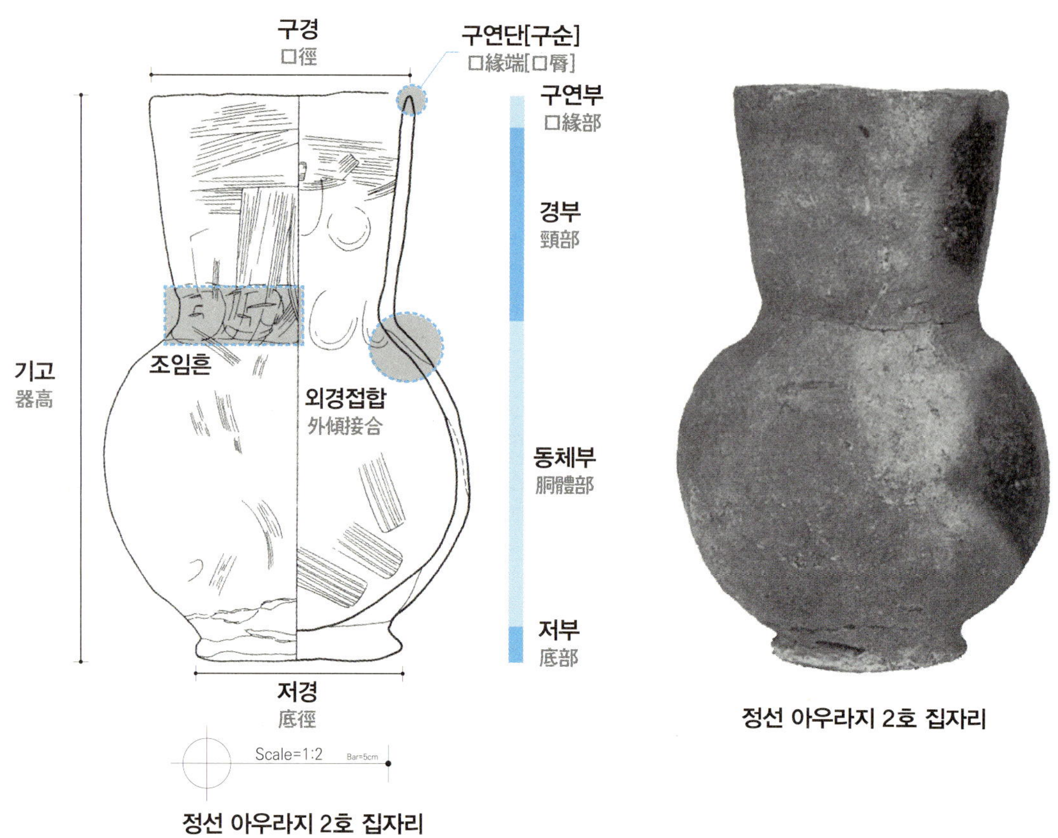

정선 아우라지 2호 집자리

정선 아우라지 2호 집자리

청동기시대 조기 후반에 출현하여 중기 후반까지 지속적으로 사용된 간토기[磨硏土器]의 일종으로 곧은
긴목항아리[直口長頸壺], 납작밑긴목항아리[平底長頸壺], 납작밑곧은목항아리[平底直口壺], 납작밑곧은목
긴항아리[平底直口長頸壺] 등의 다양한 명칭으로 사용되었다. 분포 지역은 중부 지역의 북한강과 남한강 일
대, 그리고 영남 지역의 남강 일대에서 집중적으로 확인된다. 조기와 전기 자료에 한정하여 본다면 구경부
(口頸部)는 조기에서 전기로 시간이 지남에 따라 직립(直立) 및 외경(外傾)하다가 곡선적으로 외반(外反)
하며, 동체부(胴體部)는 구형(球形) → 편구형(扁球形) → 장동화(長胴化)한다. 저부(底部)는 축약(縮約)굽
에서 평저(平底) 및 둥근밑[圓底]의 형태로 변화하는 것으로 알려져 있다. 이 토기의 기원(起源) 및 계통(系
統)에 대하여는 서포항 등 중국 동북 지방 간토기에서 찾으려는 경향이 있다.

* 강병학, 2013, 「중부지역(한강유역) 조~중기 적색마연토기 연구」, 『韓半島 (赤色)磨硏土器 探求』, 2013년 한국청동기
　　학회 토기분과 워크숍.

송만영, 2013, 「강원 영서, 영동지역 적색마연토기의 편년과 계보」, 『야외고고학』16, 한국문화재조사연구기관협회.

江原文化財硏究所, 2011, 『정선 아우라지유적-정선 아우라지 관광단지 조성부지 내 2차 발굴조사 보고서』.

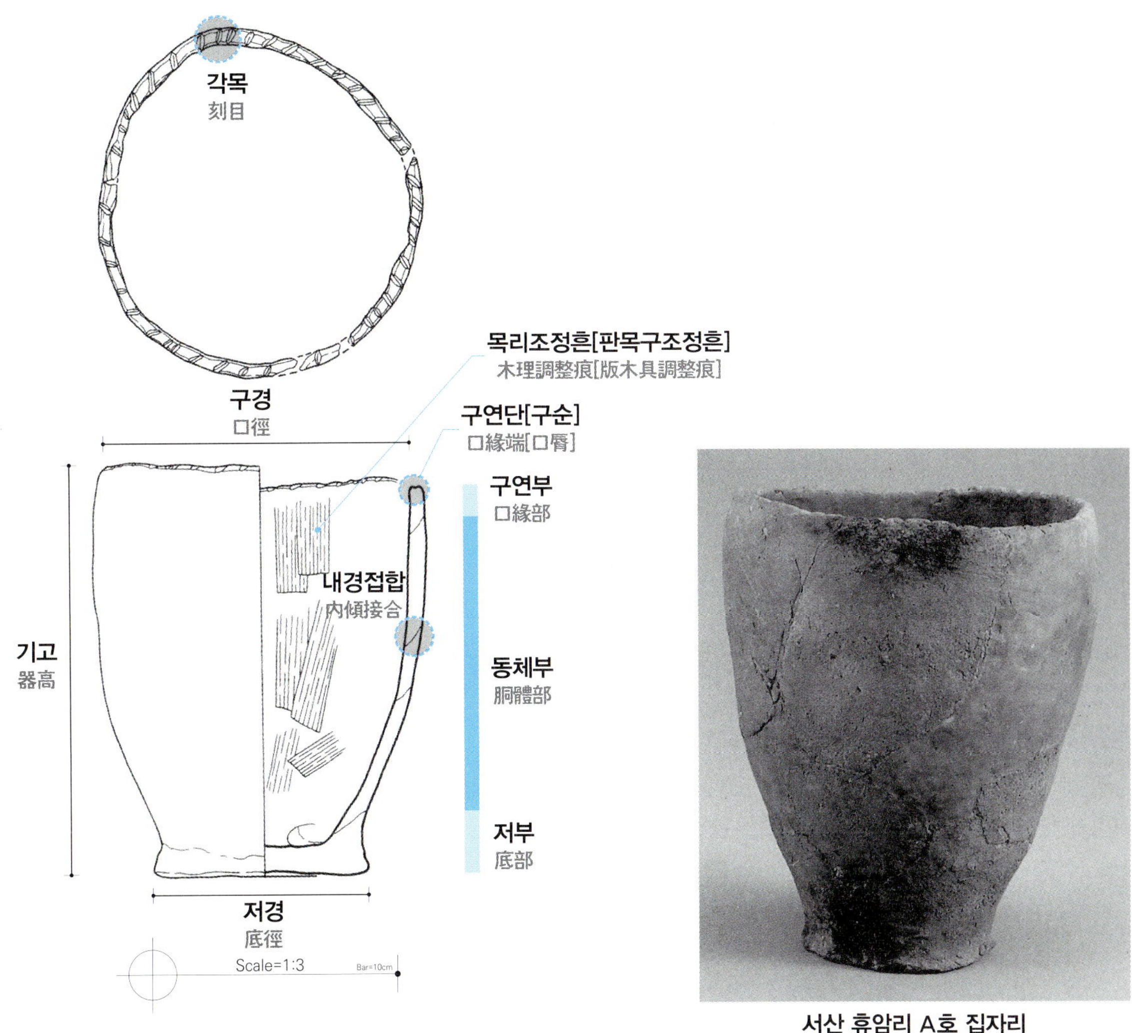

춘천 우두동Ⅰ 청동기시대 9호 집자리

서산 휴암리 A호 집자리

토기 구연단(口緣端)의 평탄면 또는 외연(外緣)에 도구 또는 손톱 등으로 침선무늬[沈線文]를 새긴 토기를 말한다. 개개의 침선은 주로 평행하지만, 'X'자무늬 또는 톱니무늬[鋸齒文]가 새겨지기도 한다. 이 문양은 주로 깊은바리모양토기[深鉢形土器]에 새기며, 항아리모양토기[壺形土器]에도 간혹 보인다. 문양의 기원은 아직 뚜렷하지 않지만 구멍무늬[孔列文]와 함께 동북 지역의 요소로 알려져 왔고, 남한 지방의 청동기시대 이른 시기부터 나타나는 것으로 알려져 있다. 소멸은 청동기시대 중기의 어느 시점으로 강원도와 영남 동부 지역, 호서 해안 지역, 영남 서부 지역 등 지역마다 다르다.

* 國立文化財研究所, 2004, 『韓國考古學專門事典-靑銅器時代篇-』.

國立中央博物館, 1993, 『韓國의 先·原史土器』.

江原文化財研究所, 2011, 『春川 牛頭洞遺蹟Ⅰ-직업훈련원 진입도로 확포장공사구간 유적 발굴조사 보고서』.

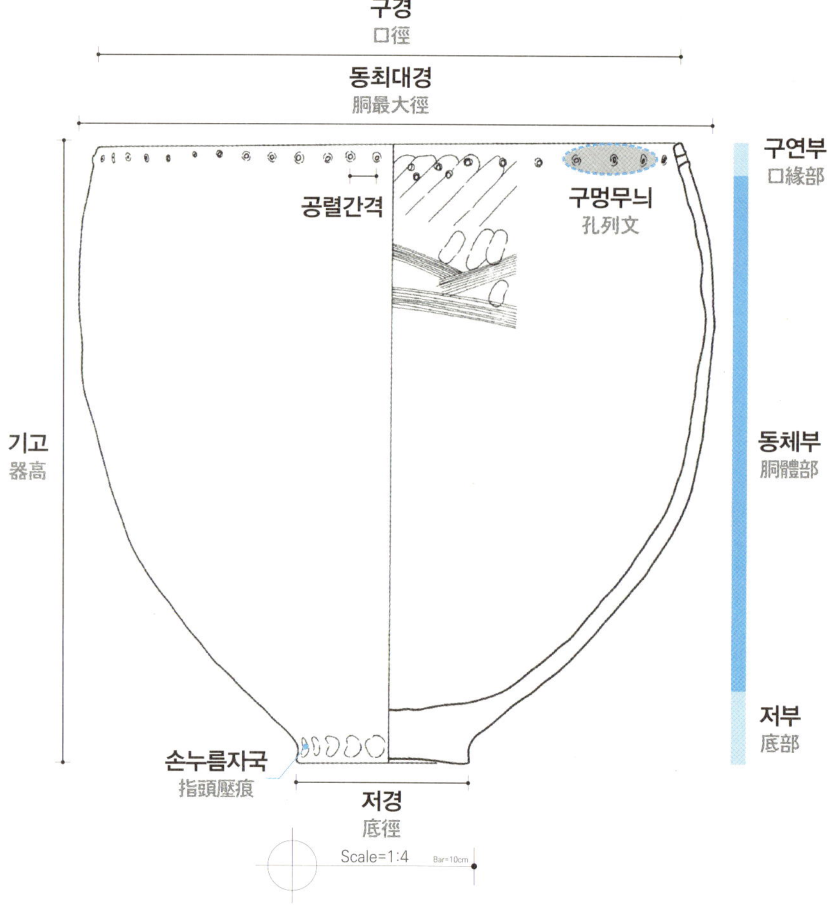

춘천 거두리 1호 집자리

대전 신대동 4호 집자리

구연 아래에 구멍무늬[孔列文]를 연속하여 새긴 토기로서, 골아가리무늬[口脣刻目文]가 새겨진 토기와 함께 역삼동식토기(驛三洞式土器)라고도 불린다. 한반도에서는 황해도 지역을 제외한 전지역에서 출토되며, 한반도 동북 지역에서 전파된 것으로 알려져 있다. 문양은 다양한데, 구멍이 토기의 기벽(器壁)을 완전히 관통한 것과 반관통한 것으로 분류되며, 뚫은 방향이 토기의 안쪽에서 바깥을 향한 것과 그 반대인 것으로 분류된다. 후자의 경우를 구멍무늬[孔列文]로, 전자 중에서 반관통된 것을 돌류문(突瘤文)으로 분류하기도 한다. 돌류문을 포함한 구멍무늬는 청동기시대 전기의 이른 시기부터 출현하며, 소멸은 지역마다 다른데, 전기 말에서 중기의 어느 시점으로 알려져 있다.

* 국립김해박물관, 2005, 『전환기의 선사토기』.

國立文化財研究所, 2004, 『韓國考古學專門事典-靑銅器時代篇-』.

江原文化財研究所, 2003, 『擧頭里遺蹟 發掘調査 報告書』.

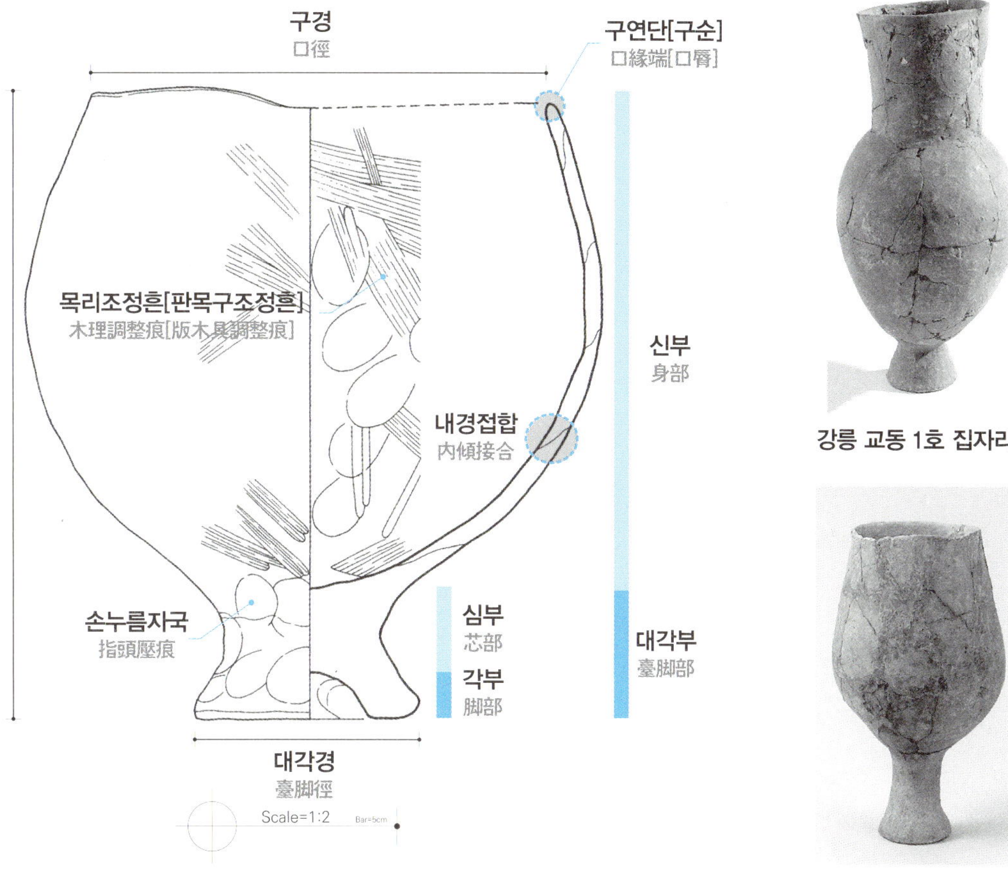

정선 아우라지 1호 집자리

강릉 교동 1호 집자리

속초 조양동 3호 집자리

굽다리토기 각종

* 국립김해박물관, 2005, 『전환기의 선사토기』.

國立中央博物館, 1993, 『韓國의 先·原史土器』.

국립중앙박물관, 2010, 『청동기시대 마을 풍경』.

江原文化財硏究所, 2011, 『정선 아우라지유적-정선 아우라지 관광단지 조성부지 내 2차 발굴조사 보고서』.

(刻目)突帶文土器, 節狀(刻目)突帶文土器 | (Notched) raised band pottery

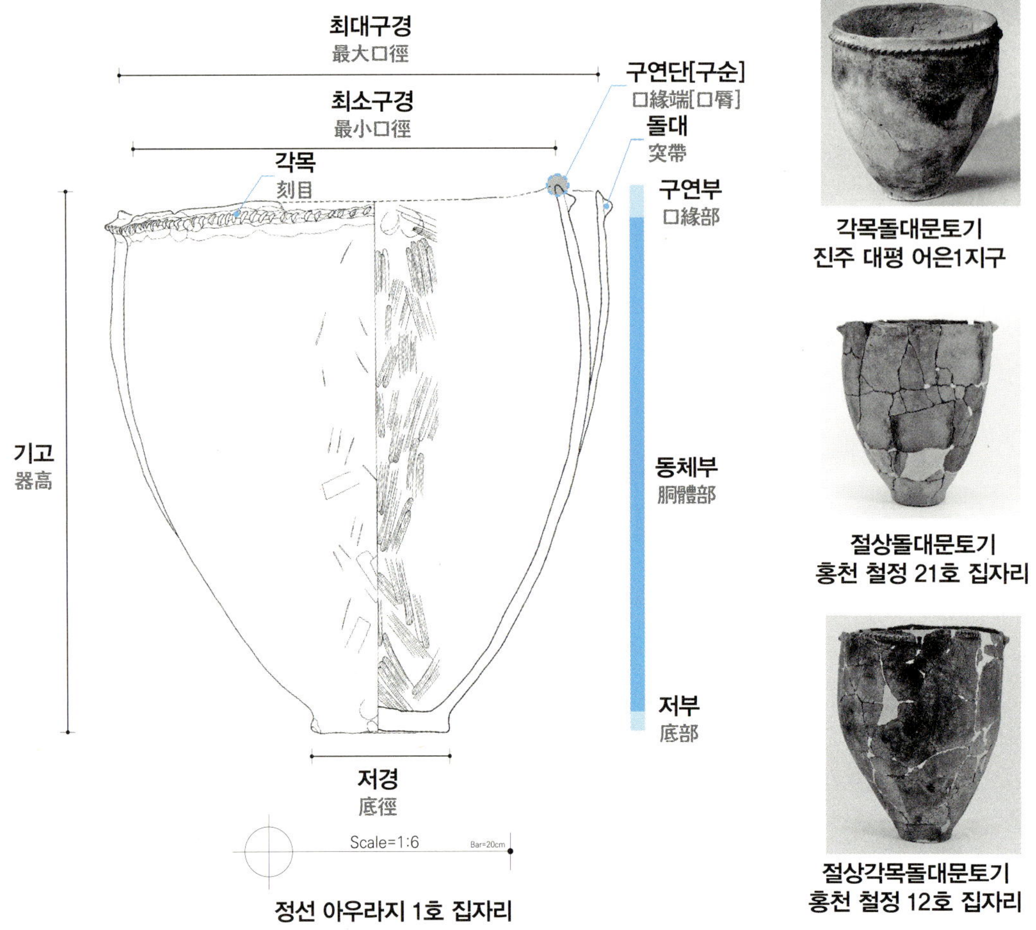

정선 아우라지 1호 집자리

각목돌대문토기
진주 대평 어은1지구

절상돌대문토기
홍천 철정 21호 집자리

절상각목돌대문토기
홍천 철정 12호 집자리

 구연 외측에 점토띠를 붙이고, 그 상면에 도구로써 빗금무늬[斜線文] 또는 자돌무늬[刺突文] 등의 문양을 새긴 것인데, 이러한 문양 대신에 두 손가락으로 점토띠를 어긋나게 비틀어 붙이는 방법도 있다. 이 외에 문양이나 손자국이 없는 무문양인 것도 있다. 점토띠의 단면 형태는 삼각형, 제형(梯形), 반원형 등이 있으며, 일반적으로는 일주(一周)하지만, 3~4개로 분리된 것도 있다. 전자의 경우 문양의 유무에 따라 새김덧띠무늬[刻目突帶文], 덧띠무늬[突帶文]로 분류되며, 후자는 마디모양새김덧띠무늬[節狀刻目突帶文], 마디모양덧띠무늬[節狀突帶文]로 구분할 수 있다. 남한에서의 (새김)덧띠무늬는 주로 바리모양토기[鉢形土器]의 구연부에 장식되지만, 항아리모양토기[壺形土器]에도 장식된다. 남한 지역 청동기시대 조기의 표지 유물로 인식되고 있으나 일부 지역에서는 중기 전반가지 잔존하는 경향이 있다. 돌칼[石刀], 붉은간토기[赤色磨研土器], 슴베없는돌화살촉[無莖式石鏃], 외날돌도끼[單刃石斧] 등과 함께 중국 동북 지방의 농경문화와 관련된 토기로 알려져 있다.

* 國立文化財研究所, 2004, 『韓國考古學專門事典-靑銅器時代篇-』.
국립중앙박물관, 2010, 『청동기시대 마을 풍경』.
江原文化財研究所, 2011, 『정선 아우라지유적-정선 아우라지 관광단지 조성부지 내 2차 발굴조사 보고서』.

甕形土器, 松菊里式土器 | Jar-shaped pottery, Songgukri-type pottery

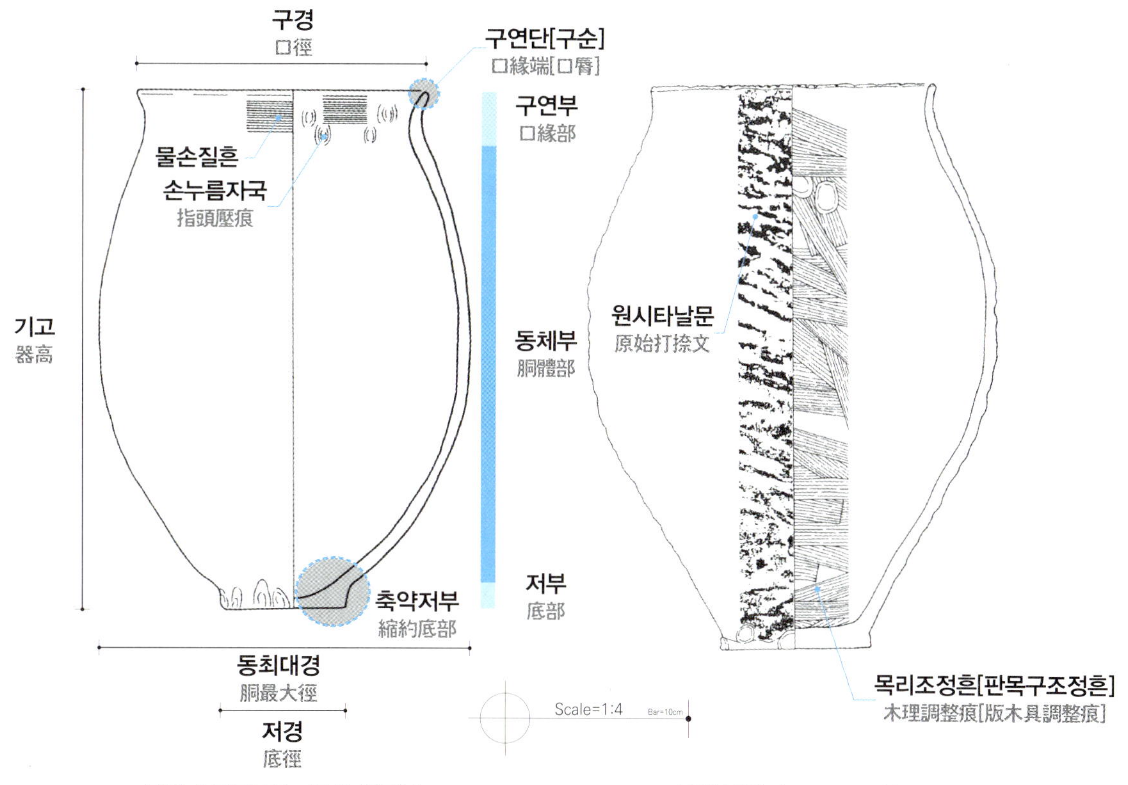

부여 송국리 54-15호 집자리

보령 관창리 KY-819호

부여 송국리 54-5호 집자리

國立中央博物館, 1993, 『韓國의 先·原史土器』.

高麗大學校 埋藏文化財研究所, 2001, 『寬倉里 遺蹟』.

국립중앙박물관, 1987, 『松菊里Ⅲ』.

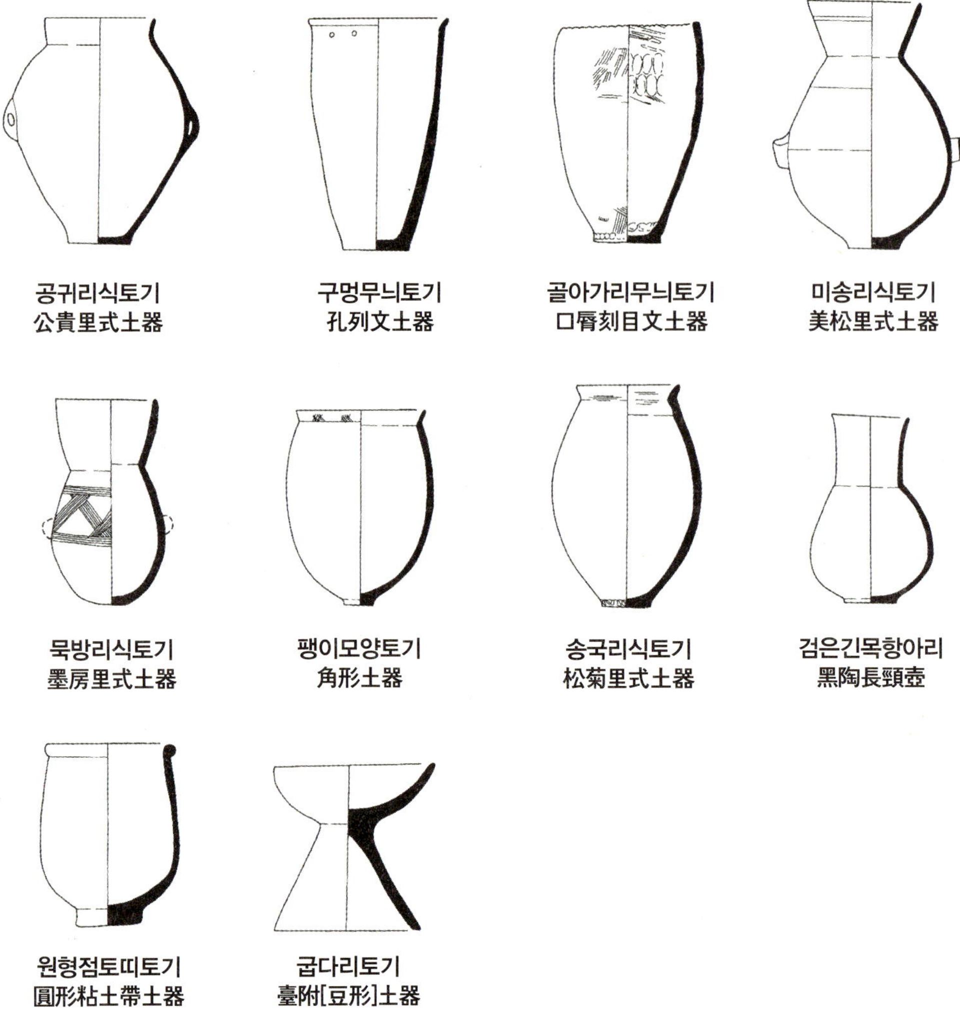

공귀리식토기
公貴里式土器

구멍무늬토기
孔列文土器

골아가리무늬토기
口脣刻目文土器

미송리식토기
美松里式土器

묵방리식토기
墨房里式土器

팽이모양토기
角形土器

송국리식토기
松菊里式土器

검은긴목항아리
黑陶長頸壺

원형점토띠토기
圓形粘土帶土器

굽다리토기
臺附[豆形]土器

　신석기시대 빗살무늬토기 또는 유문토기(有文土器)에 대한 상대 개념으로 청동기시대의 토기를 총칭하는 용어이다. 거친 태토(胎土)로 제작되었으며, 물손질 기법으로 정면한 조질(粗質)토기로서 대략 800℃ 이내의 낮은 온도에서 소성된 적색·황색·갈색계의 토기를 말한다. 기종(器種)은 주로 기형에 따라 크게 깊은바리[深鉢], 낮은바리[淺鉢], 독[甕], 항아리[壺], 사발[盌], 굽다리[臺附] 등으로 분류된다. 북한의 경우 압록강 유역과 요녕 지방에서는 미송리식토기, 압록강 중상류에서는 공귀리식토기, 대동강 유역에서는 팽이모양토기[角形土器], 두만강 유역에서는 구멍무늬토기[孔列文土器]와 각종 간토기[磨硏土器]가 유행한다. 남한에서는 깊은바리모양토기가 중심이지만, 중기 후반이 되면 항아리모양토기가 중심이다가 후기에는 독모양토기 중심으로 변한다.

＊國立文化財硏究所, 2004, 『韓國考古學專門事典-靑銅器時代篇』.
　國立中央博物館, 1993, 『韓國의 先·原史土器』.

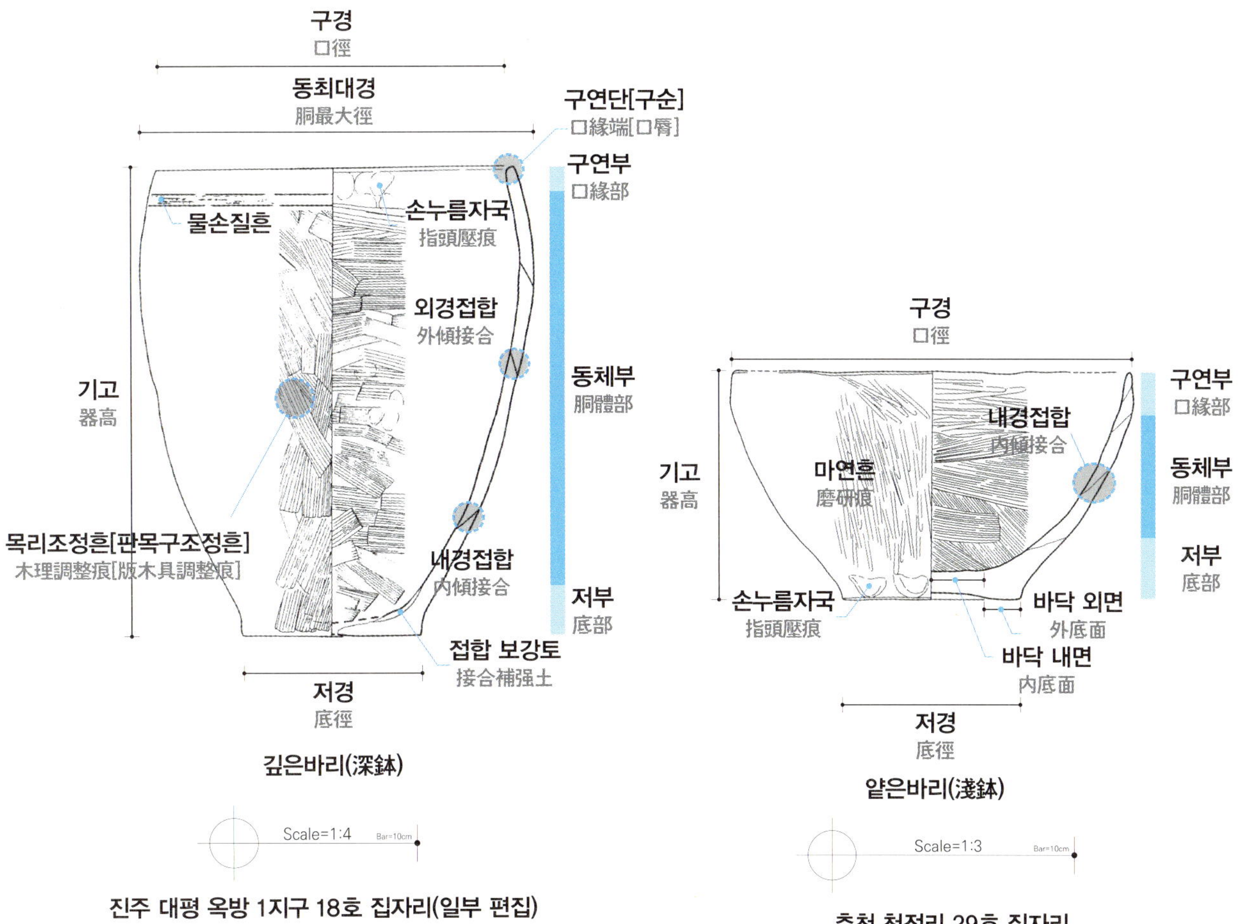

깊은바리(深鉢)

Scale=1:4 Bar=10cm

진주 대평 옥방 1지구 18호 집자리(일부 편집)

얕은바리(淺鉢)

Scale=1:3 Bar=10cm

춘천 천전리 29호 집자리

깊은바리모양토기 각종

얕은바리모양토기 각종

* 국립진주박물관, 2002, 『청동기시대의 大坪·大坪人』.

江原文化財硏究所, 2008, 『泉田里-A지역』.

慶南考古學硏究所, 2002, 『晋州 大坪 玉房 1·9地區 無文時代 集落』.

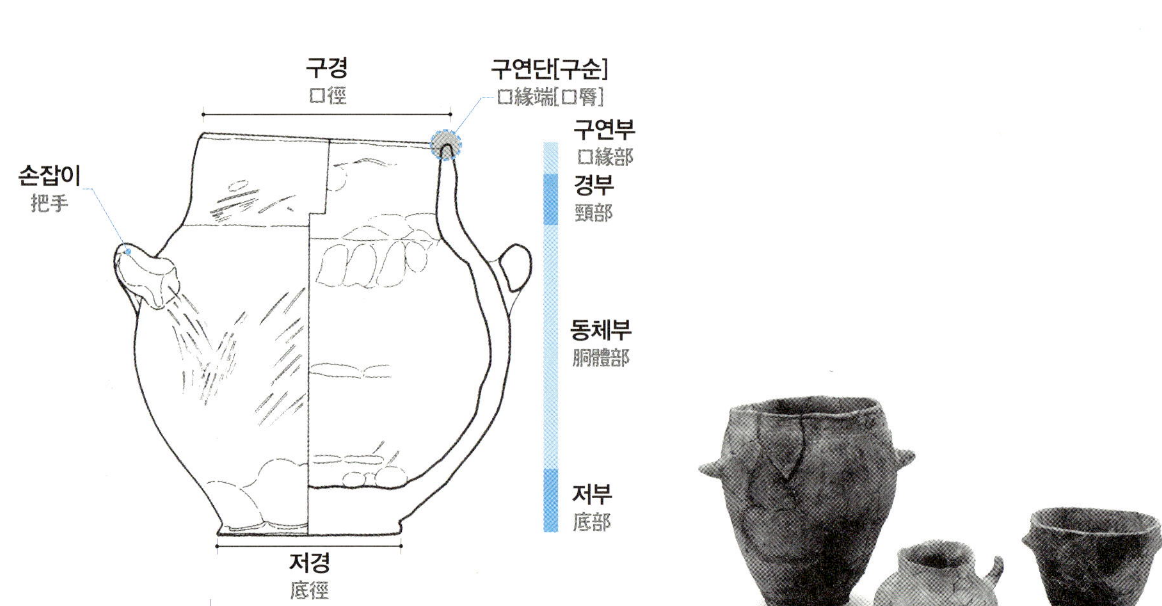

연천 삼거리 9호 집자리

손잡이달린토기 각종

토기를 손으로 쥘 수 있게 손잡이[把手]가 부착된 토기를 말한다. 하지만 민무늬토기[無文土器]의 손잡이는 원래 그러한 기능을 가지고 있었으나 퇴화되어 흔적만 남은 경우도 있다. 그러한 경우에는 꼭지[乳], 돌기[瘤], 귀[耳]라고 하여 구분하는 경우도 있지만, 그 기능성 여부를 명확하게 구분하기가 힘든 경우가 많다. 민무늬토기의 손잡이는 중국 동북 지방의 청동기시대 토기에서 매우 발달하였고, 그 지역과 밀접한 관련을 지닌 한반도 북부 지역에서 다수 확인된다. 반면에 남부 지역에서는 유례가 드문 편인데, 청동기시대 전기와 중기에는 꼭지모양과 혓바닥모양손잡이달린토기[舌形把手附土器]가 있다. 또한 지역에 따라 손잡이의 모양에 차이가 있어 민무늬토기의 지역성 구분에 좋은 자료가 되기도 한다. 이후 후기에는 고리모양[環形]과 조합식쇠뿔모양손잡이[組合式牛角形把手]가 항아리[壺] 등에 부착되며, 철기가 사용되는 시기부터 고리모양손잡이는 사라지고 쇠뿔모양손잡이[牛角形把手]가 유행하게 된다.

＊ 國立文化財研究所, 2004, 『韓國考古學專門事典-靑銅器時代篇-』.

국립중앙박물관, 2010, 『청동기시대 마을 풍경』.

경기도박물관, 2002, 『漣川 三巨里遺蹟』.

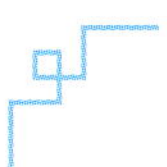

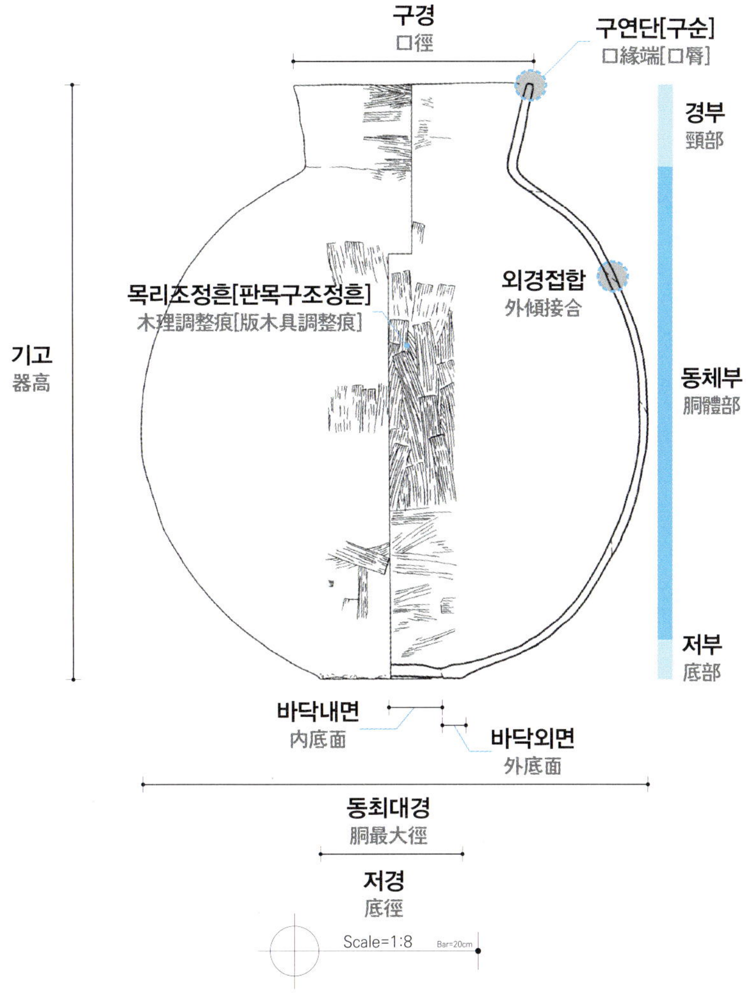

사천 본촌리

진주 상촌리

사천 본촌리 나3호 집자리

민무늬토기[無文土器]의 기종(器種)은 주로 기형(器形)에 따라 크게 바리[鉢], 독[甕], 항아리[壺] 등으로 분류된다. 바리는 최대경(最大徑)이 구연에 있으며, 동체부에서 꺾임이 없이 곧장 구연으로 연결되는 것인데, 대체로 구경(口徑)보다 기고(器高)가 큰 것을 깊은바리[深鉢]로, 기고가 낮은 것을 얕은바리[淺鉢]로 나눈다. 항아리는 동체부가 점차 좁아져 목이 부착된 것을 지칭한다. 이에 반하여 독은 최대경이 동체부 중위에 있으면서 목이 없는 것이다. 즉 구연이 동체부와 곡절 없이 그대로 이어진 것이나, 구연이 동체부에서 곡절하더라고 구연이 동체부에 그대로 붙는 형태를 말한다. 항아리모양토기는 청동기시대 전기부터 저장용 토기로 오랫동안 사용되어 오다가 중기가 되면서 소형화된다.

* 國立文化財研究所, 2004, 『韓國考古學專門事典-靑銅器時代篇-』.
  국립중앙박물관, 2010, 『청동기시대 마을 풍경』.
  慶尙大學校博物館, 2011, 『泗川 本村里遺蹟』.

간돌검 | 磨製石劍 | Polished stone dagger

간돌검 각종(Scale=임의축척)

　돌을 갈아 만든 단검으로서 청동기시대를 대표하는 석기이다. 간돌검[磨製石劍]은 기본적으로 직선날[直刃]을 가진 검몸[劍身]과 자루[柄部]로 구분된다. 형식은 손잡이의 유무와 형태, 피홈[血溝]의 유무, 슴베[莖部]의 길이와 형태, 검몸의 형태 등에 따라 세분이 가능하지만, 크게 자루가 달린 자루식[有柄式]과 슴베가 달린 슴베식[有莖式]으로 분류된다. 자루식은 자루 턱[段]의 유무에 따라 단자루식[二段柄式]과 통자루식[一段柄式]으로 나누는 것이 일반적이며, 단자루식의 경우는 자루의 형태에 따라 단자루식[有段柄式], 홈자루식[有溝柄式], 마디자루식[有節柄式]으로 세분된다. 간돌검의 발생은 대부분의 연구자가 한반도 자체에서 발생한 것으로 인정하고 있으나 그 기원이나 조형에 대해서는 여러 학설이 존재하며, 간돌검의 출현 기점을 두고 청동기시대 조기와 전기를 구분 짓는 연구와 조기부터 간돌검의 출현을 인정하는 연구가 진행되고 있다.

＊ 손준호, 2017, 「청동기시대 석기 관찰 및 기록 방법」, 『崇實史學』 39, 숭실사학회.
　국립대구박물관, 2005, 『머나먼 진화의 여정 사람과 돌』.
　國立文化財硏究所, 2004, 『韓國考古學專門事典－靑銅器時代篇』.

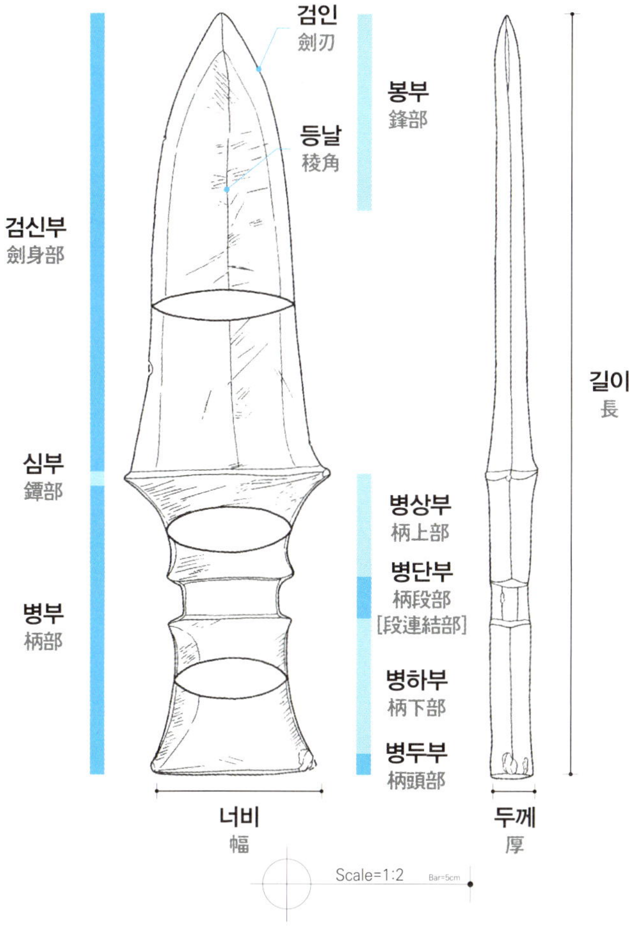

화천 용암리 131호 집자리

단자루식간돌검 각종(안자동, 반교리, 주교리)

* 국립대구박물관, 2005, 『머나먼 진화의 여정 사람과 돌』.

江原文化財研究所, 2007, 『龍岩里』.

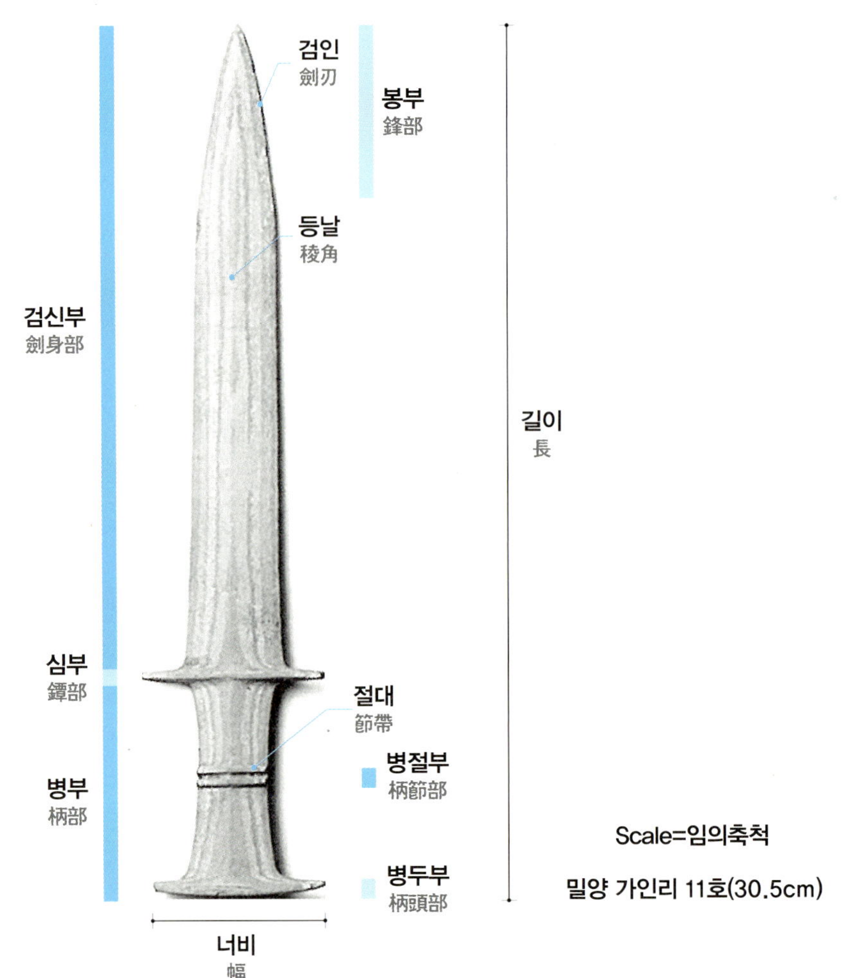

마디자루식간돌검 각종(진천동, 송서리, 가인리 11·10호, 가덕리, 대구동문 15도로, 상인동 / 좌 9.5cm)

국립대구박물관, 2005, 『머나먼 진화의 여정 사람과 돌』.

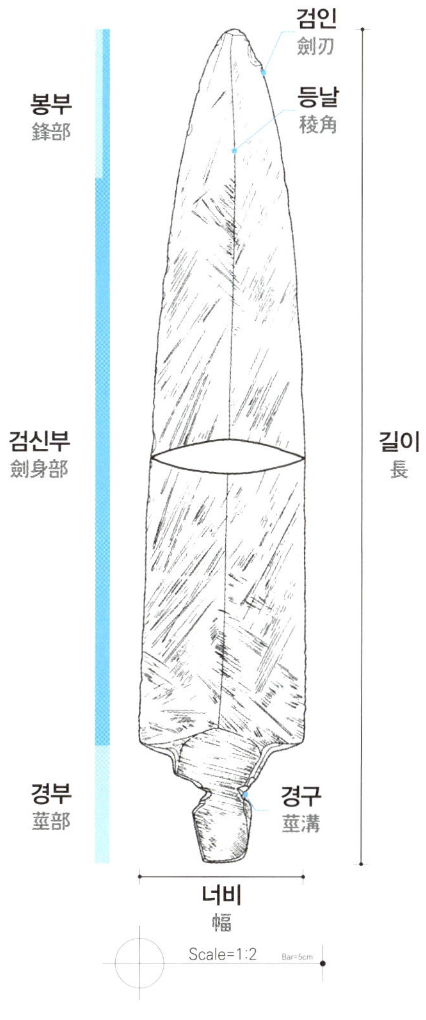

천전리 A지역 2호 집자리

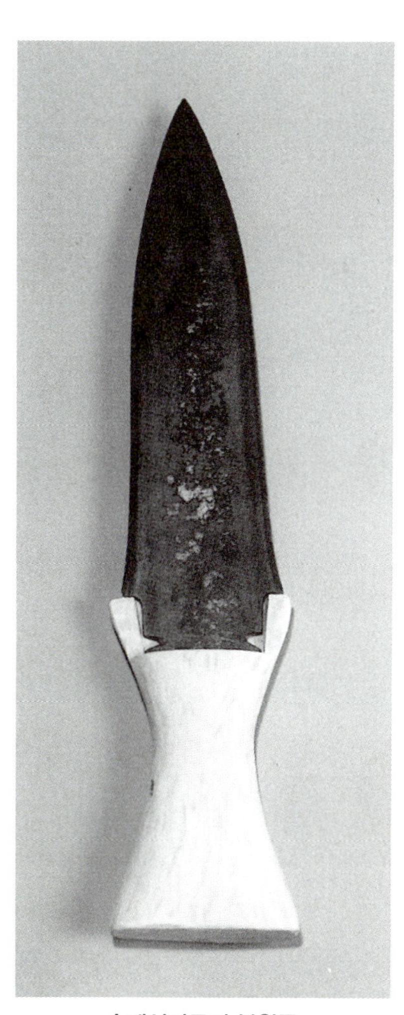

슴베식간돌검 복원품

國立光州博物館, 1994,『先·原史人의 道具와 技術』.

江原文化財研究所, 2008,『泉田里-A지역』.

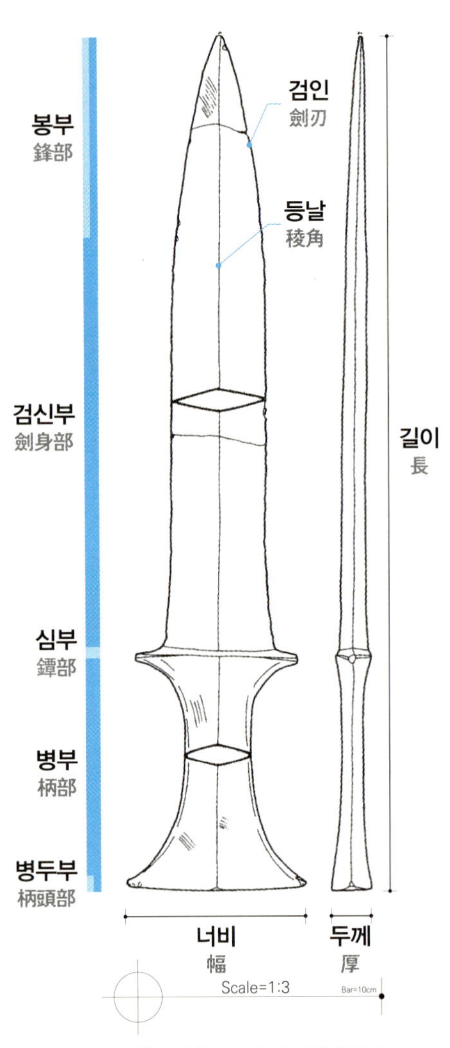

사천 본촌리 가1호 돌널무덤

평택 소사동 라지점 37호 집자리

* 慶尙大學校博物館, 2011, 『泗川 本村里遺蹟』.

* 高麗文化財研究院, 2008, 『平澤 素沙洞遺蹟』.

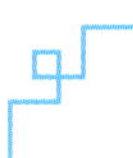

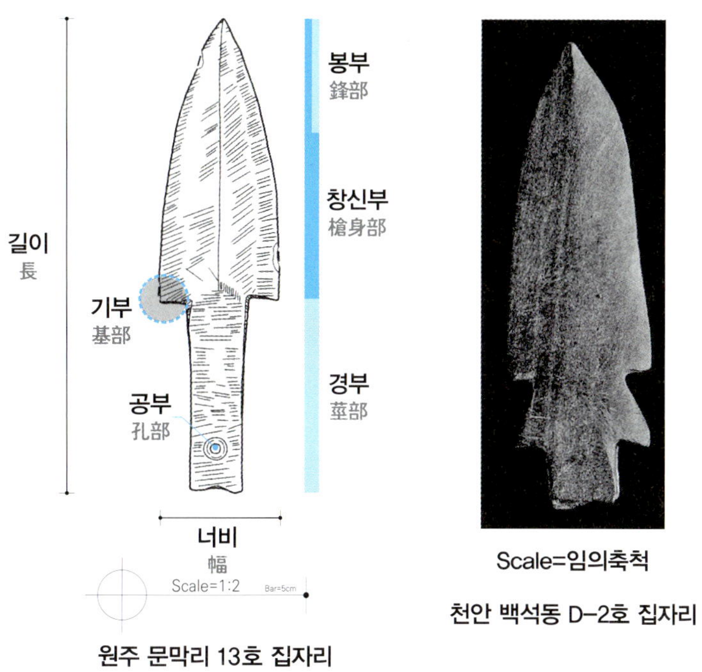

원주 문막리 13호 집자리

Scale=임의축척

천안 백석동 D-2호 집자리

돌창[石槍]은 구석기시대 이래로 초기철기시대까지 짐승 사냥에 효과적으로 이용된 사냥 도구인 동시에 공격과 방어 기능이 있는 위력적인 무기의 일종이다. 그러나 구석기나 신석기시대의 창은 돌을 떼어 만든 뗀석기[打製石器]의 일종이며, 신석기시대부터 부분적으로 갈아 만든 석기가 출현한다. 간돌창[磨製石槍]은 청동기시대부터 나타나기 시작하지만 출토량이 간돌검[磨製石劍]이나 간돌화살촉[磨製石鏃]에 비해 현저히 적고, 슴베식간돌검[有莖式石劍]이나 대형 간돌화살촉과 비교할 때 구분이 쉽지 않다. 이러한 문제 때문에 슴베식간돌검과 간돌창에 대한 구분 기준이 필요하여 검몸[劍身]과 슴베[莖部]의 구분 가능 여부나 심부(鐔部)의 돌출 여부가 제기되었으며, 슴베의 길이가 전체 길이의 1/4을 넘지 못하면 슴베식간돌검으로 분류하기도 한다. 이밖에 슴베 쪽에 미늘이 이단으로 만들어진 소위 '쌍미늘석창'은 보다 확실한 간돌창으로 분류가 가능한 형식이다. 이러한 미늘의 발생은 공격 대상에 대한 치명상을 유도하는 것으로서 청동기시대 중기 이후 사회의 위계화와 전쟁의 시작 등에 기인한 현상으로 보기도 하며, 한편으로는 보다 효과적인 어로활동이나 슴베 부분과 자루를 더욱 견고히 결박시켜주는 역할을 했을 것으로 보고 있다.

◆ 유병록, 2014, 「제3장 석기의 종류와 특징」, 『청동기시대의 고고학5-道具論-』, 서경문화사.

국립대구박물관, 2005, 『머나먼 진화의 여정 사람과 돌』.

국립중앙박물관, 2010, 『청동기시대 마을 풍경』.

한강문화재연구원, 2012, 『원주 문막리유적』.

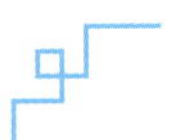

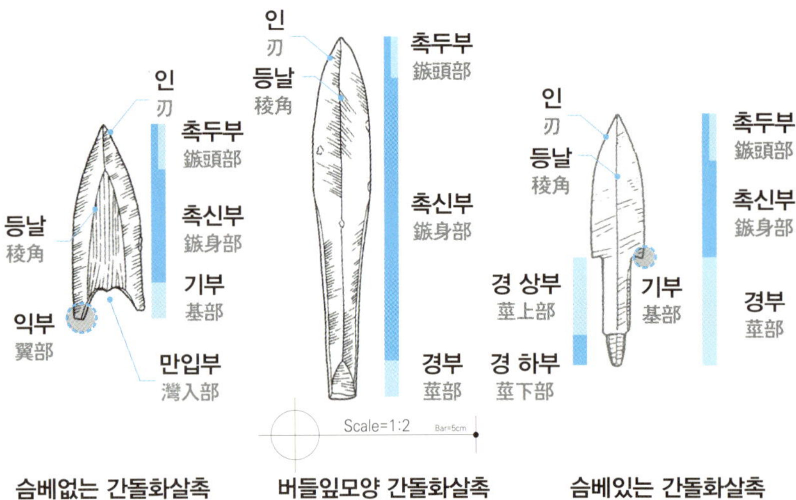

춘천 우두동
청동기시대 33호 집자리

평택 소사동 가지점
10호 집자리

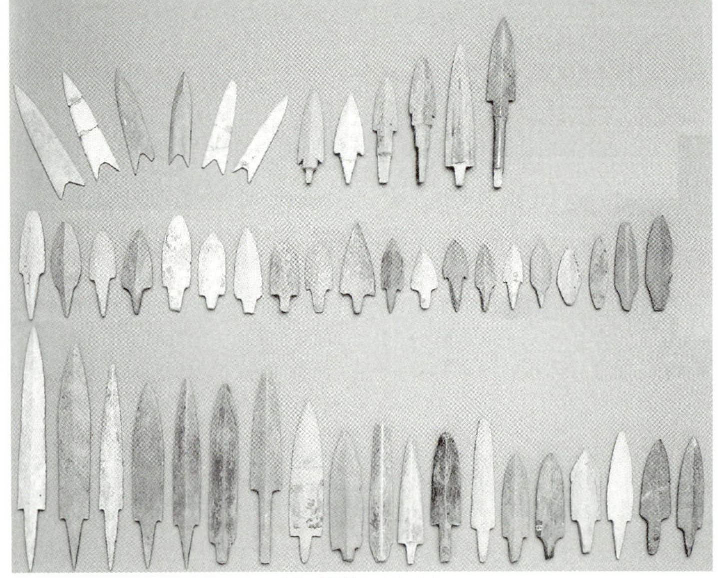

간돌화살촉 각종

춘천 천전리 A지역
47호 집자리

＊ 국립중앙박물관, 2010, 『청동기시대 마을 풍경』.

국립진주박물관, 2002, 『청동기시대의 大坪 · 大坪人』.

江原文化財研究所, 2011, 『春川 牛頭洞遺蹟 I -직업훈련원 진입도로 확포장공사구간 유적 발굴조사 보고서』.

高麗文化財研究院, 2008, 『平澤 素沙洞遺蹟』.

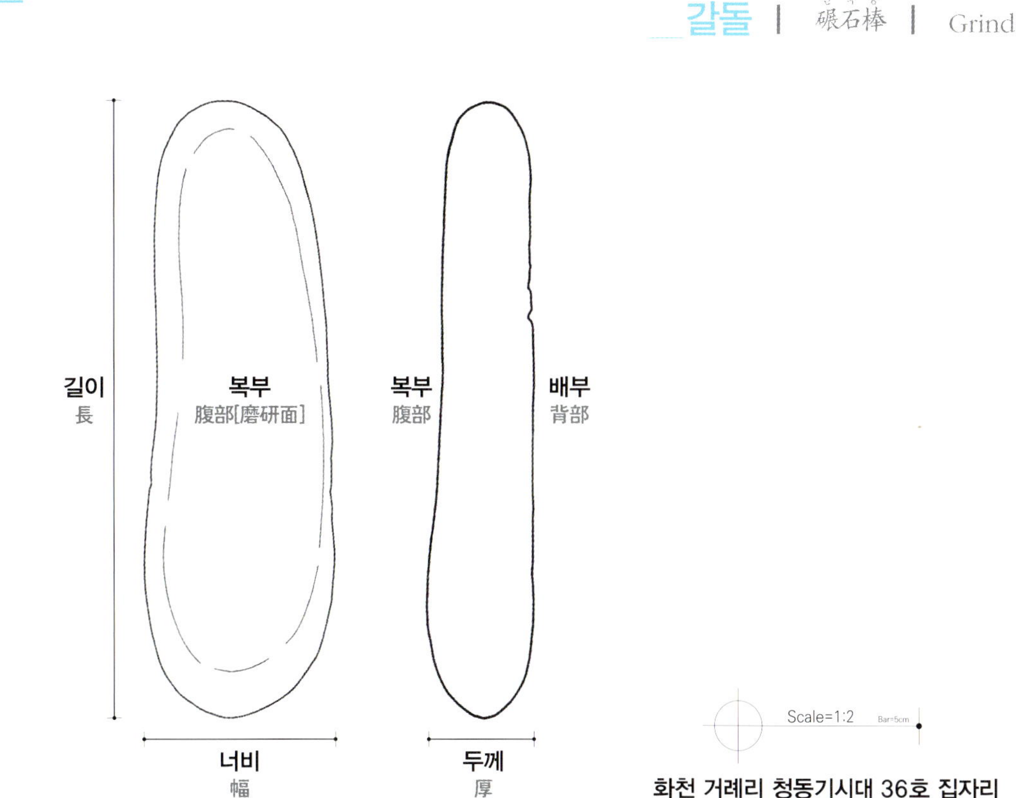

화천 거례리 청동기시대 36호 집자리

江原文化財研究所, 2013, 『華川 居禮里遺蹟-4대강(북한강)살리기 사업구간 내 화천 거례리유물산포지 1지구 5구간 문화재 발굴조사 보고서』.

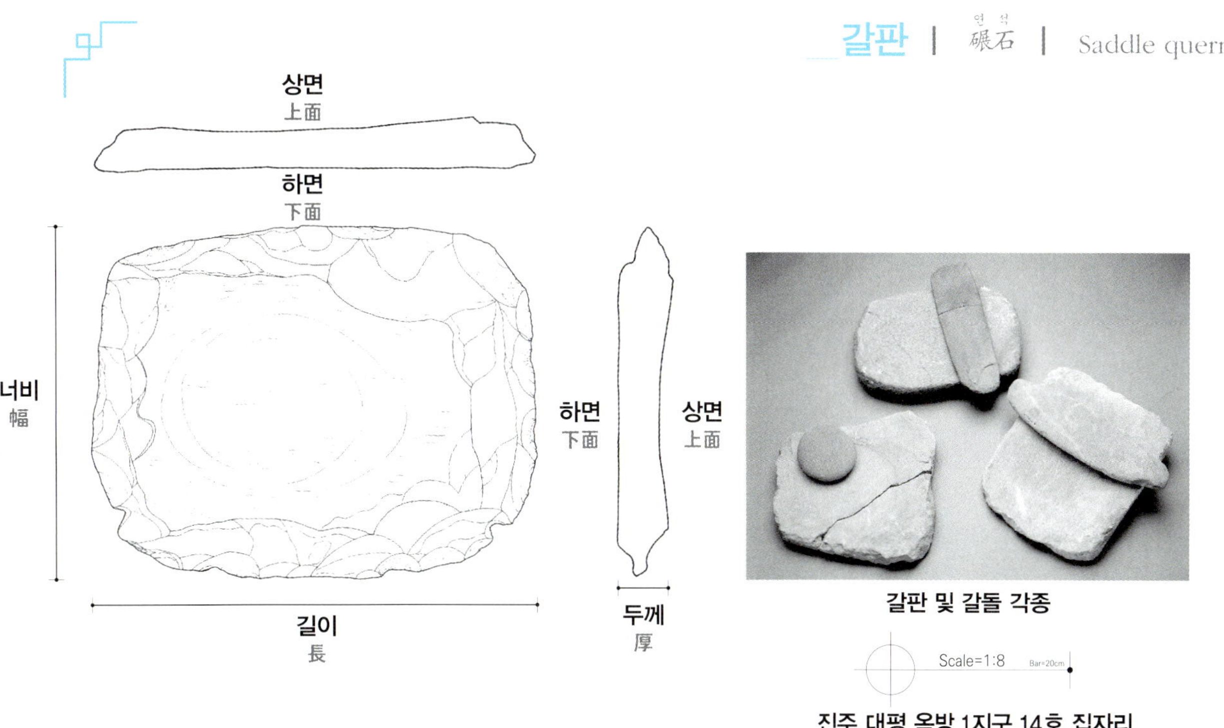

갈판 및 갈돌 각종

진주 대평 옥방 1지구 14호 집자리

국립중앙박물관, 2010, 『청동기시대 마을 풍경』.

慶南考古學研究所, 2002, 『晋州 大坪 玉房 1·9地區 無文時代 集落』.

곱은옥 | 曲玉 | Comma-shaped jade(Curved jade)

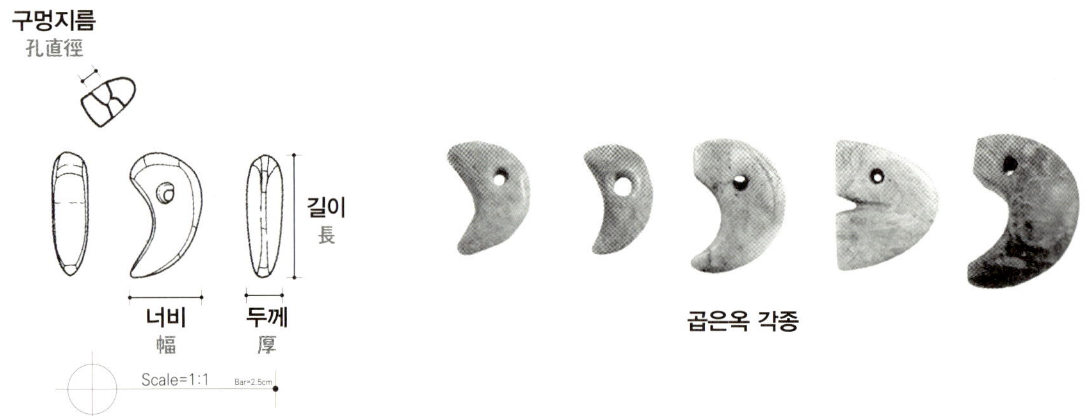

구멍지름
孔直徑

길이
長

너비
幅

두께
厚

Scale=1:1   Bar=2.5cm

진주 대평 옥방1지구 7호 돌널무덤

곱은옥 각종

옥 가공용 원석 및 각종 제작용품

＊ 국립진주박물관, 2002, 『청동기시대의 大坪·大坪人』.

　복천박물관, 2013, 『선사·고대 옥의 세계』.

　慶南考古學研究所, 2002, 『晋州 大坪 玉房 1·9地區 無文時代 集落』.

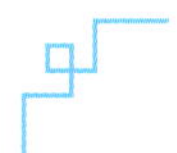

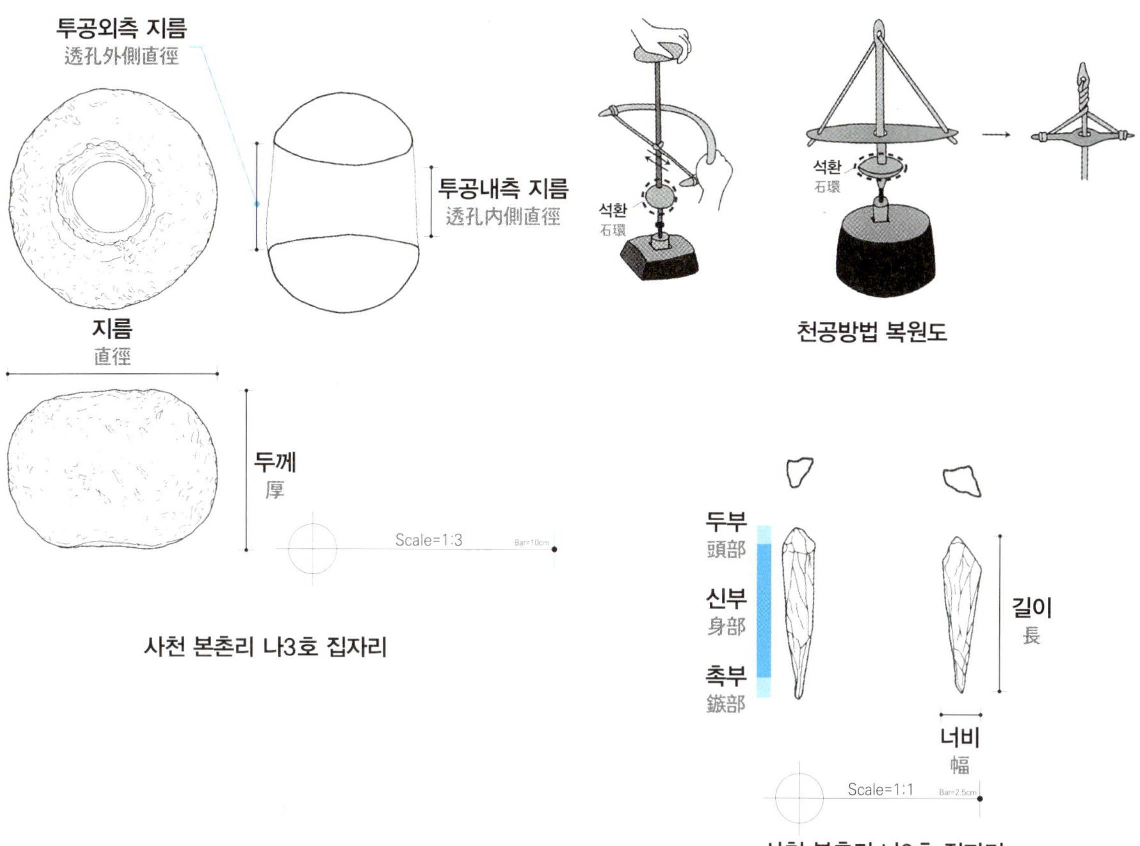

사천 본촌리 나3호 집자리

사천 본촌리 나3호 집자리
(수정제)

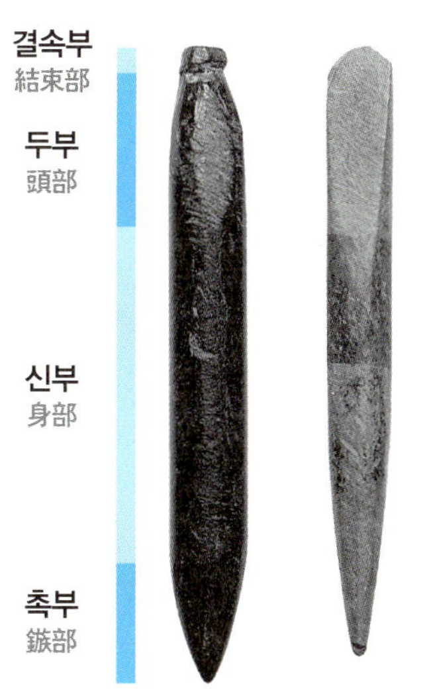

진주 상촌리(左), 합천 봉계리(右)
(석제)

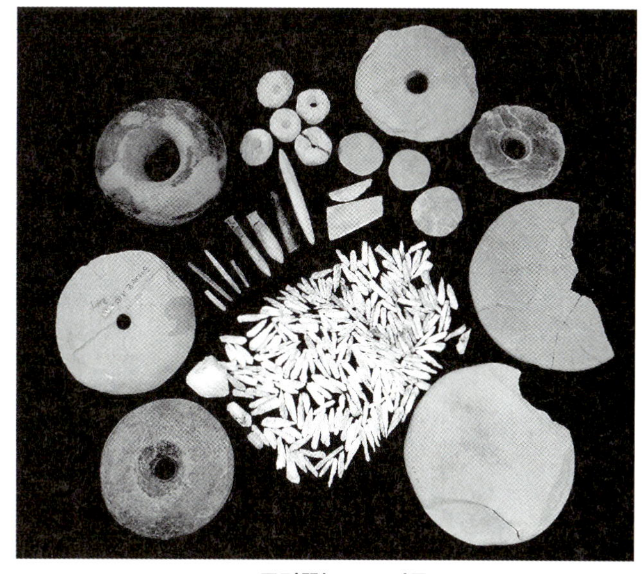

구멍뚫는도구 각종

* 국립진주박물관, 2002, 『청동기시대의 大坪·大坪人』.

복천박물관, 2013, 『선사·고대 옥의 세계』.

慶尙大學校博物館, 2011, 『泗川 本村里遺蹟』.

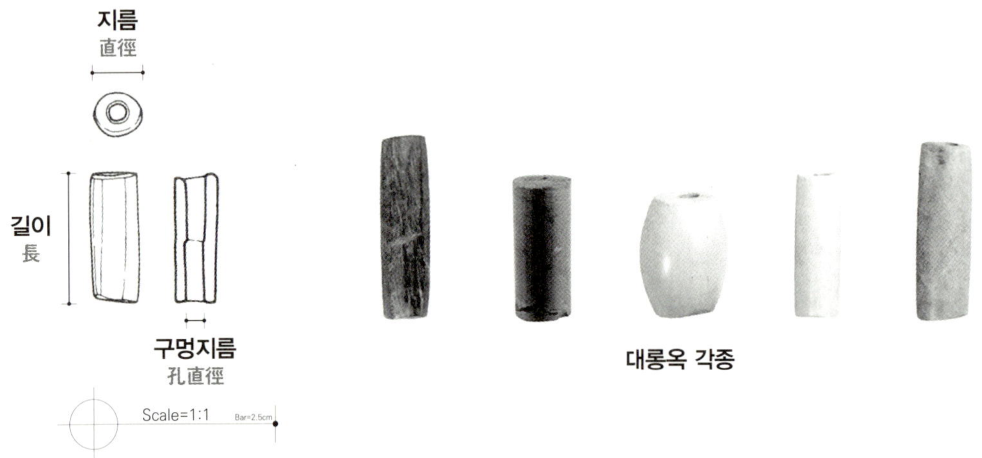

대롱옥 각종

사천 이금동 B-15호 돌널무덤

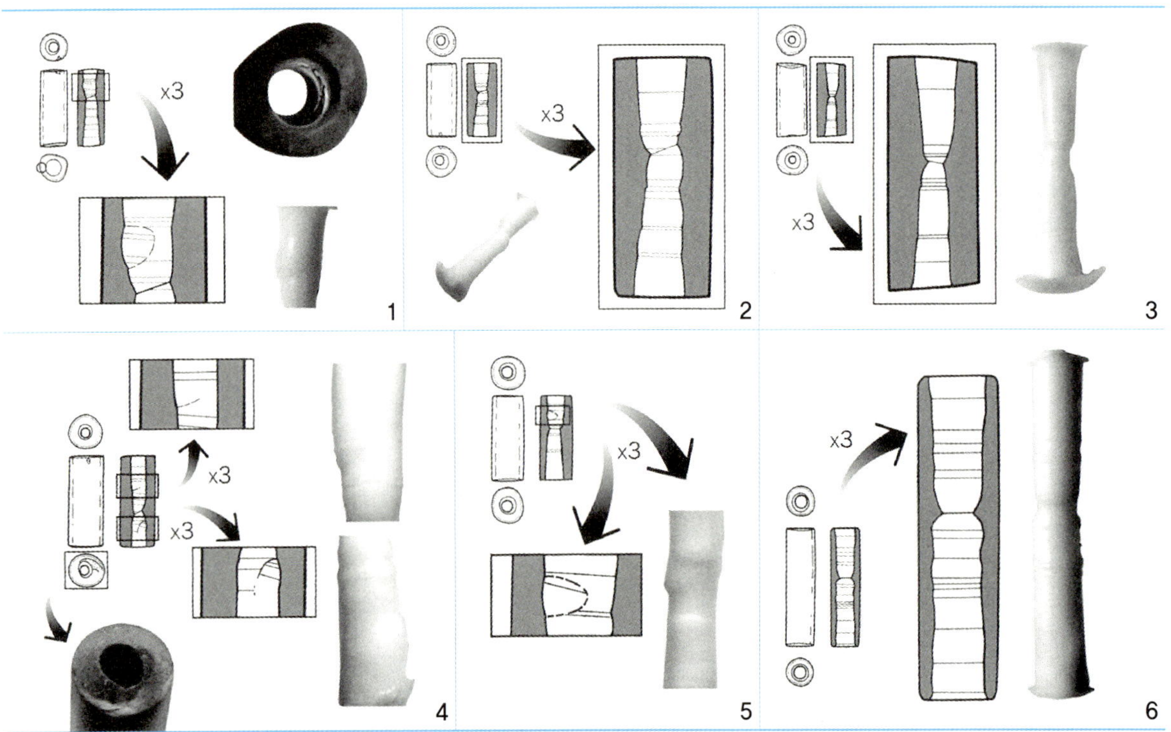

대롱옥 제작 기법

* 복천박물관, 2013, 『선사 · 고대 옥의 세계』.
  慶南考古學硏究所, 2003, 『泗川 梨琴洞 遺蹟』.

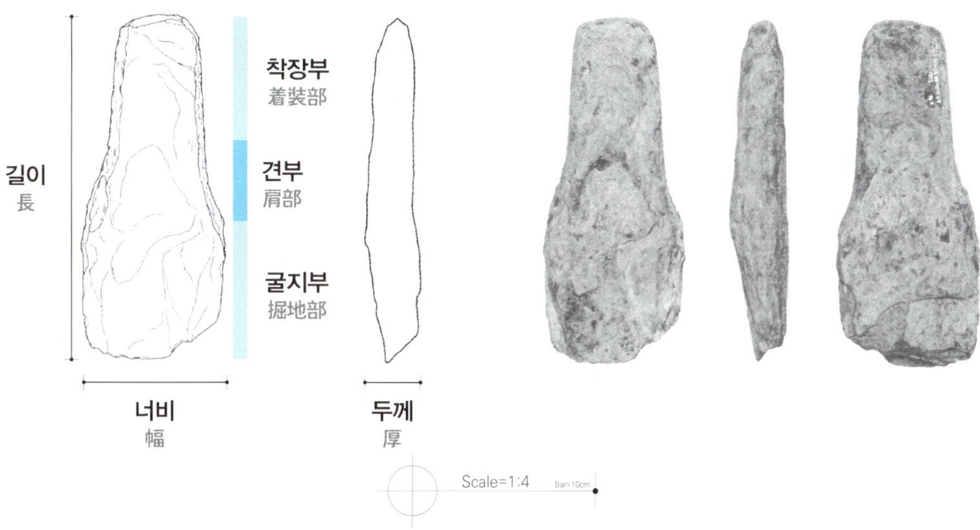

진주 이곡리 선사유적 2호 대형구

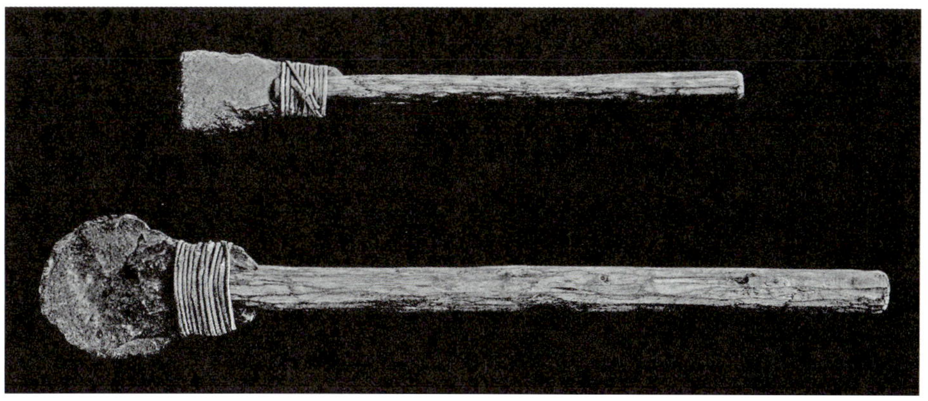

돌괭이 착장 복원 모습

국립중앙박물관, 2010, 『청동기시대 마을 풍경』.

東亞細亞文化財研究院, 2010, 『晉州 耳谷里 先史遺蹟Ⅱ-진주 생물단지 조성부지내』.

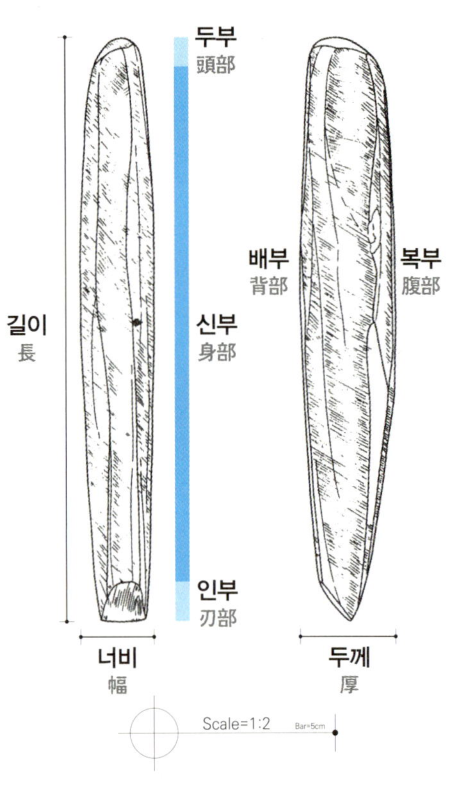

돌끌 각종

춘천 천전리 8호 집자리

돌끌[石鑿]은 길이와 폭의 비율이 3:1 이상으로 폭에 비해 길이가 긴 소형의 외날도끼[單刃石斧]이다. '착상편인석부(鑿狀偏刃石斧)', '소형방주상편인석부(小形方柱狀偏刃石斧)', '착형석부(鑿形石斧)'라고도 하며, 평면 장방형, 단면 방형·장방형, 길이 5~10cm 정도의 것이 많다. 날의 반대면은 대팻날도끼[扁平偏刃石斧]처럼 편평하게 간 것이 많다. 목재 가공의 최종 마무리 단계에 사용하는 소형 목공구로서 주로 이암(泥岩)과 같은 양질의 석재를 사용하여 날카로운 날[刃部]을 만든다. 벌채구와 같은 중·대형의 돌도끼가 할 수 없는 세밀한 가공이나 구멍을 낼 때 사용하는 것으로 보인다. 대부분 집자리에서 출토되며, 시기에 따른 뚜렷한 형식 변화는 보이지 않는다. 청동기시대 중기에 출토량이 많으며, 한반도 전역에서 보편적으로 사용되었다.

＊ 國立文化財研究所, 2004, 『韓國考古學專門事典-靑銅器時代篇-』.

　국립중앙박물관, 2010, 『청동기시대 마을 풍경』.

　江原文化財研究所, 2008, 『泉田里-A지역』.

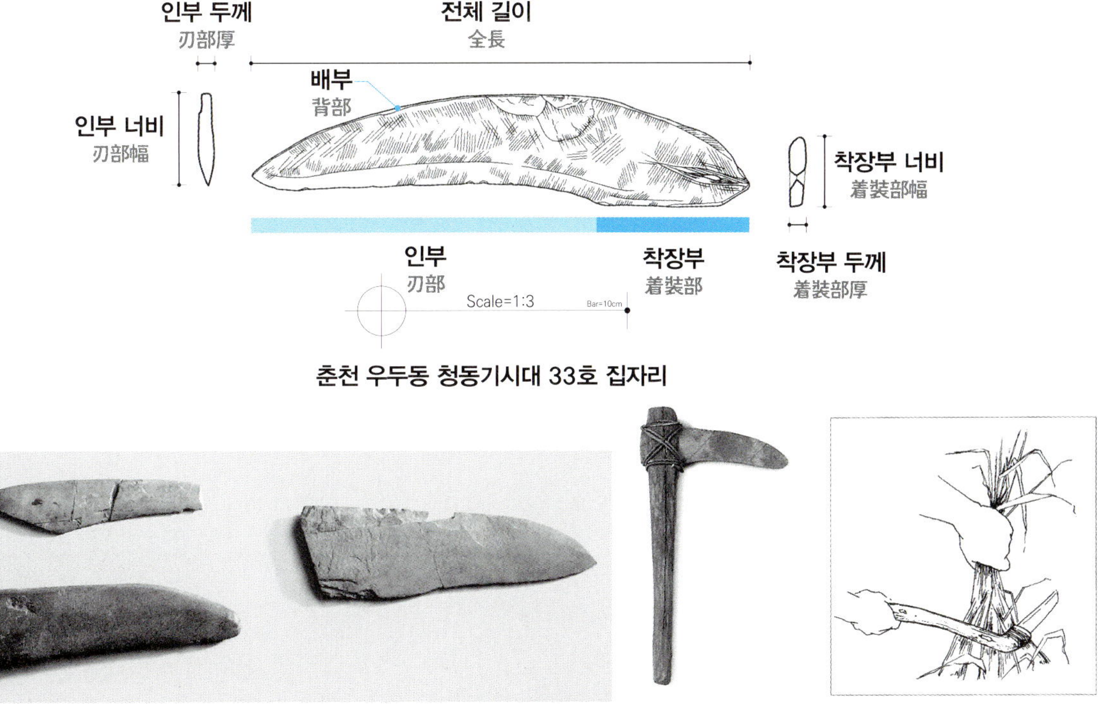

춘천 우두동 청동기시대 33호 집자리

돌낫 각종

돌낫 착장 복원 모습

돌낫 사용 모습

낫의 출현은 신석기시대 후기에 해당하는 지탑리유적에서 확인되었지만 본격적은 등장은 청동기시대부터이다. 날[刃部]의 방향과 직교하게 나무자루를 끼워서 사용하는 수확구이다. 반달돌칼[半月形石刀]에 비해 출토량은 적지만, 한반도 전역에서 출토된다. 날은 양쪽에서 마연하였는데 안쪽으로 조금 휘어져 들어가 있어 몸쪽으로 끌어 당기듯이 수확물을 베어내는 데 적합하다. 날의 반대쪽[背部]은 앞쪽 끝부분으로 가면서 아래쪽으로 휘어지고, 자루가 착장되는 부분은 단면 세장방형을 이루는 것이 전형적인 형태이다. 낫은 날의 형태에 따라 앞의 전형적인 형태처럼 직선날이면서 끝부분이 등쪽에서 날쪽으로 휘어진 형태와 날의 끝부분이 살짝 반전하면서 돌창[石槍]처럼 뾰족하게 형성된 것으로 나눌 수 있다. 길이는 15cm의 소형부터 30cm 전후의 대형까지 다양하지만 20~25cm가 대부분을 차지한다. 청동기기시대 전기부터 후기까지 지속적으로 사용되며, 후기가 되면서 크기가 작아지는 경향이 있다.

* 國立文化財硏究所, 2004, 『韓國考古學專門事典-靑銅器時代篇-』.

국립중앙박물관, 2010, 『청동기시대 마을 풍경』.

江原文化財硏究所, 2011, 『春川 牛頭洞遺蹟Ⅰ-직업훈련원 진입도로 확포장공사구간 유적 발굴조사 보고서』.

돌도끼(기둥모양외날돌도끼) | 柱狀偏刃石斧 | Pillar-shaped adze

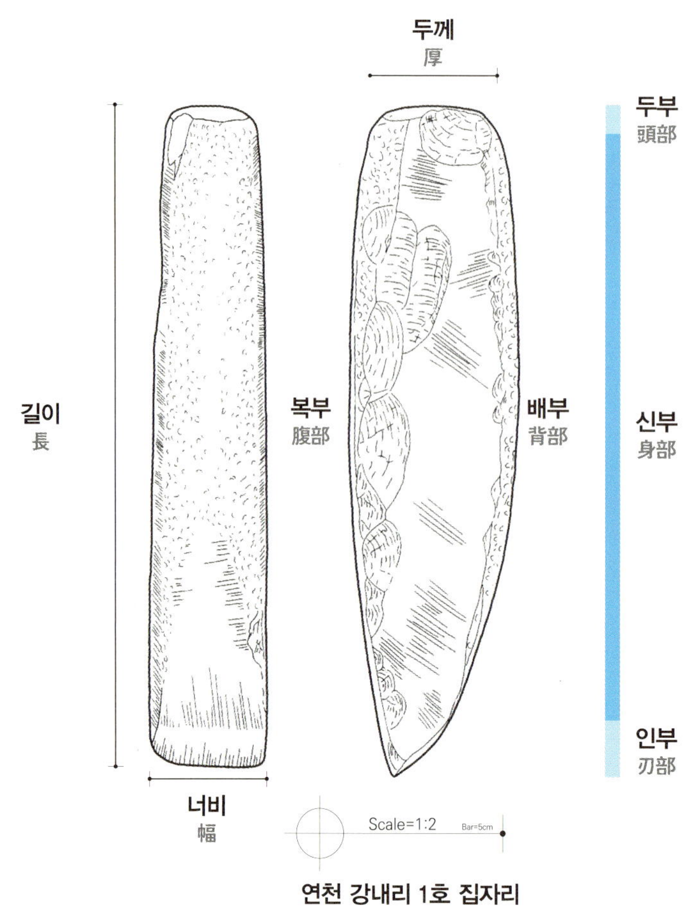

연천 강내리 1호 집자리

　간돌도끼[磨製石斧] 중 하나로 외날돌도끼[單刃石斧]로 분류된다. 외날돌도끼도 형태나 크기에 따라 여러 가지로 세분되는데, 길이 5~10cm, 폭 3~5cm 안팎의 크기로 한쪽으로만 날이 갈려있고 다른 한쪽은 편평하게 되어 있으며, 단면이 옆으로 길고 납작하고 두께가 얇으며 머리부분[頭部], 몸부분[身部], 날부분[刃部] 폭이 거의 같은 돌끌류인 대팻날돌도끼[扁平偏刃石斧]와 폭이 좁고 길쭉하게 생긴 단인주상석부(單刃柱狀石斧) 또는 주상편인석부(柱狀偏刃石斧), 몸통 한쪽 부분에 끈을 묶기 위한 홈이 파진 홈자귀[有溝石斧], 몸통 중간에 턱을 지게 만든 턱자귀[有段石斧] 등으로 구분된다. 이러한 외날돌도끼들은 청동기시대 전기에 성행하던 양날돌도끼[兩刃石斧]들과 함께 청동기시대 중기에 이르러 크게 발달하게 된다. 양날돌도끼가 주로 벌목 등의 1차 벌채도구로 사용된 반면, 외날돌도끼는 대팻날, 끌, 자귀와 같이 벌채된 나무의 껍질을 벗기거나 목재를 다듬거나 하는데 사용하는 2차 가공구의 기능을 하였던 것으로 알려져 있다.

＊ 국립대구박물관, 2005, 『머나먼 진화의 여정 사람과 돌』.
　國立文化財研究所, 2004, 『韓國考古學專門事典-靑銅器時代篇-』.
　高麗文化財研究院, 2012, 『漣川 江內里 遺蹟-군남 홍수조절지 건설사업 문화재시발굴조사(Ⅰ구역)』.

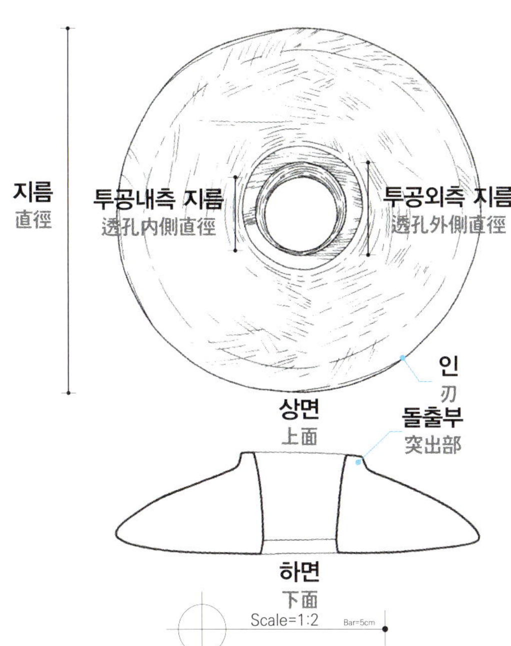

춘천 천전리 3호 주구묘

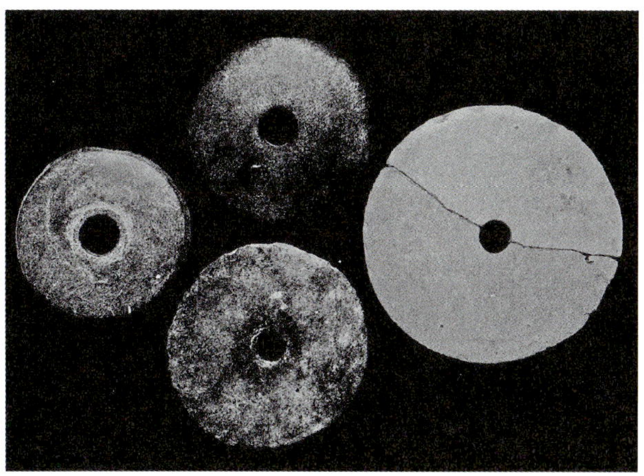

달도끼[바퀴날돌도끼] 각종

간돌도끼[磨製石斧]의 일종으로 '달도끼'로 고유명사화 되어 불려지고 있다. 별도끼[星形石斧, 톱니날돌도끼;多頭石斧]와 함께 청동기시대 전기에 많이 출토되는 석기이다. 대동강 유역을 중심으로 한 한반도 서북 지역에서 많이 출토되지만 전국적인 분포를 보인다. 납작[板狀]한 석재를 직접 타격하여 일정한 형태의 모양을 만들고 고타(拷打)로 마연(磨硏)하기 쉽게 조정한 뒤 갈아서 모양을 잡았다. 편평하고 납작한 소재를 이용하여 가운데 구멍을 뚫어 나무 막대 등을 끼울 수 있도록 하였고 구멍 둘레가 두텁고 날[刃部] 쪽으로 가면서 얇아져 날카로운 날을 이루도록 되어 있다. 크기는 지름이 10~15cm 정도 되며, 마치 원반처럼 생겼다. 용도는 무기의 일종으로 보는 견해와 신분을 상징하거나 의례시 사용하는 의례용구, 그리고 불을 일으킬 때 쓰이는 발화봉(發火棒)의 중심을 잡아주는 추로 보는 견해가 있다.

* 국립대구박물관, 2005, 『머나먼 진화의 여정 사람과 돌』.

國立文化財研究所, 2004, 『韓國考古學專門事典-靑銅器時代篇-』.

국립중앙박물관, 2010, 『청동기시대 마을 풍경』.

江原文化財研究所, 2008, 『泉田里-A지역』.

돌도끼(대팻날돌도끼) | 扁平偏刃石斧 | Flattened hand-axe

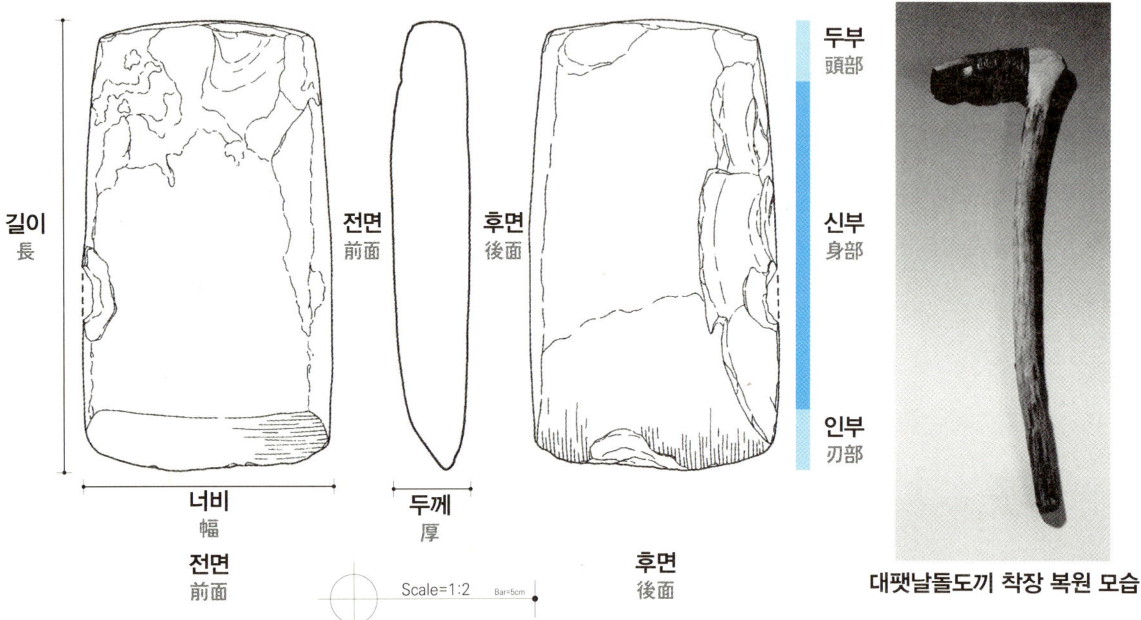

화천 거례리 청동기시대 16호 집자리

대팻날돌도끼 착장 복원 모습

대팻날돌도끼 각종

* 國立光州博物館, 1994, 『先·原史人의 道具와 技術』.

국립진주박물관, 2002, 『청동기시대의 大坪·大坪人』.

江原文化財研究所, 2013, 『華川 居禮里遺蹟-4대강(북한강)살리기 사업구간 내 화천 거례리유물산포지 1지구 5구간 문화재 발굴조사 보고서』.

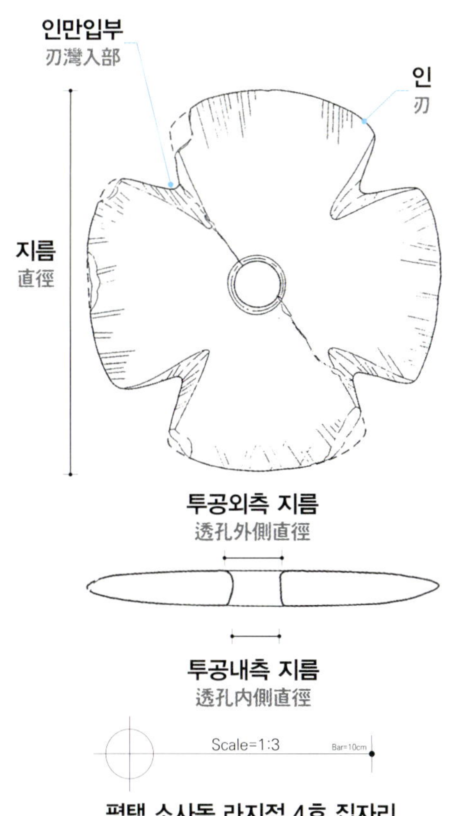

평택 소사동 라지점 4호 집자리

별도끼[톱니날돌도끼] 각종

별도끼[星形石斧], 톱니날도끼, 곤봉대가리 등으로 불려진다. 가운데 막대 등을 꽂을 수 있도록 지름 2cm 내외의 구멍이 만들어져 있다. 구멍의 단면이 안으로 들어갈수록 폭이 좁아지고 바깥쪽이 넓은 것은 양쪽에서 구멍을 냈기 때문이다. 돌기[刃部]의 수는 적게는 4개에서 많은 것은 12개까지 제작된다. 돌기는 모양에 따라 삼각형, 정사각형, 세장한 직사각형으로 나눌 수 있다. 삼각형은 대개 별모양이며, 부채꼴은 풍차형, 가늘고 얇은 직사각형은 성계형이다. 단면은 위가 볼록하고 아래가 편평한 것과 위아래가 모두 볼록한 것, 모두 편평한 것이 있다. 기능은 전투용이나 특수한 지형에 활용되는 굴지구, 의례품, 활비비[穿孔具]의 부속구 등 다양한 해석이 있다. 달도끼[月形石斧]는 전국에 걸쳐 출토되는 반면, 별도끼는 주로 북부 지역에 집중되는 경향이 있으며, 한반도 남부 지역에서 출토되는 것은 돌기의 수가 적고 중심부의 돌출턱이 없는 등 형태적으로 차이가 있다. 청동기시대 전기부터 중기까지 유행한 석기이다.

국립대구박물관, 2005,『머나먼 진화의 여정 사람과 돌』.

國立文化財硏究所, 2004,『韓國考古學專門事典-青銅器時代篇-』.

국립중앙박물관, 2010,『청동기시대 마을 풍경』.

高麗文化財硏究院, 2008,『平澤 素沙洞遺蹟』.

돌도끼(양날돌도끼, 조개날돌도끼)

兩刃石斧, 蛤刃石斧 | Bifacial stone axe, Stone axe with shell-shaped blade

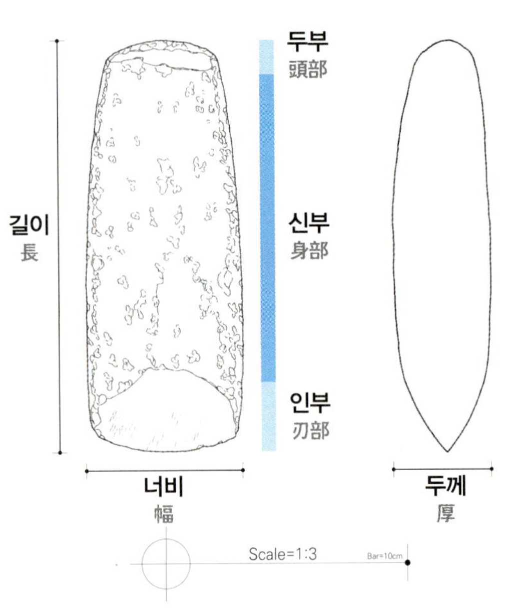

화천 거례리 청동기시대 16호 집자리

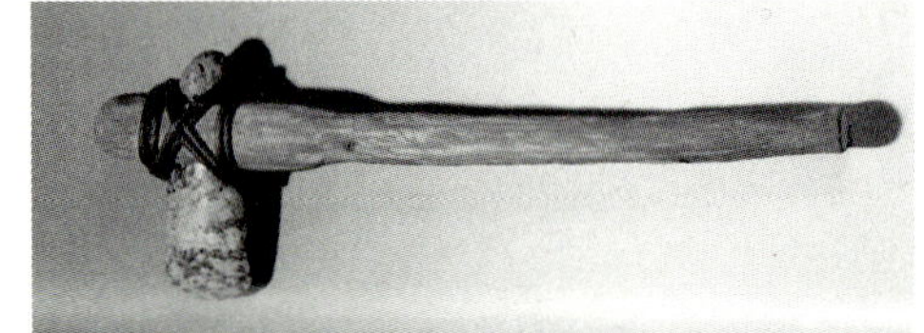

양날[조개날]돌도끼 각종

양날돌도끼 착장 복원 모습

　　돌도끼는 날 형태에 따라 양날도끼[兩人石斧]와 외날도끼[單刃石斧]로 구분된다. 양날도끼는 돌도끼를 수직으로 세웠을 때 날을 양쪽에서 똑같이 갈아서 날 면의 종단면이 좌우 대칭을 이루며, 외날도끼는 한 면만 사각(斜角)으로 갈고 다른 한 면은 편평하게 갈아서 만든 것이다. 양날도끼는 다시 날을 직선으로 간 곧은날도끼[直刃石斧]와 조개가 입을 다문 형태로 날을 세운 조갯날도끼[蛤刃石斧]로 구분되는데 날을 비스듬하게 갈아서 만든 사인석부(斜刃石斧)도 있다. 그리고 양날도끼는 몸통의 단면 형태에 따라 원통형 또는 원형, 타원형, 각의 모를 죽인 사각형의 네모돌도끼[四稜石斧]로 구분된다.

＊ 國立光州博物館, 1994,『先・原史人의 道具와 技術』.

　國立文化財研究所, 2004,『韓國考古學專門事典-青銅器時代篇』.

　江原文化財研究所, 2013,『華川 居禮里遺蹟-4대강(북한강)살리기 사업구간 내 화천 거례리유물산포지 1지구 5구간 문화재 발굴조사 보고서』.

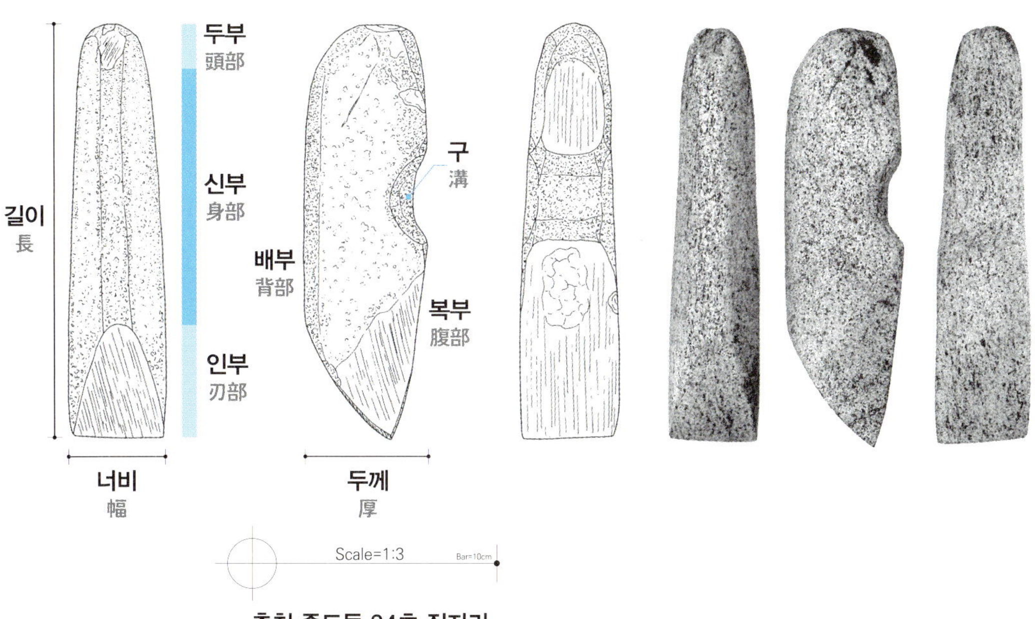

춘천 중도동 24호 집자리

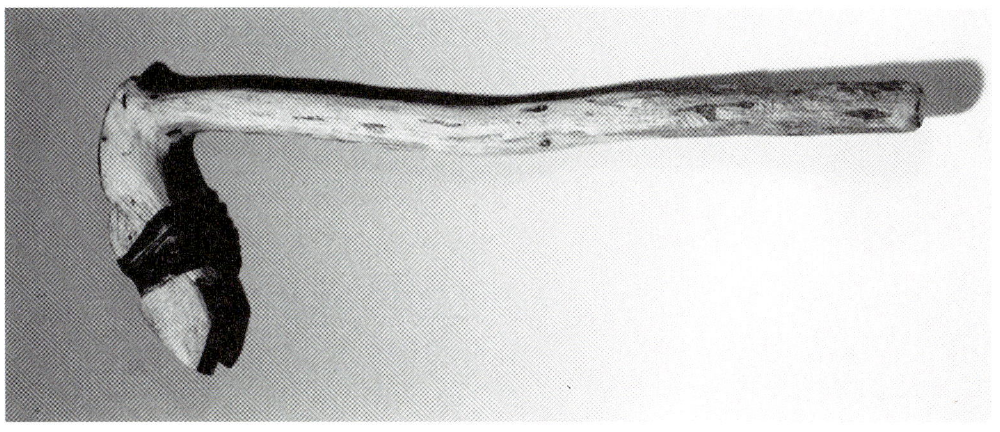

오목[홈]자귀 착장 복원 모습

* 國立光州博物館, 1994, 『先·原史人의 道具와 技術』.

예맥문화재연구원, 2012, 『春川 中島洞遺蹟-4대강 살리기사업 춘천 중도동 하중도 F지구 발굴조사 보고서』.

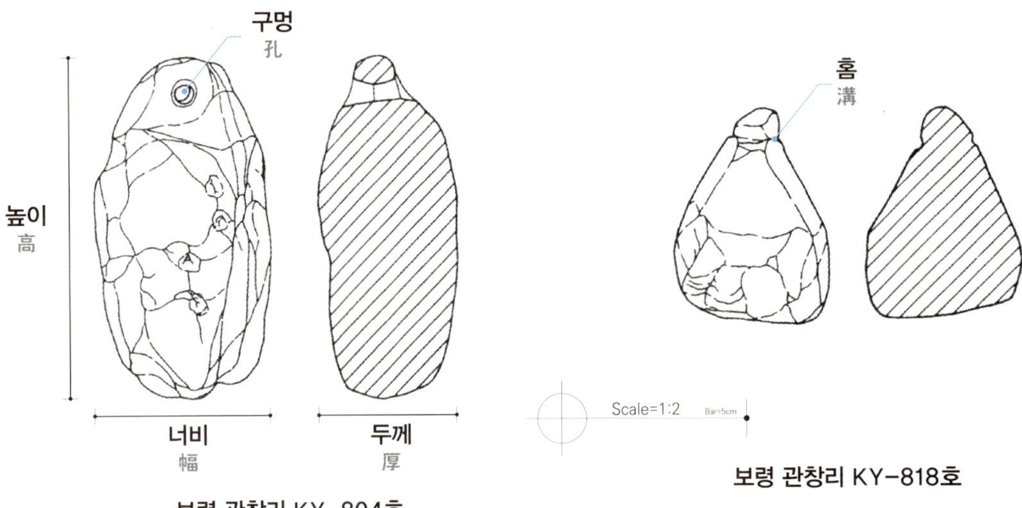

보령 관창리 KY-804호

보령 관창리 KY-818호

돌저울추 각종

＊ 국립대구박물관, 2005, 『머나먼 진화의 여정 사람과 돌』.

　高麗大學校 埋藏文化財硏究所, 2001, 『寬倉里遺蹟』.

돌칼('ㄱ'자형돌칼) | 'ㄱ'字形石刀, 東北形石刀 | 'ㄱ'shaped stone knife

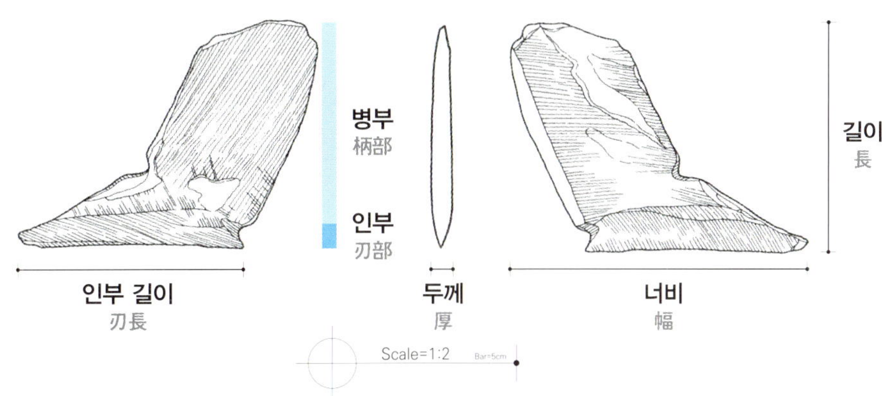

정선 아우라지 10호 집자리

'ㄱ'자형돌칼 각종

날[刀]과 자루를 끼우는 슴베[莖部]가 명확하게 구분되는 실생활용의 도구이다. '주걱칼', '이형석도(異形石刀)', '동북형석도(東北形石刀)'등으로 불려져 왔으며, 전체적인 형태에 따라 크게 세 가지로 구분된다. 첫째는 날이 끝나는 부분에서 한 단 축약되어 슴베로 이어지는 것으로서 오늘날의 나이프와 가장 유사하다. 둘째는 날이 끝나는 부분에서 약 45° 정도 꺾여서 슴베로 이어지며, 셋째는 오늘날의 낫과 같이 'ㄱ'자모양으로 꺾인 형태이다. 반달돌칼[半月形石刀]이 대부분 한쪽만 갈린 외날[單刀]인데 비해, 'ㄱ'자형돌칼은 양쪽에서 갈린 양날[兩刀]로 무언가를 자르거나 베는데 사용되었을 것으로 알려져 있다. 남한의 경우 청동기시대 전기부터 중기가 시작되는 직전 시기까지 주로 동해안에 인접한 지역에서 확인되고 있다.

* 國立文化財研究所, 2004, 『韓國考古學專門事典-靑銅器時代篇-』.

국립중앙박물관, 2010, 『청동기시대 마을 풍경』.

江原文化財研究所, 2011, 『春川 牛頭洞遺蹟 I − 직업훈련원 진입도로 확포장공사구간 유적 발굴조사 보고서』.

돌칼(반달모양돌칼) | 半月形石刀 | Semi-lunar stone knife

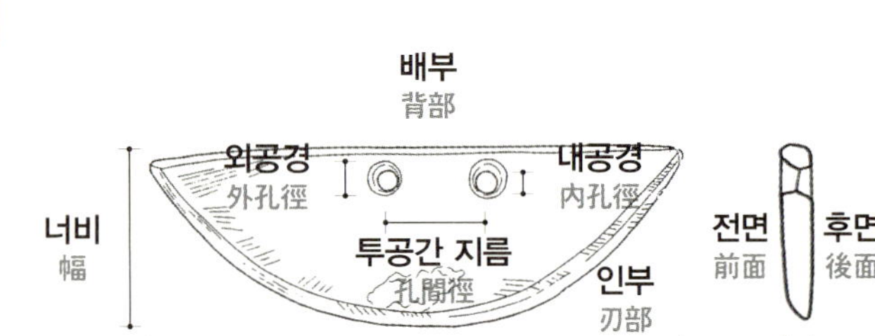

평택 소사동 가지점 25호 집자리

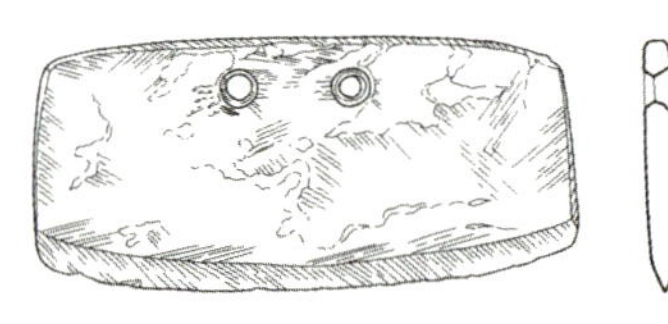

정선 아우라지 1호 집자리

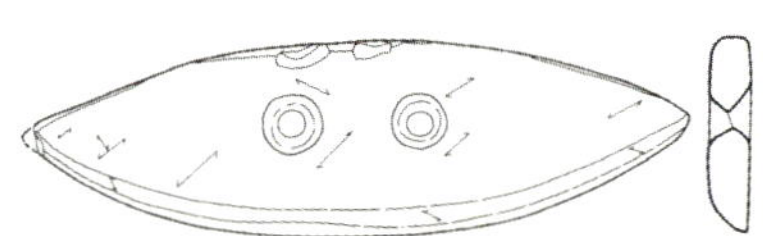

화성 천천리 청동기시대 2호 집자리

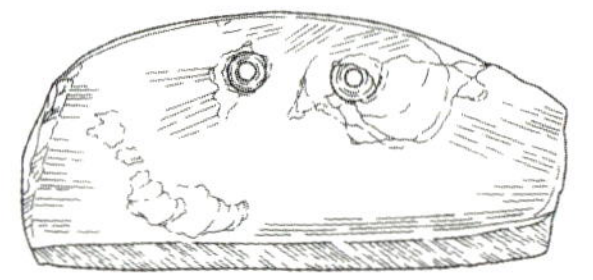

정선 아우라지 12호 집자리

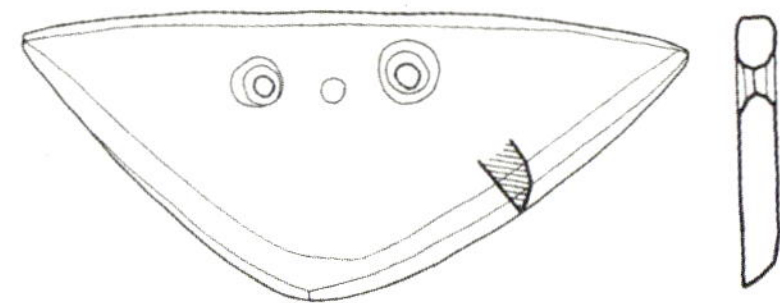

부여 송국리Ⅱ 54-5호 집자리

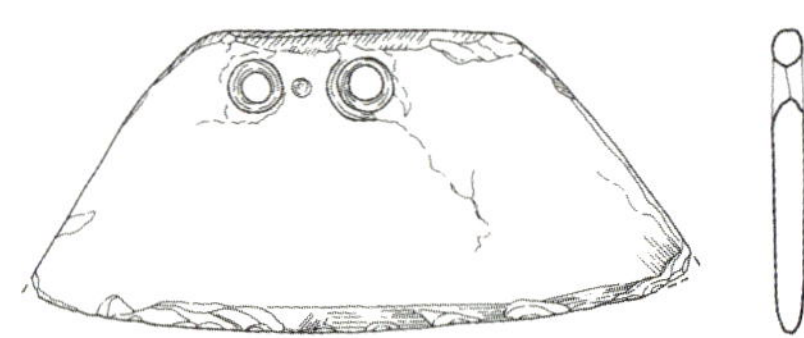

정선 아우라지 1호 집자리

돌칼 각종

* 국립대구박물관, 2005, 『머나먼 진화의 여정 사람과 돌』.

江原文化財研究所, 2011, 『정선 아우라지 유적-정선 아우라지 관광단지 조성부지 내 2차 발굴조사 보고서』.

高麗文化財研究院, 2008, 『平澤 素沙洞 遺蹟』.

국립중앙박물관, 1986, 『松菊里Ⅱ』.

한신대학교박물관, 2006, 『華城 泉川里 靑銅器時代 聚落』.

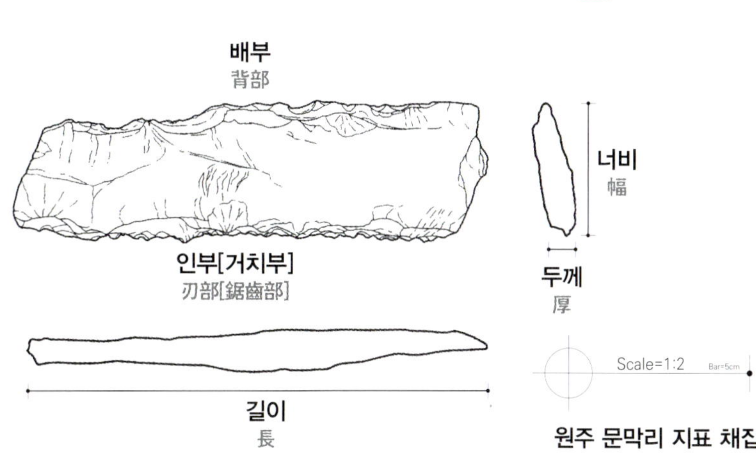

원주 문막리 지표 채집

※ 한강문화재연구원, 2012, 『원주 문막리유적』.

둥근옥 | 球玉, 丸玉 | Circular jade

재질		형태
천하석	장방형 (長方形)	
	반월형 (半月形)	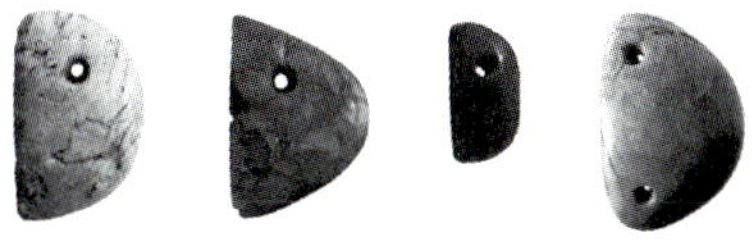
	곡옥형 (曲玉形)	
	충형 (蟲形)	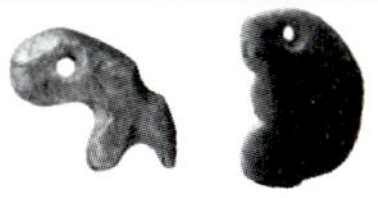
	환형 (丸形)	
벽옥		
활석		

각종 옥

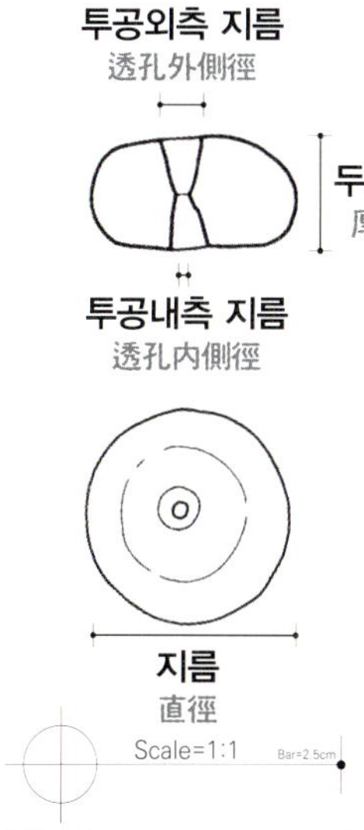

투공외측 지름
透孔外側徑

두께
厚

투공내측 지름
透孔內側徑

지름
直徑

Scale=1:1 Bar=2.5cm

사천 이금동 51호 돌뚜껑움무덤

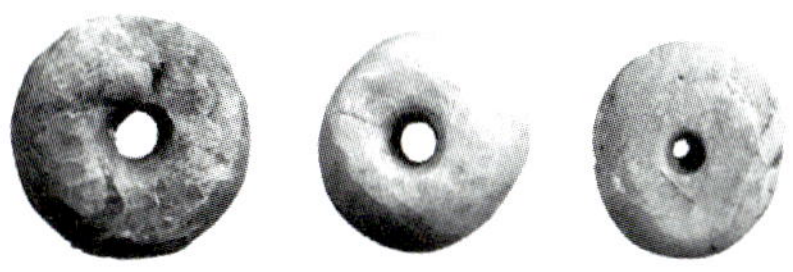

둥근옥 각종

※ 복천박물관, 2013, 『선사 · 고대 옥의 세계』.
慶南考古學研究所, 2003, 『泗川 梨琴洞 遺蹟』.

숫돌 | 砥石 | Whetstone

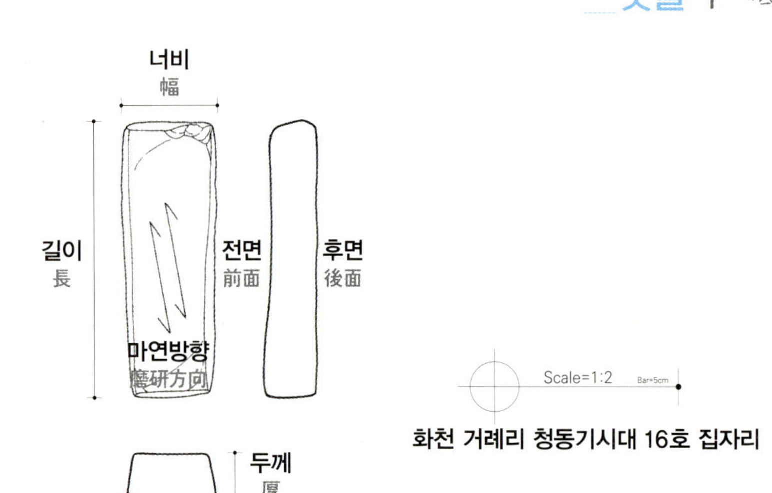

화천 거례리 청동기시대 16호 집자리

* 江原文化財研究所, 2013, 『華川 居禮里遺蹟-4대강(북한강)살리기 사업구간 내 화천 거례리유물산포지 1지구 5구간 문화재 발굴조사 보고서』.

오목돌, 공이돌 | 石臼[凹石], 敲石 | Stone mortar, Stone pestle

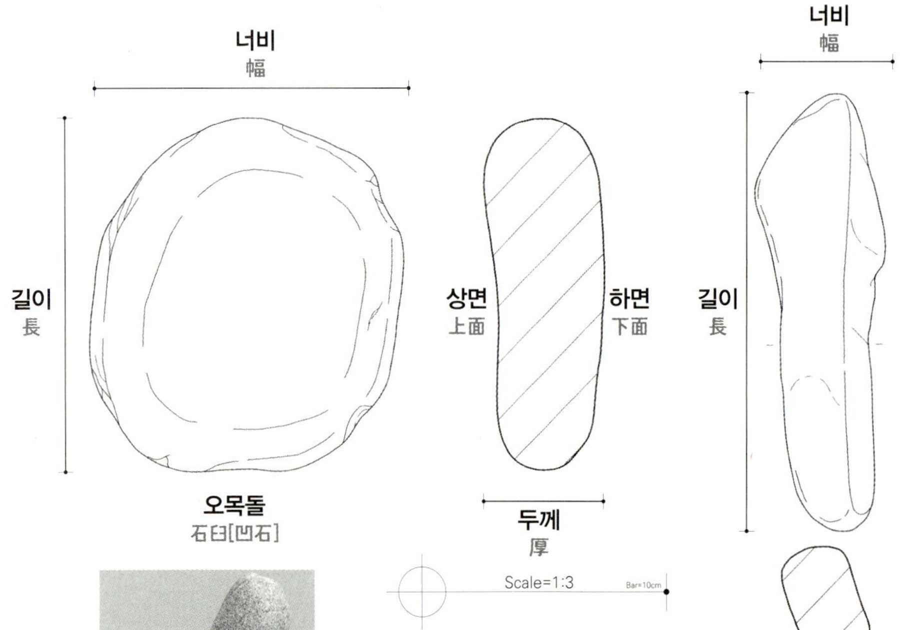

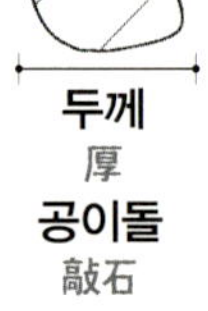

연기 대평리 KC-017호

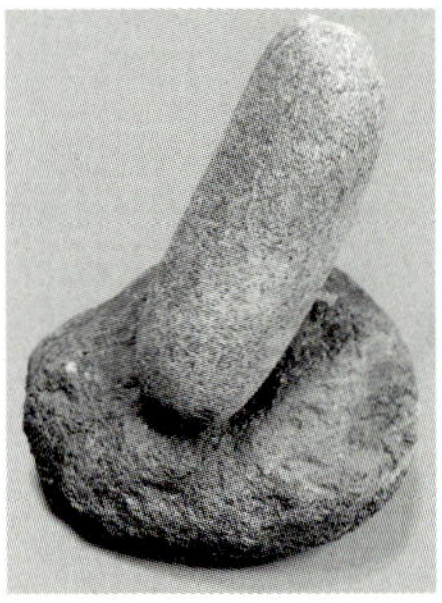

통영 연대도

* 복천박물관, 2011, 『선사 · 고대의 패총-인간, 바다, 그리고 삶』.
韓國考古環境研究所, 2012, 『燕岐 大平里遺蹟-行政中心複合都市敷地 3-1-B地點』.

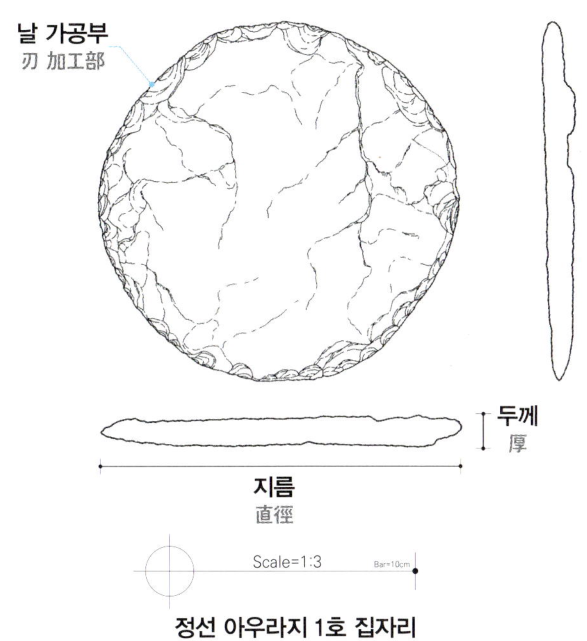

정선 아우라지 1호 집자리

※ 江原文化財研究所, 2011, 『정선 아우라지유적-정선 아우라지 관광단지 조성부지 내 2차 발굴조사 보고서』.

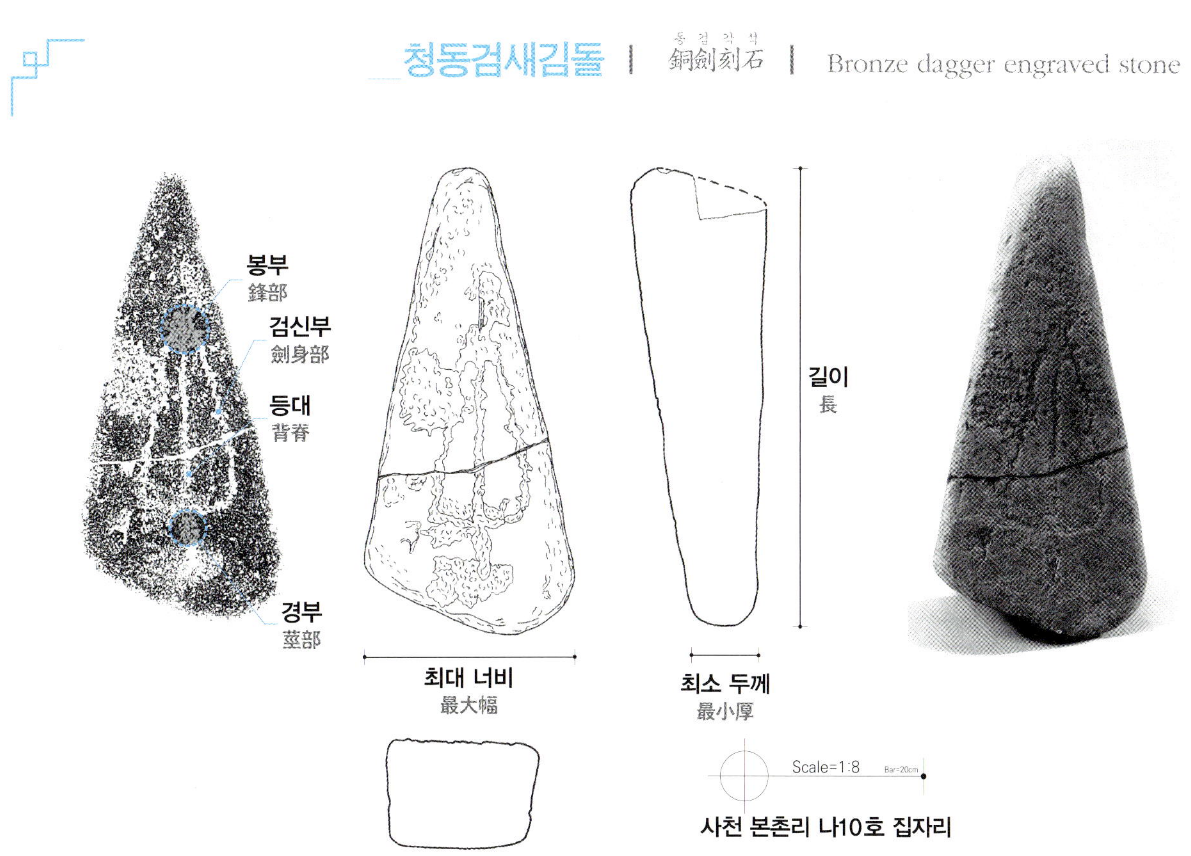

사천 본촌리 나10호 집자리

※ 慶尙大學校博物館, 2011, 『泗川 本村里遺蹟』.

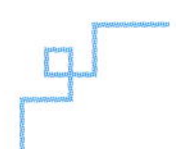

톱니날모양석기 | 鋸齒形石器 | Serrated blade-shaped stone tool

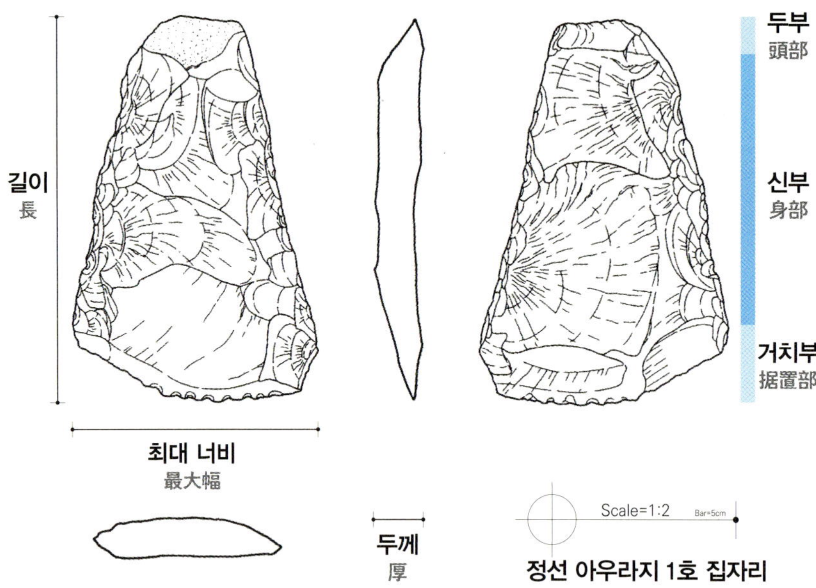

* 江原文化財研究所, 2011, 『정선 아우라지유적-정선 아우라지 관광단지 조성부지 내 2차 발굴조사 보고서』.

홈돌 | 穿孔作業臺 | Boring worktable

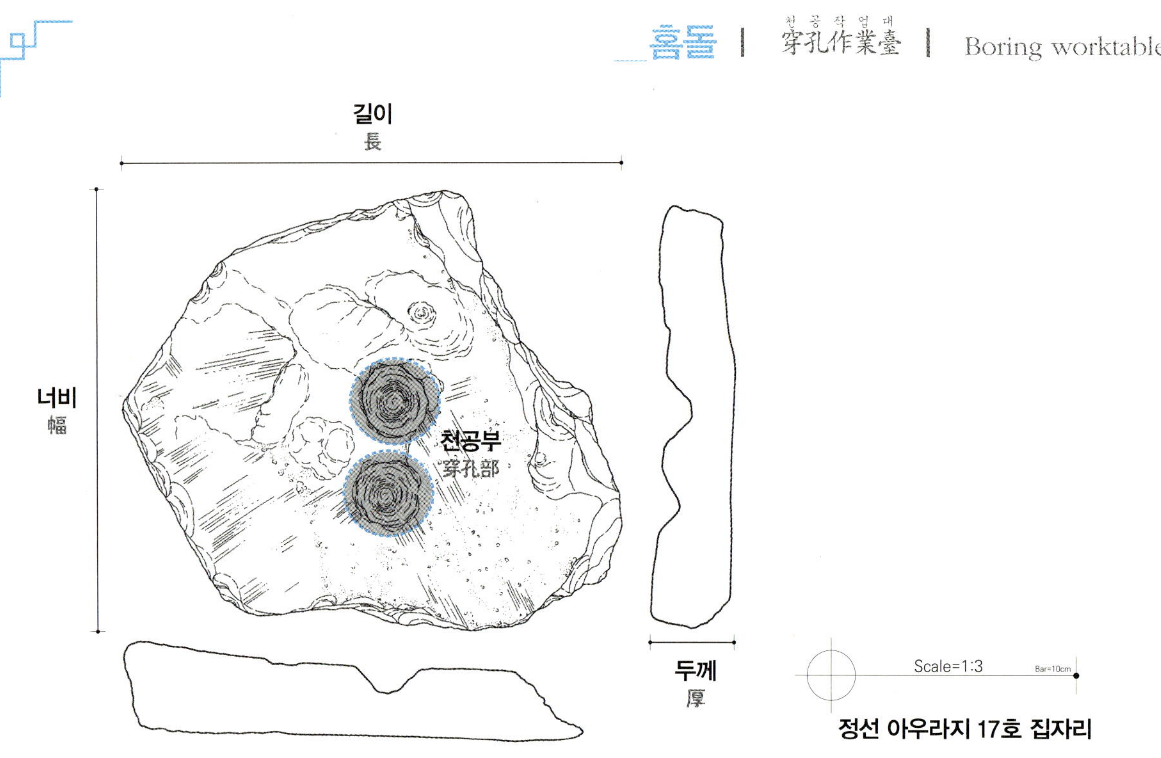

* 江原文化財研究所, 2011, 『정선 아우라지유적-정선 아우라지 관광단지 조성부지 내 2차 발굴조사 보고서』.

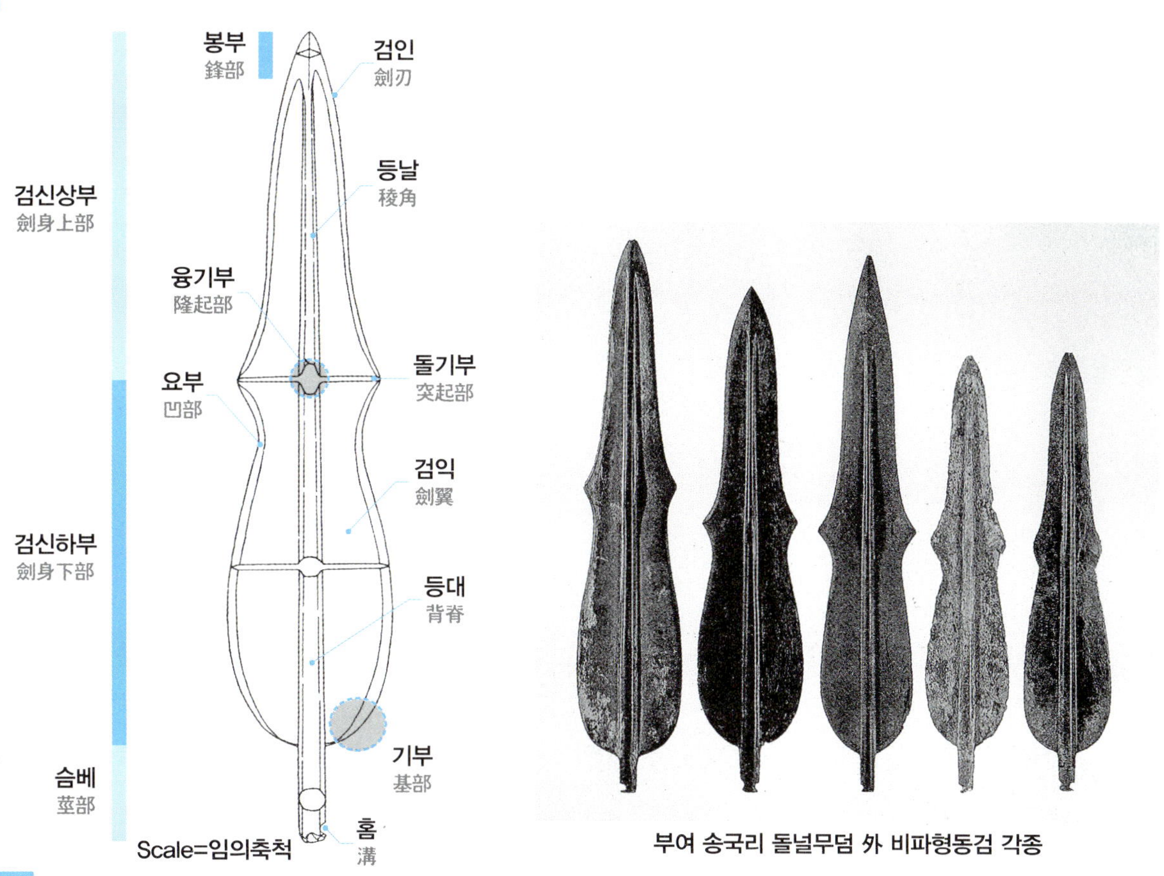

부여 송국리 돌널무덤 外 비파형동검 각종

國立金海博物館, 2003, 『弁辰韓의 黎明-점토대토기의 등장』.
한국고고학회, 2010, 『한국고고학강의』, 사회평론.

슴베식양날개청동화살촉 | 有莖兩翼銅鏃 | Barbed bronze arrowhead

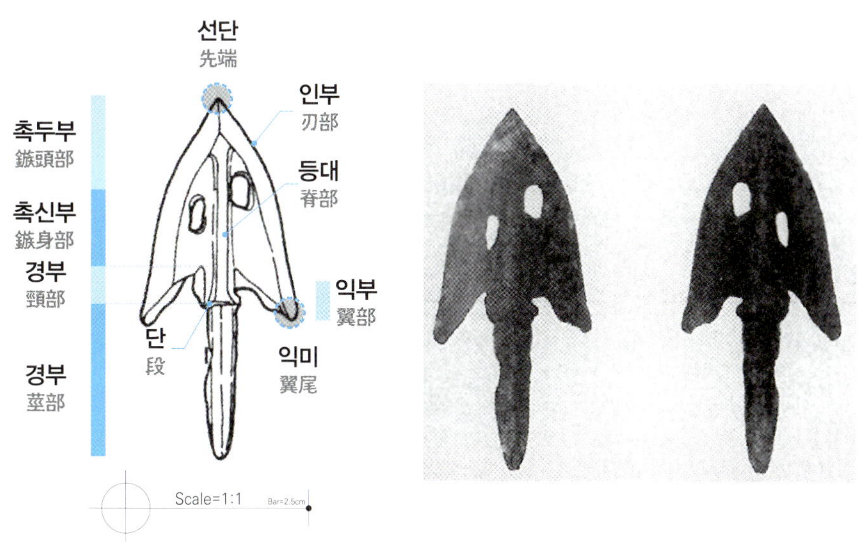

춘천 우두동 청동기시대 33호 집자리

* 江原文化財研究所, 2011, 『春川 牛頭洞遺蹟 I -직업훈련원 진입도로 확포장공사구간 유적 발굴조사 보고서』.

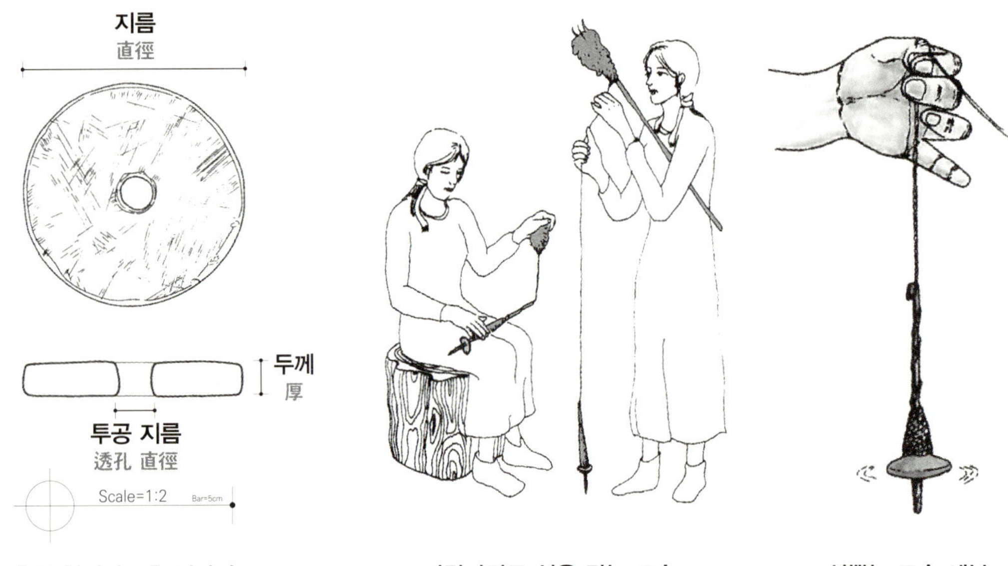

춘천 천전리 8호 집자리　　　가락바퀴로 실을 잣는 모습　　　실뽑는 모습 세부

가락바퀴 각종(토제 · 석제)

국립대구박물관, 2005, 『머나먼 진화의 여정 사람과 돌』.

국립진주박물관, 2002, 『청동기시대의 大坪 · 大坪人』.

江原文化財研究所, 2008, 『泉田里-A지역』.

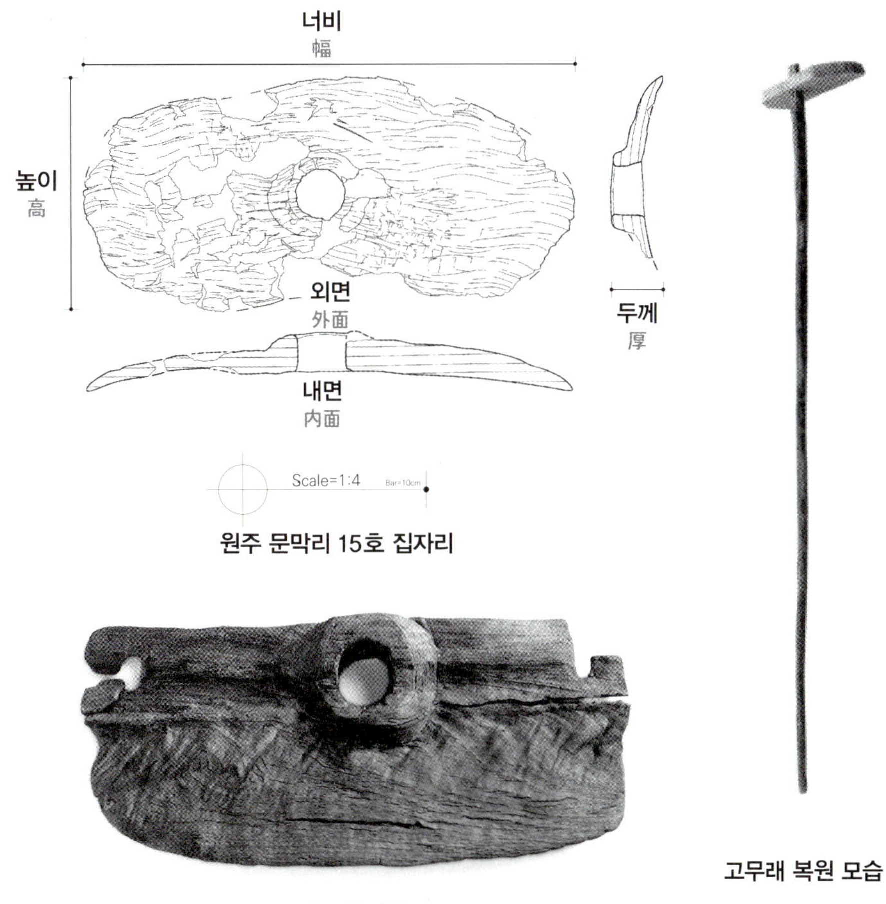

원주 문막리 15호 집자리

광주 동림동

고무래 복원 모습

논이나 밭의 흙을 고르거나, 씨를 뿌린 뒤 흙을 덮을 때 또는 곡식을 모으거나 펴는 데 쓰는 도구로, 현재 고고학계에서는 괭이[木鍬]로 분류되기도 한다. 고무래는 김천 송죽리, 대구 서변동, 광주 동림동유적 등에서 출토되었다. 전체적인 모양은 장방형에 가까우며, 자루를 끼우는 구멍은 중앙의 상부쪽으로 치우쳐 있으며, 외면의 구멍쪽이 돌출되어 있다.

국립중앙박물관, 2010, 『청동기시대 마을 풍경』.
한국학중앙연구원, 1991, 『한국민족문화대백과사전』.
한강문화재연구원, 2012, 『원주 문막리유적』.

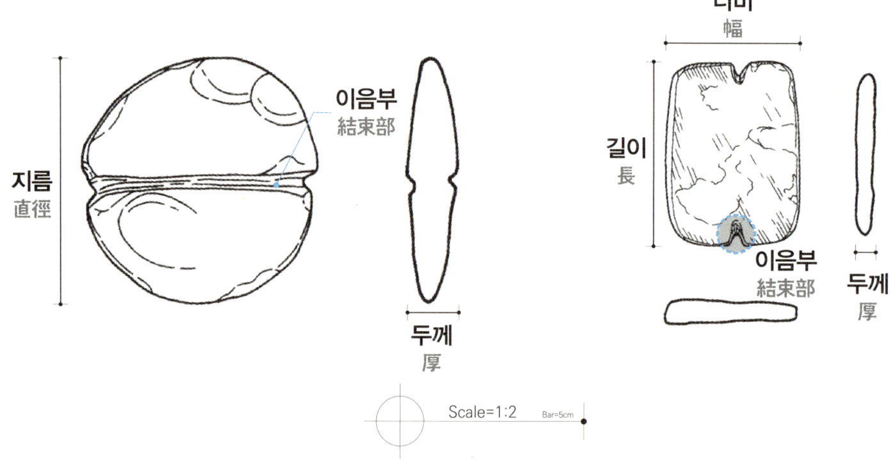

춘천 우두동 청동기시대 19호 집자리   정선 아우라지 1호 집자리

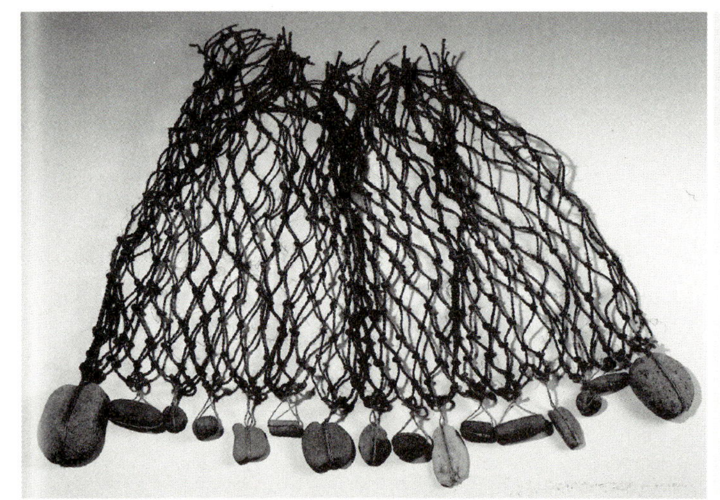

어망 복원 모습

그물추 각종(토제·석제)

＊國立光州博物館, 1994, 『先·原史人의 道具와 技術』.

江原文化財研究所, 2011, 『정선 아우라지유적-정선 아우라지 관광단지 조성부지 내 2차 발굴조사 보고서』.

江原文化財研究所, 2011, 『春川 牛頭洞遺蹟 I-직업훈련원 진입도로 확포장공사구간 유적 발굴조사 보고서』.

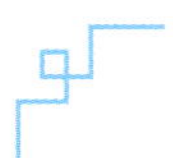

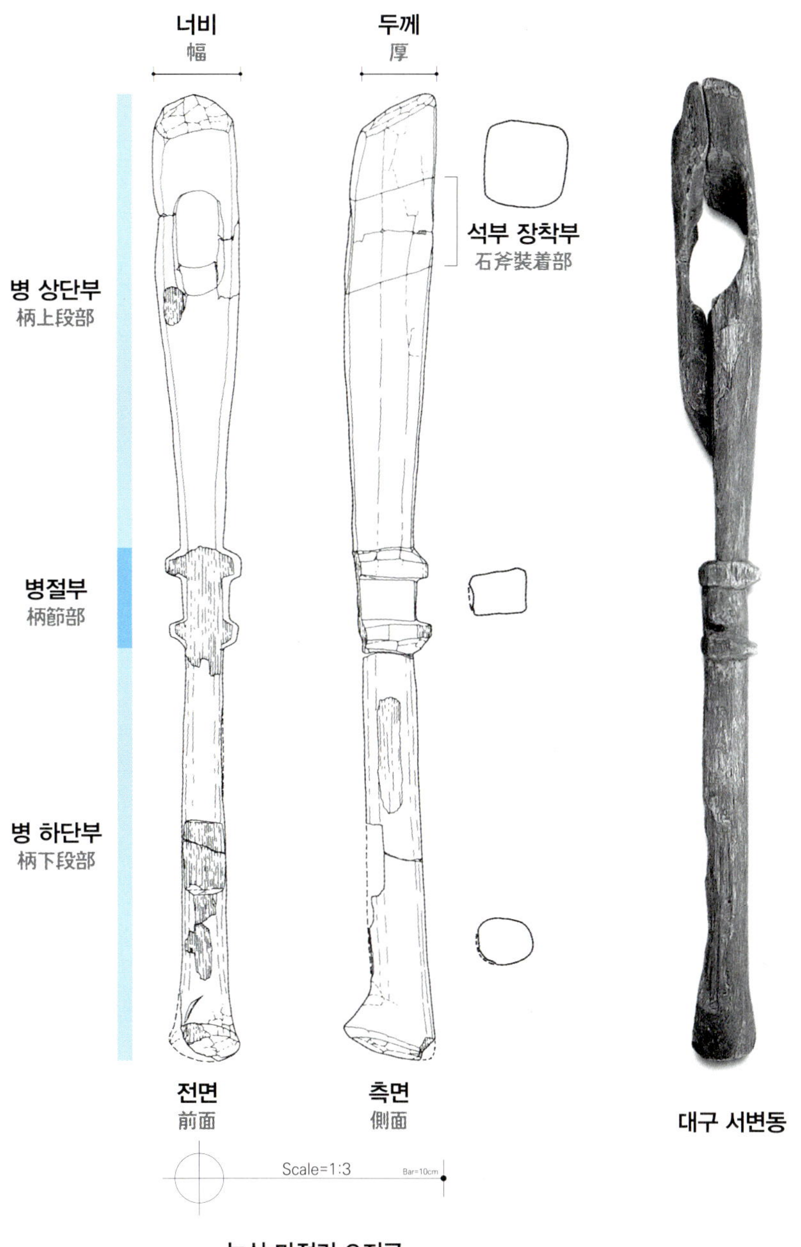

논산 마전리 C지구

　　도끼자루는 대구 서변동유적과 논산 마전리유적에서 출토되었는데, 모두 중간에 두 개의 돌출부[柄節部]가 있고 손잡이 끝부분에 미끄럼 방지용의 턱이 있는 형태이다. 착장부는 약 10°도 정도 기울게 파여져 있다.

＊ 국립중앙박물관, 2010, 『청동기시대 마을 풍경』.
　高麗大學校 埋藏文化財硏究所, 2004, 『麻田里遺蹟-C地區』.

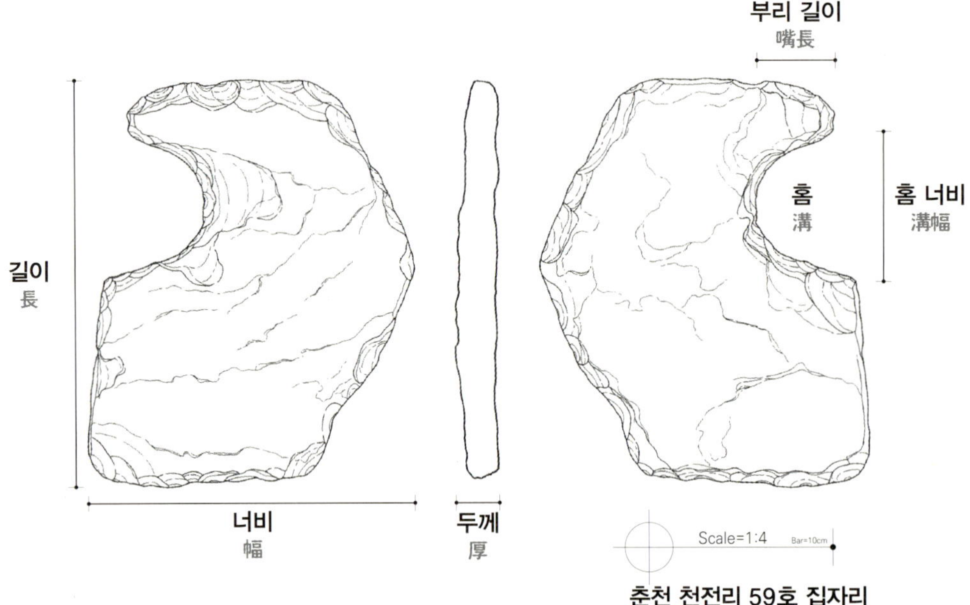

춘천 천전리 59호 집자리

진주 대평리 어은1지구 매부리모양석기 · 토제품

　　한쪽에 오목한 홈과 부리처럼 튀어 나온 모양 때문에 부리모양석기 혹은 매부리모양석기로 불리며, 토기 조각을 재가공하여 만든 것도 있다. 두만강 유역과 연해주 남부 지역을 중심으로 한반도의 영서와 영남 지역에서 출토된다. 남한의 매부리형석기는 대체로 윗변[上邊]은 자연면을 이용하거나 편평하게 다듬어 직선적이고, 아랫변[下邊]은 한쪽이나 양쪽을 모두 타격하여 떼어낸 반원형이다. 측면을 타격하여 홈을 만드는 것이 특징인데, 대부분 홈은 하나이지만 양 측면에 있는 것도 있다. 용도는 농경구의 일종으로 보는 설과 동북 지역에서 돼지모양의 조소품과 함께 출토되는 점에서 의례에 사용된 것으로 보는 견해가 있다. 남한에서는 경작지나 의례와 관련된 수혈에서 출토되는 경우가 있어 농경의례를 거행할 때 돼지를 바치는 의미로 해석되기도 한다.

＊ 國立文化財硏究所, 2004,『韓國考古學專門事典-靑銅器時代篇-』.

　國立中央博物館, 2010,『청동기시대 마을 풍경』.

　국립진주박물관, 2002,『청동기시대의 大坪 · 大坪人』.

　江原文化財硏究所, 2008,『泉田里-A지역』.

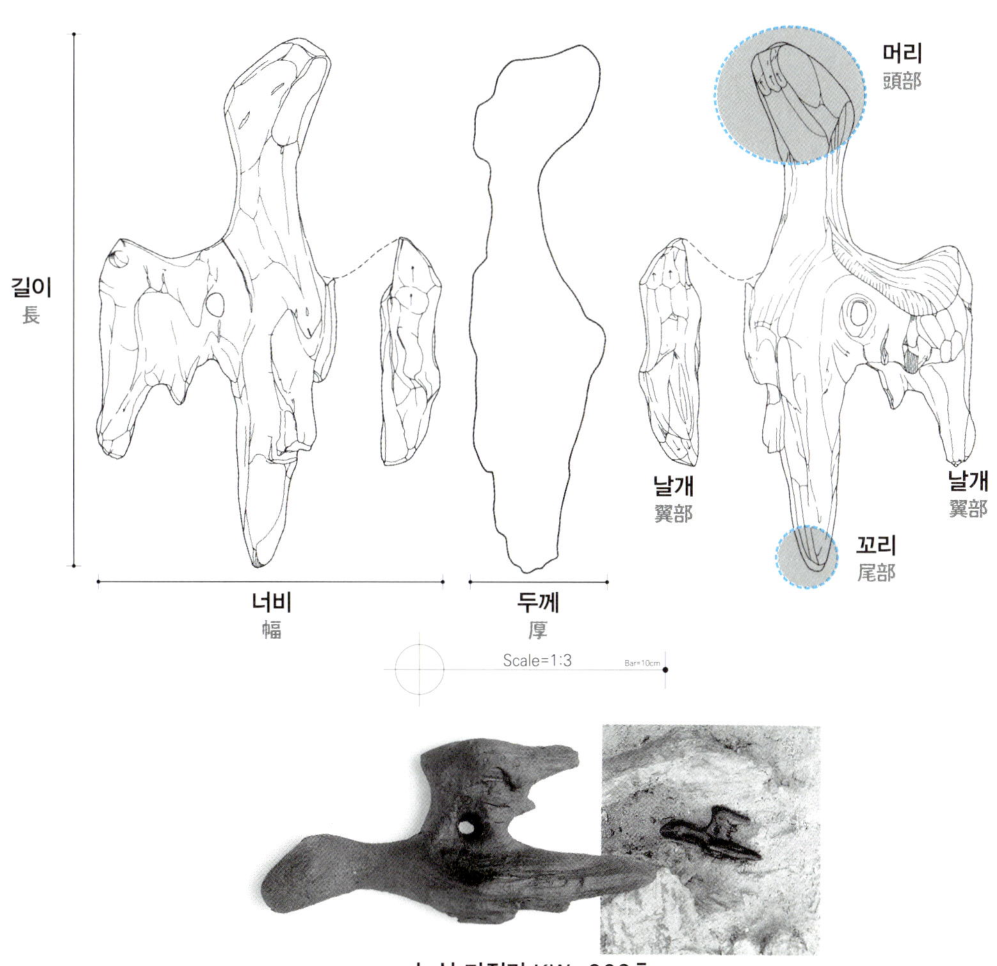

논산 마전리 KW-002호

* 복천박물관, 2006, 『선사 · 고대의 제사-풍요와 안녕의 기원』.

　高麗大學校 埋藏文化財硏究所, 2004, 『麻田里遺蹟-C地區』.

__절굿공이 | 木杵 | Wooden pestle

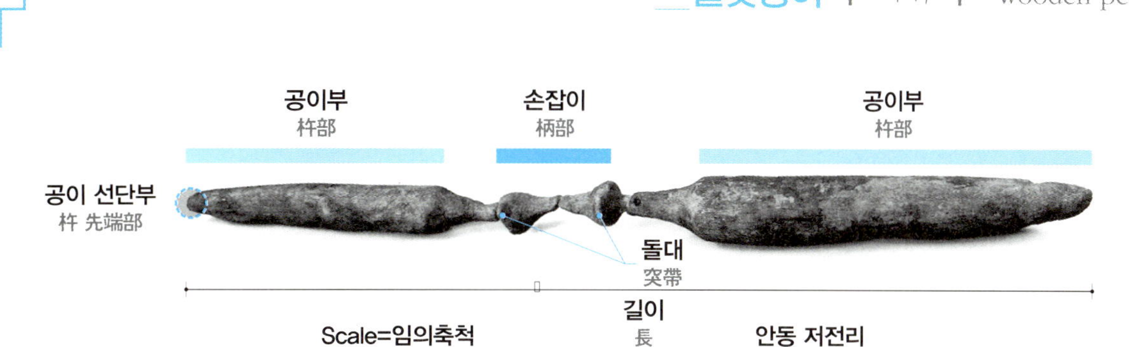

　곡식을 빻거나 찧는데 사용되는 나무도구로, 위, 아래가 둥글고 손에 쥐는 가운데 부분만 파낸 형태이다.
모양은 현재의 것과 유사하며, 고무래와 더불어 청동기시대 농경과 관련된 대표적인 목제 도구이다.

* 국립중앙박물관, 2010, 『청동기시대 마을 풍경』.

　한국학중앙연구원, 1991, 『한국민족문화대백과사전』.

IV

초기철기시대

初期鐵器

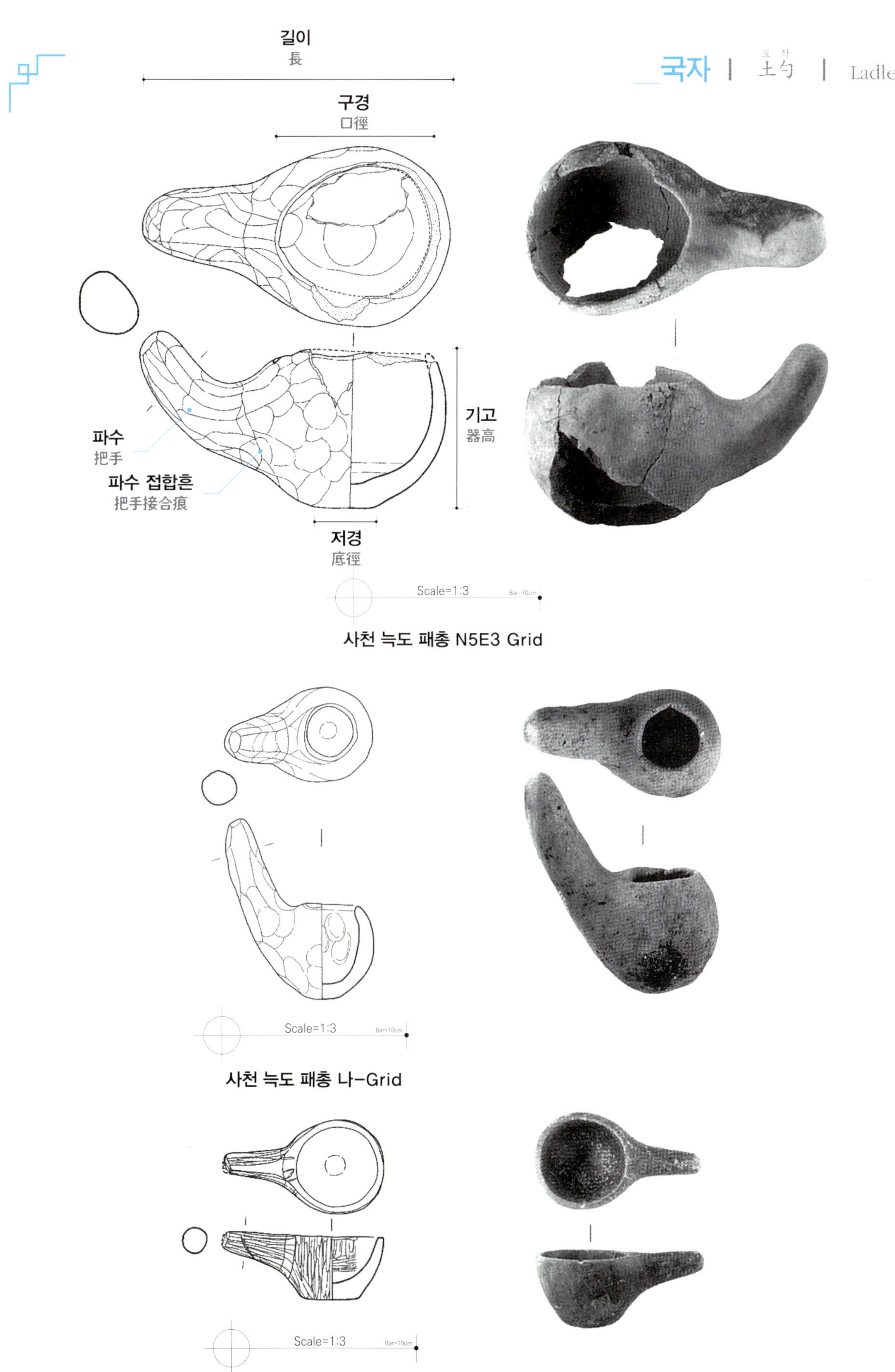

사천 늑도 패총 N5E3 Grid

사천 늑도 패총 나-Grid

사천 늑도 패총

* 慶南考古學硏究所, 2006, 『勒島貝塚 Ⅳ』.

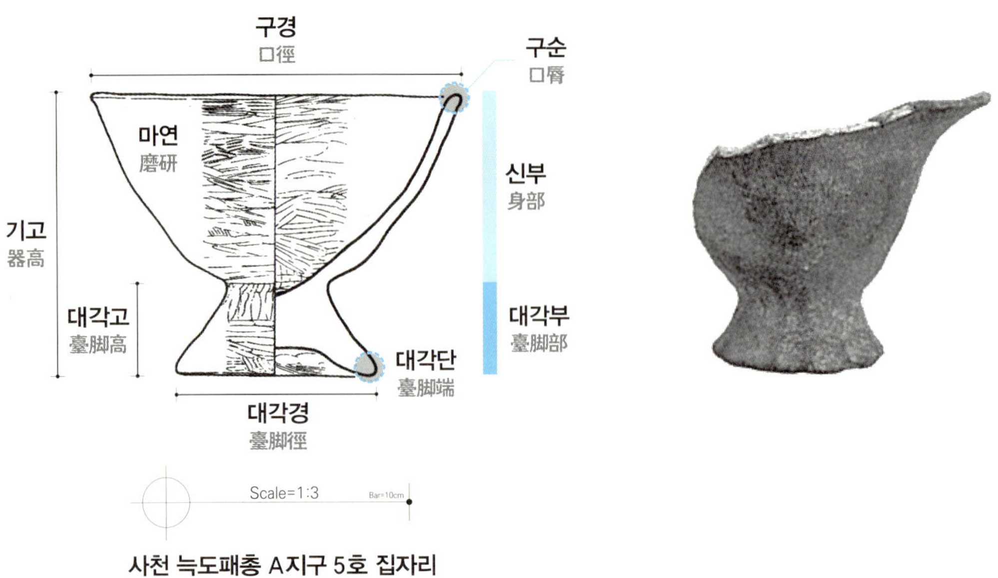

사천 늑도패총 A지구 5호 집자리

※ 慶南考古學研究所, 2003, 『勒島貝塚』.

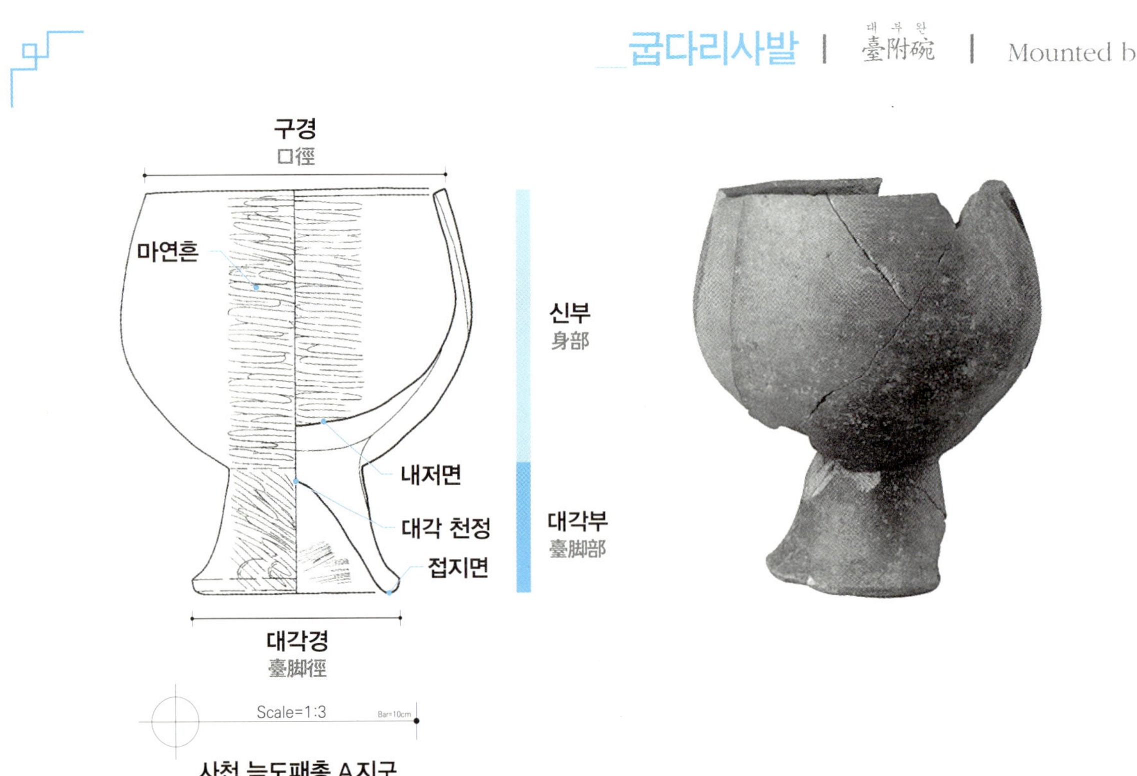

사천 늑도패총 A지구

※ 慶南考古學研究所, 2006, 『勒島貝塚 Ⅳ』.

굽다리접시 | 豆形土器 | Mounted dish

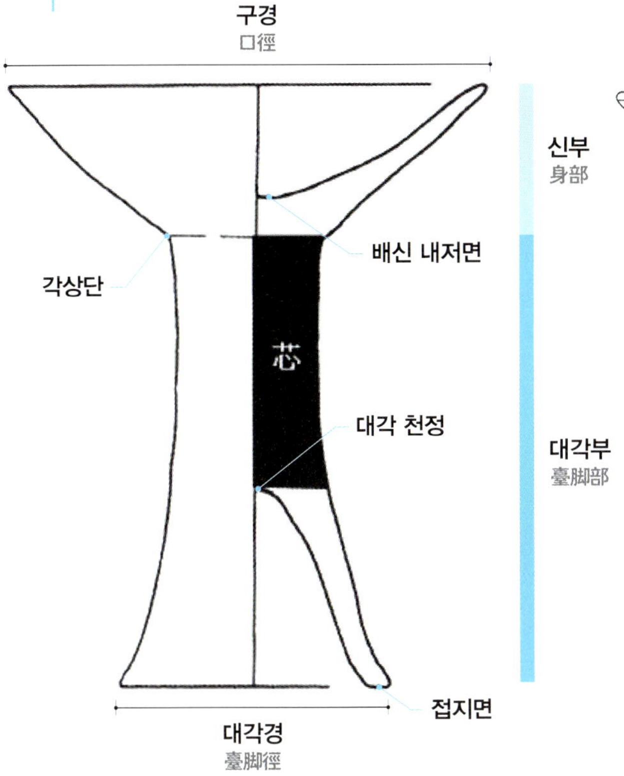

구경
口徑
신부
身部
배신 내저면
각상단
芯
대각 천정
대각부
臺脚部
접지면
대각경
臺脚徑

실심형 굽다리접시

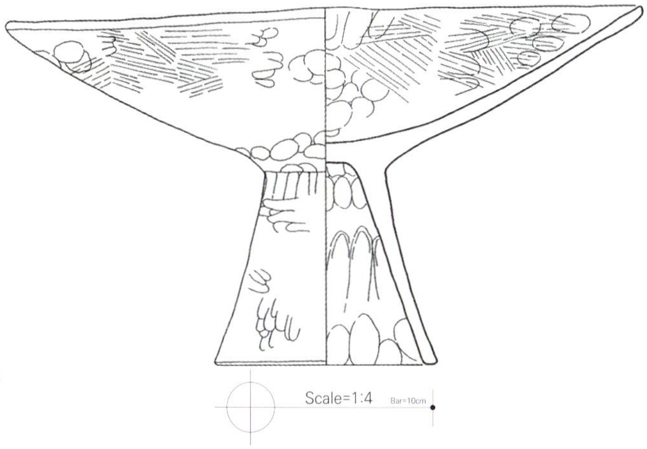

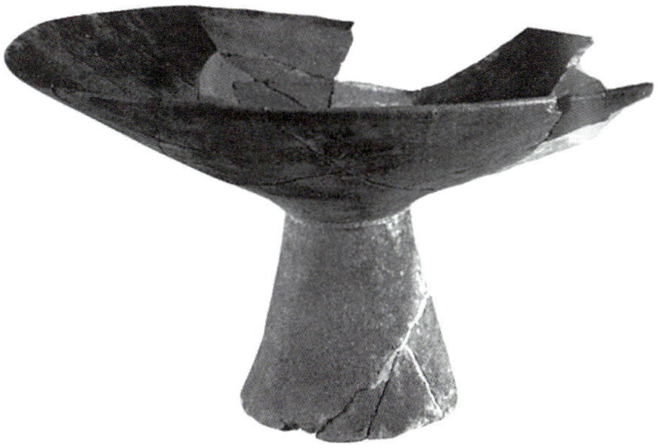

Scale=1:4

안성 반제리 초기철기시대 13호 집자리

공심형 굽다리접시

* 심수연, 2011, 「嶺南地方 豆形土器 硏究」, 영남대학교 대학원 석사학위논문.
中原文化財硏究院, 2007, 『安城 盤諸里遺蹟』.

굽다리항아리 | 臺附壺 | Mounted jar

신부
身部
내저면
각상단
대각 천정
접지면
대각부
臺脚部
대각경
臺脚徑
Scale=1:3

완주 갈동 4호 움무덤

* 湖南文化財硏究院, 2005, 『完州 葛洞遺蹟』.

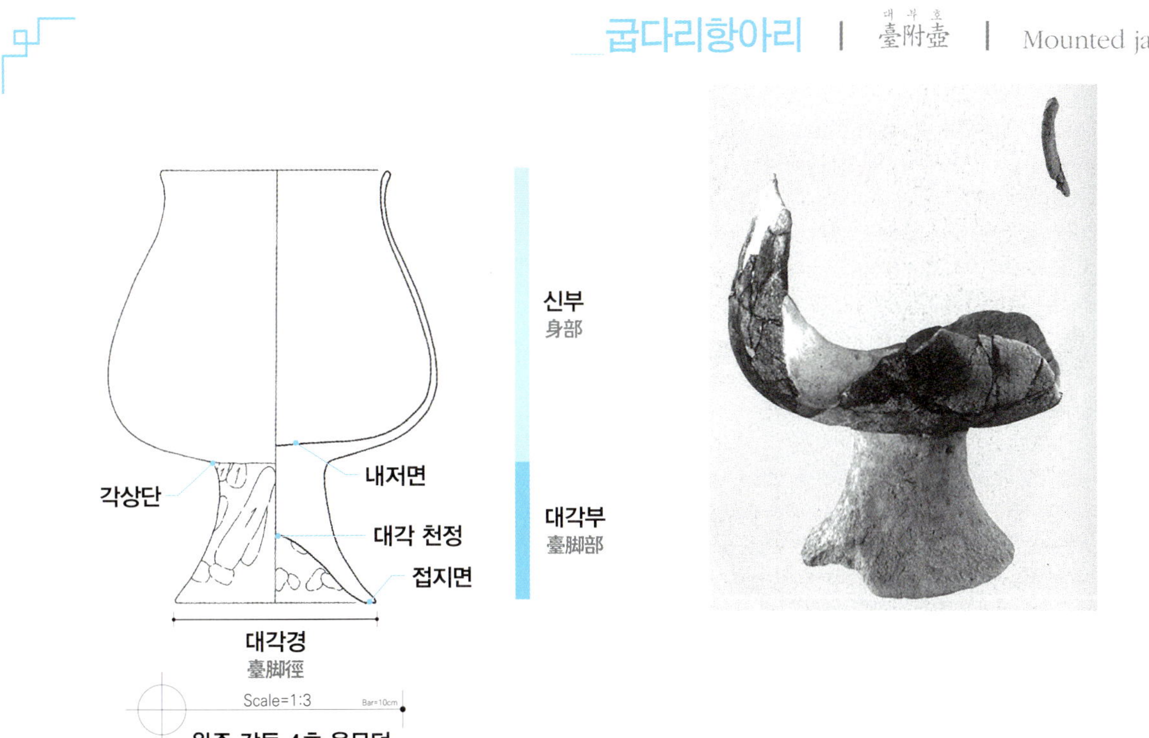

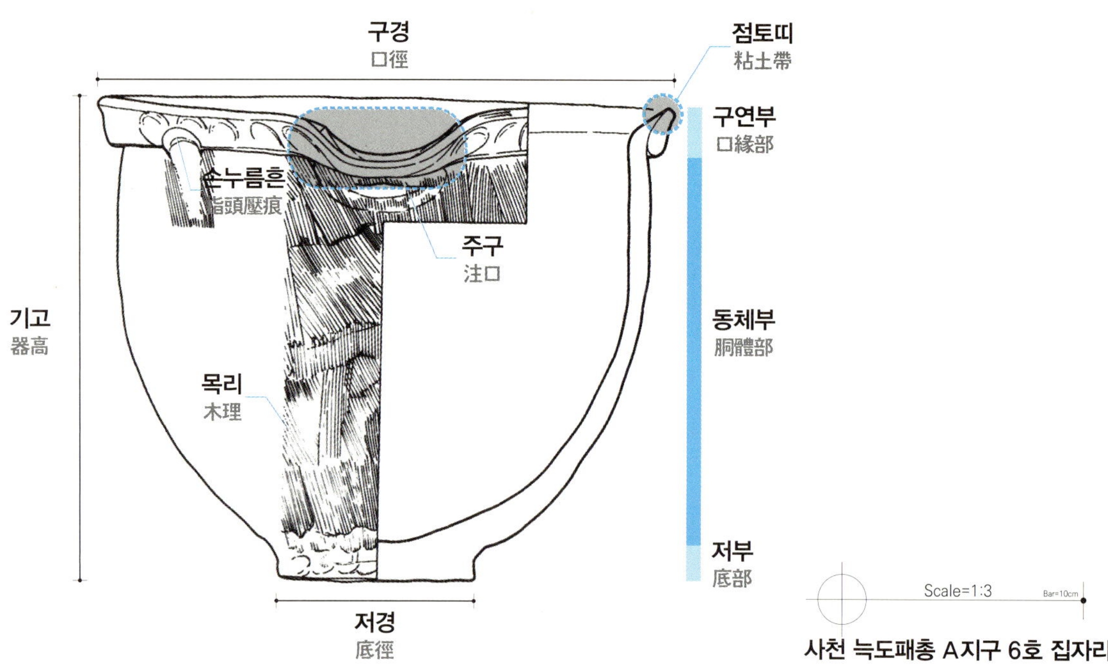

사천 늑도패총 A지구 6호 집자리

귀때토기는 액체를 안전하게 따르기 위하여 구연에 주구를 돌출시킨 토기이다. 부산 동삼동패총, 영선동 패총 등 신석기시대 유적에서 처음 출현하여 청동기시대 중기 이후 크게 유행한다. 삼국시대까지 제작전통이 이어지다가 통일신라시대부터는 전용 용기의 등장과 함께 사라진다. 파수가 부착된 동이형과 깊은바리형으로 구분된다.

＊ 김근태, 2007, 「귀때토기의 형식분류와 편년에 대한 연구」, 한남대학교 대학원 석사학위논문.
　慶南考古學硏究所, 2003, 『勒島貝塚』.

__긴목검은간토기 | 黑陶長頸壺 | Black burnished long-necked jar

대전 괴정동

＊ 李殷昌, 1967, 「大田市 槐亭洞出土 一括遺物」, 『考古美術』 65, 韓國美術史學會.

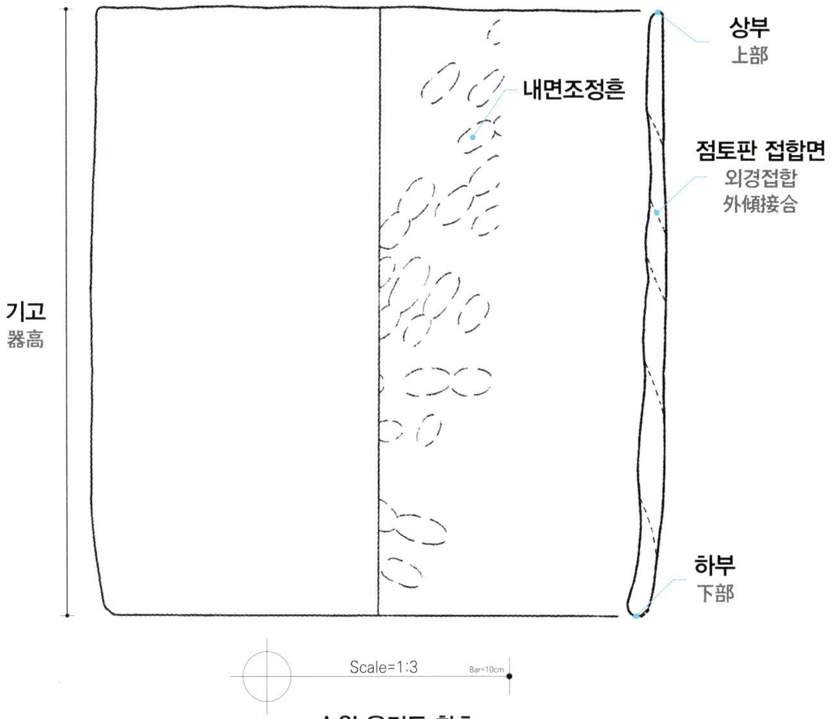

대롱모양토기 | 筒形土器 | Cylinderical pottery

수원 율전동 환호

대롱모양토기는 원통모양토기와 달리 막힌 밑창이 없는 둥근 대롱모양을 띠고 있다. 밑부분 기벽이 두텁고 위로 갈수록 얇아진다. 점토판을 외경 접합하여 성형하였다. 수원 율전동유적과 같이 원형점토띠토기 단계부터 확인되나 출토 사례는 많지 않다.

* 기전문화재연구원, 2004, 『수원 율전동유적』.

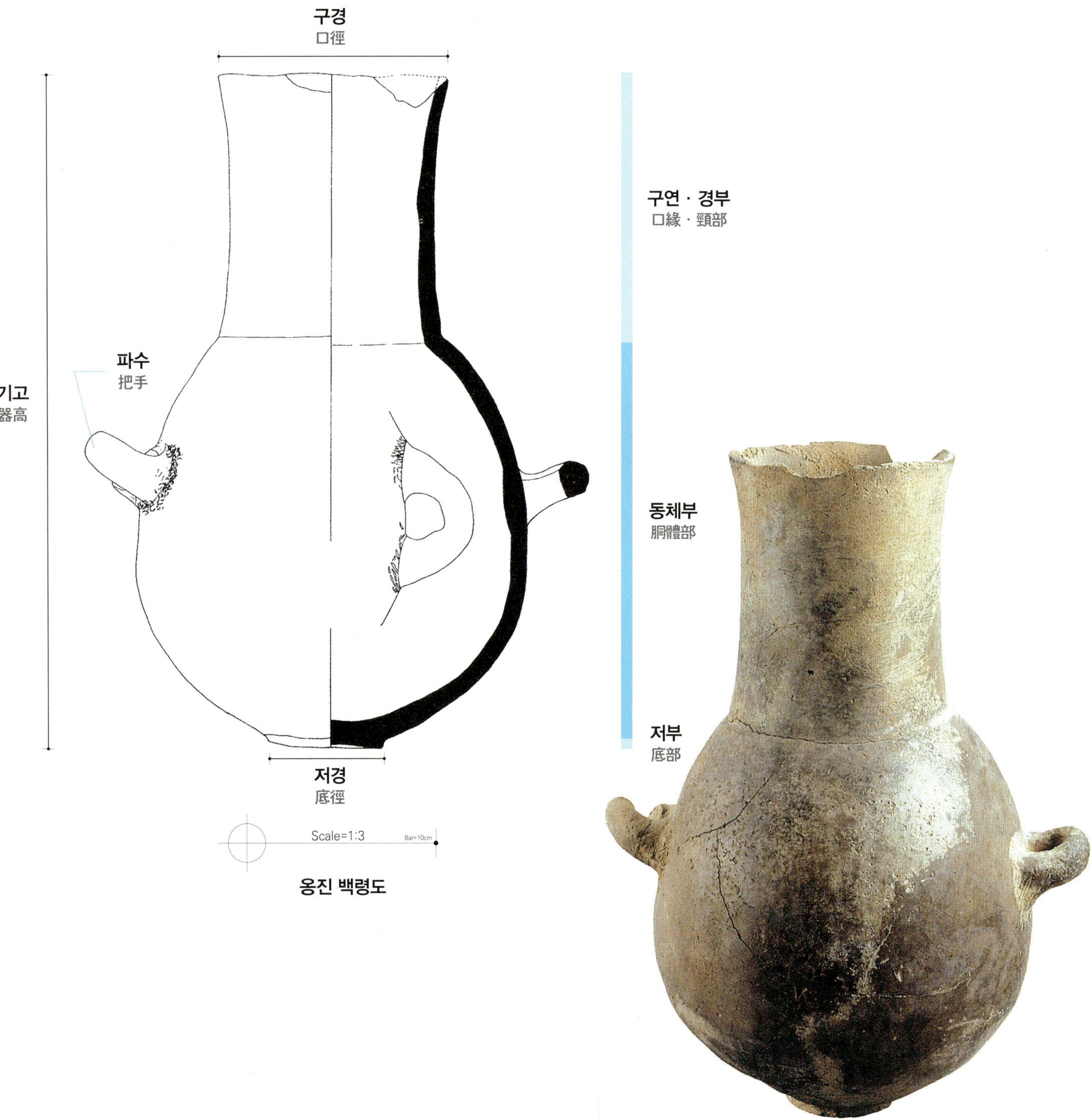

고리모양손잡이긴목항아리는 긴목검은간토기에 손잡이가 붙은 토기이다. 손잡이는 하나의 점토띠를 말아 반원 모양으로 만들어서 몸통에 붙인 것으로, 주로 원형점토띠토기 이른 시기에 유행하는 형태이다.

* 韓國考古學會, 1974,「白翎島出土 黑陶長頸壺」,『考古學』3.
  國立金海博物館, 2003,『弁辰韓의 黎明-점토대토기의 등장』.

손잡이항아리(막대모양손잡이항아리)

把手附壺 | Jar with handles

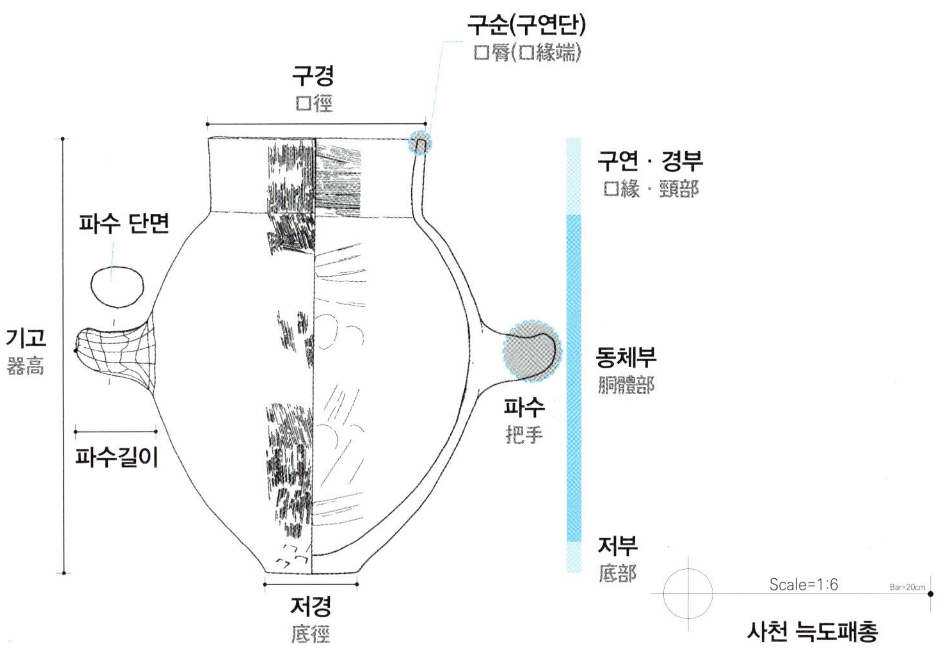

* 慶南考古學研究所, 2006, 『勒島貝塚Ⅱ』.

손잡이항아리(쌍뿔모양손잡이긴목항아리)

組合式牛角形把手附壺 | Jar with combined horn-shaped handles

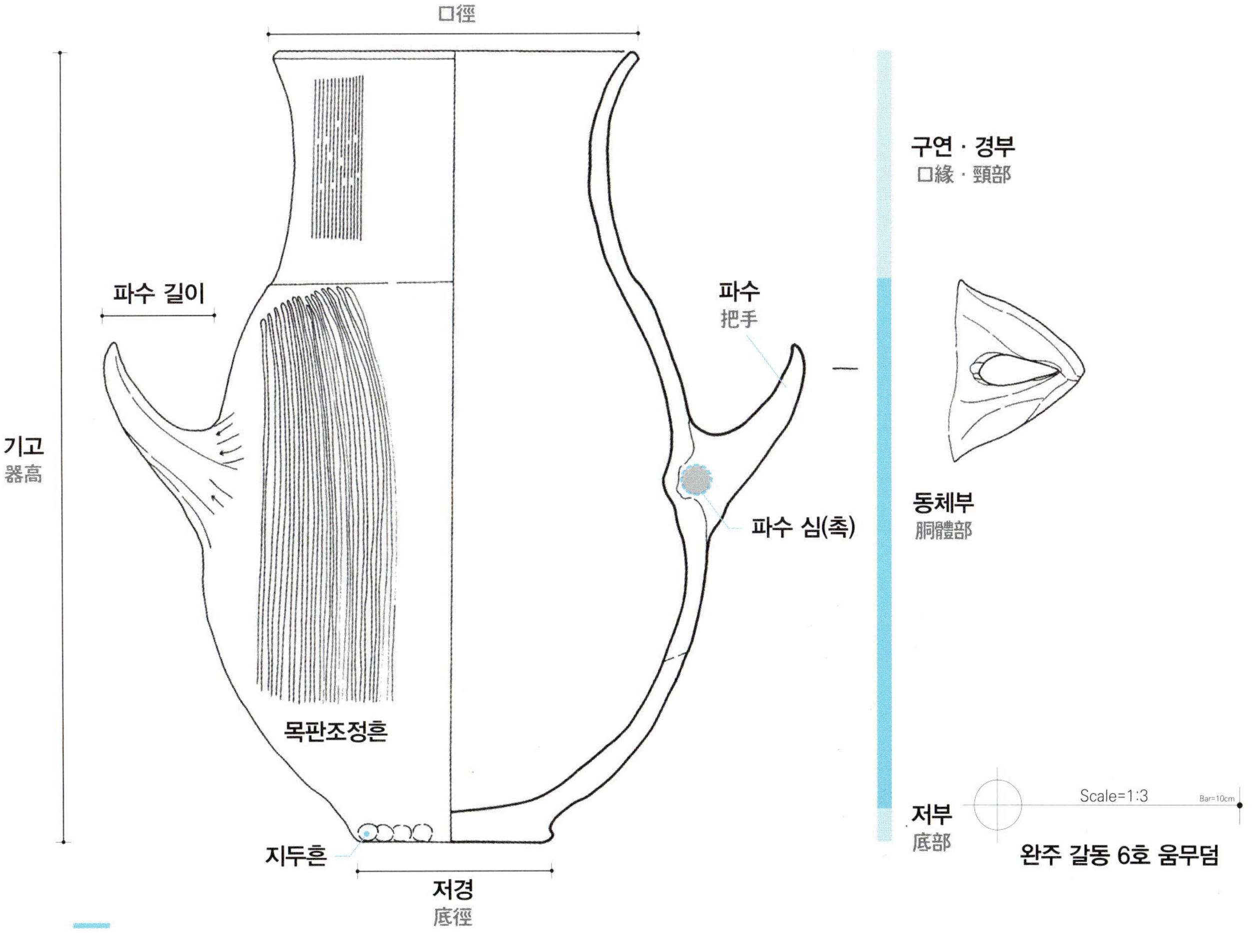

* 湖南文化財研究院, 2009, 『完州 葛洞遺蹟Ⅱ』.

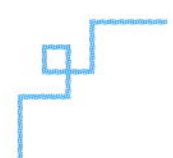

점토띠토기(꼭지달린점토띠토기)

突乳附粘土帶土器(돌유부점토대토기) | Attached-rim pottery with teat-shaped protrusions

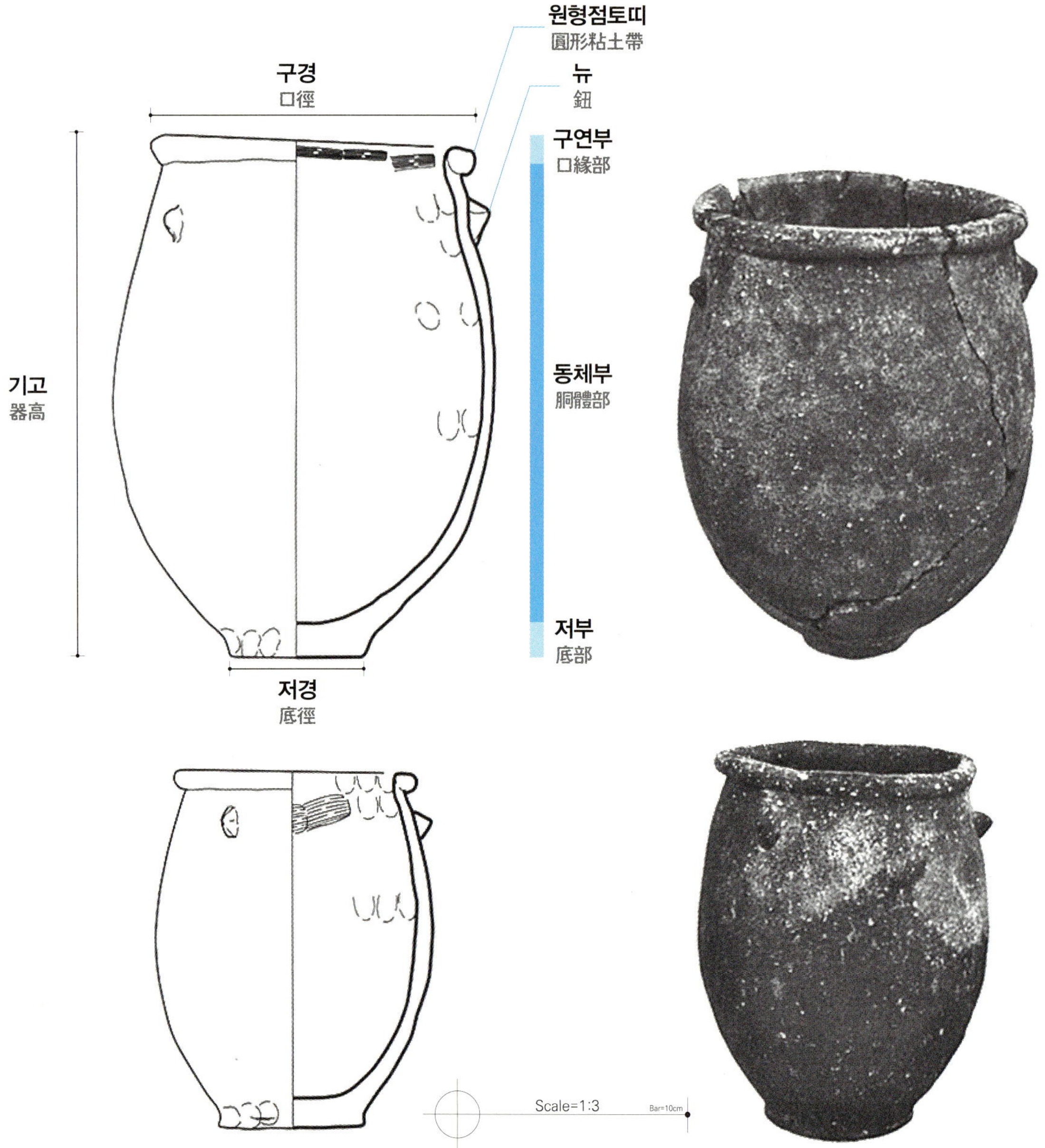

완주 덕동 D-1호 움무덤

꼭지달린점토띠토기는 점토띠토기 몸통의 상단이나 중상단에 두 개의 작은 꼭지를 붙인 것으로, '돌유부점토대토기(突乳附粘土帶土器)' 또는 '돌기부점토대토기(突起附粘土帶土器)'로도 불린다. 꼭지는 대체로 귀처럼 서로 마주보게 붙이지만 완주 덕동 D-1호 움무덤에서 출토된 것과 같이 한 쪽으로 치우친 것도 있다. 시기는 주로 원형점토띠토기 단계에 국한된다.

* 전라문화유산연구원, 2012, 『完州 德洞遺蹟』.

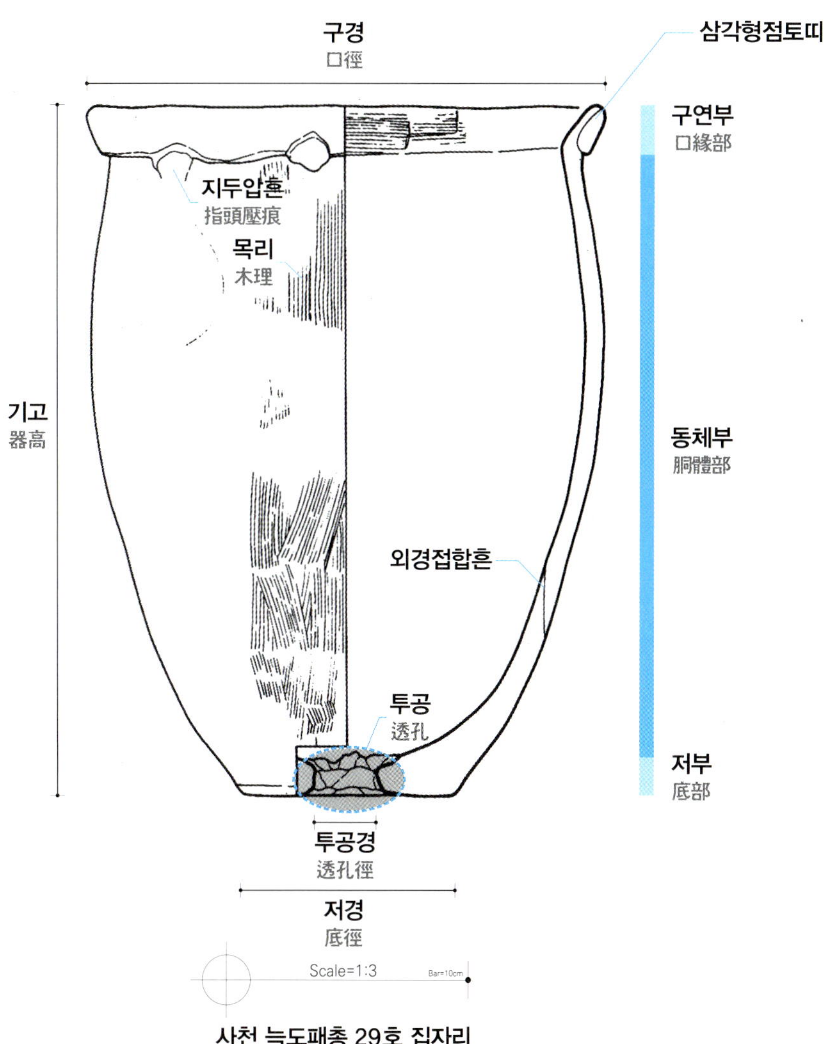

사천 늑도패총 29호 집자리

　　저부투공토기는 유공토기, 시루 등으로 불리운다. 용도는 투공이 있는 점에 착안하여 취사용기(시루)로 추정되기도 하지만 내부에 탄착흔, 외부에 바닥까지 피열흔이 있고, 토기 소성 후에 투공을 한 점에서 제의적인 성격이나 견과류 건조용 등으로 추정된다.

＊ 박경신, 2005, 「韓半島 先史 및 古代 炊事道具의 構成과 變化」, 『선사·고대의 생업경제』, 제9회 복천박물관 학술발표회 발표요지문, 복천박물관.
　慶南考古學研究所, 2003, 『勒島貝塚-A地區·住居群-』.

三角形粘土帶土器 | Attached-rim pottery(with triangular band)

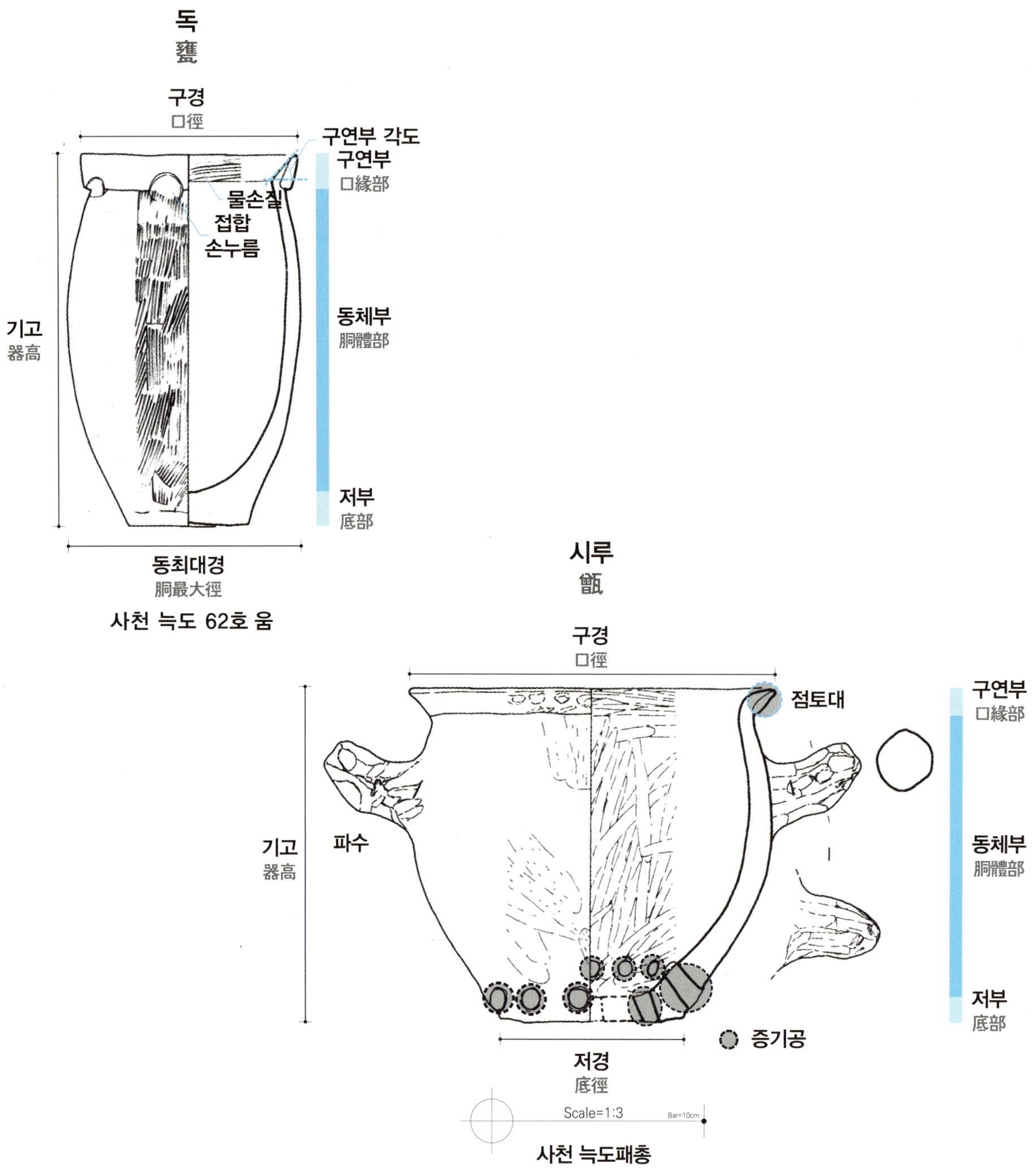

삼각형점토띠토기 기종은 옹, 발, 호, 완, 주구토기, 대부발, 시루, 파수보호 등이 있다.

※ 임설희, 2009, 「韓國 粘土帶土器의 變遷過程 研究」, 전남대학교 대학원 석사학위논문.

최정아, 2011, 「서울 및 경기도 지역 삼각형점토대토기에 대하여」, 서울대학교 대학원 석사학위논문.

慶南考古學研究所, 2003, 『勒島貝塚』.

圓形粘土帶土器 | Attached-rim pottery(with round band)

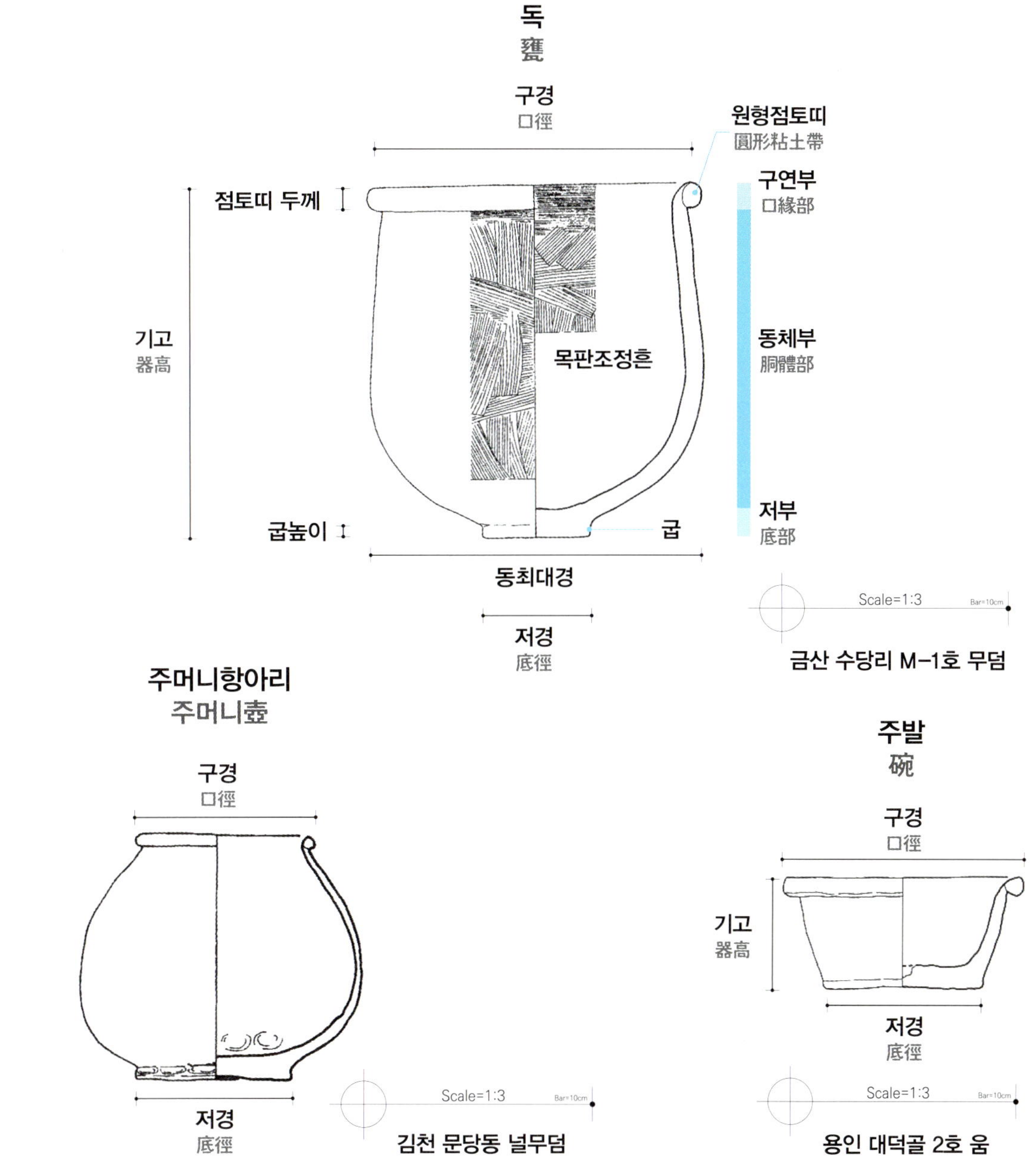

원형점토띠토기는 별도로 만든 둥근 점토띠를 토기 입술에 붙인 것이다. 따라서 기면과 점토띠의 접합 면적이 작아서 점토띠가 쉽게 탈락하는 단점이 있다. 점토띠토기 늦은 단계에는 이러한 단점이 보완된 삼각형점토띠토기가 등장한다. 원형점토띠토기 기종에는 옹, 발, 주머니항아리, 완 등이 있지만 주로 옹형토기에 원형점토띠를 붙인다.

慶尙北道文化財研究院, 2008, 『김천 문당동유적』.
畿甸文化財研究院, 2003, 『대덕골 遺蹟』.
忠南大學校 百濟研究所, 2002, 『錦山 水塘里遺蹟』.

구경
口徑

각목문
刻目文

횡침선
橫沈線

목리흔
木理痕

기고
器高

구연 · 경부
口緣 · 頸部

동체부
胴體部

저부
底部

목판구 폭

Scale=1:3 Bar=10cm

저경
底徑

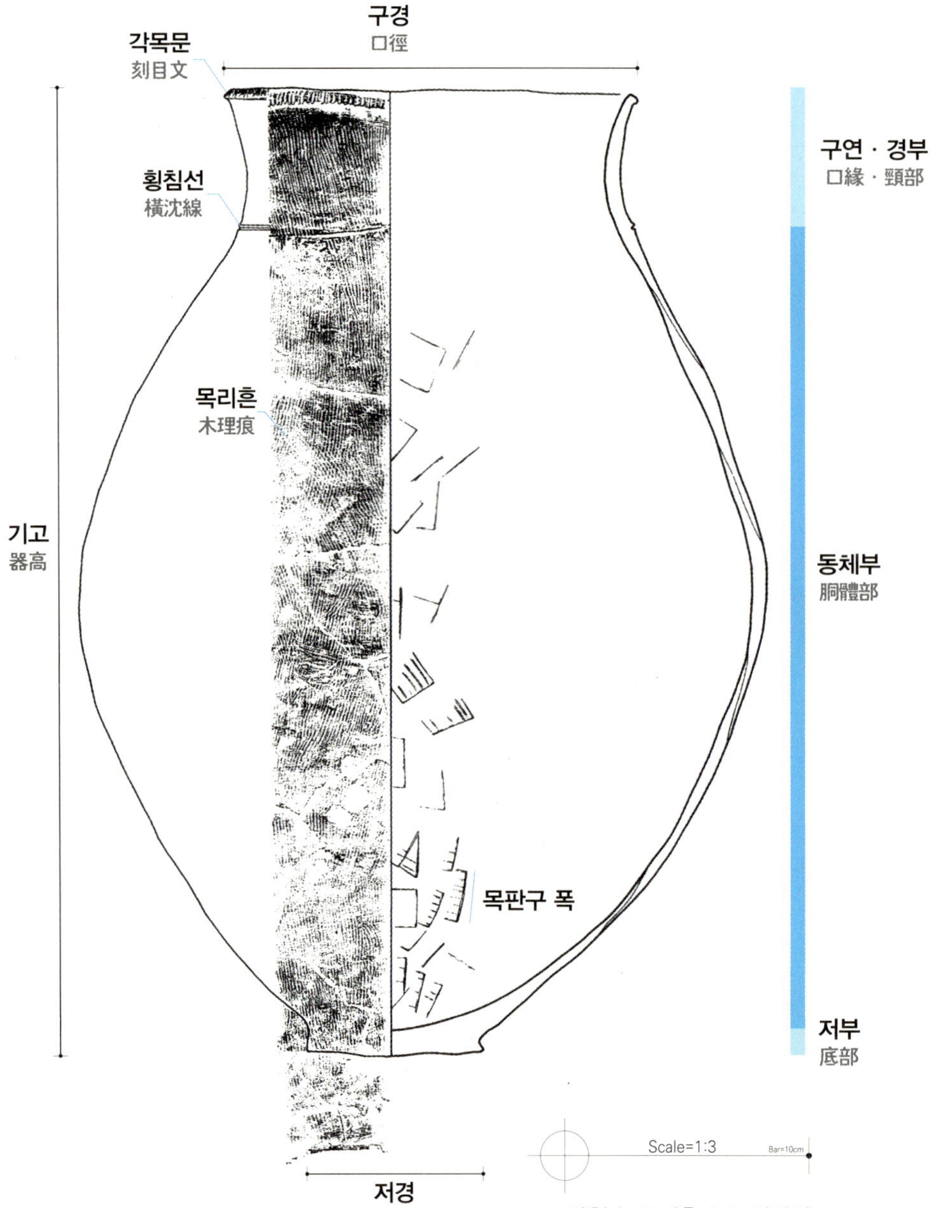

사천 늑도패총 6호 집자리

＊ 慶南考古學硏究所, 2003, 『勒島貝塚』.

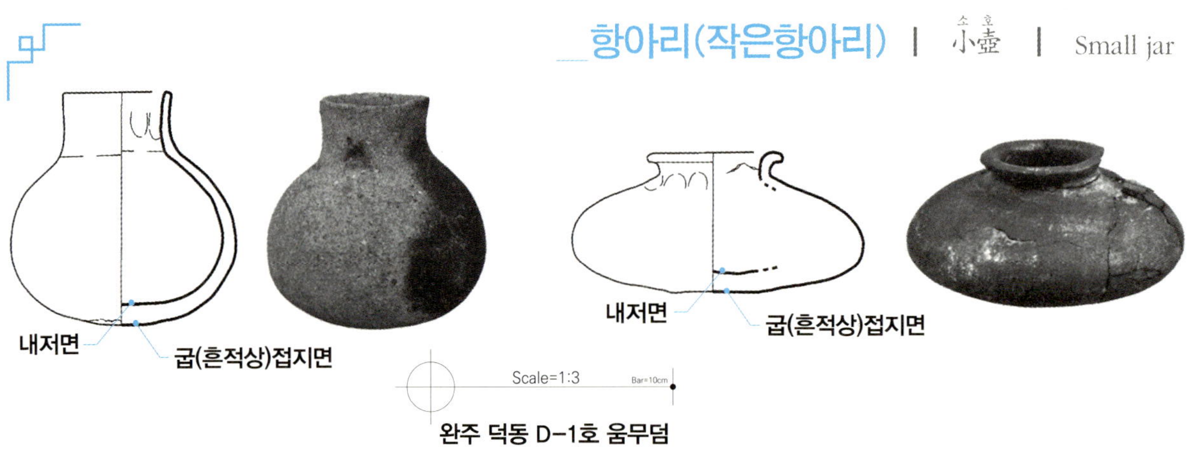

내저면

굽(흔적상)접지면

내저면

굽(흔적상)접지면

Scale=1:3 Bar=10cm

완주 덕동 D-1호 움무덤

＊ 전라문화유산연구원, 2012, 『完州 德洞遺蹟』.

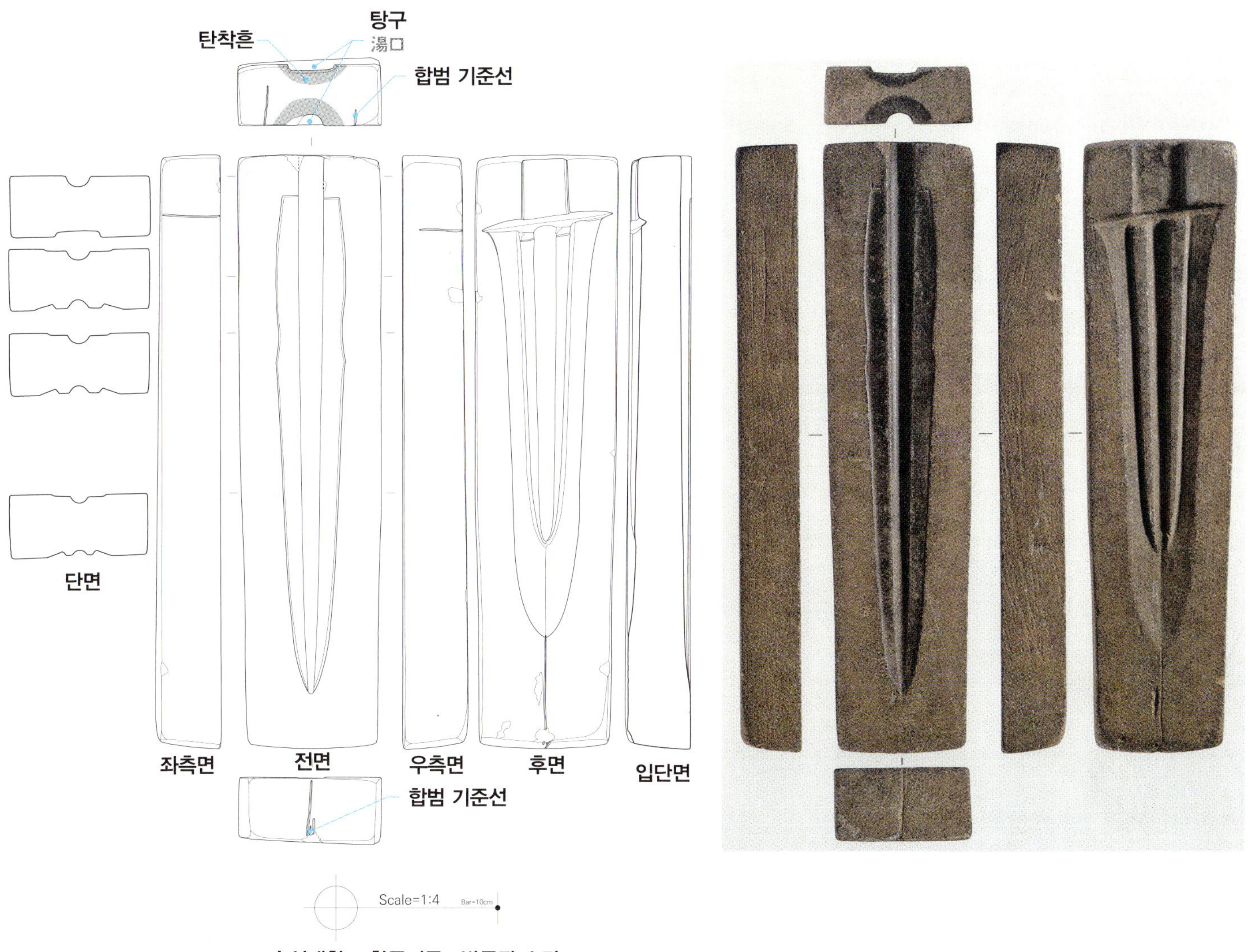

숭실대학교 한국기독교박물관 소장

쌍합범이며 두 짝 모두 전면에는 세형동검 주형이, 후면에는 청동꺾창 주형이 새겨져 있다. 거푸집 표면이 검게 그을린 점에서 사용된 것으로 보인다. 세형동검 주형의 합범 기준선은 상면 양단에 있는 음각선 2줄과 하면 중앙에 있는 음각선 1줄이고, 청동꺾창 주형의 합범 기준선은 하면 중앙에 있는 1줄과 양 측면의 난 부분에 있는 1줄씩이다.

※ 숭실대학교 한국기독교박물관, 2011, 『한국기독교박물관 소장 거푸집과 청동기』.

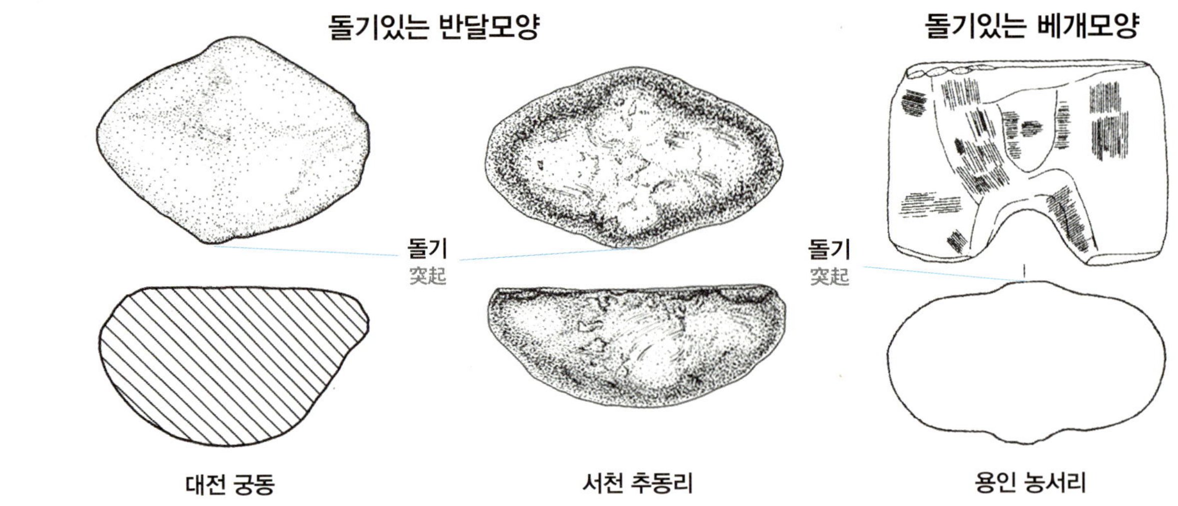

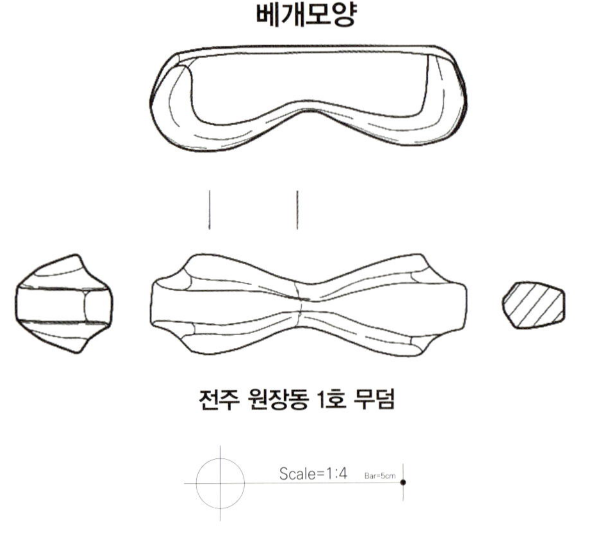

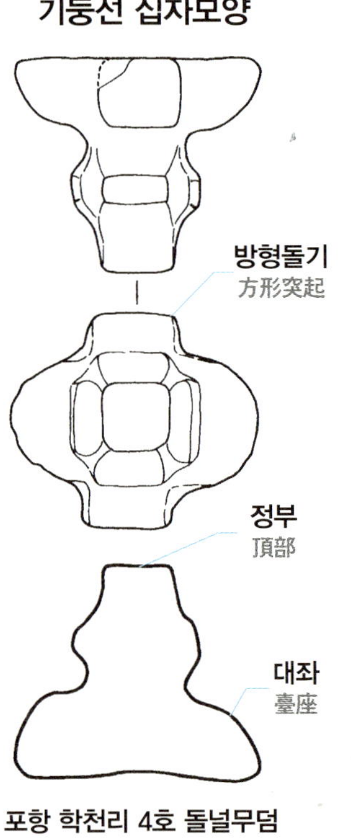

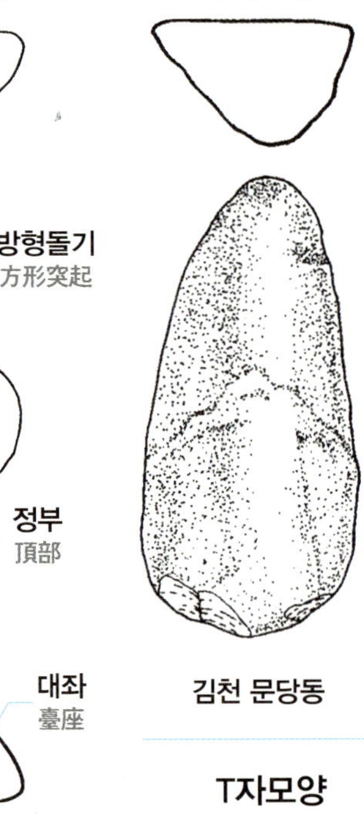

* 慶尙北道文化財研究院, 2002, 『浦項鶴川里遺蹟發掘調査報告書』.

慶尙北道文化財研究院, 2008, 『김천 문당동유적』.

啓明大學校博物館, 1989, 『臨河댐 水沒地區 文化遺蹟 發掘調査報告書Ⅲ』.

기호문화재연구원, 2009, 『龍仁 農書里遺蹟』.

全北文化財研究院, 2013, 『전주 원장동유적』.

忠南大學校博物館, 2006, 『弓洞』.

忠淸文化財研究院, 2006, 『舒川 楸洞里 遺蹟Ⅰ』.

너비
幅

구멍

길이
長

내곡부
직경

두께
厚

Scale=1:1　Bar=2.5cm

함평 초포리

1: 백암리

2. 상자포리

3, 4: 괴정동

5, 6: 초포리

7: 연화리

9. 남성리

8, 10: 菊隱 수집

　곱은옥은 주로 천하석제로 만들어지며, 곡옥(曲玉) 또는 반결형(半玦形) 식옥(飾玉)으로도 불리는 치레걸이의 일종이다. 주로 한 쌍으로 출토되고 있어 귀걸이로 사용되었을 가능성이 있다. 청동기시대 곱은옥은 끝이 상대적으로 조금 뾰족한 반면, 초기철기시대에는 구멍 부분과 끝부분의 두께가 비슷하고 자름면이 직선인 것이 대부분이다.

* 國立光州博物館, 1988, 『咸平 草浦里 遺蹟』.

　國立中央博物館·國立光州博物館, 1992, 『韓國의 靑銅器文化』, 汎友社.

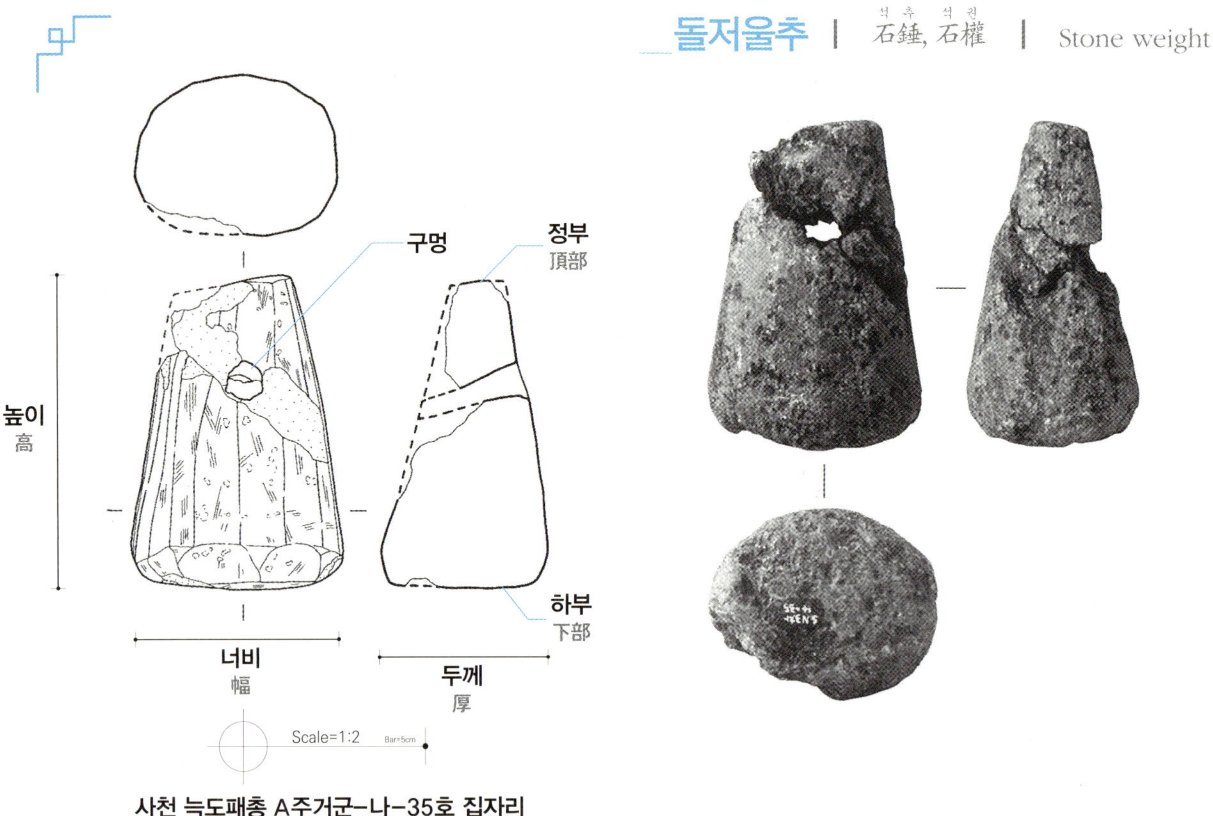

사천 늑도패총 A주거군-나-35호 집자리

* 慶南考古學研究所, 2006, 『勒島貝塚Ⅱ』.

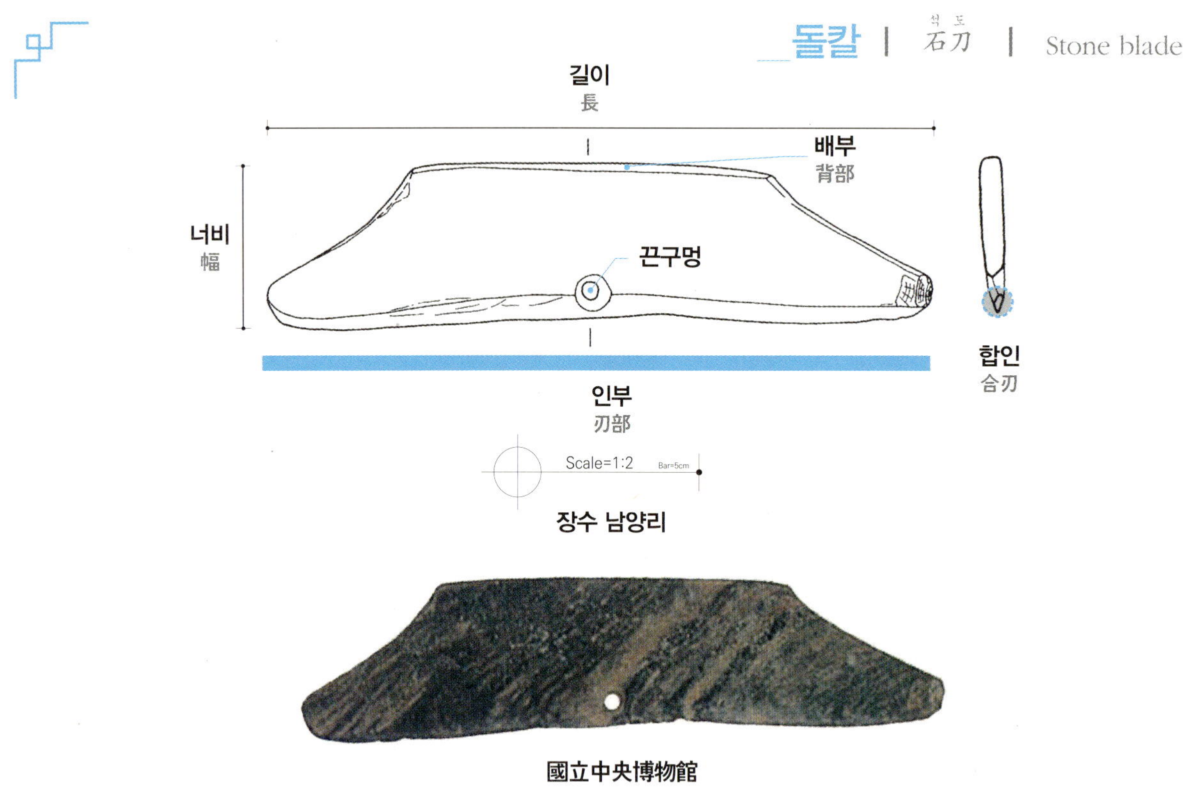

장수 남양리

國立中央博物館

* 池健吉, 1990, 「長水 南陽里 出土 靑銅器·鐵器 一括遺物」, 『考古學誌』 2, 韓國考古美術研究所.
  國立中央博物館·國立光州博物館, 1992, 『韓國의 靑銅器文化』, 汎友社

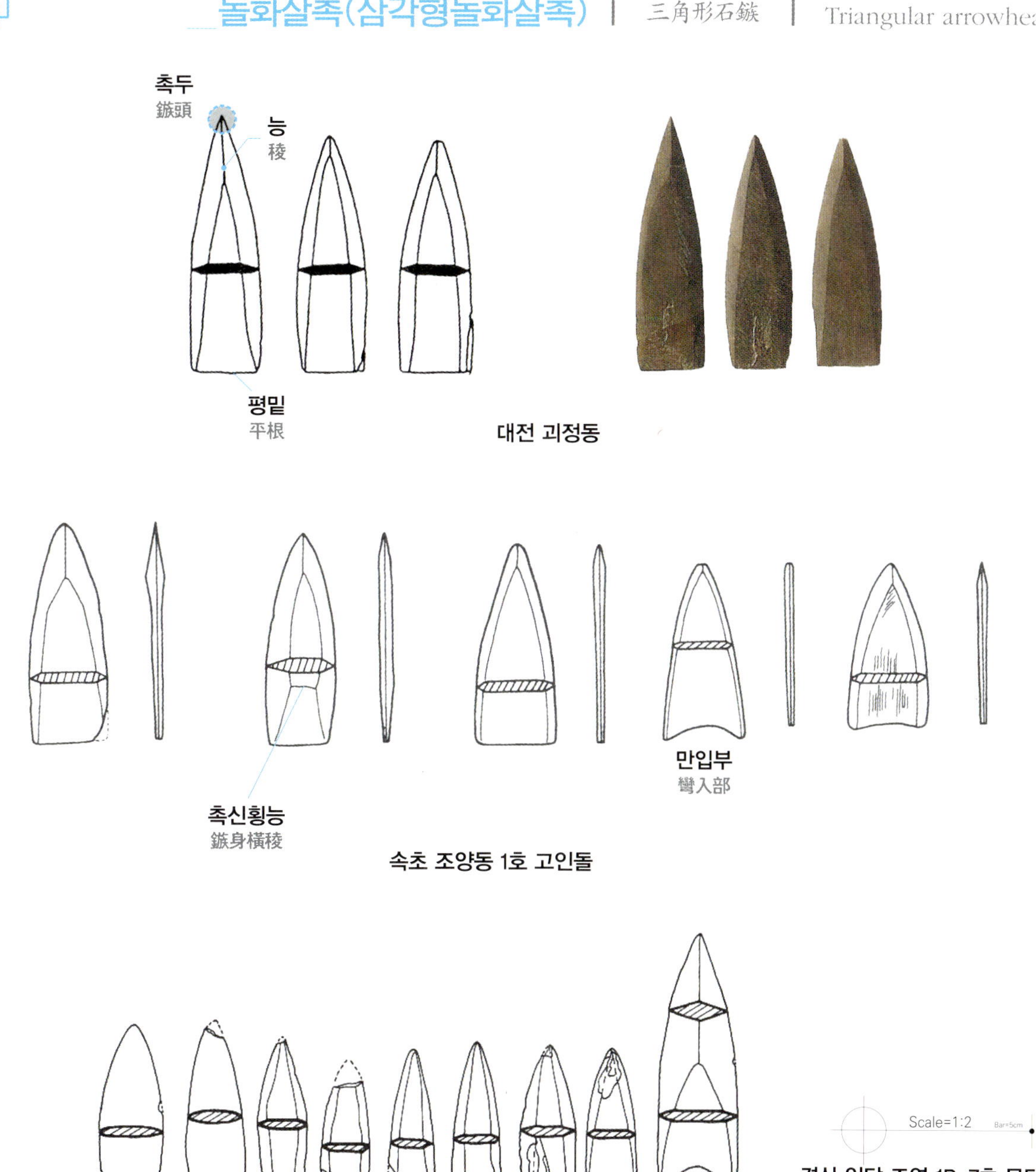

　　삼각형돌화살촉은 밑이 곧은 평밑[平根]과 둥글게 만입된 것으로 나뉘는데 평근이 대다수를 차지한다. 청동기시대에도 삼각만입돌화살촉이 있으나 대체로 폭이 좁고 밑이 삼각형으로 깊게 만입되는 점에서 차이가 있다. 시간이 흐름에 따라 크기가 점차 작아지는 경향이 관찰되며, 특히 화살촉의 너비 2cm 이하로 갈수록 철기와의 공반율이 높게 나타난다.

* 서길덕, 2018, 「한국 점토띠토기문화기 무덤 연구」, 세종대학교 대학원 박사학위논문.

李殷昌, 1968, 「大田 槐亭洞 靑銅器文化의 硏究」, 『亞細亞硏究』 11-2, 고려대학교 아세아문제연구소.

國立中央博物館 · 國立光州博物館, 1992, 『韓國의 靑銅器文化』, 汎友社.

江陵大學校博物館, 2000, 『束草 朝陽洞 住居址』.

嶺南大學校博物館, 1998, 『慶山林堂地域 古墳群Ⅲ-造永 1B地域-』.

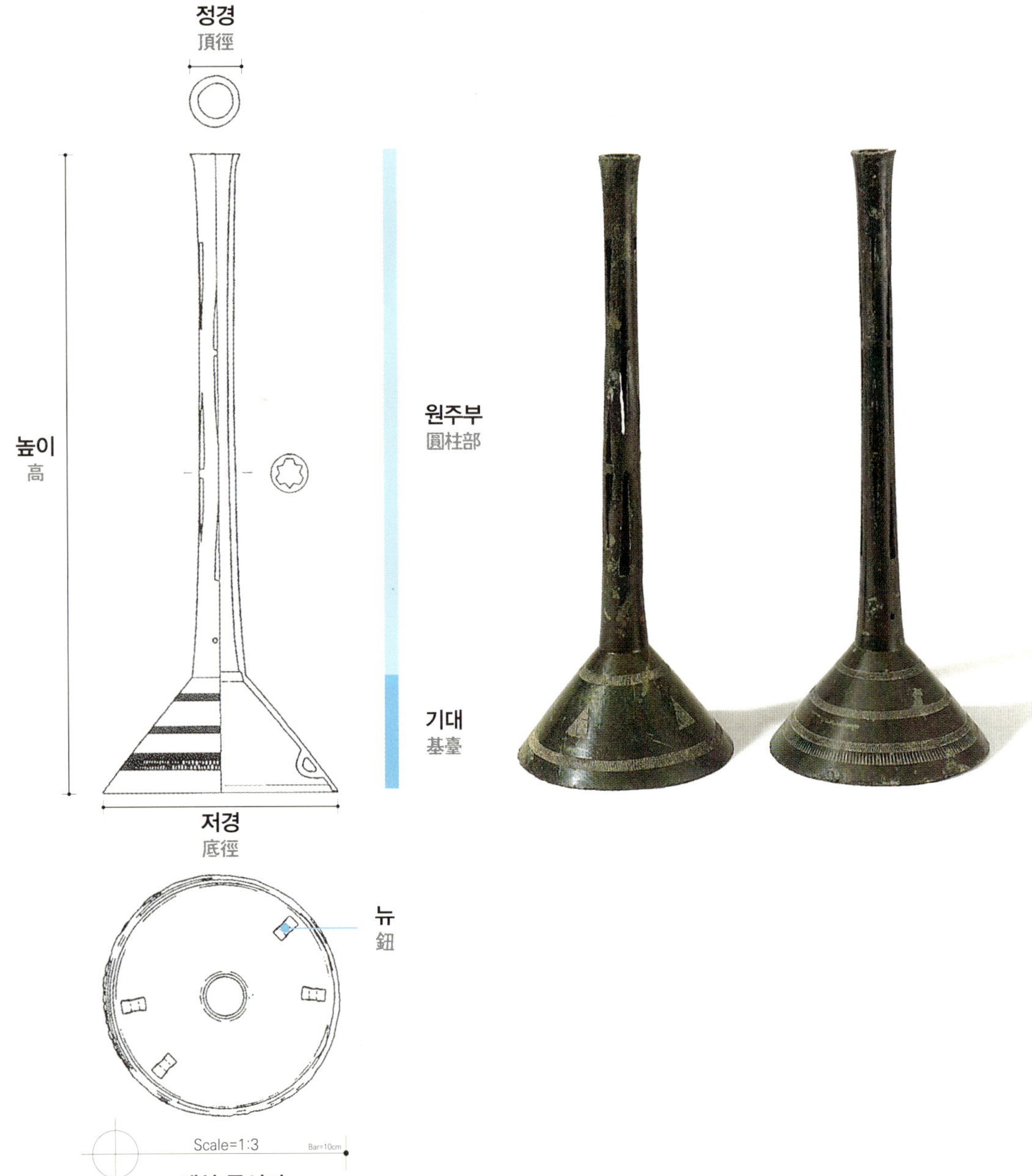

원추형(圓錐形)의 대각에 긴 대롱모양의 원주(圓柱)가 붙어있는 나팔모양의 이형동기(異形銅器)이다. 요녕성(遼寧省) 심양시(沈陽市) 정가와자(鄭家窪子) 6512호 무덤에서 4점이 출토되었는데 정가와자(鄭家窪子) 출토품은 원추형 부분이 무문인데 비해 예산 동서리 출토품은 돌점선문대가 돌아가는 것이 차이점이다. 한반도에서는 예산 동서리의 2점이 유일하다. 나팔모양청동기의 용도는 말머리꾸미개, 또는 특수한 목적을 가진 의례에 사용되었던 의기로 추정되고 있다.

* 池健吉, 1978, 「禮山 東西里石棺墓출토 靑銅一括遺物」, 『百濟硏究』 9, 忠南大學校 百濟硏究所.

國立中央博物館·國立光州博物館, 1992, 『韓國의 靑銅器文化』, 汎友社.

尹武炳, 1991, 『韓國靑銅器文化硏究』, 예경산업사.

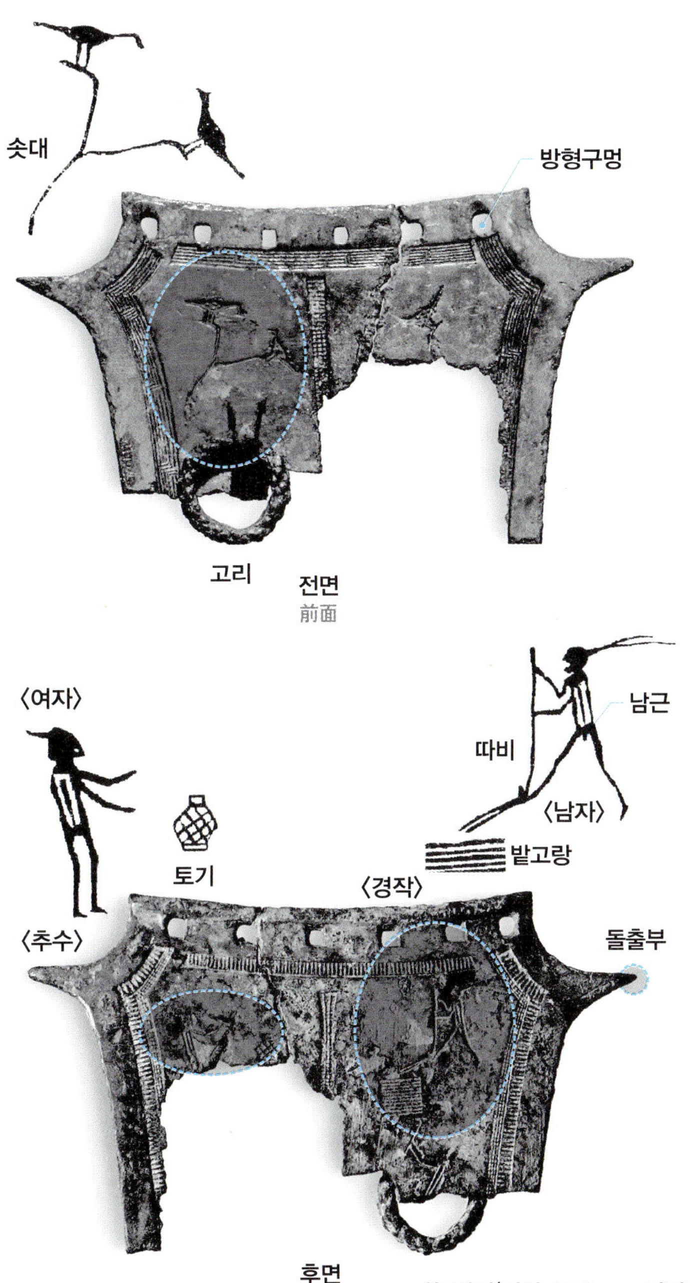

傳 대전(길이 12.8cm, 너비 7.3cm, 두께 1.5mm)

　　1970년대 말 대전의 고철 수집인에게 구입한 것으로 정확한 출토지나 출토 상황은 불분명하다. 상면에는 6개의 방형(方形) 구멍이 있는데 양 가장자리에 있는 2개의 구멍이 많이 닳아 있다. 앞면의 좌우 양쪽에는 'Y'자형의 나뭇가지 끝에 2마리씩의 새가 각각 마주보고 앉아 있는 그림이 장식되어 있다. 뒷면 좌측에는 사람이 손을 앞으로 내밀고 있으며, 그 앞에는 아가리가 좁은 항아리가 놓여 있다. 우측에는 사람이 두 손으로 따비자루를 잡고 한쪽 발은 따비를 밟고 있다. 그 아래에는 10줄의 가로줄을 그어 밭고랑을 표현하였으며, 사람의 두 다리 사이에는 남근이 삼각형으로 표현되어 있다. 앞면의 그림은 일종의 솟대를 상징하는 것처럼 보이고, 뒷면은 추수와 농사 짓는 장면을 묘사한 것으로 이해된다.

　國立文化財研究所, 2001, 『韓國考古學事典』.
　복천박물관, 2006, 『선사·고대의 제사-풍요와 안녕의 기원』.

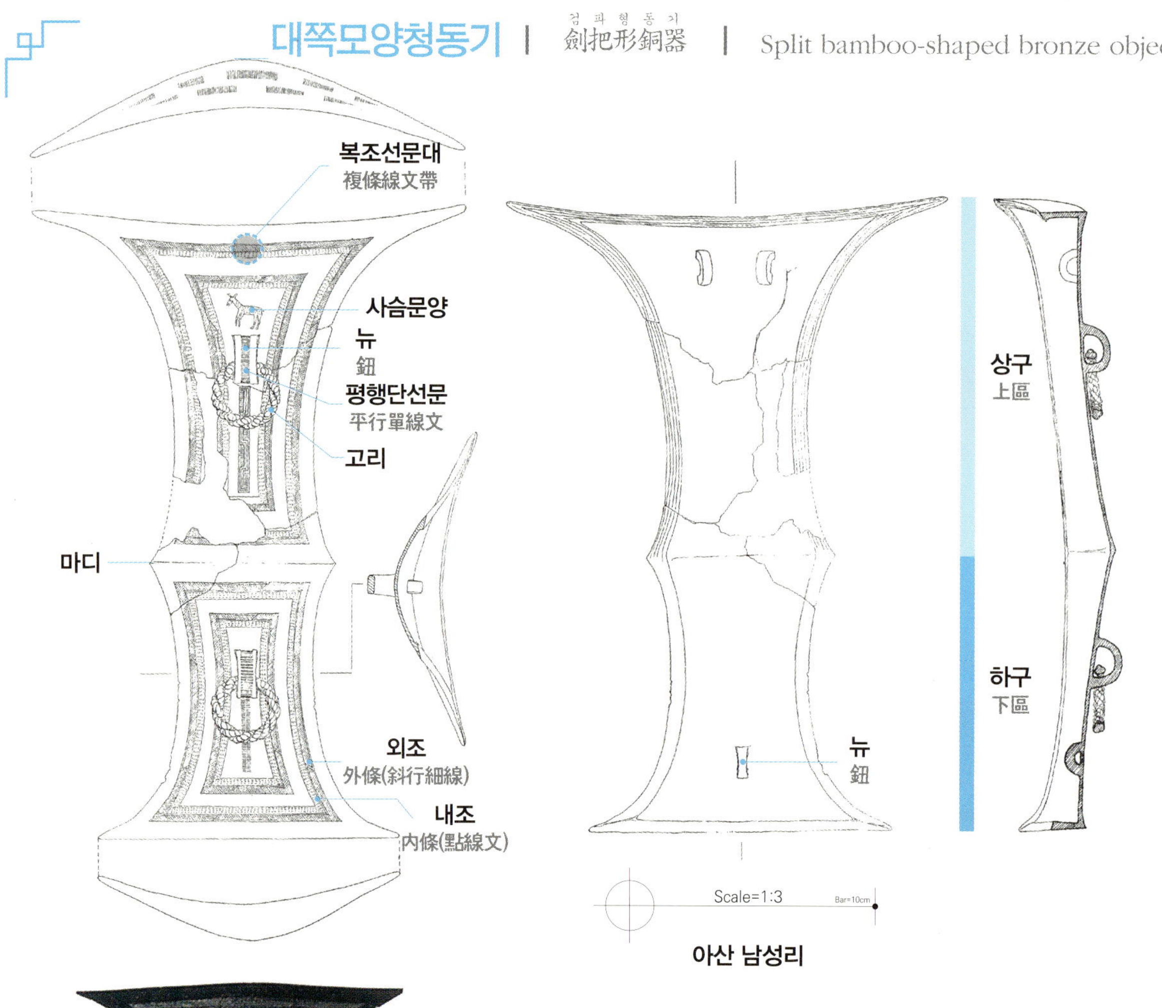

대쪽모양청동기는 일반적으로 검파형동기(劍把刑銅器)로 많이 불리는 이형동기(異形銅器)이다. 두 마디의 대나무를 세로로 쪼개 놓은 모양으로, 바깥에 평행세선문과 점선문 등의 무늬를 새기고 꼭지에 3가닥의 굵은 실을 꼬아 만든 고리를 위·아래에 붙였다. 지금까지 대전 괴정동, 아산 남성리, 예산 동서리, 군산 선제리에서 각 3점씩 출토되었다.

* 李殷昌, 1967, 「大田市 槐亭洞出土 一括遺物」, 『考古美術』 65, 韓國美術史學會.

池健吉, 1978, 「禮山 東西里石棺墓출토 靑銅一括遺物」, 『百濟研究』 9, 忠南大學校 百濟研究所.

國立文化財研究所, 2001, 『韓國考古學事典』.

國立中央博物館·國立光州博物館, 1992, 『韓國의 靑銅器文化』, 汎友社.

尹武炳, 1991, 『韓國靑銅器文化研究』, 예경산업사.

國立中央博物館, 1997, 『南城里石棺墓』.

전북문화재연구원, 2017, 『군산 선제리 108-16번지 유적』.

둥근뚜껑모양청동기는 만곡된 겉면에 하나의 꼭지가 중앙에서 치우쳐 달려있는 뚜껑 모양을 한 청동기이다. '경형식(鏡形飾)', '경형기(鏡形器)', '단뉴무문경(單鈕無文鏡)' 등으로 불리는데 하북성(河北省) 북부, 내몽고 동남부, 요령(遼寧), 길림(吉林) 중부 등 넓은 지역에서 확인된다. 또한 기원전 6~5세기의 심양(沈陽) 정가와자(鄭家窪子) 6512호 무덤에서도 출토되어 대전 괴정동, 예산 동서리, 부여 합송리 무덤의 출토품과 관련성이 언급되고 있다.

* 李健茂, 1990, 「夫餘 合松里遺蹟 出土 一括遺物」, 『考古學誌』 2, 韓國考古美術研究所.
李殷昌, 1967, 「大田市 槐亭洞出土 一括遺物」, 『考古美術』 65, 韓國美術史學會.
池健吉, 1978, 「禮山 東西里石棺墓出土 靑銅一括遺物」, 『百濟研究』 9, 忠南大學校 百濟研究所.
國立中央博物館, 1992, 『韓國의 靑銅器文化』, 汎友社.
沈陽故宮博物館·沈陽市文物管理辦公室, 1975, 「沈陽鄭家窪子的兩座靑銅時代墓」, 『考古學報』 1975-1.

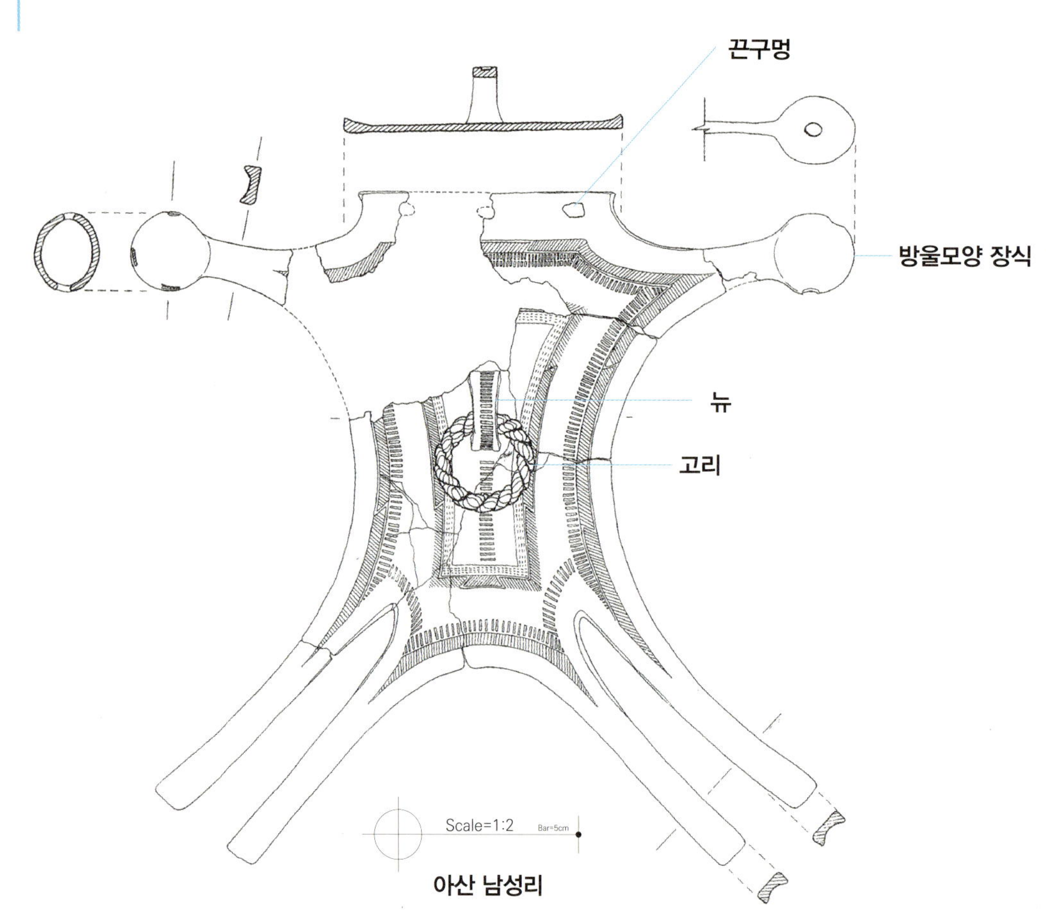

방패모양청동기는 상변(上邊)에 여러 개의 방형 구멍을 뚫어 매달 수 있게 한 의기(儀器)의 일종이다. 대전 괴정동, 傳 대전, 아산 남성리 출토품이 있으며, 전자(前者)에서 후자(後者)로 갈수록 무늬가 정교해지고 갈래 장식도 화려해져 대전 괴정동 출토품이 가장 고식(古式)에 해당할 것으로 본다. 아산 남성리 출토품은 상변의 두 갈래 끝에 방울 모양의 둥근 장식이 달렸고 밑에는 '八'자 모양으로 네 가닥이 뻗어있다. 또한 표면에는 한 개의 고리, 뒷면에는 두 개의 고리가 달려있다. 傳 대전 출토품은 이른바 '농경문청동기(農耕文靑銅器)'로 알려져 있는데, 이 청동기는 풍요를 기원하는 주술적(呪術的) 의미로도 해석한다. 방패모양청동기의 상변 구멍마다 윗부분이 조금씩 닳아 있는 점을 근거로 제사장(祭祀長)의 가슴이나 배에 끈을 매어 매달았던 것으로 추정하기도 한다.

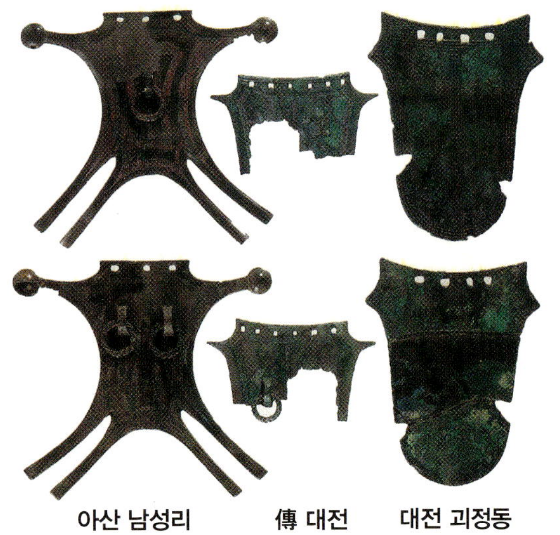

아산 남성리　　傳 대전　　대전 괴정동

＊ 李殷昌, 1967, 「大田市 槐亭洞出土 一括遺物」, 『考古美術』 65, 韓國美術史學會.
國立中央博物館 · 國立光州博物館, 1992, 『韓國의 靑銅器文化』, 汎友社.
尹武炳, 1991, 『韓國靑銅器文化硏究』, 예경산업사.
國立中央博物館, 1997, 『南城里石棺墓』.

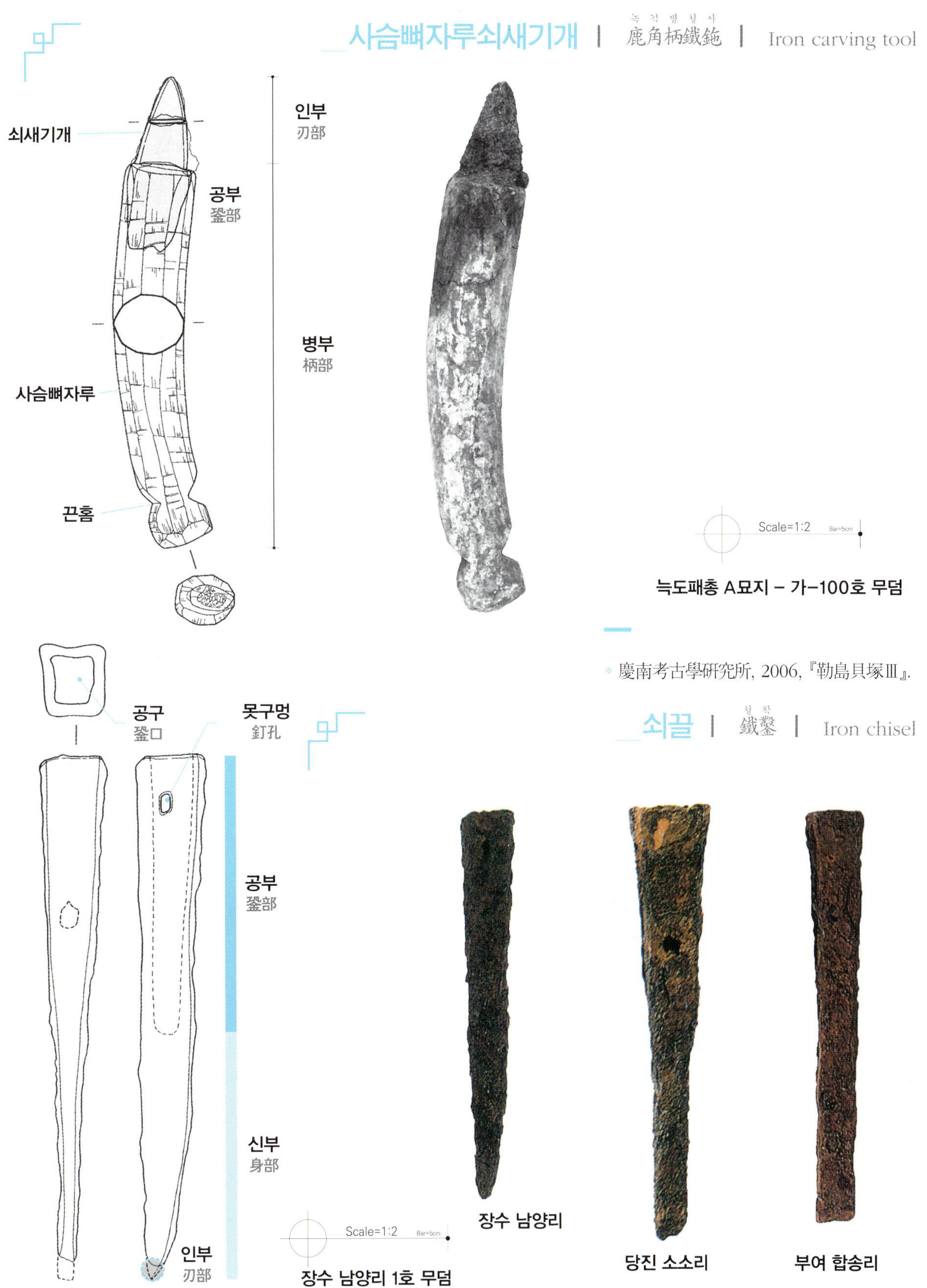

＊ 慶南考古學研究所, 2006, 『勒島貝塚Ⅲ』.

＊ 李健茂, 1990, 「夫餘 合松里遺蹟 出土 一括遺物」, 『考古學誌』 2, 韓國考古美術研究所.
李健茂, 1991, 「唐津 素素里遺蹟 出土 一括遺物」, 『考古學誌』 3, 韓國考古美術研究所.
池健吉, 1990, 「長水 南陽里 出土 靑銅器·鐵器 一括遺物」, 『考古學誌』 2, 韓國考古美術研究所.

쇠도끼(긴네모꼴주조쇠도끼) | 長方形鑄造鐵斧(장방형주조철부) | Rectangular cast-iron axe

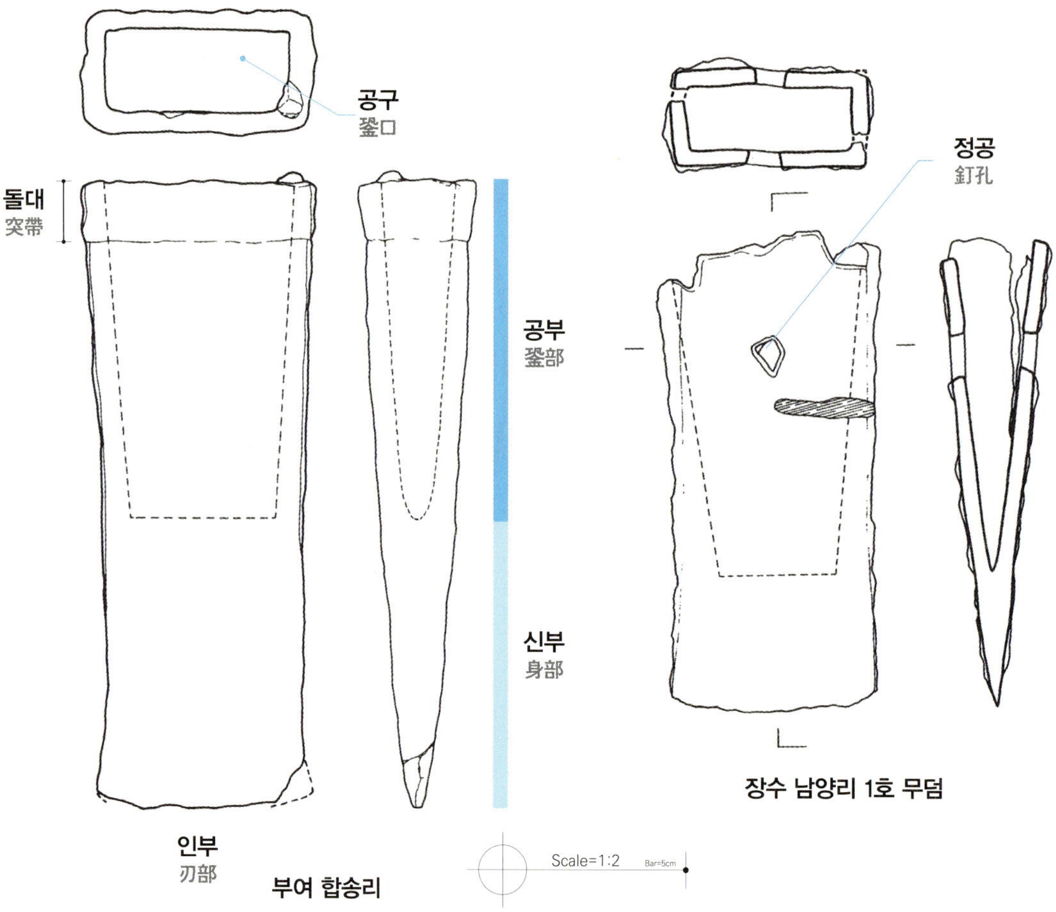

부여 합송리

장수 남양리 1호 무덤

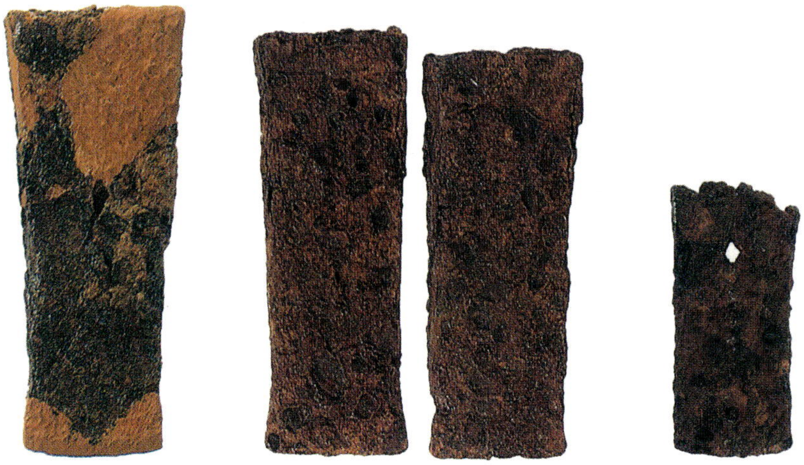

당진 소소리 부여 합송리 장수 남양리

* 李健茂, 1990, 「扶餘 合松里遺蹟 出土 一括遺物」, 『考古學誌』 2, 韓國考古美術研究所.
李健茂, 1991, 「唐津 素素里遺蹟 出土 一括遺物」, 『考古學誌』 3, 韓國考古美術研究所.
池健吉, 1990, 「長水 南陽里 出土 青銅器·鐵器 一括遺物」, 『考古學誌』 2, 韓國考古美術研究所.
國立中央博物館·國立光州博物館, 1992, 『韓國의 青銅器文化』, 汎友社.

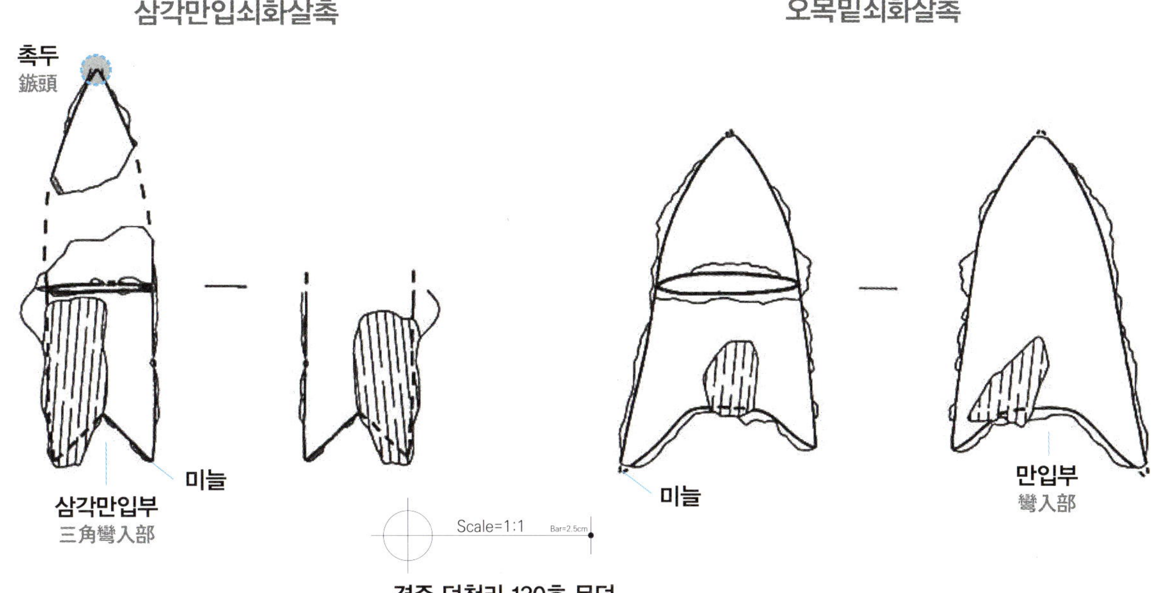

　납작한 쇠화살촉은 크게 밑이 곧은, 이른바 '평근삼각형촉(平根三角形鏃)'이라고도도 부르는 삼각형쇠화살촉과 밑이 삼각형으로 만입된 삼각만입쇠화살촉, 밑이 오목하게 만입된 오목밑쇠화살촉으로 나눌 수 있다. 삼각형쇠화살촉은 삼각형의 돌화살촉, 청동화살촉, 쇠화살촉이 공반된 안성 만정리유적의 예로 볼 때 돌화살촉의 모양을 본떠 만들었을 가능성이 높다.

＊ 嶺南文化財研究院, 2008, 『慶州 德泉里遺蹟Ⅱ』.
　京畿文化財研究院, 2009, 『安城 萬井里 신기遺蹟』.

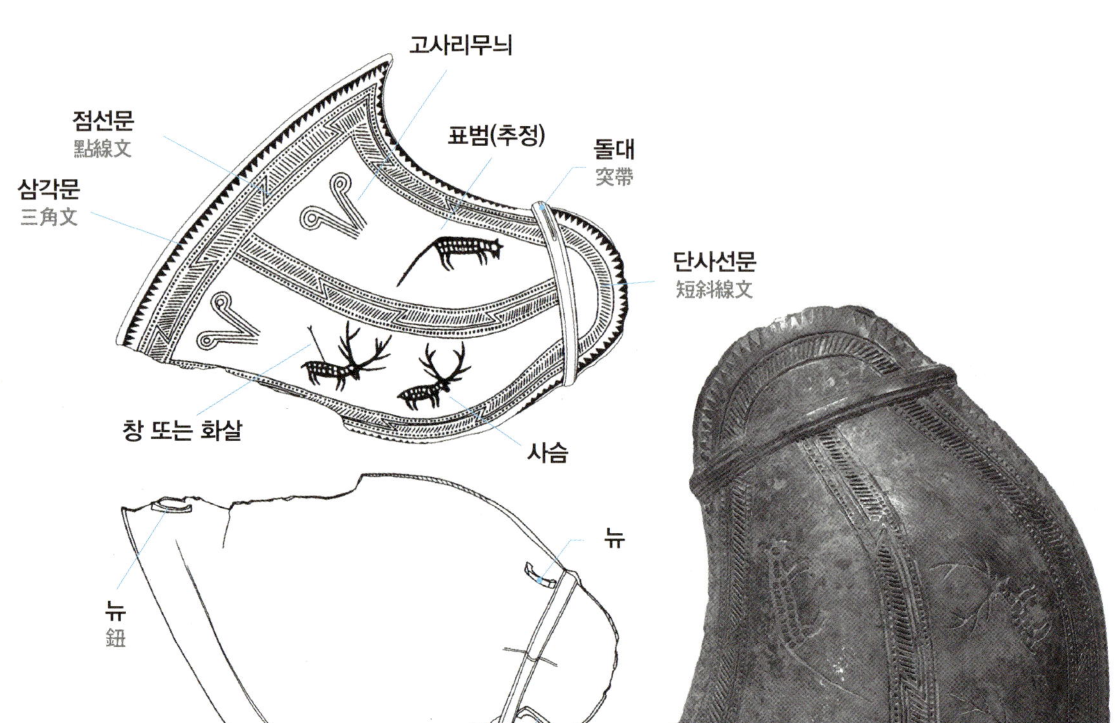

어깨갑옷모양청동기는 견갑형동기(肩甲形銅器)로 많이 알려진 유물로, 표면이 불룩하게 튀어나왔고 가장자리를 따라 음각된 삼각무늬, 점무늬, 짧은 빗금무늬 띠를 돌렸다. 가운데의 무늬띠를 기준으로 두 부분으로 나뉜다. 위쪽에는 꼬리가 긴 표범으로 보이는 동물을, 아래쪽에는 사슴 두 마리를 새겼다. 이 중 사슴 한 마리의 등에는 창 또는 화살을 맞은 모습이다. 뒷면은 우묵하게 들어갔으며 각 모서리에 1개씩, 모두 4개의 꼭지가 붙어 있다.

＊ 國立中央博物館・國立光州博物館, 1992, 『韓國의 靑銅器文化』, 汎友社

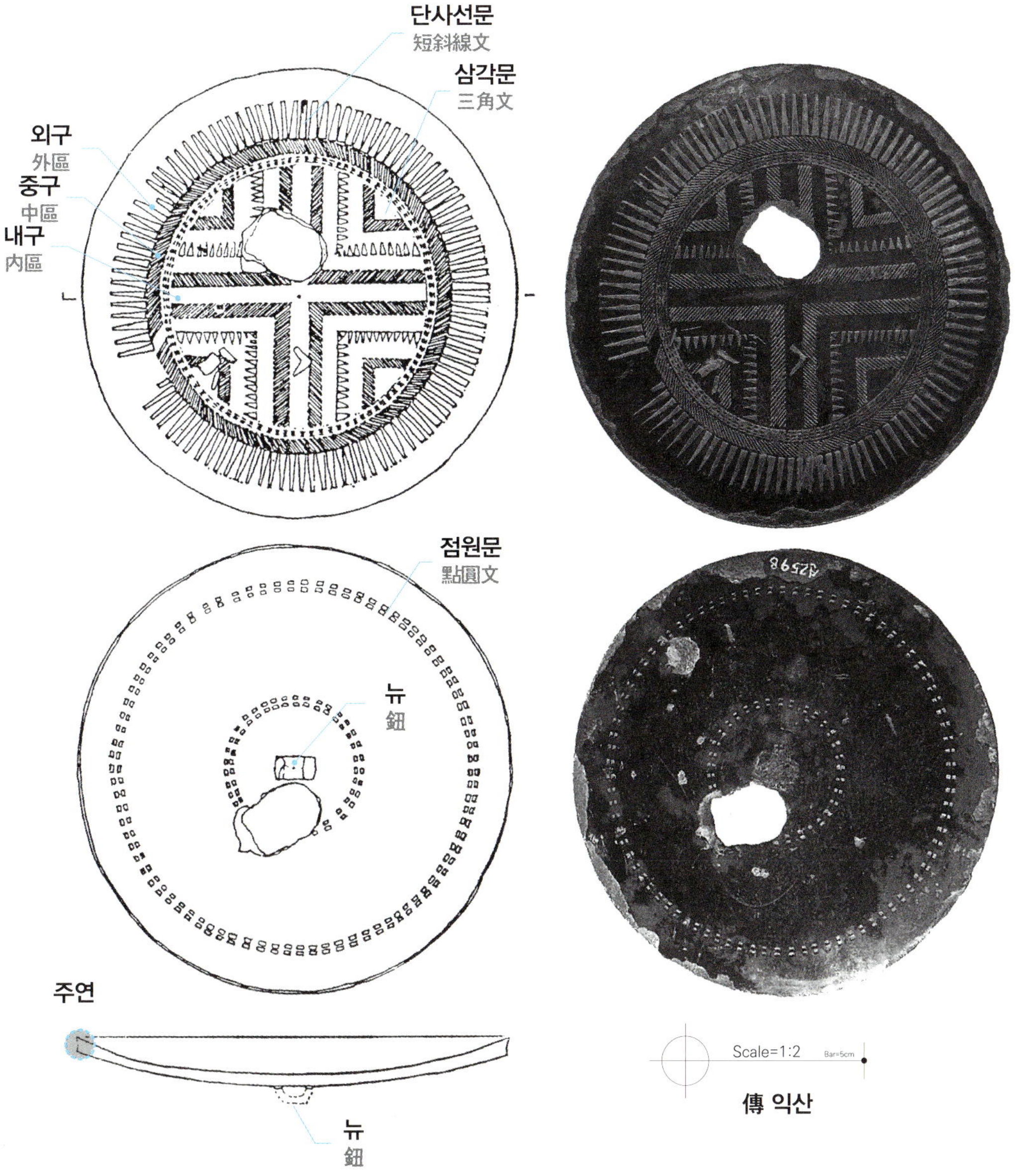

오목거울모양청동기 | 圓形有文青銅器 | Round concave bronze object

　일반적으로 '원형유문동기(圓形有文銅器)'로 불리는 이형동기(異形銅器)로, 익산 지역에서 출토되었다고 전해진다. 주된 무늬가 베풀어진 쪽이 오목하고, 불룩한 쪽의 중앙에 한 개의 꼭지가 달렸다. 오목한 쪽은 삼각문, 점열문 및 단사선문을 새겨, 전체적으로 태양을 상징한 것으로 보인다. 또한 뒷면에 2조(條)의 음각 점원문이 새겨져 있다.

＊ 李健茂, 1984, 「傳 益山出土 圓形有文靑銅器」, 『尹武炳博士 回甲紀念論叢』, 尹武炳博士 回甲紀念論叢刊行委員會.
　 國立中央博物館·國立光州博物館, 1992, 『韓國의 靑銅器文化』, 汎友社.

청동거울(거친무늬청동거울)
Bronze mirror with coarse linear design

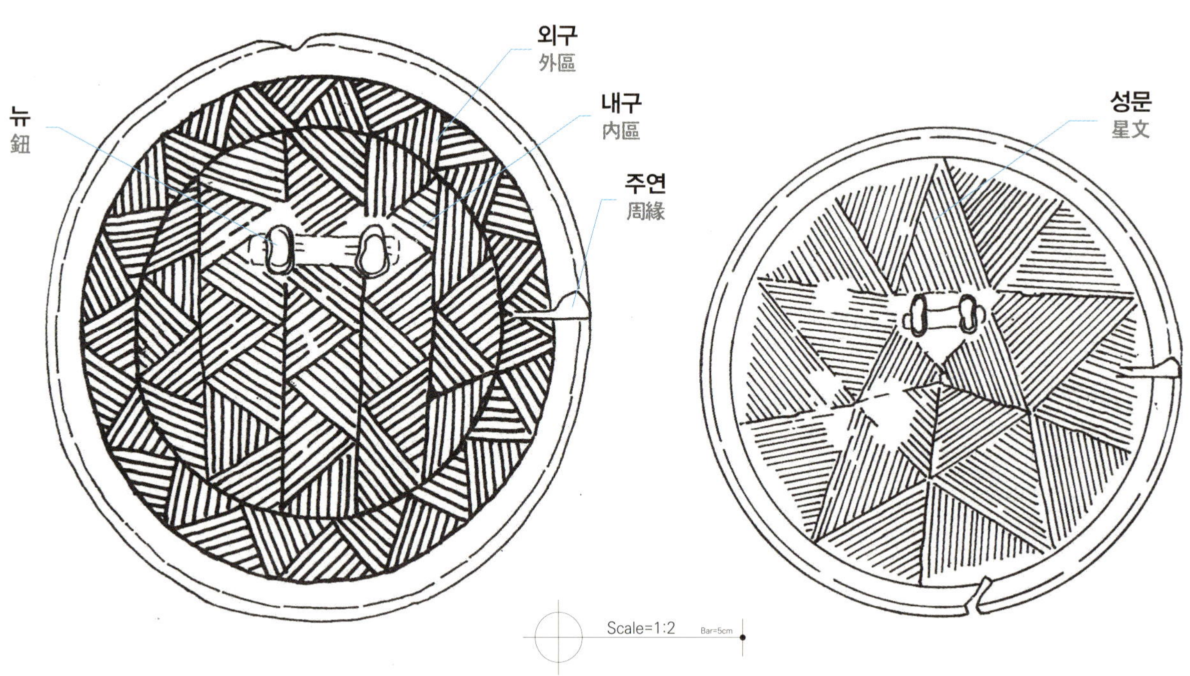

전주 여의동

＊ 國立中央博物館·國立光州博物館, 1992, 『韓國의 靑銅器文化』, 汎友社.

國立中央博物館, 1977, 『南城里石棺墓』.

全州大學校博物館, 1990, 『全州 如意洞先史遺蹟 發掘調査報告書』.

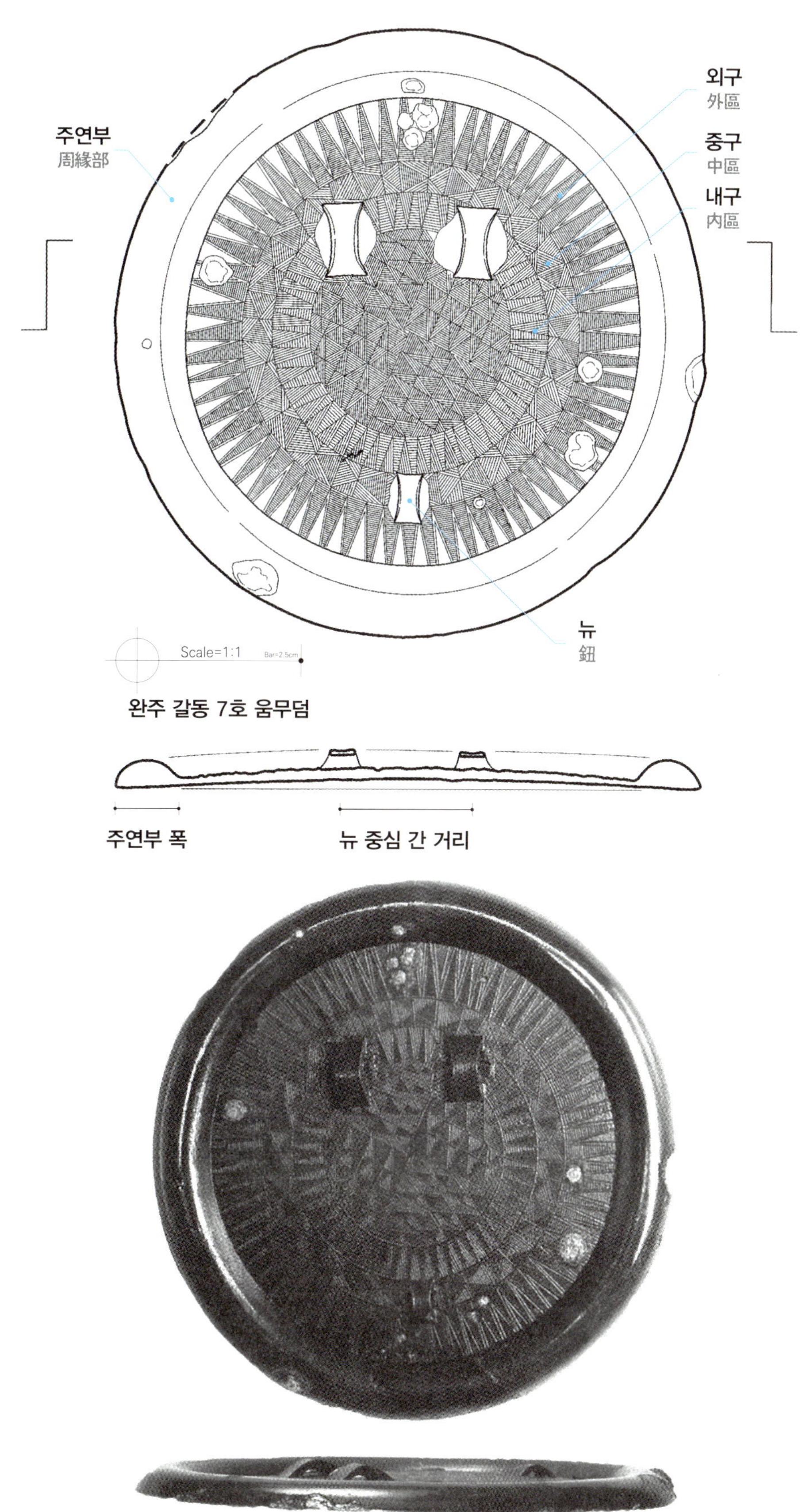

완주 갈동 7호 움무덤

* 湖南文化財研究院, 2009, 『完州 葛洞遺蹟Ⅱ』.

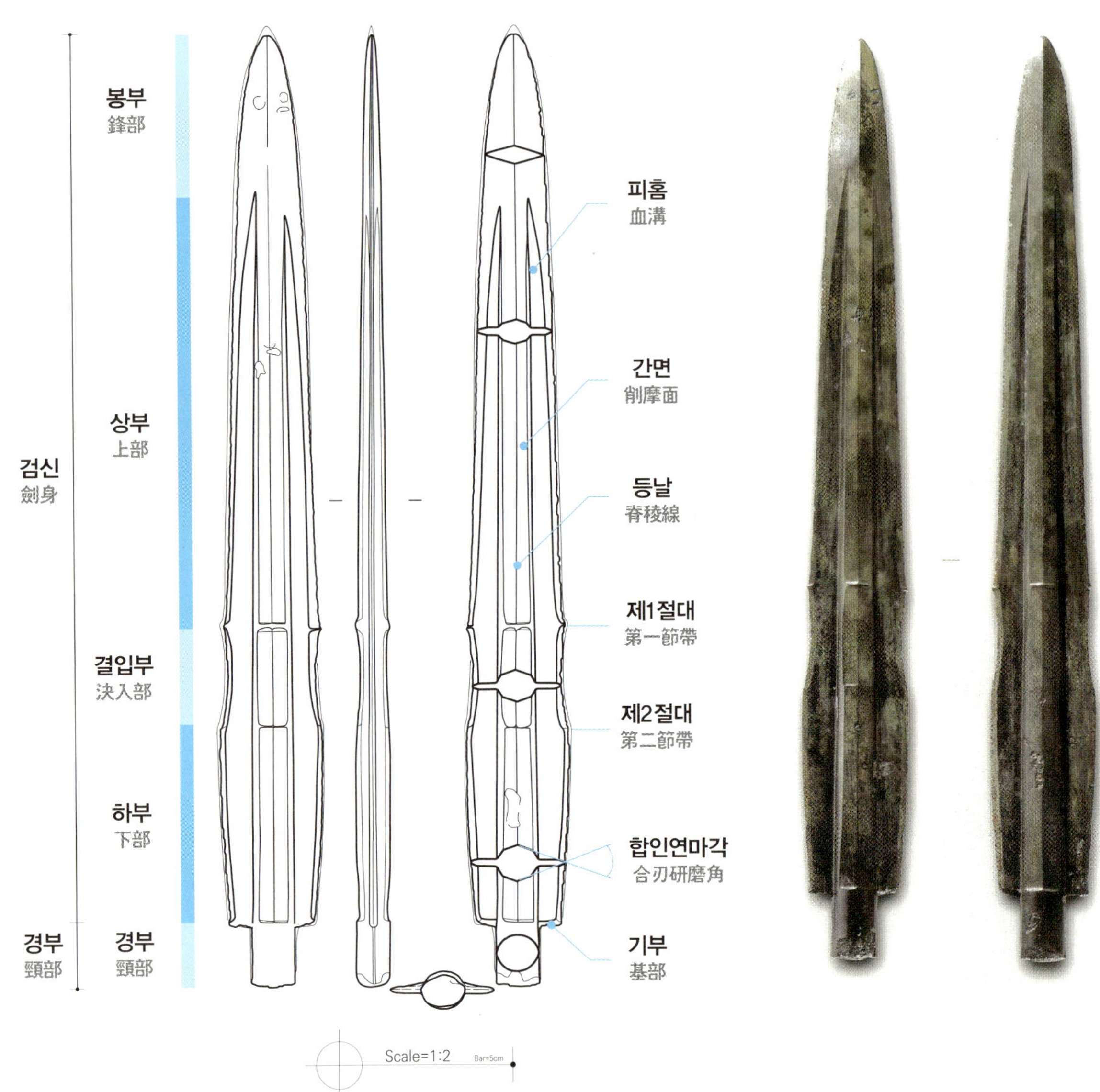

숭실대학교 한국기독교박물관 소장

＊ 김동일, 2013, 「비파형·세형동검의 검신과 검병 조립 방식에 대한 고찰」, 『韓國上古史學報』 79, 韓國上古史學會.

趙鎭先著(成璟瑭譯), 2006, 「細形銅劍的型式變遷與意味」, 『疆考古研究』 4, 科學出版社.

柳田康雄, 2014, 『日本·朝鮮半島の靑銅武器研究』, 雄山閣.

숭실대학교 한국기독교박물관, 2011, 『한국기독교박물관 소장 거푸집과 청동기』.

國立光州博物館, 2013, 『和順 大谷里 遺蹟』.

中部考古學研究所, 2014, 『仁川 黔岩洞 遺蹟』.

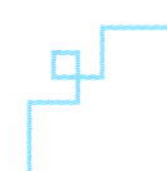

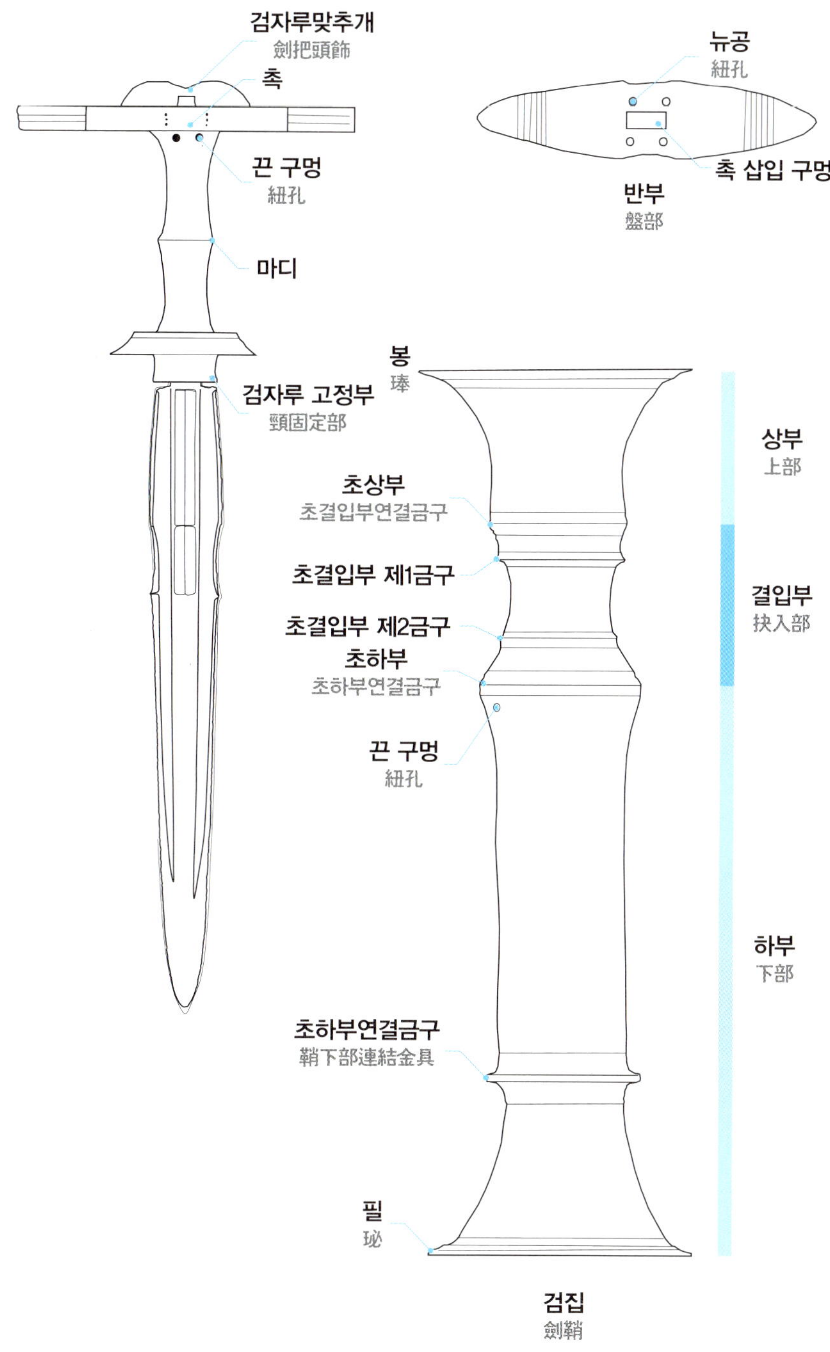
검자루맞추개
劍把頭飾
촉
끈 구멍
紐孔
마디
검자루 고정부
頸固定部
뉴공
紐孔
촉 삽입 구멍
반부
盤部
봉
鏠
상부
上部
초상부
초결입부연결금구
초결입부 제1금구
결입부
挾入部
초결입부 제2금구
초하부
초하부연결금구
끈 구멍
紐孔
하부
下部
초하부연결금구
鞘下部連結金具
필
珌
검집
劍鞘

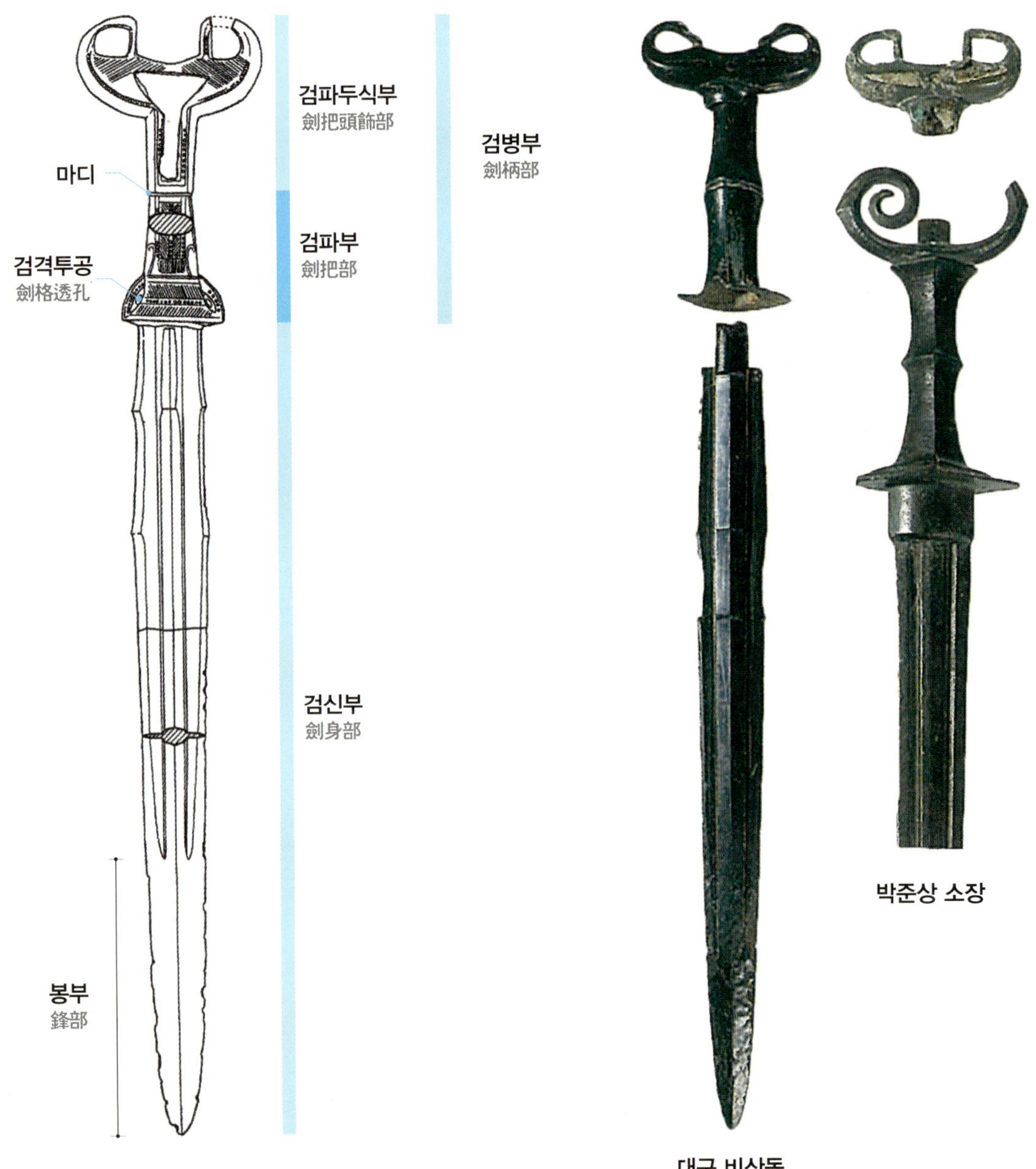

안테나식동검은 칼자루의 두 끝이 짐승머리 또는 둥근 고리로 된 동검이다. 후자는 원래 유럽의 할슈타트문화에서 검파(劍把)와 검이 붙은 일주식(一鑄式)으로 발생한 것인데, 스키토-시베리아와 오르도스문화권에서 고리가 짐승모양이나 새모양으로 발전된 것으로 본다.

＊ 박선미 · 마크 바잉턴, 2012, 「동북아시아 雙鳥形 안테나식검의 성격과 의미」, 『嶺南考古學』 63, 嶺南考古學會.
國立中央博物館 · 國立光州博物館, 1992, 『韓國의 靑銅器文化』, 汎友社

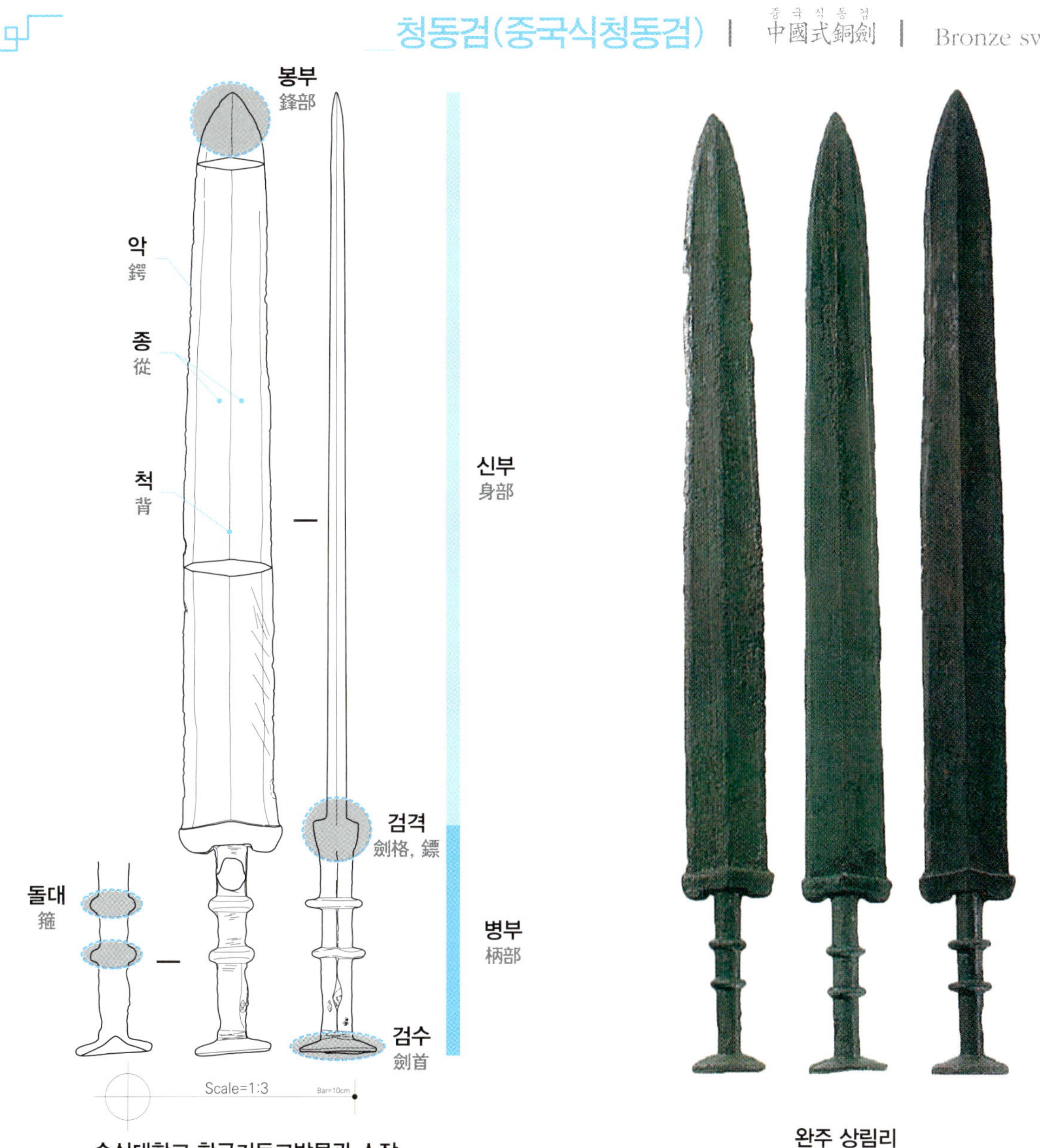

숭실대학교 한국기독교박물관 소장

완주 상림리

　춘추시대(春秋時代) 후기부터 漢代에 걸쳐 사용되었으며, 검몸과 자루가 하나의 거푸집에서 함께 주조된 동검이다. 처음에는 길이 30cm 정도의 짧은 단검이나 춘추시대의 동주(東周) 지역에서 북방계 동검의 영향으로 길어진 이른바 '도씨검(桃氏劍)'이 된다. 완주 상림리, 재령 고산리, 함평 초포리 출토품은 손잡이의 횡단면이 렌즈형에 가까워 중국식동검의 모방품으로 보기도 한다.

* 김정열, 2014, 「동주식동검의 기원과 발전」, 『완주 상림리 靑銅劍의 재조명』, 2014년 국립전주박물관 · 한국청동기학회 학술세미나 발표자료집, 국립전주박물관.

이나경, 2014, 「완주 상림리 동검의 특징」, 『완주 상림리 靑銅劍의 재조명』, 2014년 국립전주박물관 · 한국청동기학회 학술세미나 발표자료집, 국립전주박물관.

전영래, 1976, 「완주 상림리출토 중국식동검에 관하여」, 『전북유적조사보고 6』, 전주시립박물관.

國立文化財研究所, 2001, 『韓國考古學事典』.

國立中央博物館 · 國立光州博物館, 1992, 『韓國의 靑銅器文化』, 汎友社.

숭실대학교 한국기독교박물관, 2013, 『한국기독교박물관 소장 낙랑유물』.

숭실대학교 한국기독교박물관 소장

검자루맞추개는 일반적으로 '검파두식(劍把頭飾)'으로 불리며, 이 외에도 '검자루맞춤돌', '검자루끝장식' 등으로도 부른다. 재질은 석제, 금속제, 토제로 크게 나눌 수 있으나 토제 검자루맞추개는 발견 사례가 많지 않다. 대체로 이른 시기에는 석제로 제작되다가 시간이 흐름에 따라 금속제로 바뀐다. 검자루맞추개의 용도는 검자루 끝에 장착하여 검몸과 자루의 균형을 잡거나 가중기(加重器)로서의 역할을 하는 것으로 보고 있다. 초기철기시대의 청동검자루맞추개 중에서는 평면 십자형 한가운데에 수직으로 기둥모양을 세운 이른바 '기둥있는십자모양검자루맞추개[立柱附劍把頭飾]'가 가장 널리 사용된다.

* 미야자토 오사무, 2010, 『한반도 청동기의 기원과 전개』, 사회평론.
  숭실대학교 한국기독교박물관, 2011, 『한국기독교박물관 소장 거푸집과 청동기』.

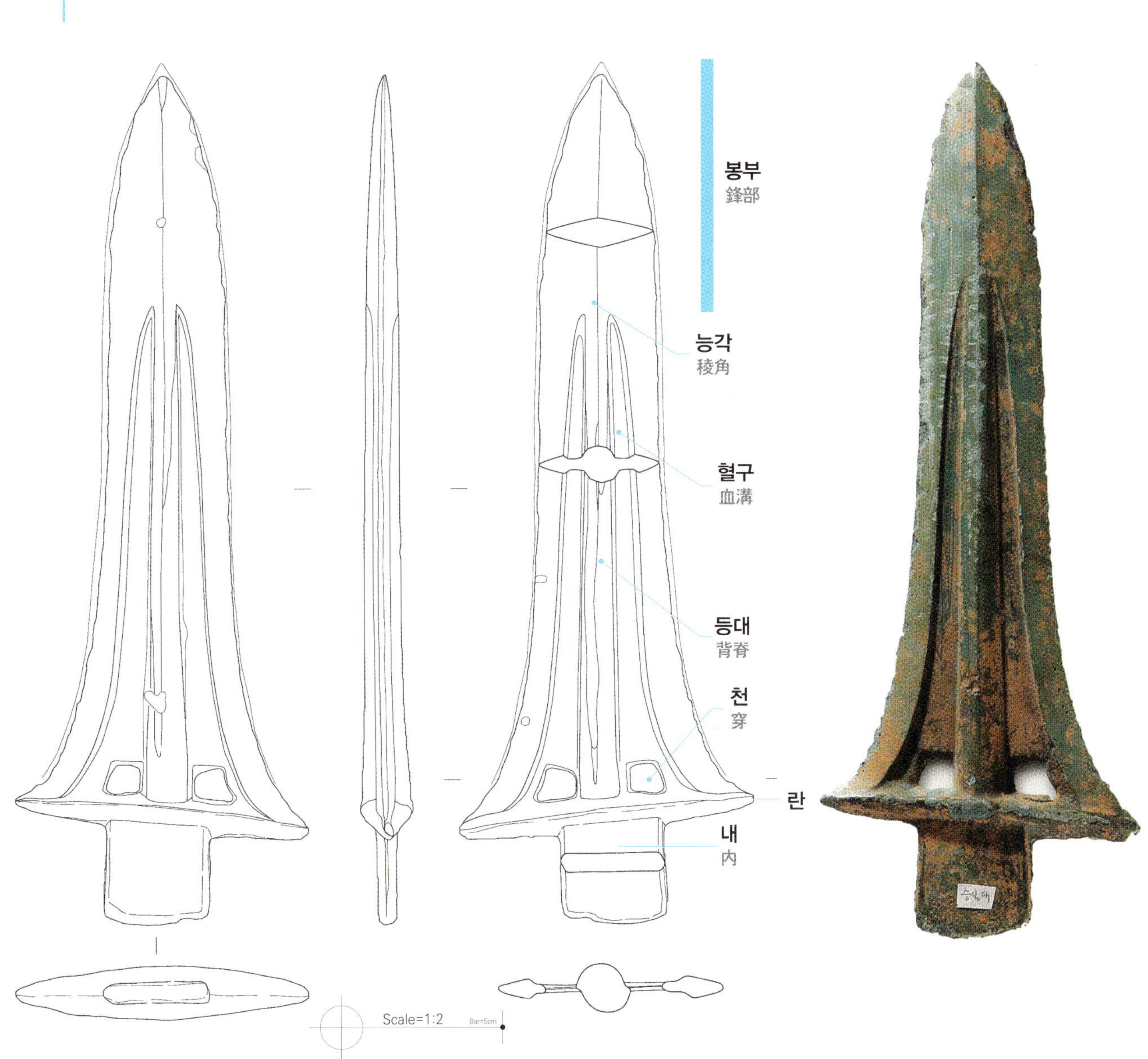

숭실대학교 한국기독교박물관 소장

청동꺾창은 긴 자루에 착장하여 찍거나 베는데 사용한 청동제 무기의 일종이다. 한국식 청동꺾창은 중국의 청동꺾창과 다른 모양을 띠기에 한반도 내에서 독자적인 발전 과정을 거친 것으로 보는 견해가 많다. 다른 청동무기류와 마찬가지로 늦은 시기로 가면서 무늬가 새겨지거나[有文銅戈], 봉부가 넓어지는[廣形銅戈] 등 장식적인 면이 강조된다. 특히 시간 흐름에 따른 착병각의 변화가 뚜렷한데, 이른 단계에는 100° 내외이지만 창원 다호리 1호 무덤과 같이 쇠꺾창 단계에는 90° 내외로 둔각에서 점차 직각으로 변화하는 점이 특징이다.

* 서길덕, 2018, 「한국 점토띠토기문화기 무덤 연구」, 세종대학교 대학원 박사학위논문.

趙鎭先, 2009, 「韓國式銅戈의 登場背景과 辛庄頭 30號墓」, 『湖南考古學報』 32, 호남고고학회.

숭실대학교 한국기독교박물관, 2011, 『한국기독교박물관 소장 거푸집과 청동기』.

湖南文化財研究院, 2014, 『完州 新豊遺蹟』.

청동꺾창집 | 銅戈鞘 | Bronze dagger-axe sheath

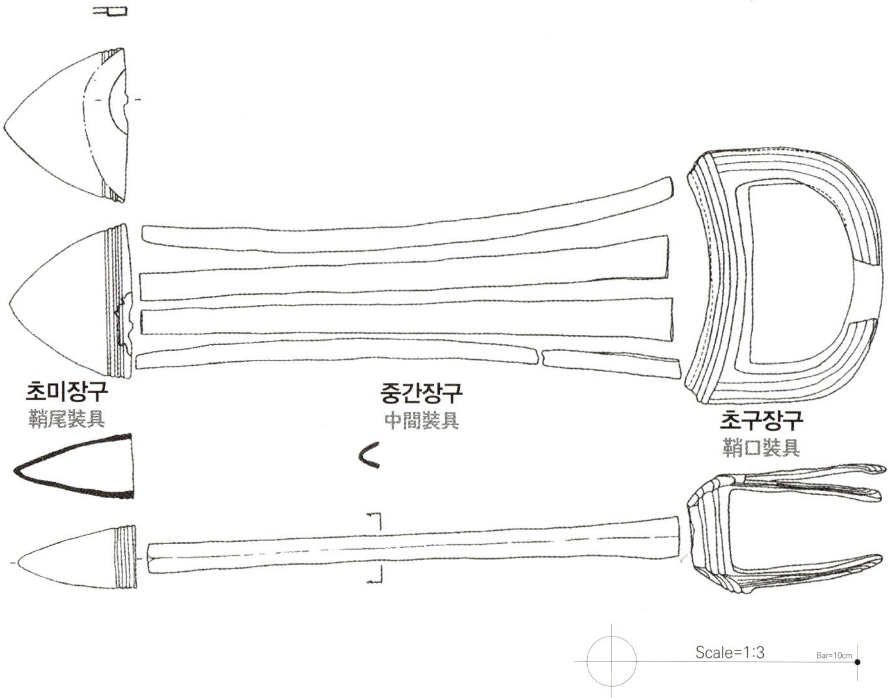

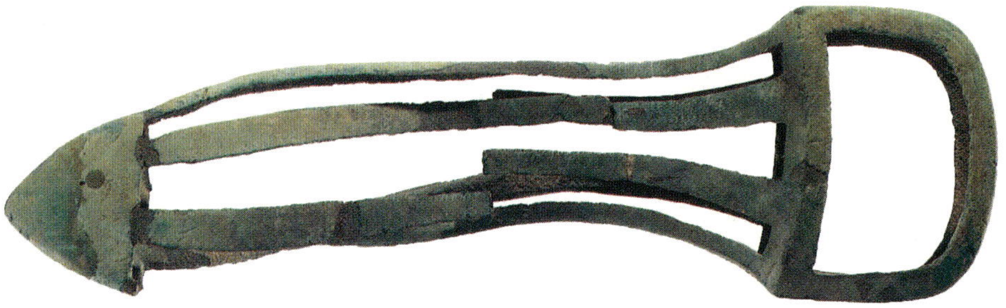

대구 평리동

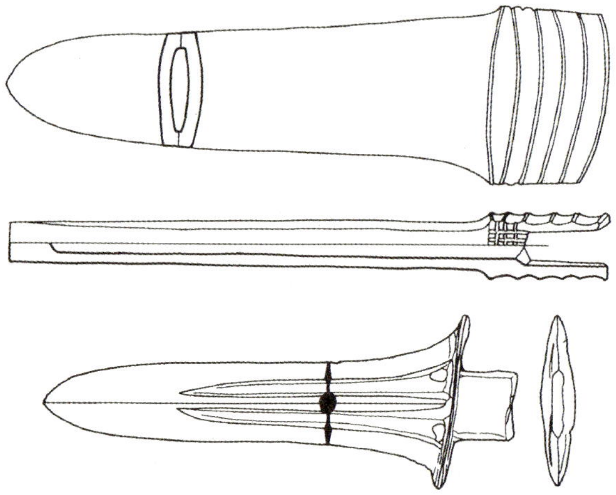

평양 정백동 청동꺾창 및 청동꺾창집

* 尹容鎭,「韓國青銅器文化研究」,『韓國考古學報』10 · 11, 韓國考古學會.

李健茂, 1987,「青銅遺物의 땜질技法」,『三佛 金元龍教授 停年退任紀念論叢 I』, 一志社.

國立中央博物館 · 國立光州博物館, 1992,『韓國의 青銅器文化』, 汎友社.

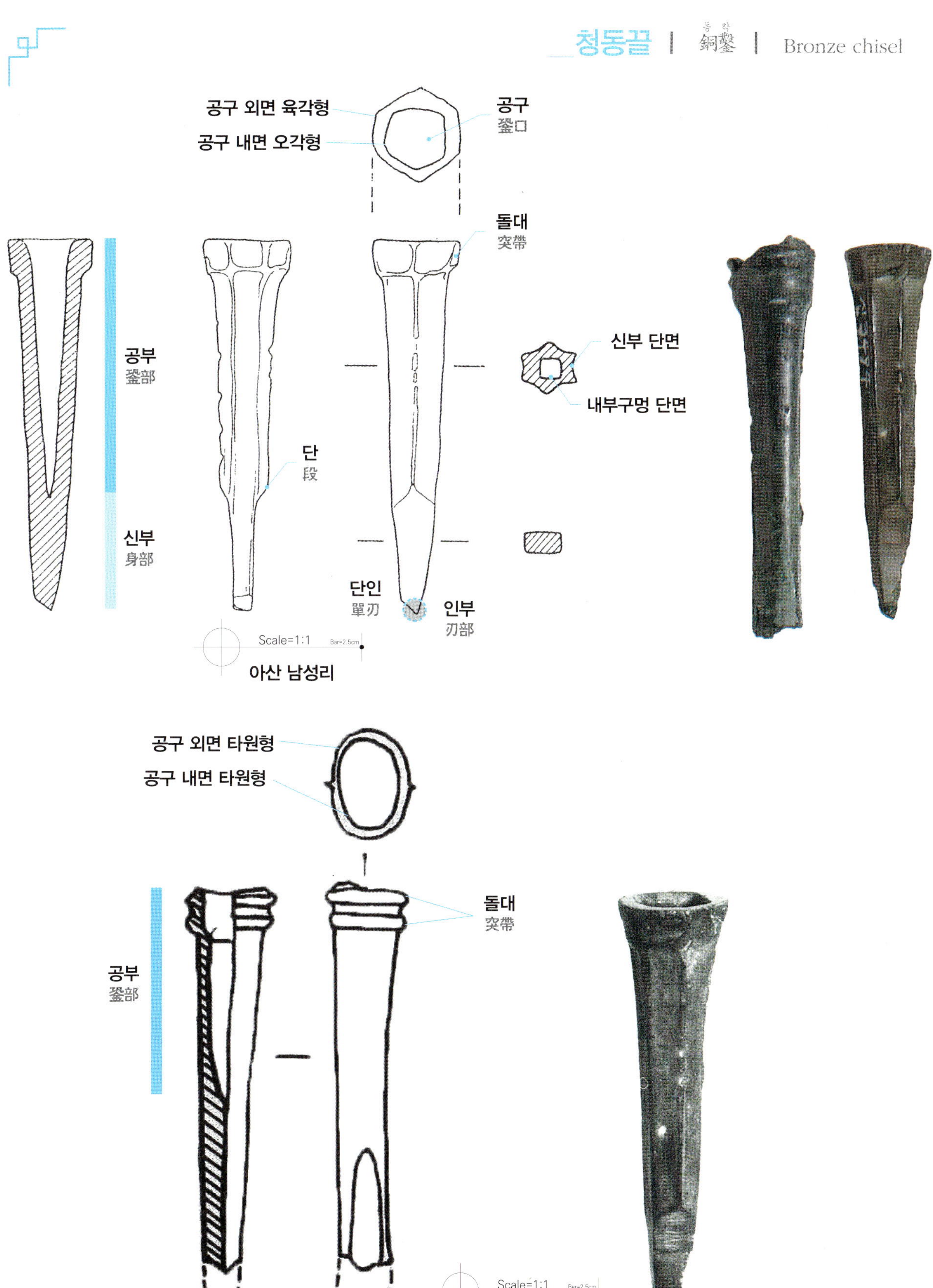

※ 國立中央博物館·國立光州博物館, 1992, 『韓國의 靑銅器文化』, 汎友社.

　國立中央博物館, 1977, 『南城里石棺墓』.

　全州大學校博物館, 1990, 『全州如意洞先史遺蹟發掘調査報告書』.

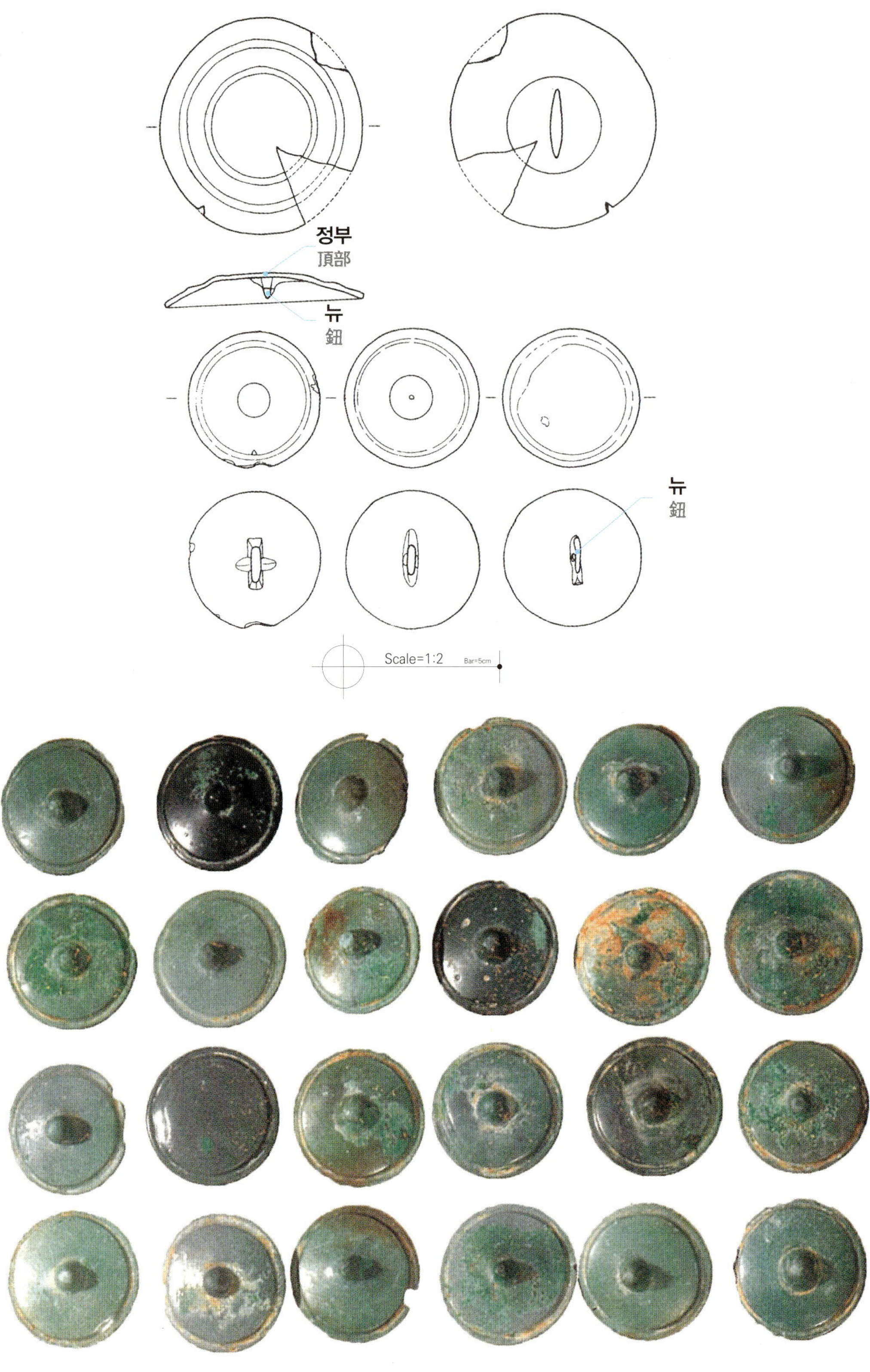

월성 죽동리

＊ 韓炳三, 1987, 「月城竹洞里出土 靑銅器 一括遺物」, 『三佛金元龍敎授停年退任紀念論叢 Ⅰ』, 一志社

國立中央博物館·國立光州博物館, 1992, 『韓國의 靑銅器文化』, 汎友社

청동도끼(긴네모꼴청동도끼) | 長方形銅斧 | Rectangular bronze axe

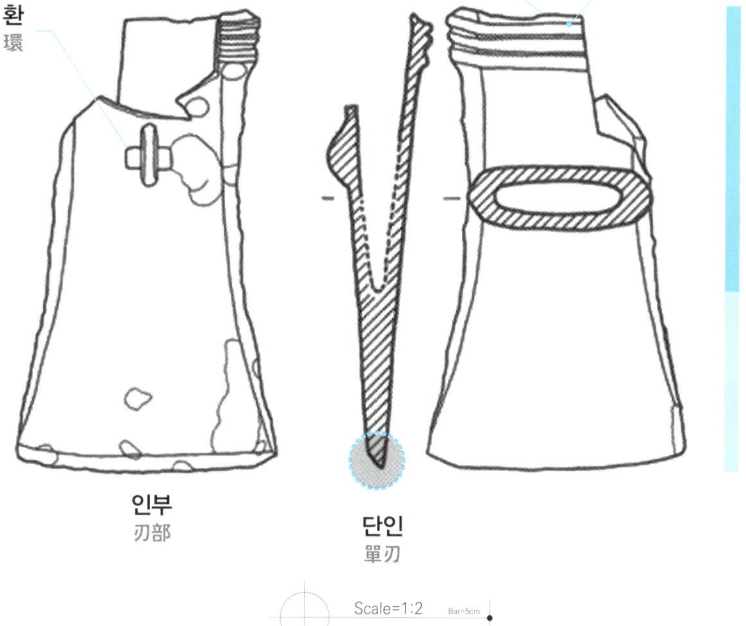

부여 구봉리

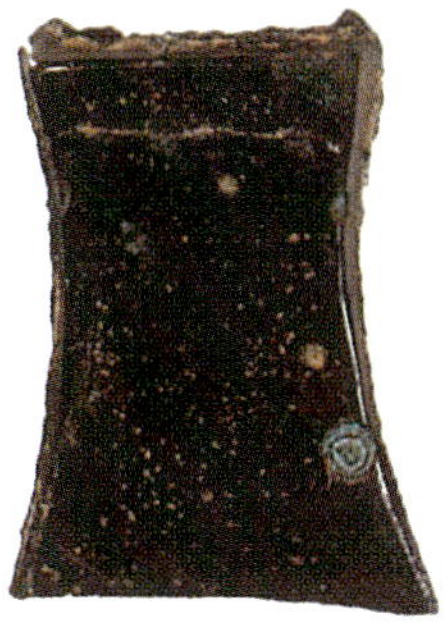

숭실대학교 한국기독교박물관 소장

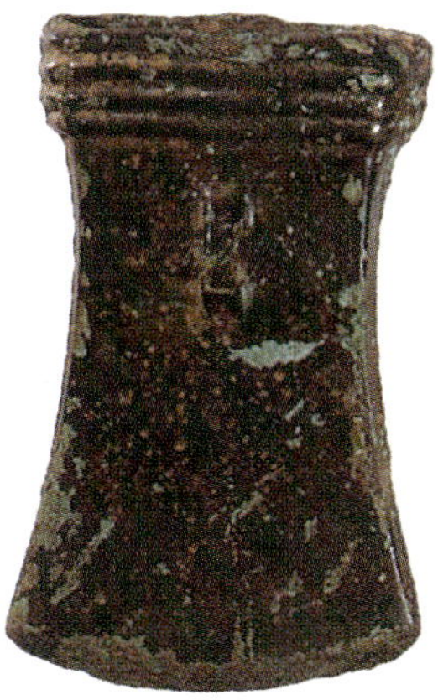

傳 화순

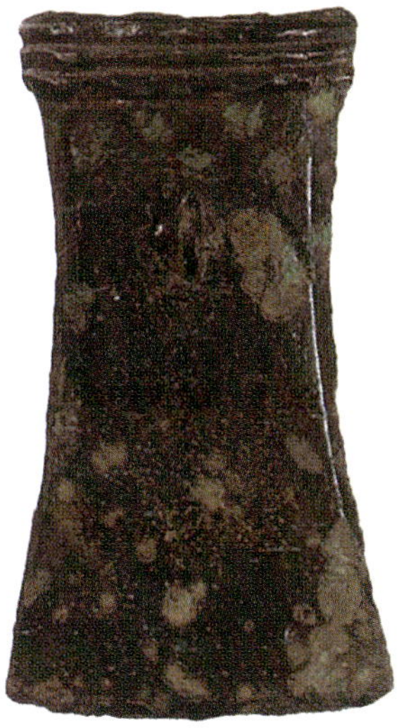

부여 구봉리

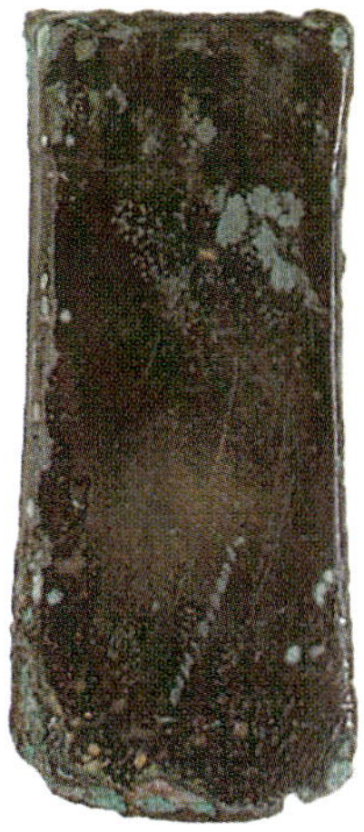

부산시립박물관 소장

李康承, 1987, 「夫餘九鳳里出土 青銅器 一括遺物」, 『三佛金元龍教授停年退任紀念論叢 I』, 一志社

國立中央博物館·國立光州博物館, 1992, 『韓國의 青銅器文化』, 汎友社

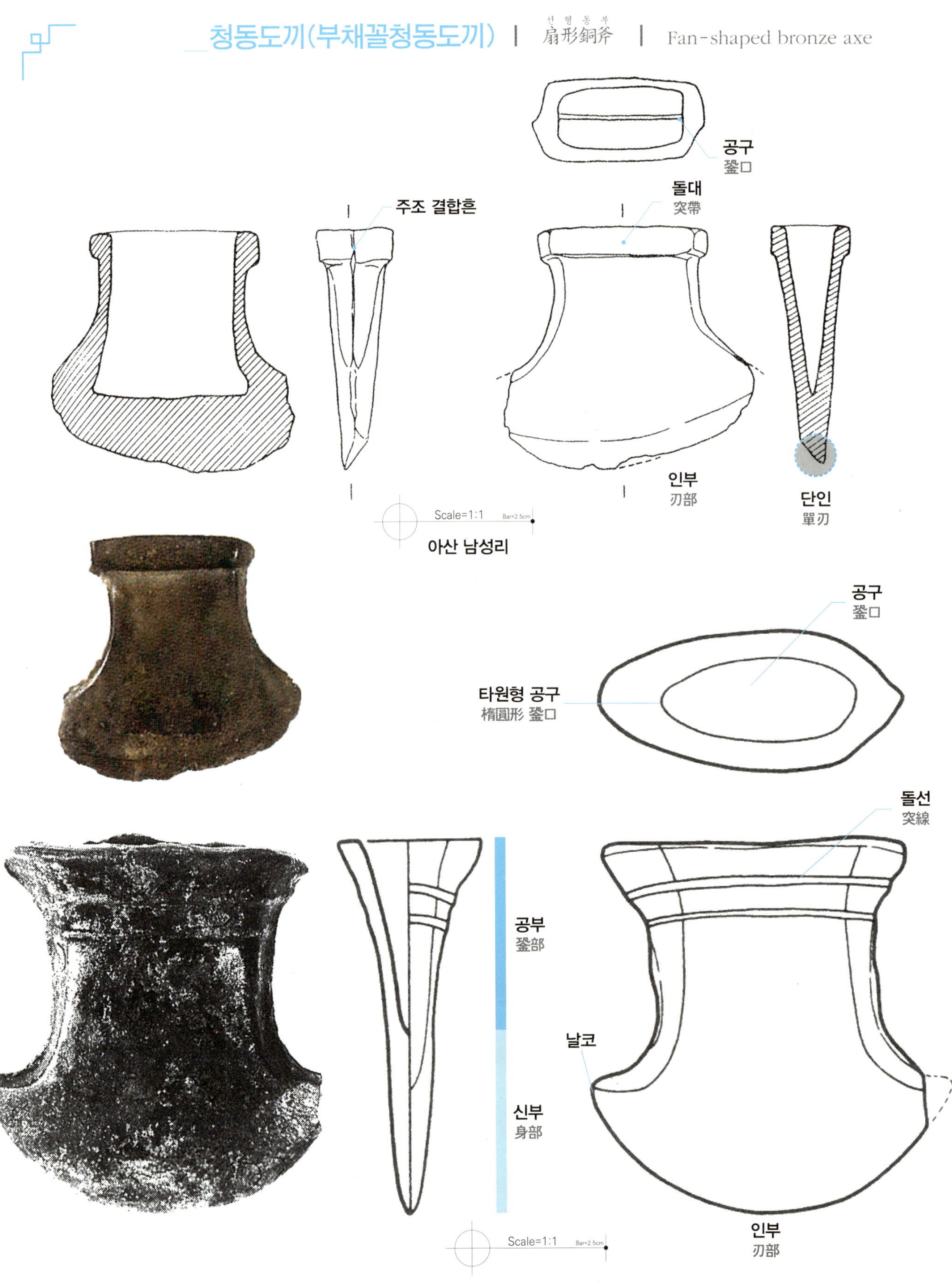

* 國立中央博物館·國立光州博物館, 1992,『韓國의 青銅器文化』, 汎友社

  江陵大學校博物館, 2000,『束草 朝陽洞 住居址』.

  國立中央博物館, 1997,『南城里石棺墓』.

有肩圓刃銅斧 | Shoulder-shaped bronze axe with rounded blade

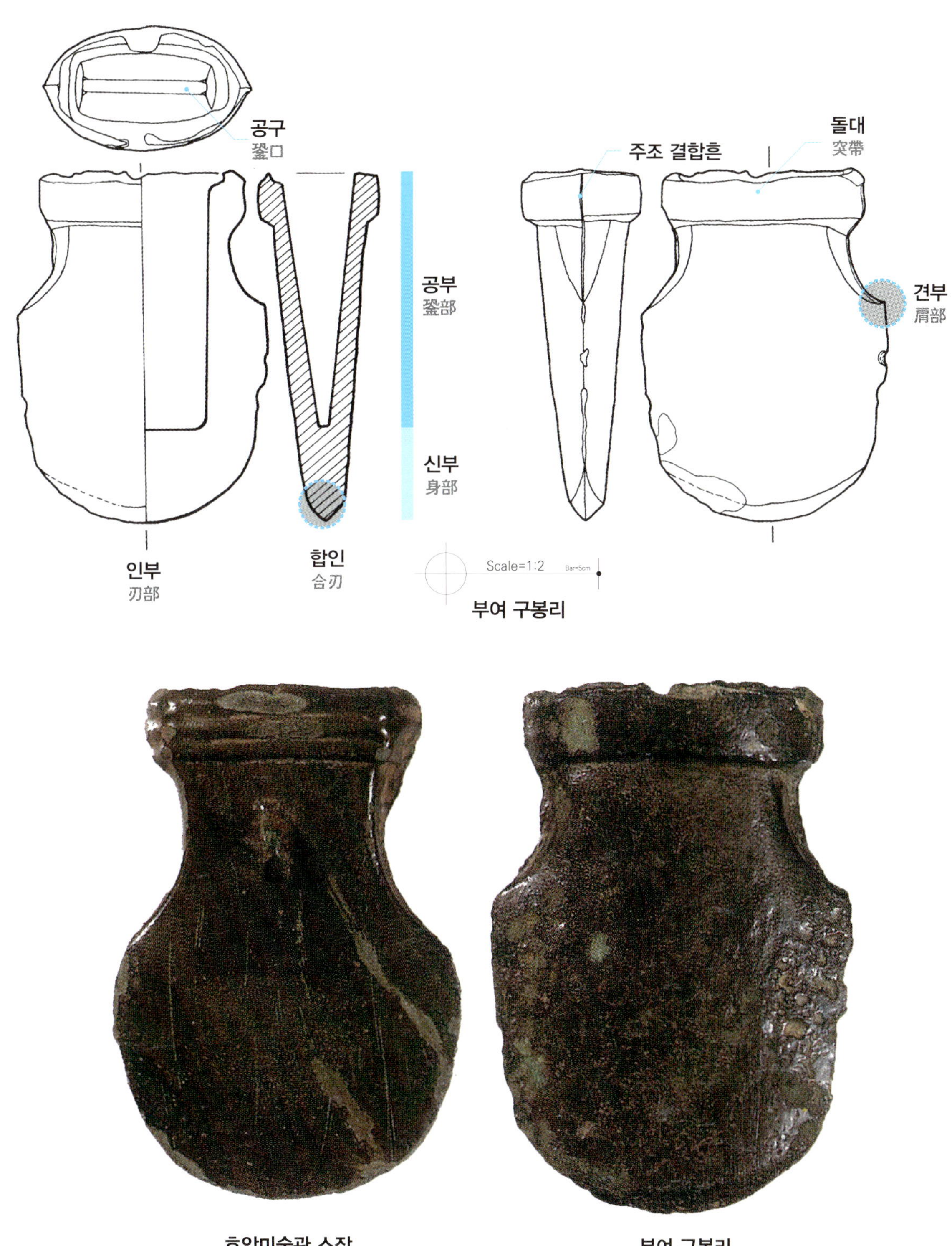

호암미술관 소장

부여 구봉리

* 李康承, 1987, 「夫餘九鳳里出土 靑銅器 一括遺物」, 『三佛金元龍敎授停年退任紀念論叢 I 』, 一志社
國立中央博物館·國立光州博物館, 1992, 『韓國의 靑銅器文化』, 汎友社

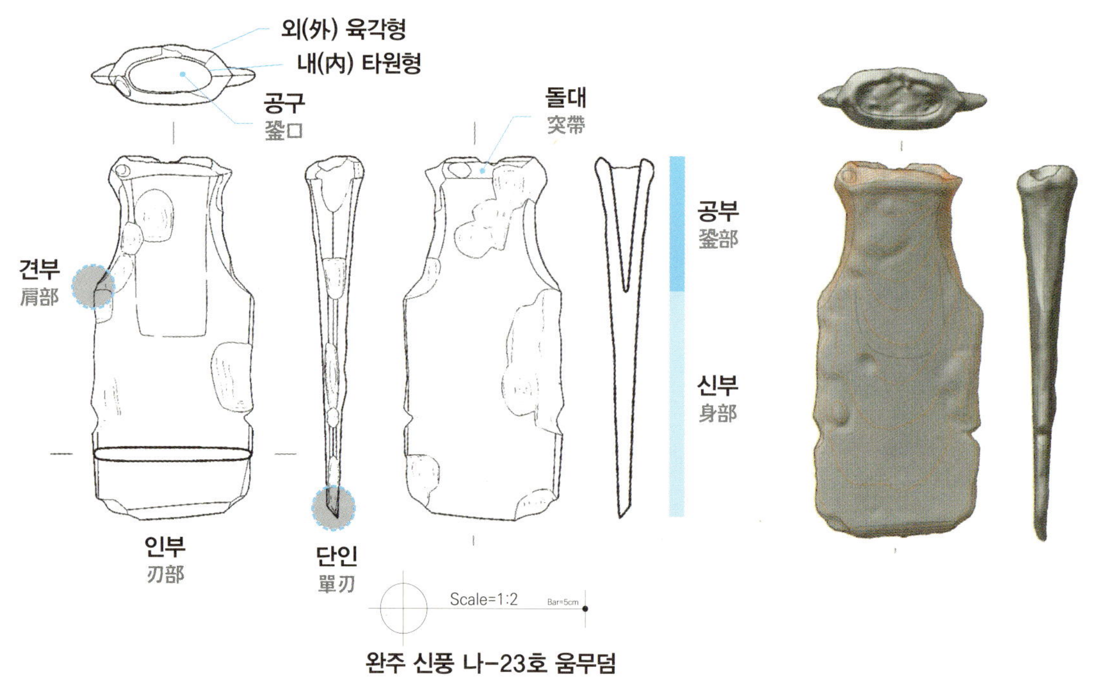

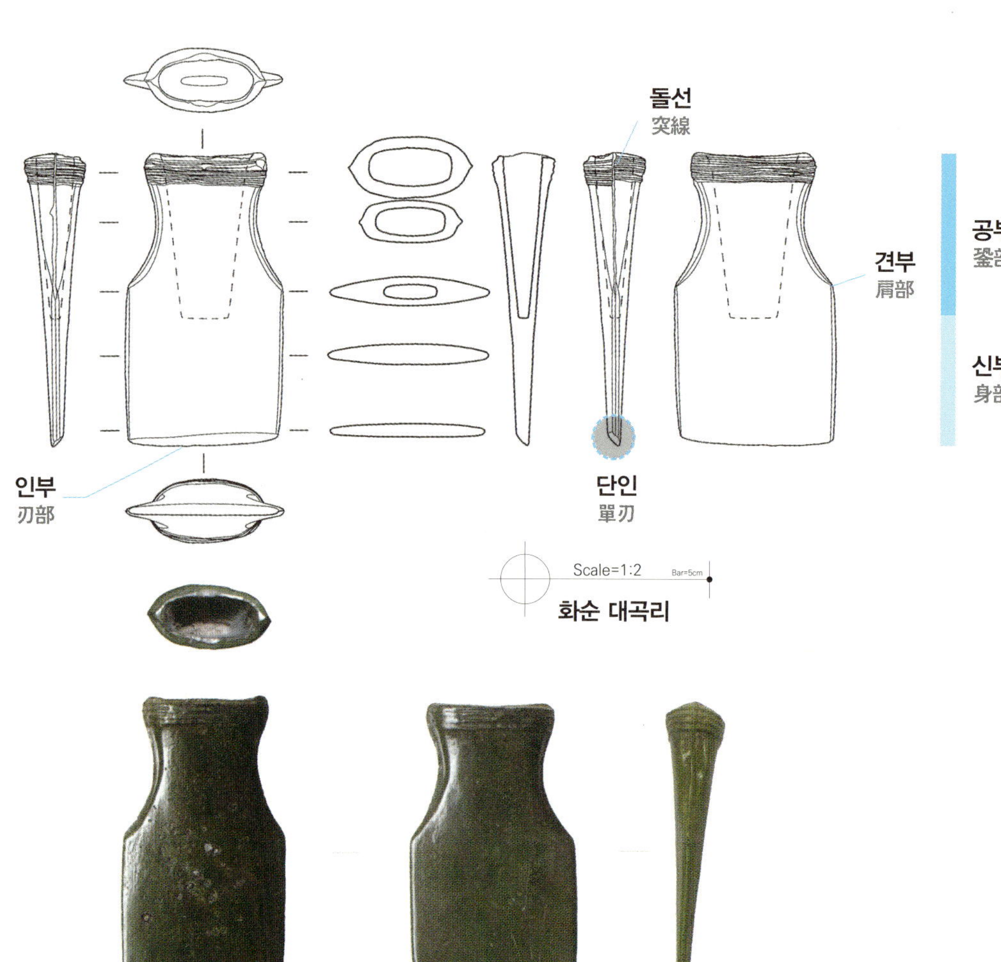

* 國立光州博物館, 2013, 『和順 大谷里 遺蹟』.
　湖南文化財研究院, 2014, 『完州 新豊遺蹟Ⅱ』.

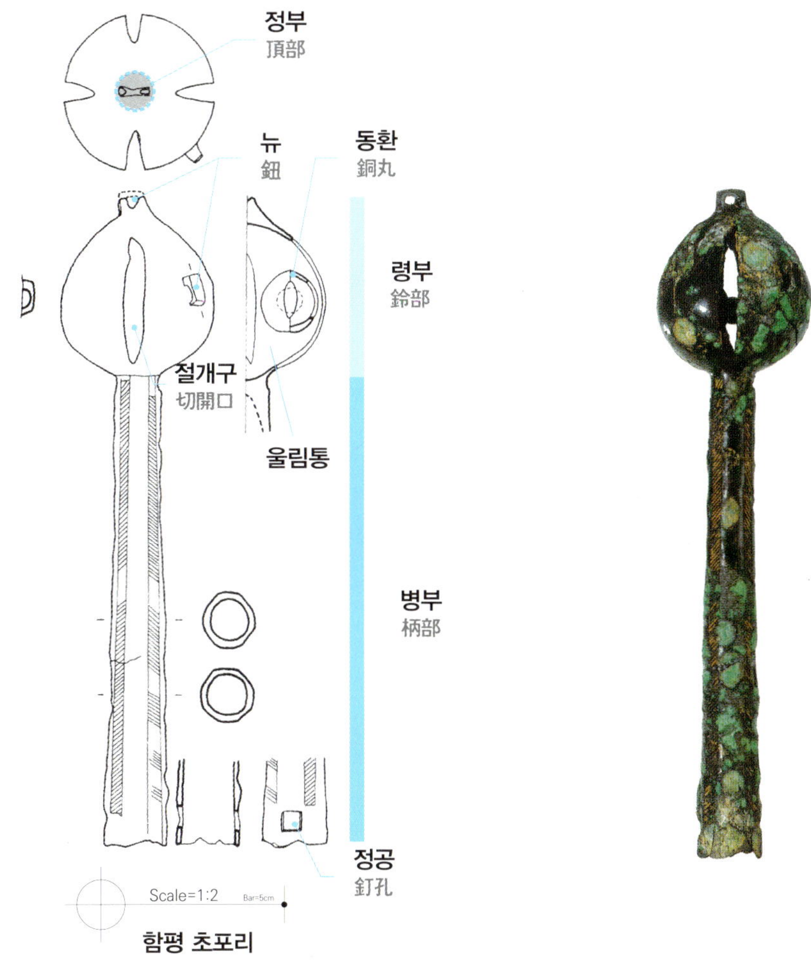

* 國立中央博物館·國立光州博物館, 1992,『韓國의 青銅器文化』, 汎友社

國立光州博物館, 1988,『咸平 草浦里 遺蹟』.

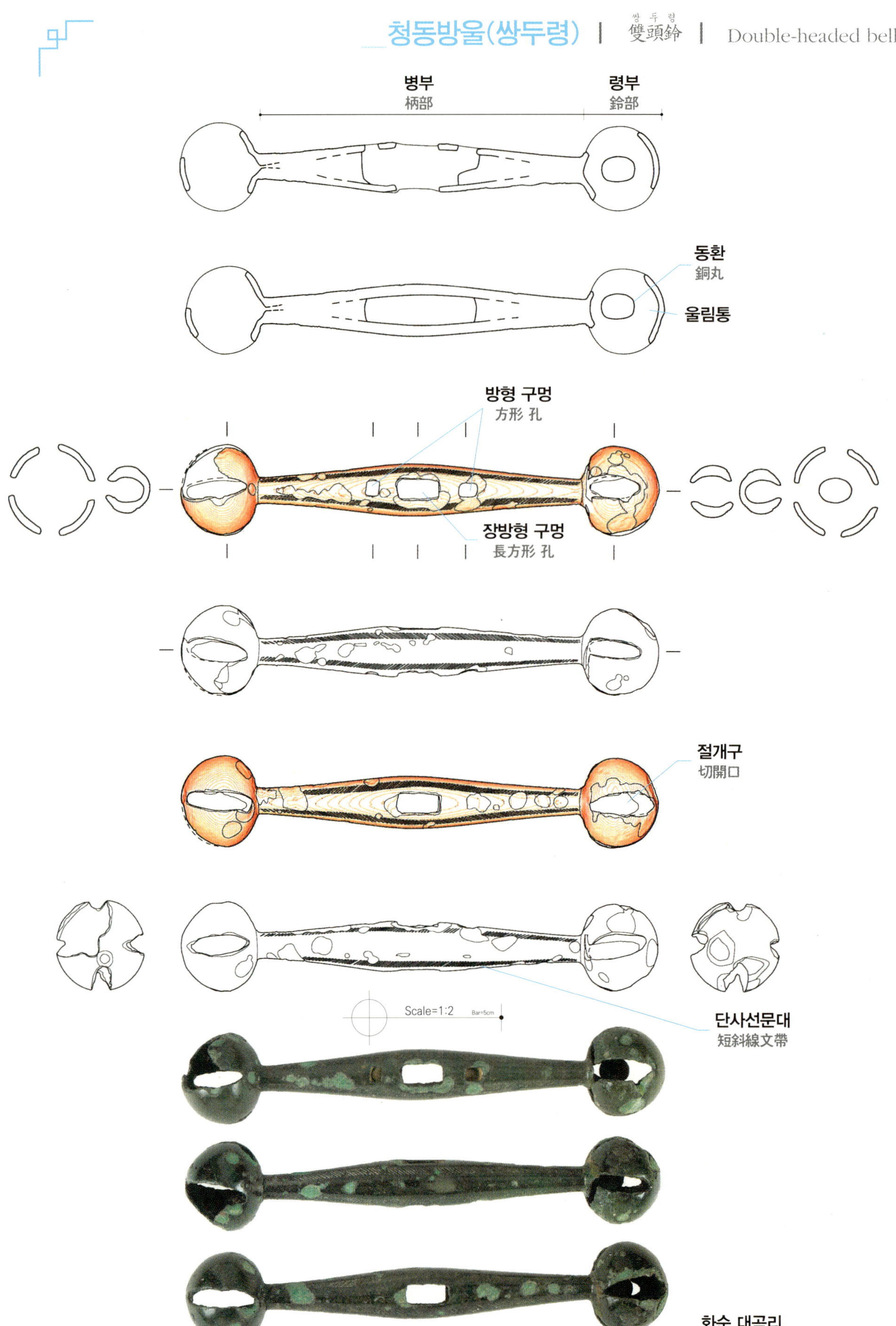

* 國立中央博物館·國立光州博物館, 1992, 『韓國의 靑銅器文化』, 汎友社

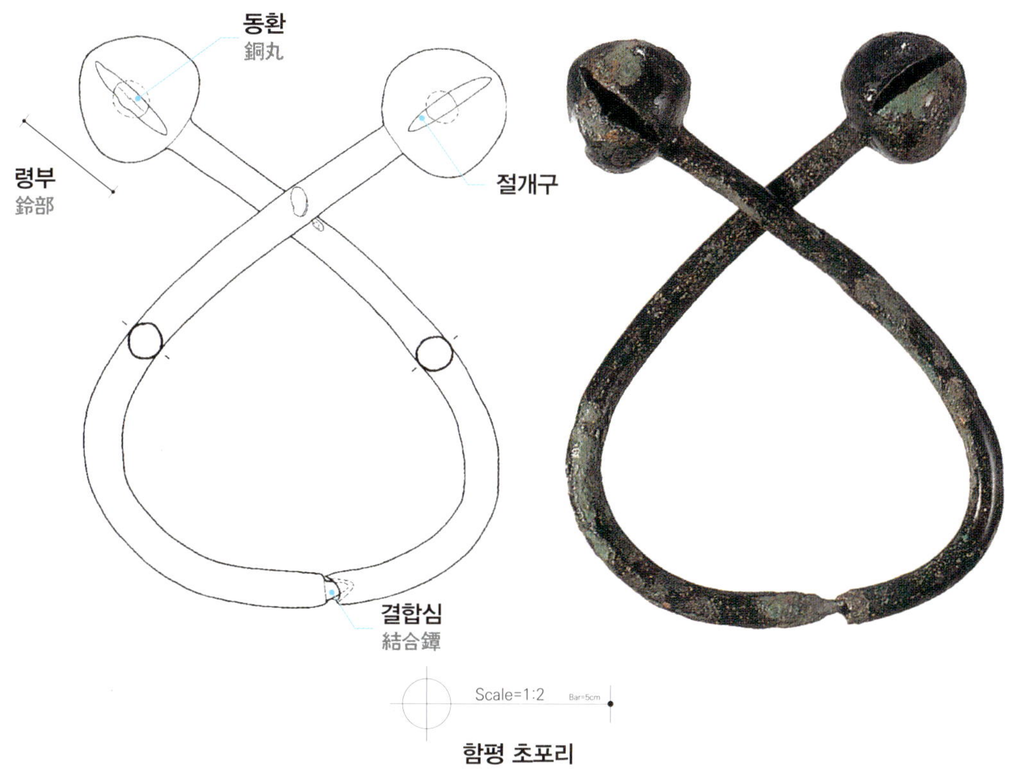

함평 초포리

* 國立中央博物館·國立光州博物館, 1992, 『韓國의 靑銅器文化』, 汎友社
國立光州博物館, 1988, 『咸平 草浦里 遺蹟』.

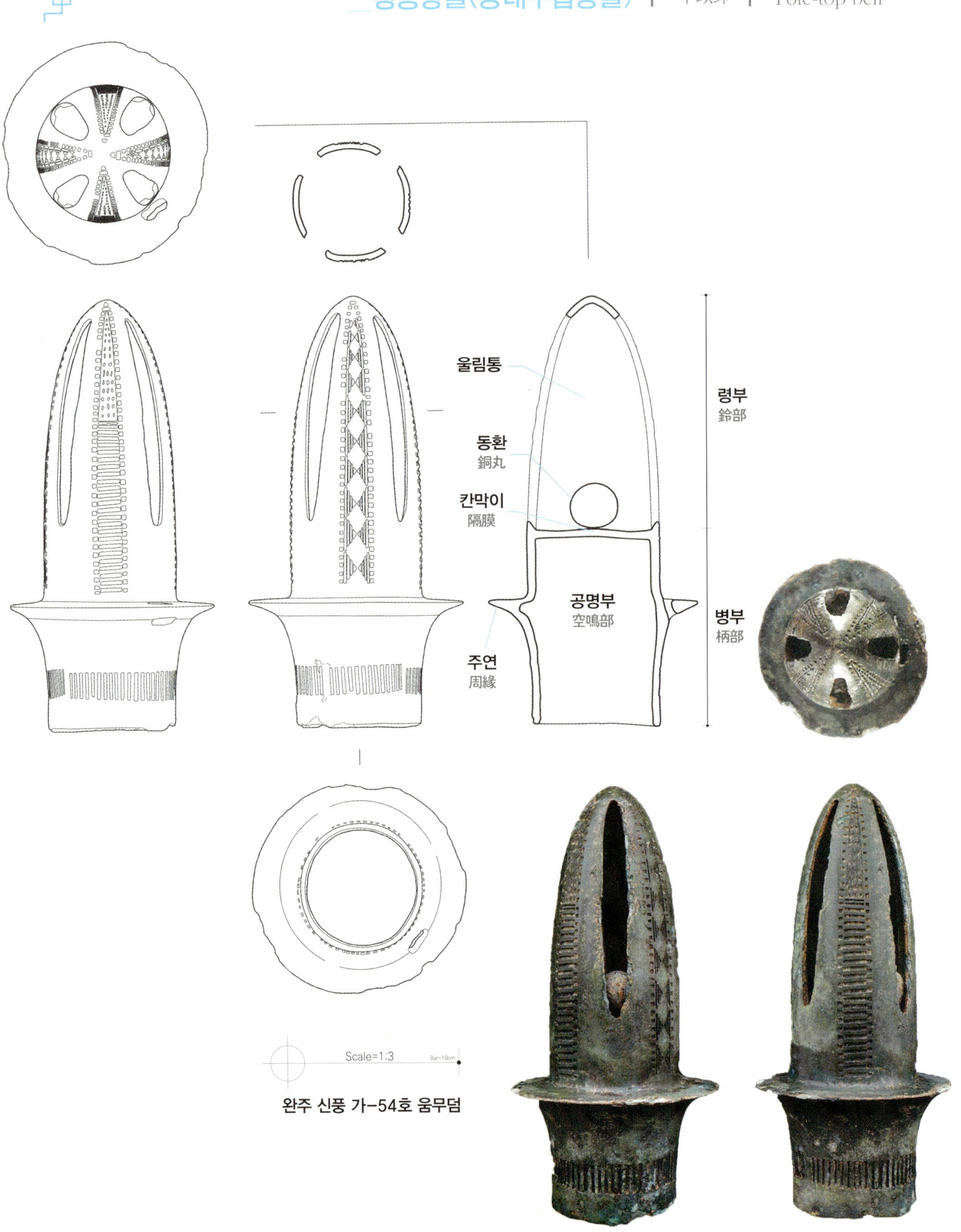

완주 신풍 가-54호 움무덤

* 李健茂, 1992, 「韓國 靑銅儀器의 硏究-異形銅器를 中心으로-」, 『韓國考古學報』 28, 韓國考古學會.
  湖南文化財硏究院, 2014, 『完州 新豊遺蹟 I』.

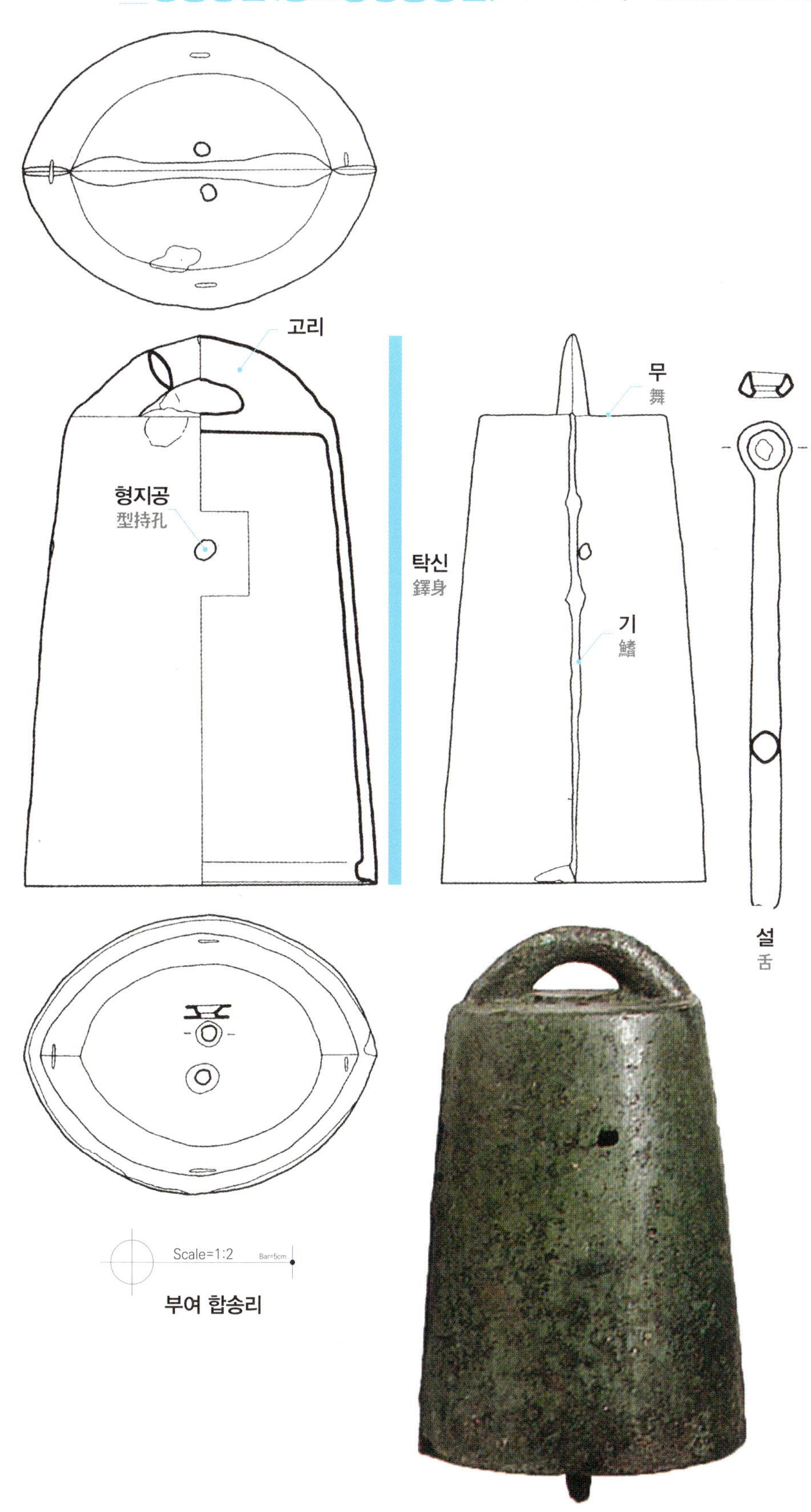

* 李健茂, 1990, 「扶餘 合松里遺蹟 出土 一括遺物」, 『考古學誌』 2, 韓國考古美術研究所.
國立中央博物館·國立光州博物館, 1992, 『韓國의 靑銅器文化』, 汎友社.

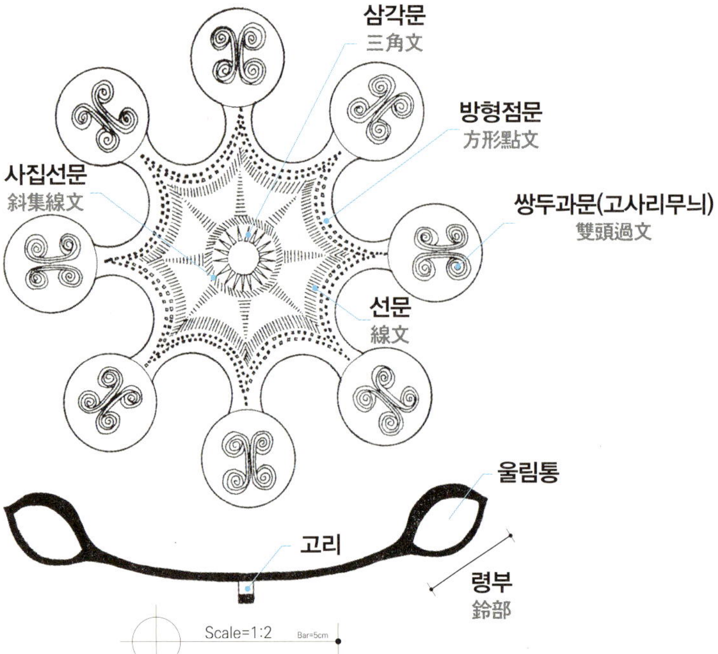

화순 대곡리

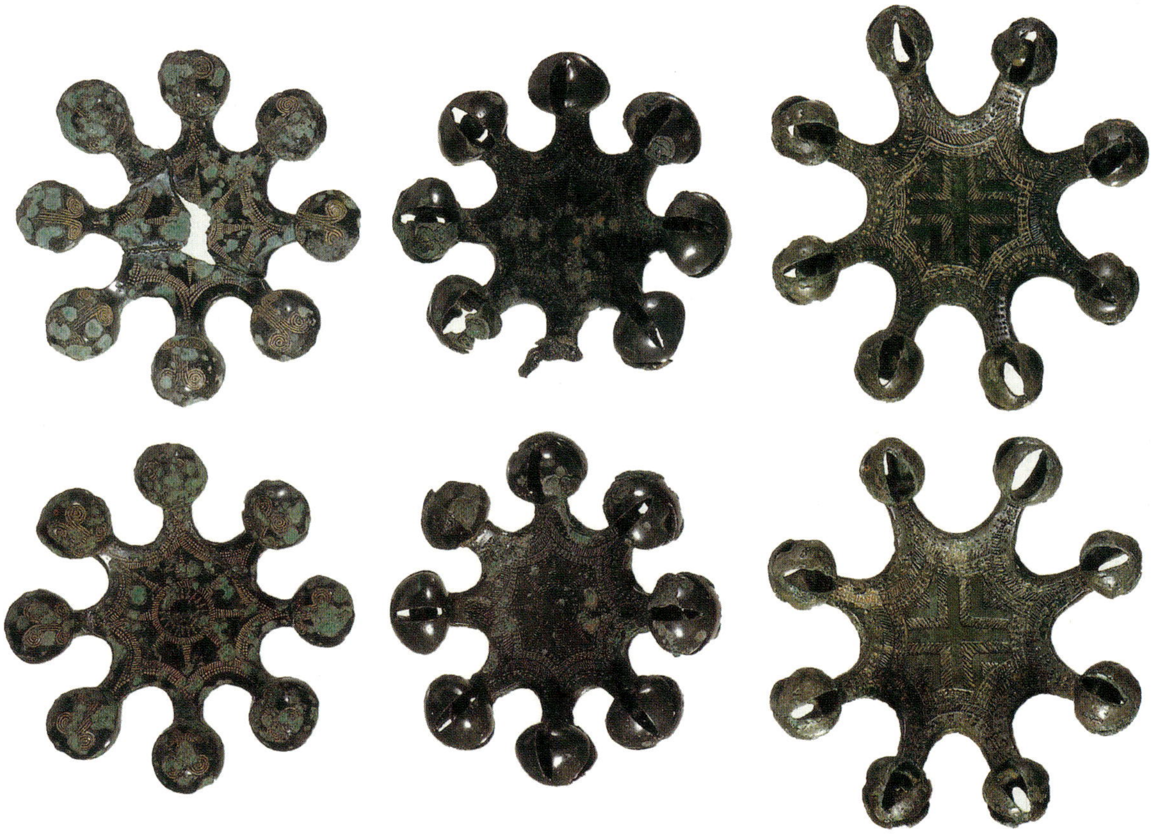
화순 대곡리 傳 논산 傳 덕산

* 趙由典, 1984,「全南 和順 青銅遺物一括 出土遺蹟」,『尹武炳博士 回甲紀念論叢』, 尹武炳博士 回甲紀念論叢刊行委員會.
國立中央博物館·國立光州博物館, 1992,『韓國의 青銅器文化』, 汎友社.

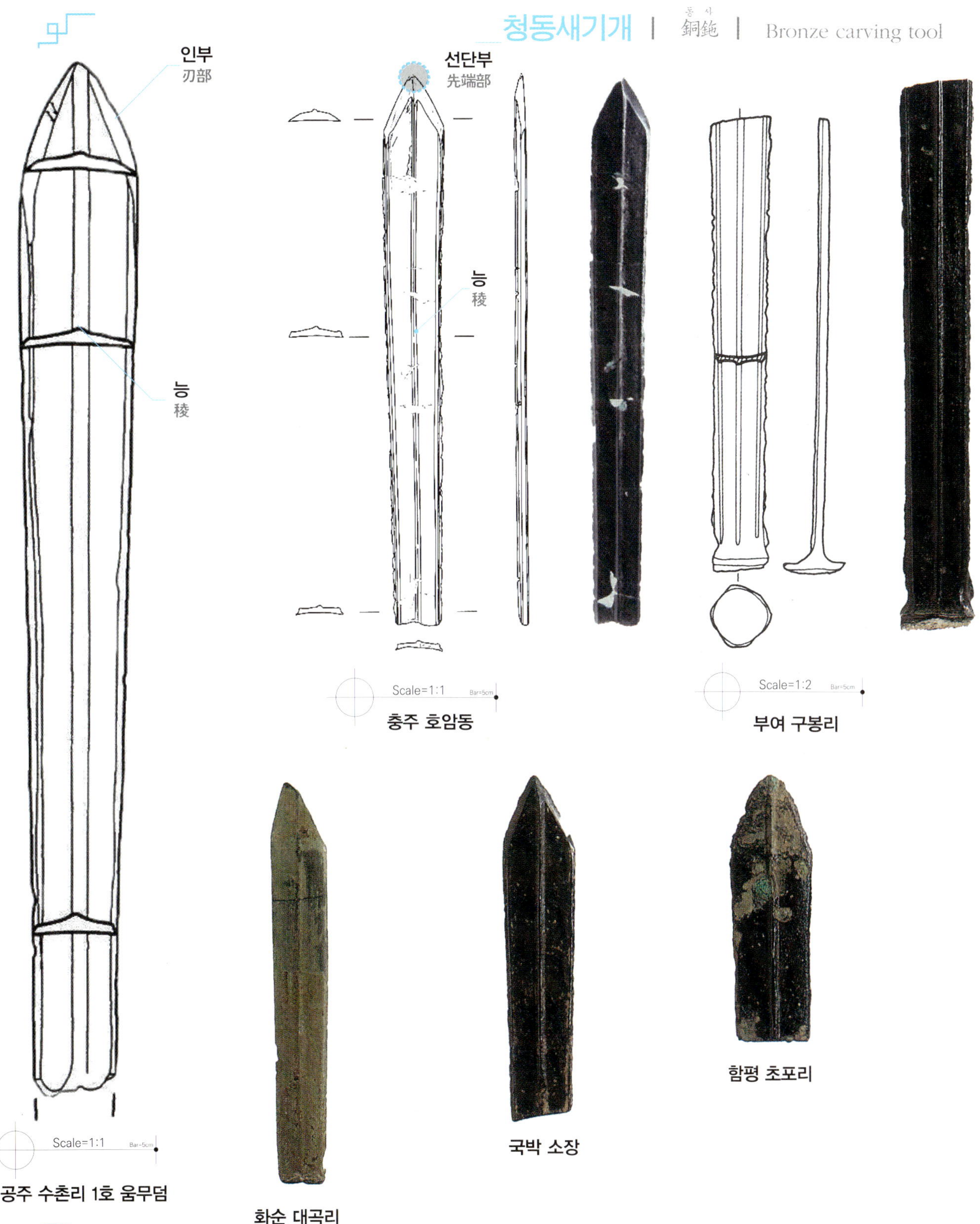

* 李康承, 1987,「夫餘九鳳里出土 靑銅器 一括遺物」,『三佛金元龍教授停年退任紀念論叢 I 』, 一志社

國立中央博物館·國立光州博物館, 1992,『韓國의 靑銅器文化』, 汎友社

國立光州博物館, 1988,『咸平 草浦里 遺蹟』.

全南大學校博物館, 2005,『和順 大谷里 遺蹟』.

中原文化財研究院, 2017,『忠州 虎岩洞遺蹟』.

忠淸南道歷史文化研究院, 2007,『公州 水村里遺蹟』.

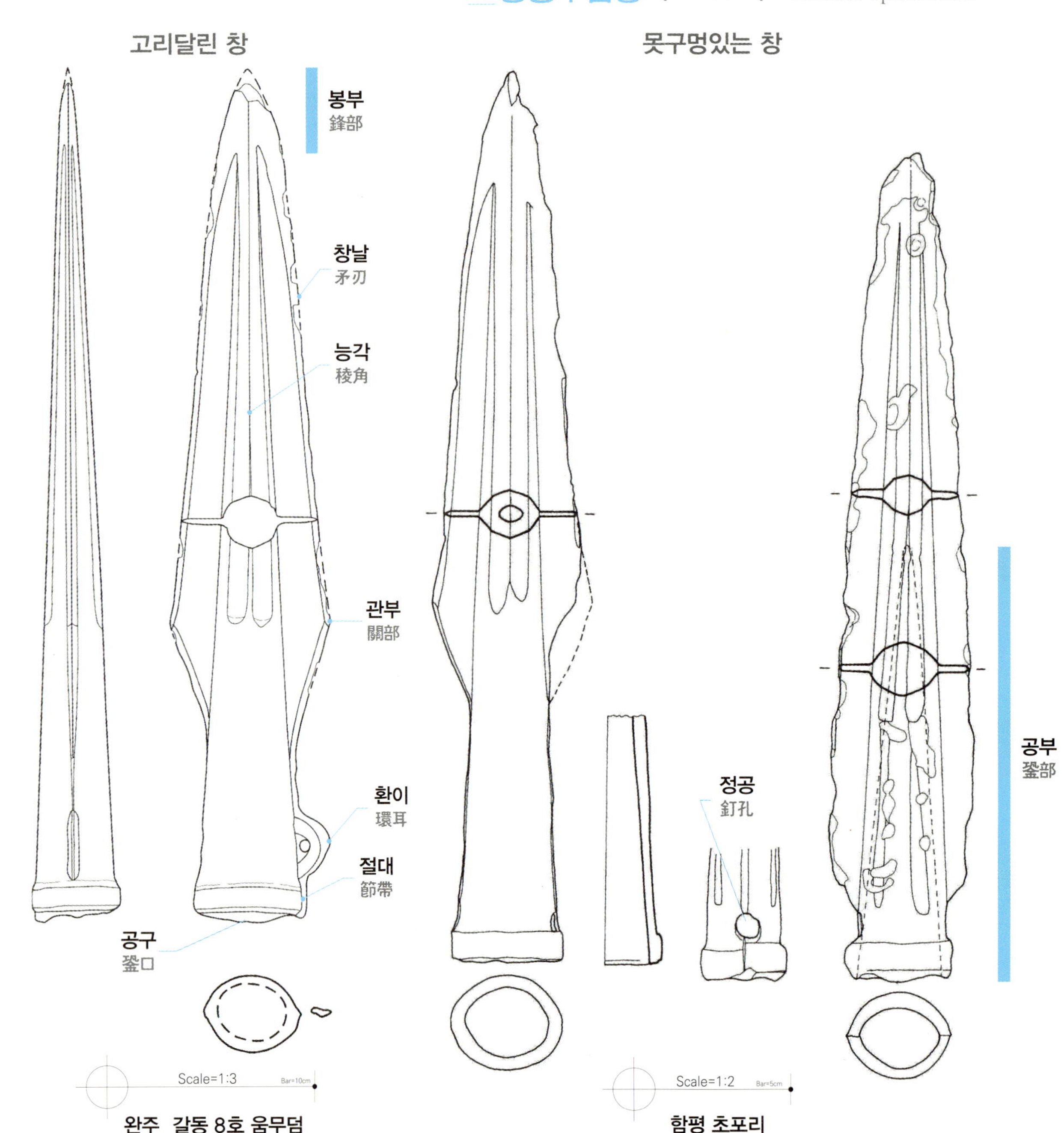

　　청동투겁창[銅矛]은 창몸의 형태에 따라 비파형(琵琶形), 세형(細形), 중광형(中廣形) 등으로 나눌 수 있다. 이 중에서 초기철기시대의 세형동검과 공반되는 것은 주로 세형의 청동투겁창이다. 세형청동투겁창은 다시 공구(銎口) 옆에 고리가 달린 것과 못구멍이 뚫린 것으로 구분할 수 있다. 세형청동투겁창은 긴 것[長鋒形]과 짧은 것[短鋒形]이 셋트로 출토되는 경우가 많은데 초기에는 짧은 것만 주로 확인된다. 세형 청동투겁창의 변화상은 마연 형태 등을 비롯한 전체적인 모양이 곡선상에서 직선상으로, 창몸은 좁은 것에서 넓은 것으로 변화한다. 또한 늦은 단계에는 무늬있는 청동투겁창, 관부의 돌출, 넓은 봉부 등 의기(儀器)적 모습을 띤다.

＊ 尹武炳, 1991, 『韓國靑銅器文化硏究』, 예경산업사.

　國立光州博物館, 1988, 『咸平 草浦里 遺蹟』.

　湖南文化財研究院, 2009, 『完州 葛洞遺蹟Ⅱ』.

날개모양청동화살촉

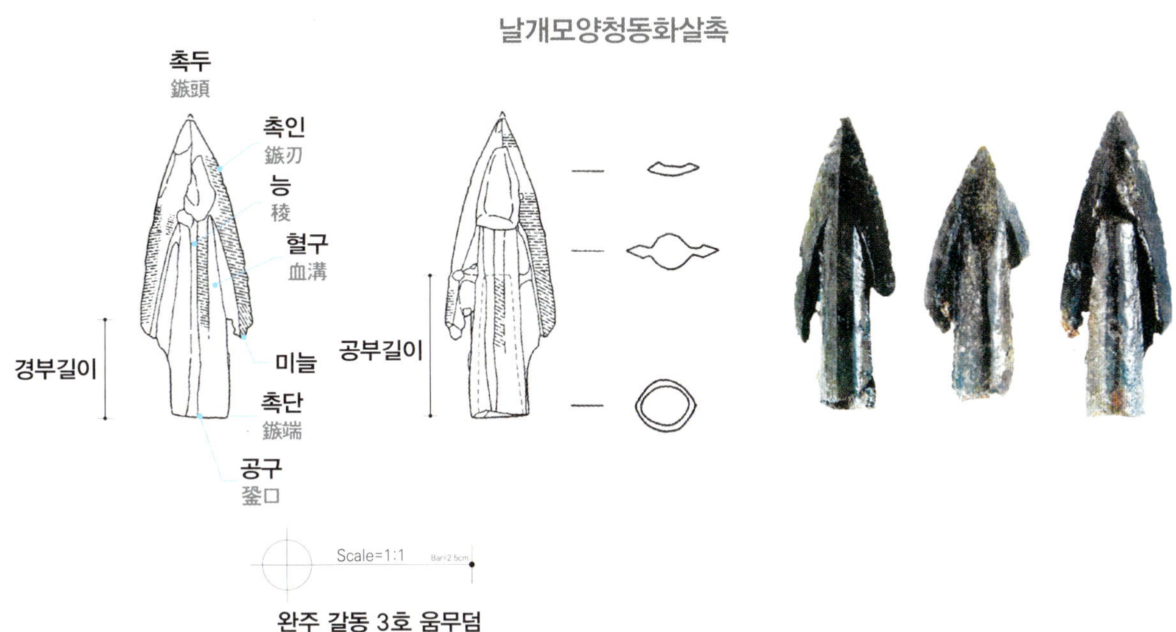

완주 갈동 3호 움무덤

삼각형청동화살촉

합천 영창리 28호 움

　청동화살촉은 날개 유무(有無)와 슴베 유무에 따라 일차적으로 구분할 수 있다. 또한 화살대를 슴베의 구멍에 끼우는 것과 화살촉의 슴베를 화살대에 끼우는 것으로 다시 나눌 수 있다. 안성 만정리와 합천 영창리유적 출토품과 같은 평근(平根)의 삼각형청동화살촉은 돌화살촉을 모방하여 제작되었을 가능성이 높다.

慶南考古學硏究所, 2002, 『陝川盈倉里無文時代集落』.

湖南文化財硏究院, 2005, 『完州 葛洞遺蹟』.

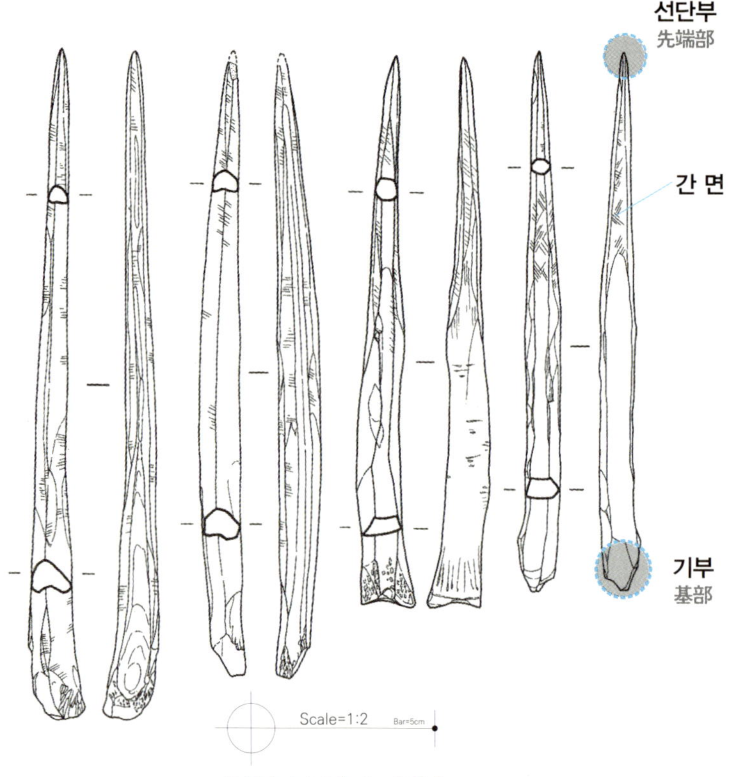

사천 늑도패총 A-'다' 층

사천 늑도유적에서 출토된 뼈송곳은 사슴의 중수골(中手骨)이나 중족골(中足骨)로 만들었으며, 모두 선단부(先端部) 쪽만 날카롭게 가공하였다.

* 慶南考古學研究所, 2006, 『勒島貝塚Ⅳ』.

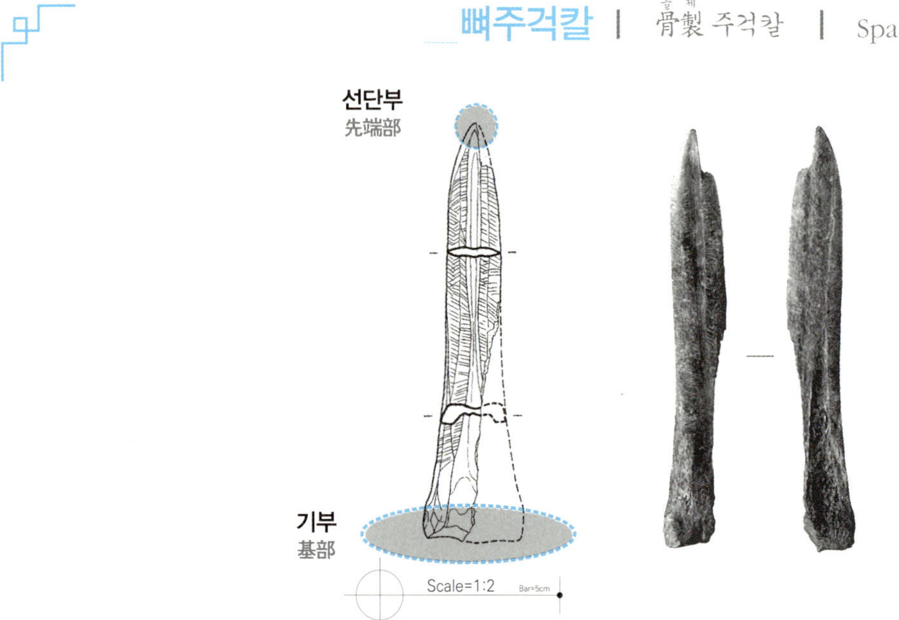

사천 늑도패총 A N3E3~N4E1 Grid

* 慶南考古學研究所, 2006, 『勒島貝塚Ⅳ』.

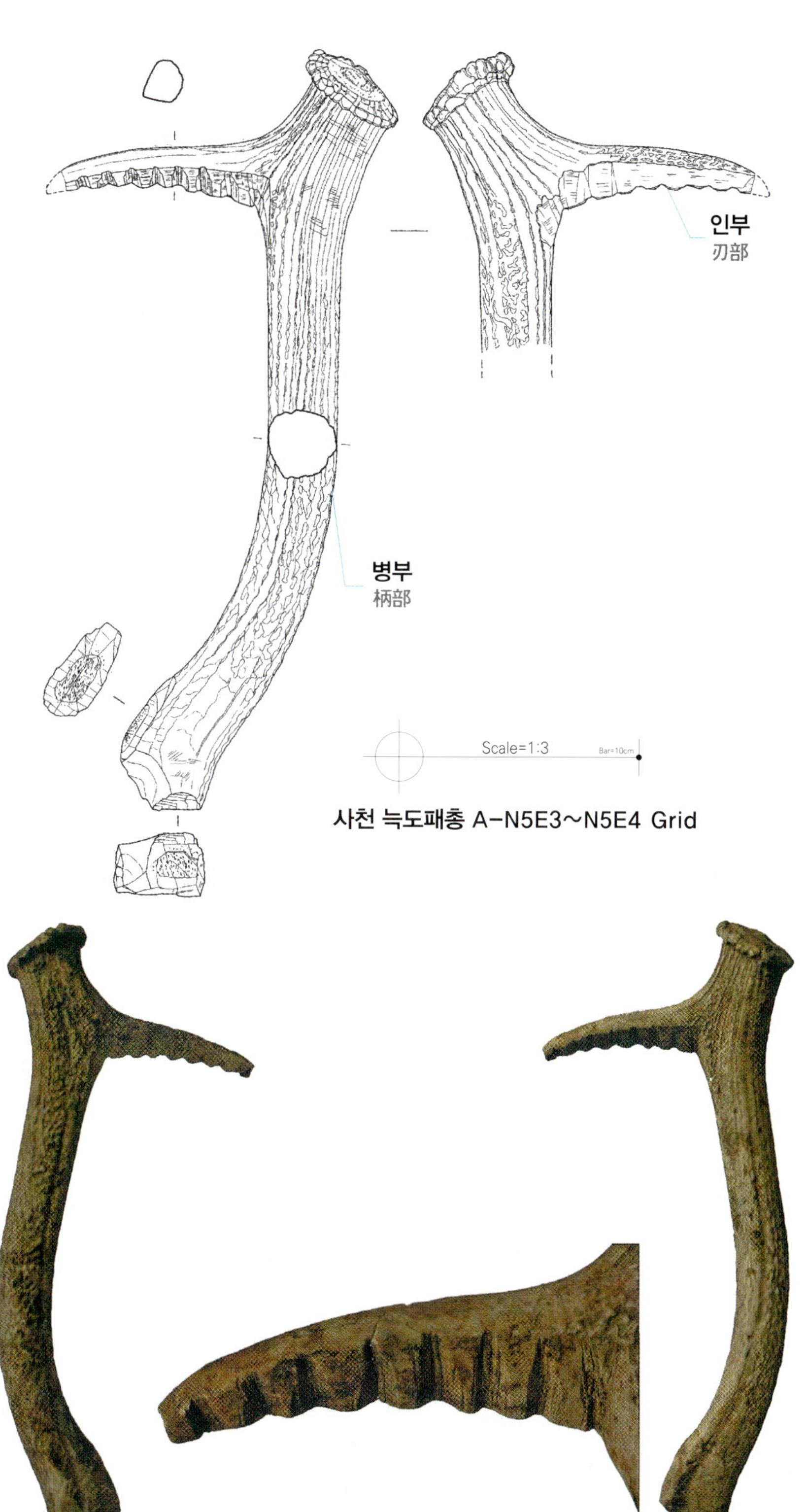

사슴뼈를 가공한 낫모양의 도구이다. 날의 한쪽 면은 톱니모양으로 홈을 만들었고, 반대면에는 편평하고 매끄럽게 가공하여 'V'자 모양으로 날이 서게 만들었다.

* 慶南考古學研究所, 2006, 『勒島貝塚Ⅳ』.

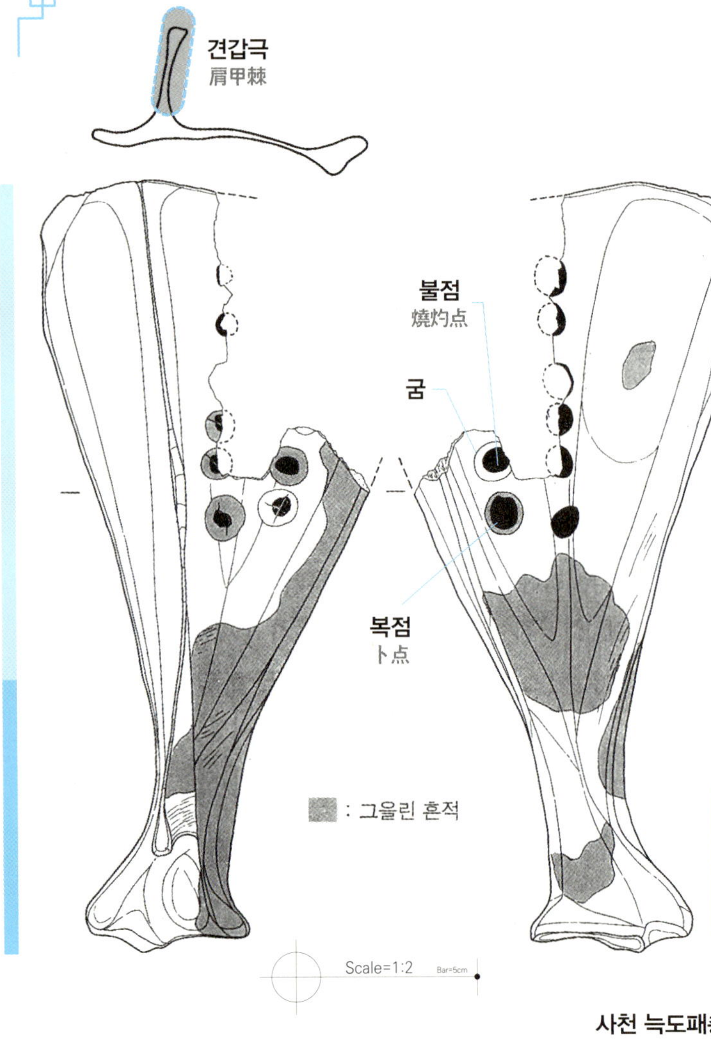

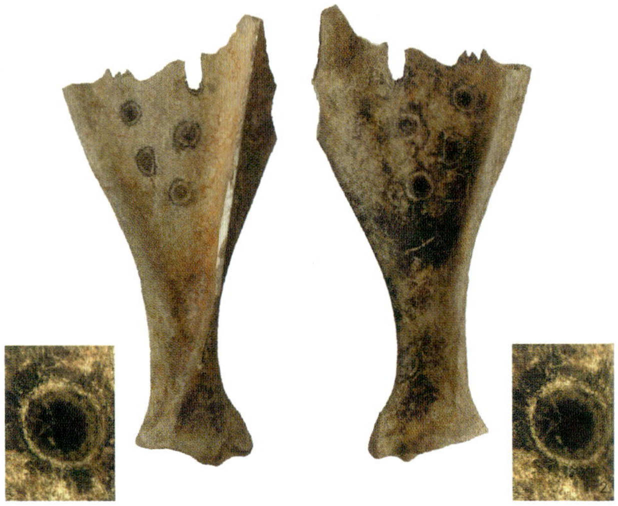

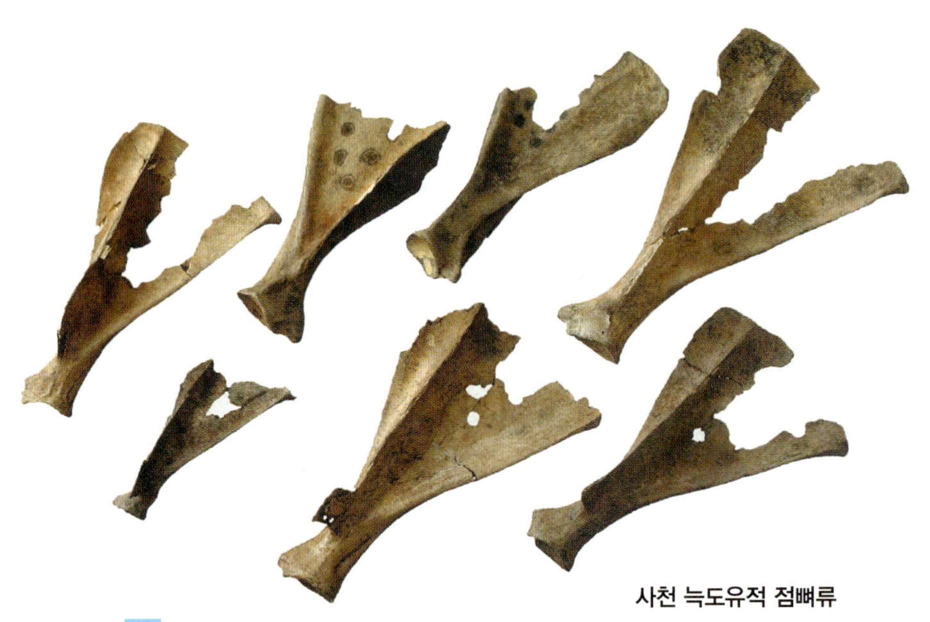

사천 늑도패총 A-'다'층 패총

사천 늑도유적 점뼈류

점뼈는 주로 초식 동물의 주걱뼈, 갈비뼈, 발굽뿔 그리고 거북의 등·배껍질 등이 쓰였다. 우리나라에서 가장 많이 발견되는 것은 사슴의 주걱뼈[肩胛骨]이다. 점뼈의 제작 과정은 다듬기와 굼파기를 거쳐 불지짐하거나 굼을 파지 않고 불지짐하는 것도 있다.

＊ 은화수, 1999, 「한국 출토 복골에 대한 고찰」, 『호남고고학보』 10, 호남고고학회.

丁太振, 2006, 「泗川 勒島 遺跡 出土 卜骨에 관한 小考」, 『勒島貝塚 V』, 慶南考古學研究所.

國立文化財研究所, 2004, 『韓國考古學專門事典−靑銅器時代篇』.

慶南考古學研究所, 2006, 『勒島貝塚 IV』.

한국고고학전문용어집

V

원삼국시대

原三國

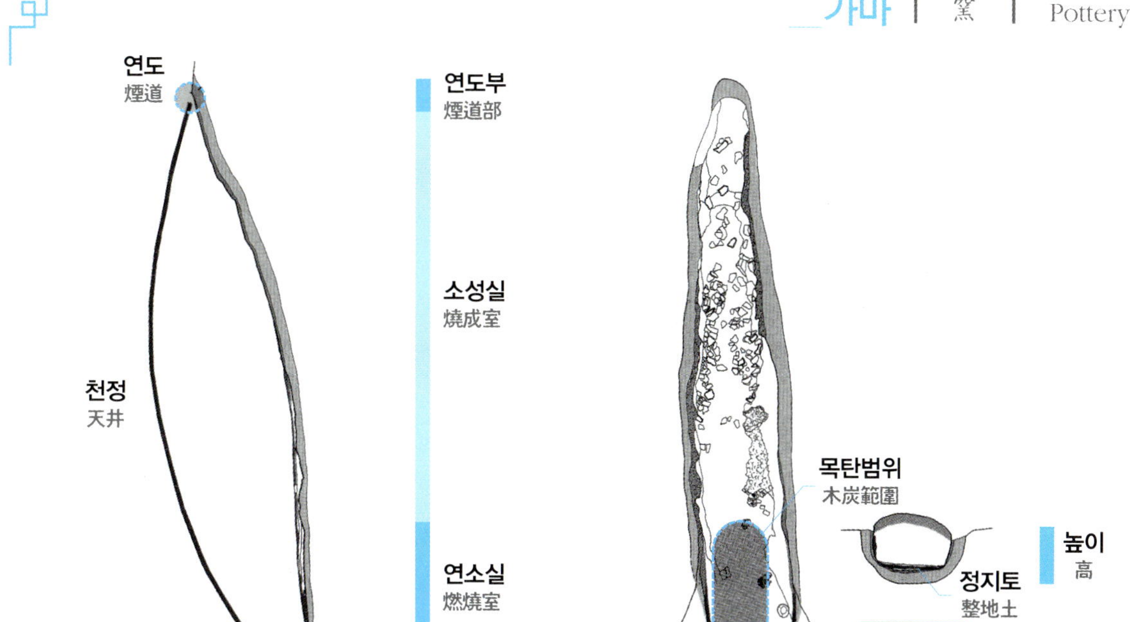

대구 욱수동 · 경산 옥산동 4호 토기가마

　가마 구조는 크게 아궁이-연소부-소성부-연도부로 이어지는 가마부와 가마의 전면 작업장인 요전부, 가마 내부의 폐기물이나 재 등이 버려지는 회구부로 구분되며, 배수구와 수혈 등 관련 시설로 이루어져 있다. 아궁이는 가마의 입구부로서 연료의 공급과 기물의 출납이 이루어지는 화구와 땔감을 쌓고 불을 지펴 연료의 연소가 이루어지는 연소실로 구성되어 있다. 소성부와 번조실 등으로 불리는 소성실은 토기나 기와 등 기물을 적재하여 소성하는 공간이다. 연도부는 소성실의 연기를 빨아들이는 배연구와 연기가 지나가는 통로인 연도, 연기가 배출되는 굴뚝으로 이루어져 있다. 이 외에 연소실과 소성실을 구분하는 단벽, 토기나 기와 등을 적재하거나 연료 공급과 관련된 작업을 할 수 있는 요전부, 연소 후 배출되는 폐기물이나 재 등이 퇴적되는 회구부 등이 있다.

＊ 박헌민, 2015, 「영남지방 4-6세기 토기가마 구조의 변화상」, 『대가야 문물의 생산과 유통』, 대가야학술총서10, 대가야박물관 · 영남문화재연구원.

국립나주문화재연구소, 2014, 『나주 오량동 요지Ⅱ 5 · 6차 발굴조사보고서』.

영남문화재연구원, 2003, 『대구 욱수동 · 경산 옥산동유적Ⅰ』.

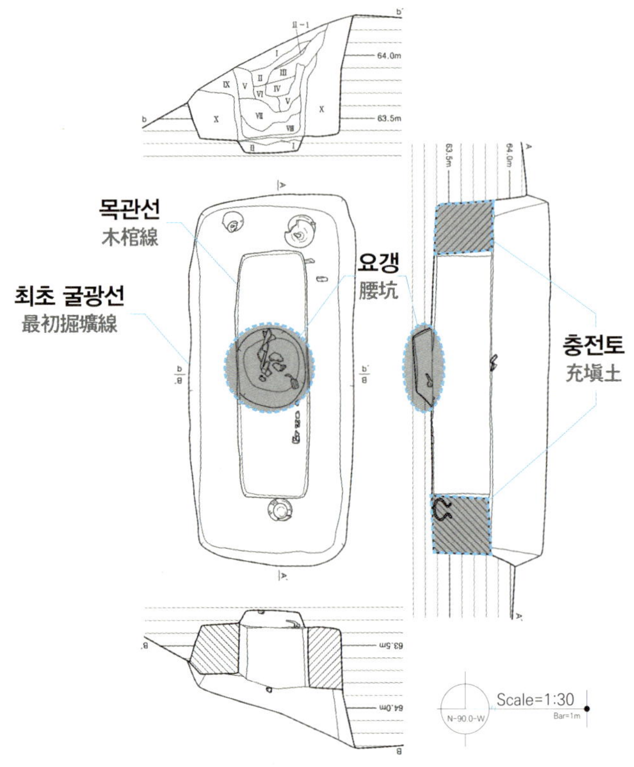

경주 모량리 A-2구역 5호 널무덤

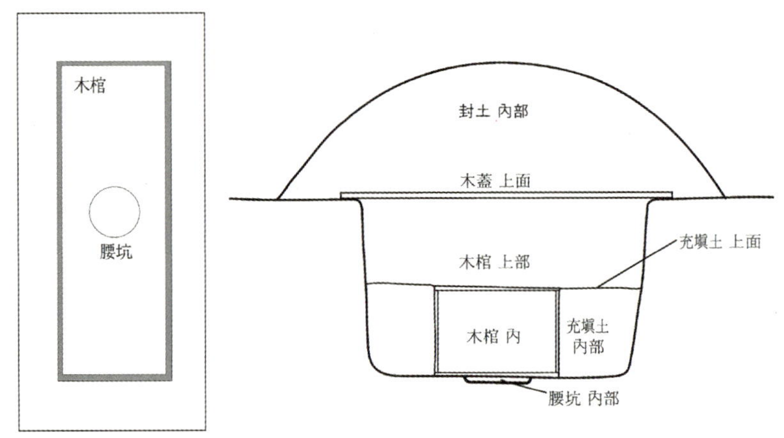

널무덤 부장 공간

* 이재현, 2009, 「영남지역의 토광묘」, 『한국매장문화재 조사연구방법론』 5, 국립문화재연구소.

聖林文化財研究院, 2012, 『慶州 车梁里 遺蹟』.

嶺南文化財研究院, 2012, 『慶州 花川里 山251-1遺蹟Ⅲ』.

무덤(덧널무덤) | 木槨墓 | Wooden chamber tomb

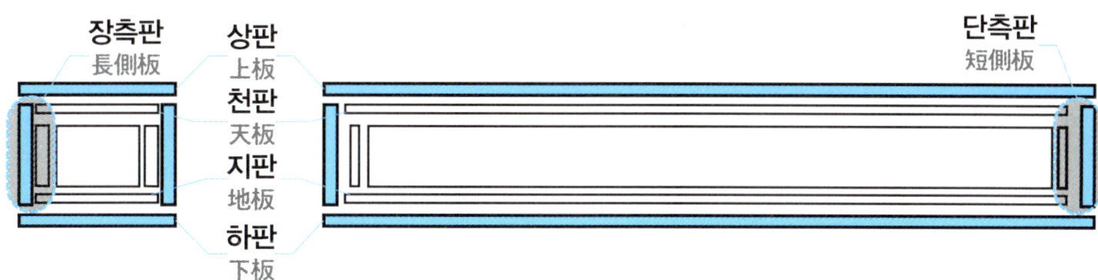

* 張正男, 2013, 「영남지역 출토 관정과 목관구조 연구」, 『科技考古研究』 19, 아주대학교박물관.

무덤(돌무지무덤) | 積石墳丘墓 | Stone-mound tomb

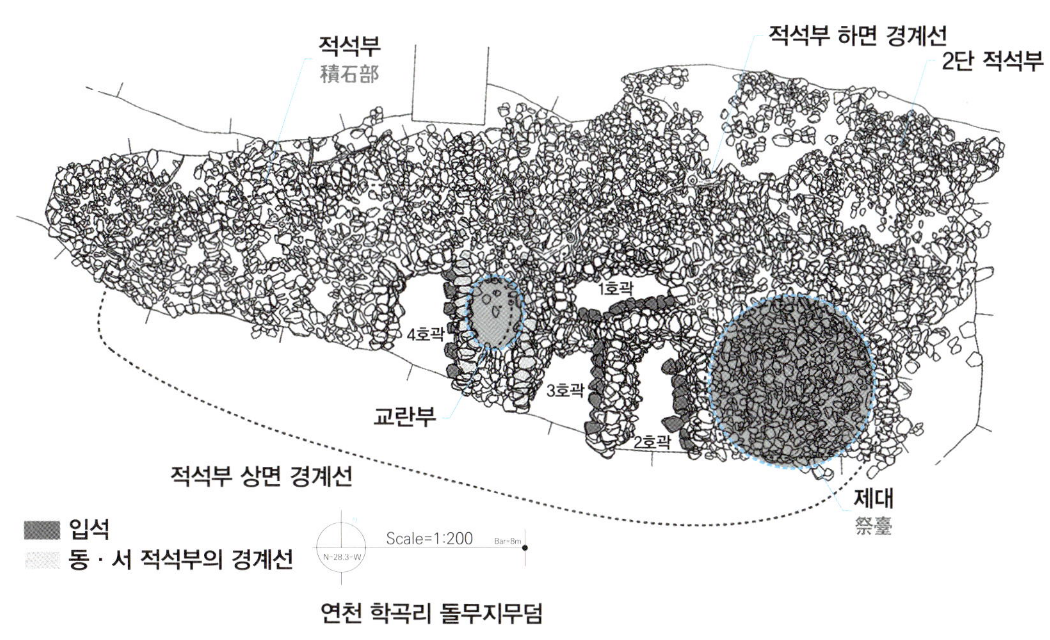

돌무지무덤은 적석총, 적석분구묘 등으로 불린다. 임진강 상류, 남한강 상류, 북한강 상류에서 확인되며, 모두 강가에 면해 있다. 주로 기단이 없는 무기단식으로서 다곽식이 많다.

* 畿甸文化財研究院, 2004, 『漣川 鶴谷里 積石塚』.

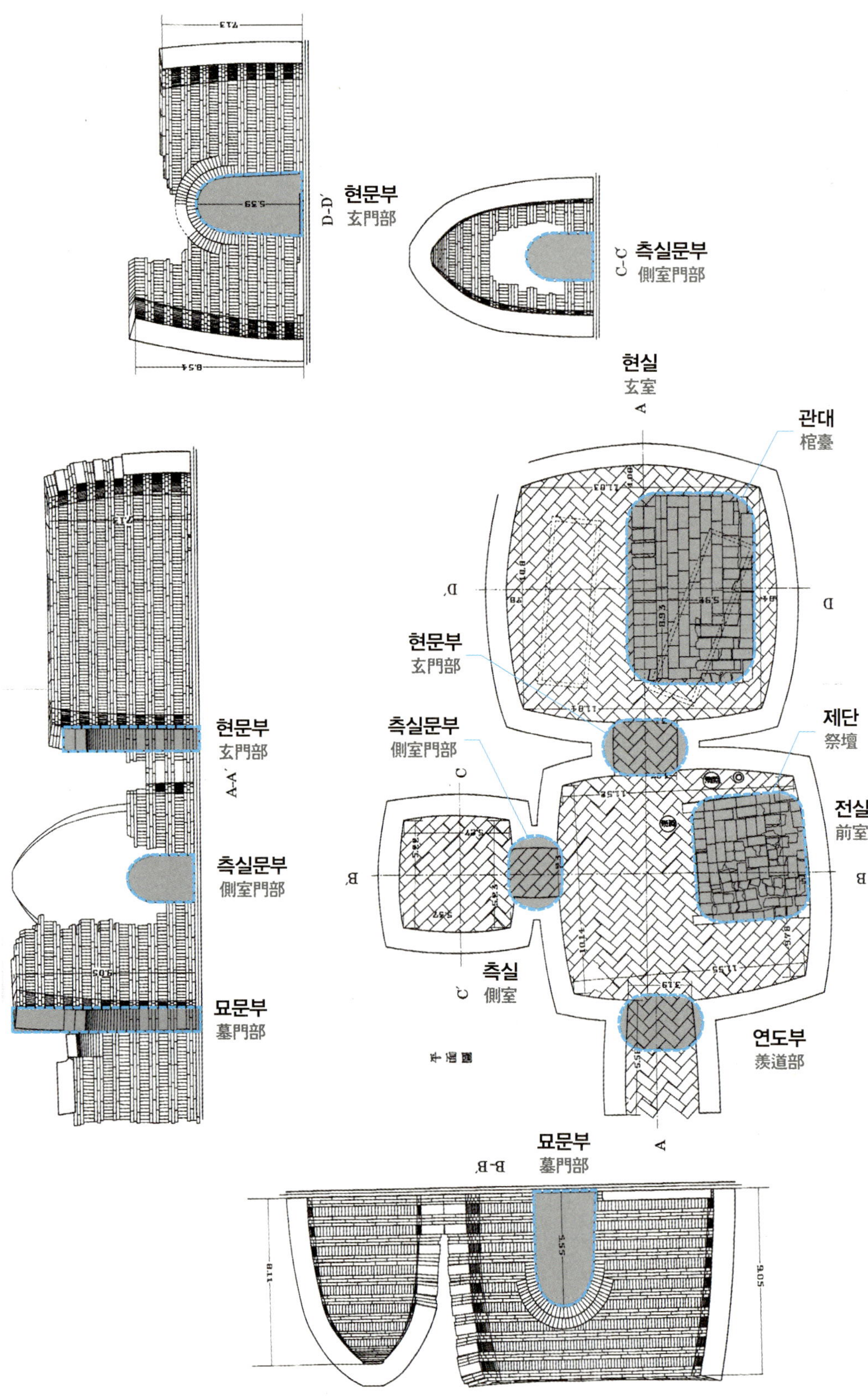

봉산 양동리 3호분

＊ 國立中央博物館, 2001, 『鳳山 養洞里 塼室墓』.

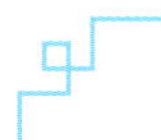

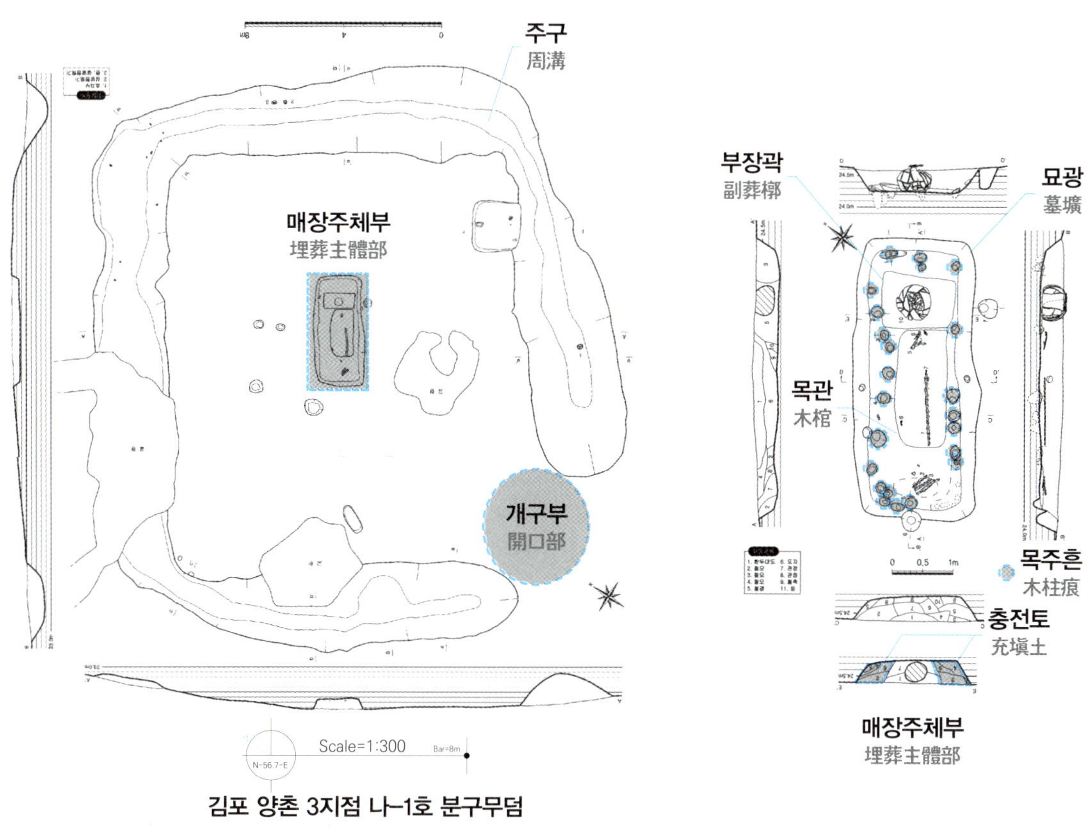

김포 양촌 3지점 나-1호 분구무덤

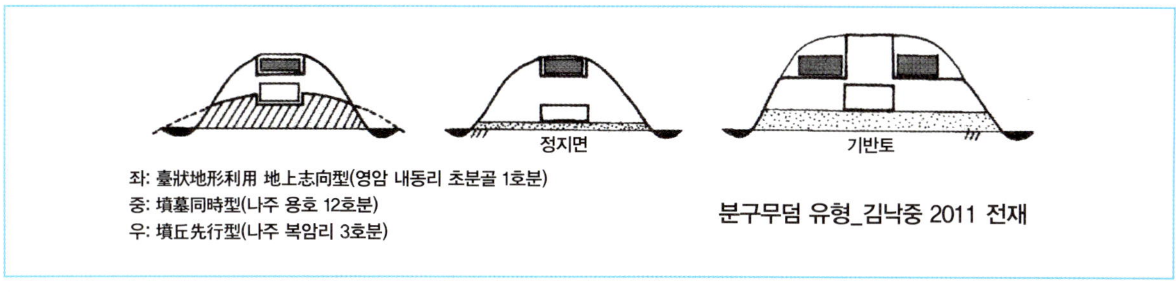

좌: 臺狀地形利用 地上志向型(영암 내동리 초분골 1호분)
중: 墳墓同時型(나주 용호 12호분)
우: 墳丘先行型(나주 복암리 3호분)

분구무덤 유형_김낙중 2011 전재

분구무덤은 '선분구후매장'의 축조 과정을 가진 무덤으로 정의하지만, 부분적으로 '선매장후분구'의 무덤도 존재한다. 전체적으로 "주구를 돌리고 매장시설이 분구와 동시 또는 후행하여 주로 지상에 축조되며, 여러 종류의 매장시설을 복수 안치하면서 분구 확장이라는 현상이 자주 관찰되는 무덤"으로 정의할 수 있다.

* 김낙중, 2011, 「분구묘와 옹관분」, 『동아시아의 고분문화』, 중앙문화재연구원.

이성주, 2000, 「분구묘의 인식」, 『韓國上古史學報』 32, 韓國上古史學會.

임영진, 2014, 「마한 분구묘의 조사ㆍ연구 성과와 과제」, 『한국고고학의 신지평』, 제38회 한국고고학전국대회 발표요지문, 한국고고학회.

高麗文化財硏究院, 2013, 『金浦 陽村 遺蹟』.

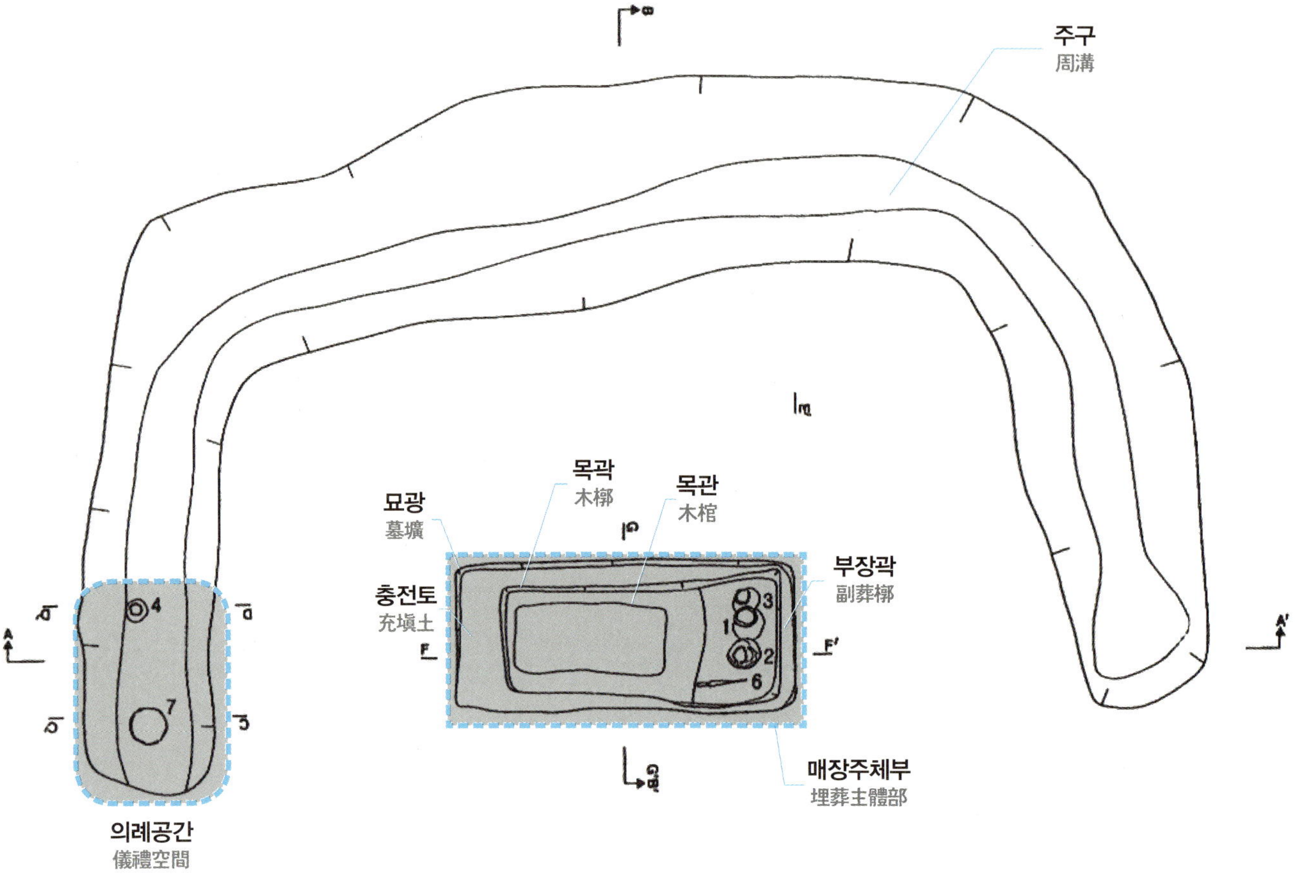

무덤(주구움무덤) | 周溝土壙墓 | Pit tomb with encircling ditch

천안 운전리 8호 주구움무덤

* 忠淸文化財硏究院, 2004, 『天安 云田里 遺蹟』.

제철유구(단야로) | 鍛冶爐 | Iron production facility(smithing hearth)

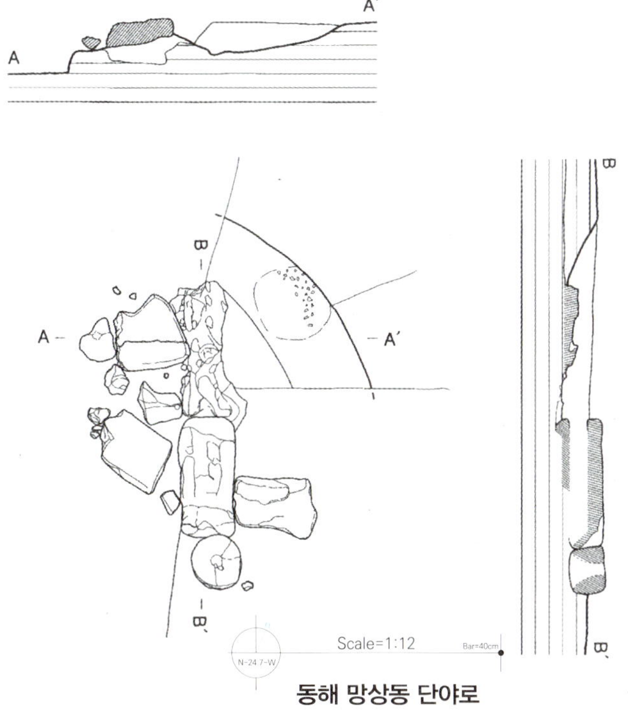

동해 망상동 단야로

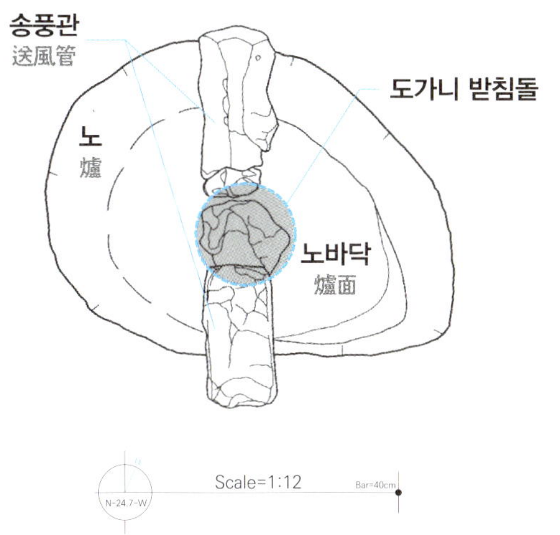

동해 망상동 단야로 복원도

단야로는 열을 가해서 반용융 상태로 만든 철 소재를 망치 등으로 두드려서 원하는 형태의 철기를 만드는, 단조작업에 사용되는 노이다. 숯이나 석탄을 연료로 사용하며, 풀무를 이용하여 높은 열을 낼 수 있다. 단야로는 지름 30~80cm 내외로 제철유구 중 가장 작으며, 평면은 원형 또는 타원형이다. 땅을 파지 않고 지상에 축조되거나 깊이 10cm 정도로 얕은 수혈을 파고 점토로 바닥과 벽체를 만든 비교적 간단한 시설을 한 것이다. 단야로 주변에는 모룻돌, 망치, 집게, 송풍구, 철재, 숫돌, 단조박편, 소형 철편 등이 출토된다.

* 金權一, 2010, 「製鐵爐의 類型分析 試論」, 『慶州史學』31, 慶州史學會.

孫明助, 1998, 「韓半島 中 · 南部地方 鐵器生産遺蹟의 現狀」, 『嶺南考古學』22, 嶺南考古學會.

예맥문화재연구원, 2010, 『東海 望祥洞遺蹟Ⅱ』.

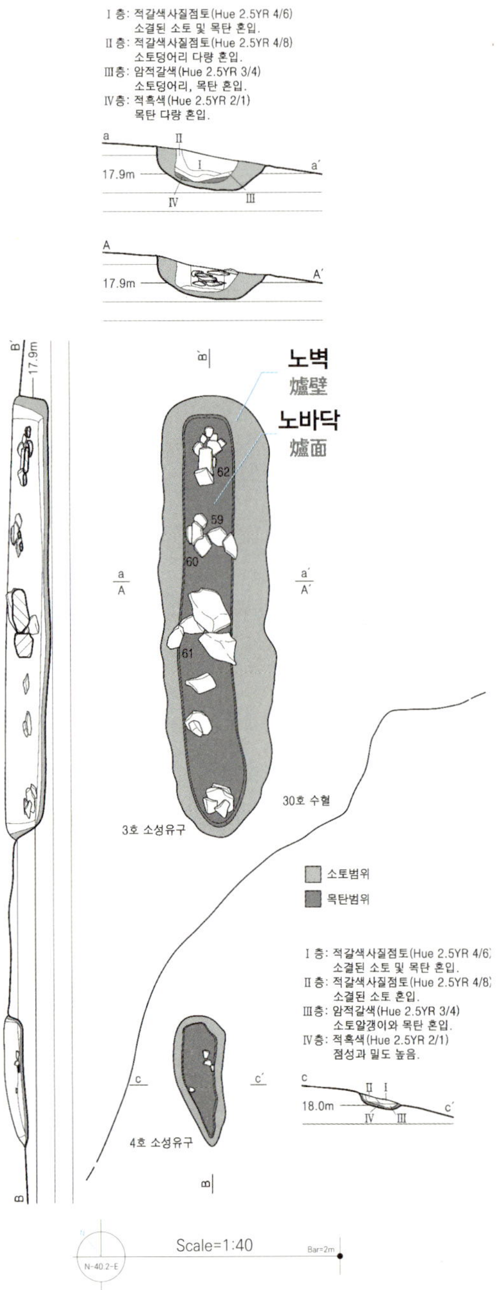

제철유구(배소로) | 焙燒爐 | Iron production facility(roasting furnace)

울진 덕천리 E-3호 소성유구 조사전

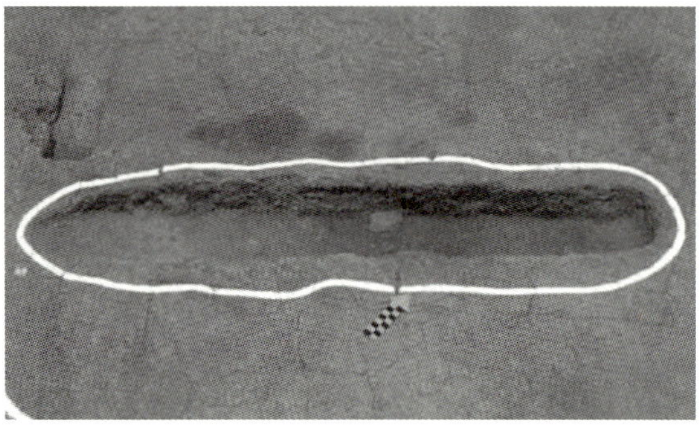

울진 덕천리 E-3호 소성유구 조사후

광석을 배소하여 산화광물로 만드는 노를 의미한다. 다른 제철로에 비해 노벽의 경화가 낮고 철재가 생성되지 않는 특징이 있다.

울진 덕천리 E-3·4호 소성유구

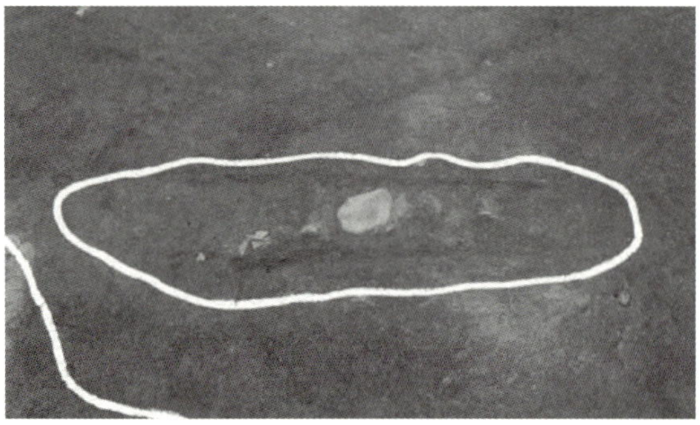

* 한국문화재조사연구기관협회, 2012, 『한반도의 제철유적』.
  聖林文化財研究院, 2012, 『蔚珍 德川里 三國時代 生活遺蹟』.

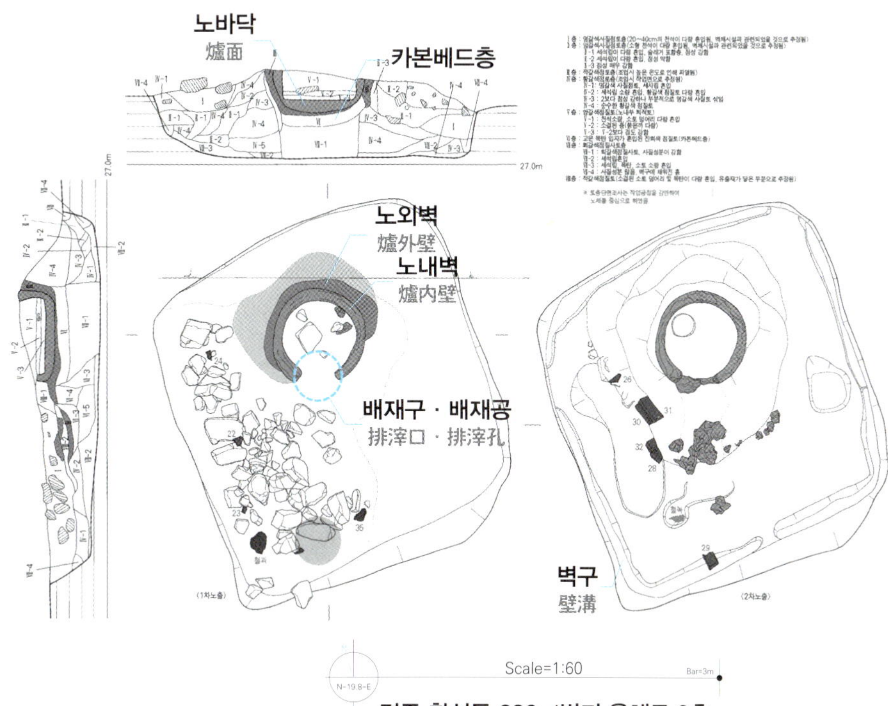

경주 황성동 886-1번지 용해로 3호

경주 황성동 886-1번지 용해로 3호 조사 중

경주 황성동 886-1번지 용해로 3호 조사 후

　용해로는 제련된 선철을 녹는 점 이상으로 가열하여 용융된 상태의 쇳물을 만드는 노이며, 용융된 쇳물을 도가니에 담아 거푸집에 부어 제품을 만드는 후속작업이 진행된다. 용해로는 특별한 시설 없이 소규모의 독립된 형태로 방형 혹은 타원형의 수혈을 파고 수혈의 한쪽에 치우친 곳에 노가 축조된다. 노는 지름이 50~70cm 내외이며, 평면은 원형이다. 모래와 숯을 깔아 바닥을 채운 후 짚 등을 섞은 점토로 노벽을 축조하였고, 노 외벽은 다시 점토로 보강하였다. 용해로는 한번 사용한 후 폐기되지 않고 보수를 거쳐 몇 차례 재사용되기도 하였다. 용해로 주변에는 거푸집, 도가니, 슬래그 등이 확인된다.

金權一, 2010, 「製鐵爐의 類型分析 試論」, 『慶州史學』 31, 慶州史學會.

孫明助, 1998, 「韓半島 中·南部地方 鐵器生産遺蹟의 現狀」, 『嶺南考古學』 22, 嶺南考古學會.

한국문화재조사연구기관협회, 2012, 『한반도의 제철유적』.

韓國文化財保護財團, 2007, 『慶州 隍城洞 遺蹟Ⅴ-隍城洞 886-1番地 共同住宅新築敷地 發掘調査 報告書-』.

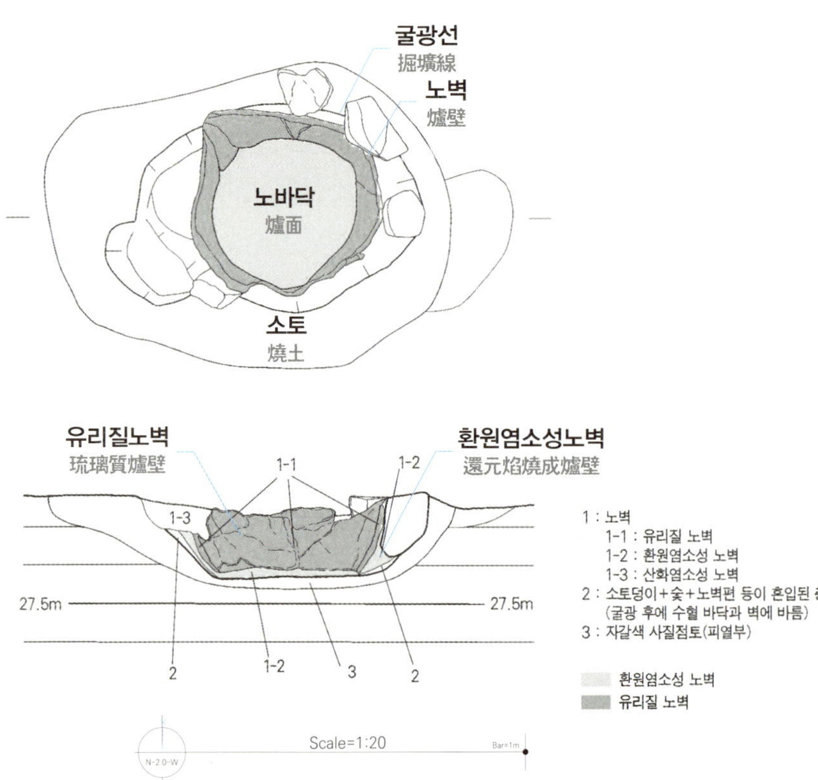

경주 황성동 강변로 3-A공구 8호 노

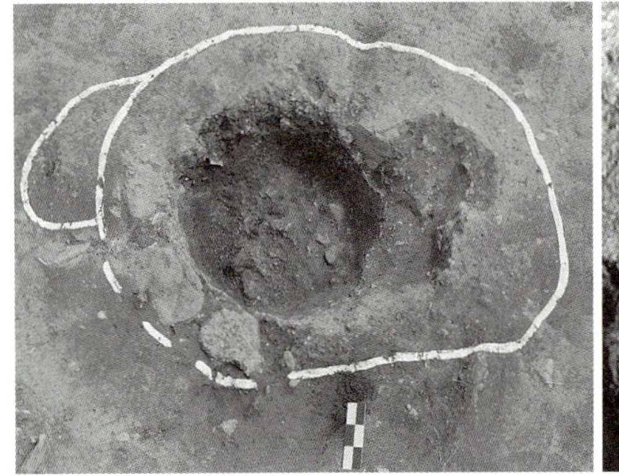

경주 황성동 강변로 3-A공구 8호 노 | 경주 황성동 강변로 3-A공구 8호 노

연철을 침탄하거나 선철을 탈탄하는 제강 공정에 필요한 노로서 원료에 포함되어 있는 탄소함유량을 제거하고 필요한 성분을 첨가하여 강을 만든다. 내경 50cm 전후의 원형으로 벽체 내면에는 철성분이 없는 철재가 비교적 고르게 용착되는 특징이 있다.

* 한국문화재조사연구기관협회, 2012, 『한반도의 제철유적』.
韓國文化財保護財團, 2001, 『慶州 隍城洞 遺蹟Ⅲ』.

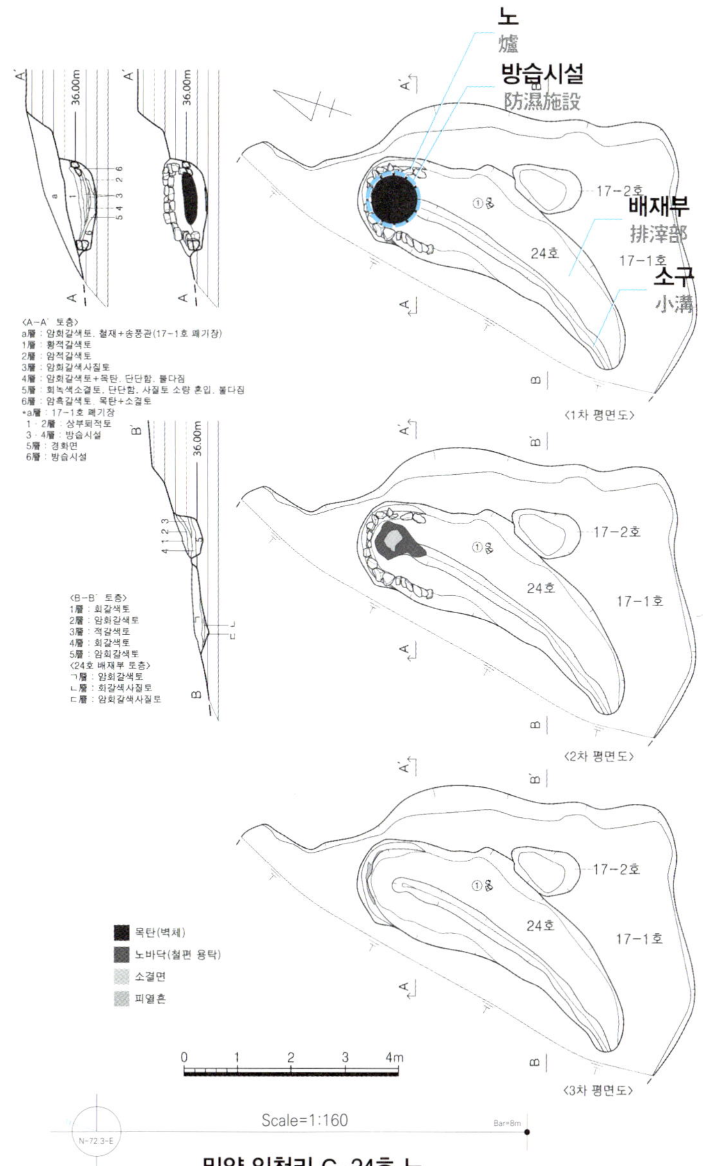

밀양 임천리 C-24호 노

　제련로는 채광된 원료를 녹여 철을 추출하는 노이다. 제련로는 철보다 녹는 점이 낮은 많은 양의 불순물들이 먼저 녹아 노 하부에 고여 노 내부의 온도를 떨어뜨릴 수 있기 때문에 생성된 철재를 배재구를 통해 빠르게 제거해 주어야 하므로 배재부가 다른 제철로와의 큰 차이라 할 수 있다. 제련로는 지름 90~150cm 내외이며, 평면이 원형인 노와 평면 타원형 또는 '8'자형을 띠는 배재부로 구성된다. 노는 모래와 숯 등을 이용하여 바닥 하부시설을 마련한 뒤 할석을 3~4단 정도 쌓아 올린 후 노벽을 쌓아 올렸다. 노벽 내에는 철재가 비교적 두텁게 용착되었는데, 상부에는 비중이 낮은 청회색의 유리질 철재가, 하부에는 비중이 큰 적갈색의 철재가 용착되는 점이 특징이다. 제련로 주변에는 각종 불순물이 녹아 굳어진 유출재와 철괴형 철재가 다량 확인된다.

※ 金權一, 2010, 「製鐵爐의 類型分析 試論」, 『慶州史學』 31, 慶州史學會.

　孫明助, 1998, 「韓半島 中·南部地方 鐵器生産遺蹟의 現狀」, 『嶺南考古學』 22, 嶺南考古學會.

　한국문화재조사연구기관협회, 2012, 『한반도의 제철유적』.

　三江文化財研究院, 2014, 『密陽 林川里 金谷製鐵遺蹟』.

집자리(사주식집자리) | 四柱式住居址 | Four pillars-type dwelling

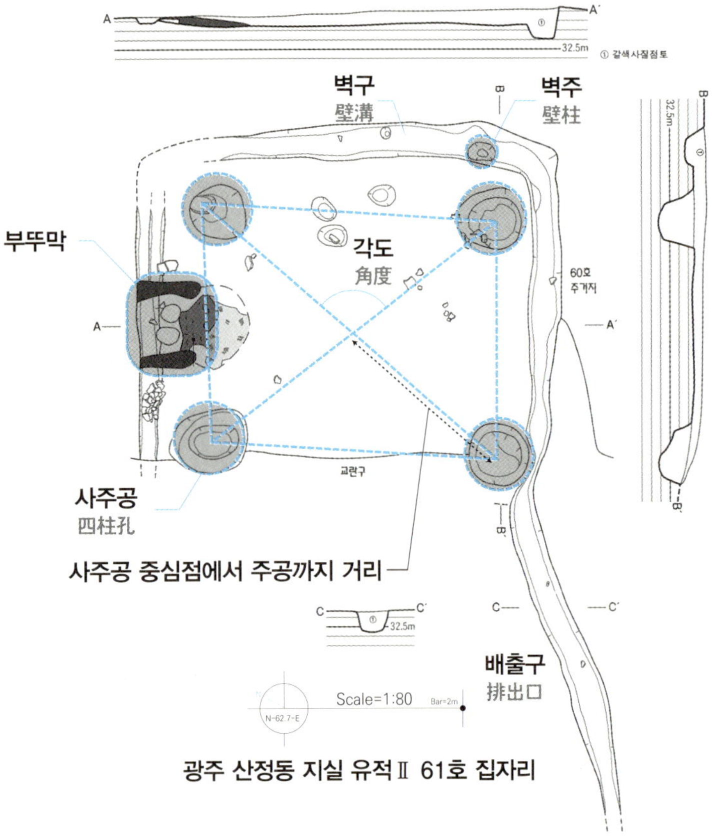

광주 산정동 지실 유적Ⅱ 61호 집자리

광주 하남3지구 사주식집자리

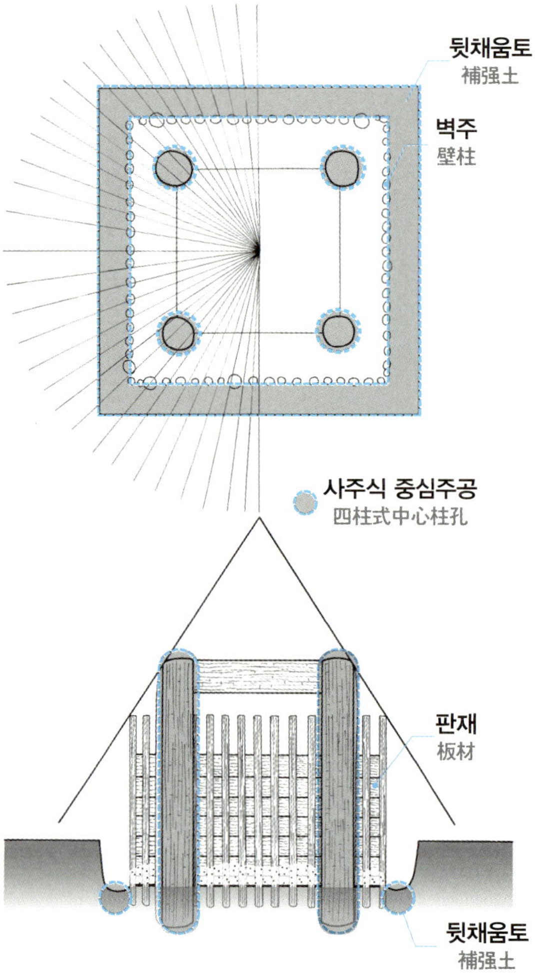

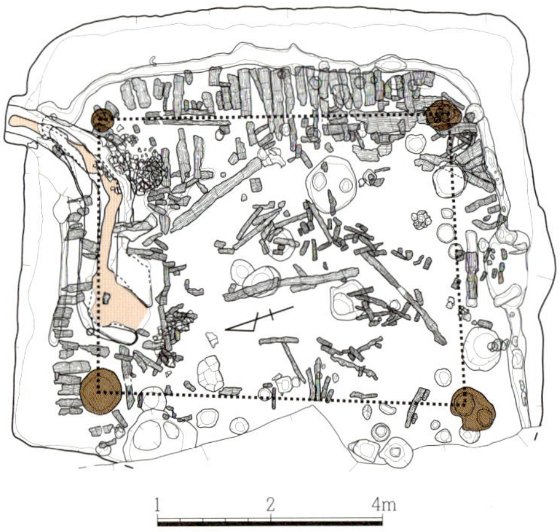

화성 석우리 먹실 6호 집자리

* 中央文化財研究院, 2008, 『淸原 蓮提里遺蹟』.
  호남문화재연구원, 2013, 『光州 山亭洞 지실遺蹟Ⅱ』.

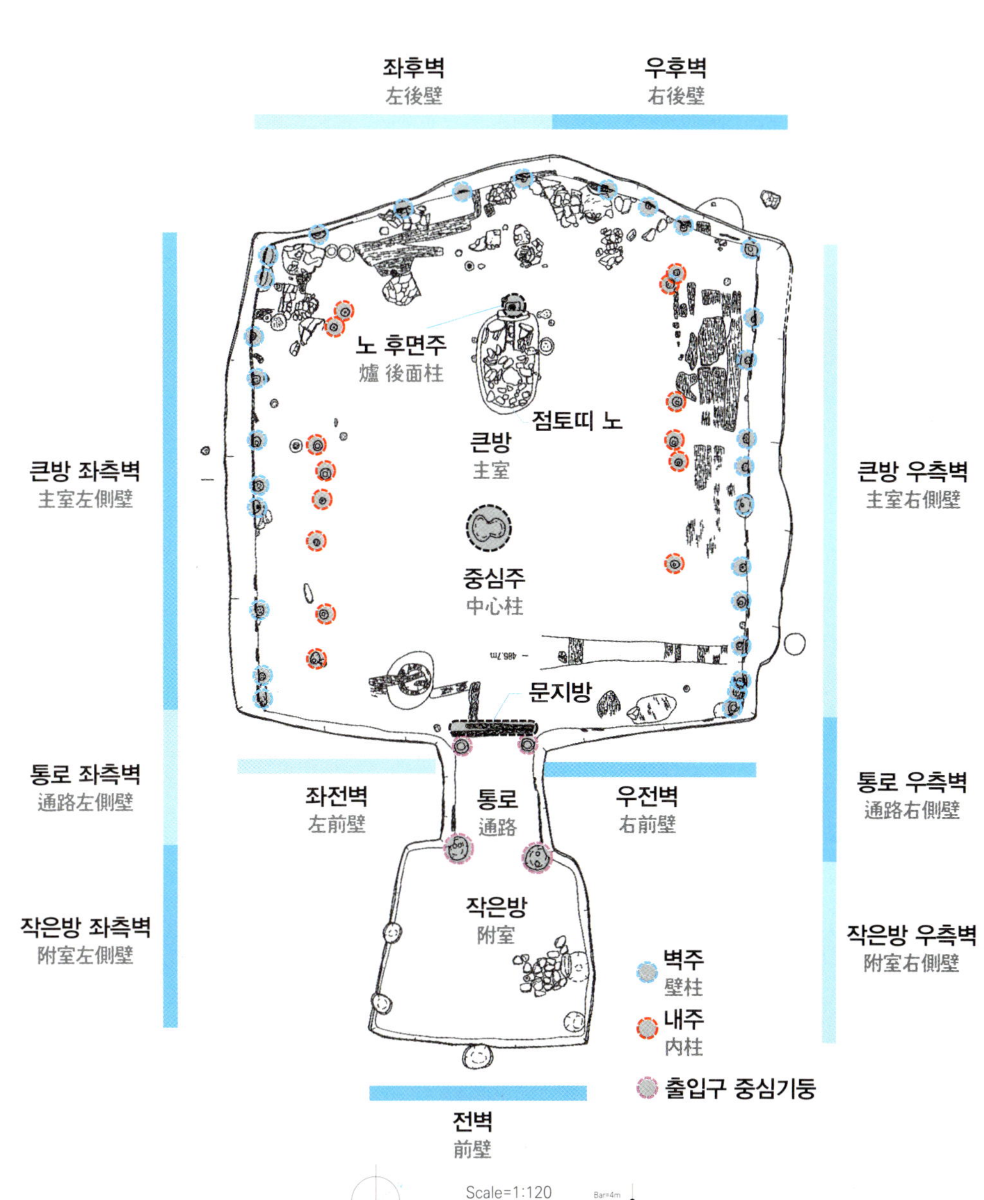

＊ 국립문화재연구소, 2013, 『한성백제 건축물 기초자료집』.
江原文化財研究所, 2008, 『橫城 屯內遺蹟』.

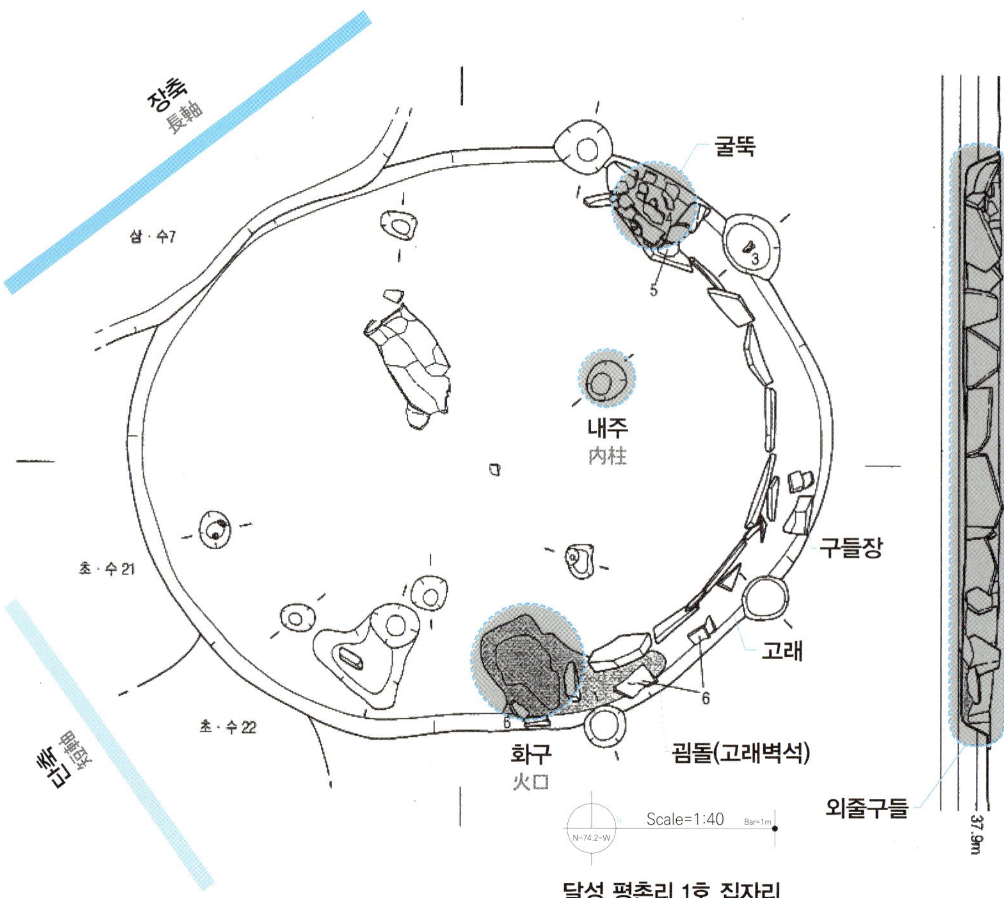

달성 평촌리 1호 집자리

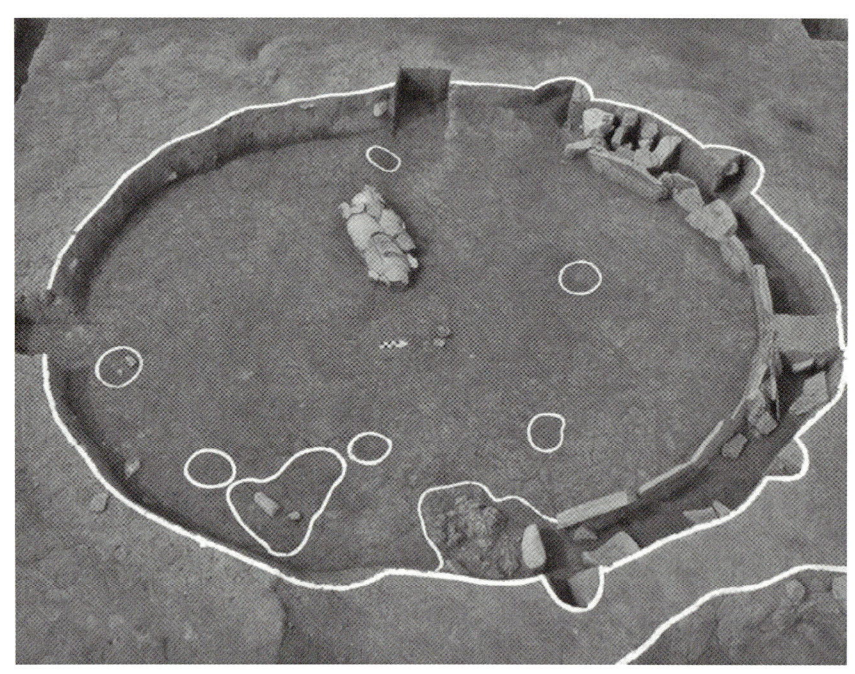

* 경상북도문화재연구원, 2010, 『달성 평촌리·예현리 유적』.

대동문화재연구원, 2009, 『대구읍내리 491유적 I 』.

大東文化財研究院, 2014, 『大邱 流川洞 103遺蹟』.

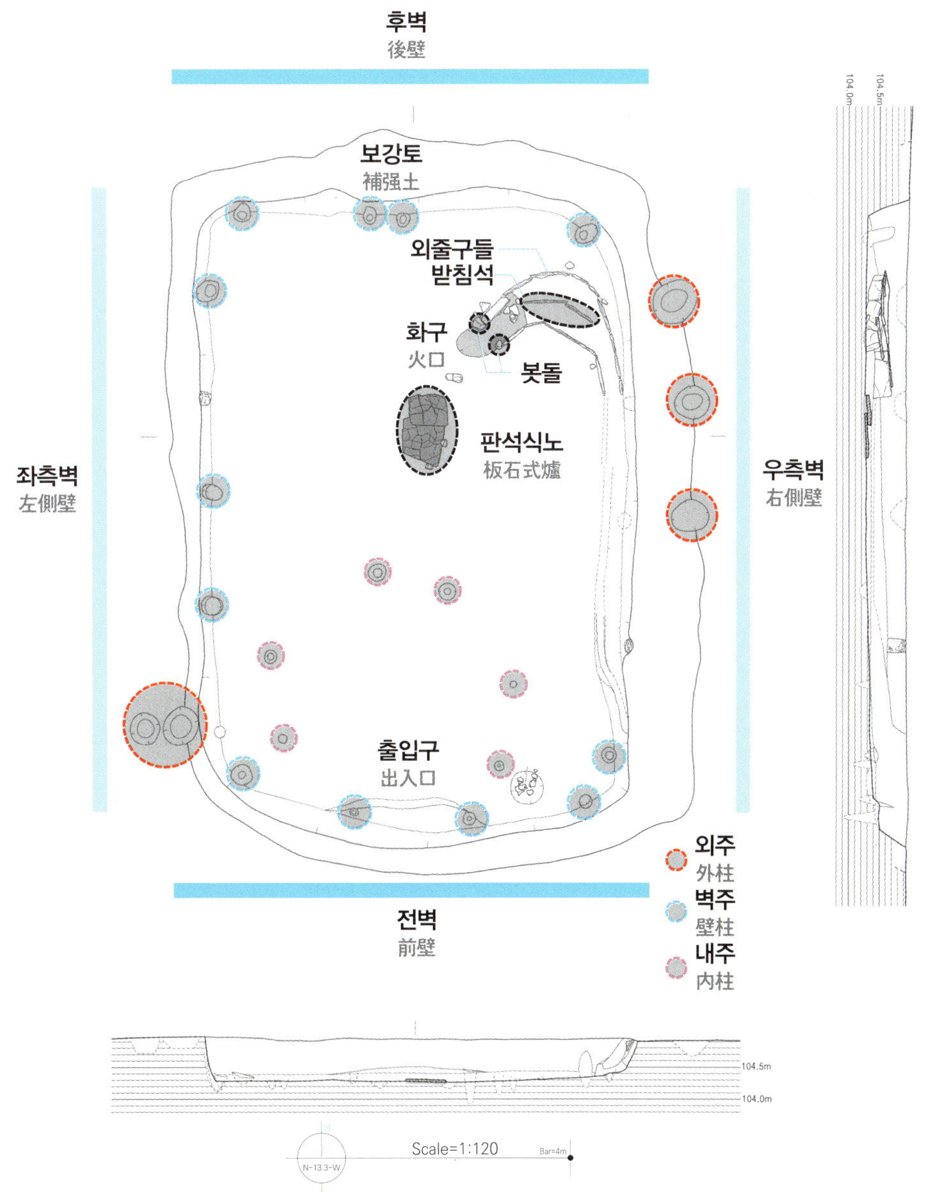

화천 거례리 강고연-11호 집자리

* 江原考古文化研究院, 2013, 『華川 居禮里 遺蹟』.

집자리(철자형집자리) | 凸字形住居址 | 凸-shaped dwelling

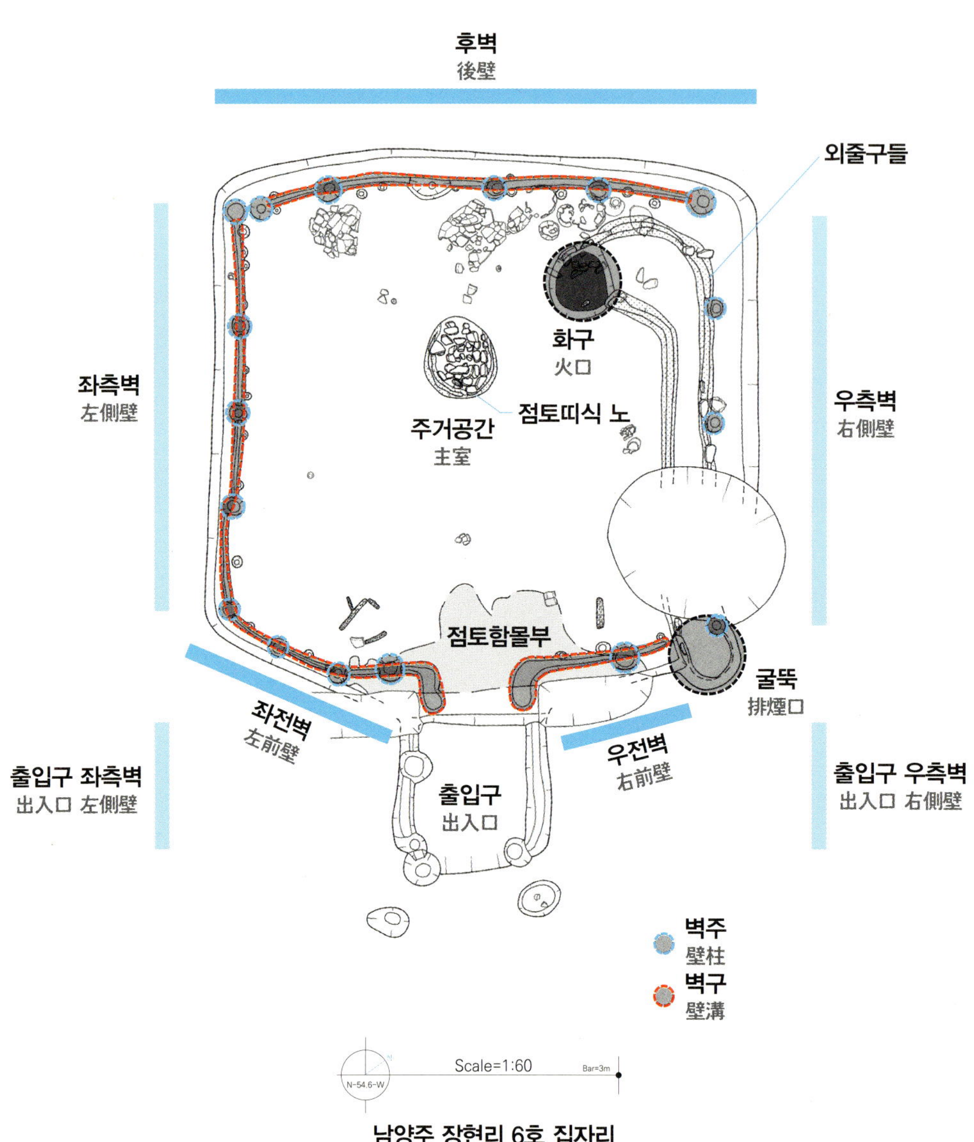

남양주 장현리 6호 집자리

＊ 국립문화재연구소, 2013, 『한성백제 건축물 기초자료집』.
　 中央文化財硏究院, 2010, 『南楊州 長峴里遺蹟』.

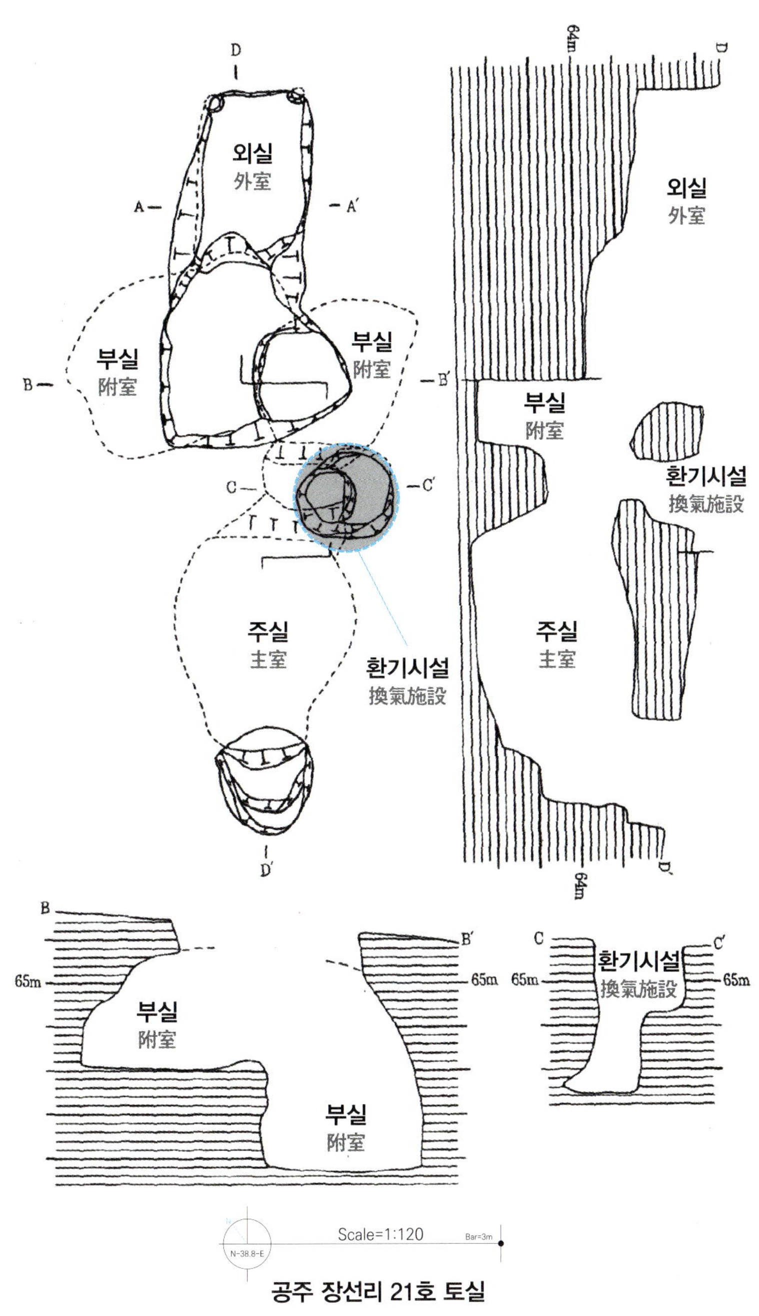

공주 장선리 21호 토실

* 公州大學校博物館, 2003, 『公州 長善里 土室遺蹟』.

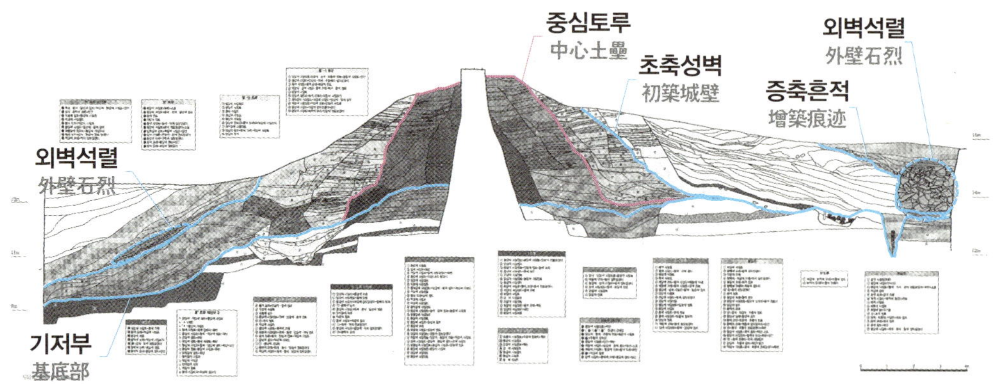

성벽 단면(풍납토성)

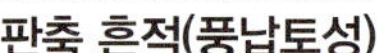

판축 흔적(풍납토성)

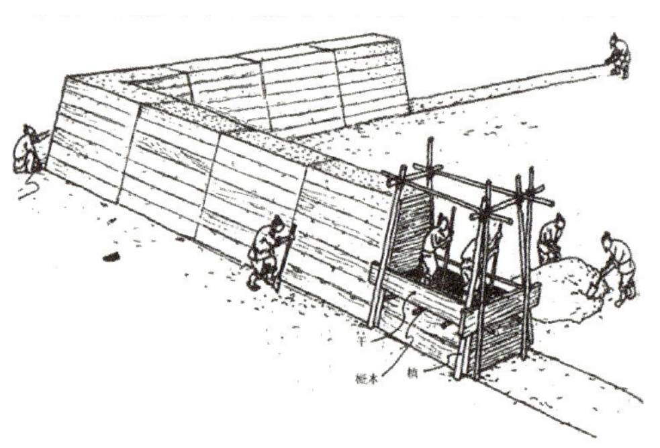

판축 모식도(신희권 2012)

목주 단면(나주 회진성)

* 신희권, 2012, 「판축토성 축조기법의 이해」, 『한국 매장문화재 조사연구방법론』 7, 국립문화재연구소.
  이혁희, 2013, 「漢城百濟期 土城의 築造技法」, 한신대학교 대학원 석사학위논문.
  국립문화재연구소, 2002, 『風納土城 Ⅱ』.

플라스크모양움 | 燒瓶形竪穴 | Flask-shaped storage pit

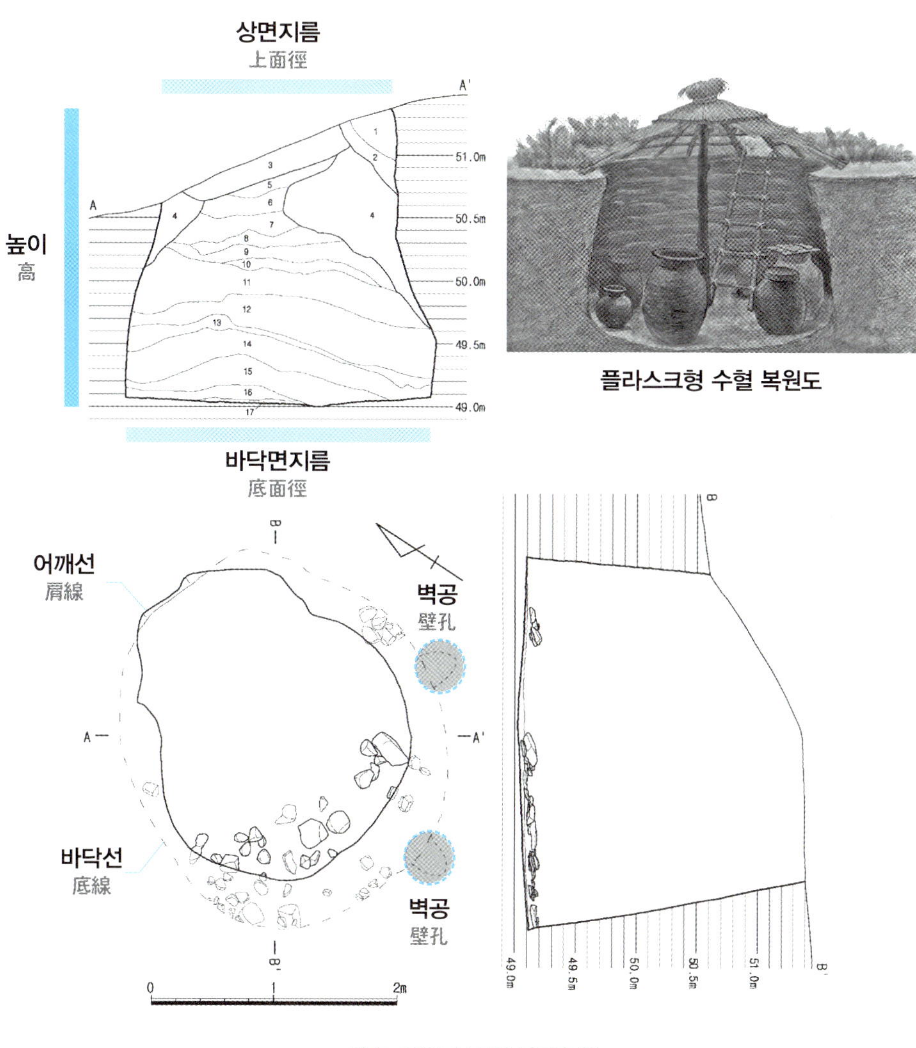

화성 석우리 먹실 105호 움

* 김왕국, 2013,「百濟 漢城期 物類體系 形成과 그 社會 · 經濟的 背景 研究」, 용인대학교 대학원 석사학위논문.
畿甸文化財研究院, 2007,『華城 石隅里 먹실遺蹟』.

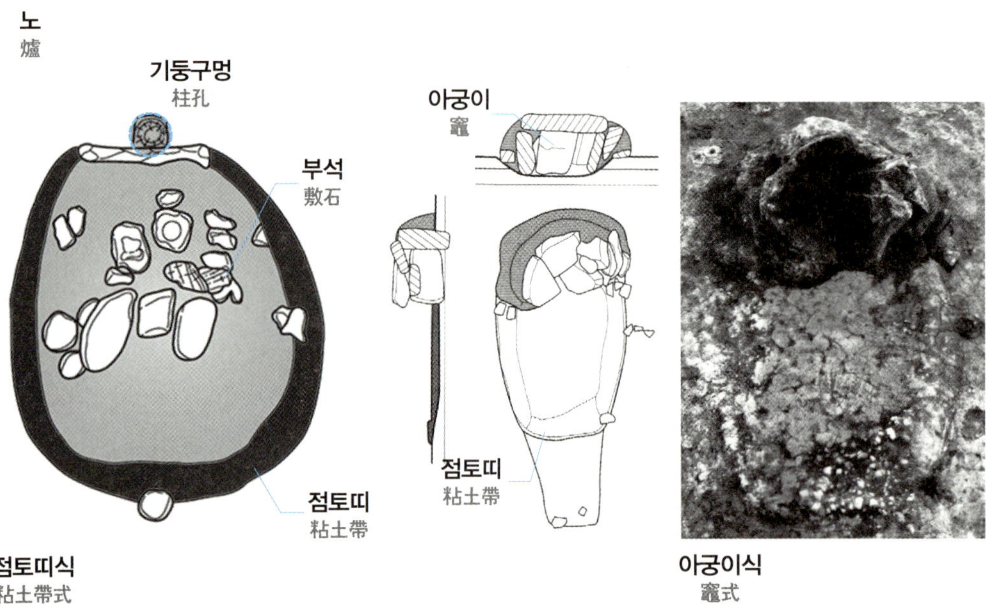

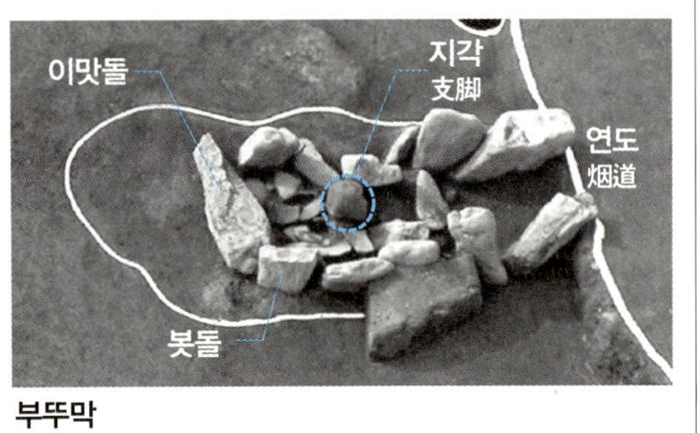

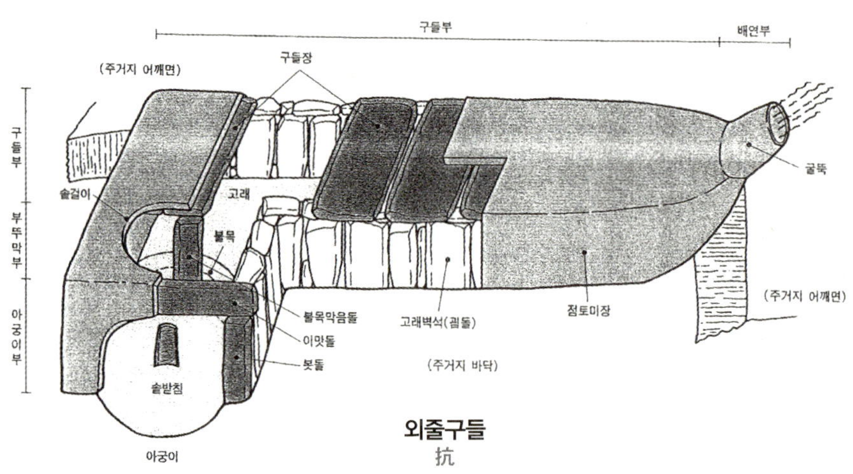

* 국립문화재연구소, 2013, 『한성백제 건축물 기초자료집』.

대동문화재연구원, 2009, 『대구읍내리 491유적 Ⅰ』.

大東文化財研究院, 2014, 『大邱 流川洞 103遺蹟』.

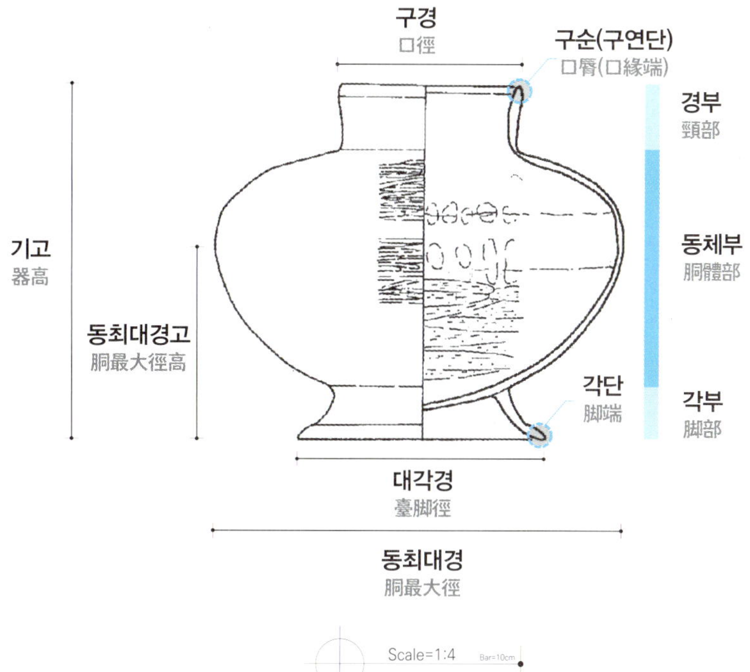

울산 하대 6호 덧널무덤

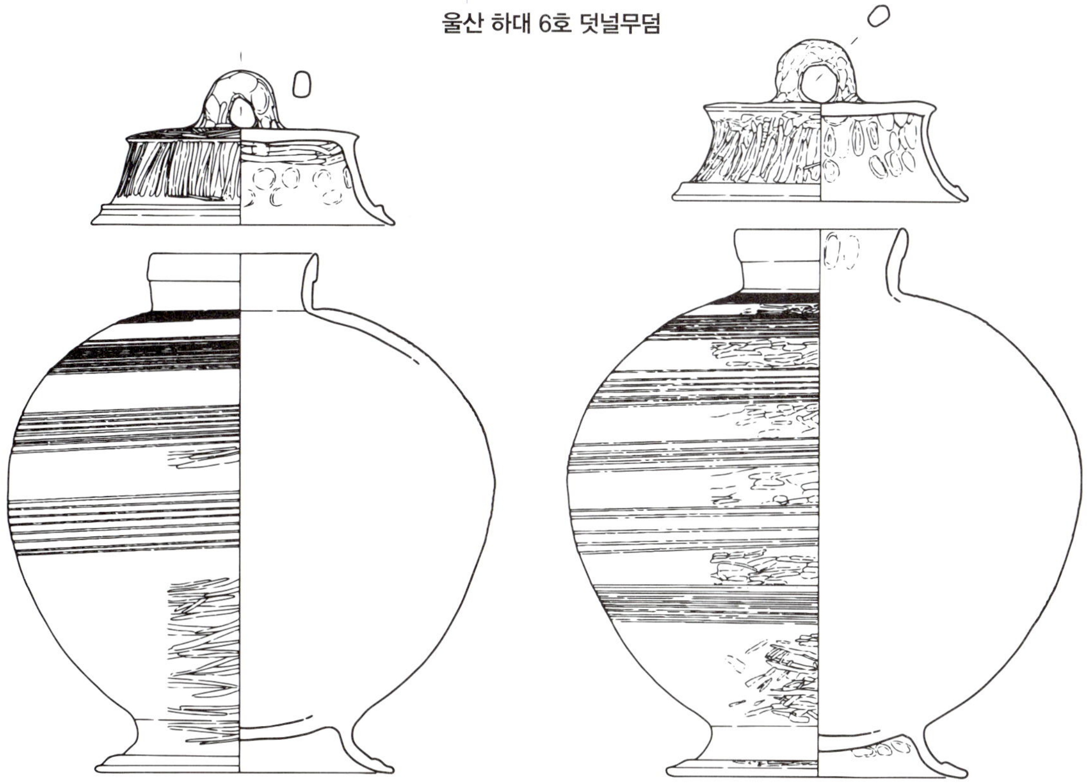

경주 황성동 강변로 3-A 구간 19호 덧널무덤

＊ 釜山大學校博物館, 1997, 『蔚山下岱遺蹟-古墳Ⅰ』.

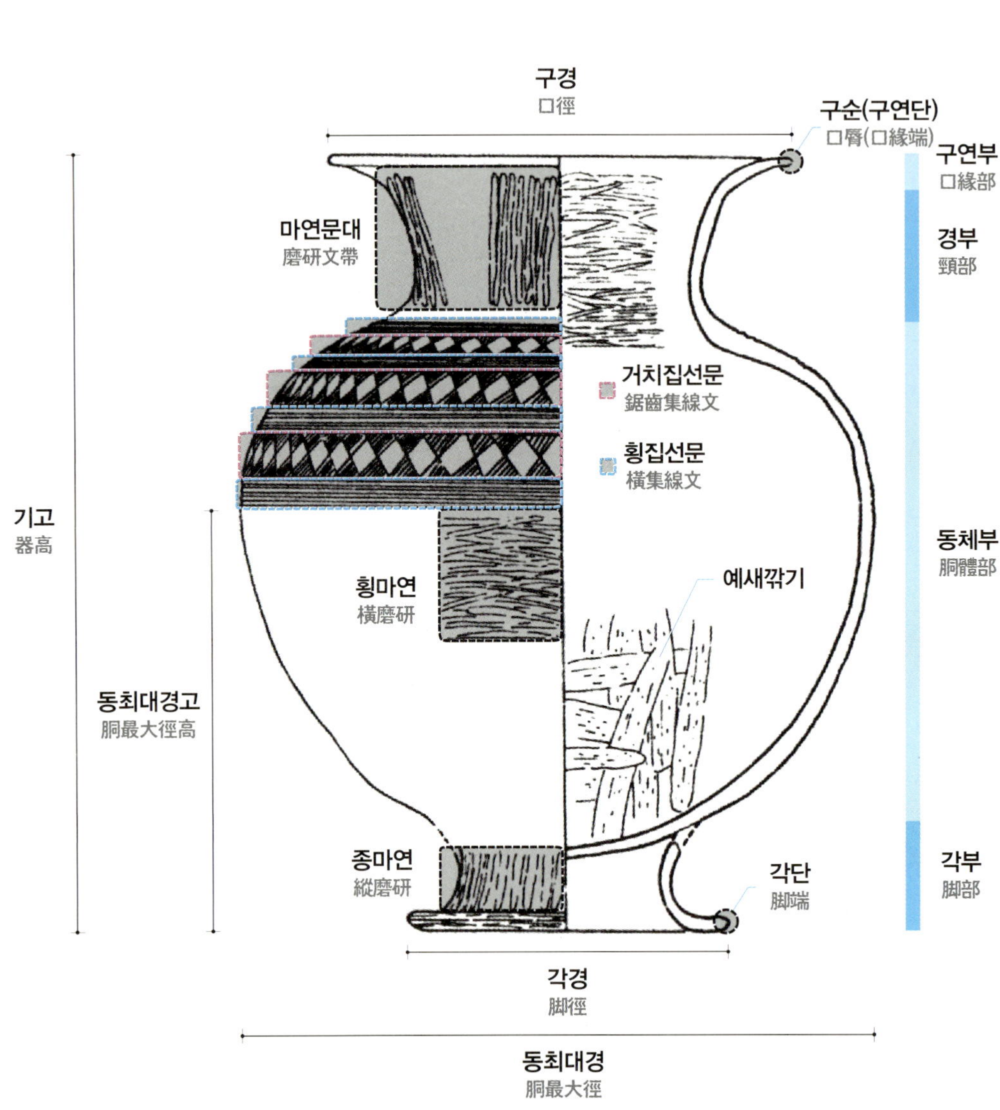

울산 하대 44호 덧널무덤

* 釜山大學校博物館, 1997, 『蔚山下垈遺蹟-古墳 I』.

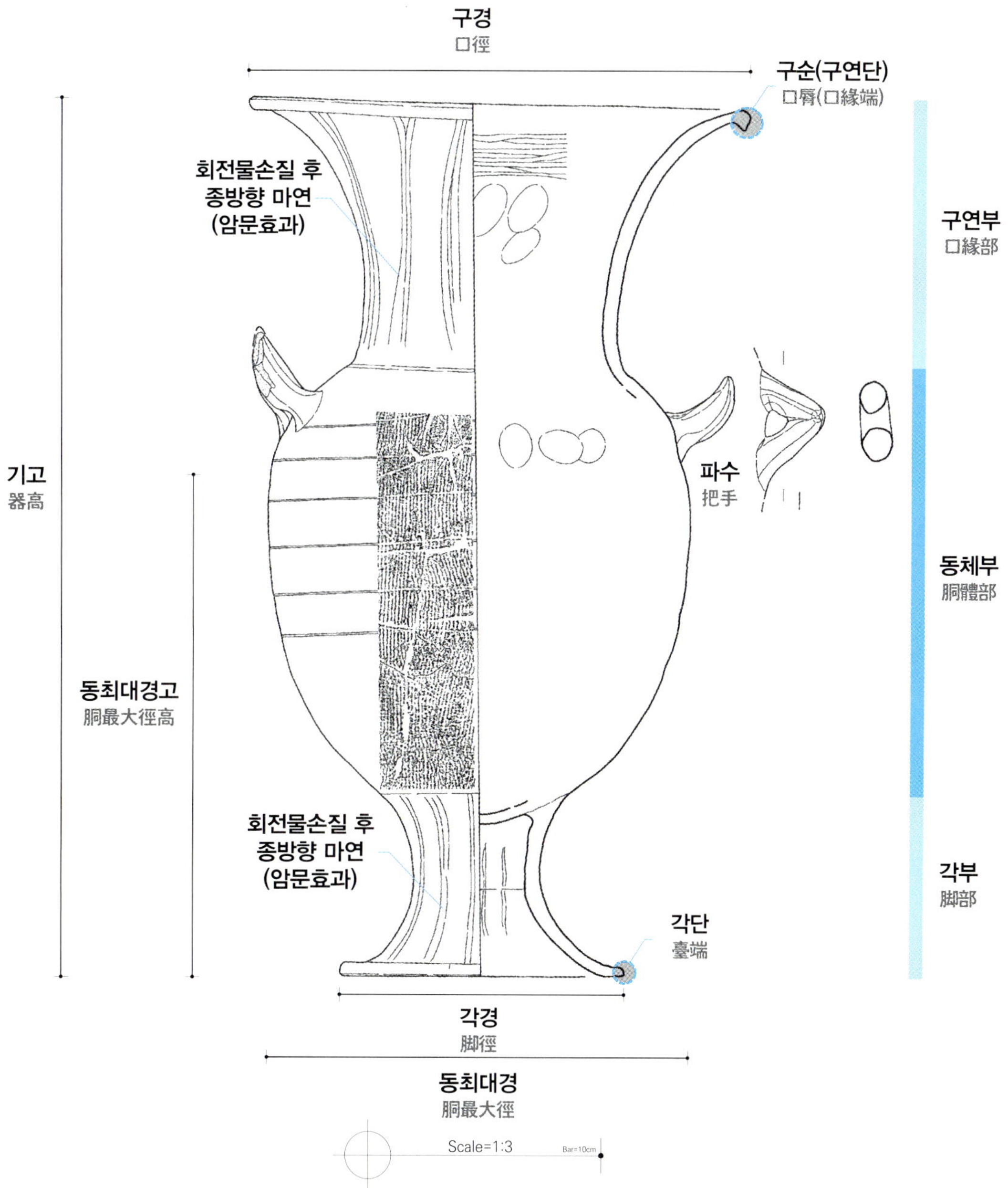

굽다리쌍뿔손잡이항아리

臺附組合式牛角形把手府壺 | Mounted jar with horn-shaped handle

* 嶺南文化財研究院, 2010, 『慶山 新垈里遺蹟 I』.

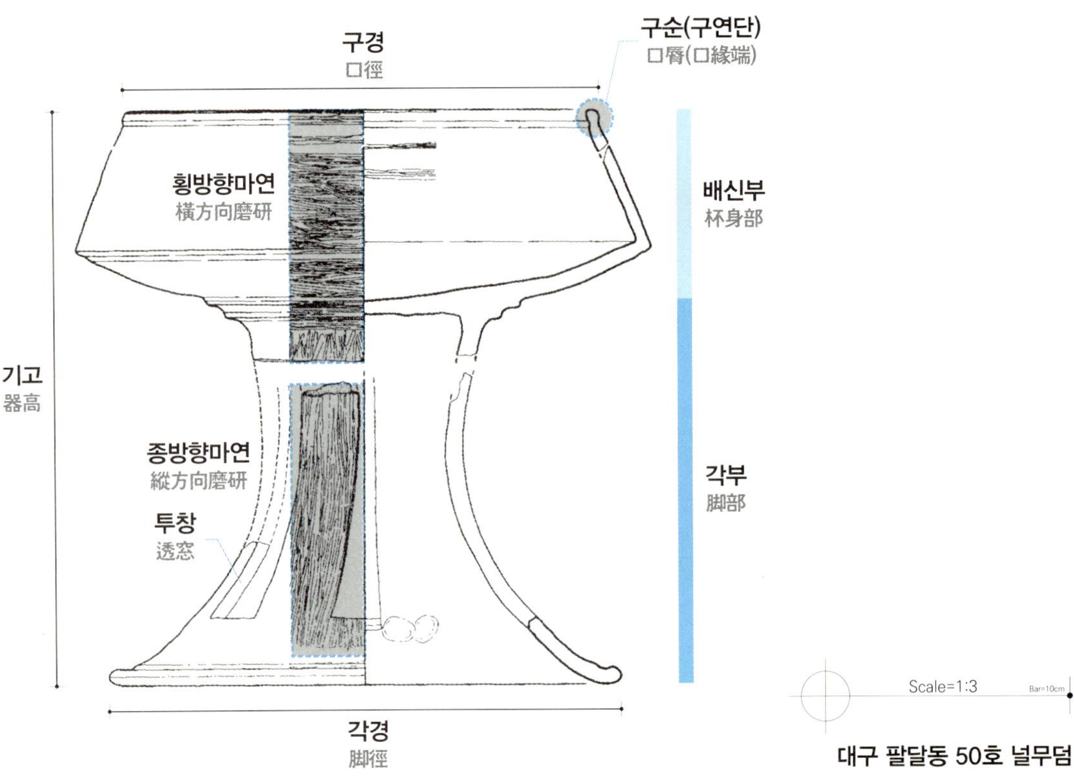

대구 팔달동 50호 널무덤

* 嶺南文化財研究院, 2000, 『大邱八達洞遺蹟Ⅰ』.

傳平壤

* 許仙瑛, 2012, 「平壤樂浪地域出土 瓦當에 反映된 漢代瓦當 要素-雲紋瓦當을 中心으로-」, 『동아시아고대학』 29, 동아시아고대학회.

국립중앙박물관, 2001, 『樂浪』.

남양주 장현리 34호 집자리

* 전동현, 2011, 「漢城百濟期 炊事容器의 形成과 變遷」, 숭실대학교 대학원 석사학위논문.
  中央文化財研究院, 2010, 『南楊州 長峴里遺蹟』.

깊은바리 | 深鉢形土器 | Deep bowl

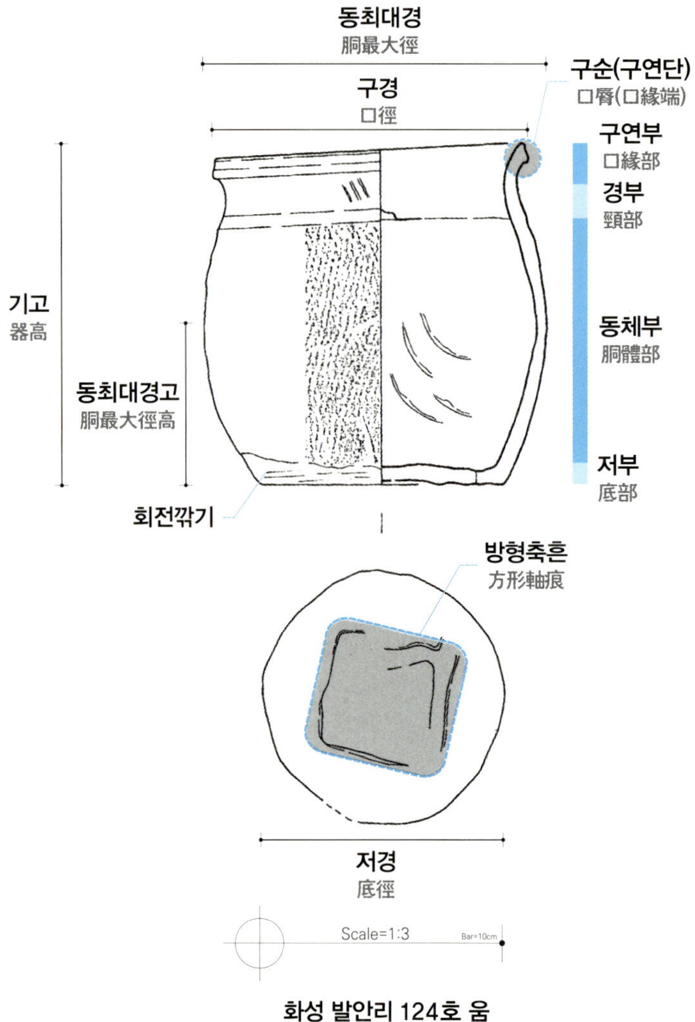

화성 발안리 124호 움

타날문토기 깊은바리의 계보에 대해서는 화분형토기, 연식부, 중도식무문토기 연질발 등 다양한 의견이 있다. 대표적인 심발형 기종은 이미 점토대토기 단계부터 확인되며 중도식무문토기 이후 타날문토기에 채용되는 것으로 정리할 수 있다. 등장 시점은 원삼국Ⅲ기 이후로, 시루 다음으로 취사용기의 주류를 이룬다. 한편 중도식무문토기 연질발도 깊은바리 등장 이후에도 취사용기로 병용되는데 늦은 시기가 되면 깊은바리와 같이 저부를 종방향 또는 횡방향으로 깎는 형식이 등장한다.

* 국립문화재연구소, 2011, 『한성지역 백제토기 분류표준화방안 연구』.
  畿甸文化財研究院, 2007, 『華城 發安里 마을遺蹟』.

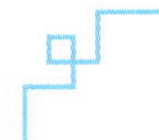

樂浪系土器(頸部凸帶壺) | Nangnang-type pottery(jar with banded neck)

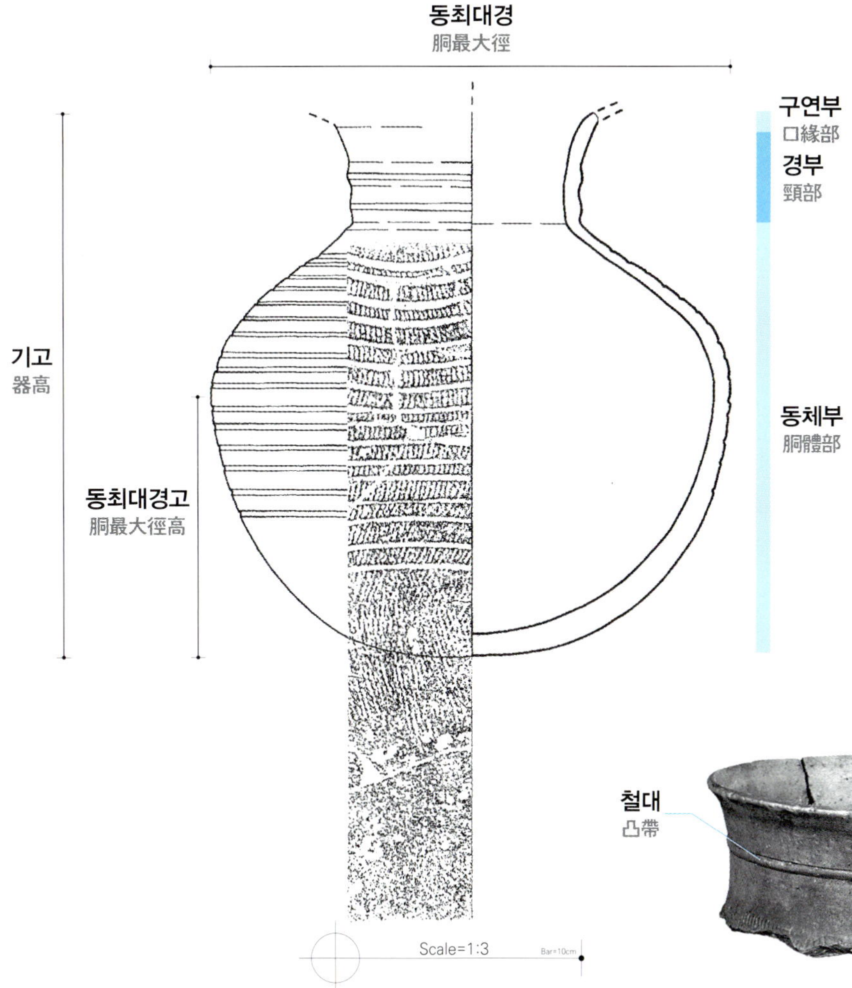

동최대경
胴最大徑

구연부
口緣部
경부
頸部

동체부
胴體部

기고
器高

동최대경고
胴最大徑高

철대
凸帶

Scale=1:3　　Bar=10cm

화천 거례리 강고연-5호 집자리 　　　　가평 대성리 경기-32호 집자리

경부철대호는 기원후 2세기대 중부 지역의 원삼국시대 취락에서 확인되는 기종으로서 단경호의 비교적 긴 경부 중앙에 철대와 같은 띠상의 돌기가 돌아가는 토기를 말한다. 모두 낙랑계토기에서만 관찰되는데 강한 회전물손질에 의해 성형타날을 지우는 과정에서 형성된 것으로 추정된다. 경부의 철대 요소는 외면 1차 성형타날, 내면 승문 내박자흔, 저부 사절흔과 같은 낙랑계토기를 구분할 수 있는 또 다른 요소로서 3세기 이후에는 소멸한다.

* 김무중, 2014, 「戰國 灰陶 및 樂浪土器와 中部地域 打捺文土器의 展開」, 『한국기독교박물관지』 10, 숭실대학교 한국
　　　기독교박물관.
한국문화재조사연구기관협회, 2011, 『한국 출토 외래유물』.
江原考古文化研究院, 2013, 『華川 居禮里 遺蹟』.
京畿文化財研究院, 2009, 『加平 大成里遺蹟』.

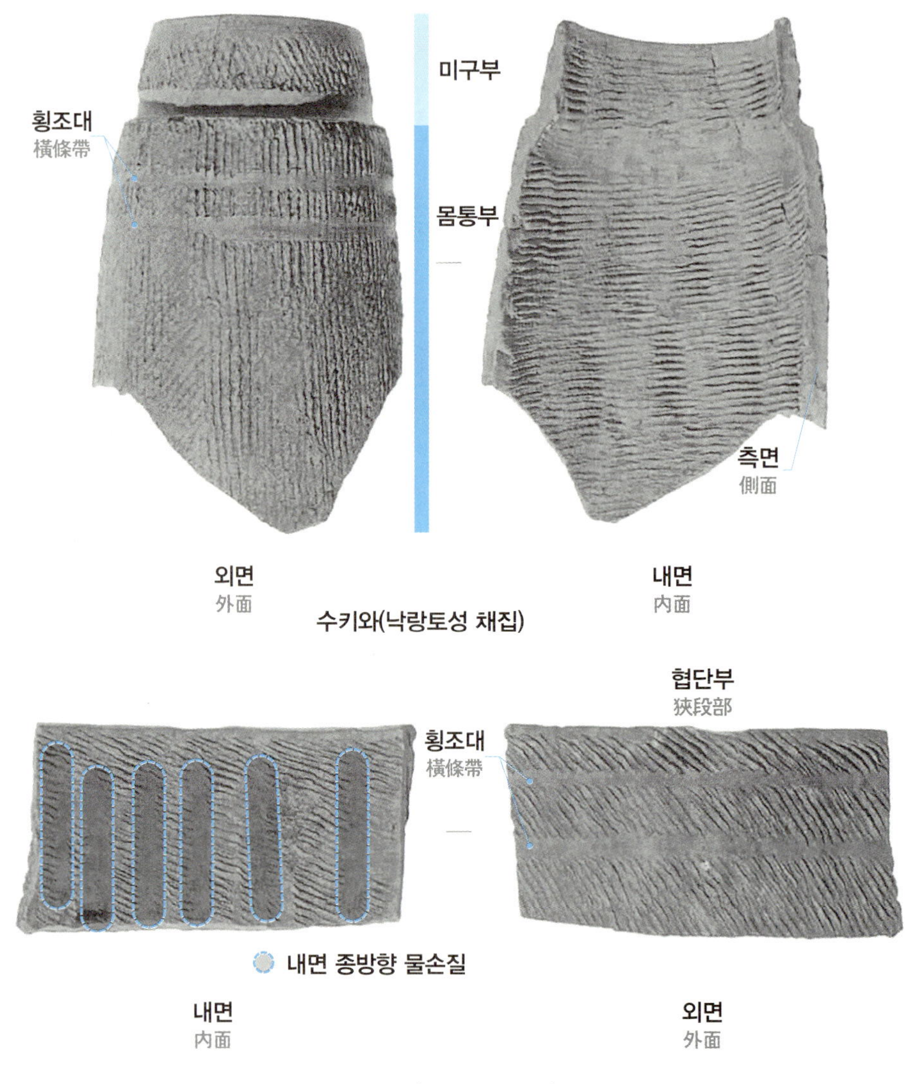

＊ 영남대학교박물관, 2008, 『영남대학교박물관 소장 유물목록집-와전-』.

이현혜 · 정인성 · 오영찬 · 김병준 · 이명선, 2008, 『일본에 있는 낙랑유물』, 학연문화사.

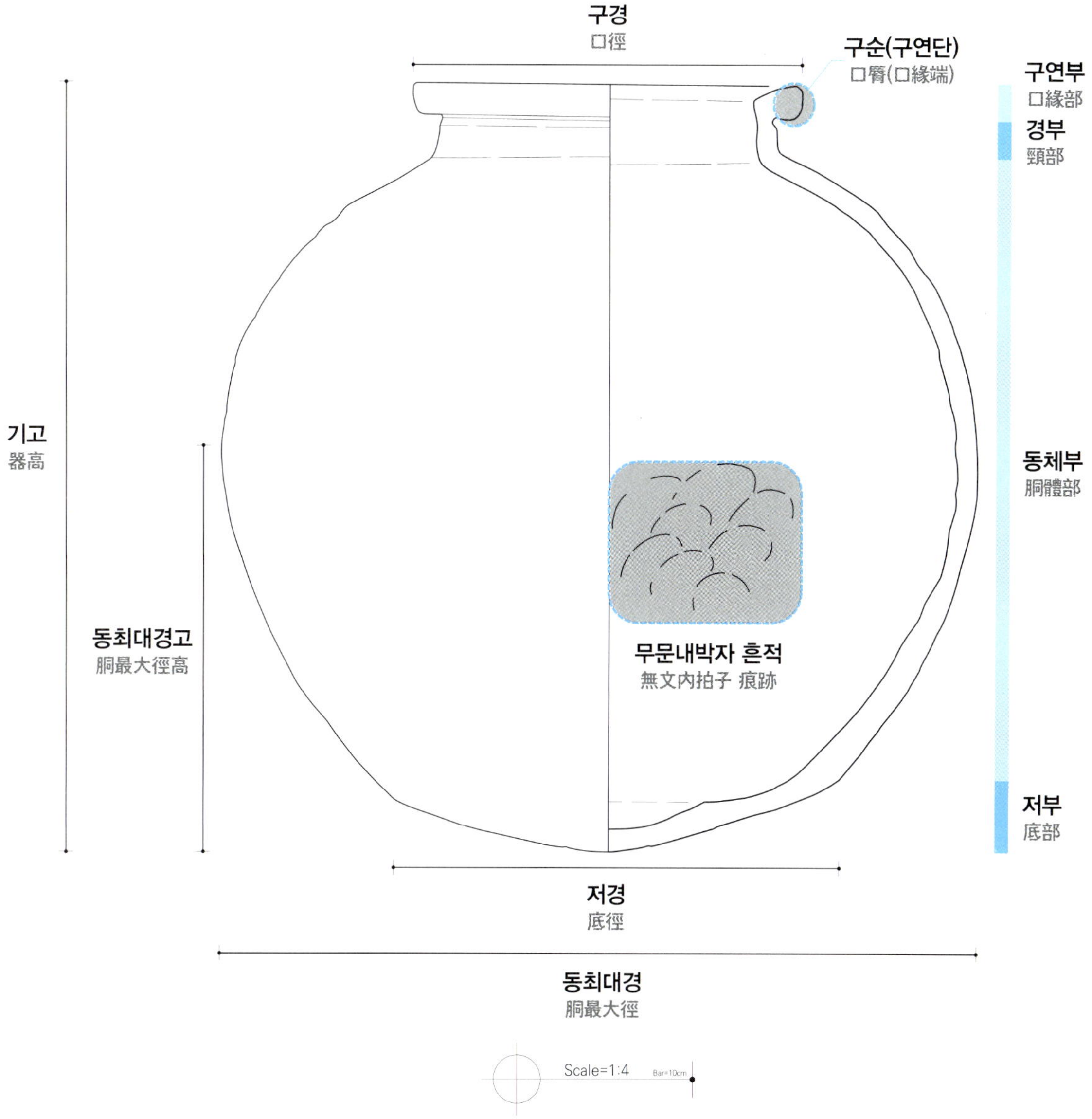

樂浪系土器(白色土器甕)　|　Nangnang-type pottery(white earthenware jar)

숭실대학교 한국기독교박물관 소장

* 홍주희, 2012,「북한강 유역 원삼국시대 외래계 토기」,『중부지역 원삼국시대 외래계 유물과 낙랑』, 제9회 매산기념강
　　좌 발표요지문, 숭실대학교 한국기독교박물관.

　숭실대학교 한국기독교박물관, 2013,『한국기독교박물관 소장 낙랑유물(樂浪遺物)』.

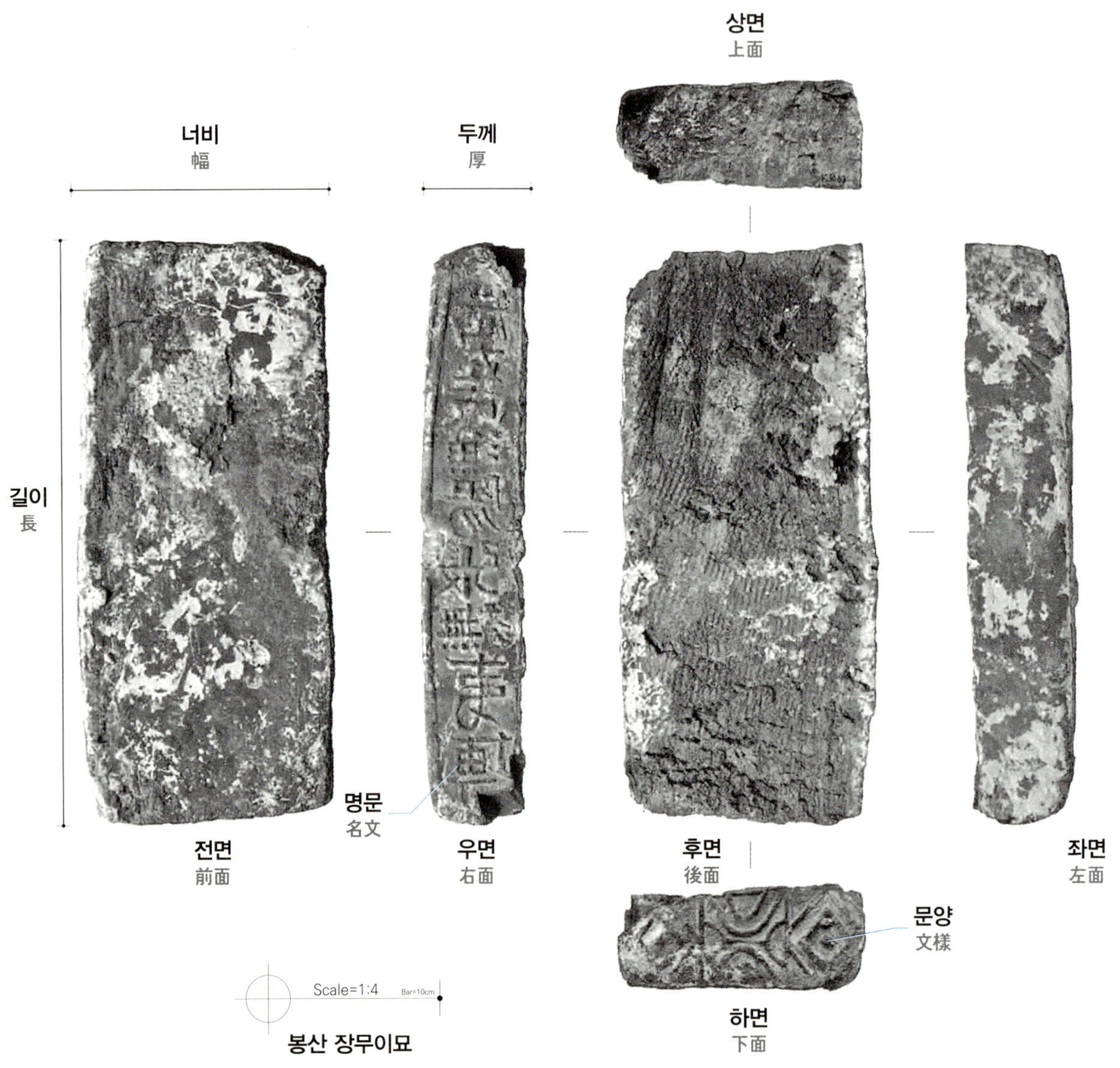

* 정인성, 2008, 「장무이묘 출토유물」, 『일본에 있는 낙랑유물』, 학연문화사.

  국립경주문화재연구소, 2013, 『신라 수막새 분류기준안』.

樂浪系土器(盆形土器)　|　Nangnang-type pottery(flowerpot-shaped vessel)

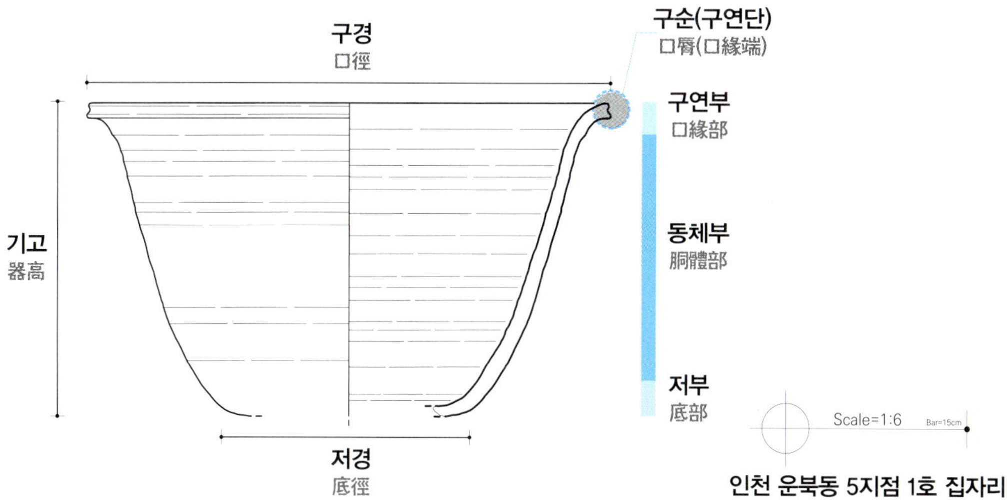

인천 운북동 5지점 1호 집자리

* 鄭仁盛, 2006, 「복원실험을 통해 본 樂浪 盆形土器와 평기와의 제작기법」, 『韓國上古史學報』 53, 韓國上古史學會.
  京畿文化財研究院, 2009, 『加平 大成里遺蹟』.

낙랑계토기(완)　|　樂浪系土器(碗)　|　Nangnang-type pottery(bowl)

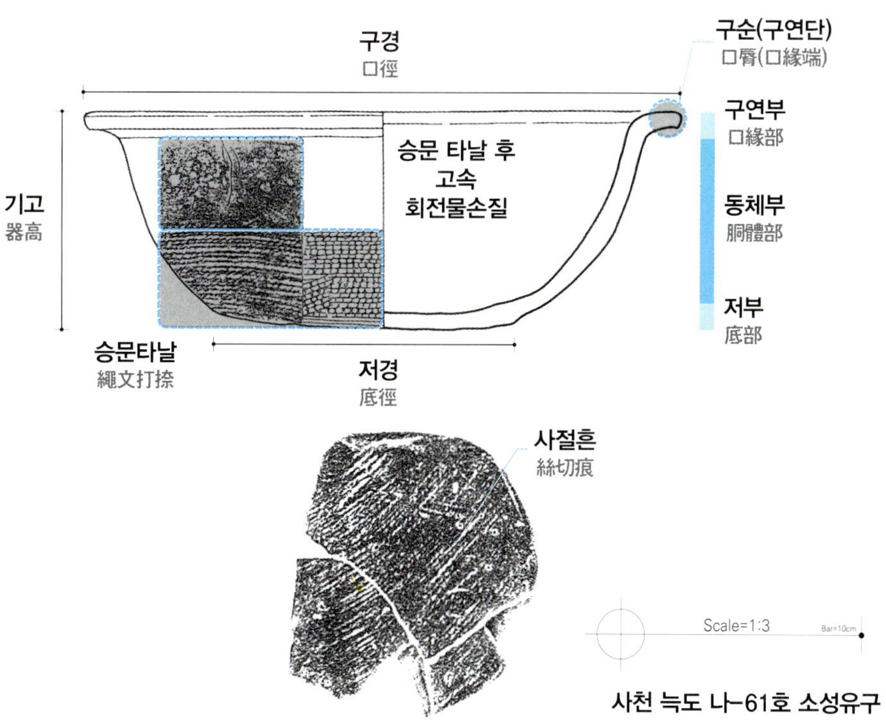

사천 늑도 나-61호 소성유구

* 홍주희, 2012, 「북한강 유역 원삼국시대 외래계 토기」, 『중부지역 원삼국시대 외래계 유물과 낙랑』, 제9회 매산기념강
  좌 발표요지문, 숭실대학교 한국기독교박물관.
  慶南考古學研究所, 2006, 『勒島貝塚Ⅱ』.

樂浪系土器(短頸壺) | Nangnang-type pottery(jar with short neck)

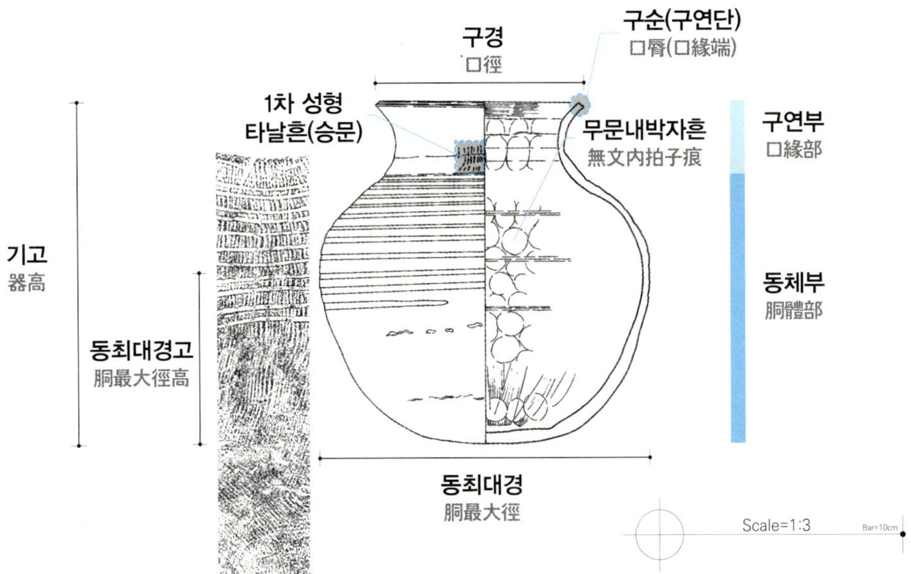

가평 대성리 경기-10호 집자리

※ 京畿文化財研究院, 2009,『加平 大成里遺蹟』.

__낙랑계토기(토관)

樂浪系土器(土管) | Nangnang-type pottery(clay pipe)

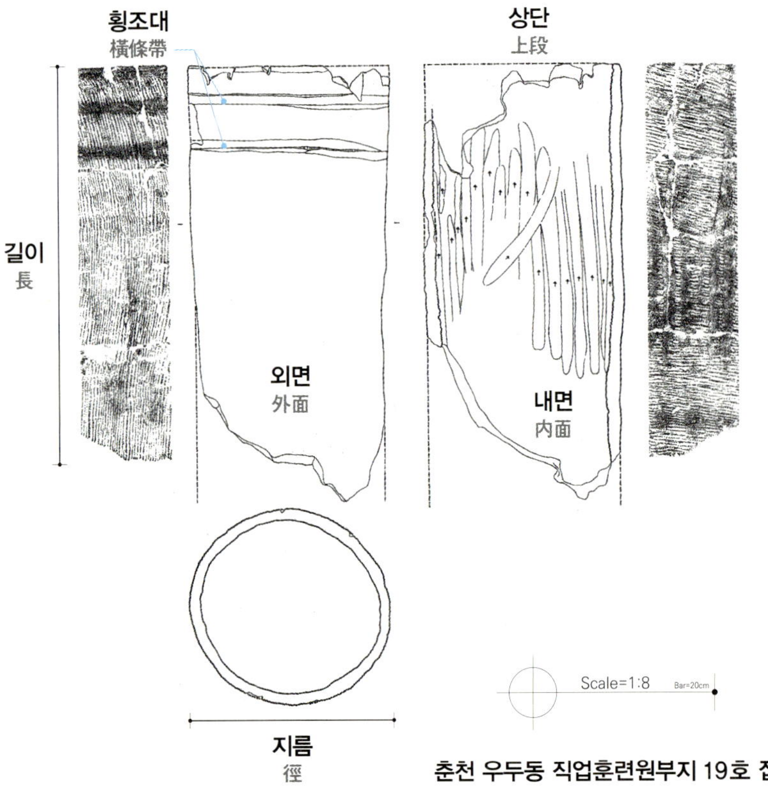

춘천 우두동 직업훈련원부지 19호 집자리

※ 鄭仁盛, 2006,「복원실험을 통해 본 樂浪 盆形土器와 평기와의 제작기법」,『韓國上古史學報』53, 韓國上古史學會.
江原文化財研究所, 2011,『春川 牛頭洞遺蹟Ⅰ』.

낙랑계토기(평저장경호)

樂浪系土器(平底長頸壺) | Nangnang-type pottery(flat-bottomed jar with long neck)

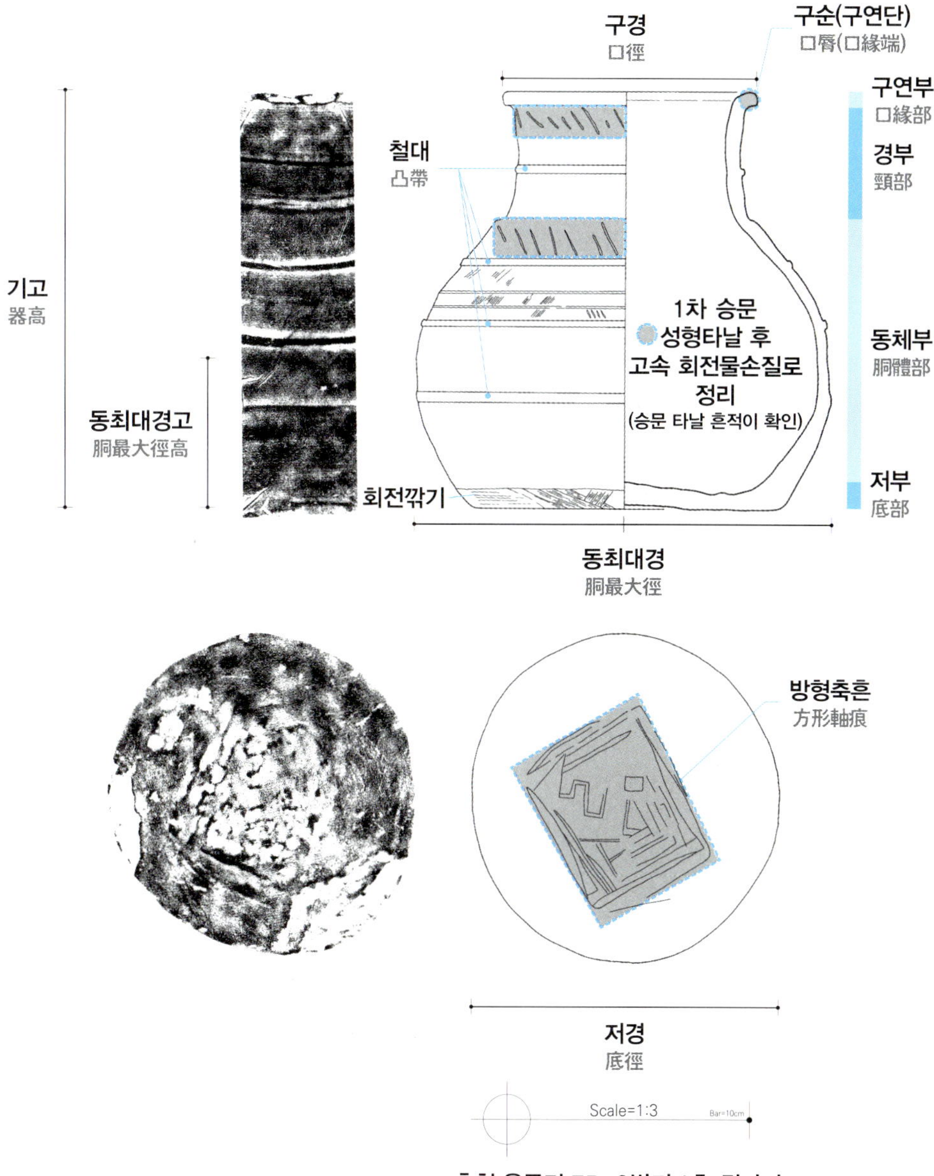

춘천 율문리 75-2번지 1호 집자리

※ 홍주희, 2012, 「북한강 유역 원삼국시대 외래계 토기」, 『중부지역 원삼국시대 외래계 유물과 낙랑』, 제9회 매산기념강좌 발표요지문, 숭실대학교 한국기독교박물관.

예맥문화재연구원, 2008, 『春川 栗文里遺蹟 I』.

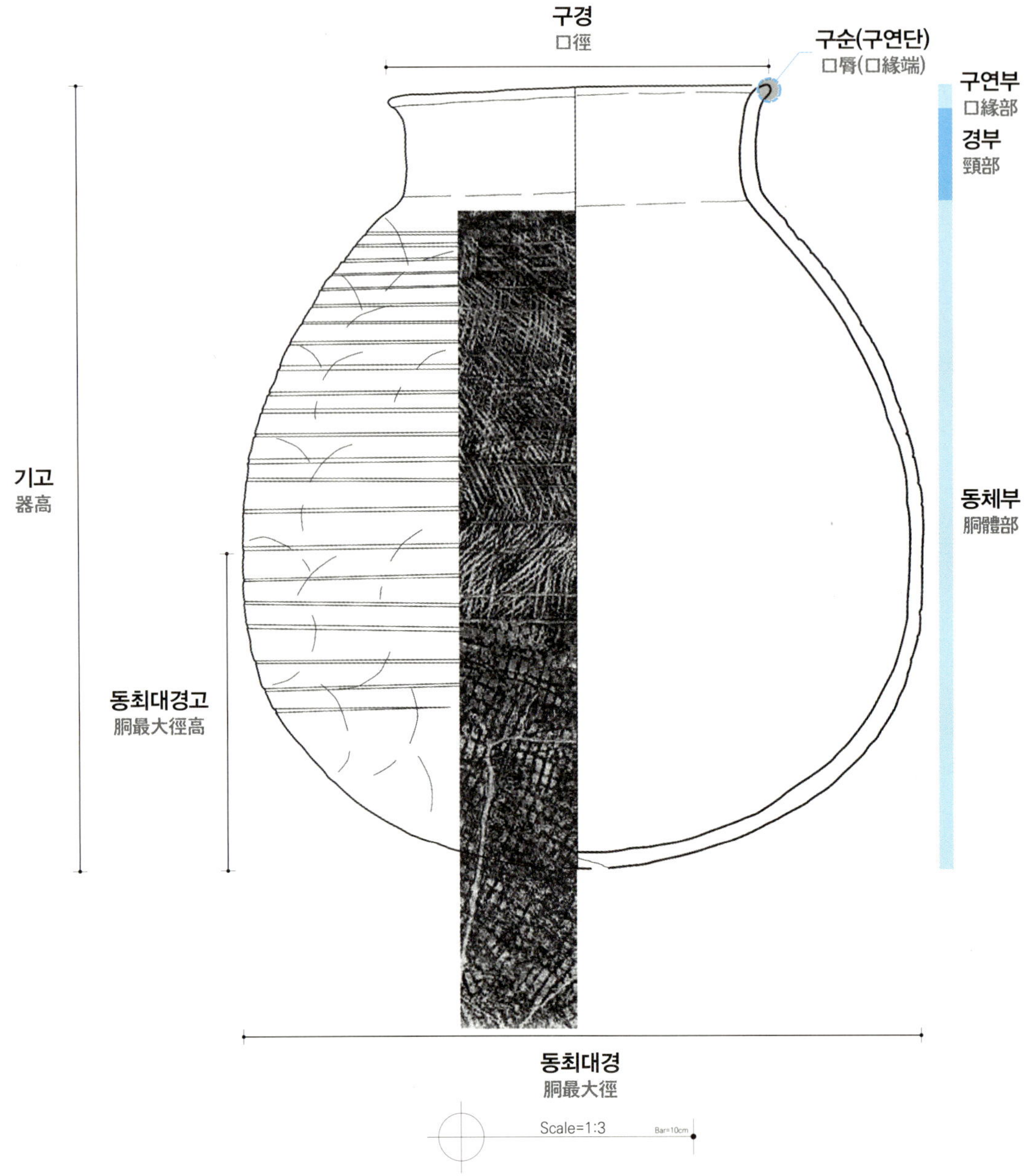

원주 반곡동 13지점 9호 집자리

* 한강문화재연구원, 2012, 『원주 반곡동 유적』.

내박자 | 內拍子 | Inner anvil for paddled pottery production

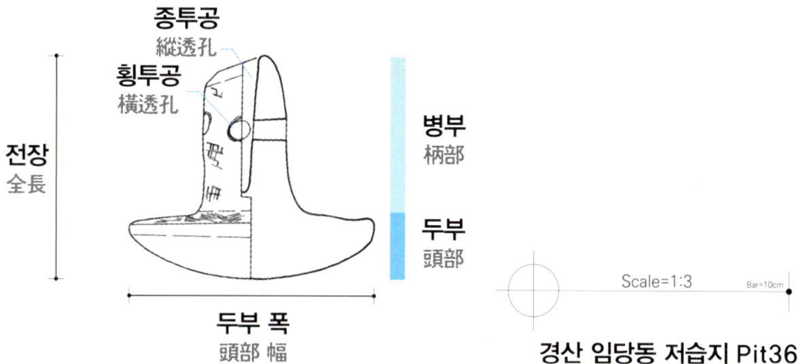

嶺南文化財研究院, 2008,『慶山 林堂洞 低濕池遺蹟Ⅲ』.

네모꼴굽다리잔 | 方形豆 | Square-shaped mounted dish

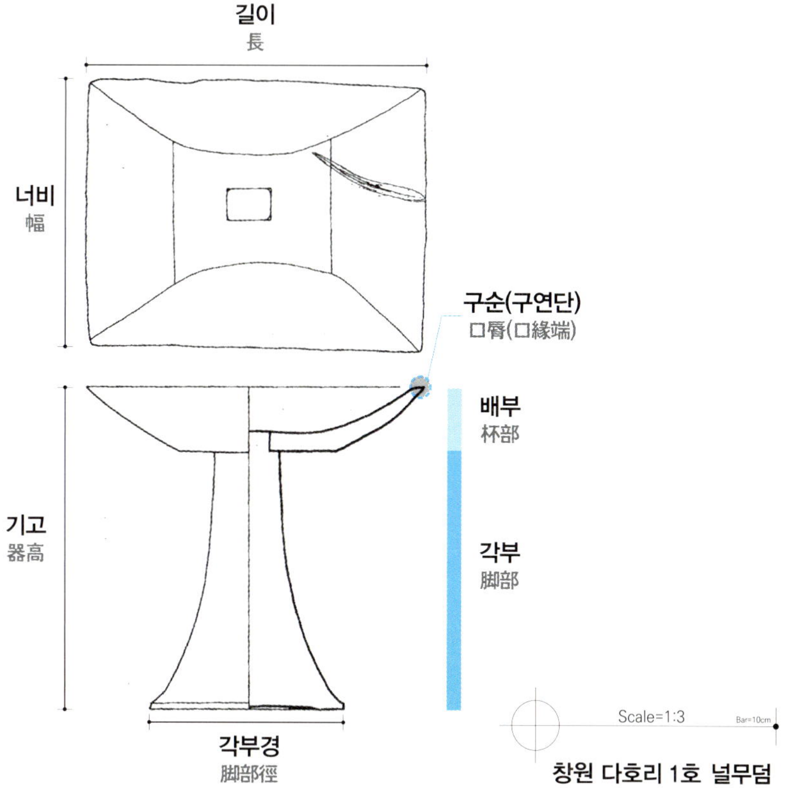

李健茂·李榮勳·尹光鎭·申大坤, 1989,「義昌 茶戶里遺蹟 發掘調査報告(Ⅰ)」,『考古學誌』1, 韓國美術史硏究會.

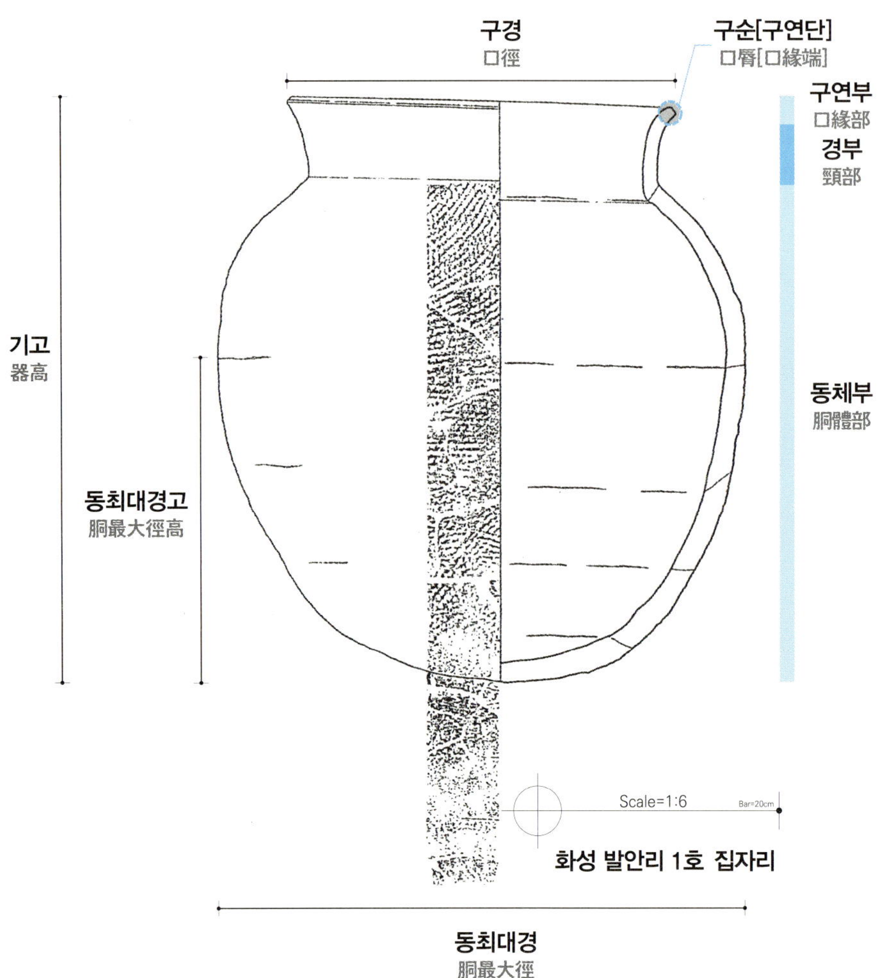

독은 구경이 항아리에 비해 넓고, 기고가 낮아 원형에 가까운 형태를 띠는 것이 다수이다. 독 외면에는 주로 격자문이 타날된다. 그리고 구연부 길이도 긴 것에서 짧은 것으로 변화한다. 대체로 낙랑계토기 독의 제도기술적 특징을 공유하고 있는데 초현기에는 구연부가 직선적으로 외반하는 형태였으나 시간이 흐름에 따라 곡선을 그리며 외반하는 형태로 발달한다. 즉 낙랑계토기 제도기술적 특징에서 타날문토기 제도기술적 특징으로 변화하고 있는 점이 확인된다. 한편 독의 용도는 유기물이나 곡류, 과실류 등을 저장하는 저장용기였을 것으로 추정된다.

* 畿甸文化財硏究院, 2007, 『華城 發安里 마을遺蹟』.

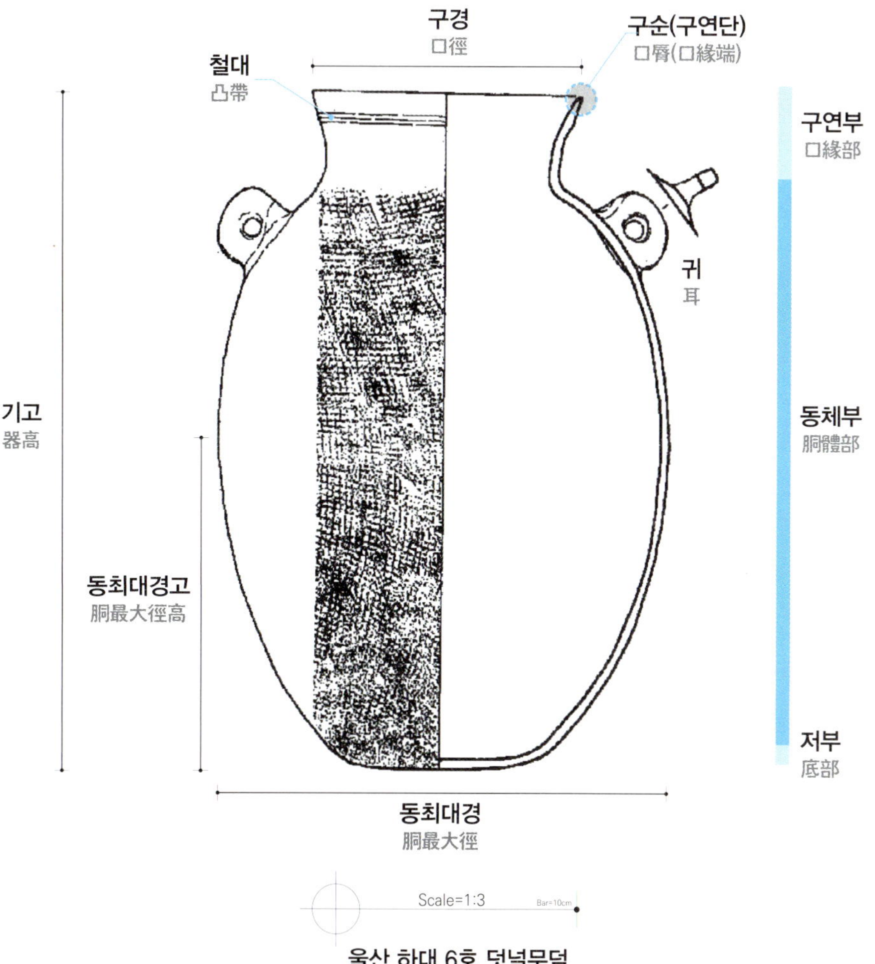

두귀달린항아리는 주요 분포권이 호남 지역으로 마한토기로 알려져 있다. 호남 지역은 분묘와 취락에서 고른 출토 빈도를 보이는 것에 비해 호서 지역은 분묘에서 집중적으로 출토된다. 그리고 중부 지역은 서해안 및 경기 남부 지역은 분묘, 중도유형권은 취락에서 출토되는 특징을 보인다. 한편 영남 지역의 분묘 유적에서 도 소수의 두귀달린항아리가 출토된다.

* 황춘임, 2009, 「原三國時代 兩耳附壺에 관한 硏究」, 충남대학교 대학원 석사학위논문.
  釜山大學校博物館, 1997, 『蔚山下垈遺蹟-古墳Ⅰ』.

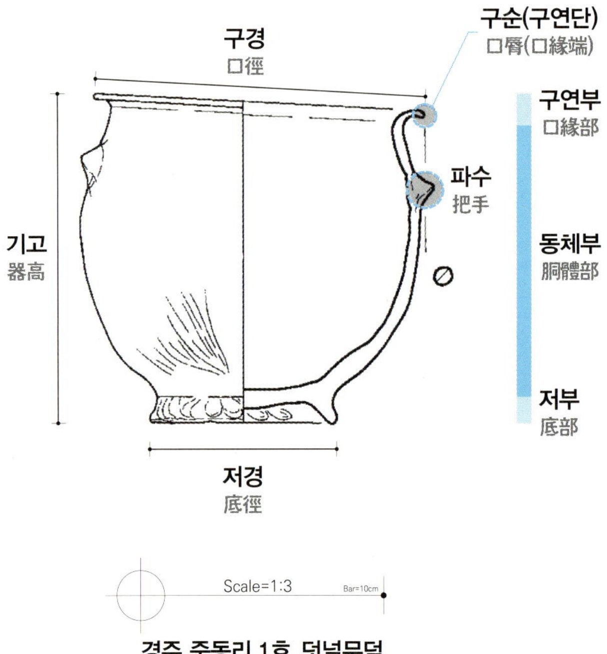

경주 죽동리 1호 덧널무덤

경주 죽동리 1호 덧널무덤 공반유물

* 신라문화유산연구원, 2010, 「慶州 竹東里 560·561番地 遺蹟」, 『慶州의 文化遺蹟X』.

뚜껑굽다리항아리 | 有蓋臺附壺 | Mounted jar with lid

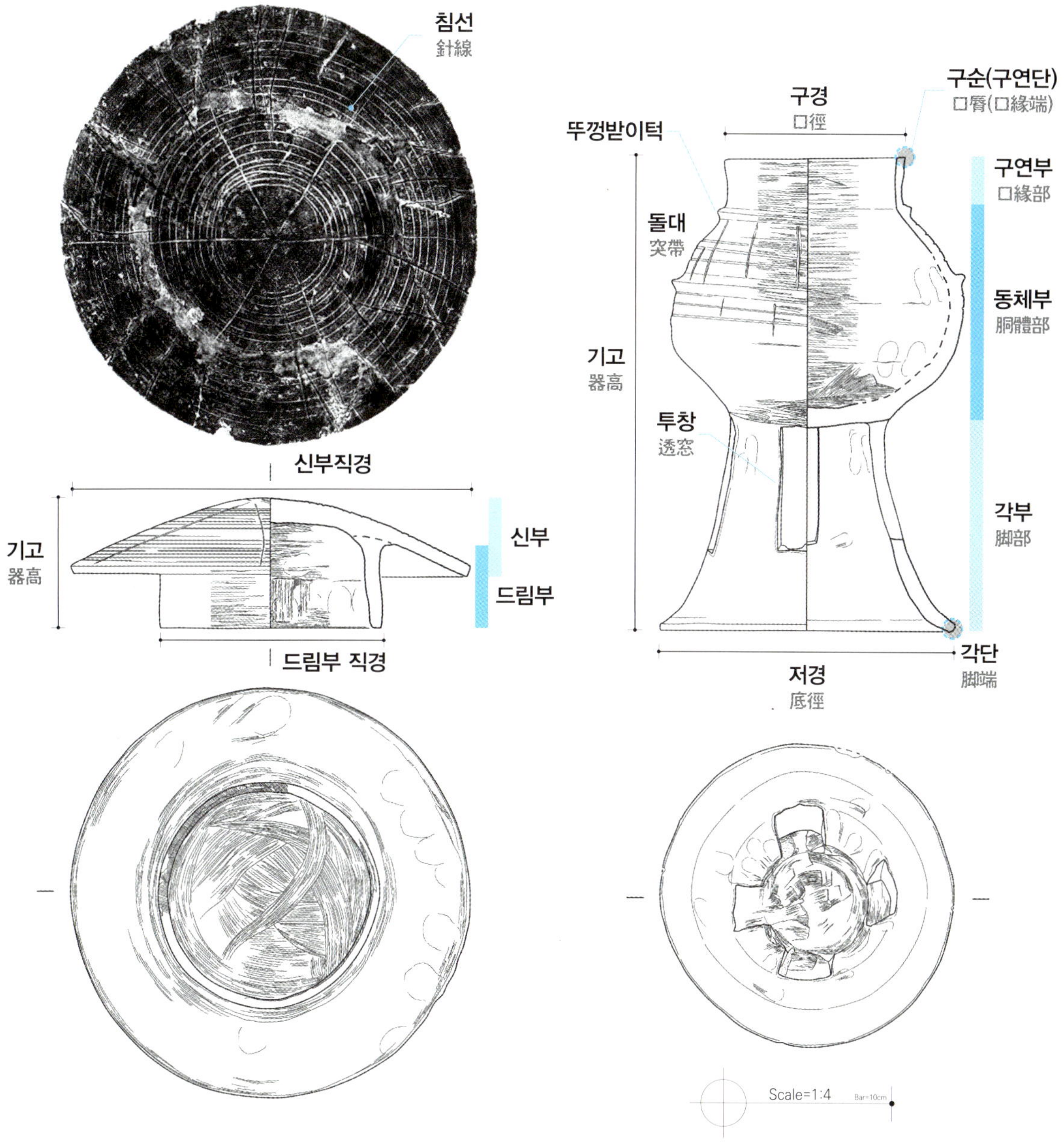

아산 용두리 진터 12호 움무덤

박형열, 2015, 「원삼국시대 유개대부호의 편년」, 『湖南考古學報』50, 湖南考古學會.

전북대학교박물관, 2010, 『上雲里 I』.

忠淸文化財硏究院, 2011, 『牙山 龍頭里 진터 遺蹟』.

인면
印面
'增地長印'

배면
背面

줄눌림흔
絲押痕

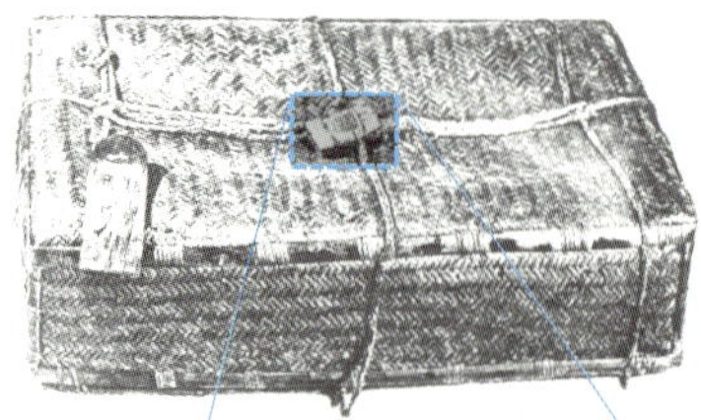

조
槽

목검 · 변광 · 니갑 · 니곽
木检 · 邊框 · 泥匣 · 泥廓

숭실대학교 한국기독교박물관 소장품

격
格

전자격
田字格
'孔孫强印'

일자격
日字格
'公印'

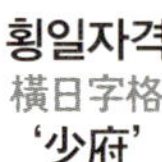

횡일자격
橫日字格
'少府'

봉니는 1831년 사천성(四川省)에서 처음으로 발견되었다. 죽간 등 공문서의 위변조를 막기 위하여 고안되었다. 봉니가 처음 출현하는 것은 중국 삼대시대 중 하(夏)대이다. 상주시대에 유행하며, 진한(秦漢)시대에 체제가 갖추어졌다. 진(晉) 이후에는 지장을 찍어 이를 대신하면서 사라진다. 황제는 백옥 인장에 자주색 끈, 제후는 금 인장에 자주색 끈, 고위 관리는 은 인장에 푸른색 끈, 하급 관리는 청동 인장에 검은색 끈, 말단 관리는 청동 인장에 검은색(황색) 끈을 사용하였다. 봉니는 발송지에서는 발견되지 않고 수령지에서만 발견된다. 진대 봉니는 격을 나누어 글자를 배치하였는데 크게 전자격(田字格), 일자격(日字格), 횡일자격(橫日字格) 등으로 표현한다.

치
齒

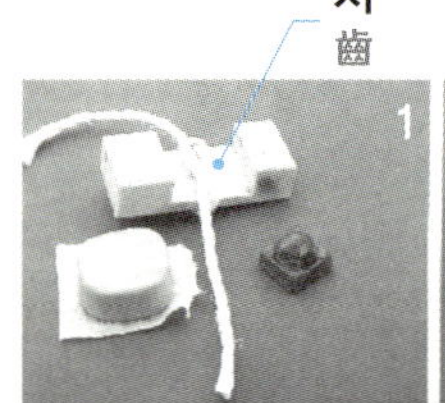
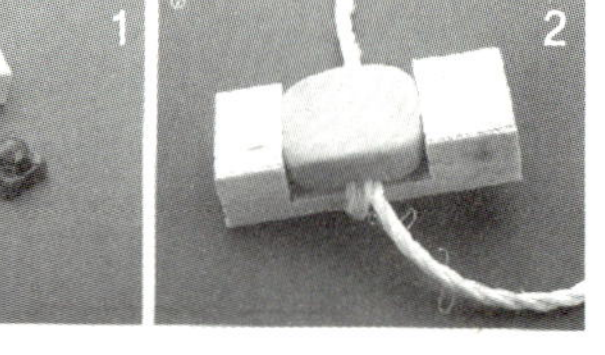

인문
印文
봉니에 양각된 글자체

봉기
封記
봉니에 찍는 인장

봉니의 제작 과정

* 도미야 이타루(임병덕 역), 2003, 『목간과 죽간으로 본 중국 고대 문화사』, 사계절.

松村一德, 1998, 「中国新出土秦封泥の検証」, 『書学書道史研究』 8.

周正举, 2012, 「封泥与护封」, 『秘书工作』 第1期, 杂志社.

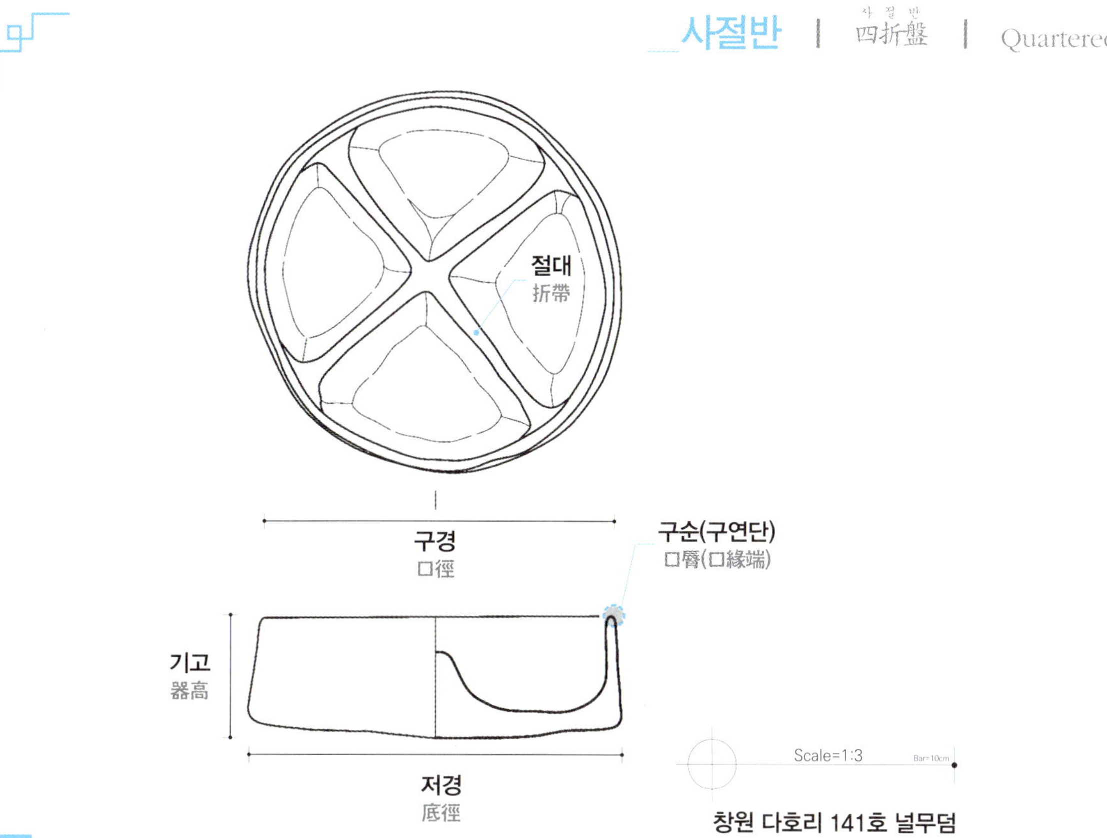

창원 다호리 141호 널무덤

* 國立金海博物館 · 국립가야문화재연구소, 2014, 『昌原 茶戶里 遺蹟』.

영광 군동 A-6호 움무덤

새모양토기(조형토기)는 영남 지역의 오리모양 토기(압형토기)와는 다른 기능으로 사용되었다. 기원후 1세기~5세기까지 호남 지역 및 호서 지역에서만 출토되고 있으며, 액체를 따르는 기능보다는 제의를 주관하는 세력자가 사용한 유물로 추정된다.

* 金永熙, 2013, 「호남지방 鳥形土器의 성격」, 『湖南考古學報』 44, 湖南考古學會.
목포대학교박물관, 2001, 『영광 군동 유적』.

　송풍관은 제철로에 삽입하여 바람을 불어넣는 관으로 노의 온도를 높여 조업이 원활하게 진행될 수 있도록 한다. 대구경송풍관은 직관형과 곡관형으로 나뉘며 직관형은 다시 직통형과 원추형으로, 곡관형은 우각형과 직각형으로 세분된다. 주로 노 내부로는 곡관형을 삽입하고 그 끝에 직관형 송풍관을 끼워서 연결한다. 진천 삼룡리·산수리 토기요지에서 송풍관과 같은 연통형토기가 출토되는 점에서 원삼국시대부터 대구경송풍관을 사용하였을 가능성이 매우 높다.

* 김권일, 2010, 「제철유적 조사연구법 시론」, 『문화재』 43-3, 국립문화재연구소.
　도의철, 2014, 「중원지역 백제 제철유적의 조업특징에 대한 실험고고학적 연구」, 『先史와 古代』 42, 한국고대학회.
　韓國文化財保護財團, 2001, 『慶州 隍城洞 遺蹟Ⅲ』.

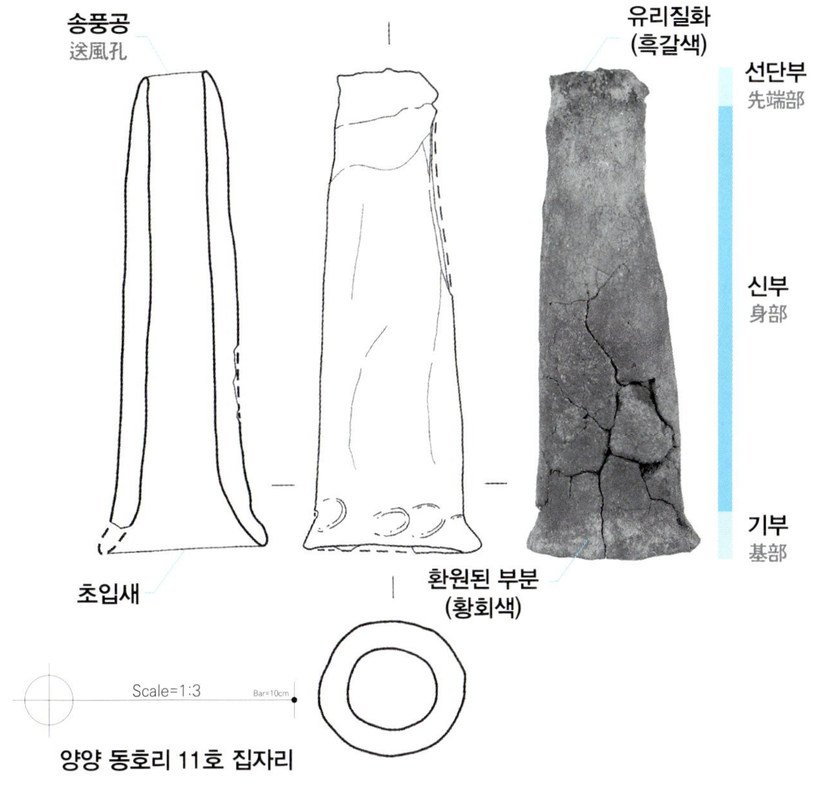

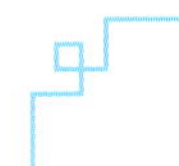

* 예맥문화재연구원, 2014, 『襄陽 銅湖里遺蹟』.

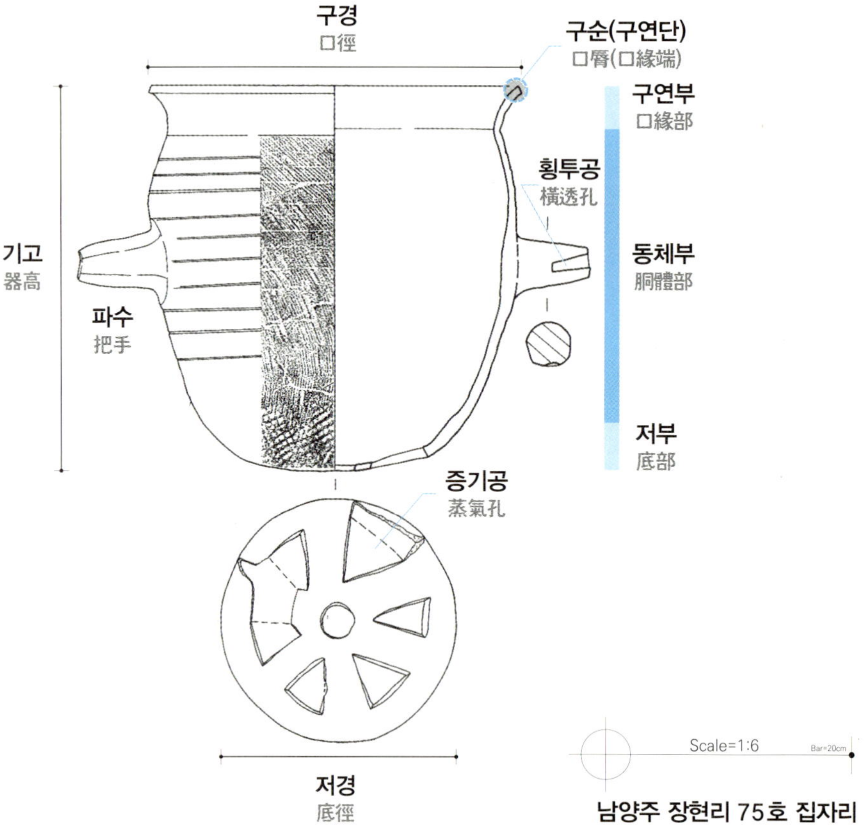

구경
口徑

구순(구연단)
口脣(口緣端)

구연부
口緣部

횡투공
橫透孔

동체부
胴體部

기고
器高

파수
把手

저부
底部

증기공
蒸氣孔

저경
底徑

Scale=1:6   Bar=20cm

남양주 장현리 75호 집자리

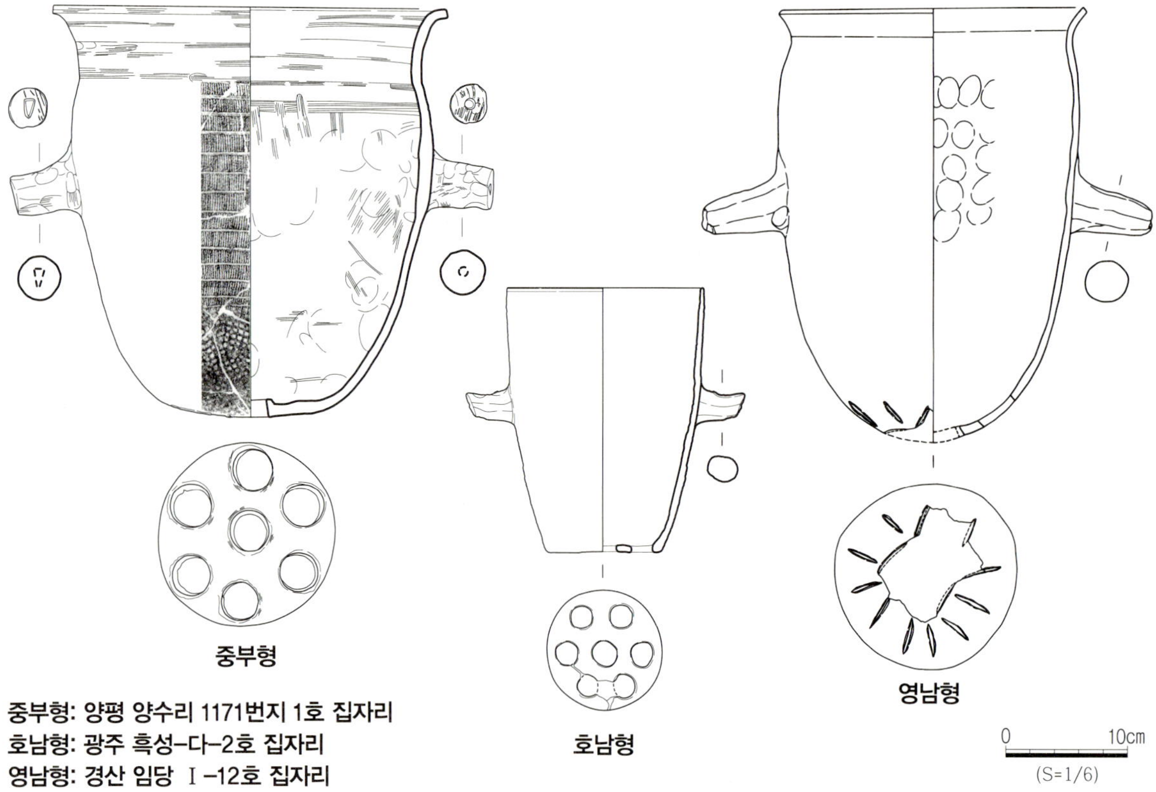

중부형

호남형

영남형

중부형: 양평 양수리 1171번지 1호 집자리
호남형: 광주 흑성-다-2호 집자리
영남형: 경산 임당 Ⅰ-12호 집자리

0   10cm
(S=1/6)

* 中央文化財研究院, 2010,『南楊州 長峴里遺蹟』.

쌍뿔손잡이항아리 | 組合式牛角形把手附壺 | Jar with horn-shaped handles

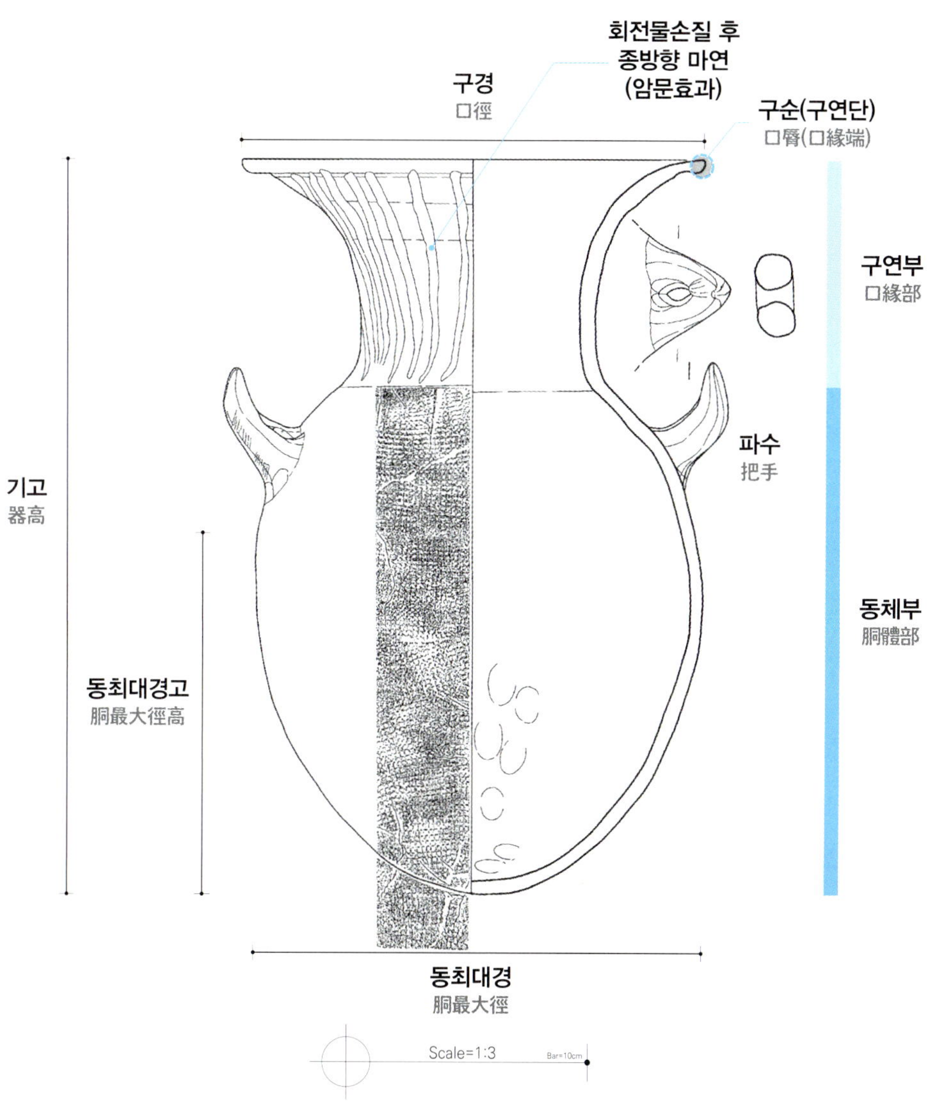

경산 신대리 670번지 2호 널무덤

* 嶺南文化財研究院, 2009, 『慶山 新垈里 670番地 遺蹟』.

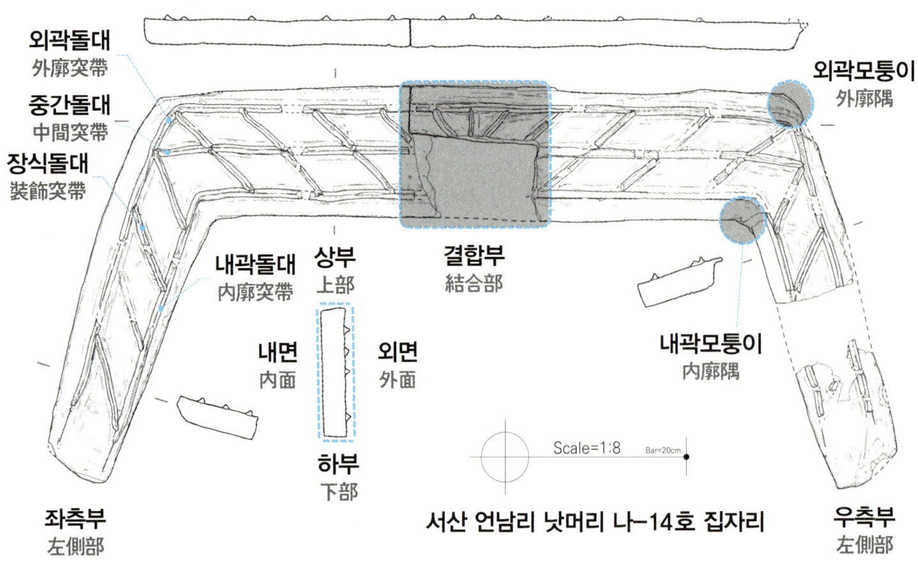

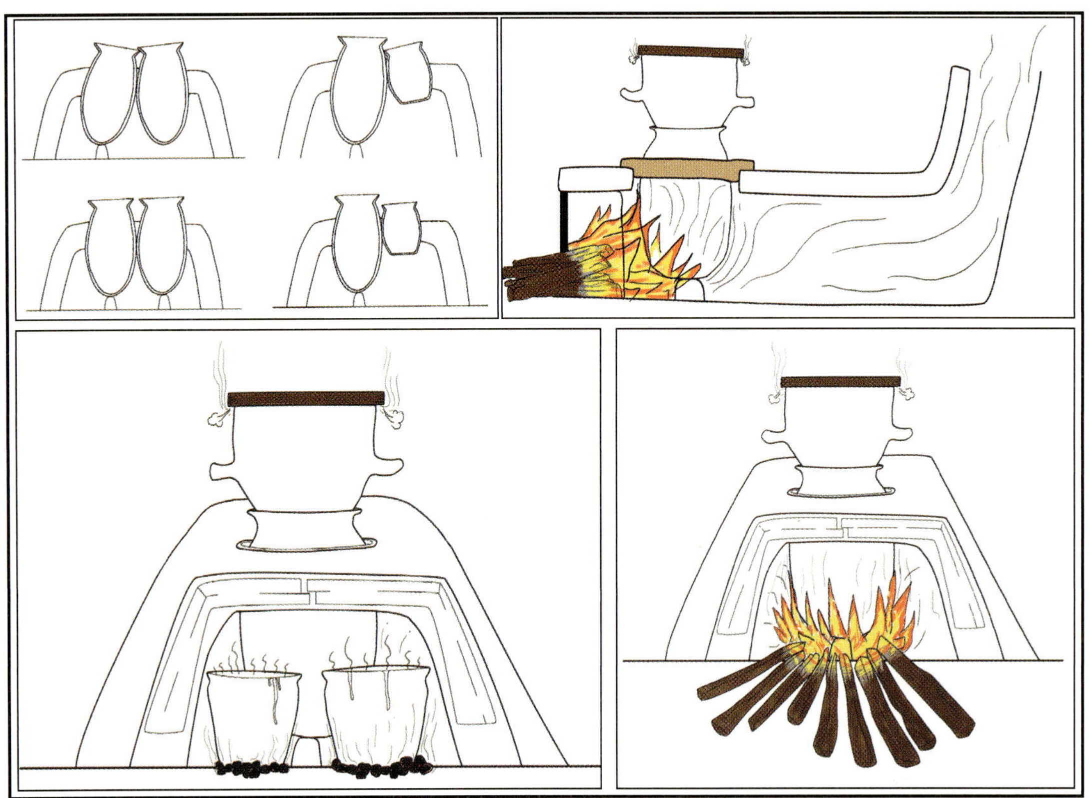

오승환 2012: 도면 6 전재

＊ 노미선 · 조희진 · 하진영, 2010, 「삼국시대 아궁이틀의 연구」, 『湖南考古學報』 35, 湖南考古學會.

서현주, 2003, 「삼국시대 아궁이틀에 대한 고찰」, 『한국고고학보』 50, 한국고고학회.

오승환, 2012, 「백제 사람들의 밥 짓기와 음식조리」, 『백제의 맛 음식이야기』, 한성백제박물관.

충청문화재연구원, 2010, 『서산 언남리 낫머리 유적』.

야요이계토기(큰항아리) | 彌生系土器(大壺) | Yayoi pottery(large jar)

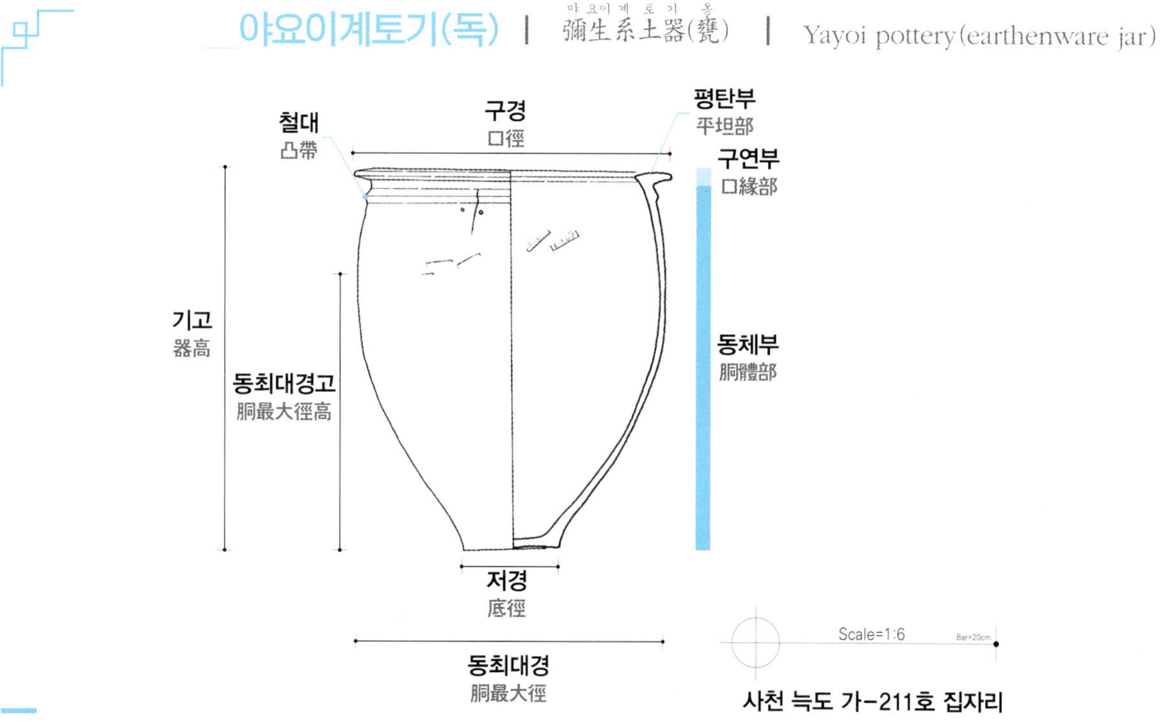

* 李昌熙, 2004, 「勒島遺蹟 出土 外來系 遺物 報告」, 『勒島 貝塚과 墳墓群』, 釜山大學校博物館.

야요이계토기(독) | 彌生系土器(甕) | Yayoi pottery(earthenware jar)

* 李昌熙, 2004, 「勒島遺蹟 出土 外來系 遺物 報告」, 『勒島 貝塚과 墳墓群』, 釜山大學校博物館.

雨乳附突出底部壺(尖底甕) | Elongated jar with pointed base and teat-shaped protrusions

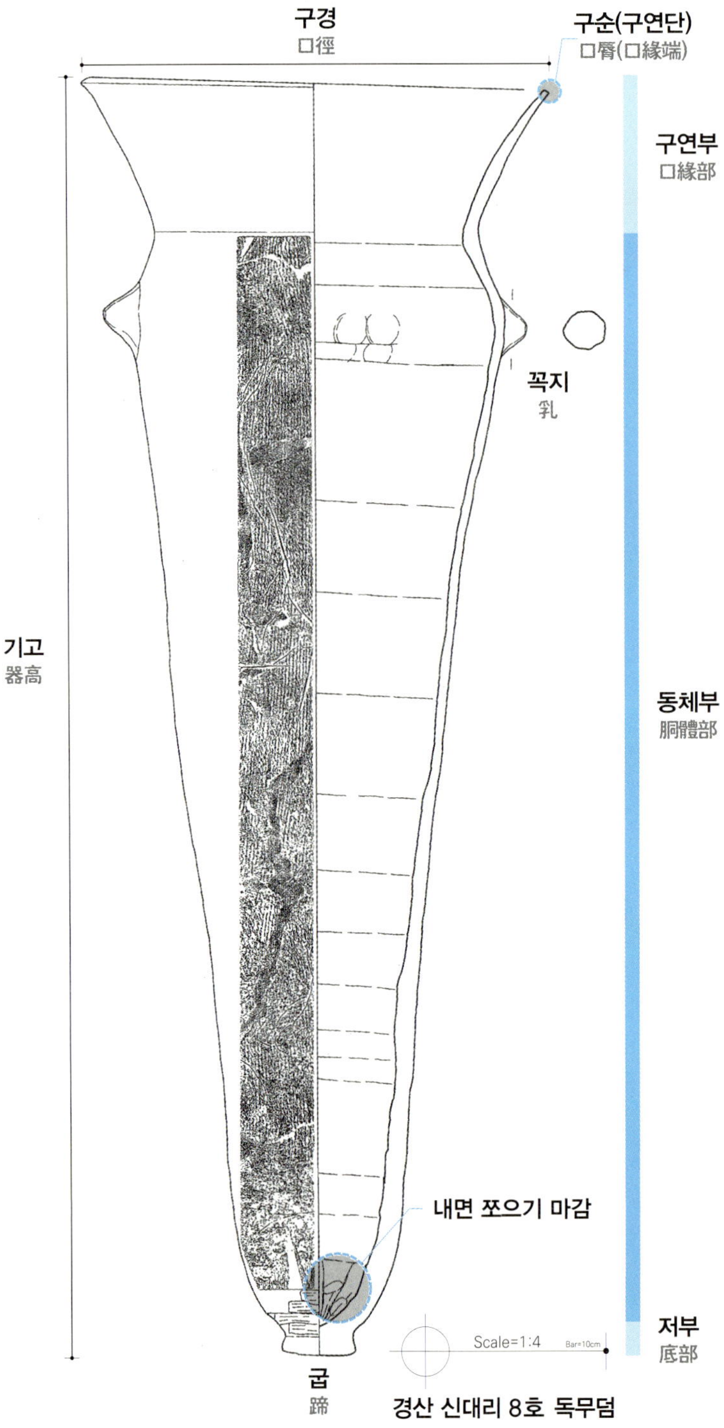

첨저옹으로 불리우는 기종으로 생활용 용기로 추정된다. 전기와질토기기에만 옹관으로 사용되었다. 대체로 돌출 저부 형태, 꼭지의 부착 위치, 동체부 형태에 따라 시기가 구분된다.

＊ 이춘선, 2011, 「嶺南地方 初期鐵器~原三國時代 甕棺墓의 變遷過程」, 경북대학교 대학원 석사학위논문.
　嶺南文化財研究院, 2010,『慶山 新垈里遺蹟Ⅱ』.

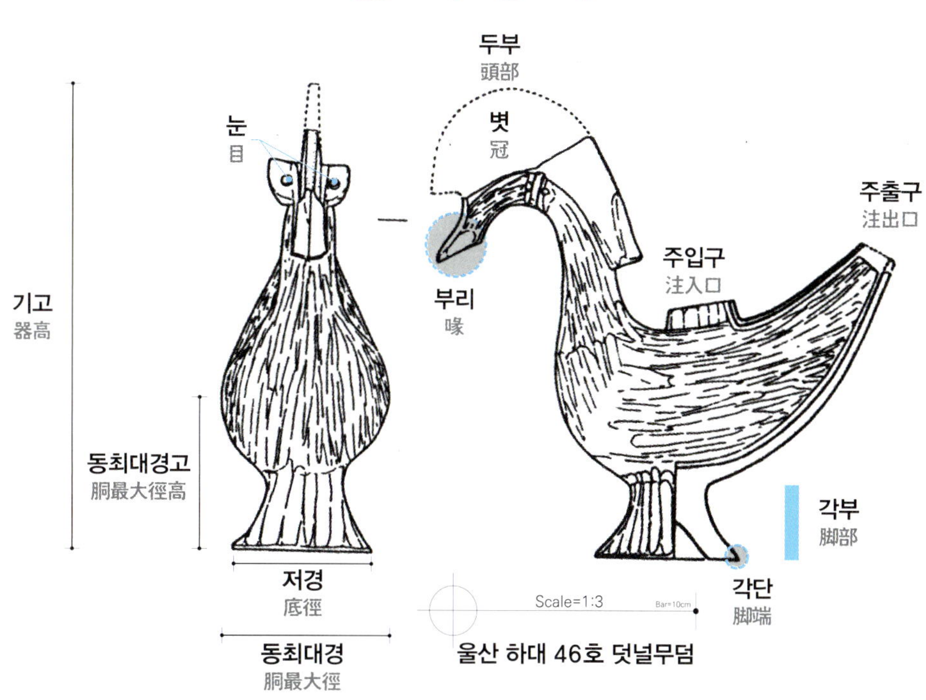

울산 하대 46호 덧널무덤

후기와질토기 단계에 출현하여 주로 덧널무덤의 부곽에서 출토되는 특징이 있다. 출토 지역이 신라의 세력권 내에서 발견된다는 공통점이 있다. 오리모양 이외에 부엉이모양 등 다양한 조류의 모양이 상형화된 토기류가 있다. 일반적으로 제의적 목적으로 제작되었으며 그 기능이 사자의 영혼을 승천시키는 도구로서 이해하는 경우가 일반적이다. 그러나 목이나 다리가 없는 것 등이 확인되는 점에서 그 기능이 다양하였을 가능성이 매우 높다.

* 金永熙, 2013, 「호남지방 鳥形土器의 성격」, 『湖南考古學報』 44, 湖南考古學會.
  홍보식, 2015, 「신라·가야지역 象刑土器의 변화와 의미」, 『韓國上古史學報』 90, 韓國上古史學會.
  釜山大學校博物館, 1997, 『蔚山下垈遺蹟-古墳Ⅰ』.

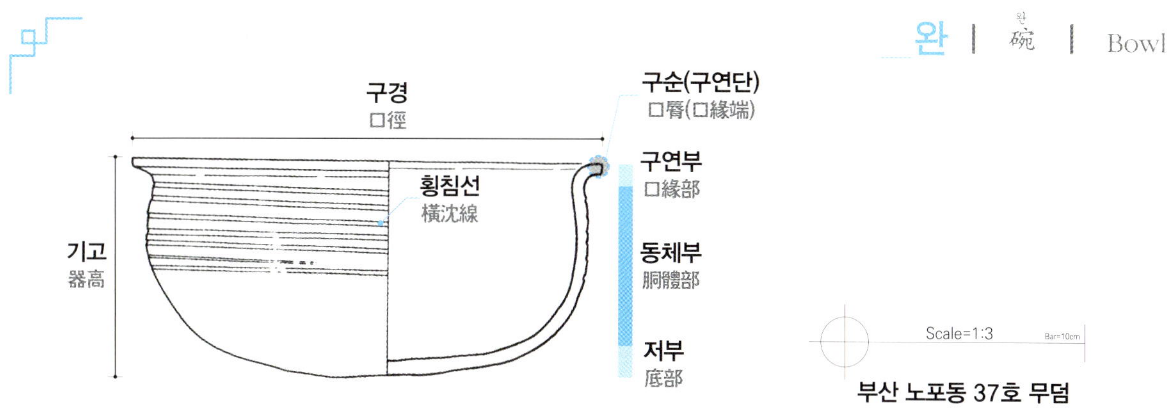

부산 노포동 37호 무덤

* 釜山大學校博物館, 1988, 『釜山老圃洞遺蹟』.

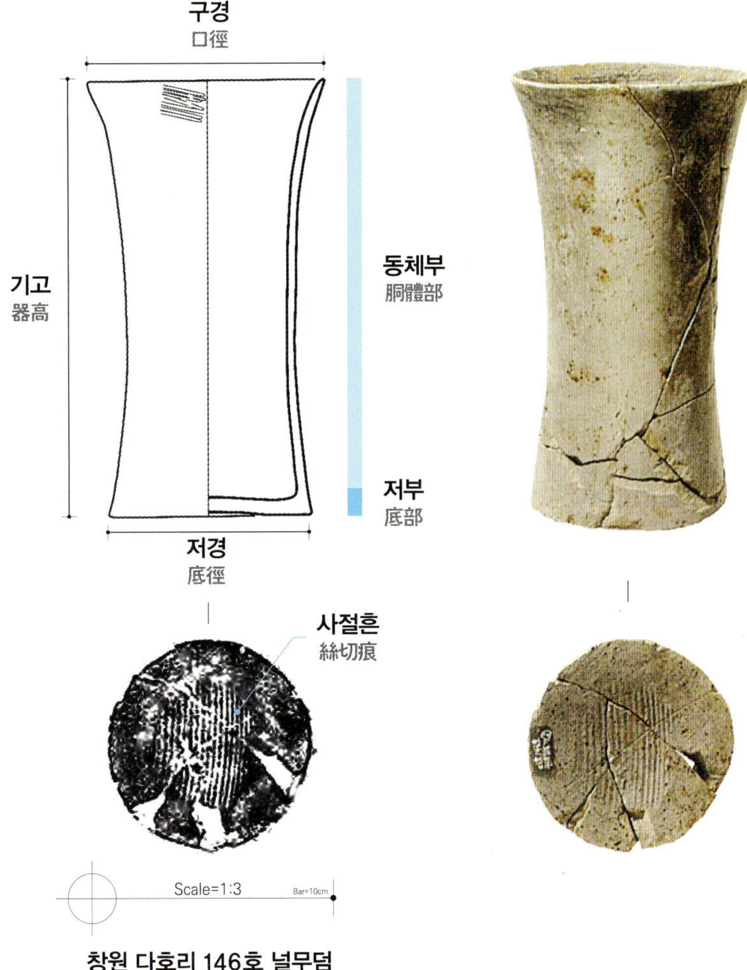

창원 다호리 146호 널무덤

원통모양토기는 정선된 고운 점토로 만들어졌다. 동체 외면이 일직선으로 되어 있는 것과 장고모양으로 곡선을 띠는 형식이 관찰된다. 영남 지역은 와질토기 단계에 이미 확인되고 있는데 통형칠기를 모방하여 제작한 것으로 추정된다. 중서부 지역은 주구무덤 분포권을 중심으로 다수의 원통모양토기가 출토되었다. 시기적으로는 기원후 2~3세기대에 집중적으로 출토된다. 전체적으로 낙랑의 통형칠기를 모방하여 영남 지역에 처음 유입되었고, 중서부 지역은 이보다 늦은 단계에 유입되어 무덤 부장품으로 사용된 것으로 추정된다.

＊ 신민철, 2015, 「곡교천일대 원삼국시대 원통형토기의 분포와 성격」, 전북대학교 대학원 석사학위논문.
　國立金海博物館·국립가야문화재연구소, 2014, 『昌原 茶戶里 遺蹟』.

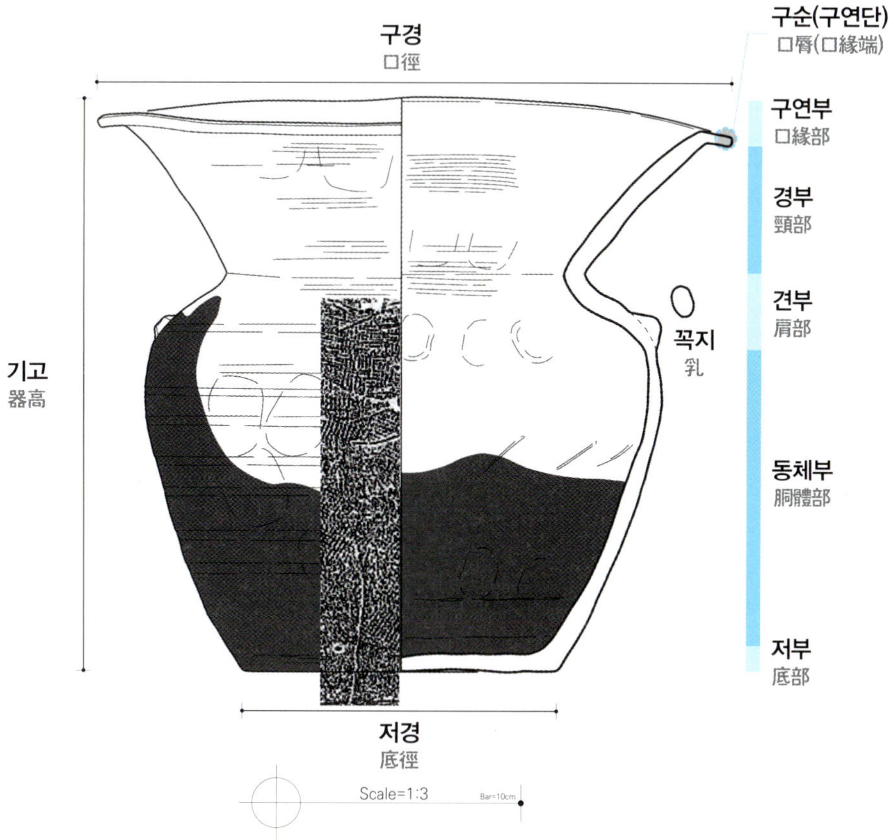

有肩平底廣口壺 | Flat jar with wide mouth and shoulder

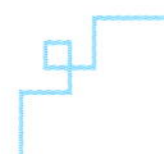

홍성 석택리 A-2지구 2지점 17호 집자리

＊ 서현주, 2006, 「榮山江流域 三國時代 土器 研究」, 서울대학교 대학원 박사학위논문.
한얼문화유산연구원, 2015, 『홍성 석택리 유적』.

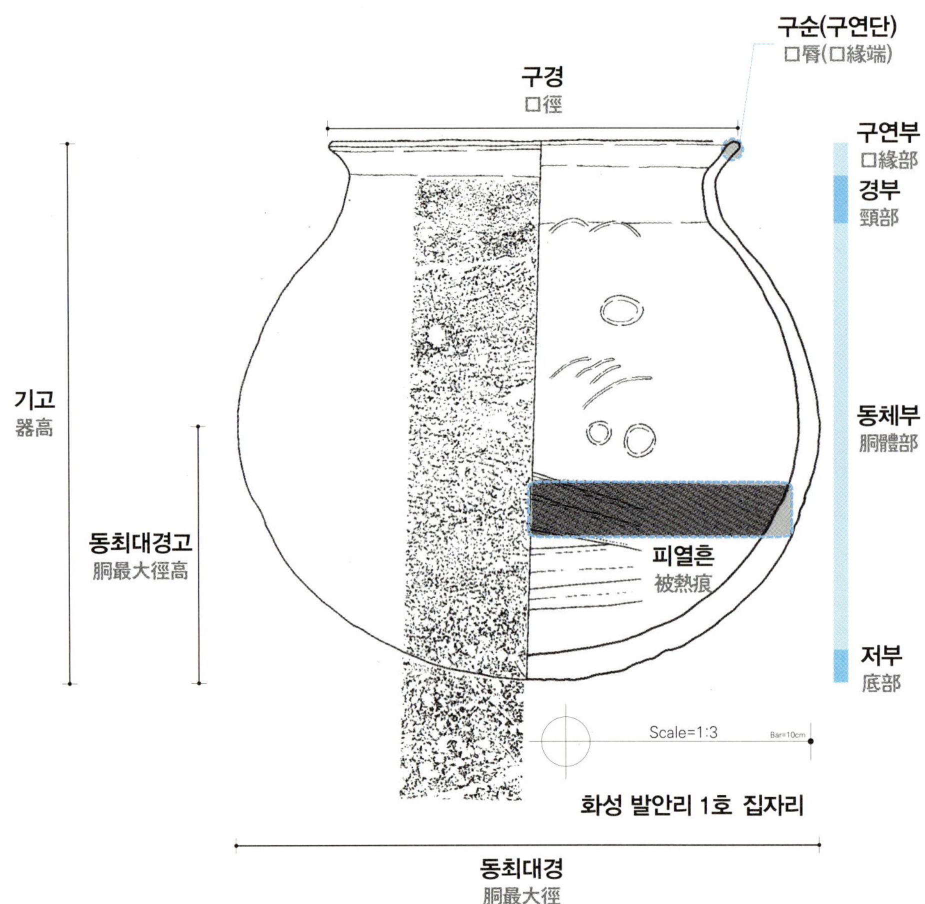

중부 지역 원삼국Ⅱ기와 Ⅲ기를 획기하는 표지적 유물이다. 유경호는 중도식무문토기옹을 대신하여 복합취사용기로 사용되었다. 굵은 석립이 다수 포함된 적갈색 연질토기로 제작되기 시작한다. 이후 회청색 경질토기로 제작되어 주로 남한강 유역을 중심으로 유행하는데 더이상 취사용기로 사용되지 않는다. 구형의 동체에서 편구형의 동체로 이행하며 경부는 길어지면서 급격하게 내만하는 형태로 발달한다. 타날은 발생부터 늦은 시기까지 거의 예외없이 격자문만이 사용된다. 초기 유경호는 취사흔적이 잘 남아 있다. 내면 피열흔, 외면 탄착흔이 대칭된다.

* 박경신, 2011, 「전환기 중부지방 원삼국시대 취락의 편년과 전개 양상」, 『국가형성기 한성백제의 고고학적 검토』, 제1회 한국상고사학회 워크숍 발표문, 한국상고사학회.

박순발, 2004, 「한성백제 고고학의 연구 현황과 점검」, 『고고학』 3-1, 서울경기고고학회.

畿甸文化財研究院, 2007, 『華城 發安里 마을遺蹟』.

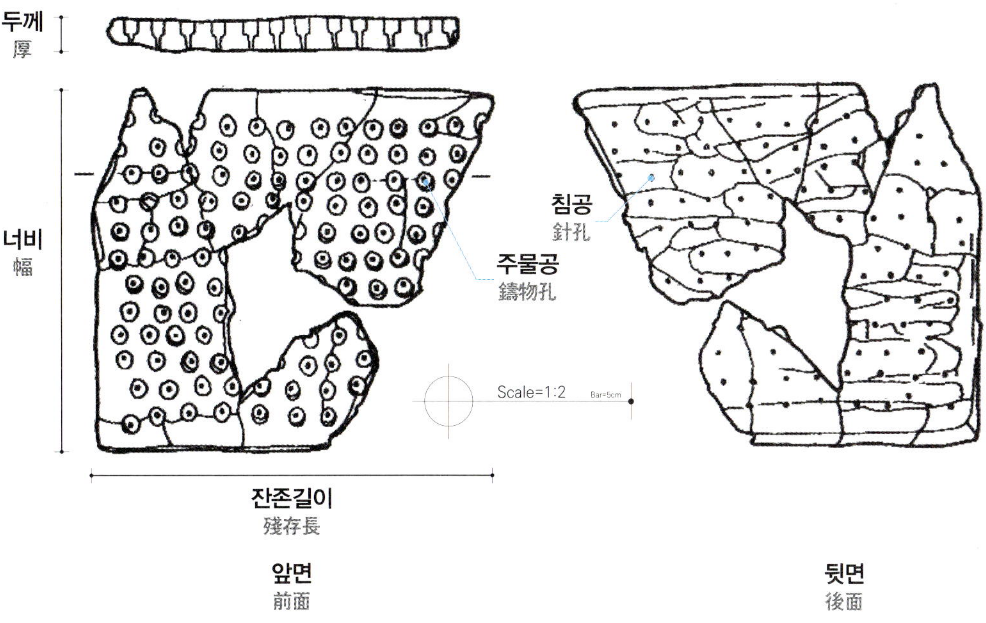

하남 미사리 고대-10호 집자리

주형 기법에 의해 만들어지는 공정
(김주홍 2007: 도면 7 전재)

유리거푸집은 제철기술과 함께 대량 생산이 가능해지는 원삼국시대 이후에 출현한다. 해남 군곡리 패총, 경주 황성동, 춘천 중도, 하남 미사리, 서울 풍납토성, 진천 석장리, 김제 대목리, 나주 왕곡유적 등에서 출토되었다.

＊ 김주홍, 2007, 「古代 琉璃玉 製作技術 硏究」, 목포대학교 대학원 석사학위논문.

漢沙里先史遺蹟調査團, 1994, 『漢沙里』 5.

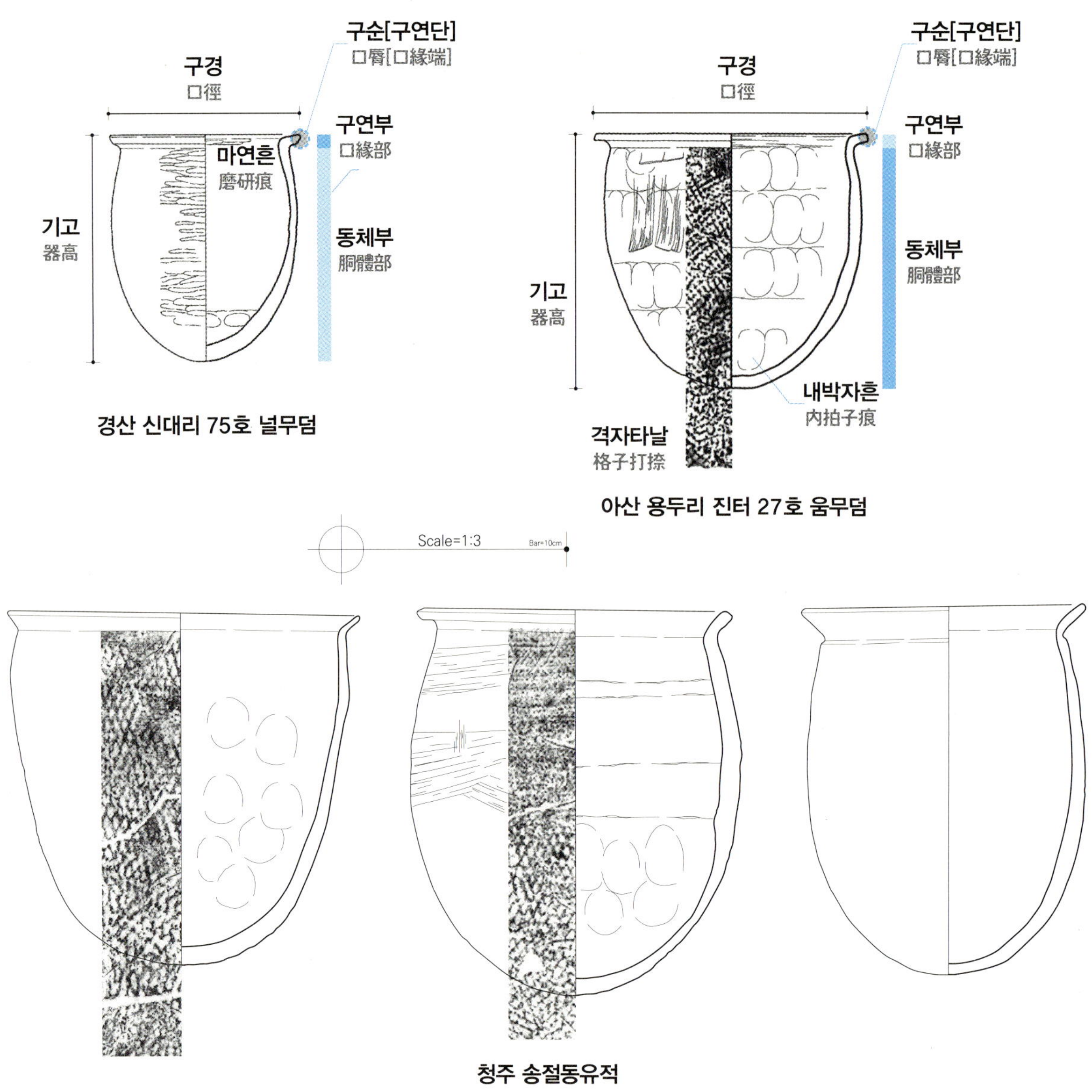

‘U’자형토기는 중국의 제염토기, 영남 지방의 연질소옹에서 기원을 찾고 있다. 영남 지역의 목관묘 단계에서는 쌍뿔손잡이항아리와 공반되지만, 중부 지역에서는 움무덤에서 짧은목항아리 내지 굽다리항아리와 공반되어 양 지역간의 차이를 보인다. 처음 등장시에는 와질로 소성되어 무문정면에 마연흔이 뚜렷하나 점차 타날문을 남기는 형태로 발전한다. 특히 중부 지역에서는 굽다리항아리와 공반되는 움무덤 및 서해안 지역의 일부 패총 유적에서만 확인되고 있어 기원, 용도에 대해서는 이견이 많다. 또한 이후 긴독이나 깊은바리로 이행하였을 가능성이 제기되고 있으나 관련성은 크지 않다.

＊ 김장석, 2014, 「중부지역 격자문타날토기와 U자형토기의 등장」, 『韓國考古學報』 90, 韓國考古學會.
　嶺南文化財研究院, 2010, 『慶山 新垈里遺蹟 I』.
　忠淸文化財研究院, 2011, 『牙山 龍頭里 진터 遺蹟』.

이중구연토기 | 二重口緣土器 | Pottery with two-tiered mouth

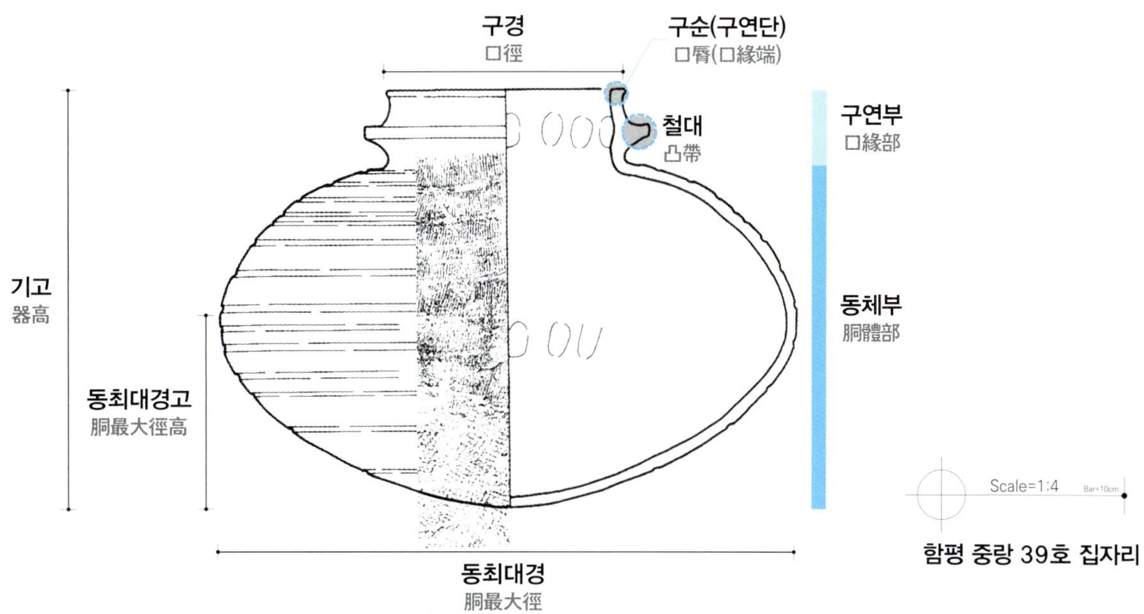

함평 중랑 39호 집자리

✽ 서현주, 2001, 「二重口緣土器 小考」, 『百濟研究』 33, 忠南大學校 百濟研究所.

목포대학교박물관, 2003, 『함평 중랑유적Ⅰ』.

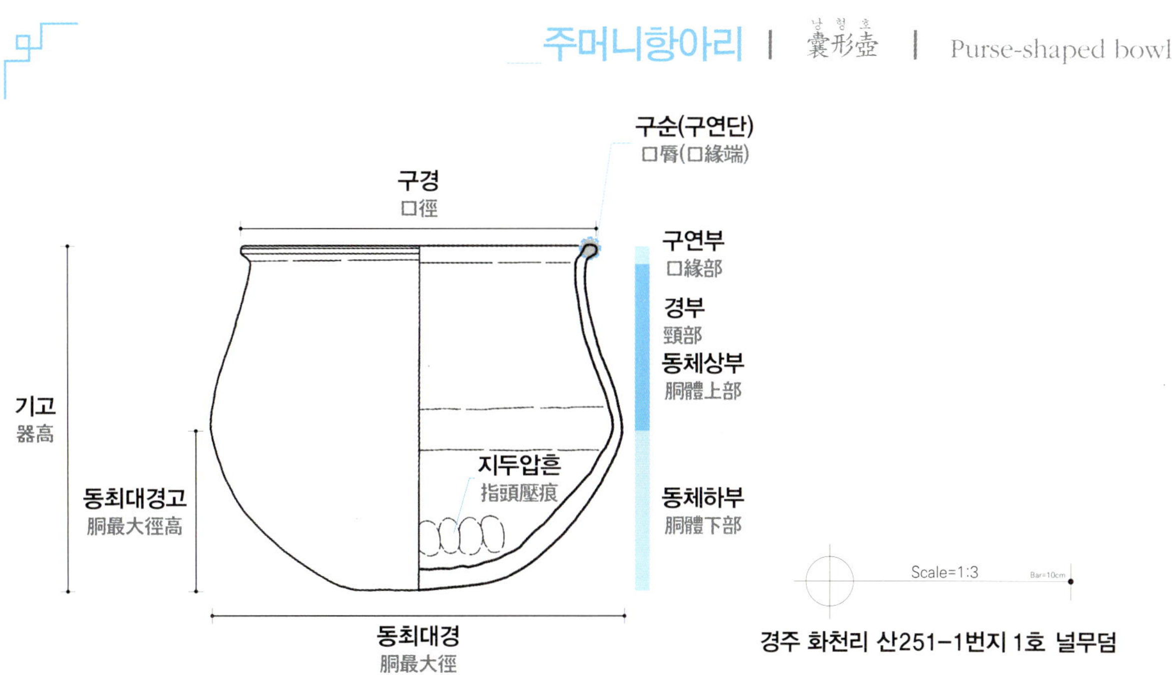

경주 화천리 산251-1번지 1호 널무덤

✽ 李盛周, 1999, 「辰·弁韓地域 墳墓 出土 1~4世紀 土器의 編年」, 『嶺南考古學』 24, 嶺南考古學會.

嶺南文化財研究院, 2010, 『慶山 新垈里遺蹟Ⅰ』.

嶺南文化財研究院, 2012, 『慶州 花川里 山251-1遺蹟Ⅲ』.

중 도 식 무 문 토 기   직 립 구 연 호
中島式無文土器(直立口緣壺) | Jungdo-type plain pottery(jar with straight neck)

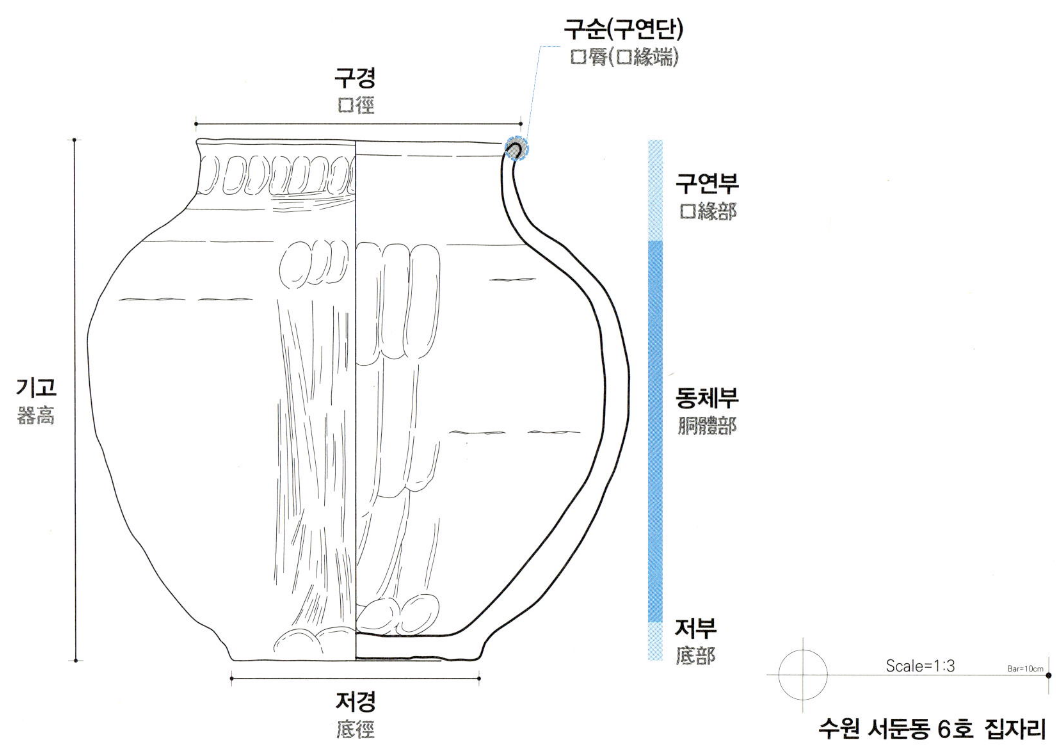

수원 서둔동 6호 집자리

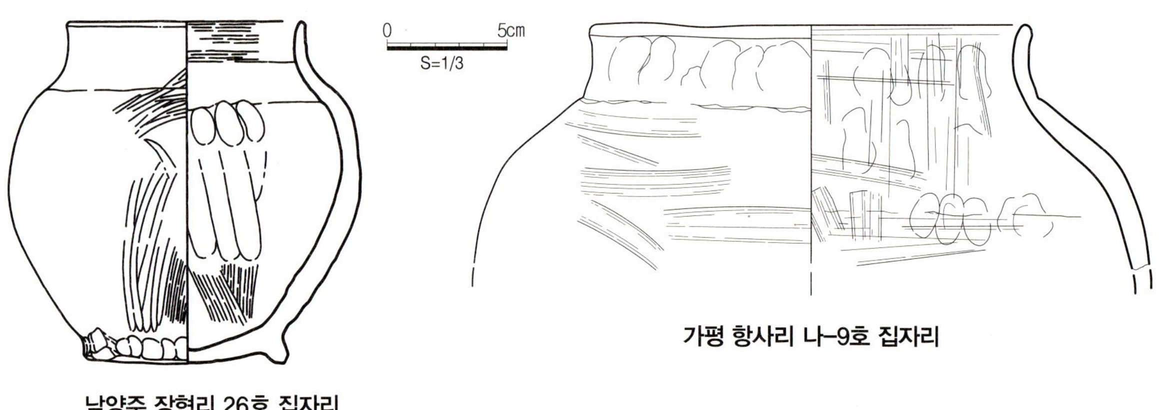

남양주 장현리 26호 집자리

가평 항사리 나-9호 집자리

* 숭실대학교박물관, 2010, 『水原 西屯洞 遺蹟』.

中島式無文土器(細長胴甕)　|　Jungdo-type plain pottery(jar with elongated body)

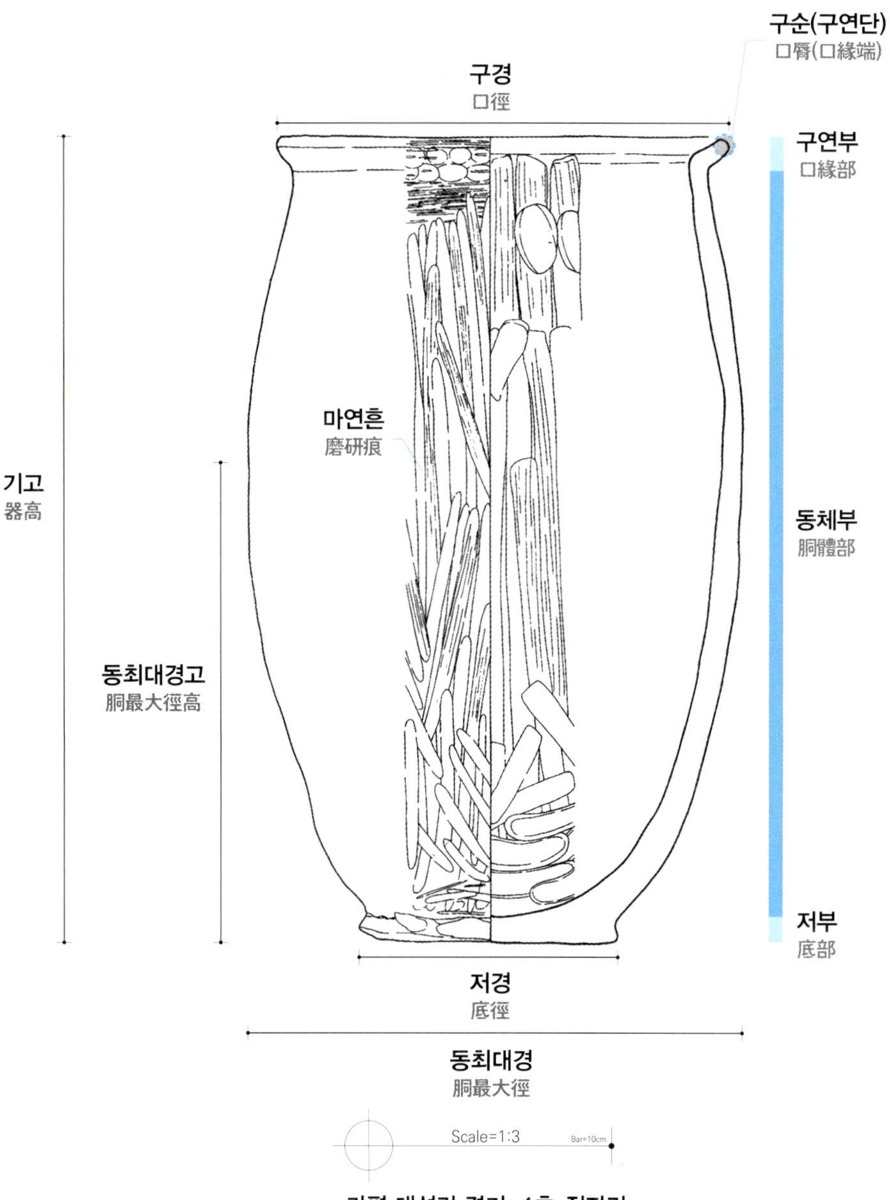

가평 대성리 경기-4호 집자리

긴몸통독은 외반구연 긴몸통독 가운데 기고 30cm 이상, 세장도 0.6 이상, 저경:구경=0.6 이상인 토기이다. 긴몸통독은 원삼국Ⅱ-3기에 짧게 유행하는 기종으로 대전 구성동, 대전 오정동 등에서도 확인된다. 취사용기로 사용되었으며, 외반구연옹이 취사용기로 정착하면서 사라진다.

박경신, 2011, 「가평 대성리유적 출토 세장동옹의 취사방식」, 『가평 대성리유적 Ⅱ』, 거레문화유산연구원.

京畿文化財研究院, 2009, 『加平 大成里遺蹟』.

중도식무문토기(내만구연옹)

中島式無文土器(內灣口緣甕) | Jungdo-type plain pottery (jar with inwardly curved mouth)

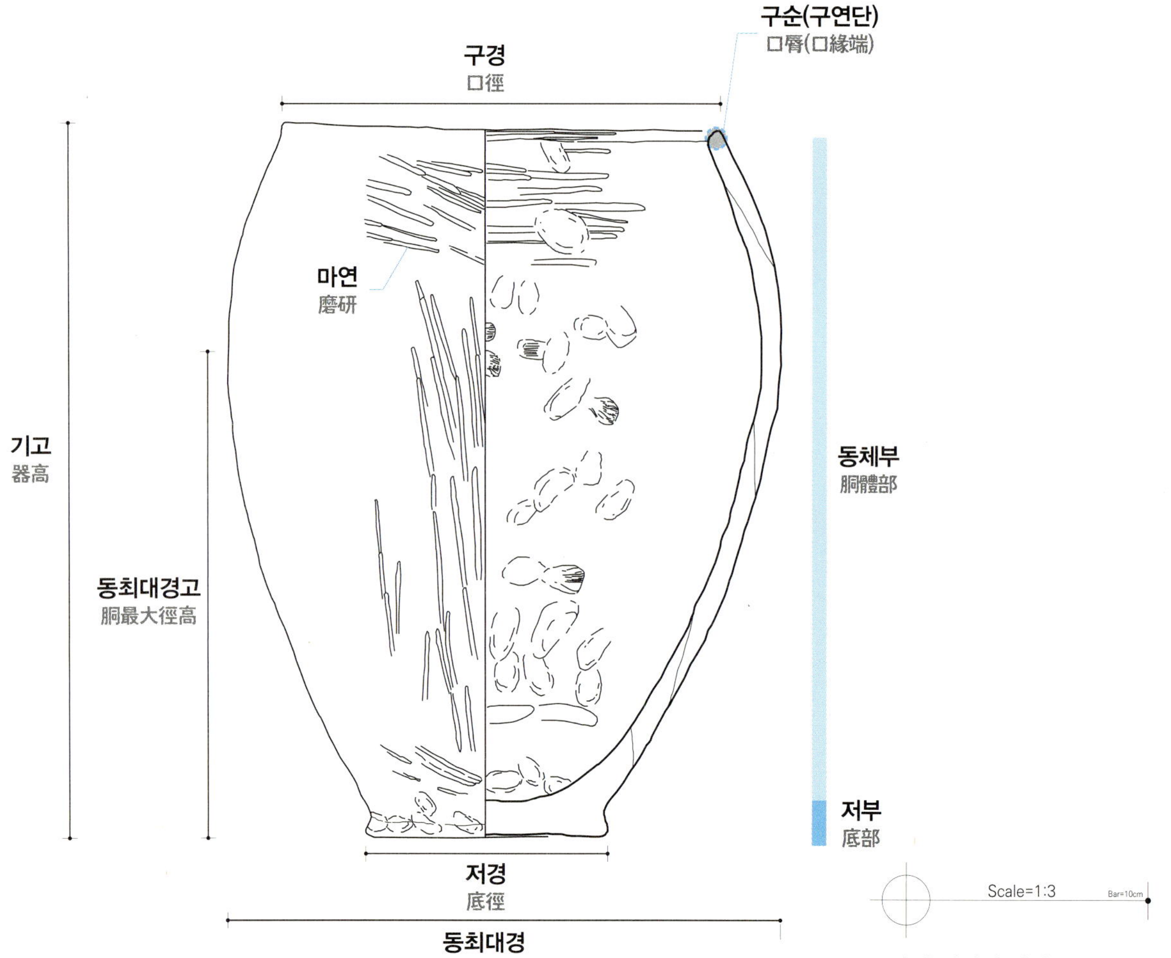

가평 대성리 겨레-4호 집자리

* 겨레문화유산연구원, 2011, 『가평 대성리 유적Ⅱ』.

중도식무문토기(뚜껑)

中島式無文土器(蓋) | Jungdo-type plain pottery (lid)

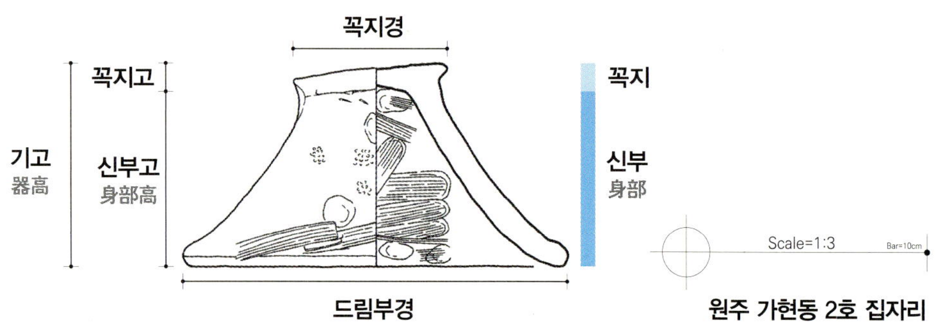

원주 가현동 2호 집자리

* 土田純子, 2004,「百濟 土器의 編年 硏究-三足器·高杯·뚜껑을 중심으로-」, 충남대학교 대학원 석사학위논문.
  江原文化財硏究院, 2011,『原州 加峴洞 遺蹟』.

중도식무문토기(바리) | <ruby>中島式無文土器<rt>중도식무문토기</rt></ruby>(鉢) | Jungdo-type plain pottery(bowl)

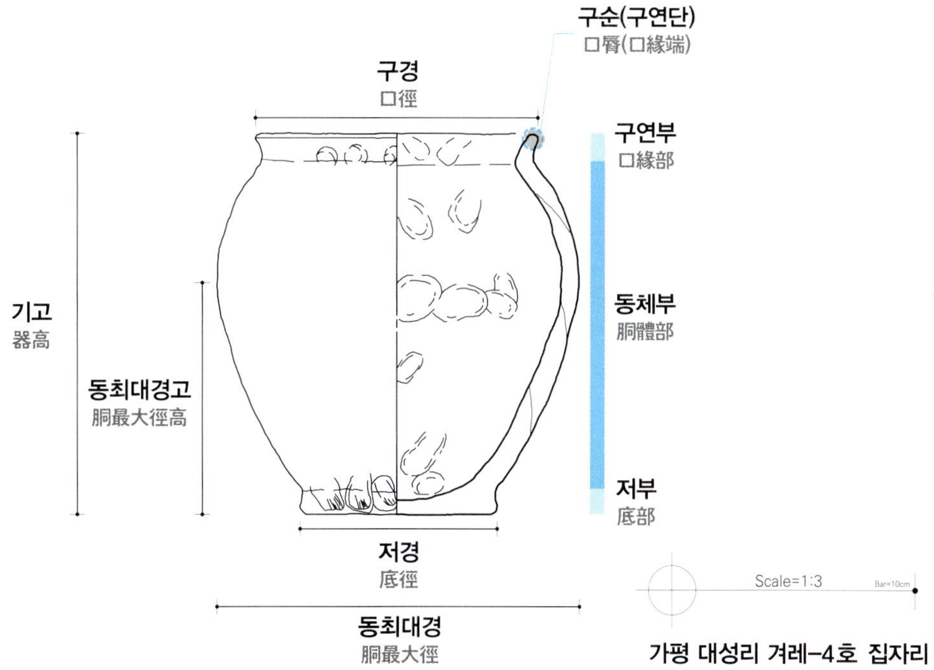

가평 대성리 겨레-4호 집자리

* 겨레문화유산연구원, 2011, 『가평 대성리 유적Ⅱ』.

중도식무문토기(세발토기) | <ruby>中島式無文土器<rt>중도식무문토기</rt></ruby> <ruby>三足土器<rt>삼족토기</rt></ruby> | Jungdo-type plain pottery(tripod vessel)

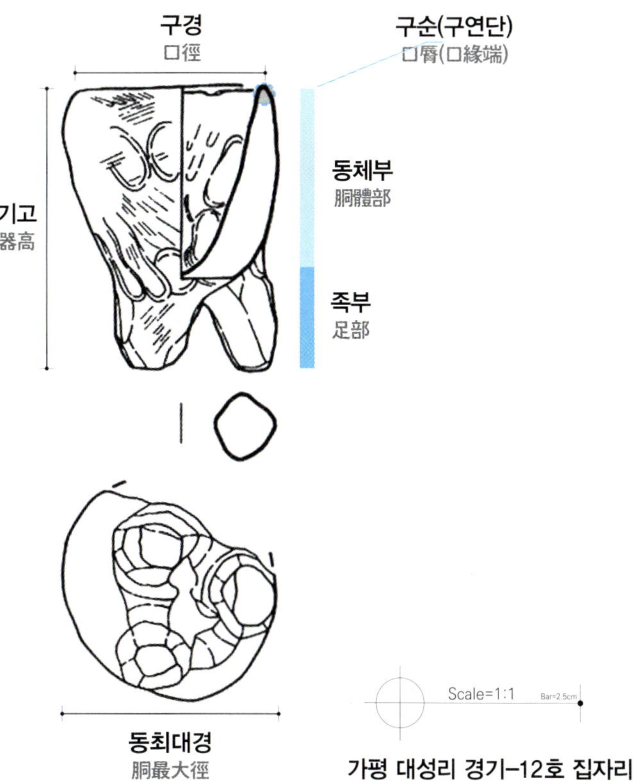

가평 대성리 경기-12호 집자리

* 박경신, 2012, 「중부지방 원삼국시대 취락 구조」, 『고고학』 11-2, 중부고고학회.

  江原文化財研究所, 2011, 『春川 牛頭洞遺蹟Ⅰ』.

  京畿文化財研究院, 2009, 『加平 · 大成里遺蹟』.

中島式無文土器(把手附甕) | Jungdo-type plain pottery(jar with handles)

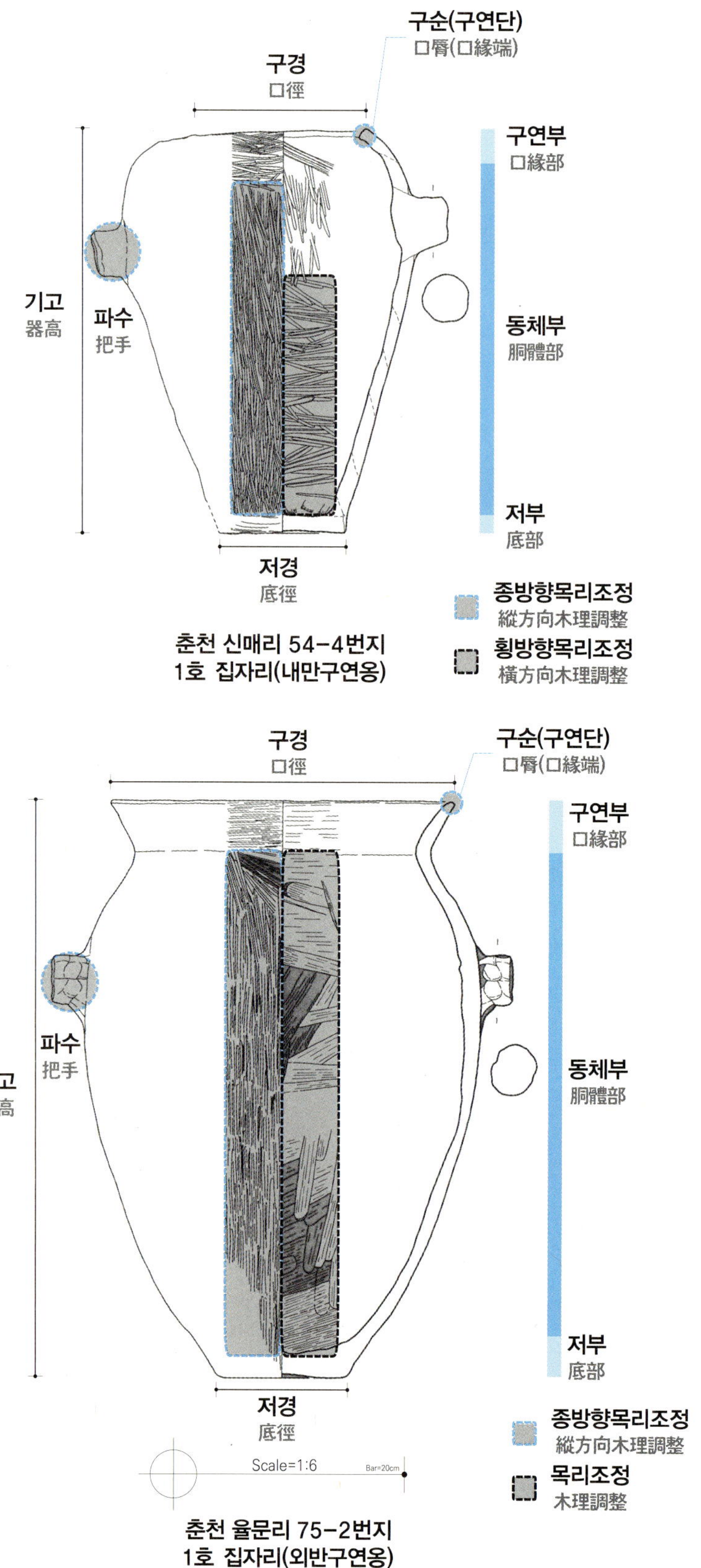

춘천 신매리 54-4번지
1호 집자리(내만구연옹)

춘천 율문리 75-2번지
1호 집자리(외반구연옹)

* 강원문화재연구소, 2005, 『신매리 54-4번지유적』.

  예맥문화재연구원, 2008, 『春川 栗文里遺蹟 I』.

中島式無文土器(甑) | Jungdo-type plain pottery(steamer)

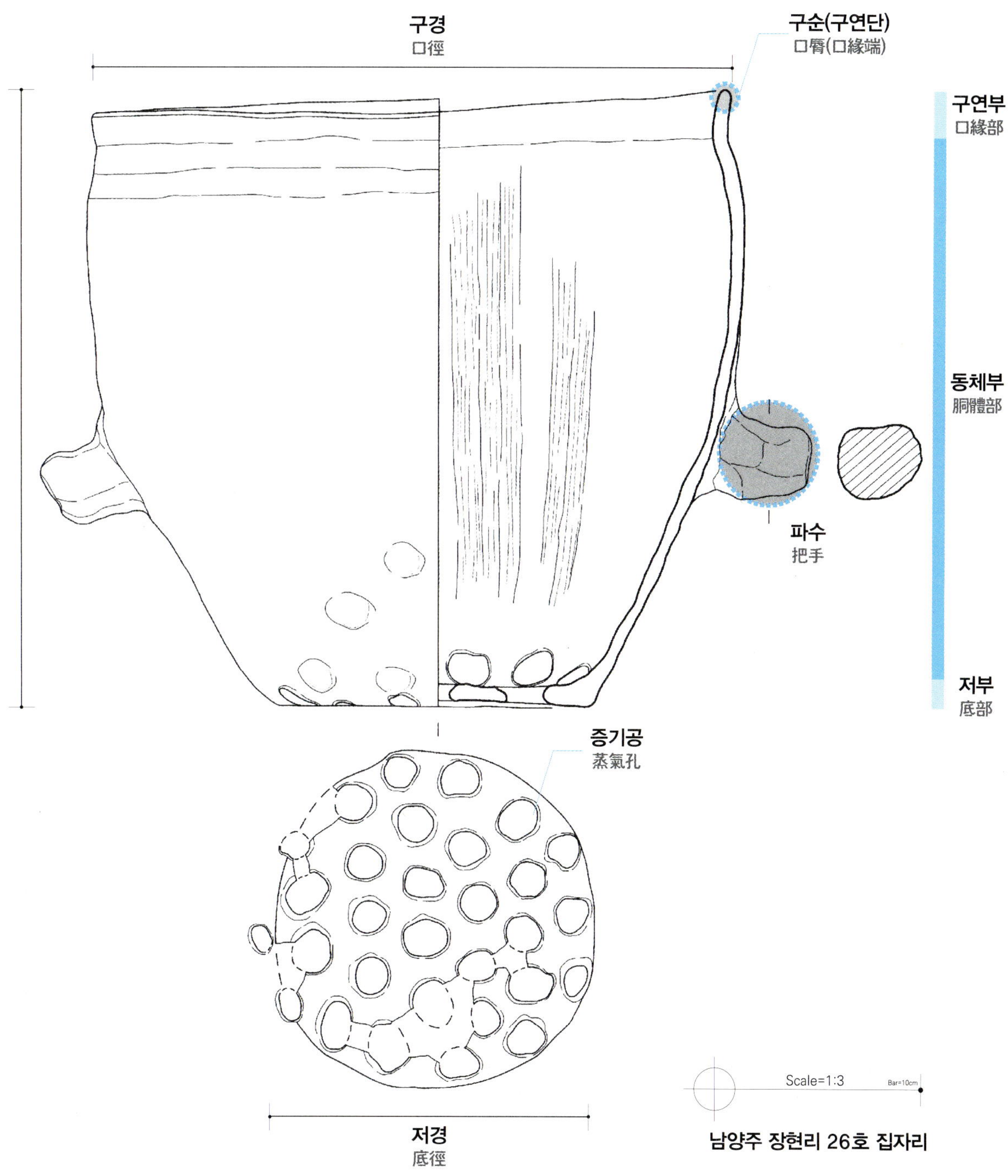

중도식무문토기 시루는 삼각형점토대토기 시루의 뒤를 이어 등장하는데, 중부 지역에서는 기원전 1세기 후반부터 등장한다. 증기공의 제작 방식은 투공식, 째기식, 도려내기식으로 구분된다. 구연부는 직립하는 것에서 점차 경부가 형성되면서 외반하는 것으로 변화한다.

* 박경신, 2003, 「韓半島 中部以南地方 土器 시루의 成立과 展開」, 崇實大學校 大學院 碩士學位論文.
中央文化財研究院, 2010, 『南楊州 長峴里遺蹟』.

中島式無文土器(有頸壺) | Jungdo-type plain pottery(jar with neck)

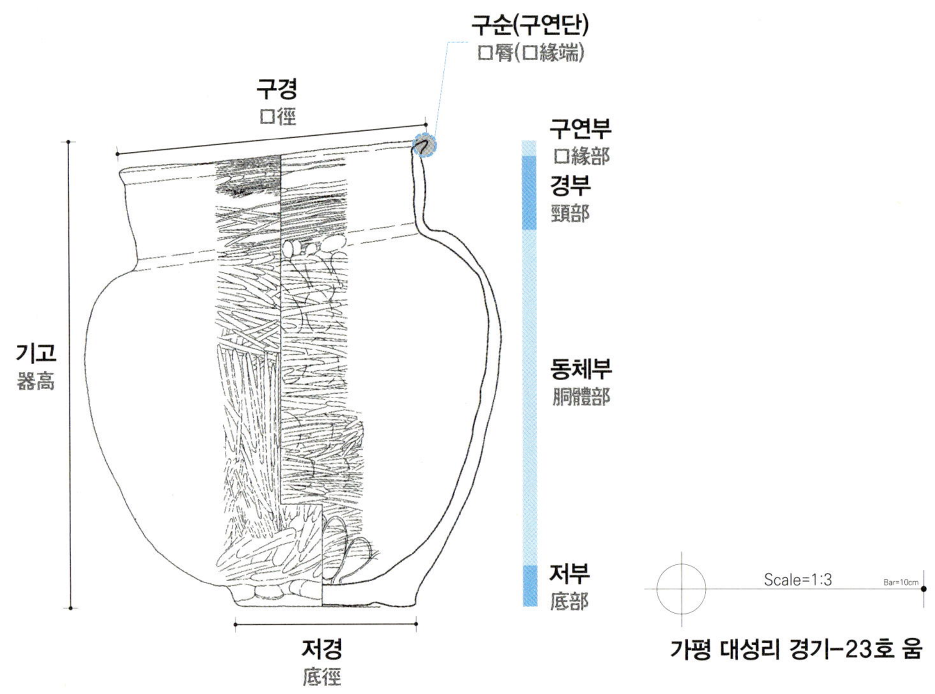

가평 대성리 경기-23호 움

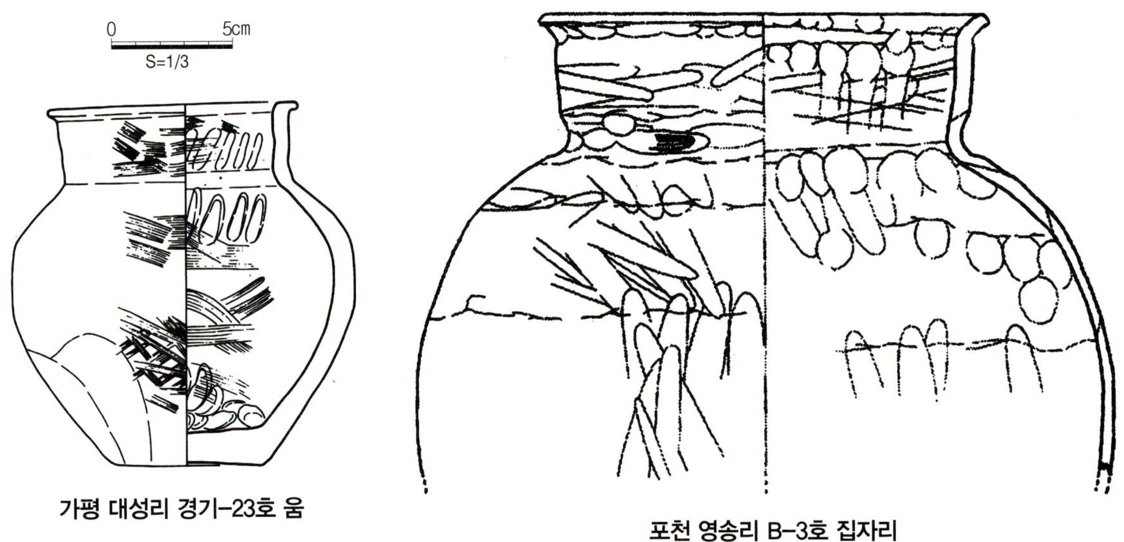

가평 대성리 경기-23호 움

포천 영송리 B-3호 집자리

＊ 京畿文化財研究院, 2009, 『加平 大成里遺蹟』.

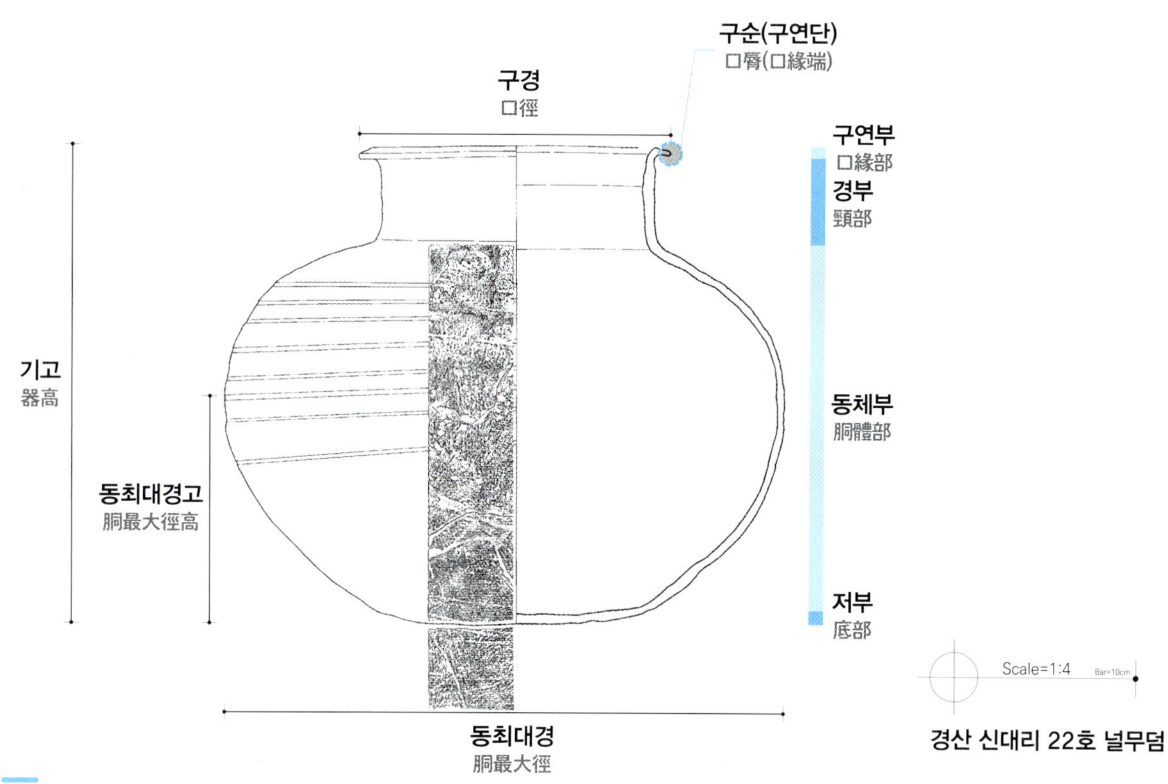

경산 신대리 22호 널무덤

* 嶺南文化財研究院, 2010, 『慶山 新垈里遺蹟 I』.
  忠淸文化財研究院, 2011, 『牙山 龍頭里 진터 遺蹟』.

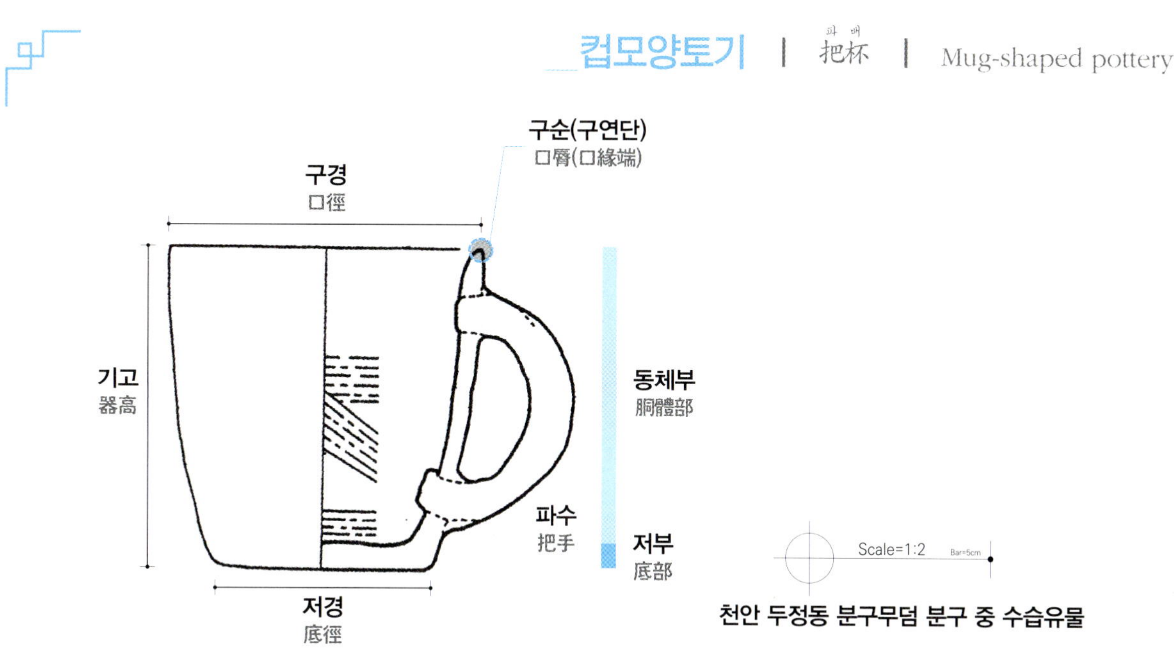

천안 두정동 분구무덤 분구 중 수습유물

* 정현, 2012, 「한반도 중·서남부지역 원삼국~삼국시대 파배 연구」, 전북대학교 대학원 석사학위논문.
  公州大學校博物館, 2000, 『斗井洞遺蹟』.

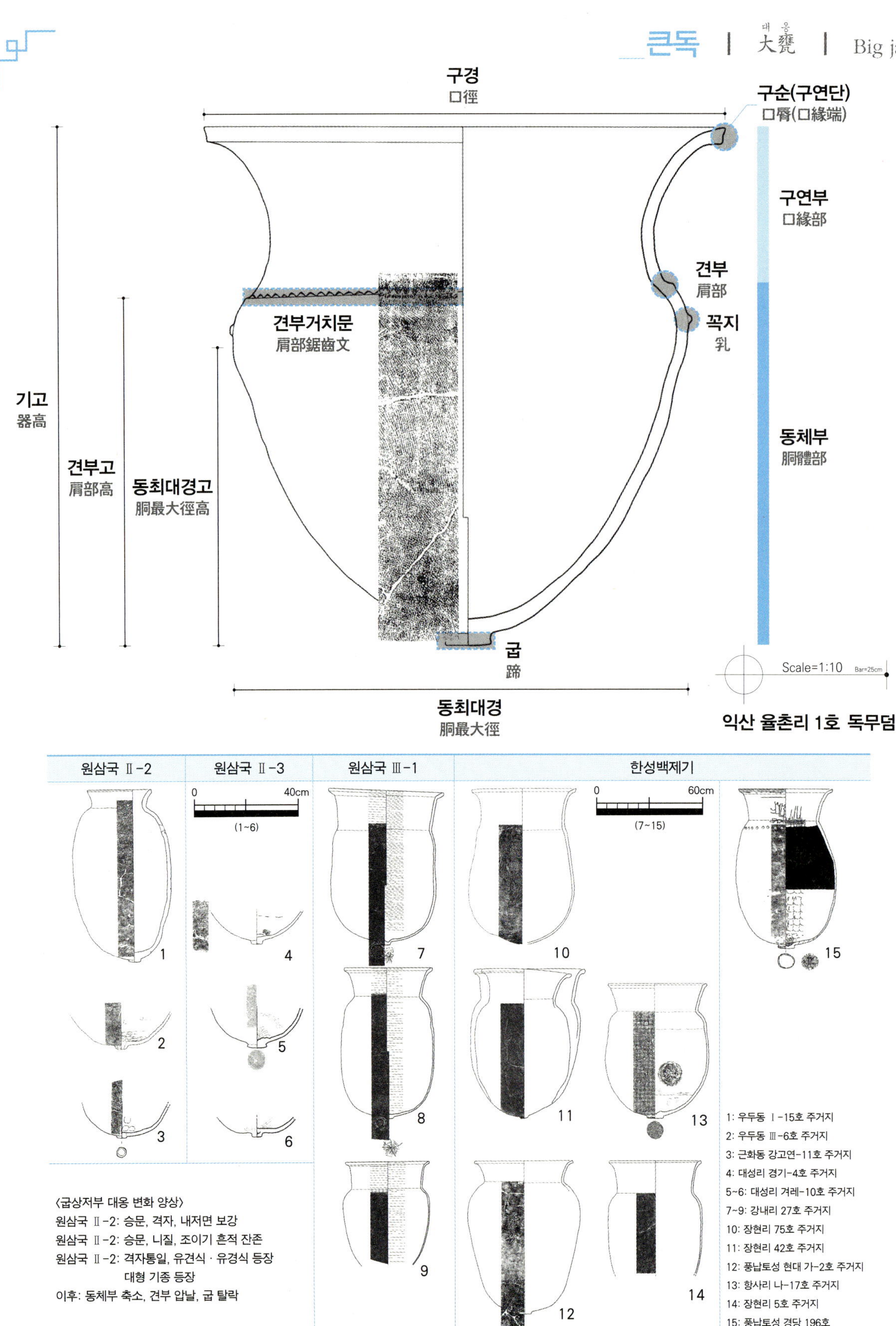

(박경신 2016: 도면 8)

＊ 박경신, 2016, 「중부지역 원삼국시대 외줄구들의 편년과 전개양상」, 『고고학』 15-3, 중부고고학회.

오윤숙, 2001, 「畿湖地方 原三國時代 大形土器 甕에 對한 一考」, 『研究論文集』 1, 중앙문화재연구원.

이지영, 2014, 「영산강유역 옹관 생산의 단계별 특징과 전문화의 의미」, 『古文化』 84, 한국대학박물관협회.

圓光大學校 馬韓 · 百濟文化硏究所, 2002, 『益山 栗村里 墳丘墓』.

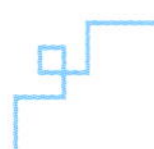

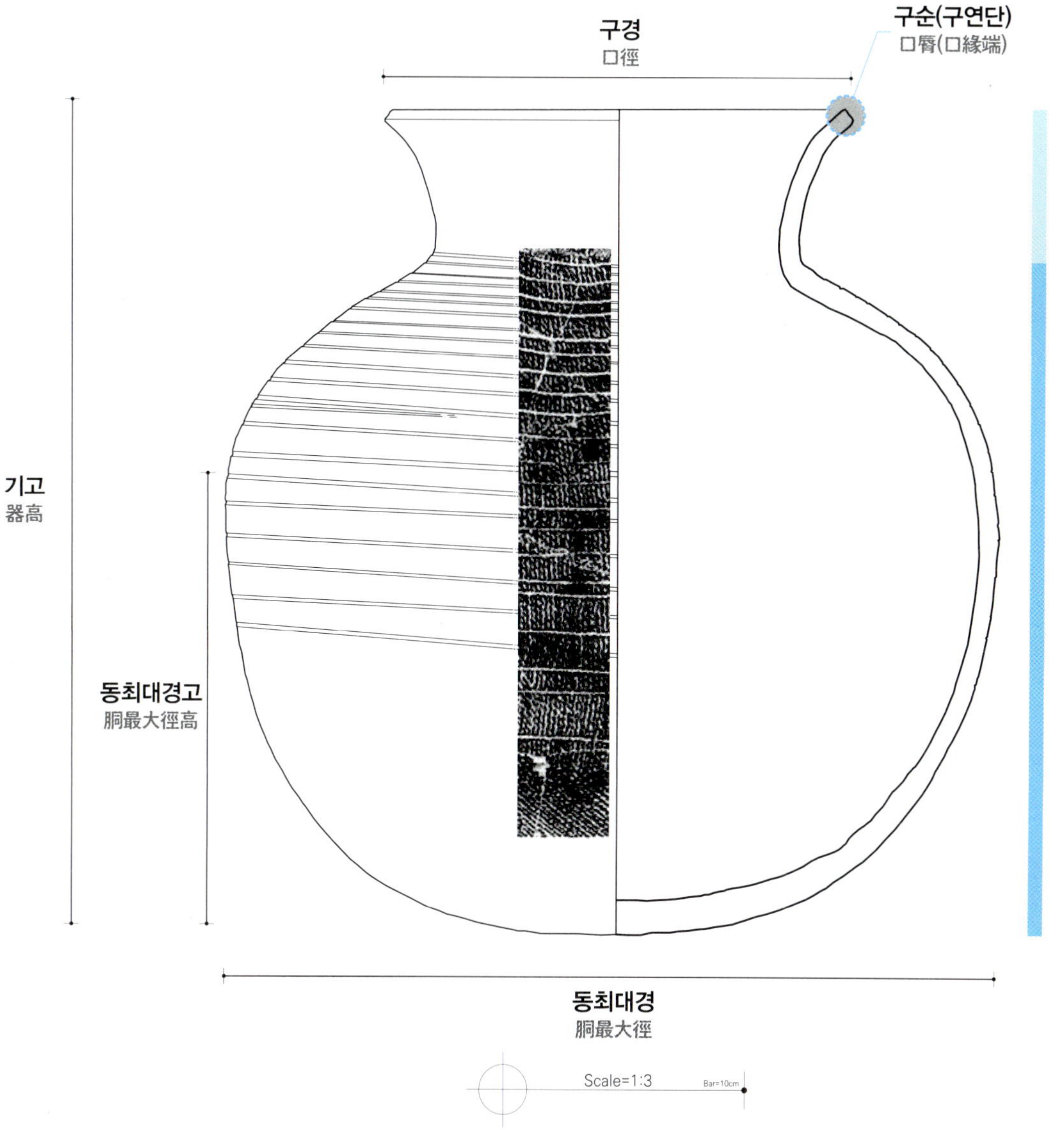

가평 대성리 겨레-10호 집자리

항아리는 짧은목항아리와 큰항아리의 중간 크기에 해당한다. 대체로 기고 30cm 전후의 크기로서 기원 후 2세기대에 처음 등장한다. 저장용의 중도식무문토기를 대신하여 전용의 저장용 토기로 정착한다. 공통적으로 무른 연질로 제작되지만 한성백제기 이후에는 크기가 커지면서 경질 소성으로 변화한다. 처음 등장 시기에는 승문 단일 타날에서 후대로 가면서 승문+격자문, 평행타날 등으로 변화한다.

* 겨레문화유산연구원, 2011, 『가평 대성리 유적Ⅱ』.

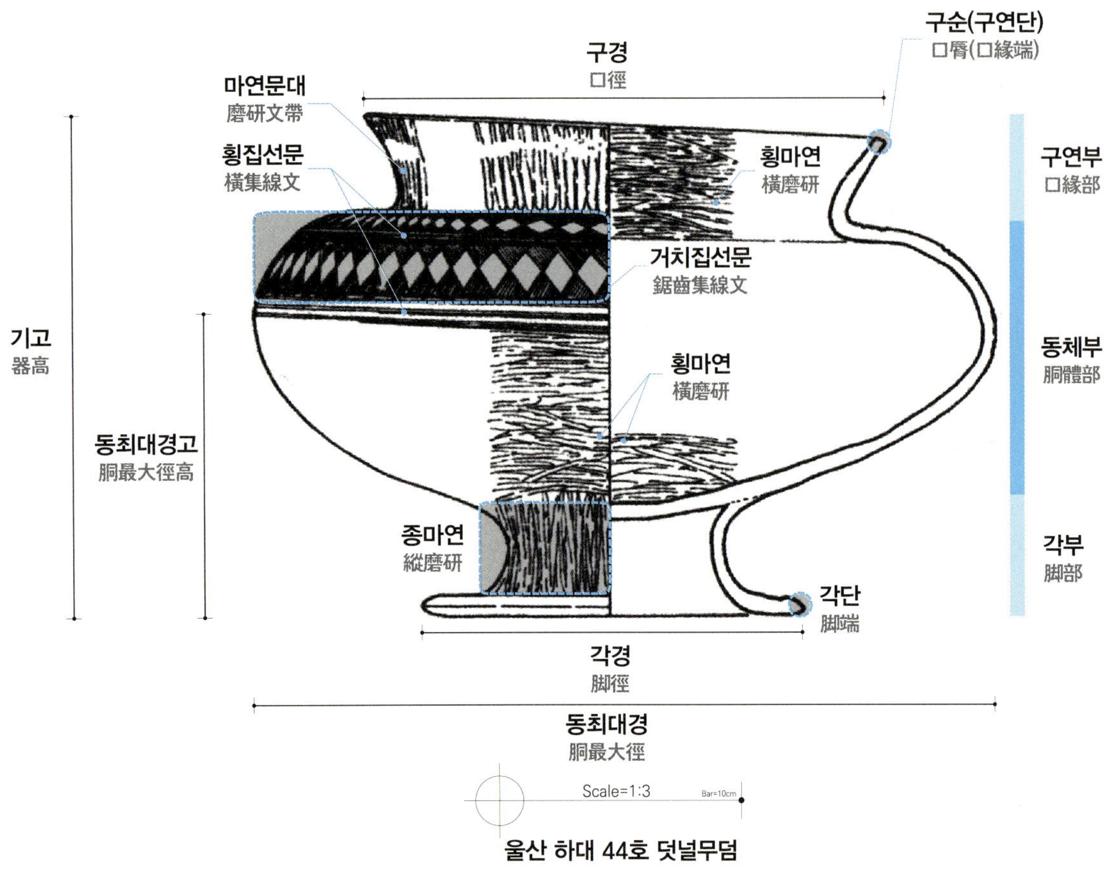

울산 하대 44호 덧널무덤

화로모양토기는 후기 와질토기를 대표하는 기종으로 주로 덧널무덤에서 출토된다. 이후 삼국시대 도질토기화 되기까지 사용되었다. 시간상을 반영하는 속성으로는 각경:각고, 동체부 최대폭의 상대적인 위치, 동체상부의 형태가 있다.

* 李盛周, 1999, 「辰·弁韓地域 墳墓 出土 1~4世紀 土器의 編年」, 『嶺南考古學』 24, 嶺南考古學會.

  釜山大學校博物館, 1997, 『蔚山下垈遺蹟-古墳Ⅰ』.

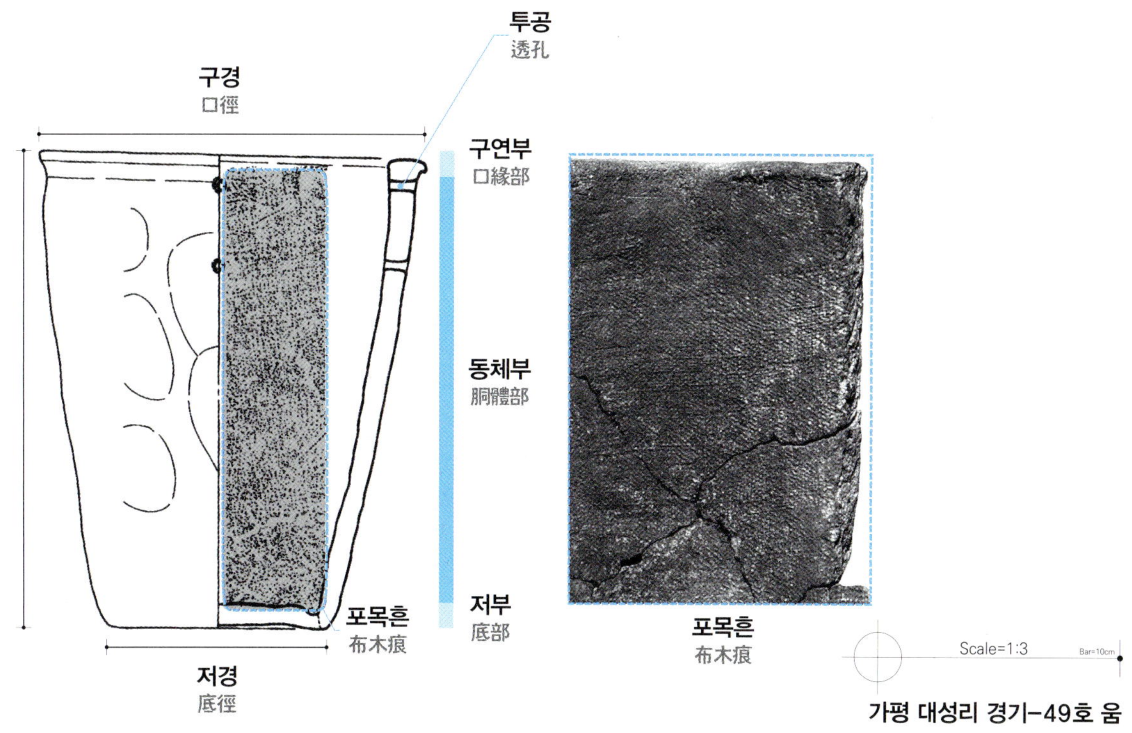

가평 대성리 경기-49호 움

※ 鄭仁盛, 2004, 「樂浪土城의 「滑石混入系」土器와 그 연대」, 『百濟硏究』 40, 충남대학교 백제연구소.

京畿文化財硏究院, 2009, 『加平 大成里遺蹟』.

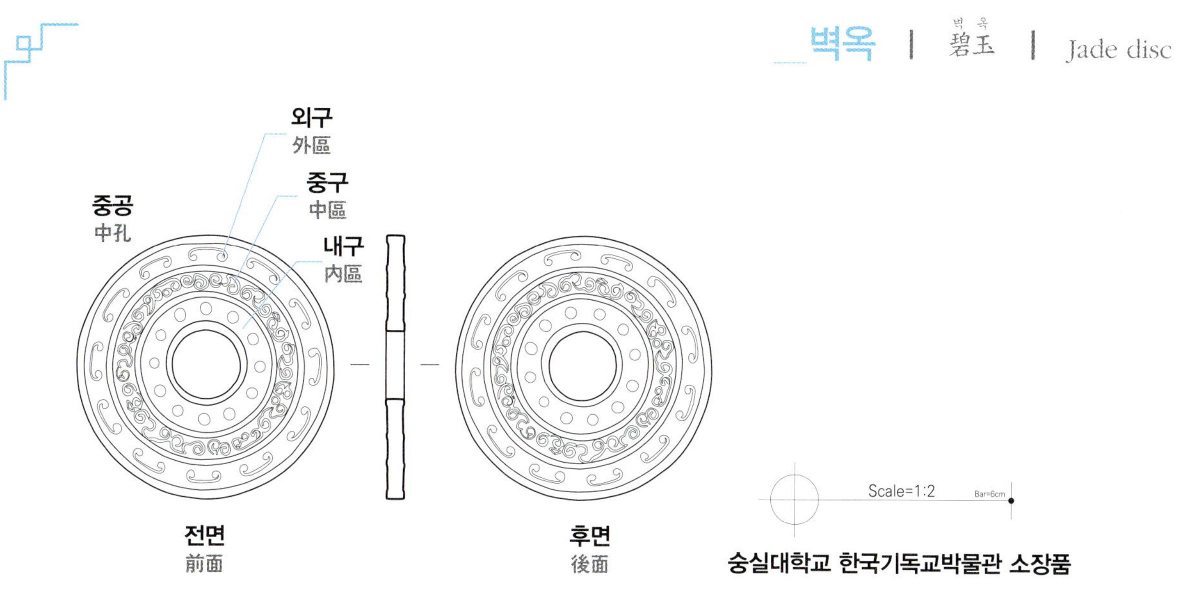

숭실대학교 한국기독교박물관 소장품

※ 오영찬, 2013, 「논고편-용기류, 장옥류, 장신구류 외」, 『한국기독교박물관 소장 낙랑유물(樂浪遺物)』, 숭실대학교 한국기독교박물관.

수정다면옥 | 水晶多面玉 | Polyhedral crystal bead

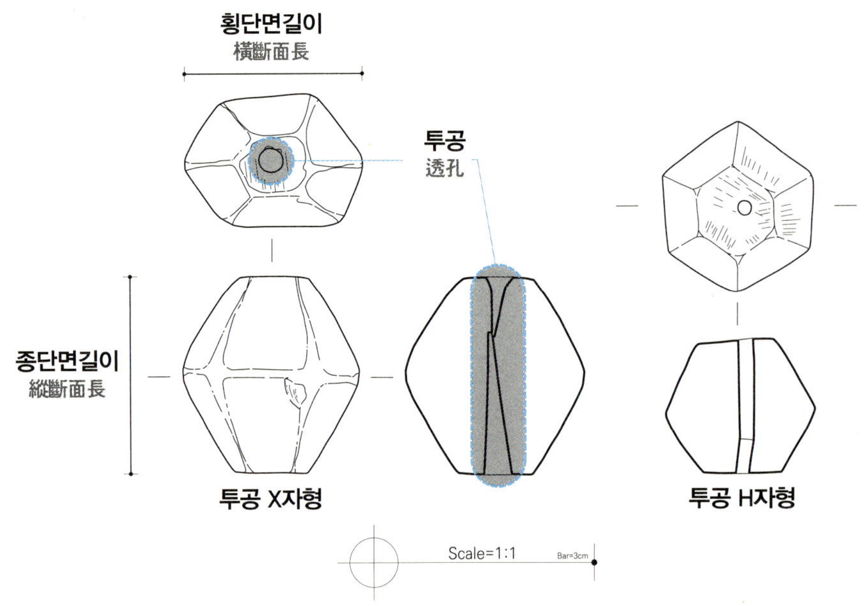

숭실대학교 한국기독교박물관 소장품

A형	B형	C형	D형
종단면의 직경과 횡단면의 직경이 유사한 정다각형 형태	종단면의 직경이 횡단면의 직경보다 긴 편 다각형 형태	종단면의 직경이 횡단면의 직경보다 길지만, 횡단면의 직경이 극히 짧아 세장한 모습을 띠는 편다각형 형태	종단면의 직경보다 횡단면의 직경이 더 긴 편다각형 형태
1:χ=종단면의 길이: 횡단면의 길이 1:0.8 초과~1.0 이하	1:χ=종단면의 길이: 횡단면의 길이 1:1.0 초과~1.20 이하	1:χ=종단면의 길이: 횡단면의 길이 1:1.20 초과~	1:χ=종단면의 길이: 횡단면의 길이 1:0.8 이하~

횡단면	종단면			
	H자 투공	X자 투공	V자 투공	II자 투공
A형	○	○	○	○
B형		○	○	○
C형		○	○	○
D형		○	○	○

양아림(2014)의 수정다면옥 분류안

＊ 양아림, 2014, 「한반도 출토 수정다면옥 연구」, 영남대학교 대학원 석사학위논문.

　숭실대학교 한국기독교박물관, 2013, 『한국기독교박물관 소장 낙랑유물(樂浪遺物)』.

옥검고리 | 玉衛 | Jade fitting for sword sheath

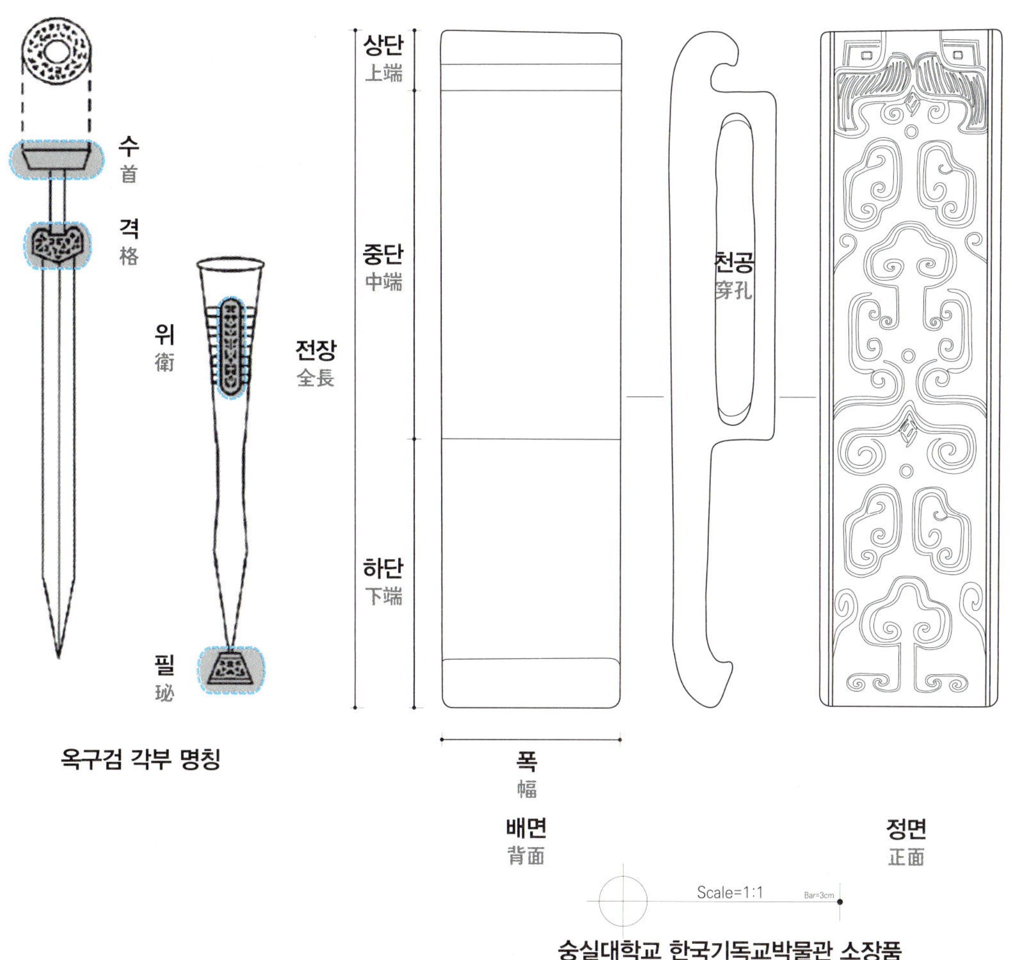

옥검고리는 평안남도 석암리 9호분 등에서 출토되었다. 옥으로 장식한 칼을 옥구검이라고 하는데 그 부속 가운데 하나이다. 칼을 허리에 맬 때, 끈을 넣어서 매달리도록 하는 기능을 하는 것이다.

＊ 오영찬, 2013, 「논고편－용기류, 장옥류, 장신구류 외」, 『한국기독교박물관 소장 낙랑유물(樂浪遺物)』, 숭실대학교 한국기독교박물관.

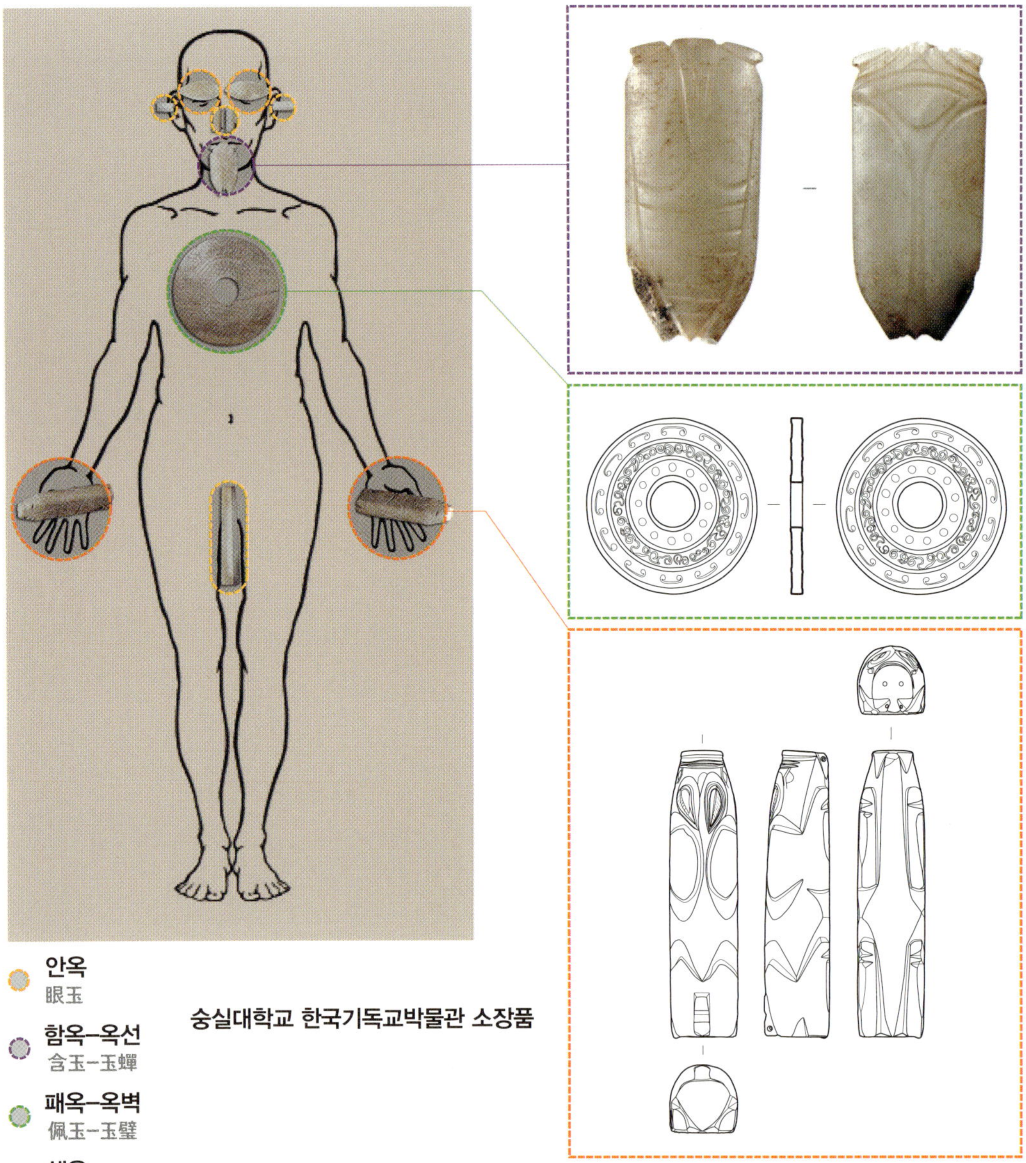

안옥
眼玉

함옥-옥선
含玉-玉蟬

패옥-옥벽
佩玉-玉璧

색옥
塞玉

돈옥-옥돈
豚玉-玉豚

숭실대학교 한국기독교박물관 소장품

* 숭실대학교 한국기독교박물관, 2013, 『한국기독교박물관 소장 낙랑유물(樂浪遺物)』.

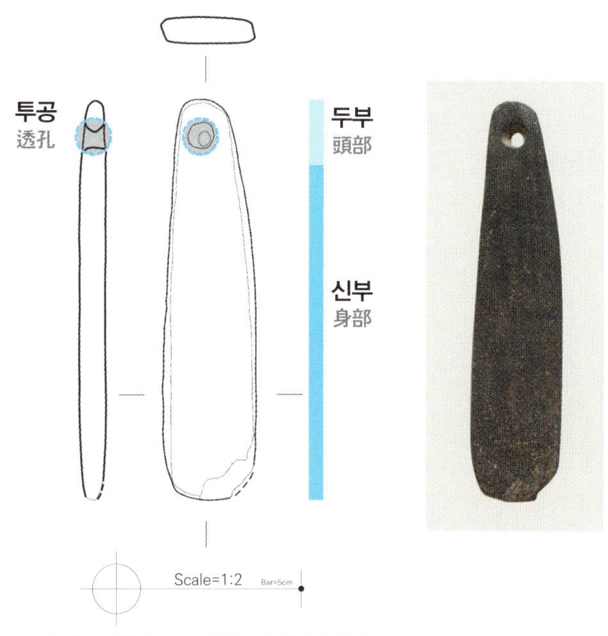

오산 수청동 5-1지점 40호 널무덤

진시황릉 K0006 부장갱 1호용(노태호 2014: 도면 16 전재)   당대 문관의 복식도(노태호 2014: 도면 17 전재)

　　패용숫돌은 도자와 함께 기능하였을 것으로 추정하고 있다. 진시황릉 문관도용에서 패용숫돌과 환두도자를 허리춤에 함께 메달은 모습에서 상관관계를 알 수 있다. 사용 계층은 주로 문관으로 보고 있다.

＊ 노태호, 2014, 「원삼국~백제 한성기 중서부지역 철도자 연구」, 『韓國考古學報』 93, 韓國考古學會.
　京畿文化財研究院, 2012, 『烏山 水清洞 百濟 墳墓群Ⅱ』.

가로구멍쇠도끼 | 横孔鐵斧 | Iron axe with transverse socket hole

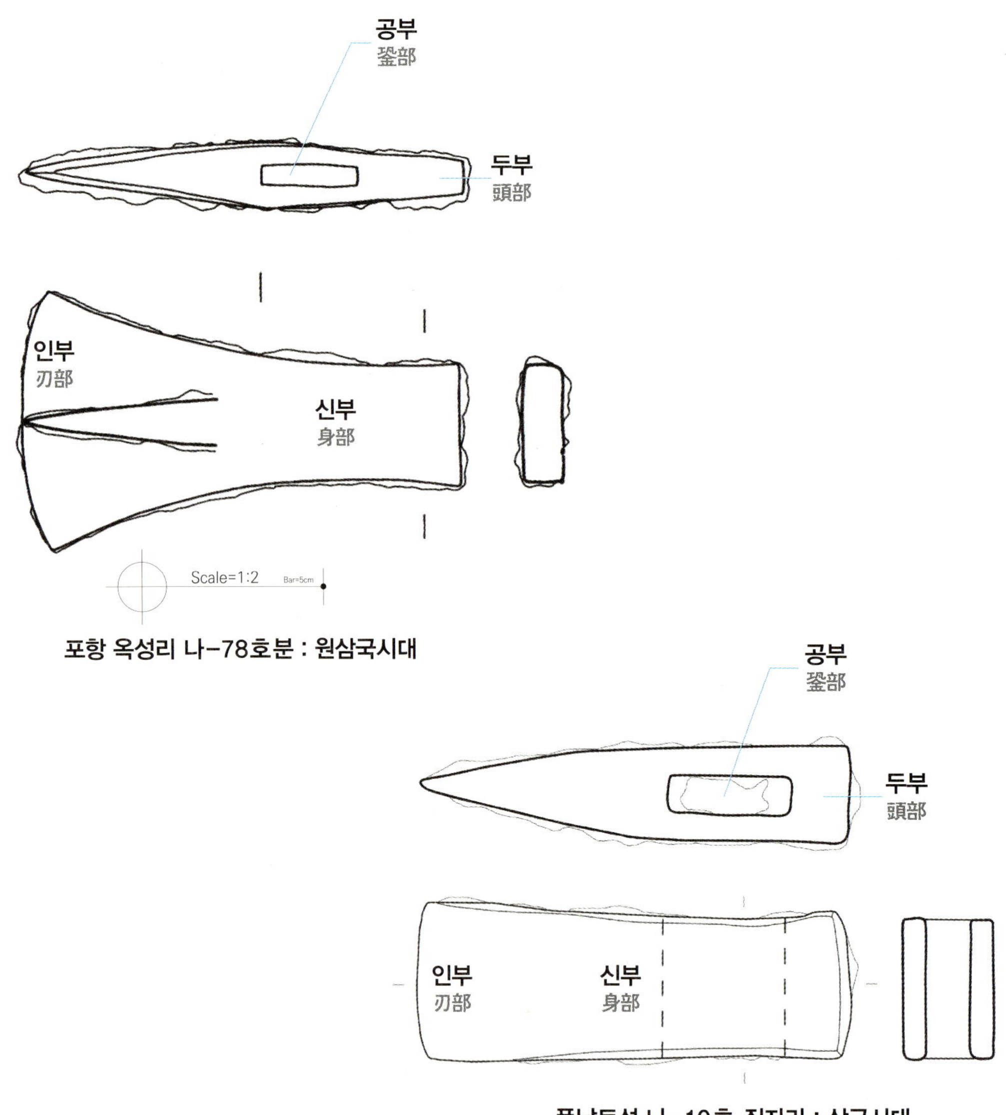

포항 옥성리 나-78호분 : 원삼국시대

풍납토성 나-10호 집자리 : 삼국시대

가로구멍쇠도끼는 원삼국시대 처음으로 등장한다. 주로 고구려 관련 유적에서 다수 확인되는데 삼국시대가 되면 다양한 형식으로 분화된다. 기본적으로 신부의 양쪽 끝에 인부와 두부를 갖는데 두부 대신 인부를 두어 양쪽에 날을 세운 형식도 확인된다. 등장 시기에는 인부가 발달한 무기류였으나 점차 두부가 발달한 공구류로 정착한다.

* 석제섭, 2014, 「三國時代 橫孔鐵斧의 分類와 變遷」, 충북대학교 대학원 석사학위논문.
 국립문화재연구소, 2012, 『風納土城 XⅢ』.
 嶺南文化財研究院, 2009, 『浦項 玉城里古墳群Ⅰ』.

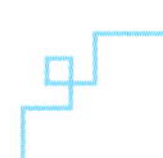

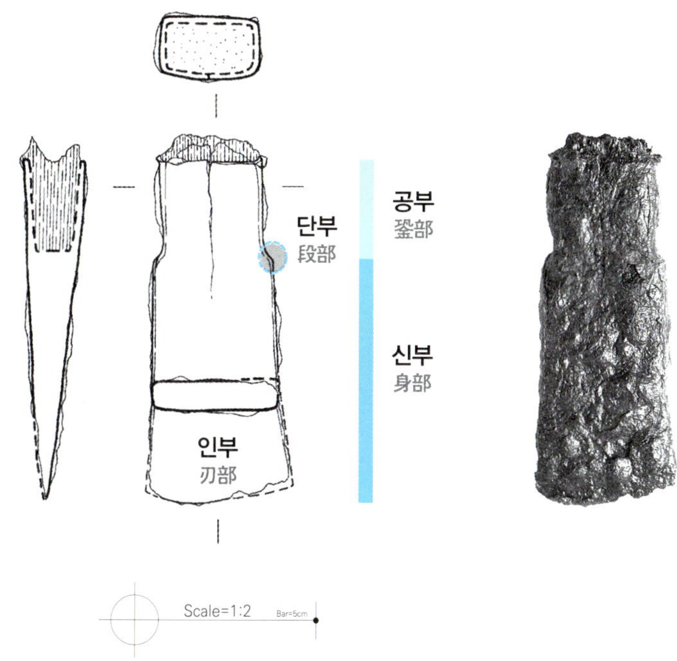

경산 신대리 10호 널무덤

32호   77호   84호   85호   109호   86호

105호   22호   26호   27호   47호   48호   64호

경산 신대리 유적 출토 단조쇠도끼 각종

* 嶺南文化財研究院, 2010, 『慶山 新垈里遺蹟 I』.

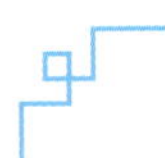

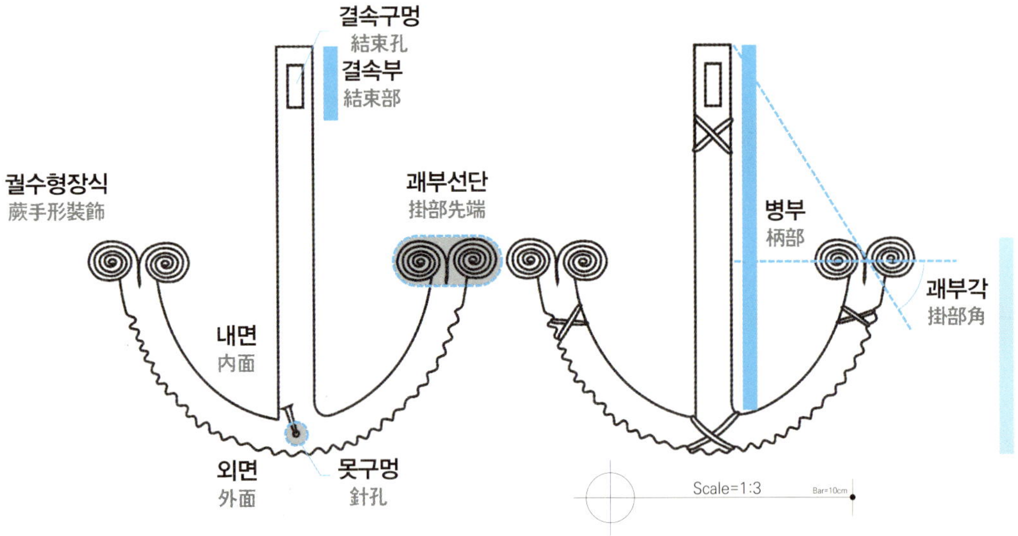

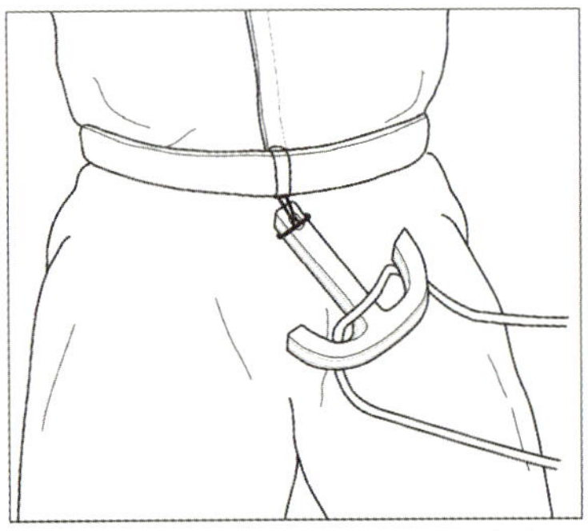

결속구멍
結束孔
결속부
結束部
궐수형장식
蕨手形裝飾
괘부선단
掛部先端
병부
柄部
내면
内面
괘부각
掛部角
괘부
掛部
외면
外面
못구멍
針孔
Scale=1:3

고상혁 · 김훈희 2014: 도 15 전재

1~3: 영천 용전리, 4: 경주 사라리 13호, 5~8: 경주 화천리 5호,
9: 경주 조양동 11호, 10: 경주 입실리, 11·12: 울산 장현동 50호,
13·14: 울산 신화리 Ⅲ-1호, 15·16: 밀양 교동 3호, 17: 창원 다호리 1호
18·19: 창원 다호리 19호, 20: 창원 다호리 23호, 21·22: 창원 다호리 74호
고상혁 · 김훈희 2014: 도 4 전재

닻모양철기는 영남 지역 초기 널무덤에서만 출토되는 특징적인 유물이다. 용도는 사람의 허리에 차고 고삐를 걸어 두 손을 자유롭게 쓸 수 있는 고삐걸개로 보고 있다. 보통 2쌍이 1조를 이루며, 그 사이에 목재를 끼웠다. 괘부 선단부에 아무런 장식이 없는 것에서 궐수문 장식이 추가되는 형태로, 결속부가 원형인 것에서 (장)방형을 거쳐 고리형으로, 괘부의 각이 큰 것에서 작은 것으로 변화한다.

* 고상혁 · 김훈희, 2014, 「영남지역 목관묘 출토 닻형철기 연구」, 『嶺南考古學』 68, 嶺南考古學會.

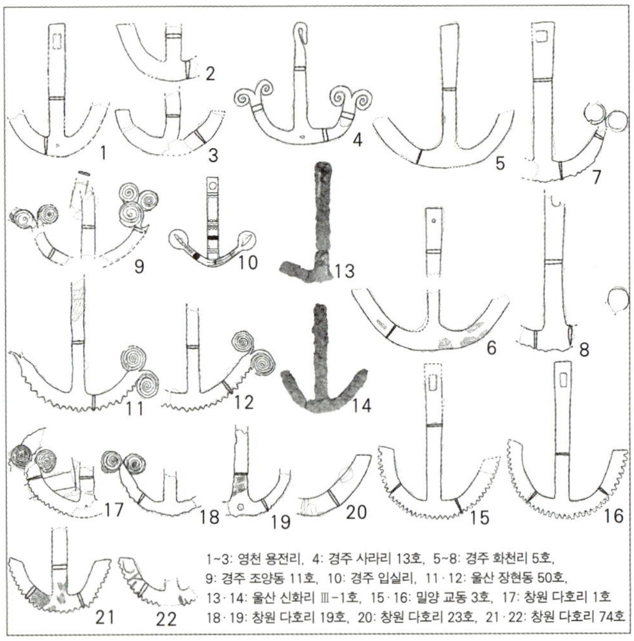

대천오십 | 大泉五十 | Daquanwushi coin

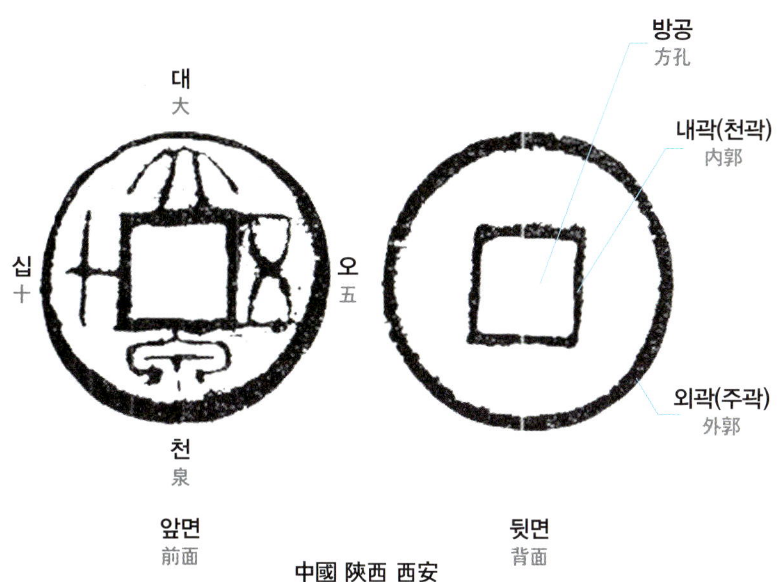

＊《中國錢幣大辭典》編輯委員會, 1998, 「新莽貨幣」, 『中國錢幣大辭典-秦漢編-』.

도자 | 刀子 | Iron knife

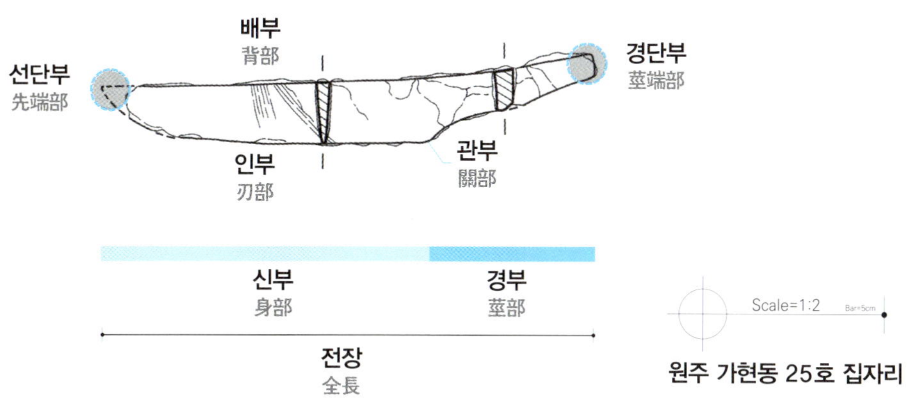

＊ 김도헌, 2010, 「嶺南 地域의 原始.古代 農耕 硏究」, 부산대학교 대학원 박사학위논문.

　노태호, 2014, 「원삼국~백제 한성기 중서부지역 철도자 연구」, 『韓國考古學報』 93, 韓國考古學會.

魏率善韓伯長

晋率善濊伯長

　　도장은 기원전 3,500년 전 수메르인들이 발명한 원통형 인장에서부터 시작된다. 중국에서는 은대(殷代) 하남성(河南省) 안양(安養) 출토 동인 3종이 가장 이른 예이다. 우리나라는 낙랑시대 도장 및 봉니들과 '진솔선예백장(晋率善濊伯長)'(보물 560호), 경북 상주 출토 '위솔선한백장(魏率善韓伯長)'이 대표적이다. 전국시대 이전까지는 '고새(古璽)'라고 표현하고 도장의 규칙이 완성된 진나라 때에는 '진인(秦印)', 한나라 때에는 '한인(漢印)'이라고 표현한다. 조각된 글자를 인문(印文)이라고 하고 찍은 것을 인영(印影)이라고 한다.

＊ 梅原末治, 1967, 「晋率善濊伯長銅印」, 『考古美術』78(제8권~1).

　성인근, 2011, 「印의 文化史」, 『印, 한국인과 인장』, 한양대학교박물관 특별전 도록.

　국립고궁박물관, 2010, 『조선왕실의 御寶』.

　한양대학교박물관, 2011, 『印, 한국인과 인장』.

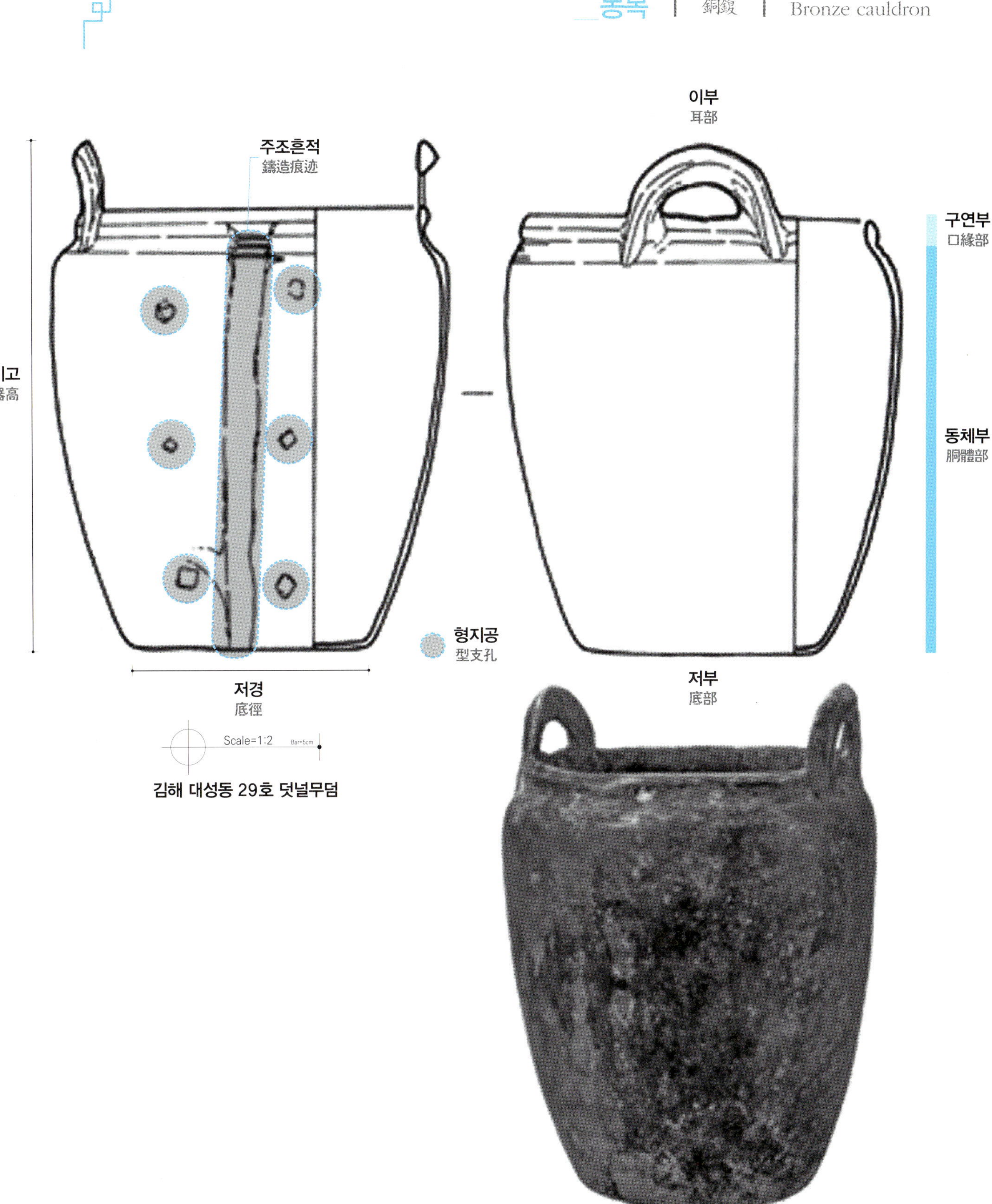

＊ 한국문화재조사연구기관협회, 2011, 『한국 출토 외래유물』.
慶星大學校博物館, 2000, 『金海大成洞古墳群Ⅰ』.

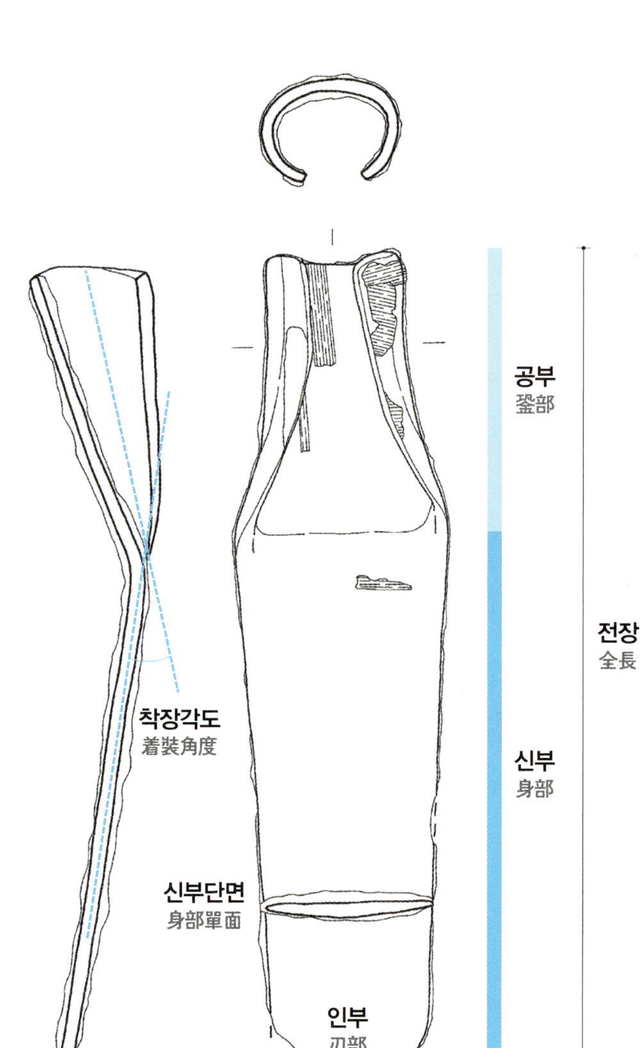

경주 덕천리 3호무덤

※ 김도헌, 2010, 「嶺南 地域의 原始.古代 農耕 硏究」, 부산대학교 대학원 박사학위논문.
이동관, 2011, 「고대 따비에 대한 고찰」, 『한국고고학보』 78, 한국고고학회.
嶺南文化財硏究院, 2009, 『慶州 德川里遺蹟』.

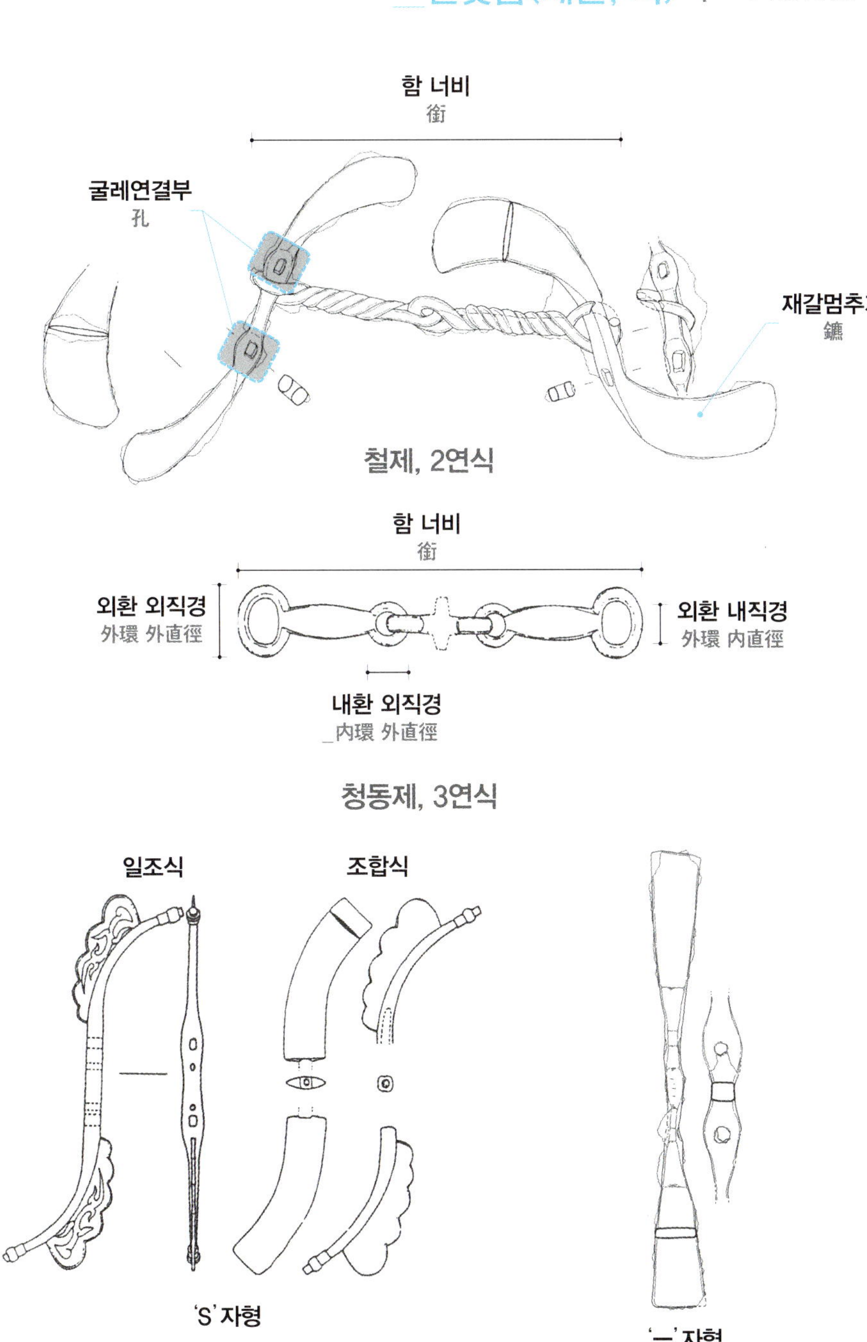

창원 다호리 69호/평양 정백리 219호/경주 사라리 130호

* 양시은, 2000, 「夢村土城出土 所謂'馬銜'再考」, 『서울대학교 박물관 연보』 12, 서울대학교박물관.

이건무 외, 1995, 「창원 다호리 유적 발굴진전보고4」, 『考古學志』 7, 한국고고미술연구소.

樂浪墓刊行會, 1975, 「石巖里 第二一九號墓 發掘調査報告」, 『樂浪漢墓』 第二冊.

嶺南文化財硏究院, 2001, 『慶州 舍羅里遺蹟Ⅱ』.

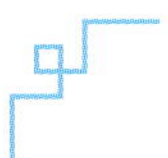

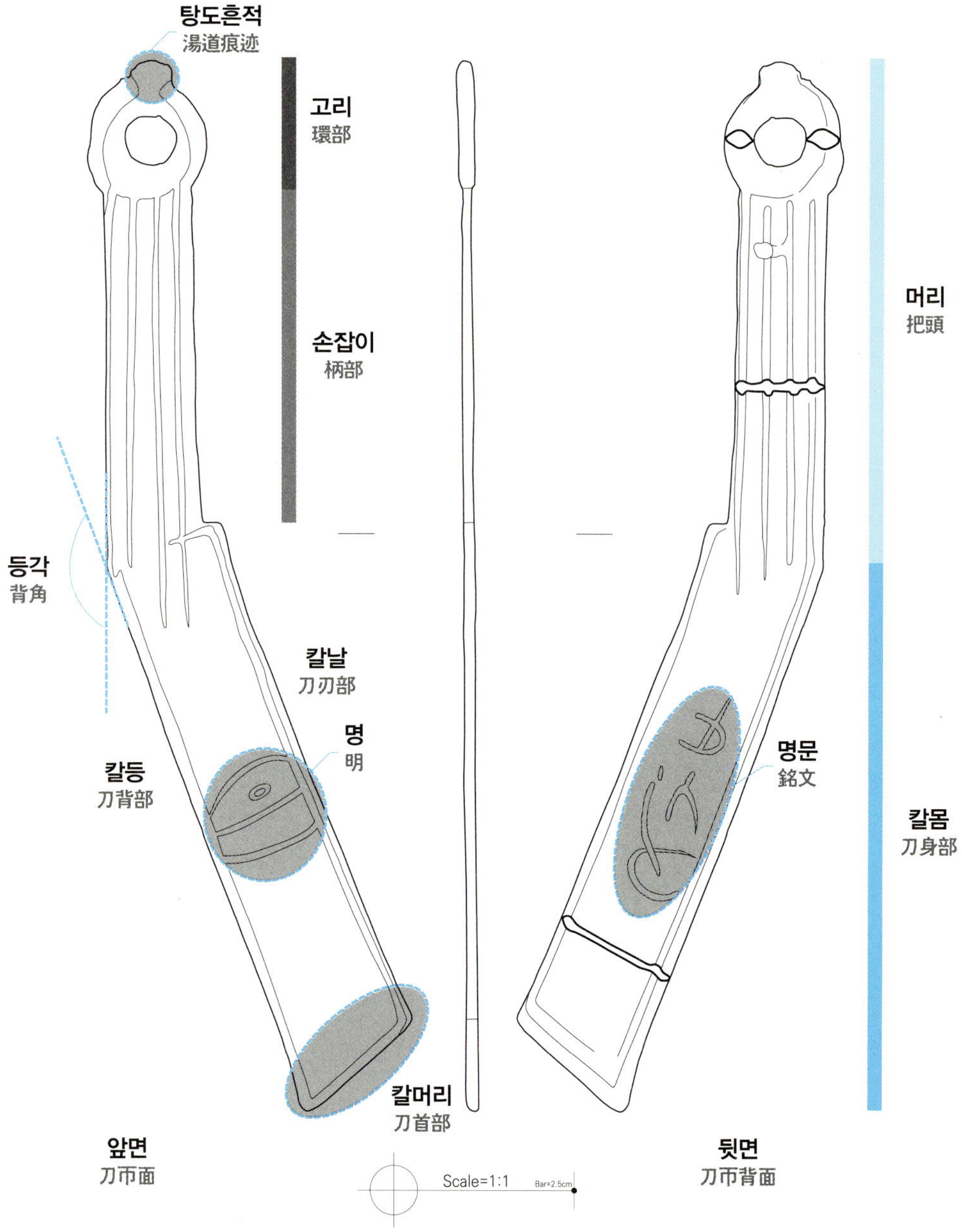

숭실대학교 한국기독교박물관 소장품

명도전은 앞면에 '明'자가 있어 명도전이라고 부른다. 뒷면에는 숫자(중량 단위), 간지(주 조연대), 左 · 右 · 行(주조지역) 등의 글자가 있다.

＊ 박선미, 2008, 「貨幣遺蹟을 통해 본 古朝鮮의 交易」, 서울시립대학교 대학원 박사학위논문.

　常春林, 1982, 「遼寧錦西縣邵集屯發現全局刀幣」, 『考古學集刊』 2集.

　숭실대학교 한국기독교박물관, 2013, 『한국기독교박물관 소장 낙랑유물(樂浪遺物)』.

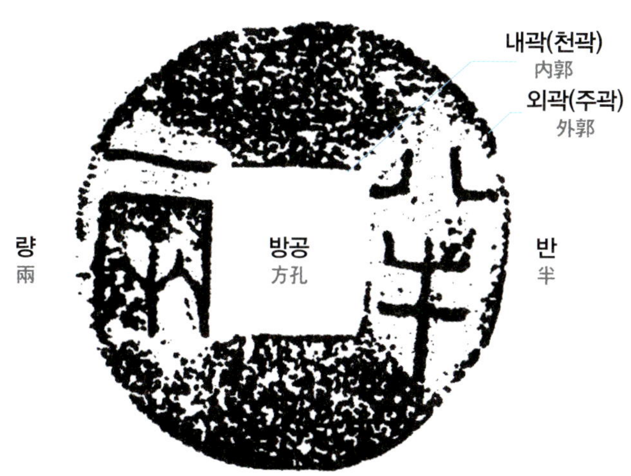

中國 小各 各召村 窖蔵

숭실대학교 한국기독교박물관 소장품

* 박선미, 2008, 「貨幣遺蹟을 통해 본 古朝鮮의 交易」, 서울시립대학교 대학원 박사학위논문.

古澤義久, 2010, 「中國東北地方・韓半島西北部における戰國・秦・漢初代の方孔圓錢の展開」, 『古文化談叢』64, 九州
　　考古文化研究會.

숭실대학교 한국기독교박물관, 2013, 『한국기독교박물관 소장 낙랑유물(樂浪遺物)』.

방제경 | 倣製鏡 | Small imitative mirror

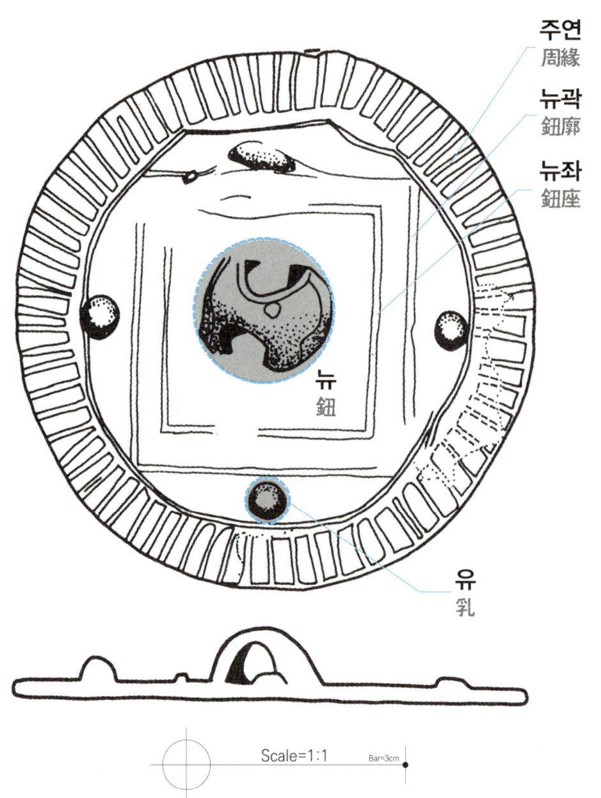

하남 미사리 한A-1호 집자리

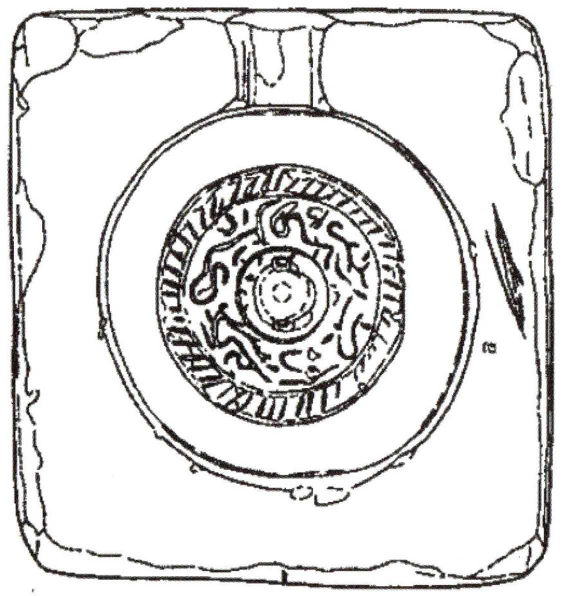

일본 彌生時代 방제경범

* 田尻義了, 2004, 「弥生時代小形仿製鏡の生産体制論」, 『日本考古學』18.

渼沙里先史遺蹟調査團, 1994, 『渼沙里』2.

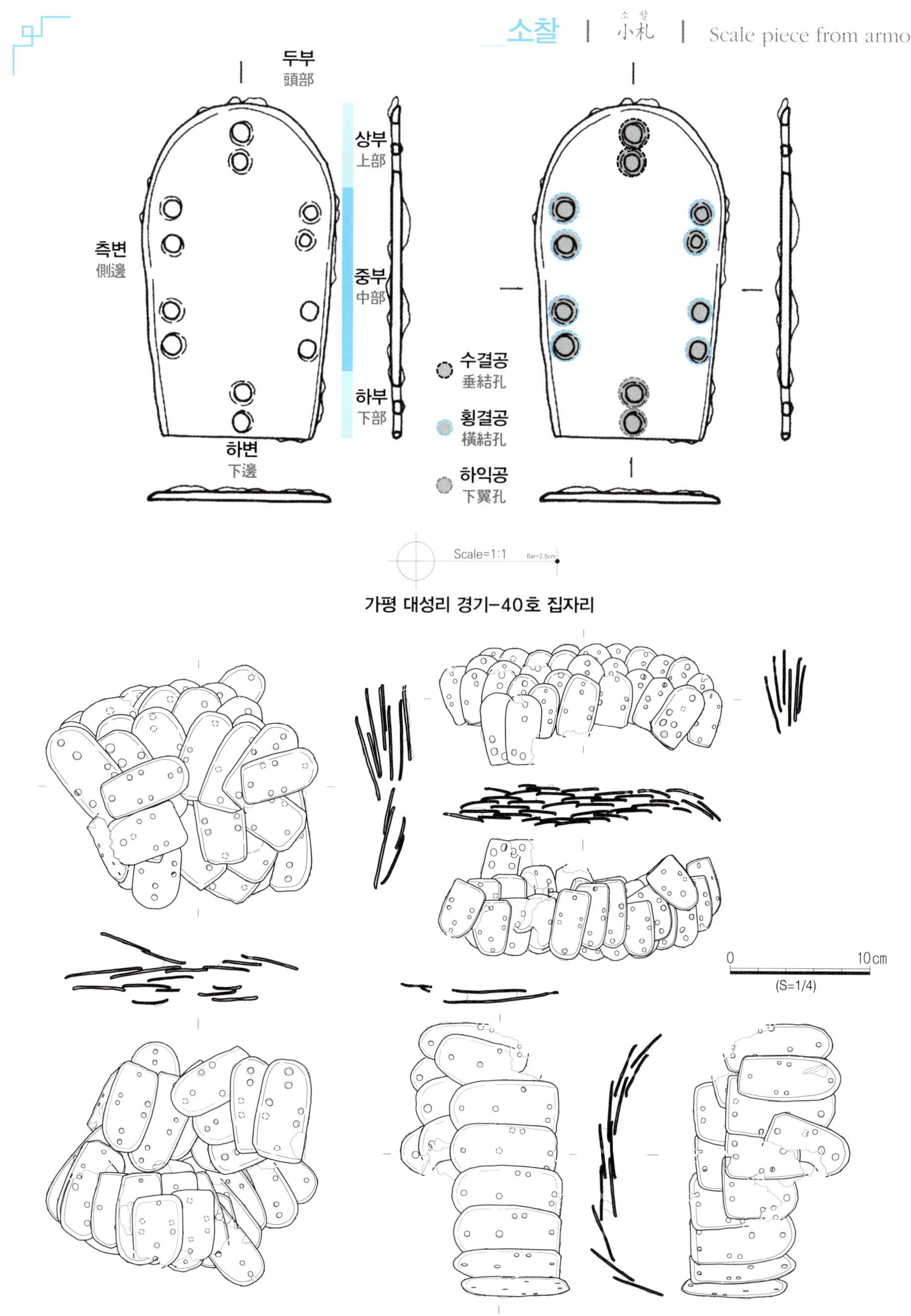

가평 대성리 경기-40호 집자리

오산 수청동 5-1-67호 주구부목관묘

* 황수진, 2011, 「삼국시대 영남 출토 찰갑의 연구」, 『한국고고학보』 78, 한국고고학회.

  京畿文化財研究院, 2009, 『加平 大成里遺蹟』.

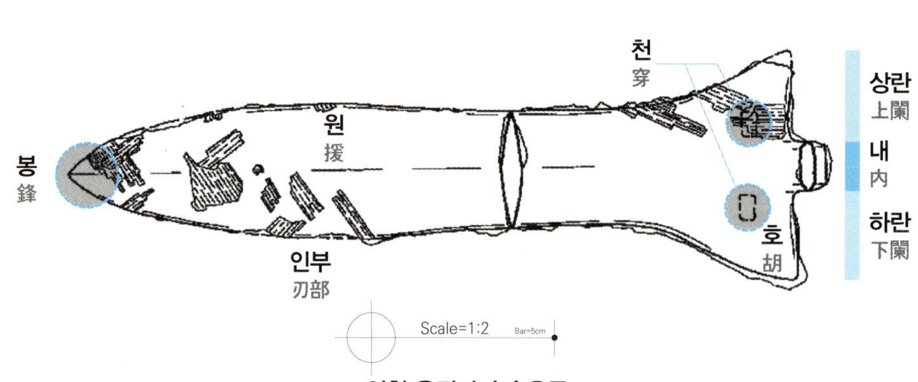

영천 용전리 수습유물

＊ 김정렬, 2013, 「논고편–무기류, 용기류」, 『한국기독교박물관 소장 낙랑유물(樂浪遺物)』, 숭실대학교 한국기독교박물관.
국립경주박물관, 2007, 『永川 龍田里 遺蹟』.

쇠끌 | 鐵鑿 | Iron chisel

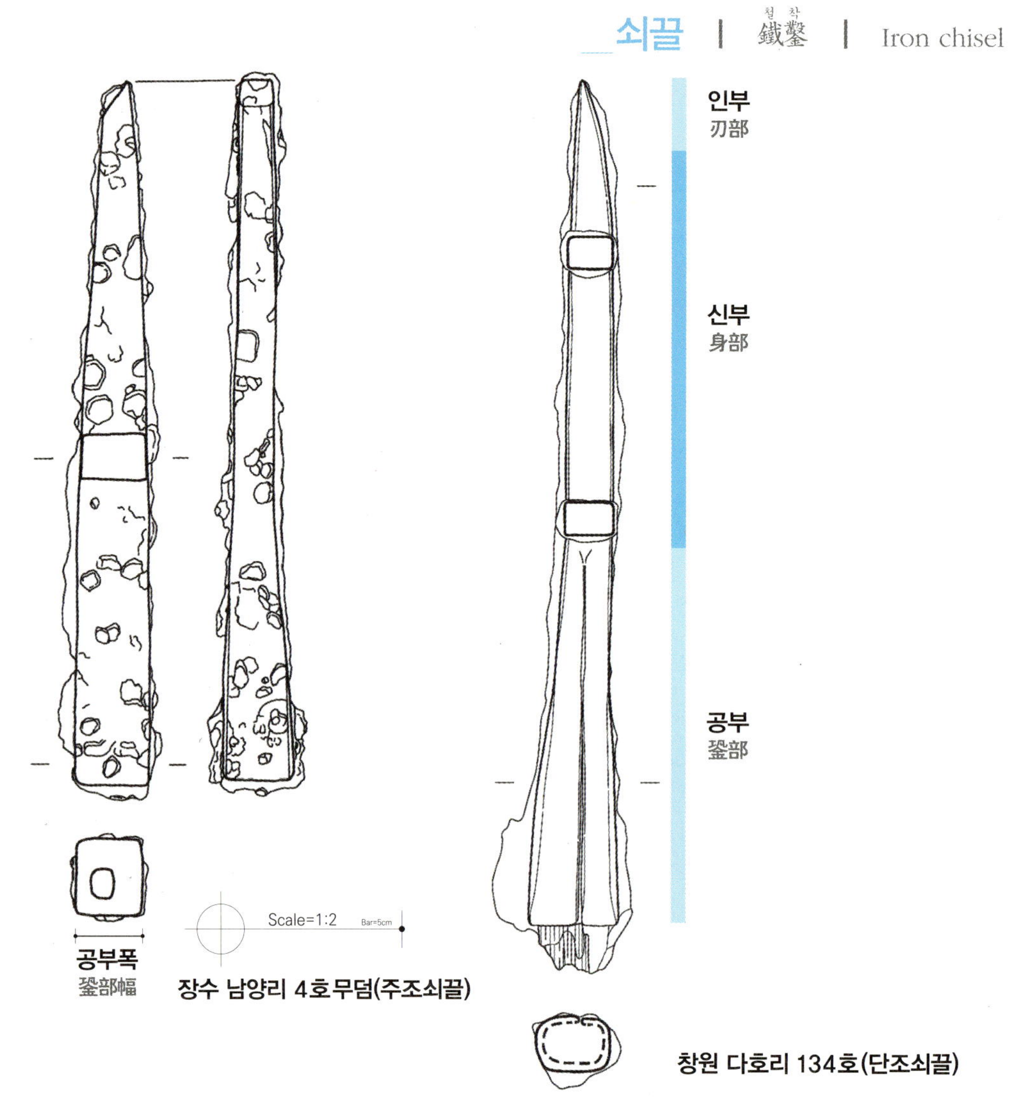

장수 남양리 4호무덤(주조쇠끌)

창원 다호리 134호(단조쇠끌)

＊ 國立金海博物館·국립가야문화재연구소, 2014, 『昌原 茶戶里 遺蹟』.
全北大學校博物館, 2000, 『南陽里』.

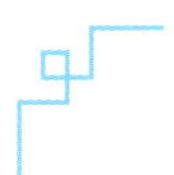

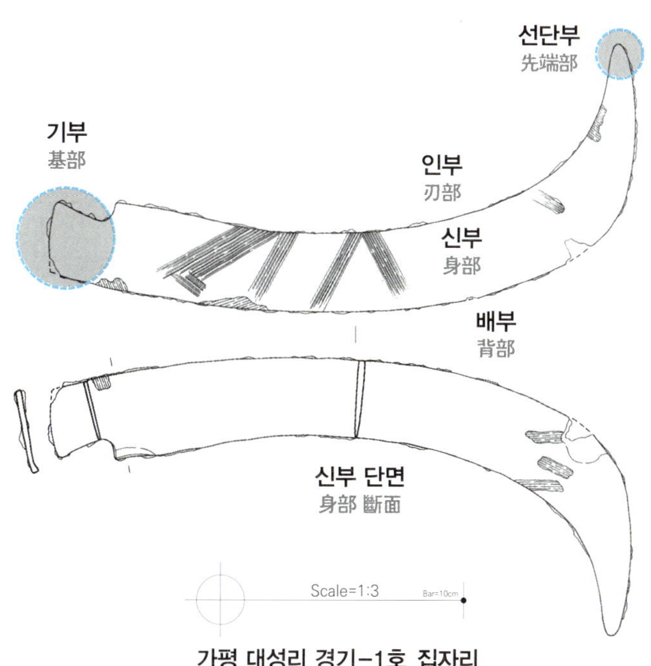

가평 대성리 경기-1호 집자리

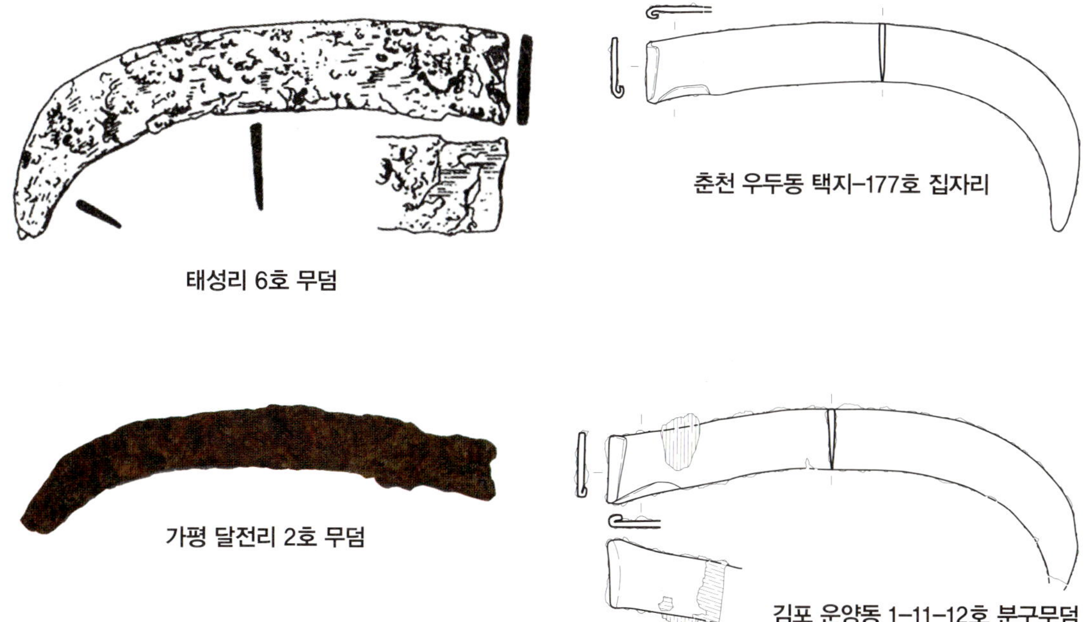

태성리 6호 무덤

춘천 우두동 택지-177호 집자리

가평 달전리 2호 무덤

김포 운양동 1-11-12호 분구무덤

* 김도헌, 2010, 「嶺南 地域의 原始·古代 農耕 研究」, 부산대학교 대학원 박사학위논문.
  京畿文化財研究院, 2009, 『加平 大成里遺蹟』.

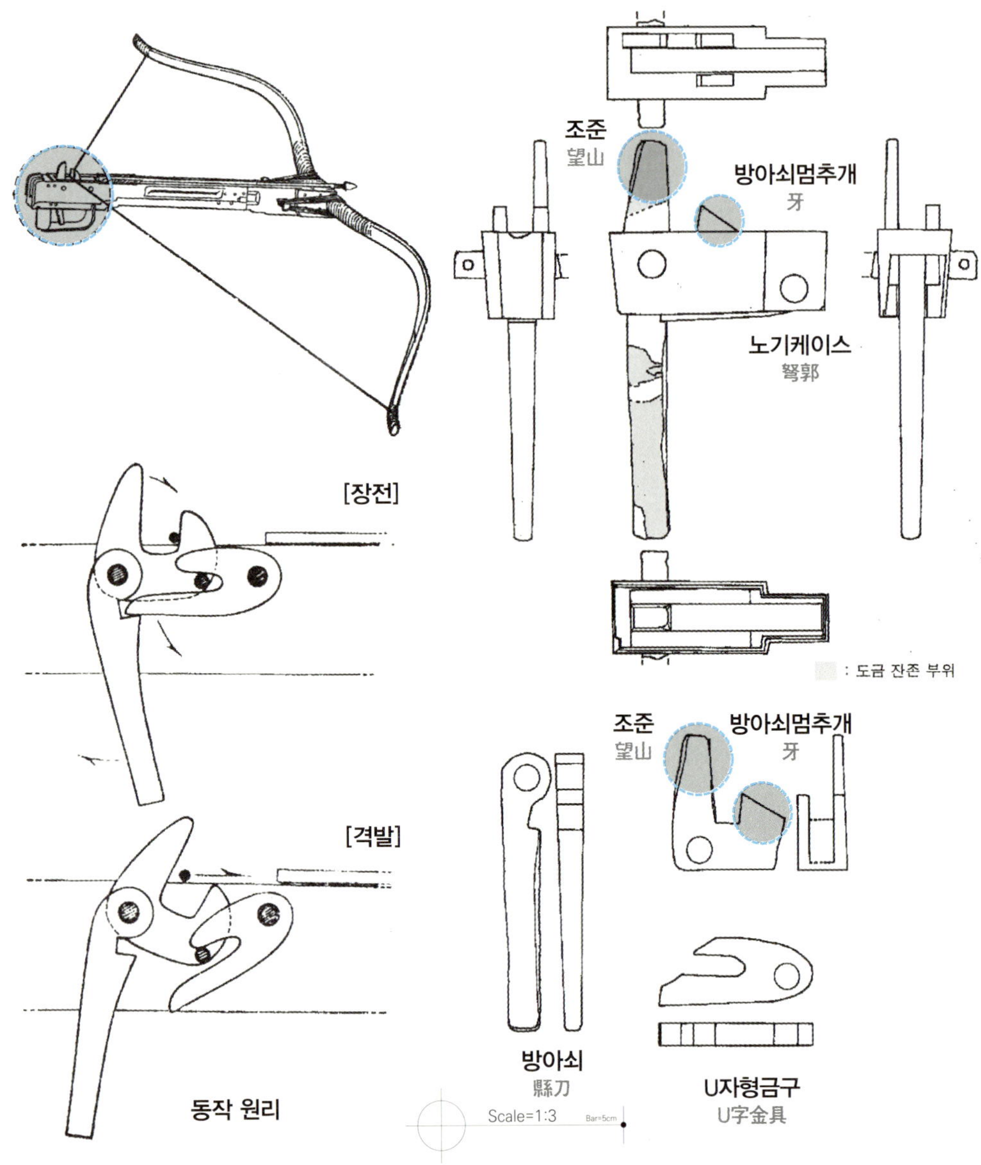

영천 용전리 수습유물

　쇠뇌는 활틀과 청동제 발사체로 구성되어 있다. 중국 전국시대에 등장하여 삼국시대까지 사용되었다. 고대 중국의 북방 흉노에 대한 방어병기로 사용되었다.

＊下間賴一, 1982, 「機械の歷史-弩機-」, 『精密機械』, 關西大學工學部.

　국립문화재연구소, 2001, 『한국고고학사전』.

　국립경주박물관, 2007, 『永川 龍田里 遺蹟』.

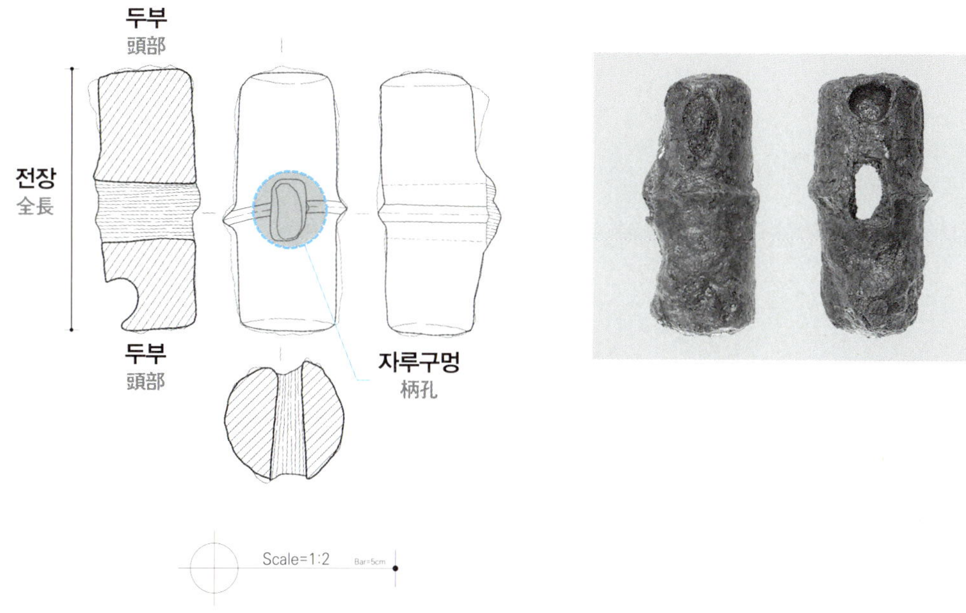

경주 화천리 산251-1번지 5호 널무덤

연구자	기준	분류		기능과 용도	
宋桂鉉 (1984)	중량, 형태			단조용	
				못박기용	
崔憲燮 (1989)	망치머리의 평면형태	Ⅰ			
		Ⅱ			
		Ⅲ	긴다섯모꼴, 측면형태 기준	a	망치 한쪽 끝이 뾰족한 것, 석공용 · 단조용
				b	한쪽 끝이 넓적한 것, 인부에 날 세우기 위한 것
松井和幸 (1991)	전장	소형		10cm 이하	
		중형		11~15cm 미만	
		대형		15cm 이상	
車順喆 (2004)	전장	소형		6cm 미만	
		중형		6~10cm 미만	
		대형		10~15cm	
金銀珠 (2007)	단면형태	Ⅰ류		원형	
		Ⅱ류		방형	
	양단의 평면형태	i		양단이 모두 평평한 형태	
		ii		한단은 평평하고 다른 한단은 끝으로 갈수록 가늘어지는 형태	
	전장	A류		10cm 이상	
		B류		10cm 미만	

(김승옥 · 이보람, 2011: 표 2)

* 김승옥 · 이보람, 2011, 「原三國~三國時代 鍛冶具 研究」, 『中央考古研究』 9, 中央文化財研究院.
  嶺南文化財研究院, 2012, 『慶州 花川里 山251-1遺蹟 Ⅲ』.

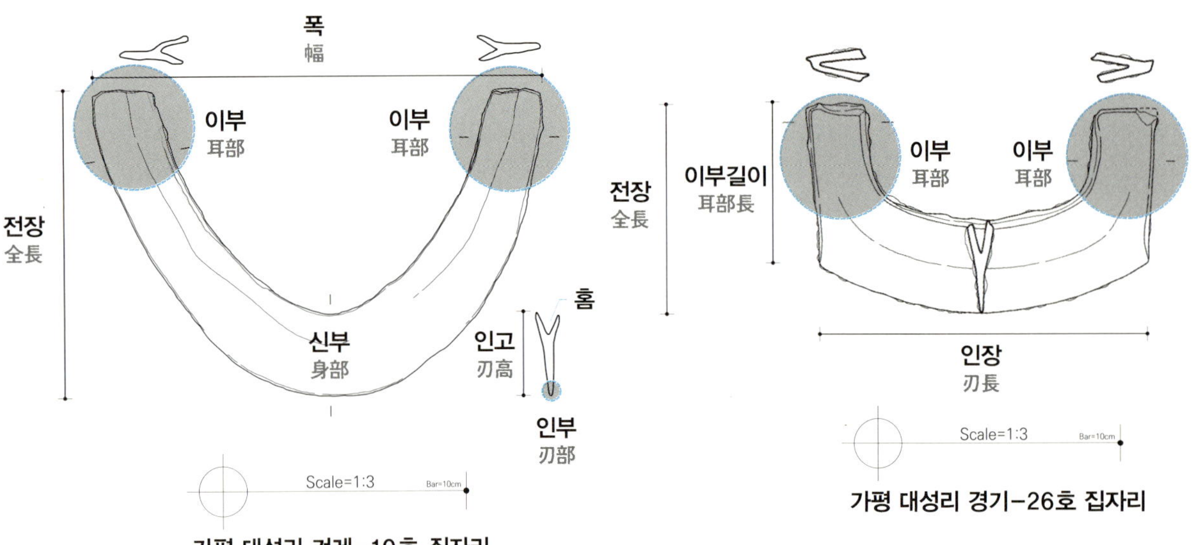

가평 대성리 겨레-10호 집자리

가평 대성리 경기-26호 집자리

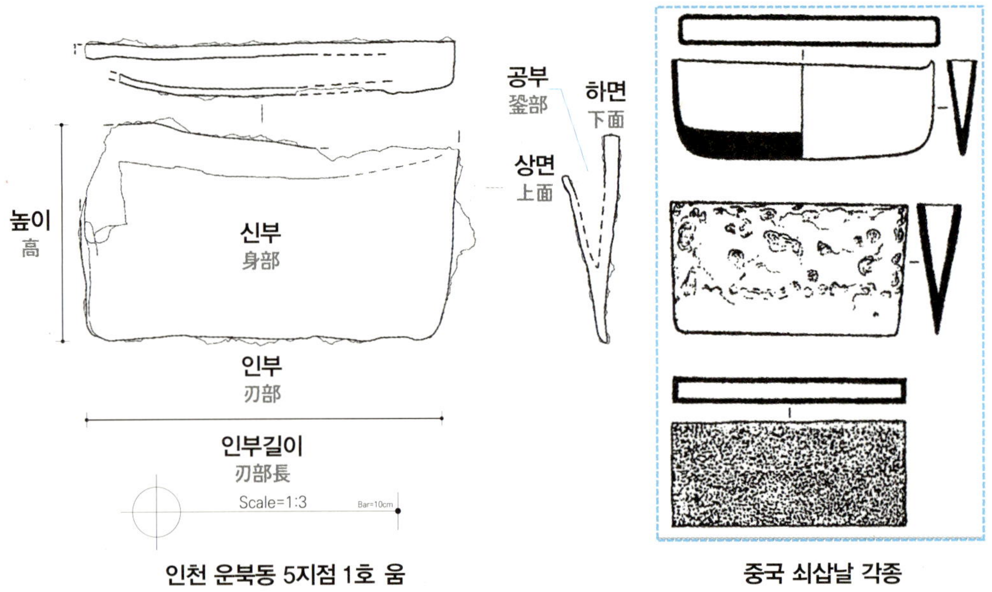

인천 운북동 5지점 1호 움

중국 쇠삽날 각종

※ 김도헌, 2010, 「嶺南 地域의 原始.古代 農耕 硏究」, 부산대학교 대학원 박사학위논문.

겨레문화유산연구원, 2011, 『가평 대성리 유적Ⅱ』.

京畿文化財硏究院, 2009, 『加平 大成里遺蹟』.

한강문화재연구원, 2012, 『인천 운북동 유적』.

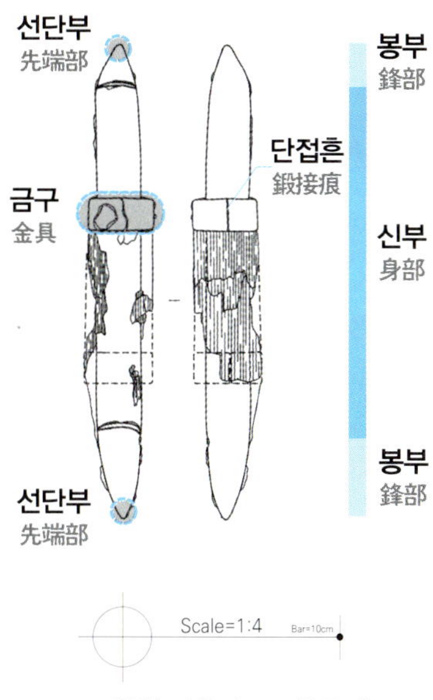

창원 다호리 141호무덤

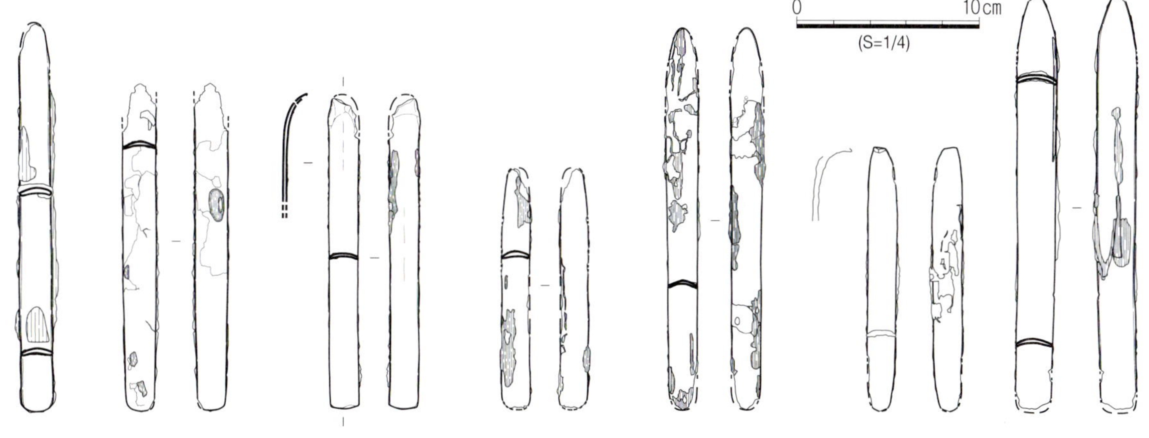

창원 다호리 유적 출토 쇠새기개 각종

　　쇠새기개는 청동기시대의 청동새기개를 계승한 것이다. 청동새기개는 주조품으로 제작하여 신부의 중앙을 따라 종으로 돌대가 있지만 쇠새기개는 단조품으로 신부의 횡단면이 반달에 가깝다. 또한 청동새기개는 한쪽 끝만을 도구로서 사용하지만 쇠새기개는 양쪽에 날을 세워 양쪽 모두 사용한 사례도 발견된다. 쇠새기개는 주로 사슴의 뿔이나 목제에 금구를 끼워 만든 자루를 결합하여 사용한다. 안성 만정리 신기 유적에서 청동화살촉, 돌화살촉과 함께 발견된 쇠화살촉은 파손된 쇠새기개를 재가공하여 사용한 것으로 추정되기도 한다.

* 國立金海博物館·국립가야문화재연구소, 2014, 『昌原 茶戶里 遺蹟』.

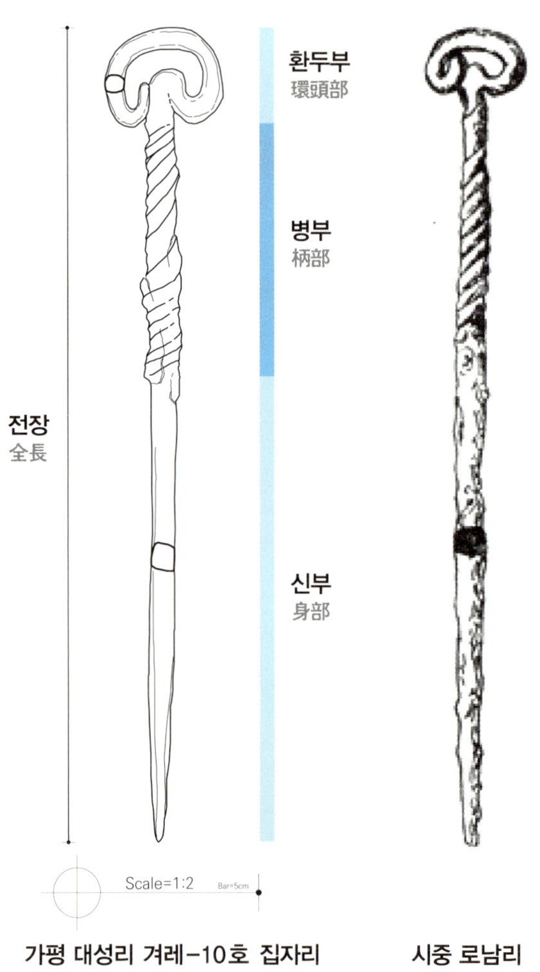

가평 대성리 겨레-10호 집자리   시중 로남리

쇠송곳은 공구류에 속한다. 시중 로남리 2호 집자리 출토 쇠송곳은 환두부의 제작을 위하여 고리모양으로 쇠를 구부려 만들어 중앙에 돌출된 부분이 관찰된다. 또한 신부 상단을 꼬아서 만들어 요철이 확인된다. 이와 동일한 형식으로는 가평 대성리 겨레-10호, 춘천 우두동 택지-100호 집자리 출토 쇠송곳이 있다. 또한 우두 택지 44호와 화천 123번지 유적의 집자리에서 출토된 쇠송곳은 환두부만 남았으나 제작방식이 동일하다. 더불어 신부 상단을 꼬아서 만든 춘천 우두동 택지-92호 집자리 역시 환두부가 상이하지만 제작방법상 공통점이 발견된다. 이와 같이 중부 지역에서 발견되는 원삼국시대 쇠송곳은 북한 지역의 형식과 유사점이 많다. 한편 삼국시대로 가면서 점차 신부 상단을 꼬거나 환두부를 제작하는 방식이 퇴화된다.

* 겨레문화유산연구원, 2011, 『가평 대성리 유적Ⅱ』.

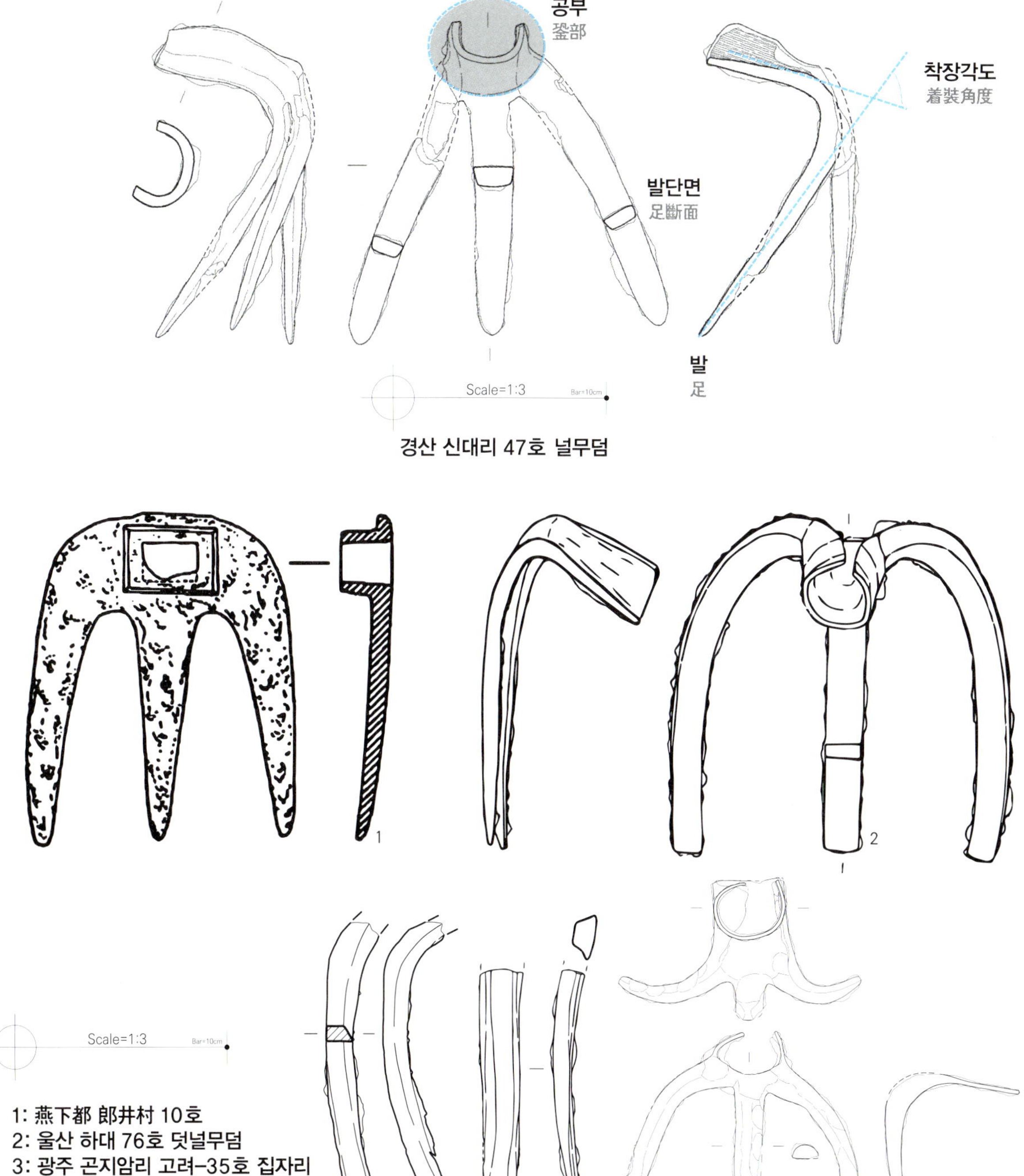

경산 신대리 47호 널무덤

1: 燕下都 郞井村 10호
2: 울산 하대 76호 덧널무덤
3: 광주 곤지암리 고려-35호 집자리
4: 가평 대성리 경기-12호 집자리
5: 포천 자작리 기호-2호 구상유구

* 김도헌, 2010, 「嶺南 地域의 原始·古代 農耕 硏究」, 부산대학교 대학원 박사학위논문.

嶺南文化財硏究院, 2010, 『慶山 新垈里遺蹟Ⅰ』.

쇠투겁창 | 鐵矛 | Iron spearhead

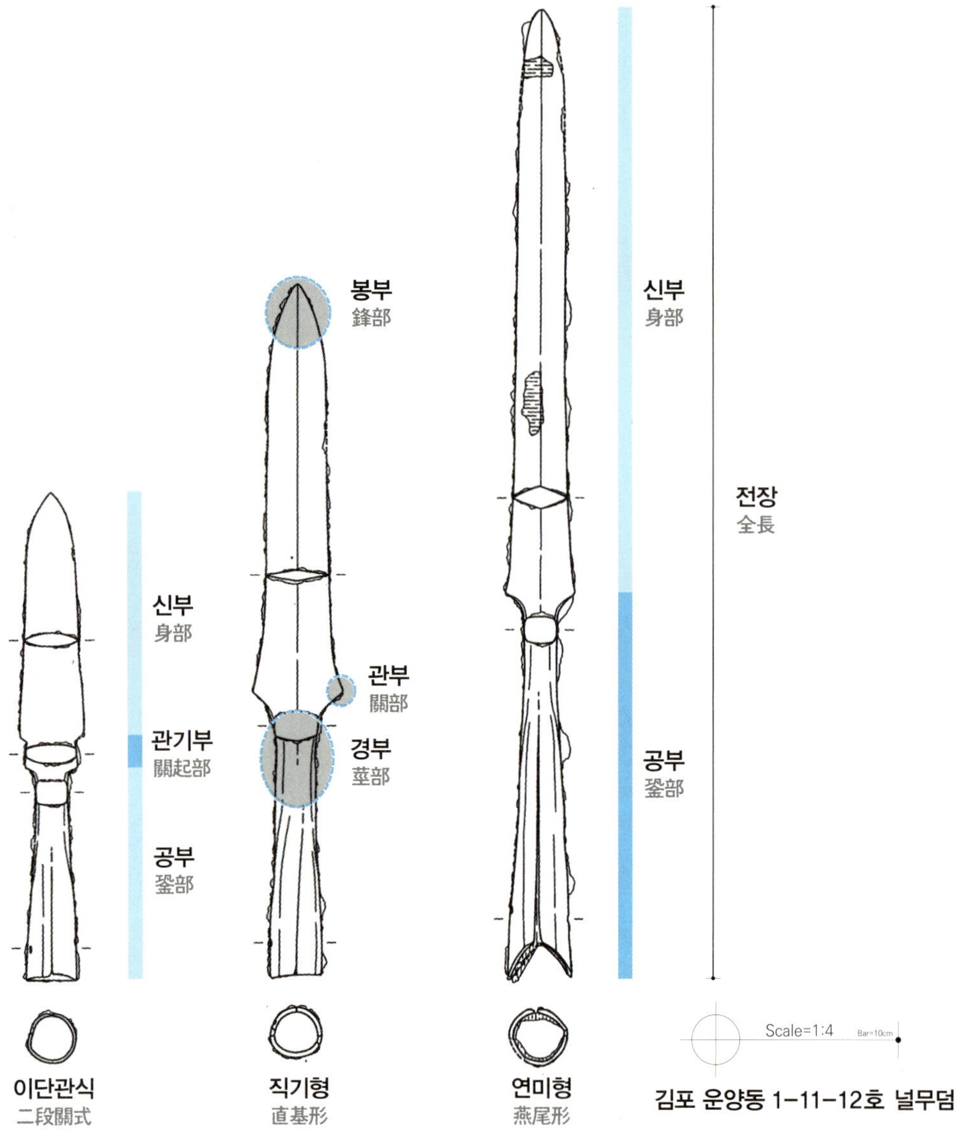

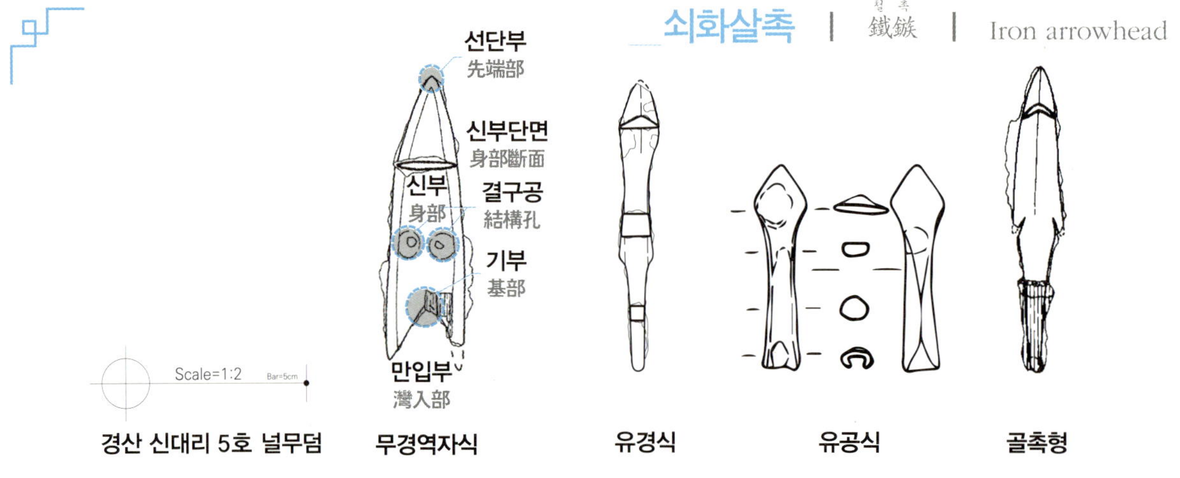

* 한강문화재연구원, 2013, 『김포 운양동 유적』.

쇠화살촉 | 鐵鏃 | Iron arrowhead

* 嶺南文化財硏究院, 2010, 『慶山 新垈里遺蹟 I』.

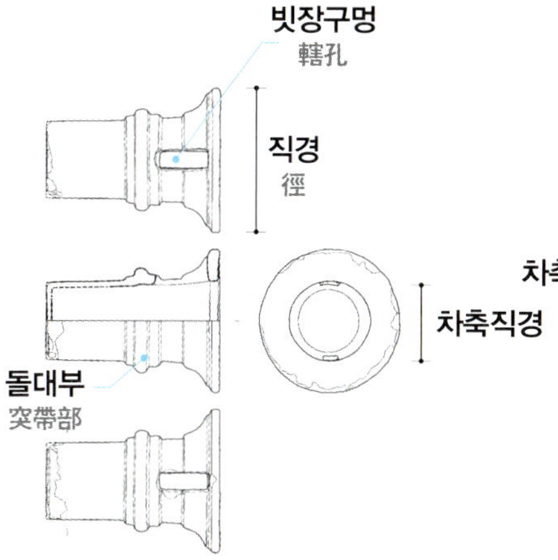

수레갖춤(굴대마개/빗장, 차강)

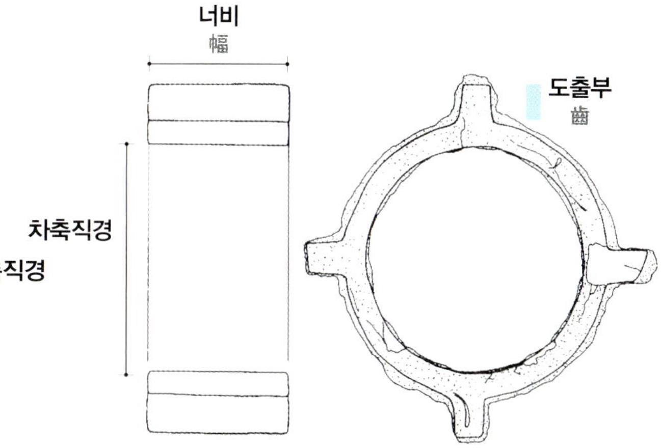

車輿具(車軸頭/車轄, 車釭) | Axle fitting/chariot fitting

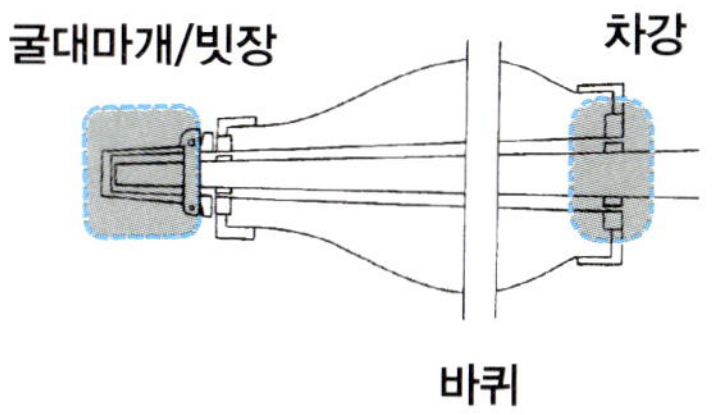

* 사회과학원 고고학연구소, 1983, 『고고학자료집』6.

孙机, 2001, 『中國古輿服論叢』, 文物出版社.

숭실대학교 한국기독교박물관, 2013, 『한국기독교박물관 소장 낙랑유물(樂浪遺物)』.

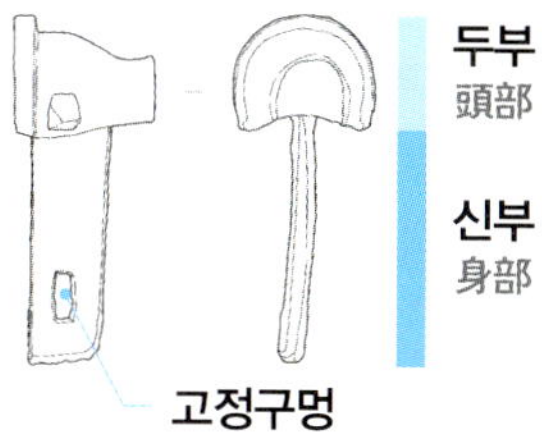

車衡(車衡頭, 乙字形銅器, 車鑾), 笠形銅器 | Horse bridle loop, chariot bell, end-fitting of yoke

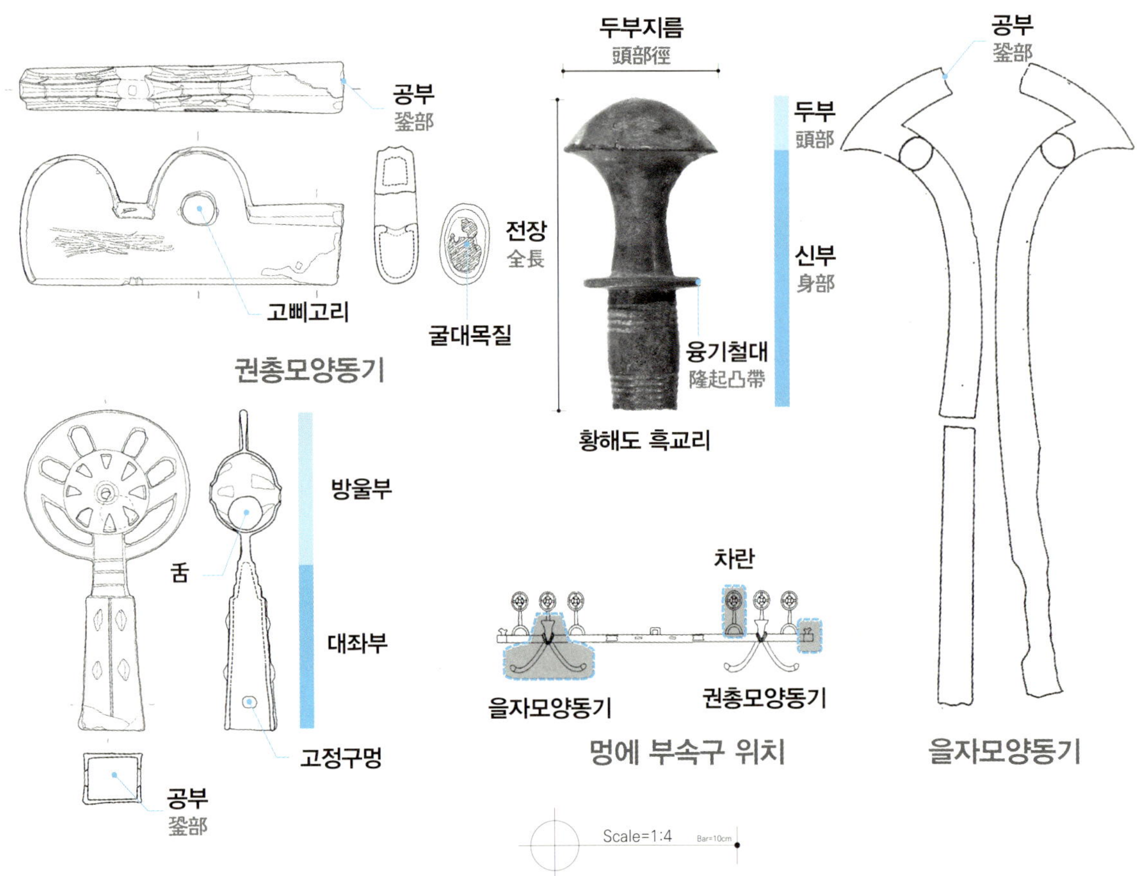

숭실대 한국기독교박물관 소장, 황해도 금석리 무덤

진시황 1호 동차

* 사회과학원 고고학연구소, 1983, 『고고학자료집』 6.

孙机, 2001, 『中國古興服論叢』, 文物出版社

숭실대학교 한국기독교박물관, 2013, 『한국기독교박물관 소장 낙랑유물(樂浪遺物)』.

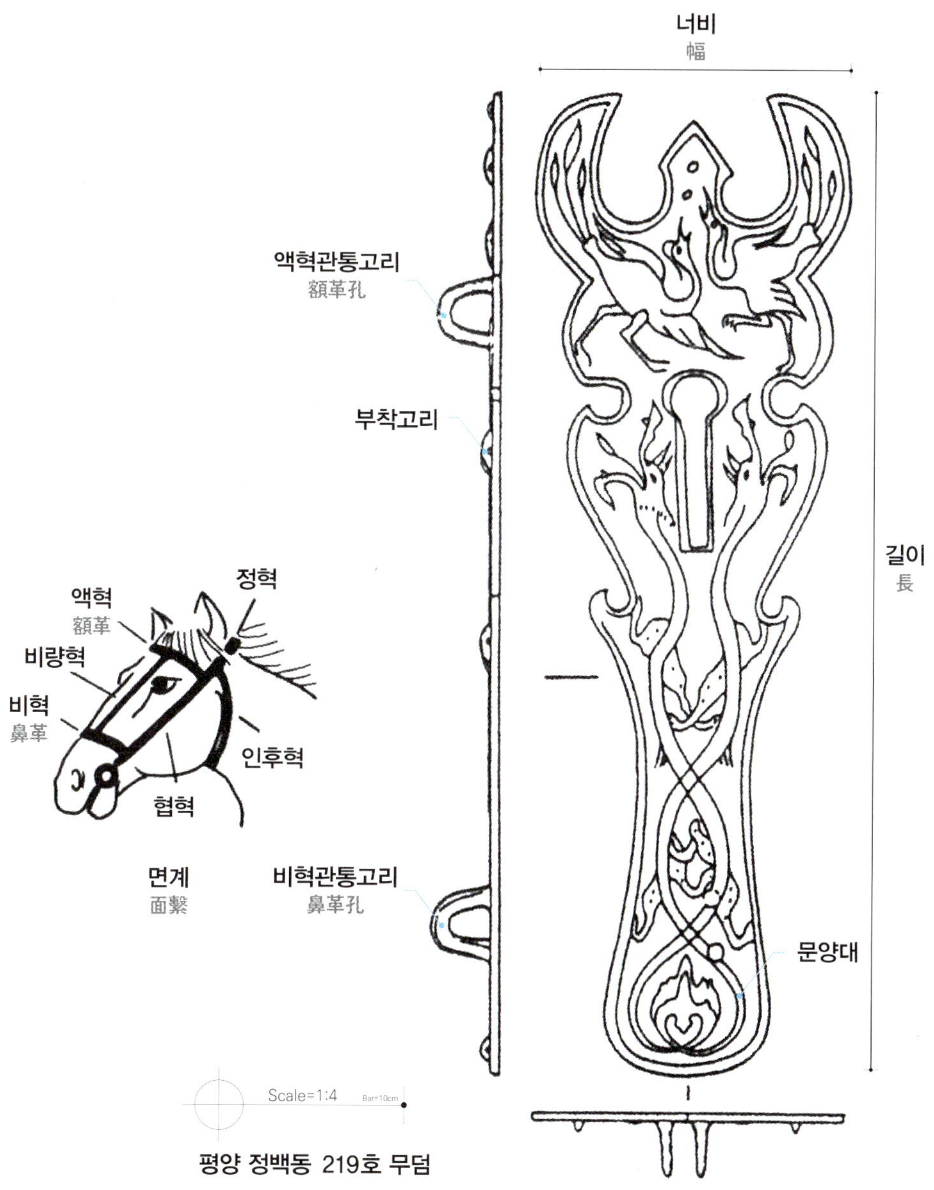

평양 정백동 219호 무덤

* 姜廷武, 2010,「三國時代 脫着式 鐵製 못신 研究」,『韓國考古學報』76, 韓國考古學會.

樂浪墓刊行會, 1975,「石巖里 第二一九號墓 發掘調査報告」,『樂浪漢墓』第二册.

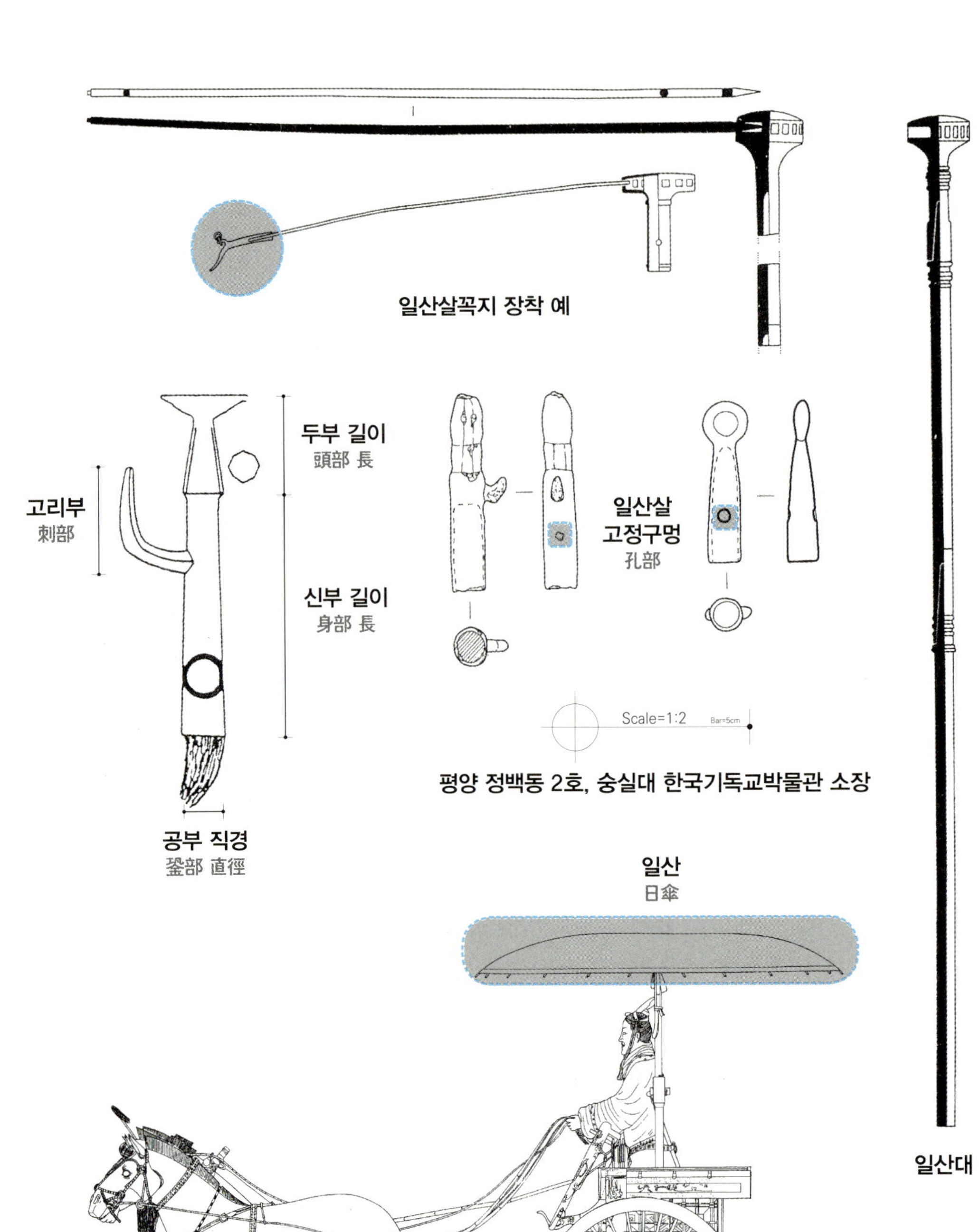

* 사회과학원 고고학연구소, 1983, 『고고학자료집』 6.

孫机, 2001, 『中國古輿服論叢』, 文物出版社.

숭실대학교 한국기독교박물관, 2013, 『한국기독교박물관 소장 낙랑유물(樂浪遺物)』.

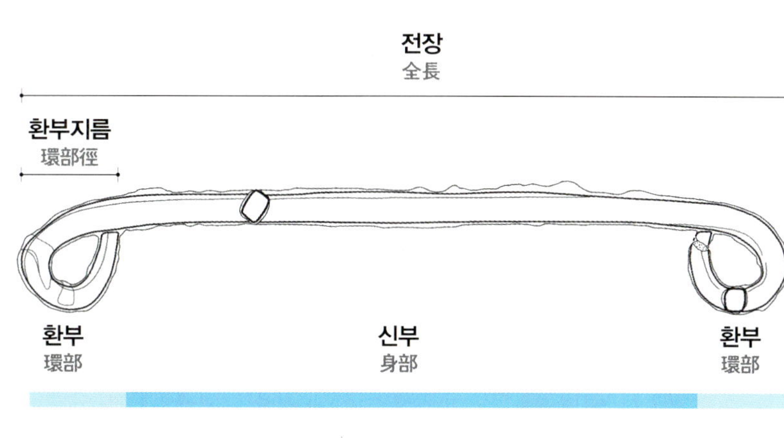

아산 용두리 진터 40호 움무덤

* 忠淸文化財硏究院, 2011, 『牙山 龍頭里 진터 遺蹟』.

인천 운북동 5지점 2호 집자리

* 김경칠, 2007, 「南韓地域 출토 漢代 金屬貨幣와 그 性格」, 『湖南考古學報』 27, 호남고고학회.
  박선미, 2008, 「貨幣遺蹟을 통해 본 古朝鮮의 交易」, 서울시립대학교 대학원 박사학위논문.
  한강문화재연구원, 2012, 『인천 운북동 유적』.

주조쇠도끼(긴네모꼴주조쇠도끼)

鑄造鐵斧(長方形鑄造鐵斧) ｜ Rectangular cast iron axe

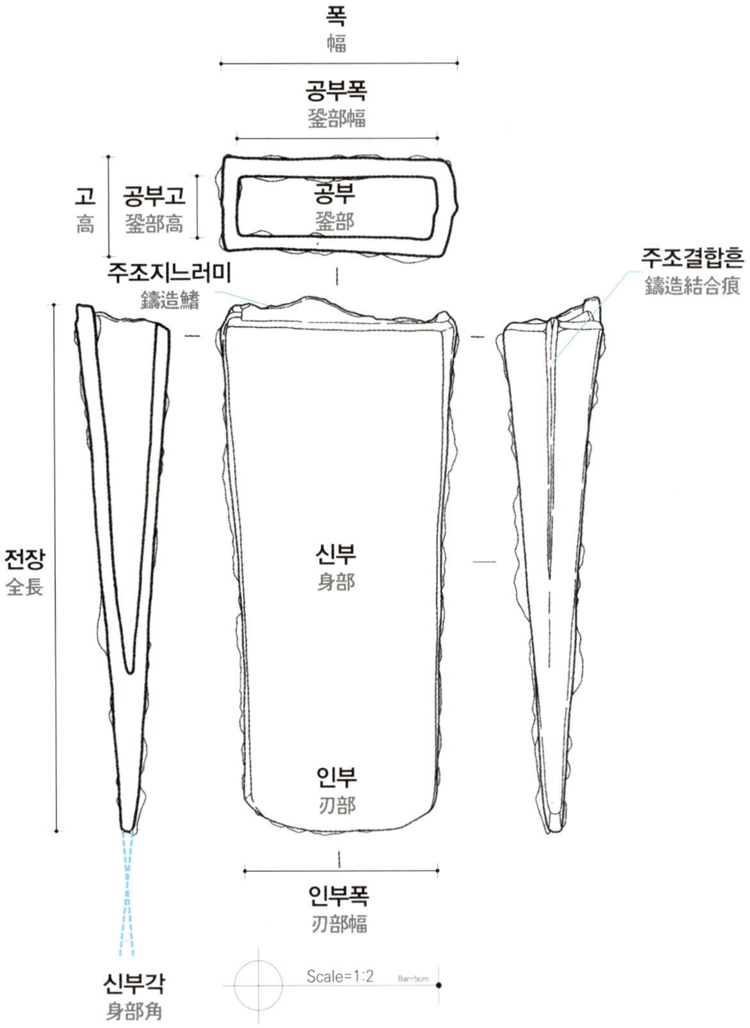

가평 대성리 경기-40호 집자리

    긴네모꼴쇠도끼는 우리나라 초기철기시대에 처음 등장하는 것으로 세장한 신부에 인부로 가면서 약간 폭이 좁아지고 공부 단면이 장방형인 점이 특징이다. 중국 전국시대(戰國時代)에 처음 등장하는데 한반도는 초기철기시대 및 원삼국 초현기까지만 발견되는 특징적인 쇠도끼이다. 호남 지역의 경우 신부 중앙에 구멍이 뚫린 형지공(型持孔) 흔적과 공부 가까이의 철단(鐵段)을 근거로 한반도에서 일정한 형식으로 변형되었을 가능성이 제기되기도 한다.

＊ 金度憲, 2002, 「三韓時期 鑄造鐵斧의 流通樣相에 대한 檢討」, 『嶺南考古學』 31, 嶺南考古學會.

　김도헌, 2010, 「嶺南 地域의 原始·古代 農耕 研究」, 부산대학교 대학원 박사학위논문.

　김상민, 2009, 「韓半島 鑄造鐵斧의 展開樣相에 대한 考察－初期鐵器時代~三國時代 資料를 中心으로－」, 『湖西考古學』 20, 湖西考古學會.

　京畿文化財研究院, 2009, 『加平 大成里遺蹟』.

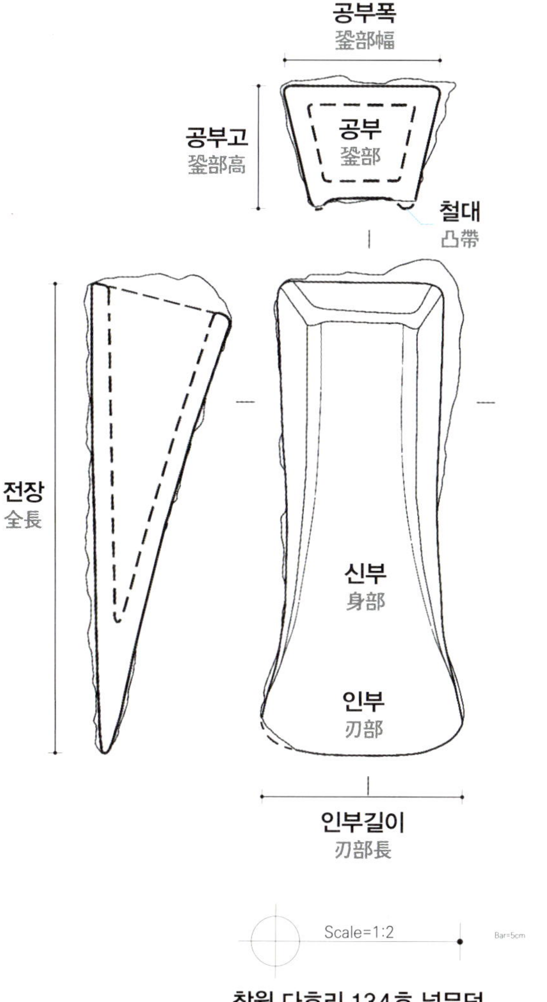

창원 다호리 134호 널무덤

창원 다호리 널무덤 출토 주조쇠도끼 일괄

사다리꼴주조쇠도끼는 한반도에서 가장 많은 출토빈도를 보이는 일반적인 형태의 주조쇠도끼이다. 전체 길이에 대한 공부의 폭 비율이 2.0 이하의 비율을 보이는 Ⅰ식, 전체 길이에 대한 공부의 폭 비율이 2.2 이상이면서 상면에 2줄의 철대가 있는 것을 Ⅱ식, Ⅱ식과 같은 비율을 보이지만 철대가 없는 Ⅲ식으로 형식이 세분된다. 모두 기원전 1세기 대에 등장하여 기원후 4세기 전후까지 사용된다. 다른 주조쇠도끼의 주조는 쌍합범으로 이루어지지만 사다리꼴주조쇠도끼는 공통적으로 단합범으로 제작된다는 특징이 있다.

* 신동조, 2008,「嶺南地方 原三國時代 鐵斧와 鐵矛의 分布定型 硏究」, 경북대학교 대학원 석사학위논문.
國立金海博物館 · 국립가야문화재연구소, 2014,『昌原 茶戶里 遺蹟』.

주조쇠도끼(육각형주조쇠도끼)

鑄造鐵斧〔六角形鑄造鐵斧〕 | Hexagonal cast iron axe

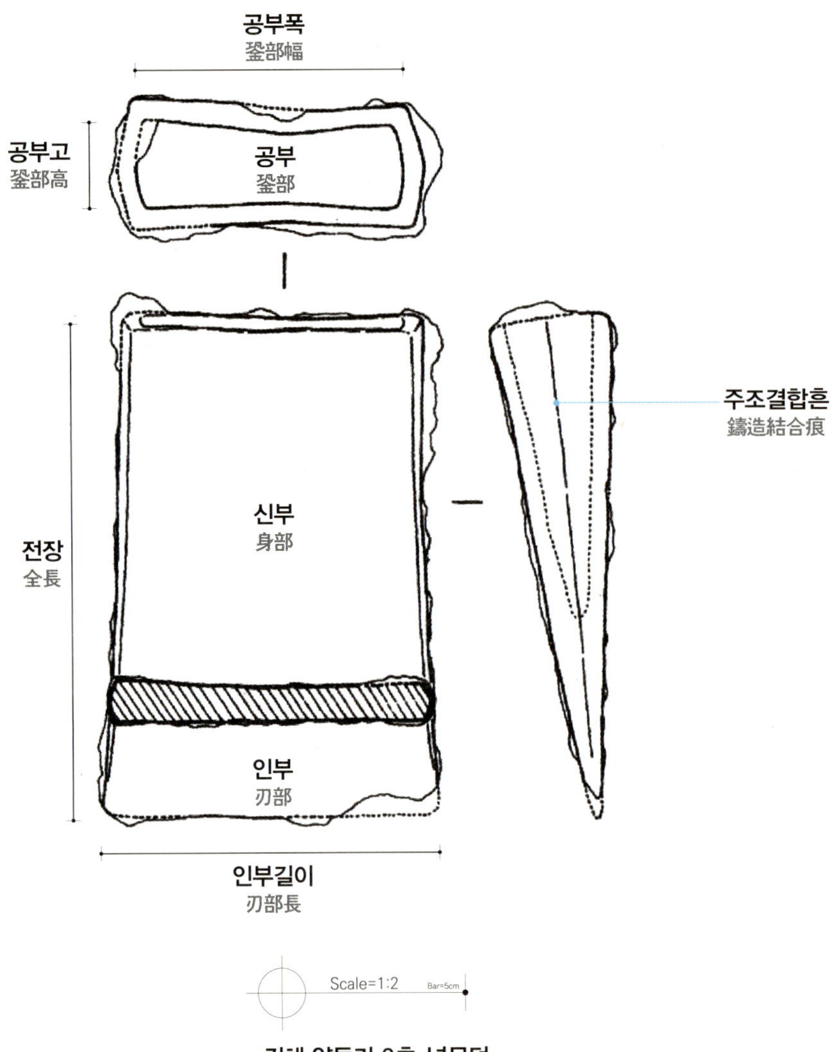

김해 양동리 2호 널무덤

* 金度憲, 2002, 「三韓時期 鑄造鐵斧의 流通樣相에 대한 檢討」, 『嶺南考古學』 31, 嶺南考古學會.

  국립문화재연구소, 1989, 『김해양동리고분』.

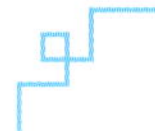

주조철부 이조철대주조철부
鑄造鐵斧(二條凸帶鑄造鐵斧)　|　Cast iron axe with double protruding bands

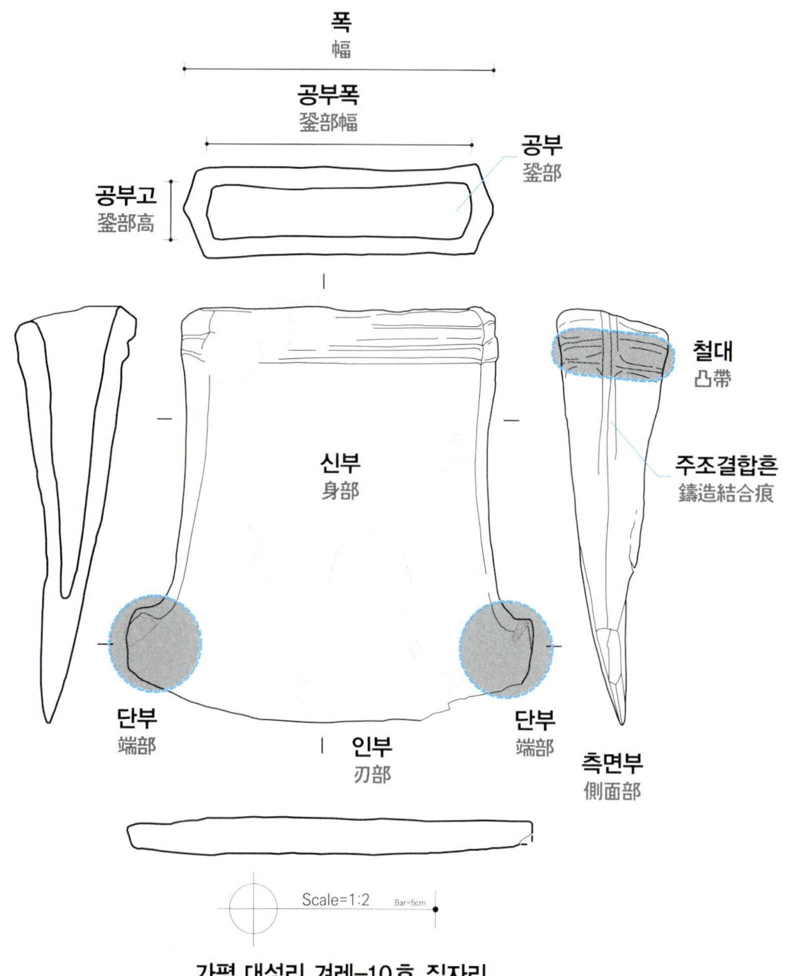

가평 대성리 겨레-10호 집자리

　　이조철대주조쇠도끼는 중국의 전국시대(戰國時代) 중만기에 등장하여 위진남북조(魏晉南北朝)시대까지 사용되었다. 모두 가단주철(可鍛鑄鐵)을 사용하였다는 공통점이 있다. 크게 세장방형(Ⅰ류), 장방형(Ⅱ류), 방형(Ⅲ류)으로 대별된다. Ⅰ류는 출토 지역에 따라 북방분포권(마을)과 남방분포권(무덤)으로 세분된다. Ⅱ류는 염철관영화(鹽鐵官營化)를 통해 규격화된 제품이 동북아시아 전역으로 파급되었다. Ⅲ류는 유단식으로 한반도 및 일본열도에서 집중적으로 발견된다. 시간적으로는 Ⅰ류 전국계(戰國系) 세장방형(평면 형태 역제형) → Ⅱ류 한계(漢系) 장방형(평면 형태 방형 및 제형) → Ⅲ류 한반도계 방형(평면 형태 제형) 유단식으로 변화한다.

＊ 박경신, 2016, 「二條凸帶鑄造鐵斧의 編年과 展開樣相」, 『한국고고학보』 98, 韓國考古學會.
　겨레문화유산연구원, 2011, 『가평 대성리 유적Ⅱ』.

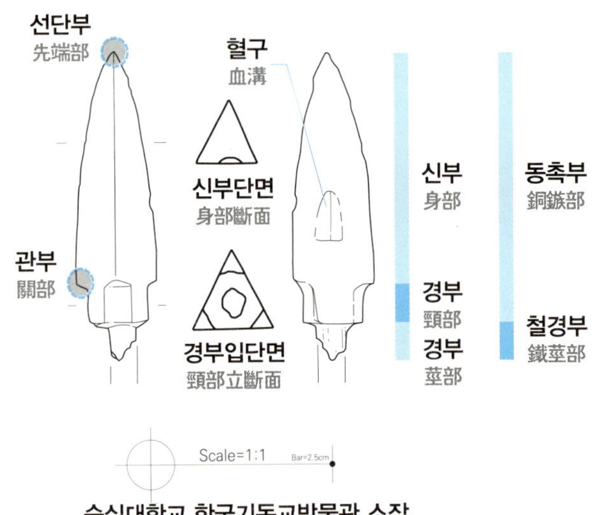

숭실대학교 한국기독교박물관 소장

* 숭실대학교 한국기독교박물관, 2013,『한국기독교박물관 소장 낙랑유물(樂浪遺物)』.
  한강문화재연구원, 2012,『인천 운북동 유적』.

철극 | 鐵戟 | Iron halberd

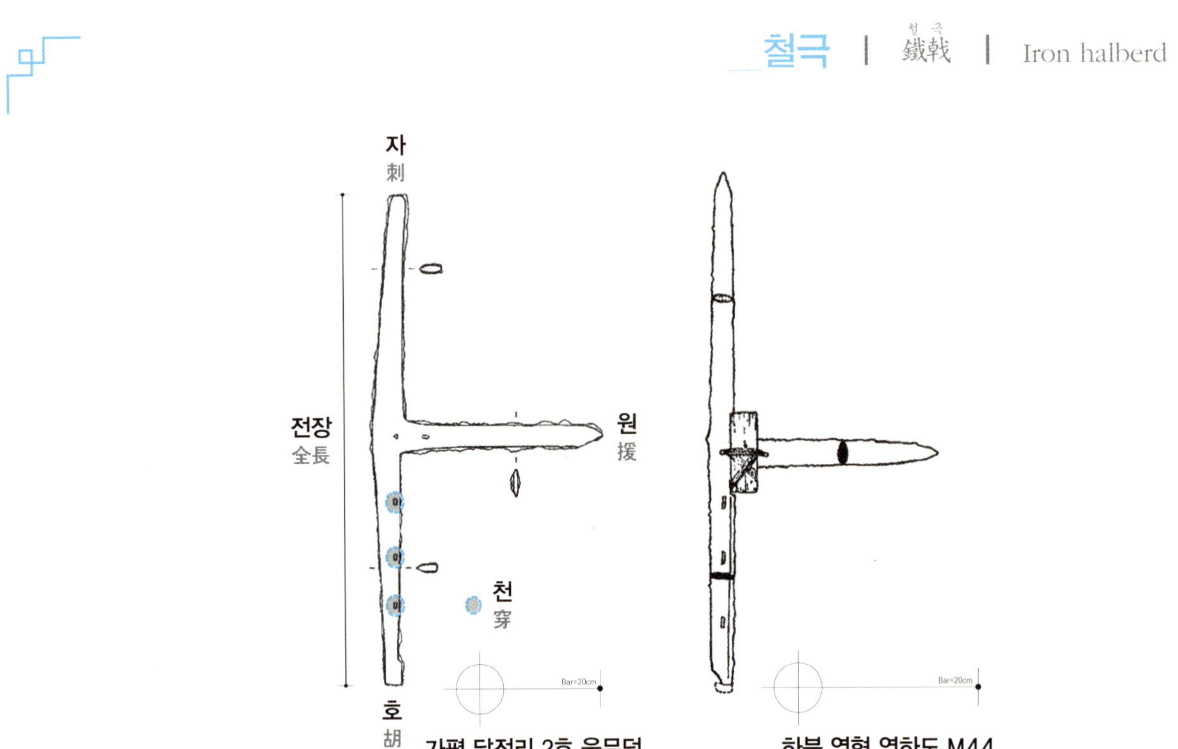

* 白云翔, 2005,『先秦兩漢鐵器的考古學硏究』, 科學出版社.
  한국문화재조사연구기관협회, 2011,『한국 출토 외래유물』.

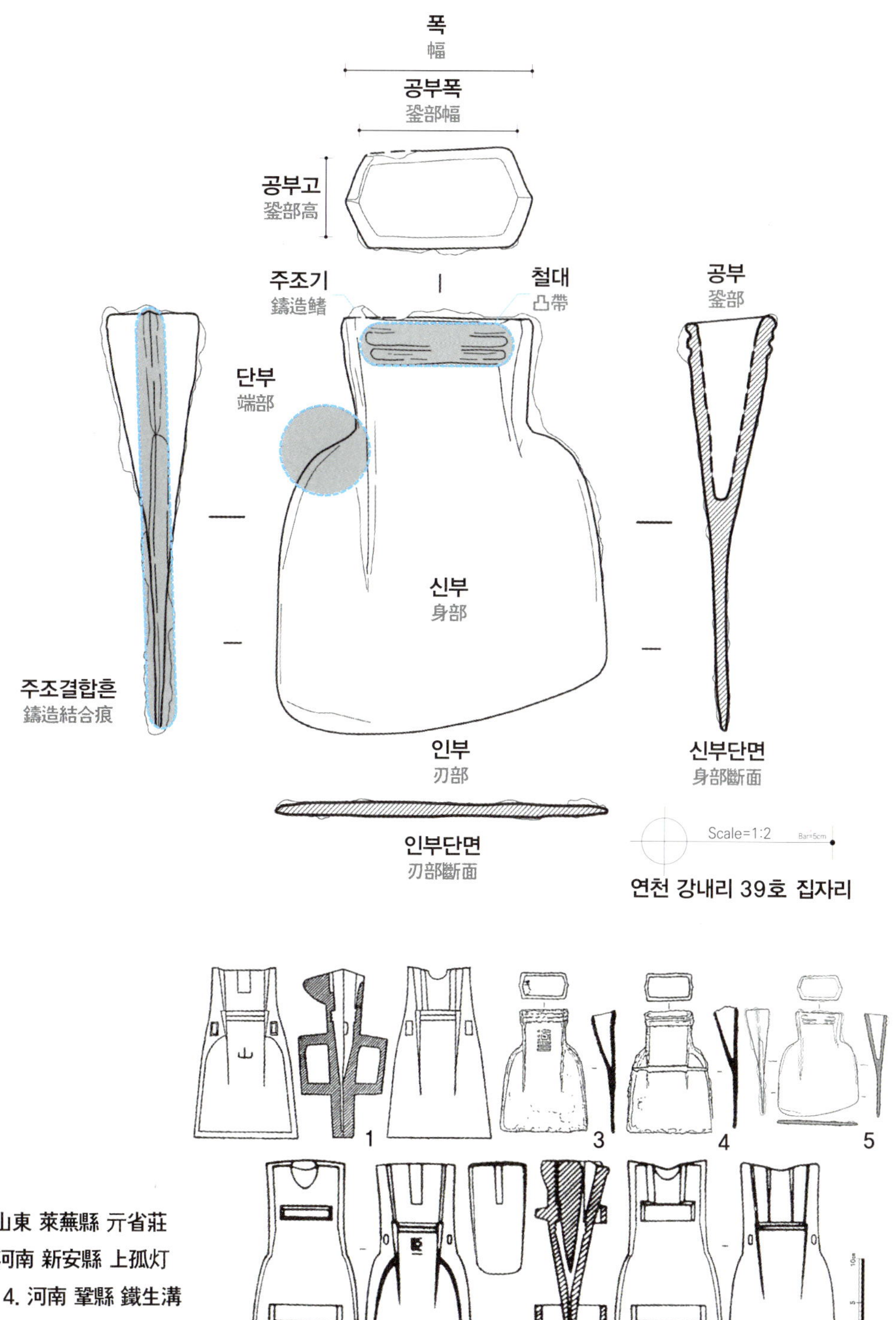

연천 강내리 39호 집자리

* 金武重, 2012, 「中部地域 原三國時代 鐵器를 통해 본 樂浪」, 『중부지역 원삼국시대 외래계 유물과 낙랑』, 제9회 매산 기념강좌 발표요지문, 숭실대학교 한국기독교박물관.
高麗文化財硏究院, 2012, 『漣川 江內里 遺蹟』.

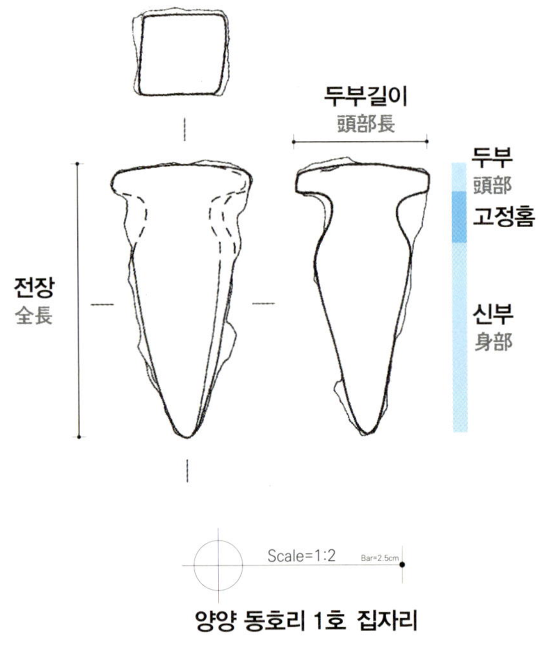

양양 동호리 1호 집자리

　철참은 철기를 제작하기 위하여 사용된 도구로서 쇠끌과 같은 용도로 사용되었다. 다만 쇠끌에 비해 크기가 크지만 선단부가 뾰족하여 두꺼운 쇠판을 절단하거나 구멍을 뚫기에 편리한 구조로 되어 있다. 단조철기를 제작하는 데 사용하는 단야구(鍛冶具)는 쇠망치, 쇠집게, 모루, 철참, 숫돌 등과 도가니, 용범 등이 있다. 단야구는 제련, 정련, 용해, 단야, 제강 등 제철공정의 모든 공정에서 사용되는 도구이다. 그러나 한반도에서 출토된 사례가 극히 적기 때문에 일반적인 단야구로 사용되지는 못한 것으로 판단된다.

＊ 예맥문화재연구원, 2014, 『襄陽 銅湖里遺蹟』.

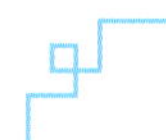

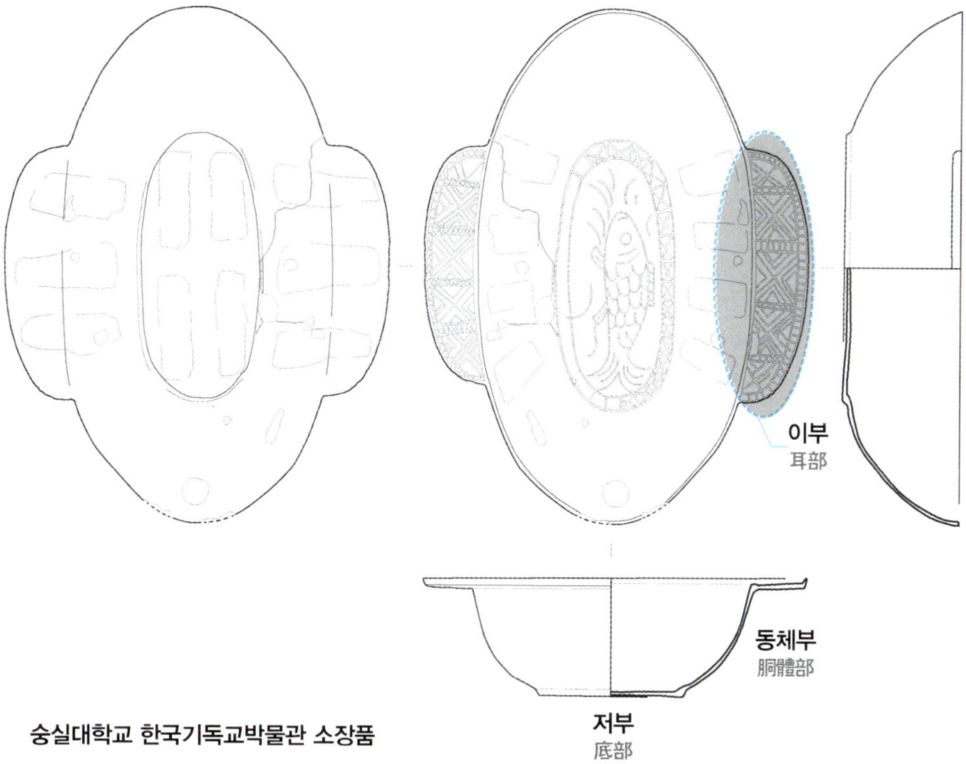

이부
耳部

동체부
胴體部

저부
底部

숭실대학교 한국기독교박물관 소장품

이배는 중국 전국시대부터 진한대에 사용하였으며 국을 담는 제기에 속한다. 우리나라 낙랑 고분에서는 칠기이배가 주로 출토된다. 청동이배도 칠기이배와 같은 형태를 유지하고 있다.

* 佐藤武敏, 1987, 「中國古代の漆耳杯」, 『MUSEUM』 No.435, 東京國立博物館.

숭실대학교 한국기독교박물관, 2013, 『한국기독교박물관 소장 낙랑유물(樂浪遺物)』.

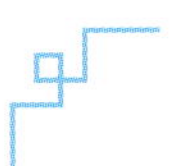

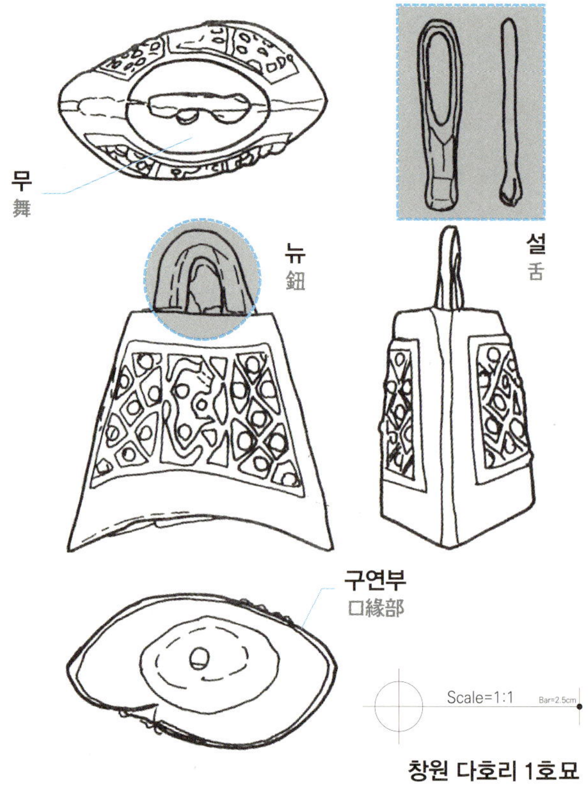

창원 다호리 1호묘

청주 송절동 Ⅱ-4-61호 움무덤 王家(系)명 청동말종방울

* 朴泳姬, 1987, 「韓國 銅鈴과 銅鐸에 對한 硏究」, 숙명여자대학교 대학원 석사학위논문.
  李健茂·李榮勳·尹光鎭·申大坤, 1989, 「義昌 茶戶里遺蹟 發掘調査報告(Ⅰ)」, 『考古學誌』1, 한국고고미술연구소.
  국립경주박물관, 2007, 『永川 龍田里 遺蹟』.

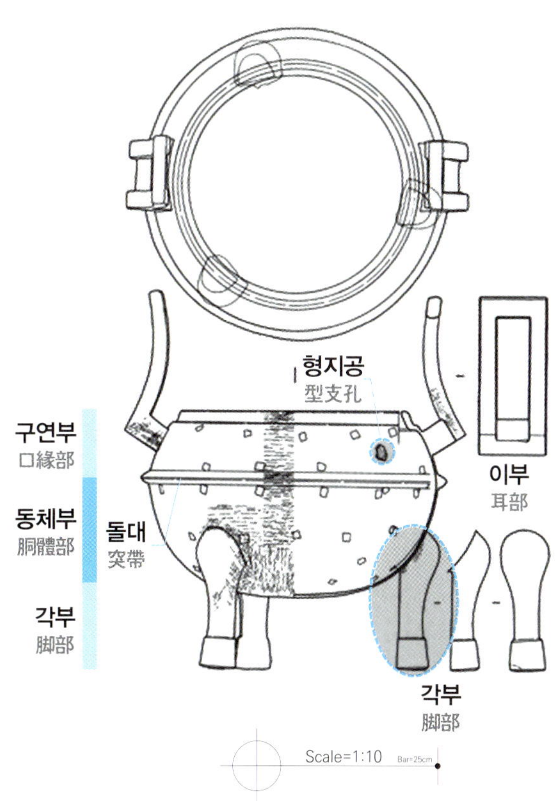

울산 하대 23호 덧널무덤

김해 양동리 322호 덧널무덤

* 한국문화재조사연구기관협회, 2011, 『한국 출토 외래유물』.

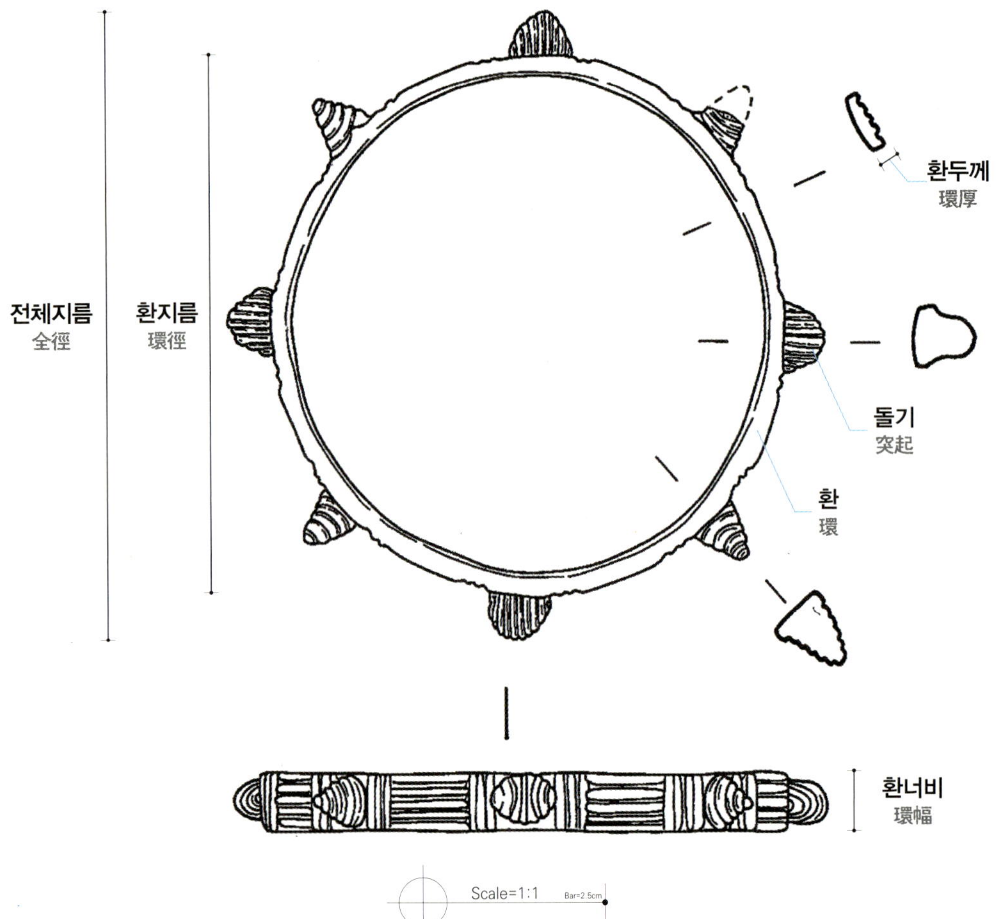

경주 탑동 21-3 · 4번지 널무덤

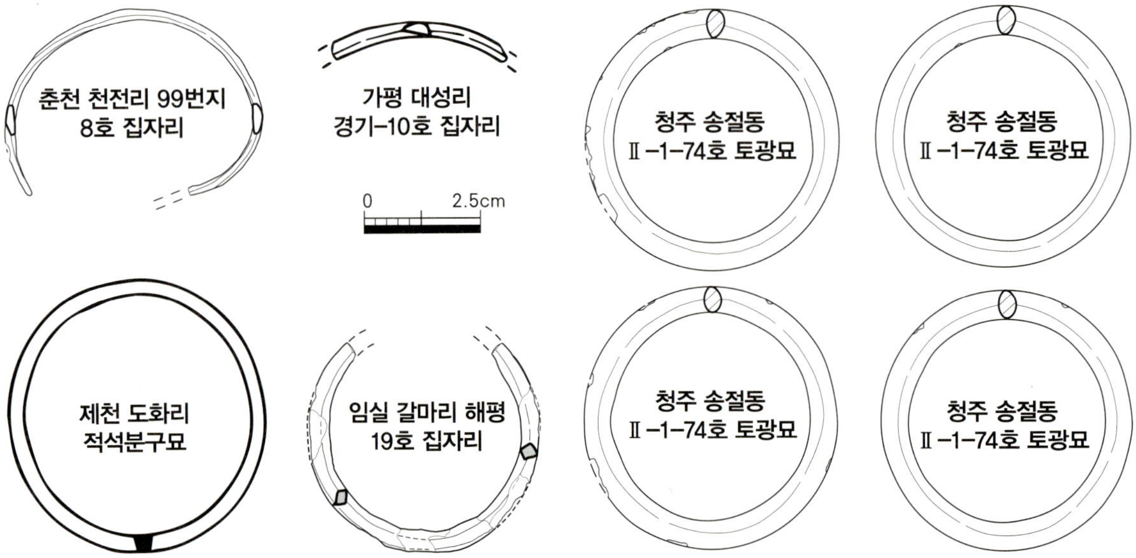

＊ 韓國文化財保護財團, 2011, 「경주 탑동 21-3 · 4번지 유적」, 『2010년도 소규모 발굴조사 보고서Ⅳ』.

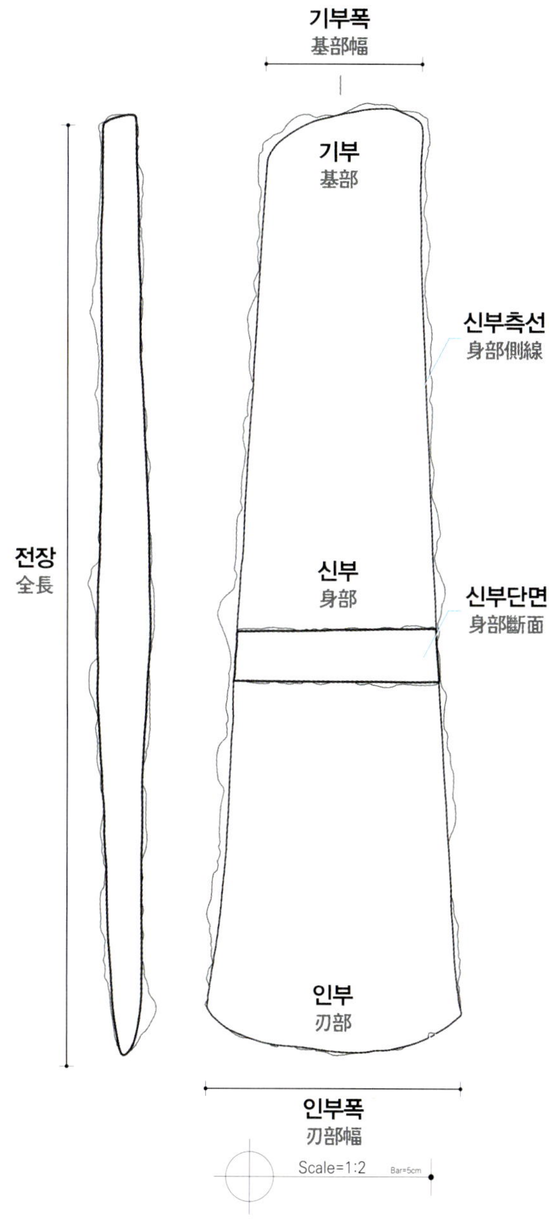

경주 화천리 산251-1번지 3호 덧널무덤

* 류위남, 2009, 「삼한시대 영남출토 주조철부와 판상철부 연구」, 부산대학교 대학원 석사학위논문.
  嶺南文化財硏究院, 2012, 『慶州 花川里 山251-1遺蹟Ⅲ』.

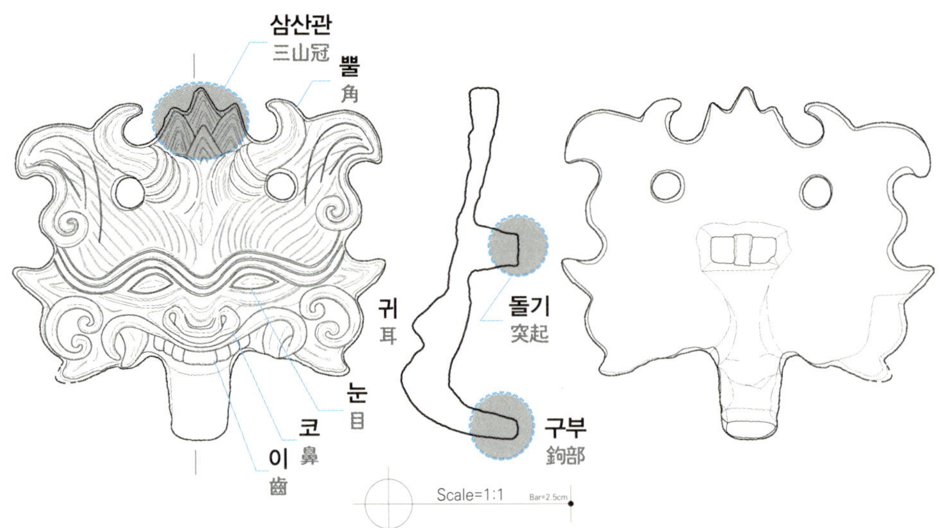

숭실대학교 한국기독교박물관 소장

易縣 燕下都

　　포수는 용기의 양 측면에 붙여 손잡이로 사용한 것이다. 여기에 장식성과 벽사(辟事)의 의미를 가미하여 다양한 형태의 문양을 화려하게 장식하고 있다. 중국에서는 이미 상대(商代) 초기형식이 확인되며, 전국시대부터 크게 유행하기 시작한다. 또한 청동제, 옥제, 석제, 토제 등 다양한 재질로 만들었으며 한대에는 화상석(畫像石)에도 다수 등장하고 있다. 또한 문고리 이외에 목관의 손잡이 등 다양한 용도로 활용되었다. 우리나라에서는 주로 낙랑 무덤에서 용기류의 양측면에 부착된 상태로 발견되며 중부 이남 지역에서는 풍납토성 나-37호 움에서 처음 출토되었다. 형식은 삼산관이 퇴화하여 문양적 요소로만 남게 되고, 양쪽 뿔이 말려 올라가는 것을 늦은 것으로 보고 있다.

＊ 過偉敏, 2012, 「試論鋪首的起源及裝飾」, 『大衆文藝』 第13期.
　국립문화재연구소, 2012, 『風納土城XⅢ』.

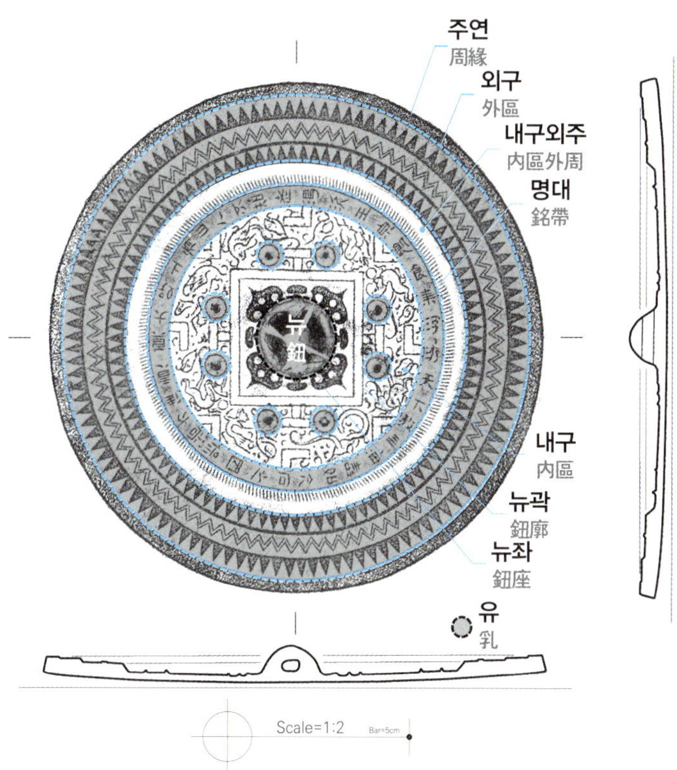

숭실대학교 한국기독교박물관 소장

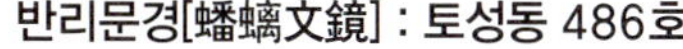

반리문경[蟠螭文鏡] : 토성동 486호

초엽문경[草葉文鏡] : 정백리 토취장 고분

* 박지영, 2014,「한반도 남부 출토 前漢式鏡의 유통체계」, 경북대학교 대학원 석사학위논문.

  숭실대학교 한국기독교박물관, 2013,『한국기독교박물관 소장 낙랑유물(樂浪遺物)』.

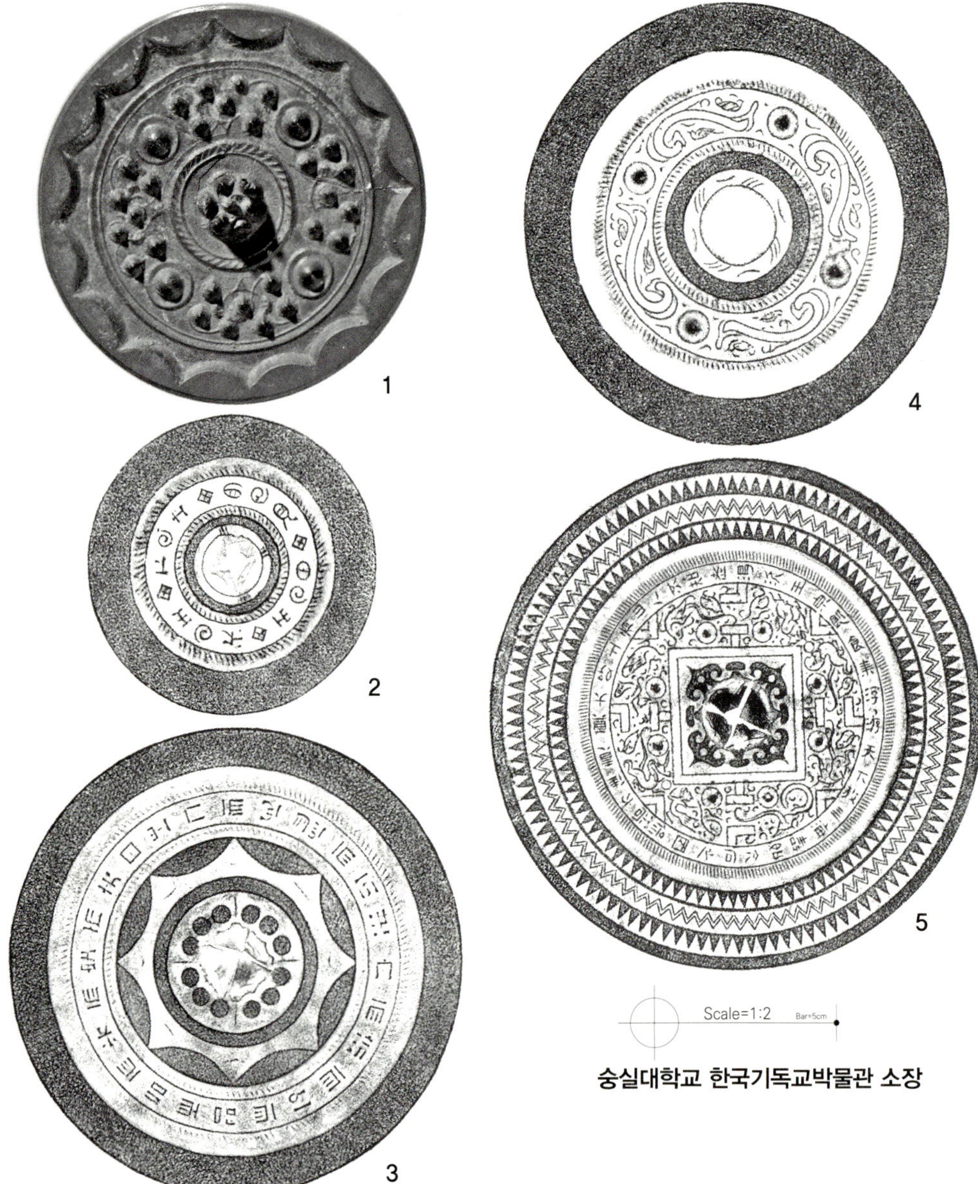

숭실대학교 한국기독교박물관 소장

1. 성운문경_星雲文鏡, Bronze Mirror with Nebula Design
2. 일광경_日光鏡, Bronze Mirror with Inscription
3. 소명경_昭明鏡, Bronze Mirror with Inscription
4. 훼룡문경_虺龍文鏡, Bronze Mirror with Dragon Design
5. 방격규구수문경_方格規矩獸文鏡, Bronze Mirror with TLV Pattern

* 박지영, 2014, 「한반도 남부 출토 前漢式鏡의 유통체계」, 경북대학교 대학원 석사학위논문.
  숭실대학교 한국기독교박물관, 2013, 『한국기독교박물관 소장 낙랑유물(樂浪遺物)』.

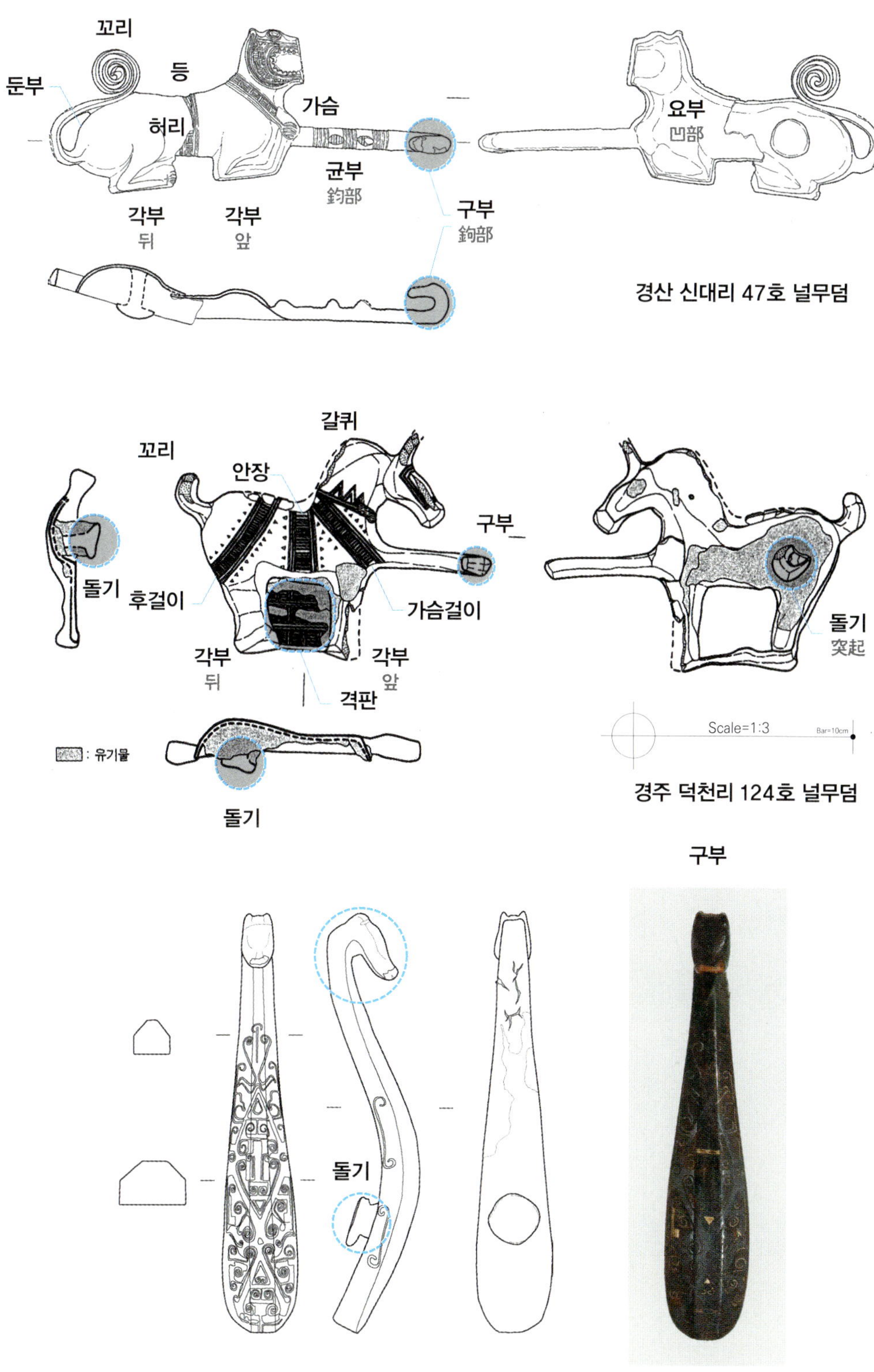

경산 신대리 47호 널무덤

경주 덕천리 124호 널무덤

숭실대학교 한국기독교박물관 소장

* 김성욱, 2011, 「한반도 마형대구의 편년과 지역상」, 고려대학교 대학원 석사학위논문.

숭실대학교 한국기독교박물관, 2011, 『한국기독교박물관 소장 청동기(靑銅器)와 거푸집(鎔范)』.

嶺南文化財硏究院, 2008, 『慶州 德川里遺蹟Ⅱ』.

嶺南文化財硏究院, 2010, 『慶山 新垈里遺蹟Ⅰ』.

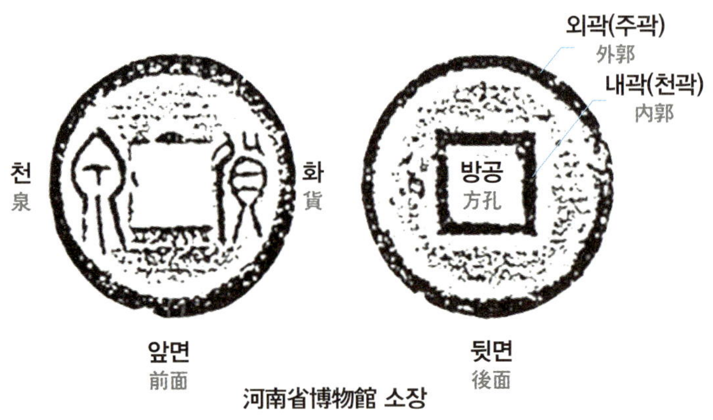

河南省博物館 소장

화천은 신나라 왕망 때 사용된 화폐로 천봉(天鳳) 1년(기원후 14)에서 지황(地皇) 1년(기원후 20)까지 통용된 화폐이다. 동한 오수전이 등장하기까지(기원후 40) 사용되었다. 한반도 남부에서는 제주 산지항, 사천 금성리 패총, 해남 군곡리 패총, 광주 복룡동, 제주 종달리, 김해 회현리, 나주 복암리 낭동 등에서 출토되었다.

＊ 김경칠, 2007, 「南韓地域 출토 漢代 金屬貨幣와 그 性格」, 『湖南考古學報』 27, 호남고고학회.

박선미, 2008, 「貨幣遺蹟을 통해 본 古朝鮮의 交易」, 서울시립대학교 대학원 박사학위논문.

《中國錢幣大辭典》編輯委員會, 1998, 「新莽貨幣」, 『中國錢幣大辭典-秦漢編-』.

화포 | 貨布 | Huobu coin

河南 安陽

화포는 신나라 왕망 때 사용된 화폐로 천봉(天鳳) 1년(기원후 14)에서 지황(地皇) 4년(기원후 23)까지 통용된 화폐이다. 한반도 남부에서는 제주 산지항에서 출토되었다. 대체로 화천 25매의 가치를 가지고 있으나 실제로는 대천오십 25매의 가치로 통용되었다.

＊《中國錢幣大辭典》編輯委員會, 1998, 「新莽貨幣」, 『中國錢幣大辭典-秦漢編-』.

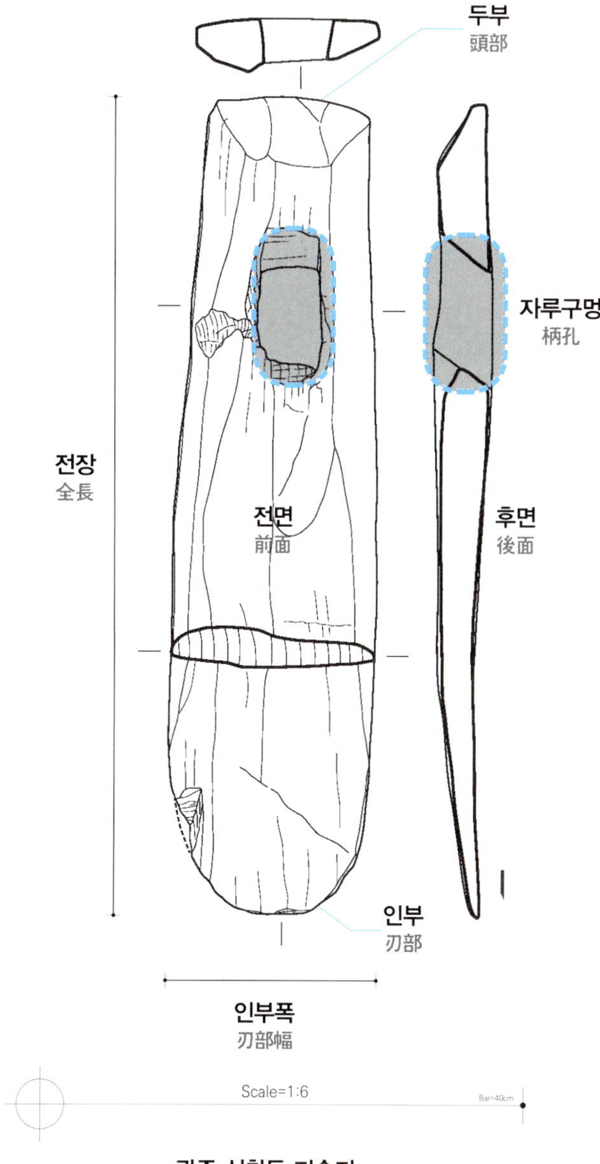

광주 신창동 저습지

＊ 조현종, 2014, 「목기의 종류와 특징」, 『청동기시대의 고고학』 5, 서경문화사.

　국립가야문화재연구소, 2012, 『한국 목기자료집 I』.

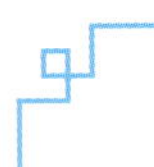

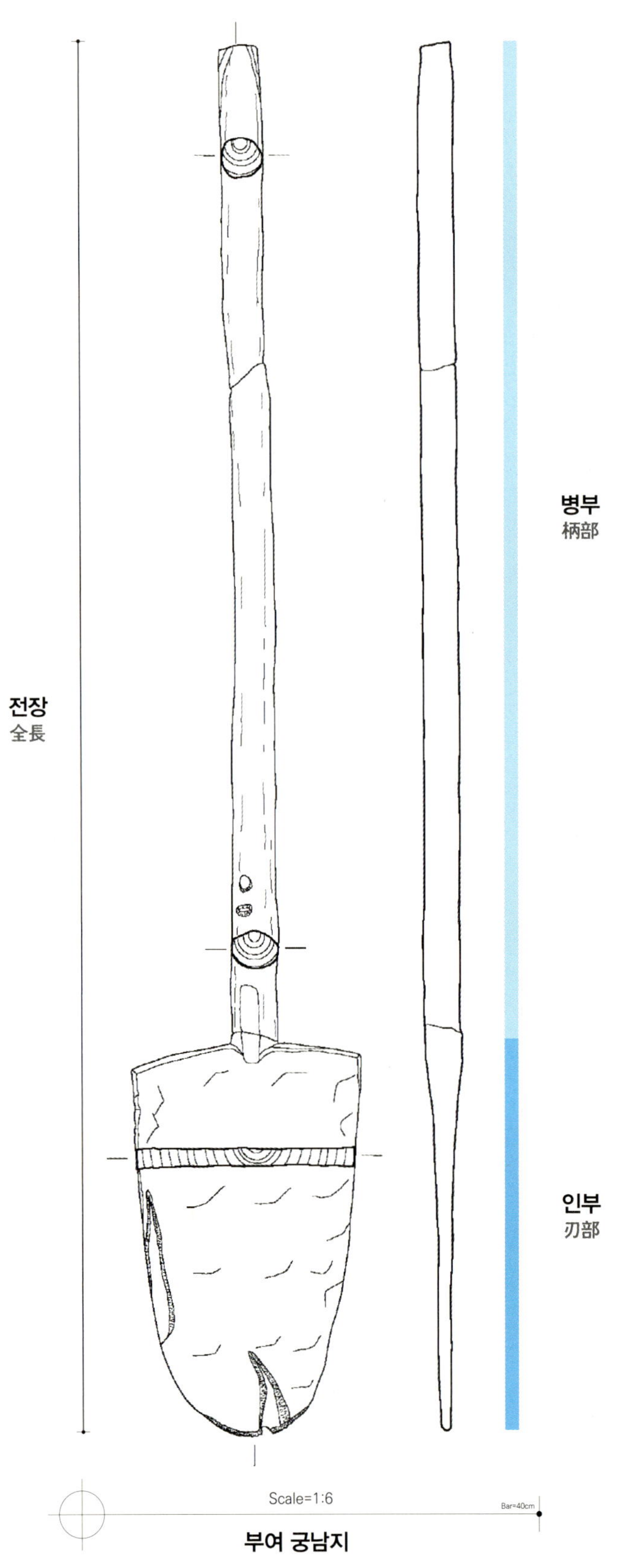

* 조현종, 2014, 「목기의 종류와 특징」, 『청동기시대의 고고학』 5, 서경문화사.
  국립가야문화재연구소, 2012, 『한국 목기자료집 I』.

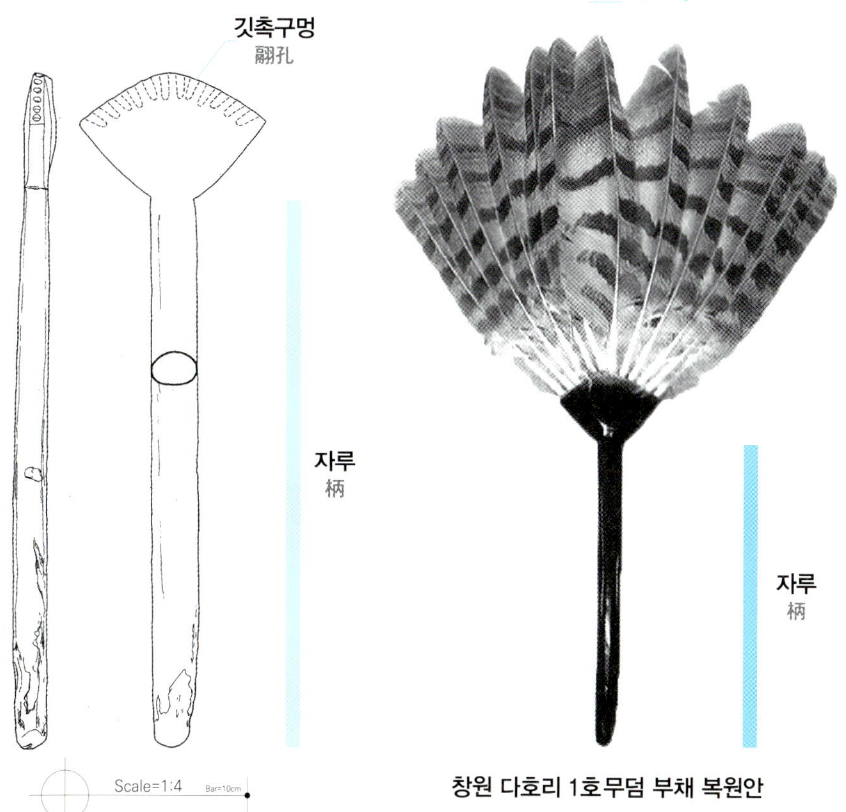

창원 다호리 1호무덤

창원 다호리 1호무덤 부채 복원안

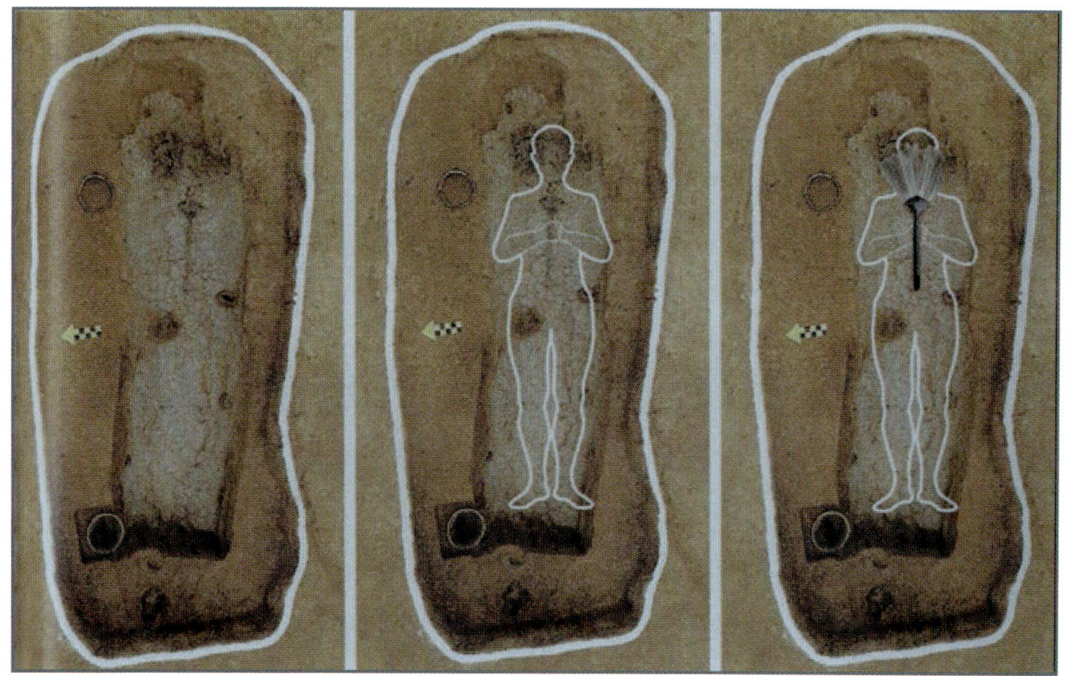

성주 예산리 30호 덧널무덤 부채 복안 복원도(오광섭 · 정현석 2015: 그림 2 전재)

李健茂 · 李榮勳 · 尹光鎭 · 申大坤, 1989, 「義昌 茶戸里遺蹟 發掘調査報告(Ⅰ)」, 『考古學誌』 1, 한국고고미술연구소.

李健茂, 1999, 「茶戸里遺蹟 出土 부채자루(扇柄)에 대하여」, 『考古學誌』 10, 한국고고미술연구소.

오광섭 · 정현석, 2015, 「울산 교동리유적 1호 목관묘 출토 복안(覆顔)과 청동제유물의 재검토」, 『야외고고학』 22, 한국매장문화재협회.

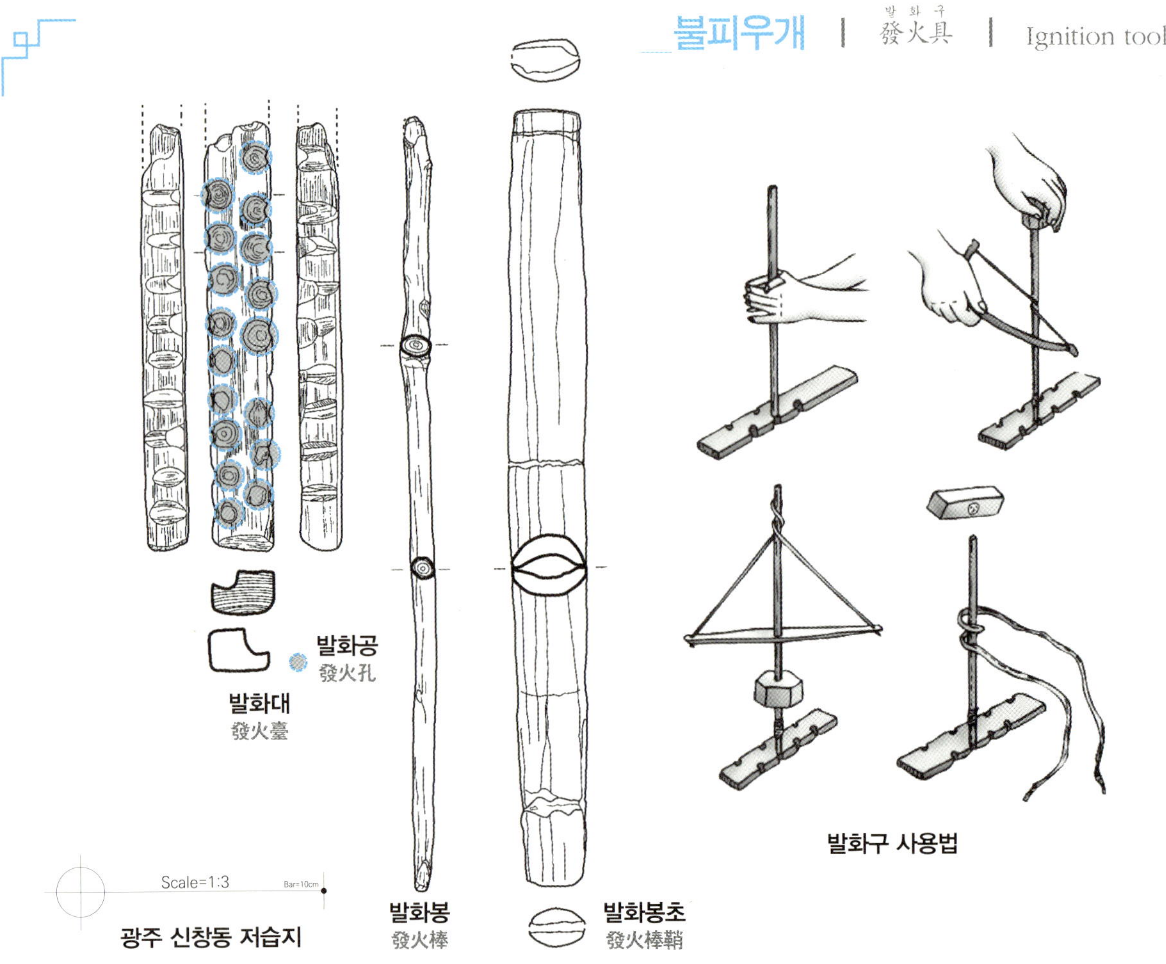

불피우개 | 發火具 | Ignition tool

우리나라에서 출토된 불피우개는 광주 신창동 저습지 유적에서 출토된 것이 유일하다. 불피우개는 발화대에 발화봉을 대고 회전력을 이용해 만든 마찰력으로 불을 피우는 방식으로 사용하였다. 발화봉이 미끄러지는 것을 방지하기 위하여 사용 전 발화대 표면에 'V'자형의 홈을 먼저 내고 사용한 것으로 추정된다.

* 國立光州博物館, 2001, 『光州 新昌洞 低濕址 遺蹟Ⅰ』.

빗 | 櫛 | Comb

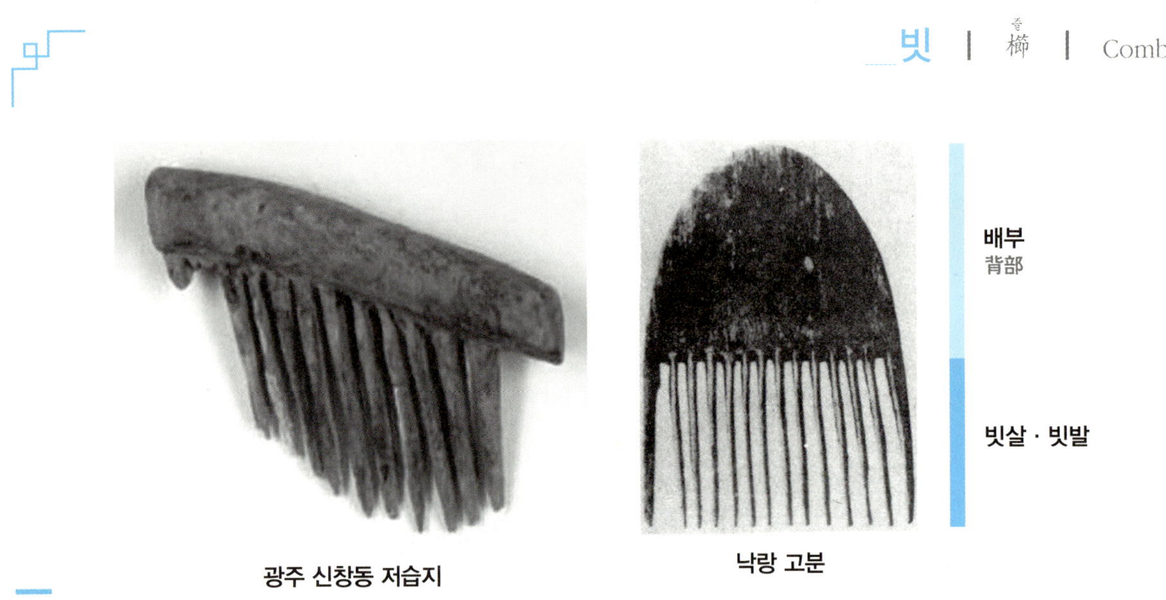

* 박애선, 1983, 「우리나라 傳統 빗에 대한 硏究」, 숙명여자대학교 대학원 석사학위논문.

쇠스랑모양괭이 | 鐵齒擺形斫 | Rake-shaped wooden hoe

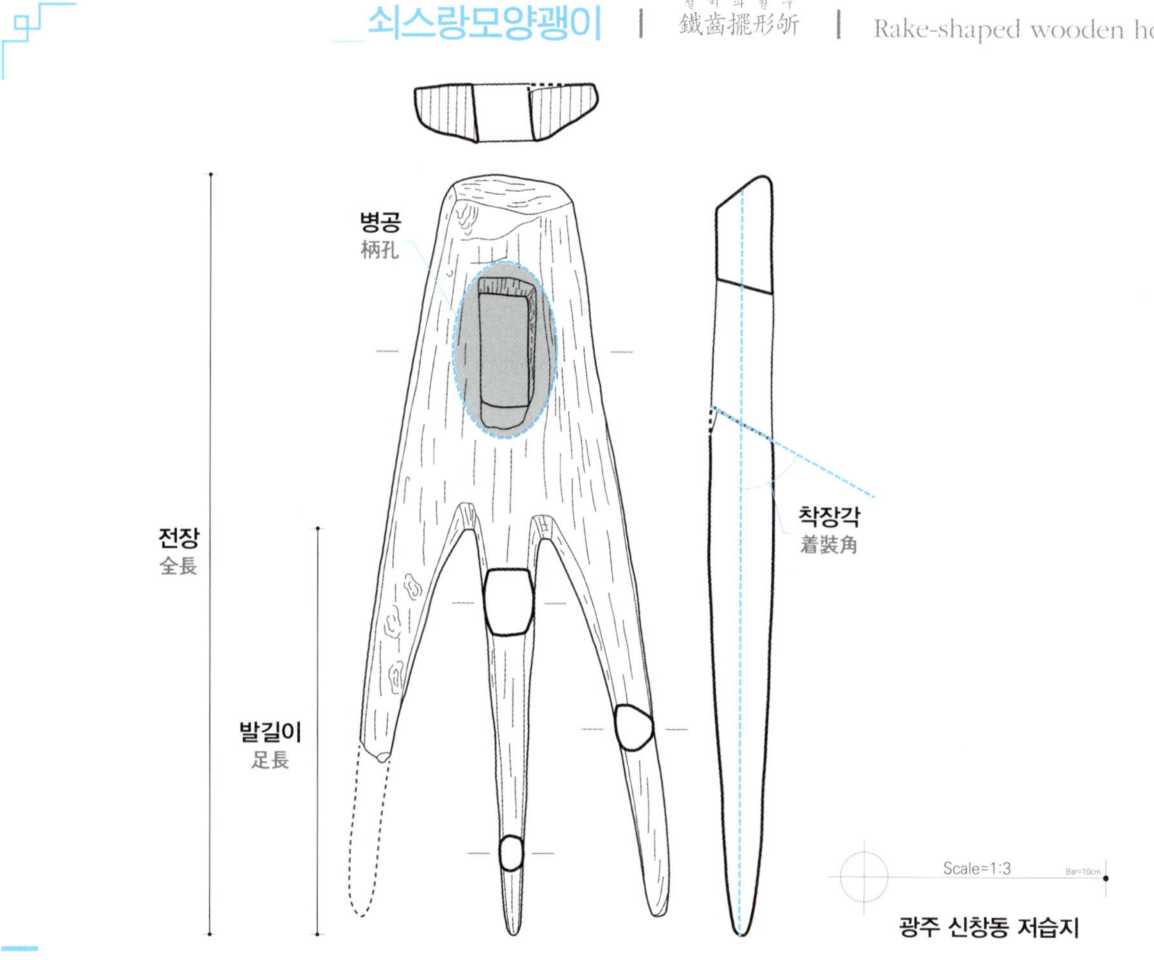

* 조현종, 2014, 「목기의 종류와 특징」, 『청동기시대의 고고학』 5, 서경문화사.
  國立光州博物館, 2001, 『光州 新昌洞 低濕址 遺蹟 I』.

오절판 | 五折坂 | Platter of five delicacies

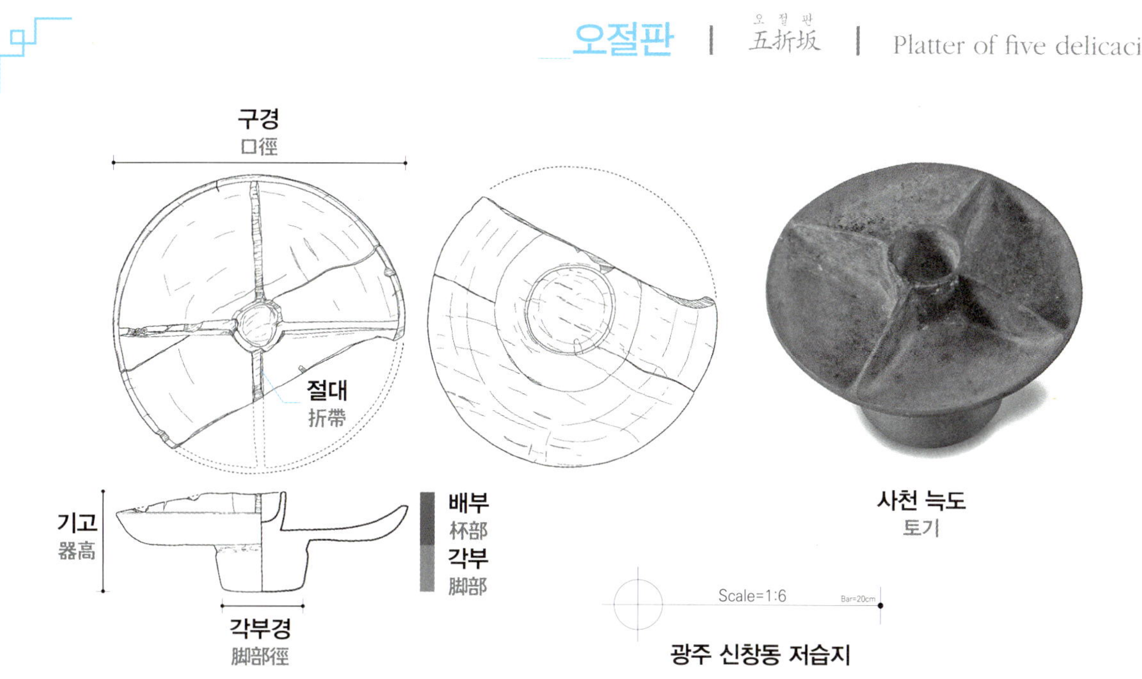

* 國立光州博物館, 2002, 『光州 新昌洞 低濕址 遺蹟 IV』.

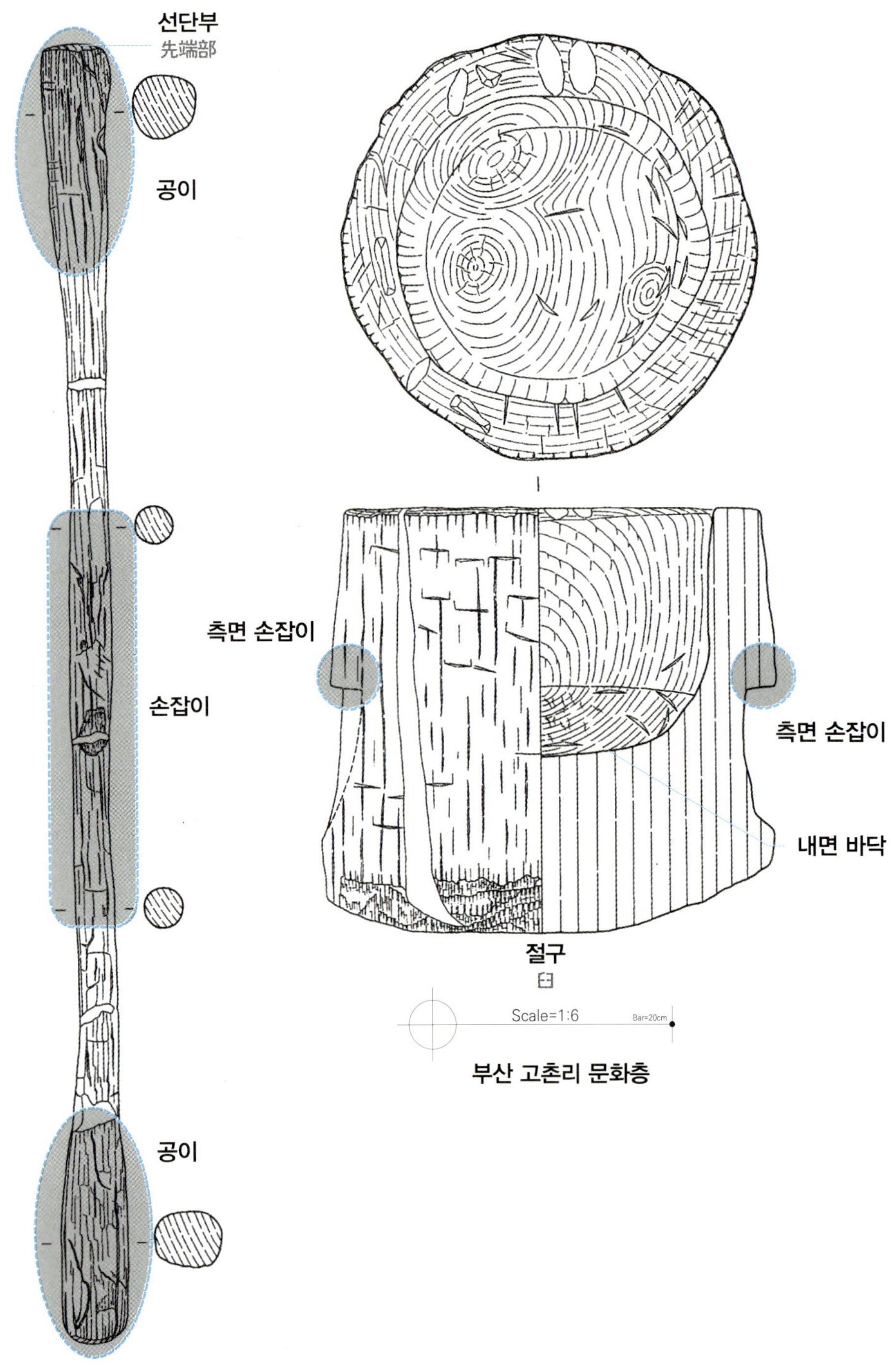

　원삼국시대 절구는 광주 신창동유적이 유일하다. 삼국시대에는 무안 양장리, 김해 관동리, 창원 신방리, 아산 갈매리유적 등이 있다. 청동기시대에는 손잡이에 돌대와 같은 절대가 2개 내지 1개가 있는 것이 특징이다.

＊ 김도헌, 2011, 「원시, 고대의 목제 절굿공이 검토」, 『湖南考古學報』 38, 湖南考古學會.
　조현종, 2014, 「목기의 종류와 특징」, 『청동기시대의 고고학』 5, 서경문화사.
　東亞細亞文化財研究院, 2010, 『釜山 古村里 生産遺蹟』(上).

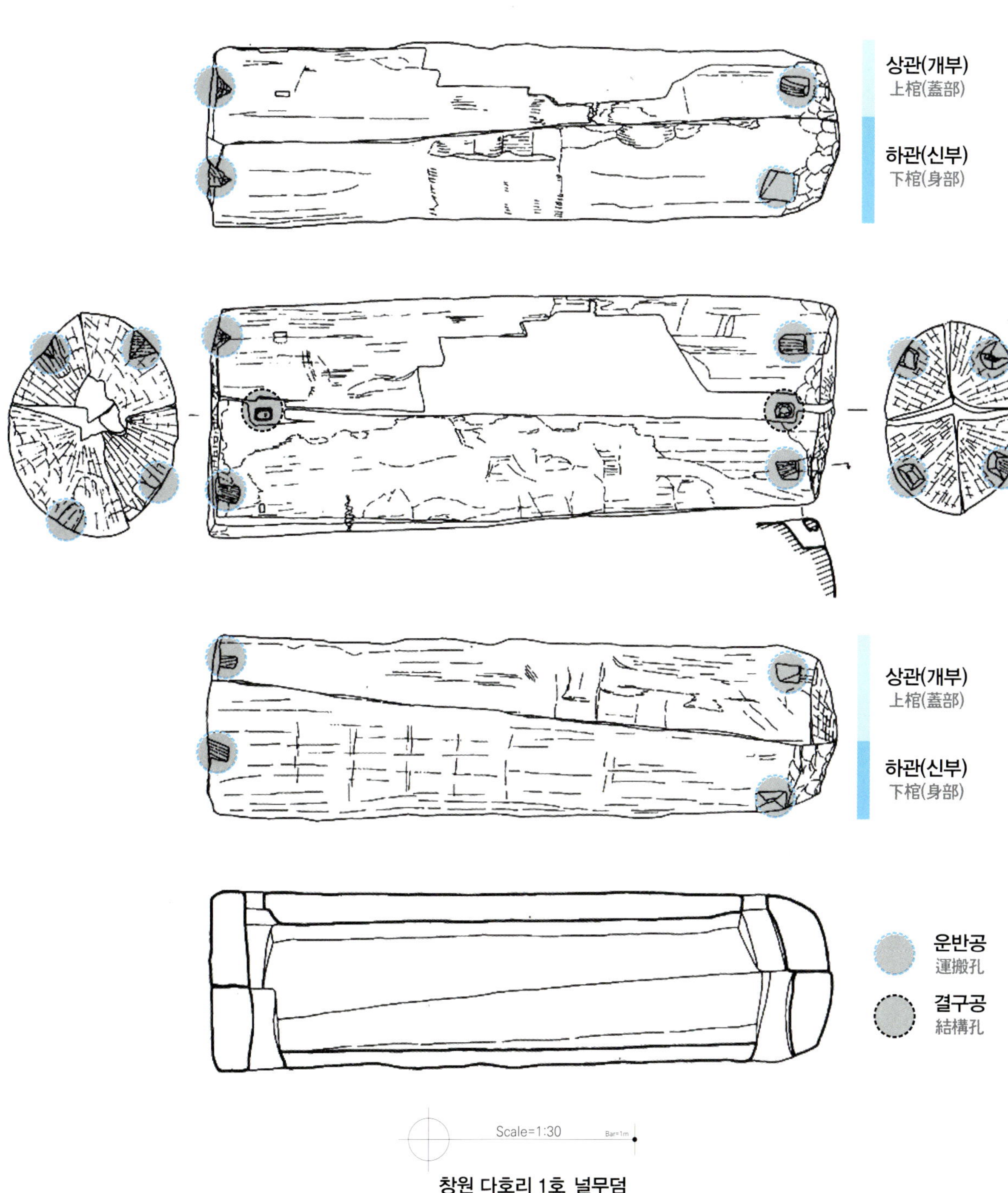

창원 다호리 1호 널무덤

* 김두철, 2013, 「加耶 轉換期의 墓制와 繼承關係」, 『考古廣場』13, 부산고고학연구회.

李健茂·李榮勳·尹光鎭·申大坤, 1989, 「義昌 茶戶里遺蹟 發掘調査報告(Ⅰ)」, 『考古學誌』1, 한국고고미술연구소.

VI

삼국~통일신라시대

三國~統一新羅

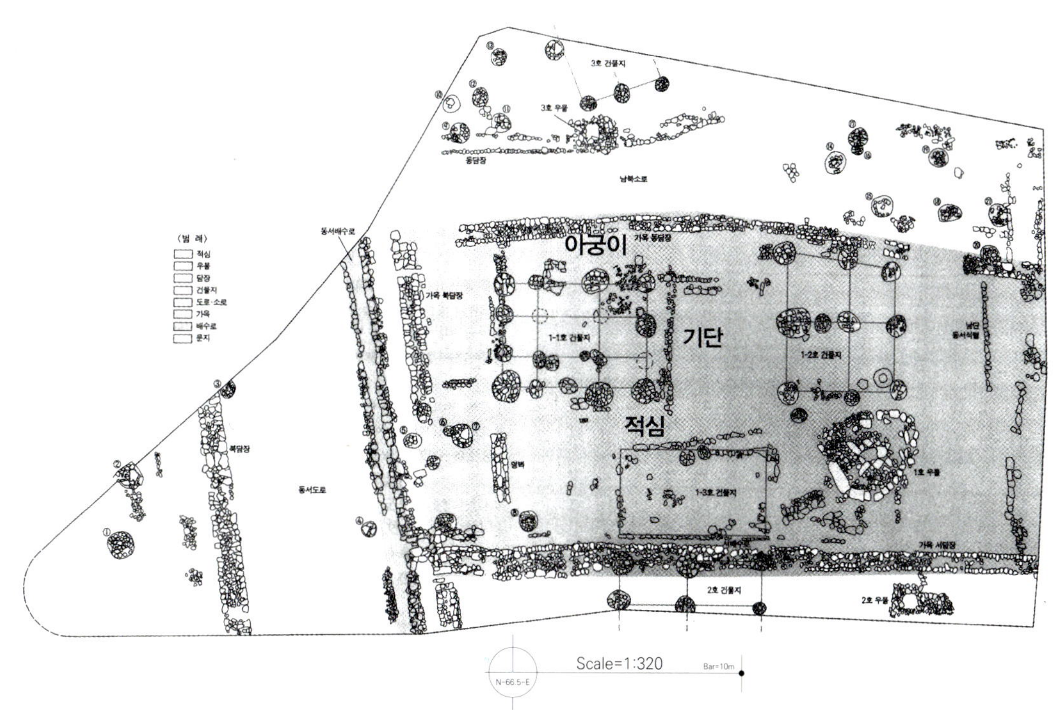

경주 인왕동 412번지 유적

　　건물은 사람이 들어 살거나 일을 하거나 물건을 넣어두기 위한 집을 통틀어 이른다. 그 가운데 초석건물은 대부분이 목조 건축인 관계로 지상의 구조물이 그대로 남아 있는 예가 그리 많지 않고, 주로 초석과 적심, 기단, 계단 등 건물의 하부구조만 남아 있다. 기단은 건물의 하중을 받기 위한 기초의 마무리로 석재나 기와 등을 사용하여 지면보다 높게 조성하는 것이 일반적이다. 초석은 건축물의 기둥이나 토대 밑에 놓여 위에서 누르는 무게를 땅에 전달하는 부재로 주춧돌 또는 기초라고도 한다. 적심은 기초 윤곽을 파고 석재를 흙과 함께 여러 층으로 쌓아 초석을 받쳤던 것으로 고임돌이라고도 한다. 계단은 건물 출입에 사용된 시설로 기단에서 '凸'자형으로 돌출되어 확인된다. 이외에도 아궁이, 배수로, 축대, 담장, 문지 등이 함께 확인되는 경우도 있다.

◦ 신창수, 2007, 「4. 초석건물지의 발굴조사 방법」, 『한국매장문화재 조사연구방법론③-건물지 조사방법과 그 해석-』, 국립문화재연구소.

신라문화유산조사단, 2009, 「慶州 仁旺洞 412番地 遺蹟」, 『王京遺蹟Ⅸ』.

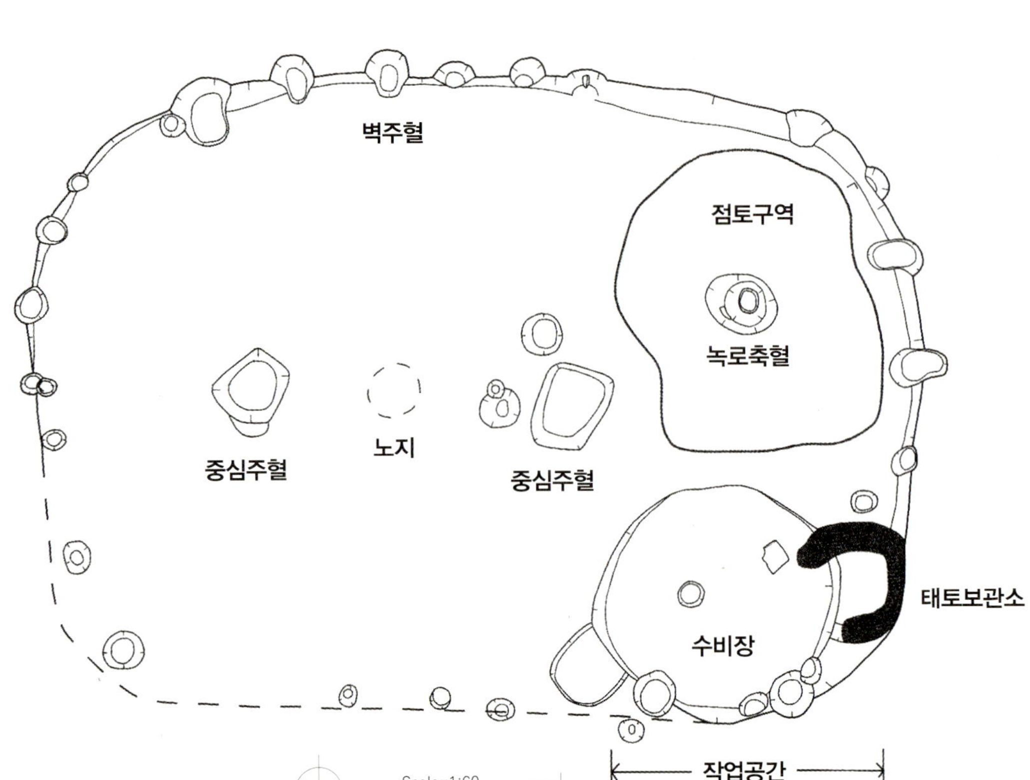

안성 양변리 공방지

　　공방은 토기나 기와 등 공예품을 만드는 곳으로 내부에는 점토, 태토보관소, 녹로축혈 등의 관련시설이 확인된다. 공방의 위치는 대체로 성형된 공예품의 원활한 공정을 위해 바람이 잘 부는 가마에서 가까운 능선 위쪽에 입지하고 있다. 공방의 평면 형태는 장방형, 말각(장)방형, 타원형이고, 내부시설로는 중심주혈, 벽주혈, 태토보관소, 수비장, 녹로축혈, 노지 등이 있다. 중심주혈은 제작과 관련하여 일정한 작업공간을 확보하기 위하여 의도적으로 한쪽으로 약간 치우쳐 배치되어 있고, 벽주혈은 공방지의 네 벽면을 따라 배치되어 있다. 태토보관소는 수비장과 함께 공방지 한쪽 모서리 부근에 위치하고, 태토보관소는 태토를 쌓아놓은 수혈로 확인되며, 수비장은 내부에 니질토가 퇴적되어 있는 작은 구덩이가 바닥에 있고 주변에 점성이 강한 수혈로 확인된다. 녹로축혈 역시 공방지 한쪽 모서리 부근에 위치하고, 평면 원형으로 굴착한 후 녹로 축을 세우고 작은 할석과 점토를 이용하여 고정한 뒤 그 위에 원형의 녹로 판을 끼워 사용한 수혈식 구조이며, 주변에 단단한 점토구역이 형성되어 있다.

---

* 中部考古學硏究所, 2012, 『安城 兩邊里 遺蹟』.

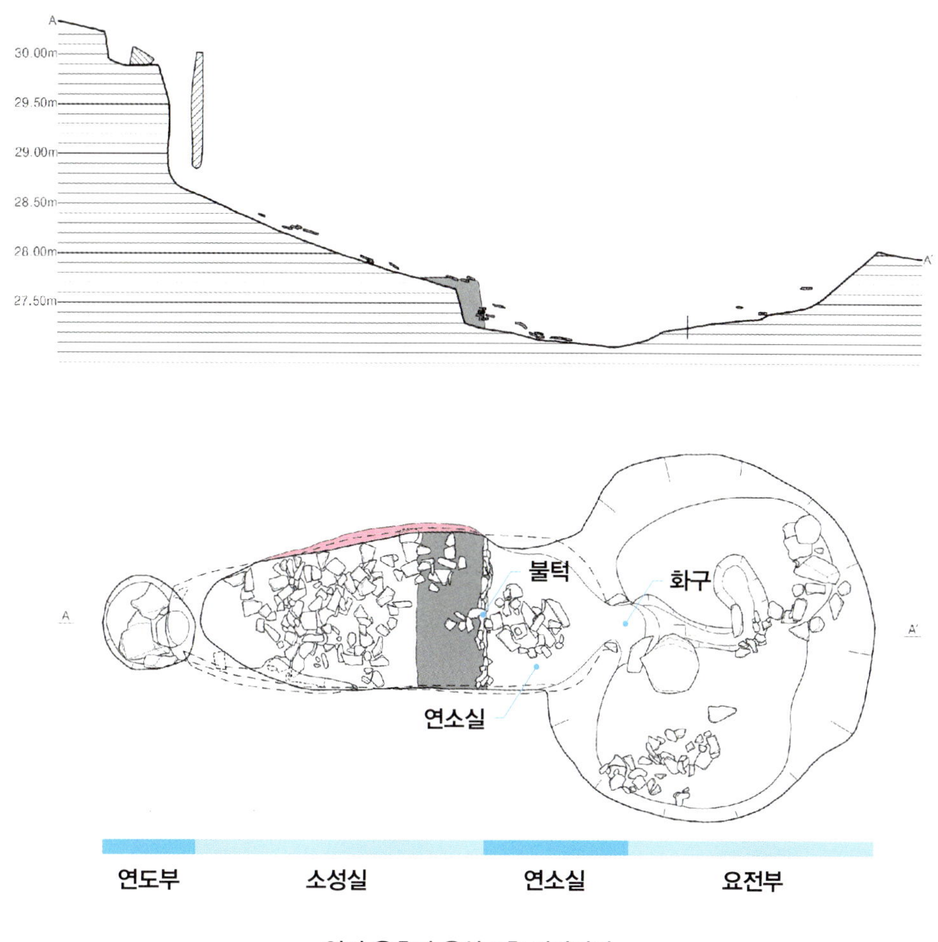

연기 용호리 용산 3호 기와가마

　기와가마는 기와 외부 구조인 요전부와 기와 내부 구조인 연소실, 소성실, 연도부로 구성되어 있다. 요전부는 아궁이(화구) 앞의 평탄한 부분으로 작업공간 및 연료를 적재하는 공간이며, 후방으로 조업 후 발생한 재 및 불량품 등을 배출하는 공간이 별도로 조성되기도 하다. 연소실은 장작을 쌓고 불을 지펴 화력을 발생시키는 부분이며 불턱을 형성하여 기와를 적재하는 공간인 소성실로 이어진다. 이곳에서 발생한 연기 등은 연도부를 통해 배출되는 구조이다.

＊ 중앙문화재연구원, 2015, 『연기 용호리 용산·합강리유적』.

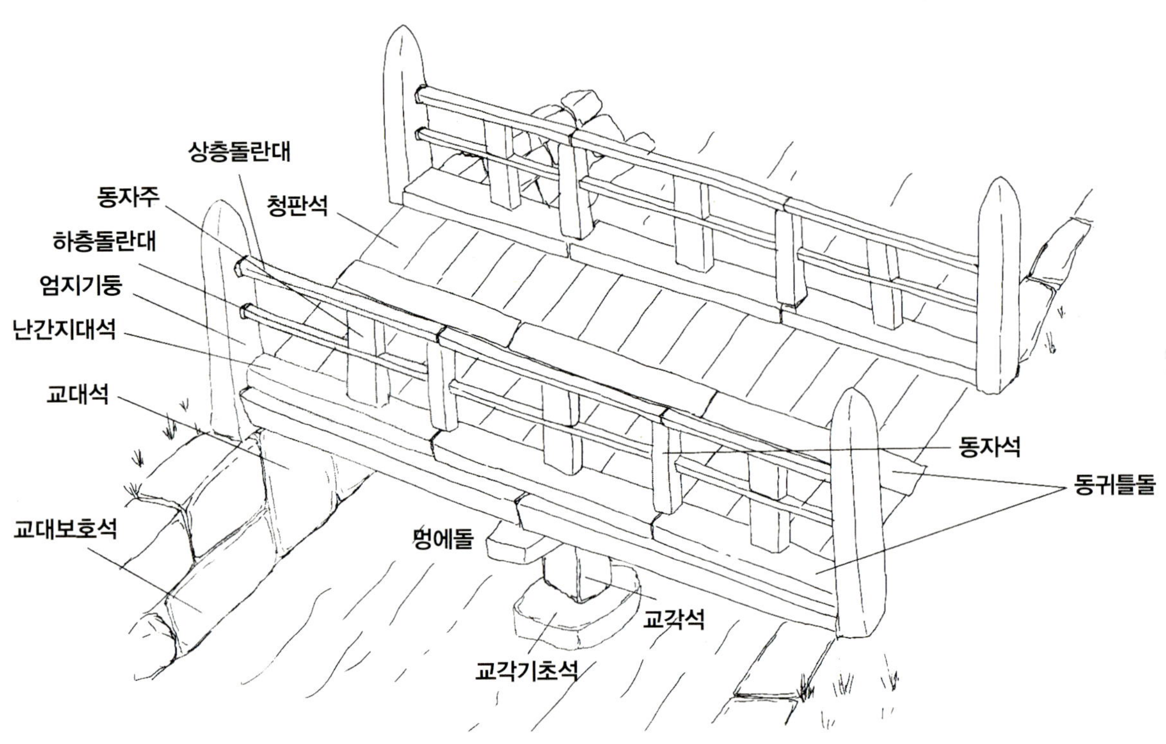

경주 월성 해자 첨성대남편 석교지 추정복원도(국립경주문화재연구소 2004)

　다리[橋梁]는 물이나 협곡 따위의 장애물을 건너거나 질러갈 수 있도록 두 지점을 연결한 구조물로 고도의 건축기술이 집약된 건축물이다. 다리는 홍예교와 판교로 구분된다. 흔히 구름다리로 불리는 홍예교는 아치형으로 만든 둥근 다리로 아치로 구성된 부재가 압축력을 받아 교각 사이의 간격을 넓힌 보다 발전된 형식이며, 조형미가 우선 고려되어 주로 궁궐이나 사찰에서 사용되었다. 향교, 보다리, 널다리라고도 불리는 판교는 예부터 현대에 이르기까지 가장 널리 사용되는 다리이고, 구조는 기본적으로 상판석, 멍에석, 교각, 교대로 구성되어 있고, 부대시설로는 난간과 석수 등이 있다. 교대는 하천의 양쪽 기슭에 돌로 축대를 쌓아 만든 받침으로 다리의 무게를 감당해야 하기에 기초를 튼튼히 했다. 교각은 다리의 몸체를 받치는 기둥으로 상부의 하중을 지면에 전달하는 역할을 하고, 물의 저항을 줄이기 위하여 기둥 형태를 방형으로 하여 마름모꼴로 세웠다. 상판은 동귀틀돌을 깔아 귀틀을 짜고 그 사이에 청판석을 끼워 만들어 차, 우마, 사람들이 통행할 수 있도록 하였고, 멍에석은 상판석의 무게를 아래로 전달하는 부재이다. 난간은 통행할 때 안전을 위해 다리 양옆에 막아 세운 구조물로 엄지기둥, 동자석, 돌란대 등으로 이루어져 있다.

＊ 서울역사박물관, 2006, 『청계천』.

　國立慶州文化財硏究所, 2004, 『月城垓子 發掘調査報告書 Ⅱ』.

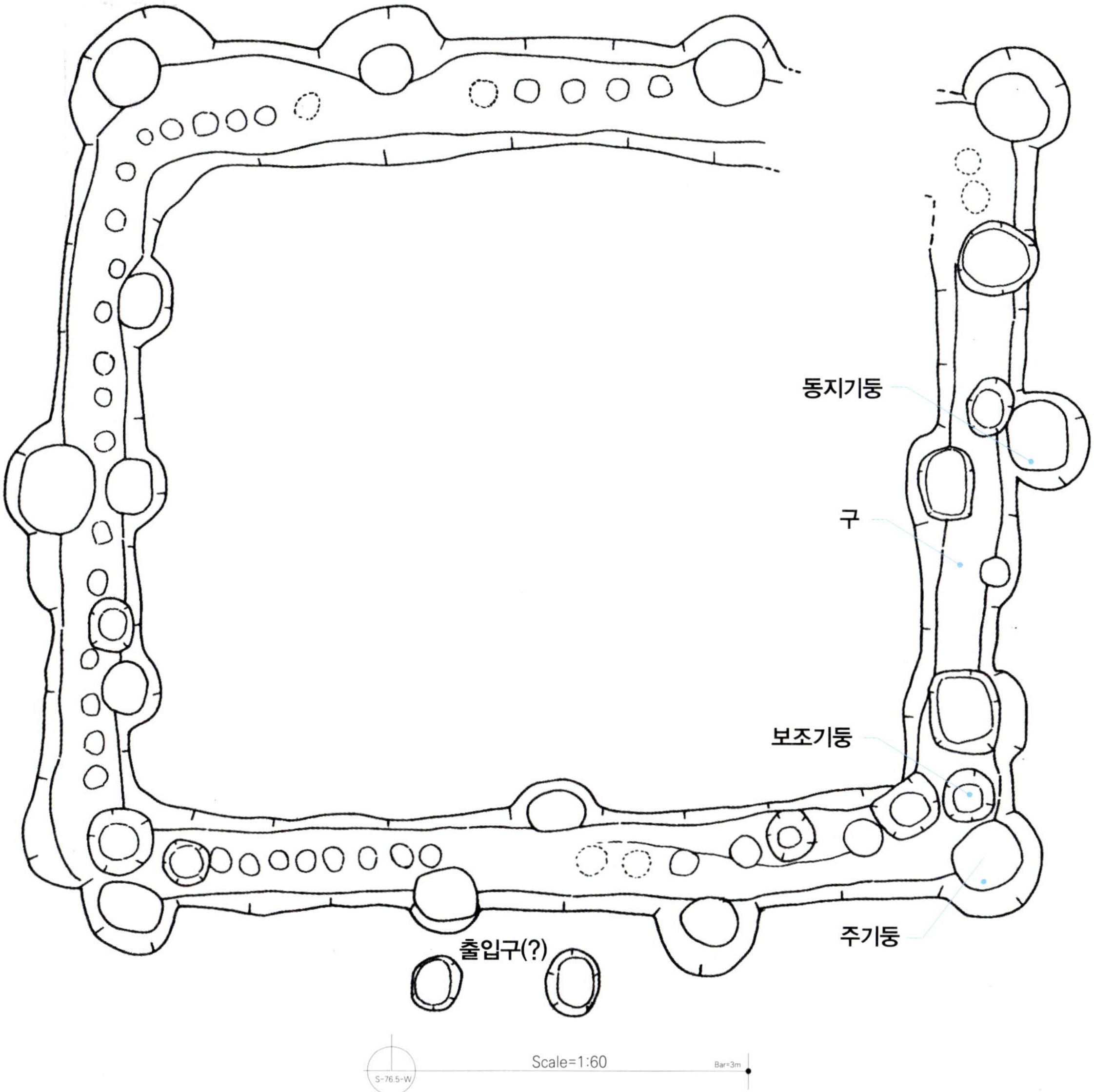

공주 정지산 1호 대벽건물터

대벽건물은 벽주건물이라고도 하며, 기둥이 토벽 속에 있어 바깥에서는 기둥이 보이지 않는 구조이다. 일본의 긴키와 큐슈 지역, 백제의 공주와 부여 지역, 가야의 고령과 합천 지역에서 확인되었고, 시기는 5~8세기 전반에 해당한다. 대벽건물은 방형 또는 장방형의 구를 파서 기초를 다지고 그 내부에 지붕을 받치기 위한 주혈을 다시 파서 기둥을 세운 후 주기둥과 토벽을 유지시키는 보조기둥을 세워 축조하였고, 출입구는 육교부를 설치하거나 기둥 사이의 간격을 넓혀서 사용한 경우도 있다. 지붕이 확인된 예는 없지만, 동지기둥이 존재하면 맞배지붕으로, 동지기둥이 없는 경우 평면 장방형이면 우진각지붕, 방형이면 사모지붕으로 추정할 수 있다.

❋ 青柳泰介, 2002, 「「大壁建物」考-韓日關係의 具體像 構築을 위한 一試論」, 『百濟硏究』 35, 忠南大學校 百濟硏究所.
　국립공주박물관, 1999, 『艇止山』.

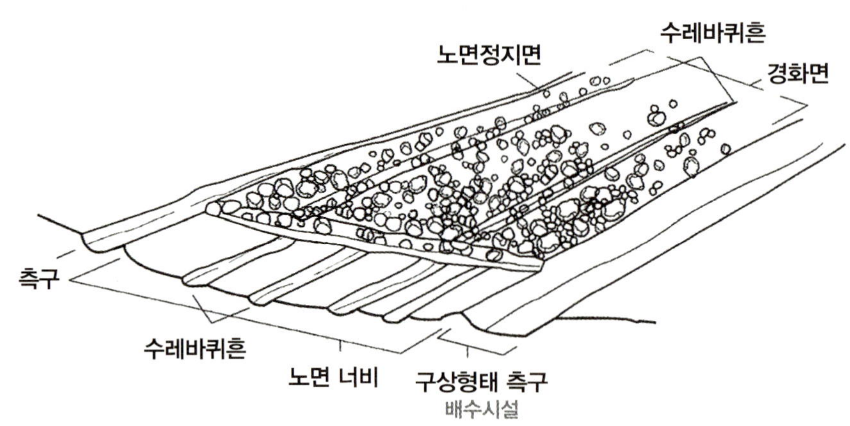

도로 구조 모식도(영남문화재연구원 2009)

길을 의미하는 '도(道)'와 '로(路)'가 합쳐진 '도로(道路)'는 사람이나 동물, 자동차 따위가 다닐 수 있게 땅위에 낸 일정한 너비의 공간을 뜻한다. 즉 차, 우마, 사람들이 한 곳에서 다른 한 곳으로 오갈 수 있게 만들어진 일정한 너비로 뻗은 땅 위의 선으로 볼 수 있다. 따라서 도로는 사람과 동물의 반복되는 이동에 의해 나타나는 자연적인 흔적이라기보다는 인간이 최단거리로 공간을 이동하고, 대량의 수송을 위해 설치한 인공구조물을 의미한다. 고고학적 의미로 도로는 대상(帶狀)으로 연속성이 있는 특정 공간을 형성하고, 그 공간에 노면으로 인정되는 경화면과 통행로로 이용된 흔적(요철흔적, 수레바퀴흔, 인간과 동물의 발자국흔 등)이 있어야 하며, 일정한 거리에 2지점 이상의 존재가 확인되고, 측구(배수시설)가 있는 구조를 말한다. 도로의 구조는 구성요소와 경화면의 분류로 살펴볼 수 있는데, 주된 구성요소로는 대상의 공간이 확인되는 경화된 노면과 노상, 측구(배수시설), 암거시설, 굴착흔이 있고, 부가적인 구성요소로는 노면 하부에서 확인되는 부정형으로 패인 요철흔, 토기 매납의 제사흔 등이 있다.

＊ 박방룡, 1997, 「신라도성연구」, 동아대학교 대학원 박사학위논문.
　嶺南文化財硏究院, 2009, 『大邱 鳳舞洞遺蹟 I 』.

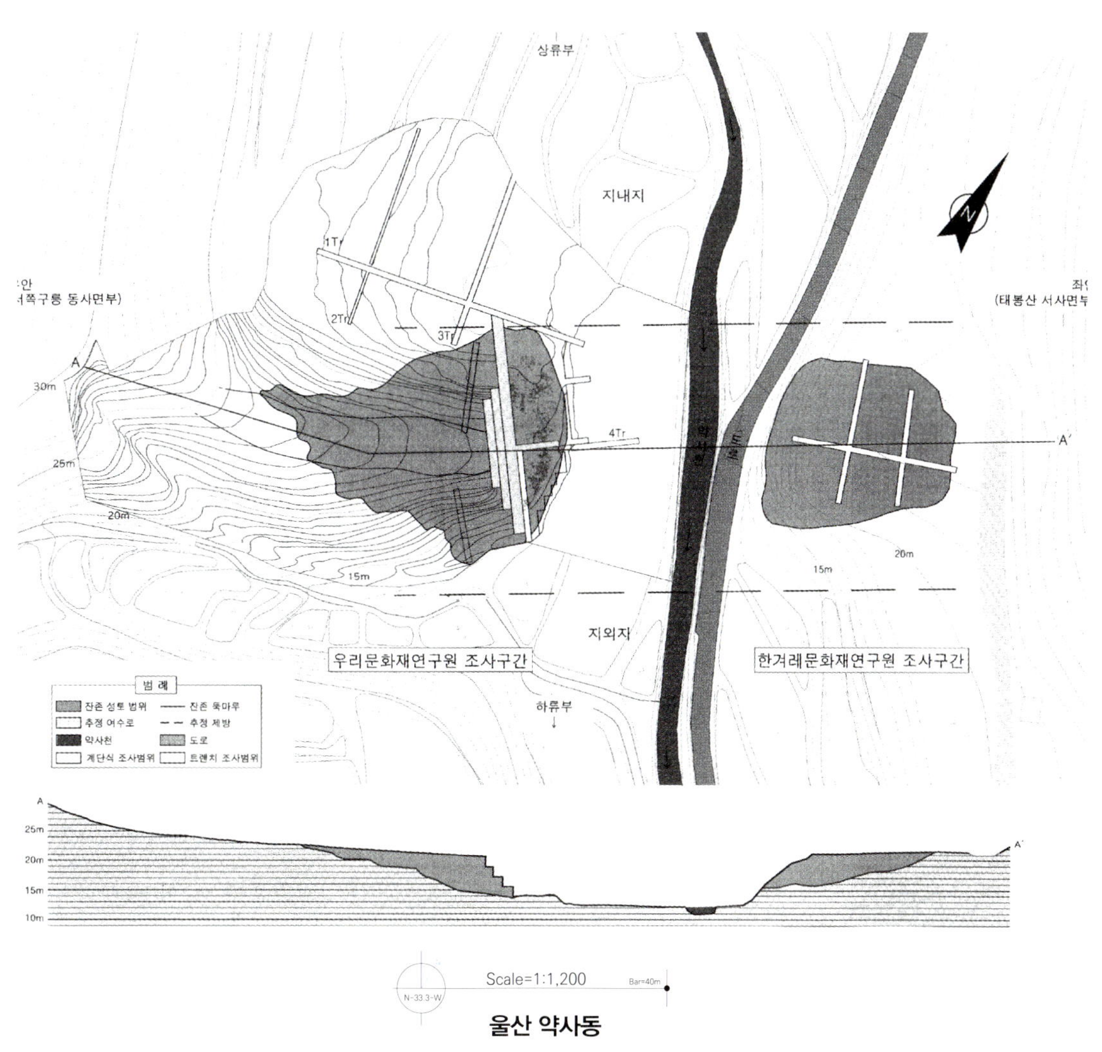

울산 약사동

제방은 홍수를 예방하거나 물을 저장하기 위해 하천이나 호수, 바다 둘레를 돌이나 흙 따위로 높이 쌓아 막은 언덕을 의미한다. 제방은 단면 구조상 물이 저수되는 지내지 또는 담수지와 물이 관개되는 지외지로 구분되며, 제방 최정상부에 위치하는 면인 둑마루, 홍수를 방지하기 위하여 물을 흘려보내기 위하여 인공적으로 만든 물길인 방수로, 저수지에서 일정량 이상이 되었을 때 남는 물을 방출하기 위해 완만하게 만들거나 단단한 지반에 조성한 여수로 등으로 구성되어 있다. 제방의 축조는 암반을 계단식 절토 및 구지표를 제거하는 제방 부지의 가공 공정 → 실트를 성토하여 제방 범위를 구획하고 패각 성토, 요철상의 심(芯)을 조성하고 심 사이를 채우고 심 상부를 피복하는 등의 제방 기초 마련 공정 → 방수로 설치, 사면부 절토, 성토 등 방수로 설치 공정 → 제체 기초 성토와 제체 본격 성토의 성토 공정 → 여수로 설치 및 피복 마감 공정의 순으로 축조된다.

* 이보경, 2014, 「貯水池 堤防의 築造工程과 土木技術」, 『水利 · 土木考古學의 現狀과 課題』, 우리文化財研究院 · 水利土木研究會 共同 國際學術發表會.

우리문화재연구원, 2012, 『蔚山 藥泗洞 遺蹟』.

무덤(기와널무덤) | 瓦棺墓 | Tile coffin grave

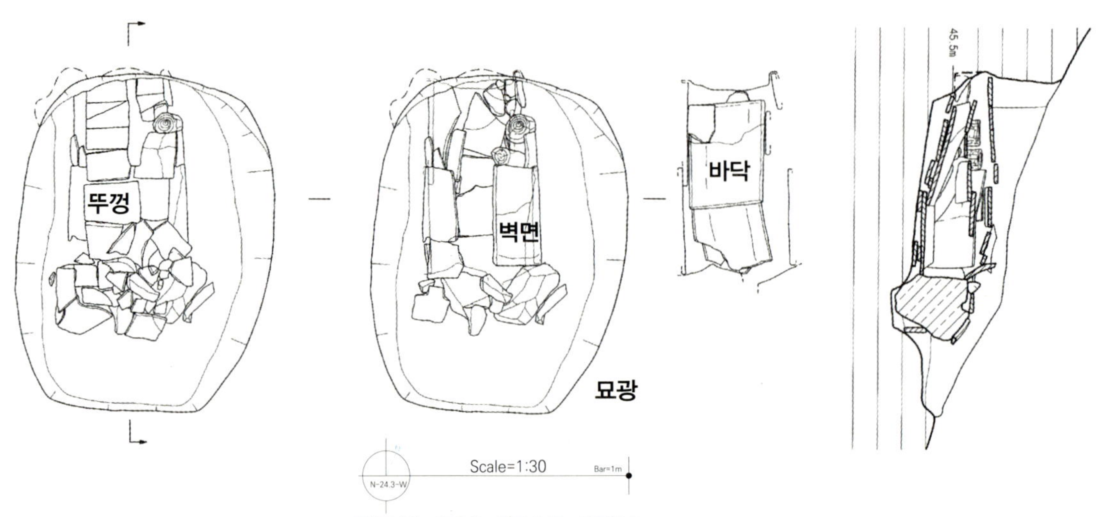

공주 단지리 3지구 6호 와관묘

기와널무덤은 시신을 안치하는 것과 동시에 시체를 보호하는 시설인 관을 목재나 석재 대신에 기와(암키와)로 제작한 특수한 묘제로 관의 규모가 매우 작아 세골장 또는 유아장으로 추정된다. 기와널무덤은 한반도 서북한의 낙랑지역을 비롯하여 백제·신라 등 삼국시대, 고려시대까지 넓은 지역에서 오랜 기간 동안 조영된 것으로 파악된다. 기와널무덤은 경사면을 거의 수직으로 굴광하여 장타원형 또는 장방형의 묘광을 조성한 후 그 내부에 덮개, 바닥, 네 벽면을 주로 완형의 암키와로 조영하였으나, 여건에 따라 바닥이나 벽면, 덮개의 틈새를 보완하기 위하여 기와를 깨어 사용하거나 토기편이나 석재를 사용하기도 한다. 장벽은 암키와 3매를, 단벽은 암키와 1매를 사용하여 조성한 것이 일반적이나, 생토면을 그대로 사용한 예도 있다. 바닥과 덮개는 암키와 2매를 등면과 배면을 반대로 겹쳐 사용한 예도 있다.

＊ 朴大淳, 2006, 「瓦棺墓에 대한 檢討-餘美里 遺蹟과 銅大里 遺蹟을 중심으로-」, 『錦江考古』 3, 충청문화재연구원.
　忠淸文化財硏究院, 2006, 『公州 丹芝里 遺蹟』.

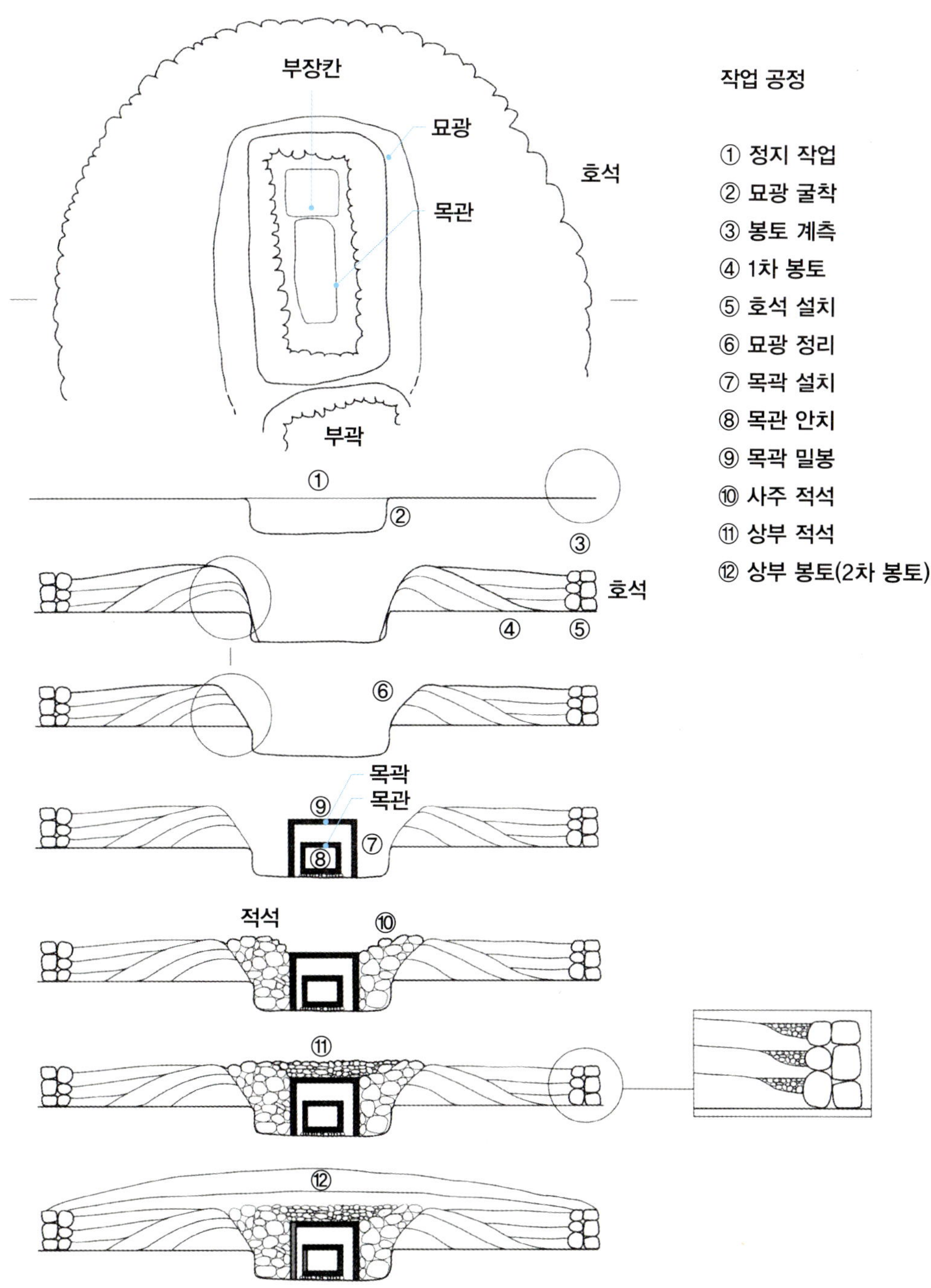

돌무지나무널무덤은 지상 또는 지하에 목곽을 설치하고 목곽 사방에 돌을 채우고, 목곽 위에도 일정 부분 돌을 채워 적석부를 만든 후 다시 흙을 덮어 분구를 만든 무덤이다. 4세기부터 6세기 전반까지 신라의 중심지인 경주 분지와 주변 일부 지역에 분포하는 신라 지배층의 독특한 고분 형식이다. 돌무지나무널무덤의 기본 구조는 목곽, 적석, 호석, 타원형 또는 원형 봉토로 이루어져 있다.

* 김두철, 2009, 「積石木槨墓의 구조에 대한 비판적 검토」, 『古文化』 73, 한국대학박물관협회.
  國立文化財研究所, 2009, 『韓國考古學專門事典-古墳篇』.

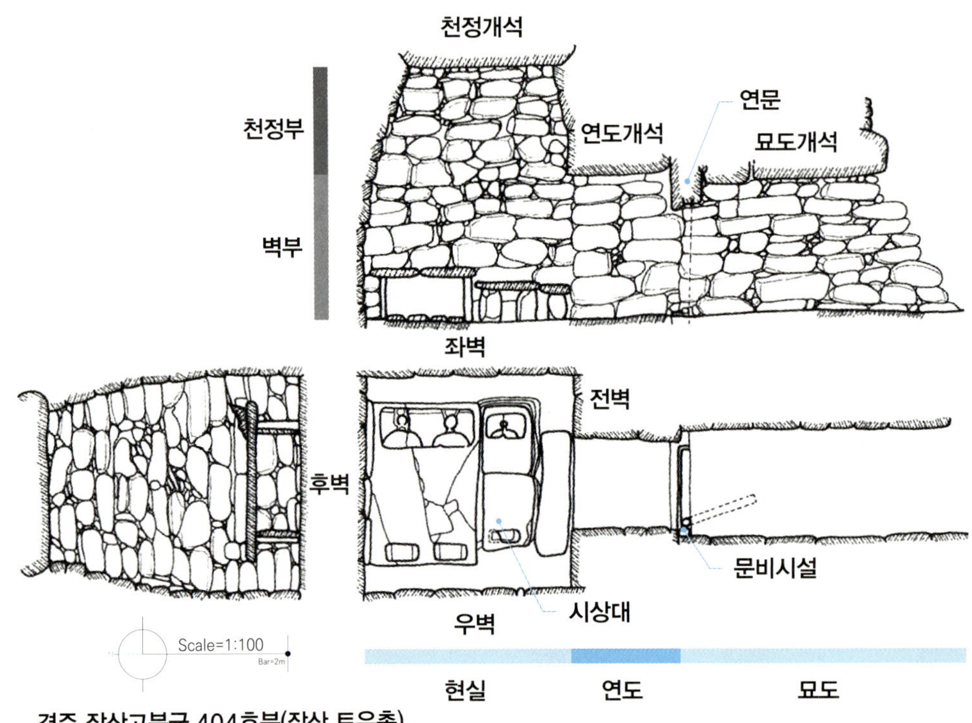

경주 장산고분군 404호분(장산 토우총)

　돌방무덤은 고분의 측면에 입구를 설치한 석실을 가리키며 석실 입구의 개폐가 가능하여 추가장을 할 수 있는 묘제이고, 입구부의 형태에 따라 횡혈식과 횡구식으로 구분된다. 횡혈식은 주검을 안치하는 현실과 그 곳으로 들어가기 위한 통로인 연도, 묘도로 구성되어 있다. 현실은 후벽(안벽, 오벽), 좌우 측벽, 전벽(입구벽), 천정, 바닥, 관대 또는 시상대로 구성되어 있으며, 현문을 경계로 연도와 연결되어 있다. 연문에는 문비를 문턱에 세우기 위한 문지방석과 창방석으로 이루어져 있다. 횡구식은 주검을 안치하는 석실과 그곳으로 들어가기 위한 입구를 폐쇄한 횡구부, 묘도로 구성되어 있다. 구릉의 경사면에 (세)장방형의 묘광을 파고 석재를 이용하여 한쪽 단벽을 제외한 세 벽을 축조한 후 시신을 매장하고 입구를 밖에서 막아 한쪽 단벽의 면이 불규칙하게 조성된 것을 통해 수혈식석곽묘와 구분이 가능하다.

＊ 國立文化財研究所, 2009,『韓國考古學專門事典-古墳篇』.

　國立慶州文化財研究所, 2011,『경주 장산고분군 분포 및 측량조사보고서』.

　韓國考古環境研究所, 2010,『燕岐 松潭里 · 松院里 遺蹟』.

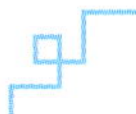

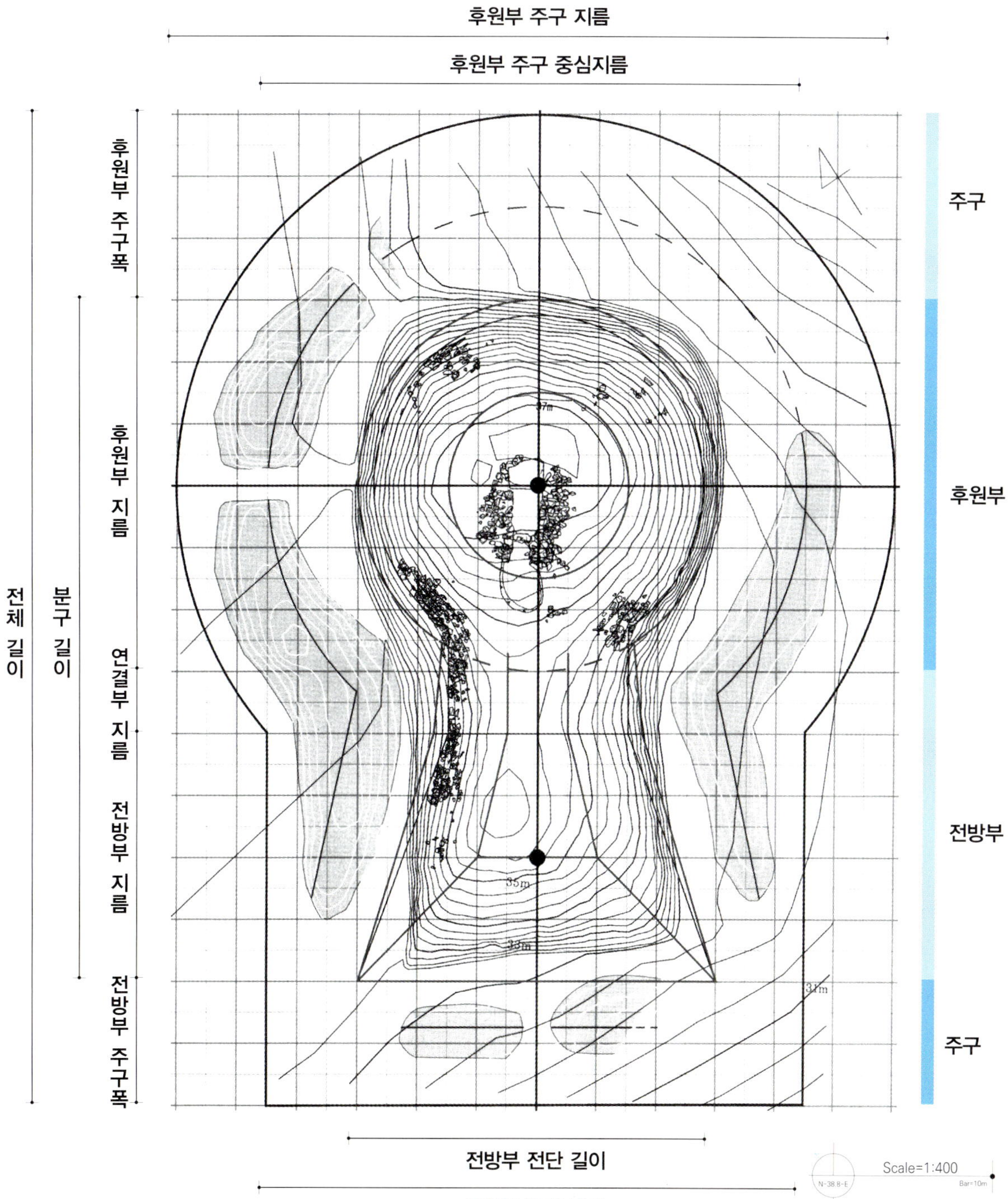

해남 용두리고분

전방후원형고분은 일본 고분시대 전방후원분과 형태가 거의 같은 원형의 분구에 방형이나 삼각형의 단상부가 합쳐진 모양의 묘제로 장고분, 장고형고분, 전방후원분 등으로 불린다. 분구는 분구의 외면을 먼저 쌓은 다음에 내면을 채워나가는 성토 방법을 사용하였으며, 외부 시설은 주구와 하니와가 있다. 매장주체부는 모두 원부에 있으며, 수혈식석실인 영암 자라봉고분을 제외하면 모두 횡혈식석실이고, 석실은 분구 중 지상에 위치한다.

* 金洛中, 2009,「榮山江流域 古墳 硏究」, 서울大學校 大學院 博士學位論文.
國立光州博物館, 2011,『海南 龍頭里古墳』.

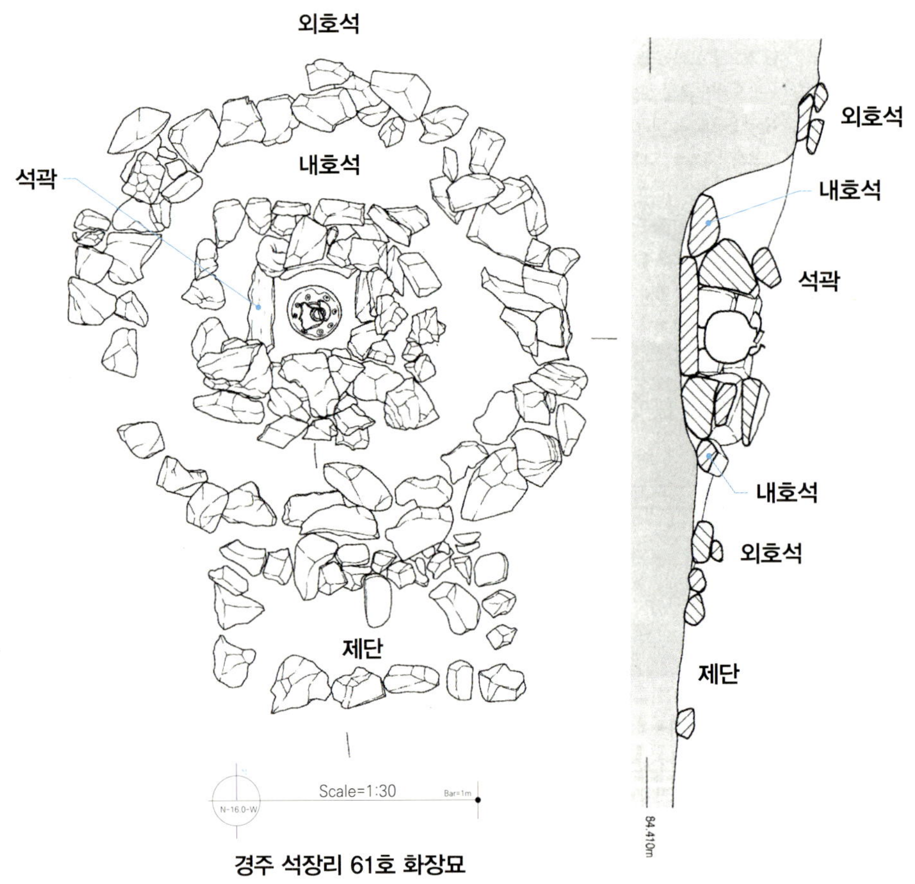

경주 석장리 61호 화장묘

　화장무덤은 죽은 사람의 시신을 불에 태운 후 남은 유골을 용기에 담아 장례를 치름으로써 생긴 묘제로, 우리나라에서는 불교의 수용과 확산에 따라 화장이 이루어졌고, 화장무덤이 가장 많이 확인되는 것은 통일신라시대이다. 화장무덤은 뼈를 담은 장골기와 장골기를 보호하는 별도의 시설물이 마련된 이중형, 원형이나 장방형의 수혈을 파고 그 안에 뼈를 담은 용기를 외용기나 다른 외피시설 없이 매장하거나 또는 별도의 장골기 없이 석관 내부나 토광 내부에 장골한 단일형으로 나뉜다.

＊ 홍보식, 2007, 「신라의 화장묘 수용과 전개」, 『韓國上古史學報』 58, 韓國上古史學會.
　東國大學校 慶州캠퍼스 博物館, 2004, 「校內 學生福祉館敷地遺蹟 I」, 『錫杖洞遺蹟 IV』.

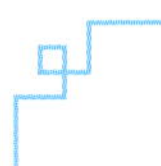

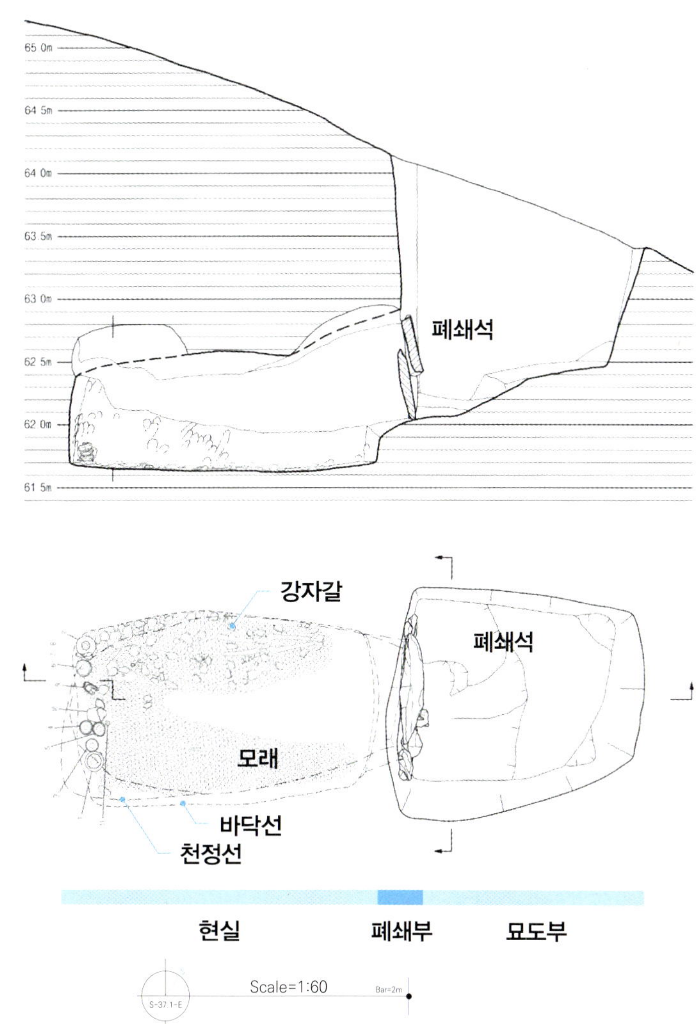

공주 단지리 4호 횡혈묘

　　횡혈묘는 구릉 사면에 구덩이를 가로로 굴착하여 매장용의 공간을 조성한 묘제로 공주·부여 지역에 국한되어 발견되는 매우 독특한 형태이다. 횡혈묘의 구조는 묘도부, 폐쇄부, 현실로 구성되어 있다. 묘도부는 평면 역제형과 방형이 대부분이나 일부 반원형도 있고, 바닥을 지표면에서 경사지게 굴착하거나 수직으로 깊게 굴착한 후 현문까지 수평으로 연결하였다. 현실의 폐쇄는 판석, 할석, 목판, 점토를 사용하였으나 대부분 장판석을 세워 폐쇄하였다. 현실은 묘도부의 바닥과 수평으로 조성하거나 묘도부 바닥보다 낮게 단을 두어 마련하였고, 평면은 역제형과 장방형으로, 단면은 터널형과 돔형으로 나눌 수 있다. 현실 바닥에는 강자갈, 강자갈+모래, 모래 등을 깔거나 생토면을 그대로 사용하였다. 현실은 장축 방향에 따라 횡장식과 종장식으로 구분할 수 있는데, 대체로 횡장식은 종장식에 비해 규모가 작고 조잡하게 축조하였거나 폐쇄부의 양상이 엉성한 편이다.

＊ 國立文化財研究所, 2009, 『韓國考古學專門事典-古墳篇』.
　 忠淸文化財硏究院, 2006, 『公州 丹芝里 遺蹟』.

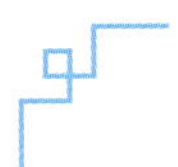

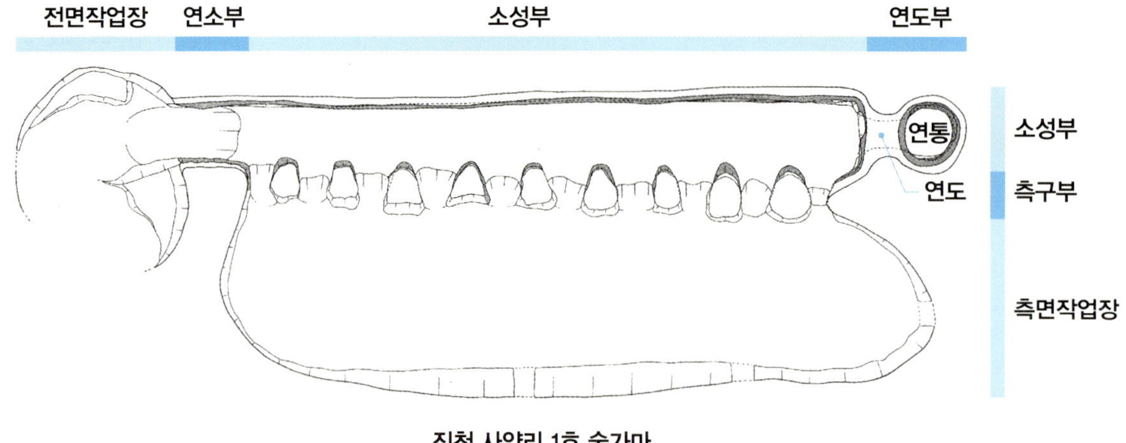

진천 사양리 1호 숯가마

숯가마는 철의 원료인 철광석을 가열하기 위한 연료인 양질의 목탄을 생산하기 위한 시설이다. 측구의 유무에 따라 측구식 탄요와 무측구식 탄요로 구분된다. 탄요는 크게 연소부, 소성부, 연도부로 나뉘며, 이 외에 요 전면의 전면작업장과 측면의 측면작업장, 배수구 등이 있다. 연소부는 착화부 또는 가열부라고도 하며, 전면작업장과 소성부 사이의 불을 지피는 공간으로 목재에 열을 보내고 연소를 제어하기 위한 곳이다. 소성부는 탄화부라고도 하며, 목재가 탄화되는 공간으로 고온에서 작업이 이루어져 바닥이 유리질화된 것이 특징이다. 측구는 소성부 한쪽 측면에 갈퀴와 같은 도구를 이용하여 탄을 꺼내기 위한 구멍으로, 측구 수는 4개에서 16개까지 다양하게 나타난다. 연도부는 연기가 배출되는 부분으로 마지막 측구에서 연통까지를 포함하며, 연도와 연통으로 이루어져 있다. 전면작업장은 소성부에서 연소부로 끌어낸 목탄을 소화시키기 위한 작업공간이고, 측면작업장은 측구를 통하여 요체 내에서 긁어낸 목탄을 소화시키기 위한 작업공간이다.

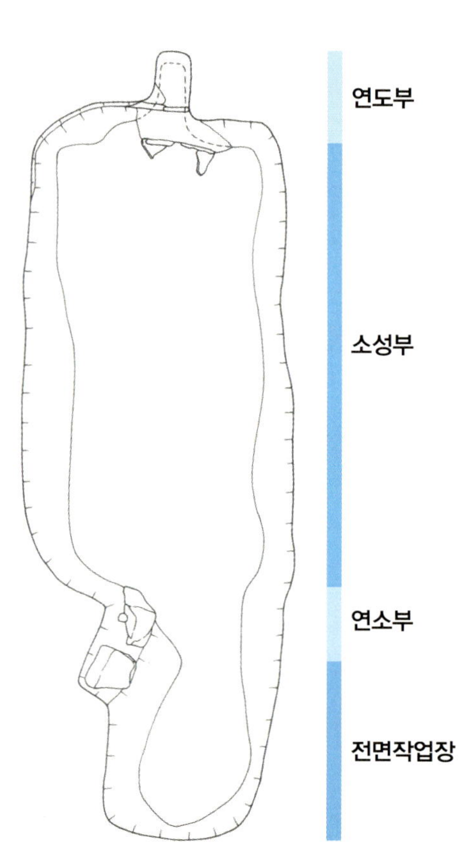

충주 사기점골 4호 숯가마

* 金鎬詳, 2003, 「韓國의 木炭窯 硏究」, 大邱카톨릭大學校 大學院 博士學位論文.

국립중원문화재연구소, 2012, 『중원의 제철유적』.

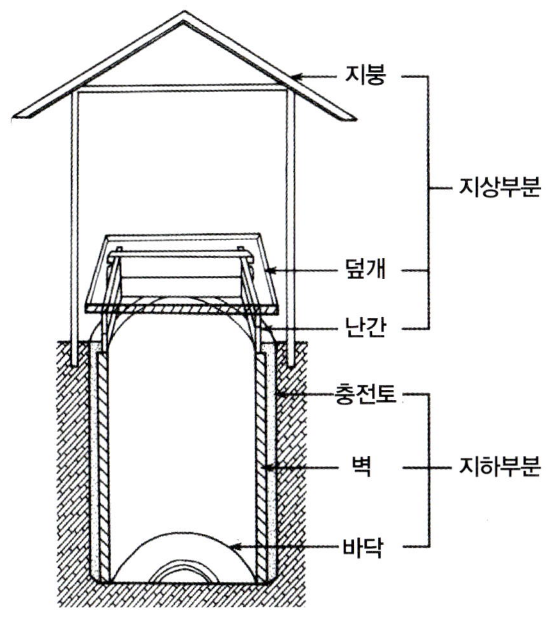

우물 구조 모식도(김창억 외 2008)

우물은 물을 퍼내기 위해 의도적으로 지하수가 흐르는 곳에 땅을 파고 지하수를 한 곳으로 모으는 집수시설의 하나로서 지하수를 취득하기 위해 굴착한 원형 또는 타원형의 굴광면과 굴광 내·외 시설 전체의 인공적인 구조물을 총칭한다고 할 수 있다. 우물의 구성은 지상 부분과 지하 부분으로 나눌 수 있다. 지상 부분은 외부의 오수유입과 추락을 방지하기 위한 난간(우물틀), 우수나 기타 오물이 우물에 직접 들어가는 것을 방지하기 위한 덮개와 지붕으로 구성되어 있으나 발굴조사에서는 이미 파괴되어 잔존하지 않거나 극히 일부만 확인되는 경우가 있다. 지하 부분은 벽면의 붕괴를 막고 물을 저장하기 위한 벽, 외부에서 유입되는 물의 정화와 벽을 보강하기 위한 우물의 벽과 굴광선 사이의 충전토, 지하수의 유입과 물의 정화를 위한 바닥시설로 구성되어 있다. 우물 주변의 부속시설로는 배수시설, 보도석, 작업대 등이 있다. 우물은 입지 선정 → 굴착 작업 → 벽 최하단과 바닥시설 설치 작업 → 벽석쌓기 및 충전 작업 → 난간, 덮개 및 지붕 설치 작업 → 우물 주변 부속시설 조성의 순으로 축조된다.

＊ 김창억·김대덕·도영아, 2008,「우물유구에 대한 분석과 조사방법」,『야외고고학』5, 한국문화재조사연구기관협회.
　세종문화재연구원, 2016,『永川 成川里 499-147番地 遺蹟』.

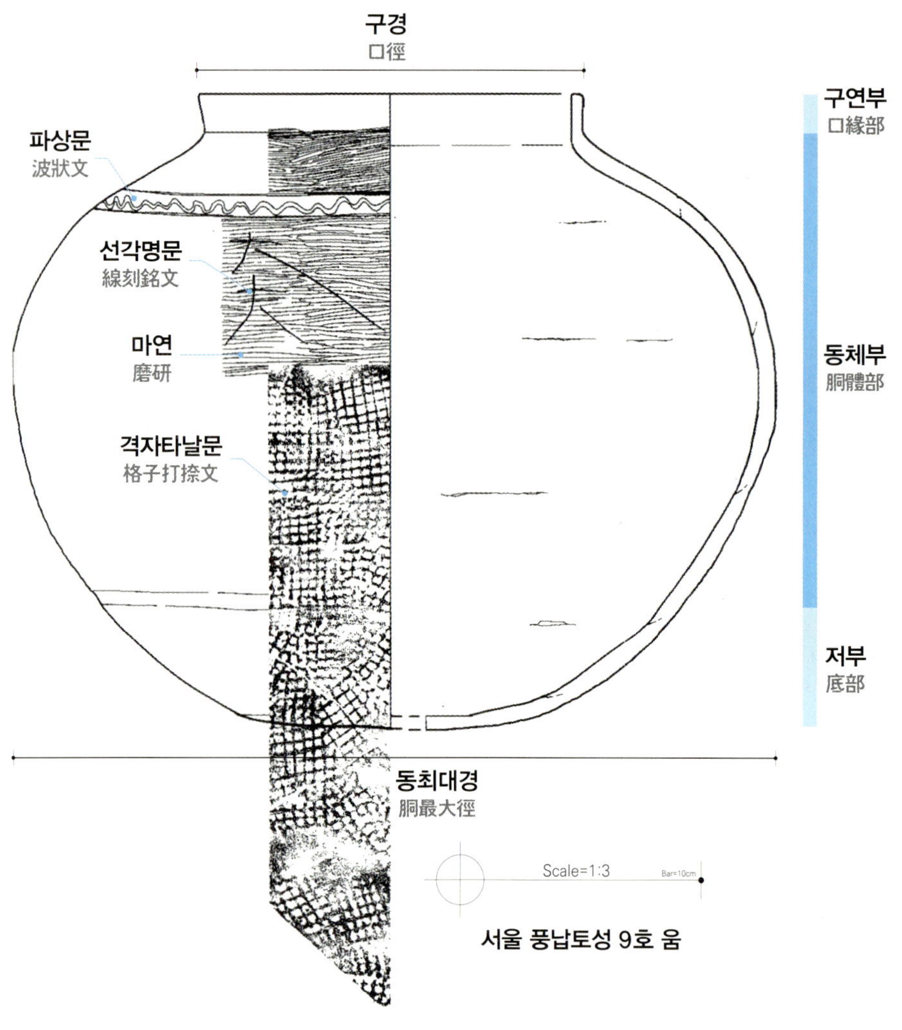

* 한신대학교박물관, 2004, 『風納土城Ⅳ』.

구멍뚫린입큰항아리 | <ruby>有孔廣口壺<rt>유 공 광 구 호</rt></ruby> | Wide-mouthed jar with perforated body

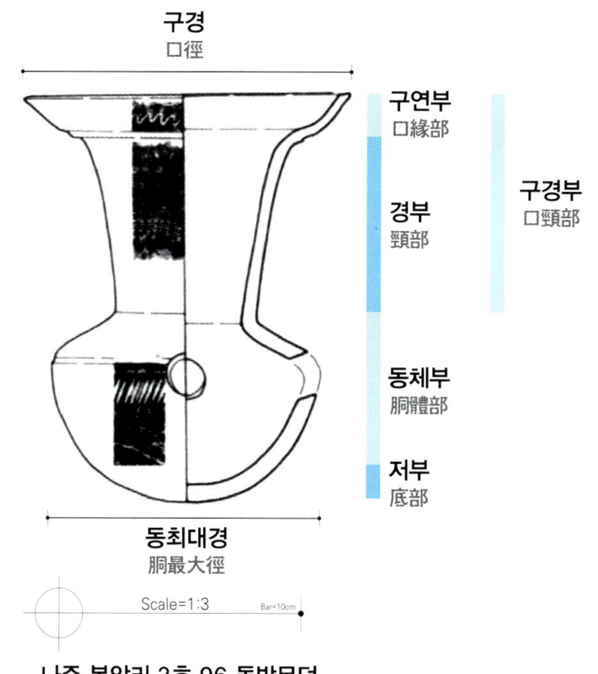

나주 복암리 3호 96 돌방무덤

속성	도면			
구순부	각진 형식	둥근 형식	뾰족한 형식	요철 형식
구연부	외반		내만	
구경부	연속적인 외반		일정 기점에 꺾여서 외반	
저부	평저	원저		대각

(원해선 2015)

* 원해선, 2015, 「유공광구호의 등장과 발전과정」, 『韓國考古學報』 94, 韓國考古學會.
　국립문화재연구소, 2001, 『羅州 伏岩里 3號墳』.

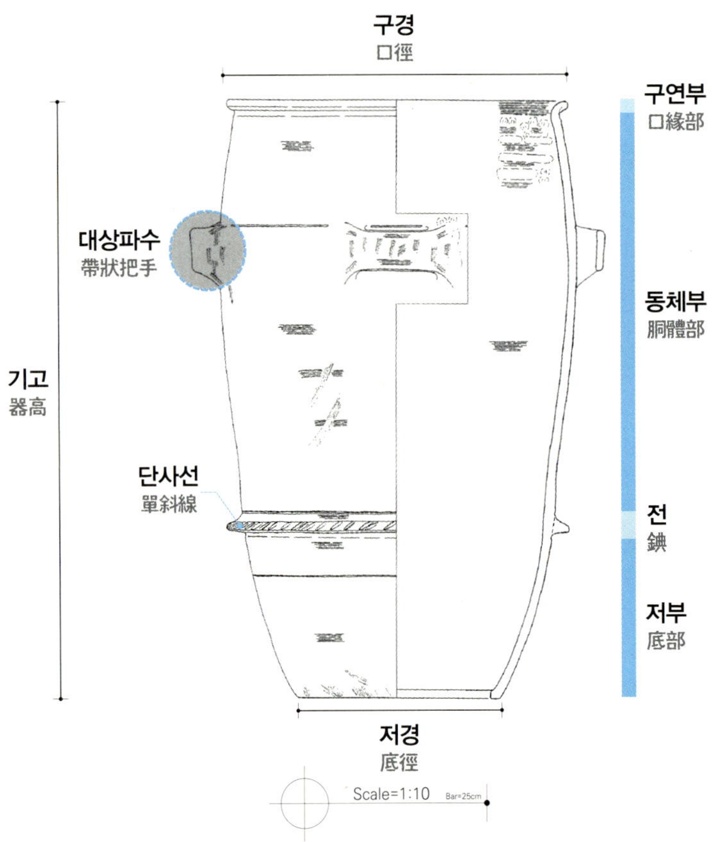

서울 아차산성 4보루 3호 건물지 1호 온돌

---

* 서울대학교박물관, 2000, 『아차산 제4보루-발굴조사 종합보고서』.

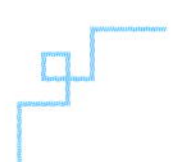

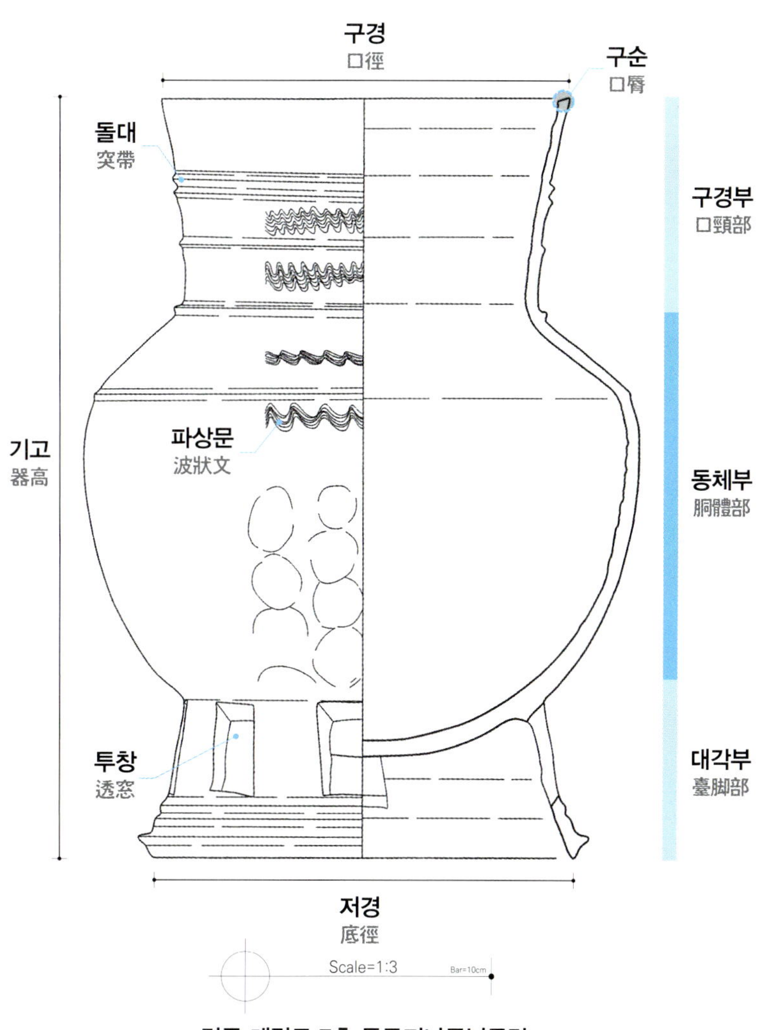

경주 계림로 7호 돌무지나무널무덤

* 國立慶州博物館, 2012, 『慶州 鷄林路 新羅墓 Ⅰ』.

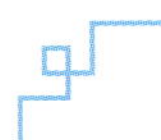

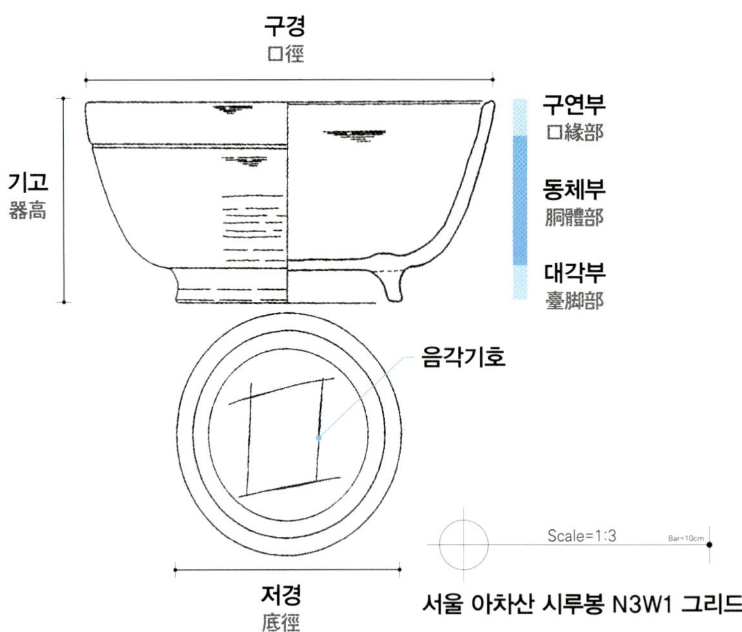

서울 아차산 시루봉 N3W1 그리드

* 서울대학교박물관, 2002, 『아차산 시루봉 보루』.

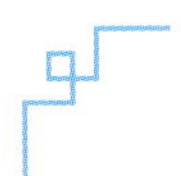

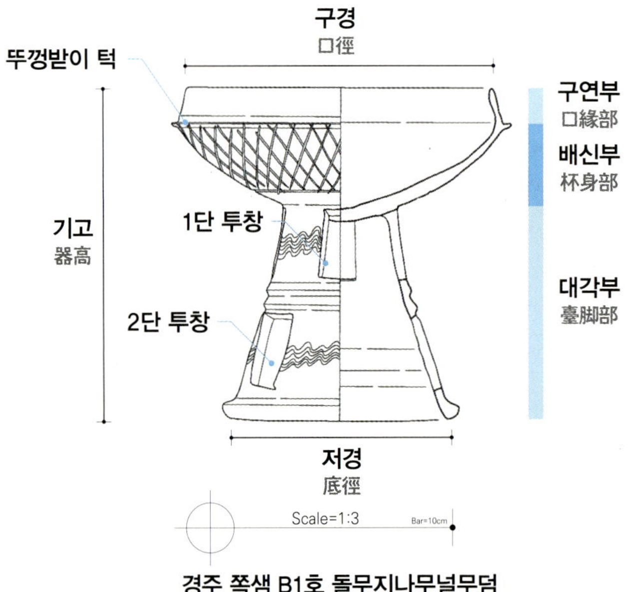

경주 쪽샘 B1호 돌무지나무널무덤

* 국립경주문화재연구소, 2013, 『慶州 쪽샘地區 新羅古墳Ⅲ-B1號 發掘調査報告書』.

귀달린단지 | 有顎碗 | Bowl with ears

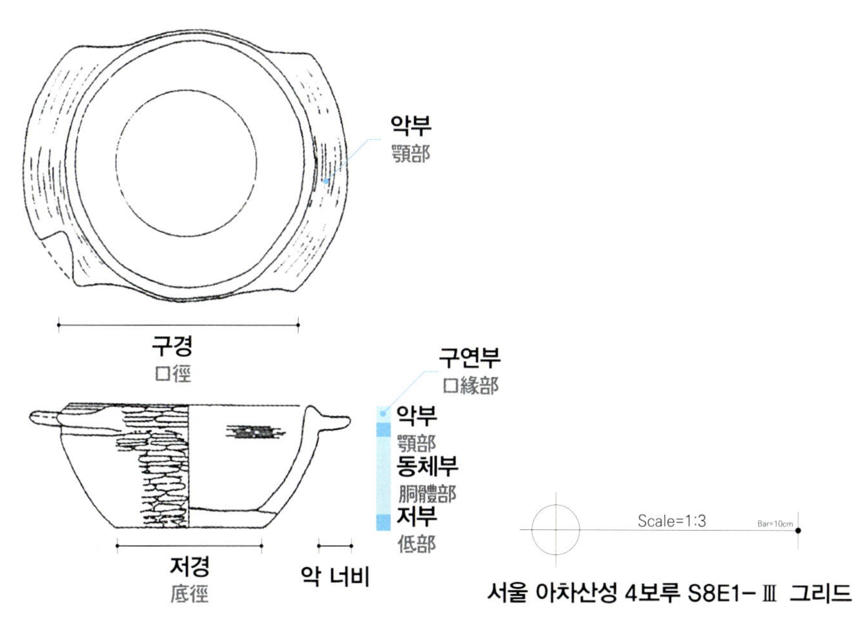

서울 아차산성 4보루 S8E1-Ⅲ 그리드

※ 서울대학교박물관, 2000, 『아차산 제4보루-발굴조사 종합보고서』.

귀때토기 | 注口土器 | Pottery with spout

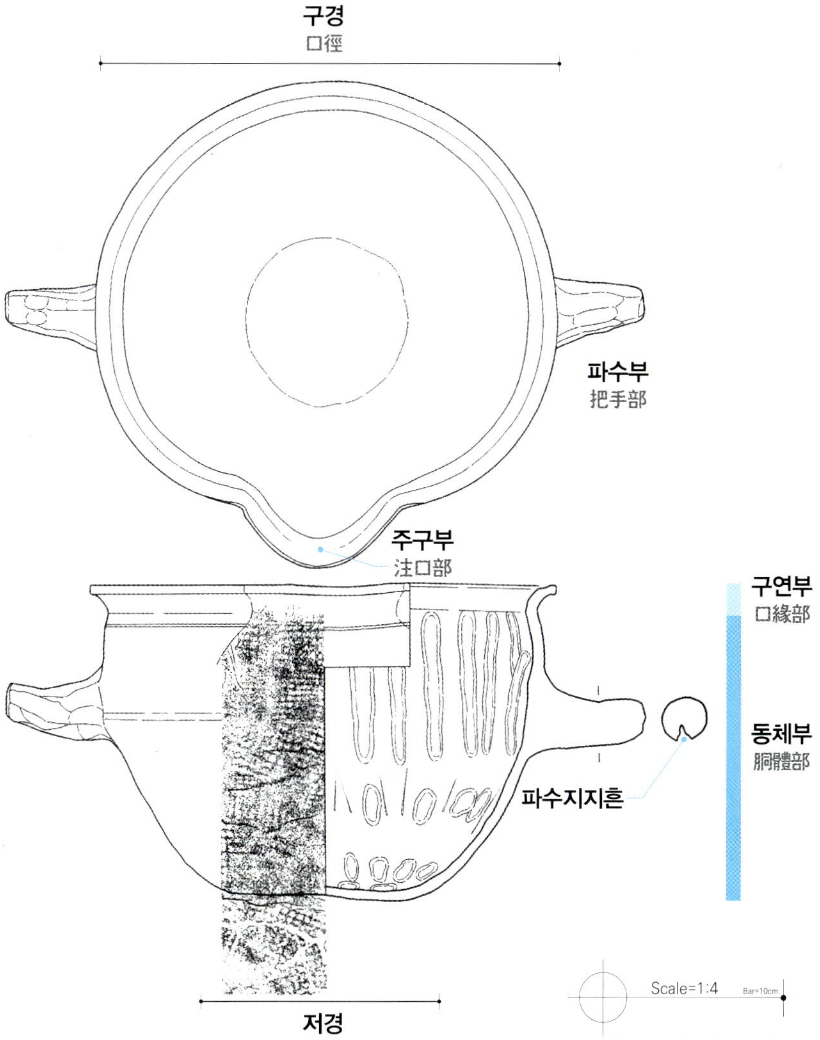

포천 자작리 2호 집자리

※ 경기도박물관, 2004, 『抱川 自作里遺蹟 Ⅰ』.

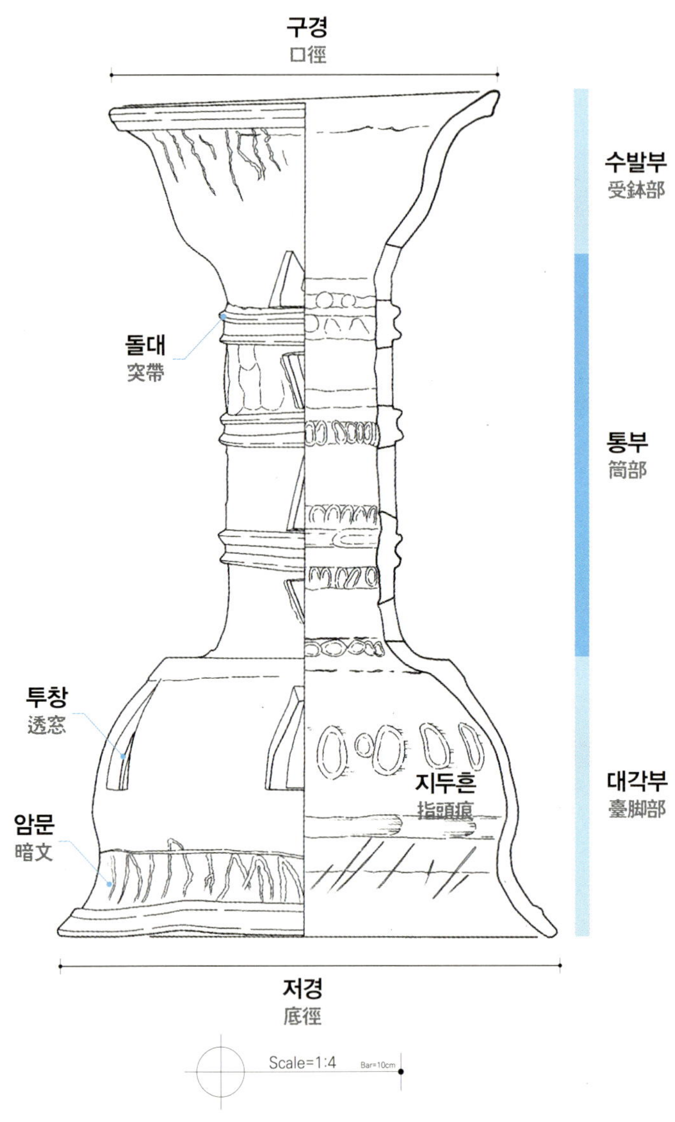

포천 자작리 2호 집자리

* 경기도박물관, 2004, 『抱川 自作里遺蹟 Ⅰ』.

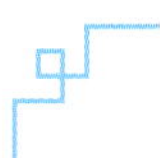

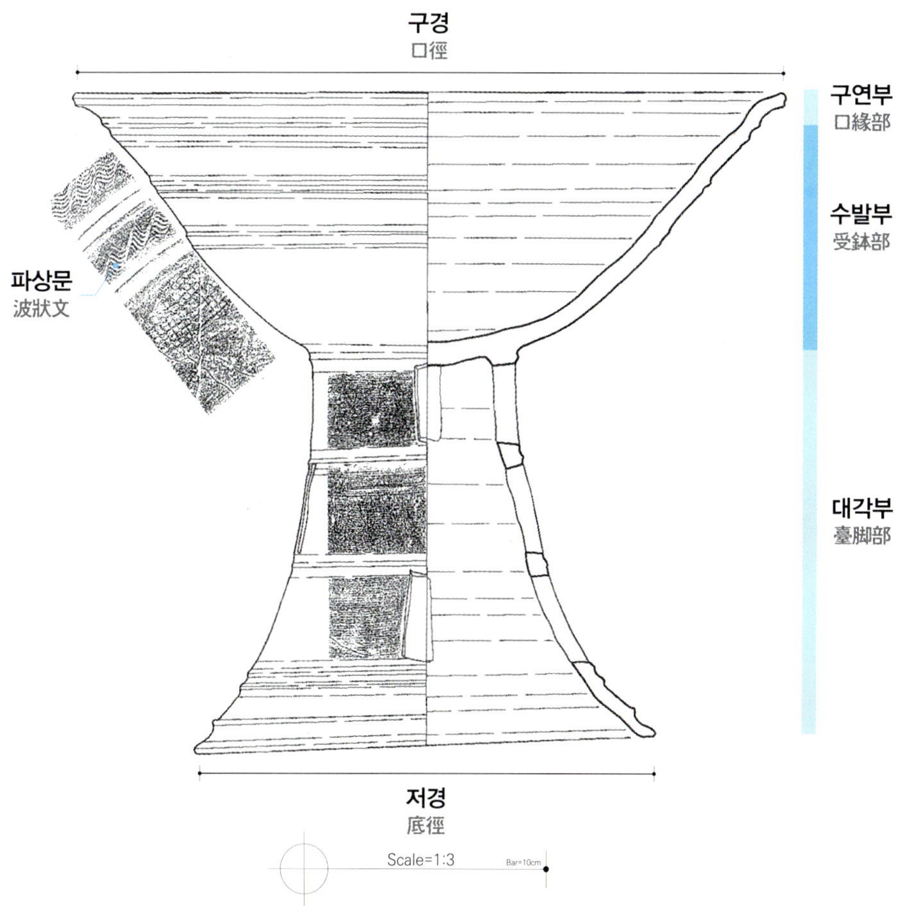

진주 무촌 145호 돌덧널무덤

* 慶南考古學硏究所, 2005, 『晋州 武村 Ⅳ-三國時代(2)-』.

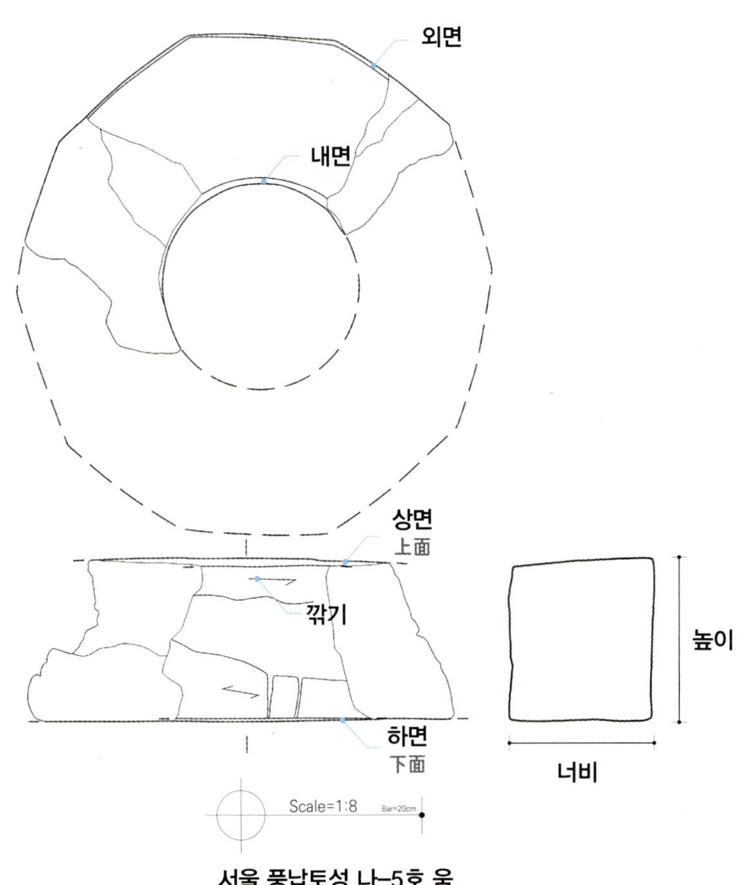

서울 풍납토성 나-5호 움

* 국립문화재연구소, 2012, 『風納土城 XIV』.

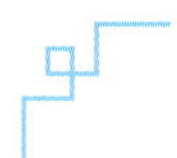

〈암키와〉

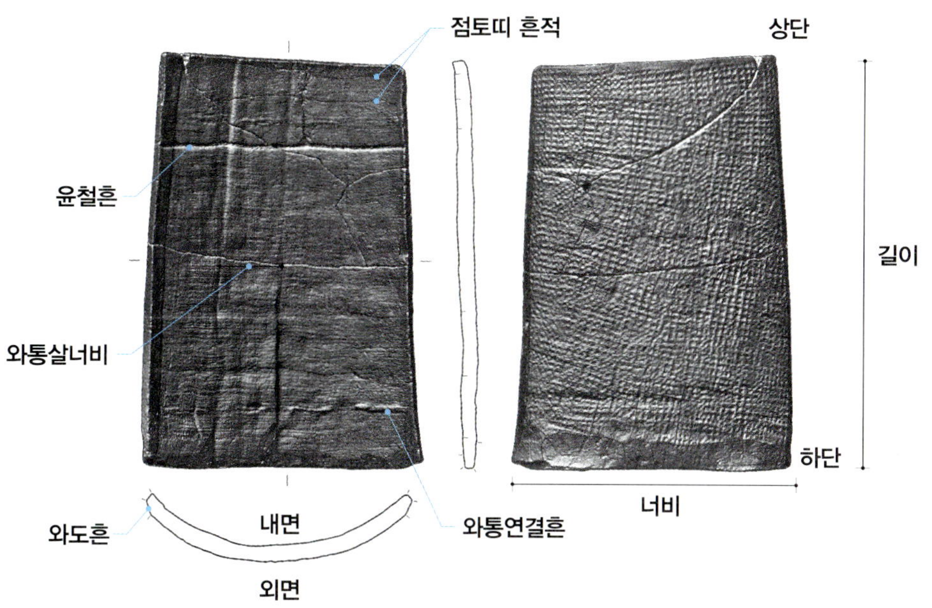

〈수막새〉

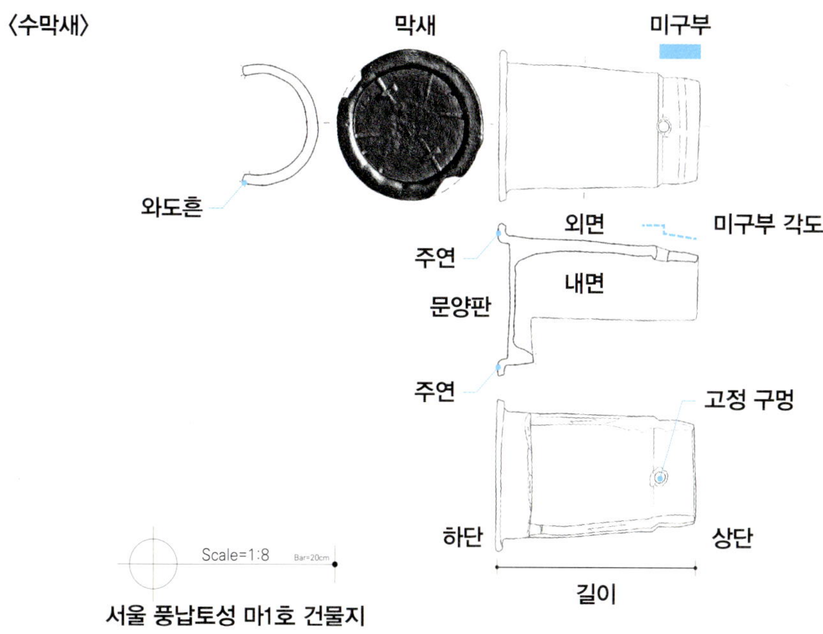

서울 풍납토성 마1호 건물지

* 국립문화재연구소, 2012, 『風納土城 XIV』.

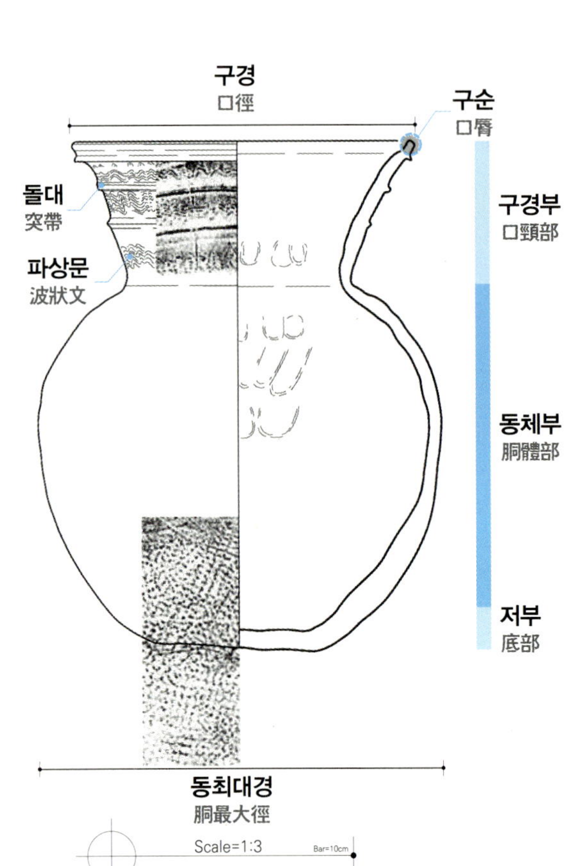

서울 풍납토성 206호 유구

* 한신대학교박물관, 2015, 『風納土城 XVII-慶堂地區 206號 遺構에 대한 報告』.

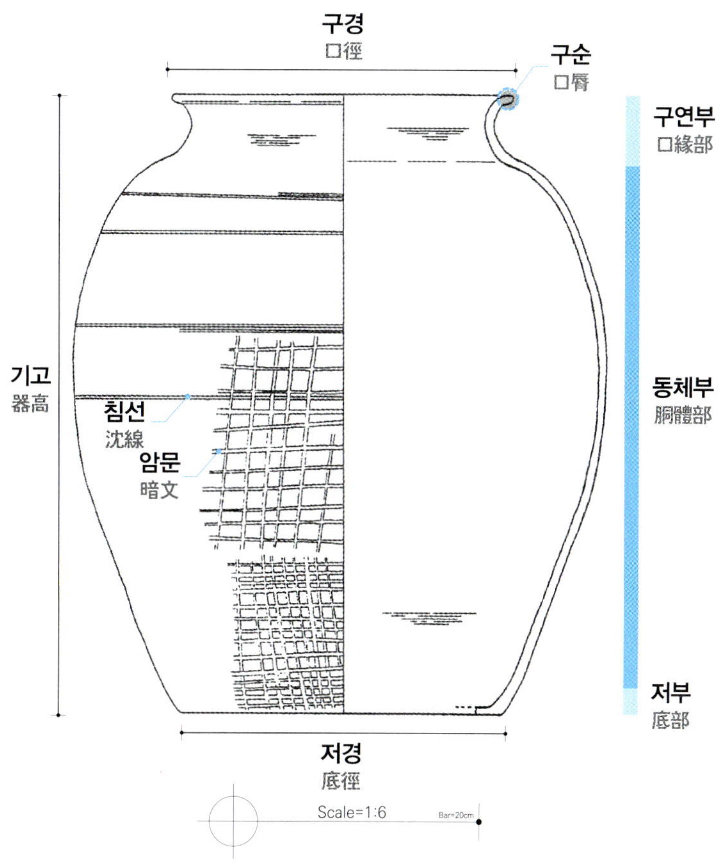

서울 아차산성 4보루 5호 건물지

* 서울대학교박물관, 2000, 『아차산 제4보루-발굴조사 종합보고서』.

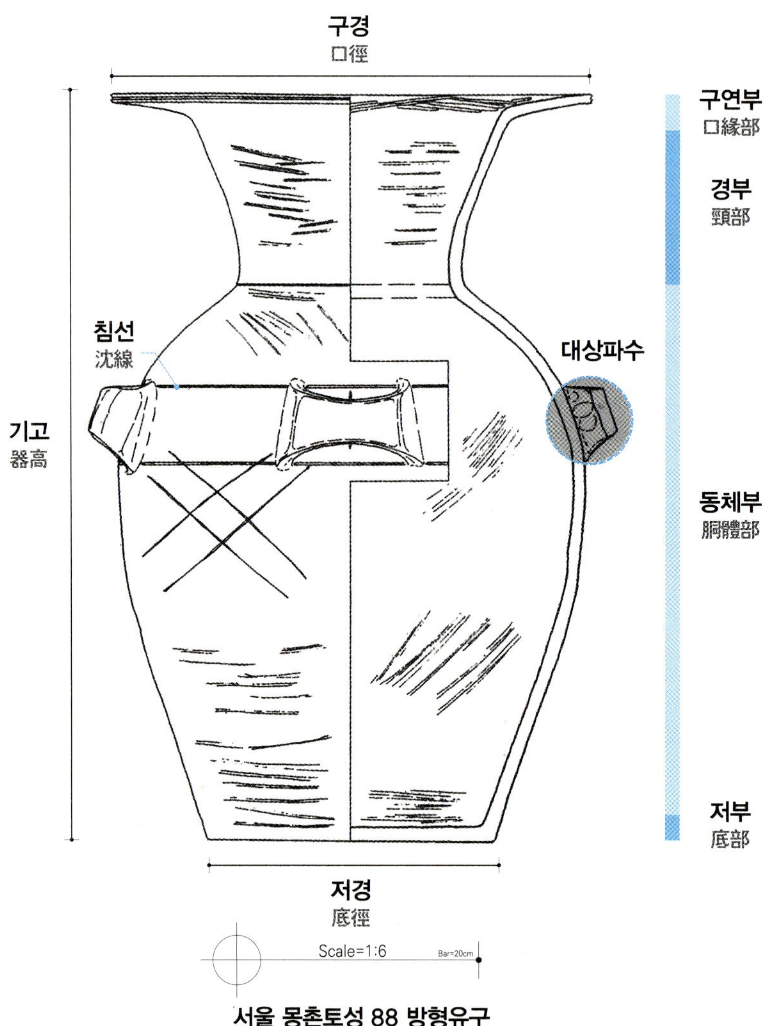

서울 몽촌토성 88 방형유구

* 서울대학교박물관, 1988, 『夢村土城-東南地區發掘調査報告』.

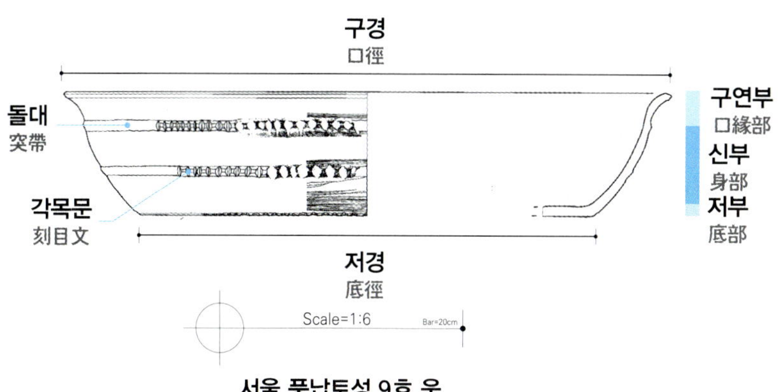

서울 풍납토성 9호 움

* 한신대학교박물관, 2004, 『風納土城 Ⅳ』.

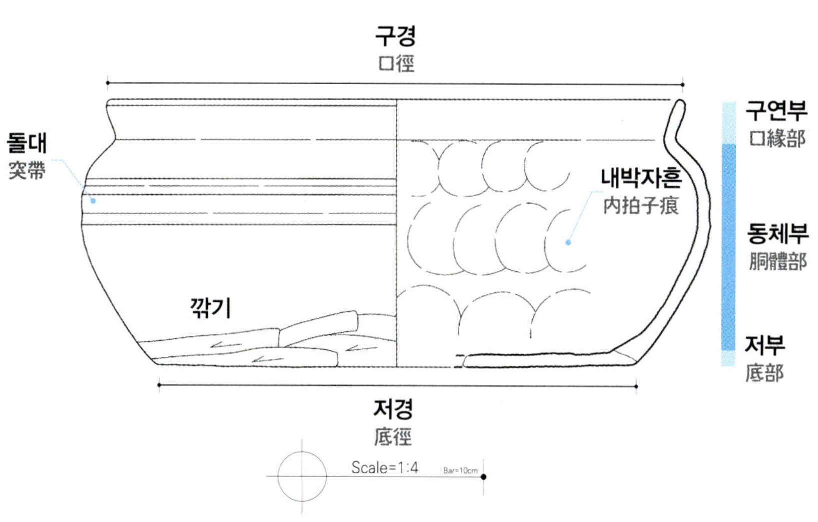

서울 풍납토성 15 가 그리드

* 국립문화재연구소, 2012, 『風納土城 ⅩⅢ』.

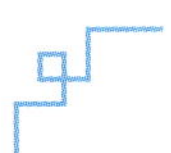

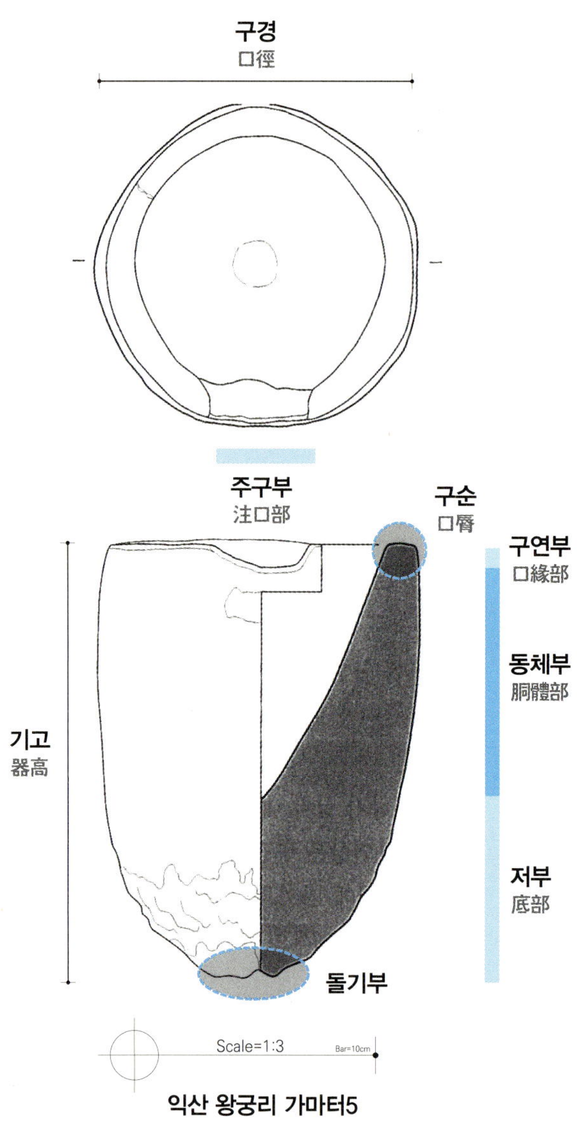

익산 왕궁리 가마터5

※ 국립부여문화재연구소, 2008, 『王宮里 Ⅵ』.

도장무늬토기 | 印花文土器 | Pottery with stamped design

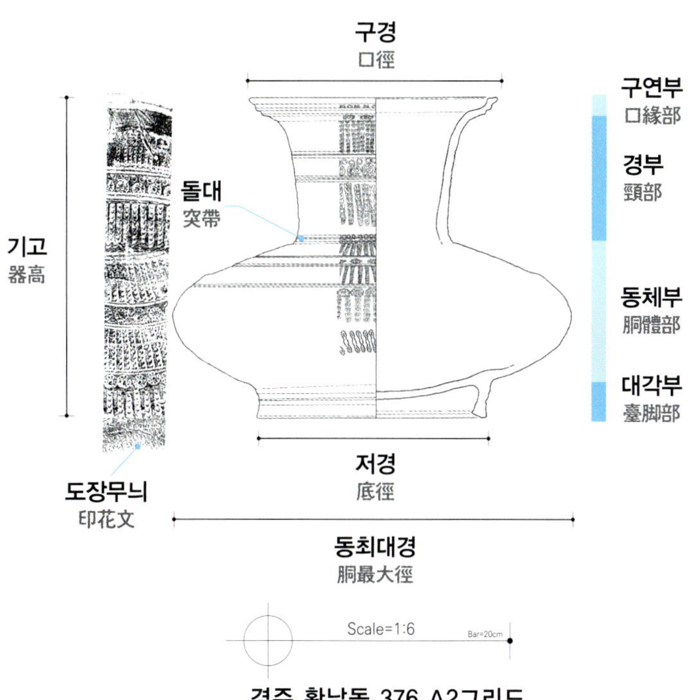

경주 황남동 376 A2그리드

文樣	圓文類(A)						半圓文類(A)	
	二重圓文a	圓(點)文b	二重點列文c	圓二重圓文d	三重圓文e	連續橫圓點文f	二重半圓文a	半圓(點)文b
圖面								

文樣	點列文類(C)			玉蔥狀文(D)				
	連續縱點列文a	'V'字形 點列文b	連續縱二重 半圓文c	a	b	c	d	e
圖面								

文樣	기타(E)					
	三角集線文a	逆三角點列文b	爪形文c	縱線文d	菊花文e	幼蟲狀點列文f
圖面						

(東國大學校 慶州캠퍼스 博物館 2002)

* 東國大學校 慶州캠퍼스 博物館, 2002, 『慶州 皇南洞 376 統一新羅時代 遺蹟』.

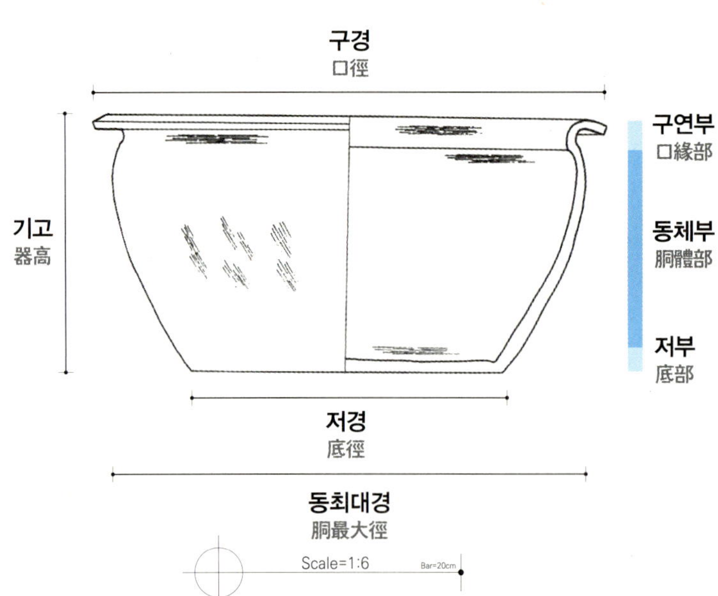

서울 몽촌토성 88 방형유구

＊ 서울대학교박물관, 1988, 『夢村土城−東南地區發掘調査報告』.

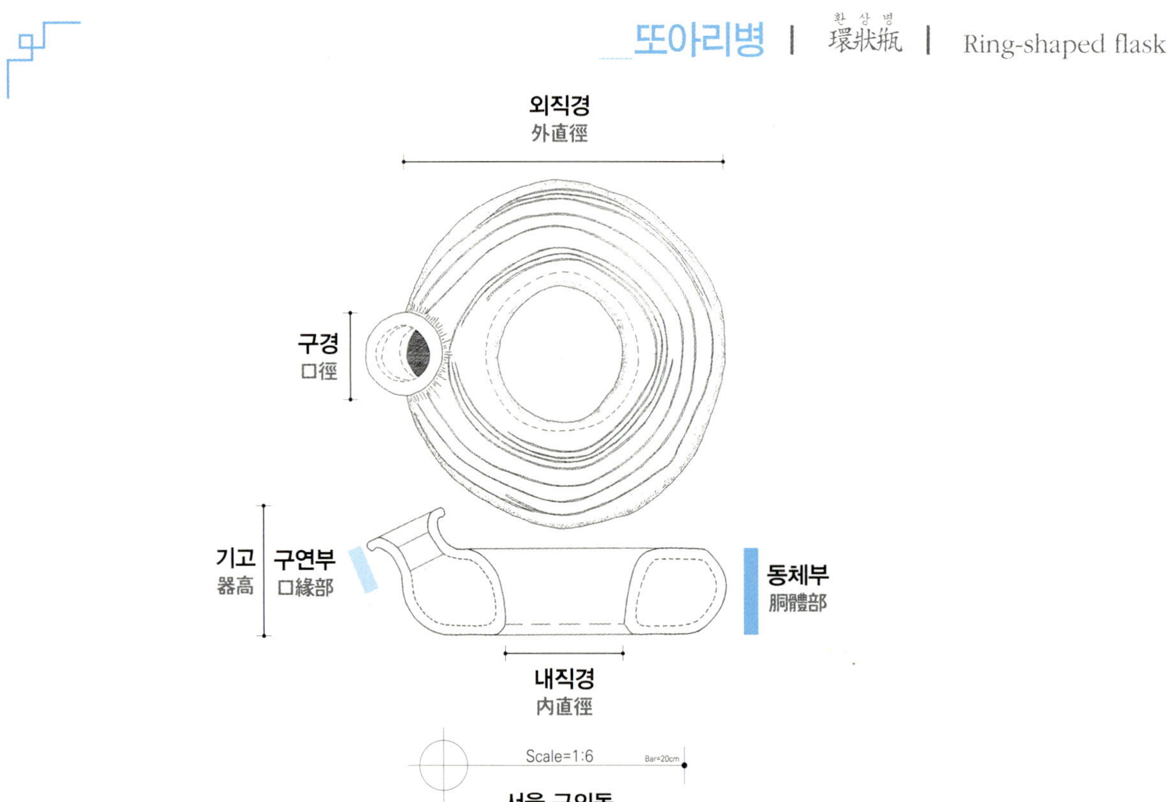

서울 구의동

＊ 서울대학교박물관, 1993, 『九宜洞』.

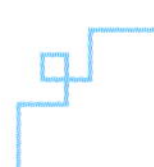

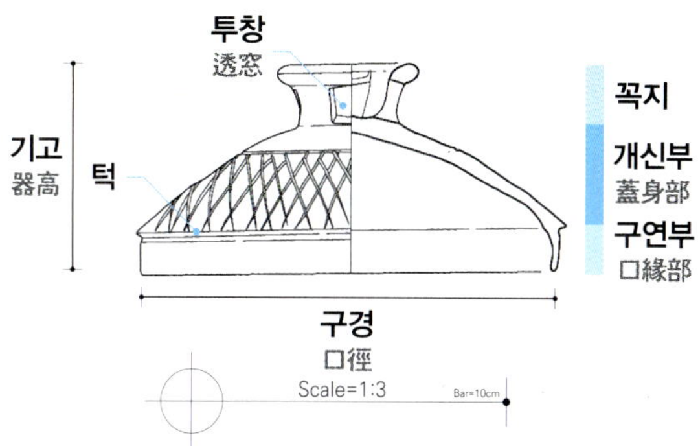

경주 쪽샘 B1호 돌무지나무널무덤

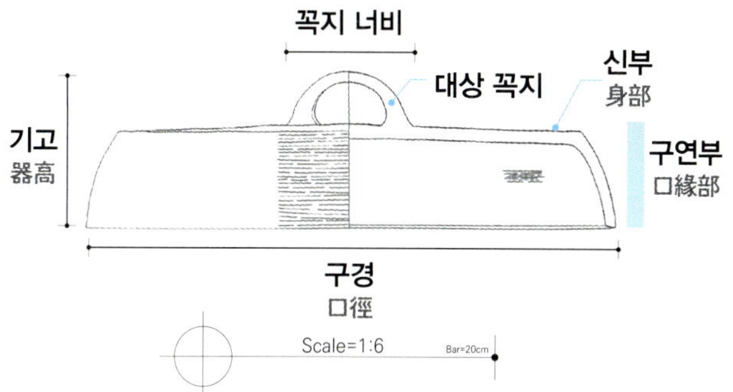

서울 아차산성 4보루 S5W2 그리드

* 국립경주문화재연구소, 2013, 『慶州 쪽샘地區 新羅古墳Ⅲ-B1號 發掘調査報告書』.

  서울대학교박물관, 2000, 『아차산 제4보루-발굴조사 종합보고서』.

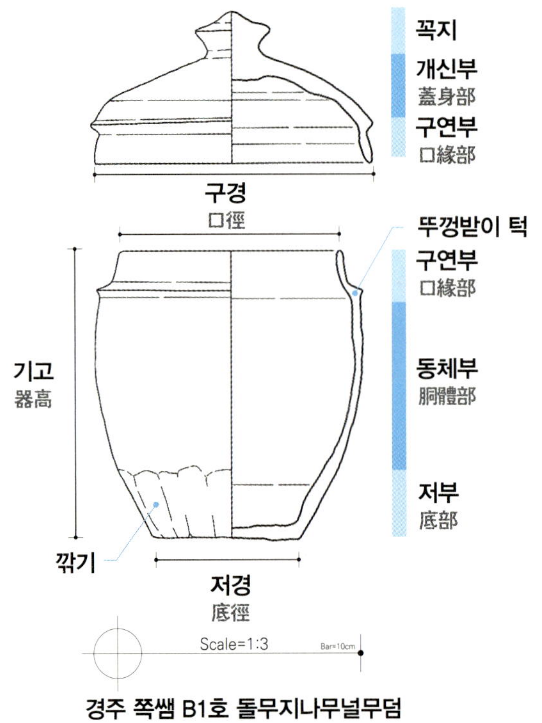

경주 쪽샘 B1호 돌무지나무널무덤

* 국립경주문화재연구소, 2013, 『慶州 쪽샘地區 新羅古墳 Ⅲ-B1號 發掘調査報告書』.

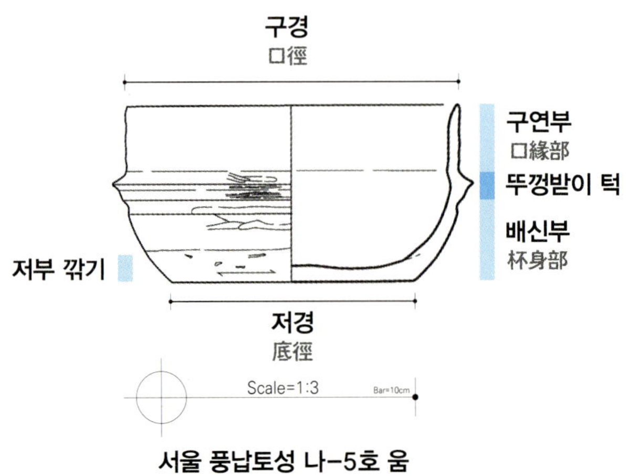

서울 풍납토성 나-5호 움

* 국립문화재연구소, 2011, 『한성지역 백제토기 분류표준화 방안연구』.
  국립문화재연구소, 2012, 『風納土城 XIII』.

띠손잡이항아리 | 帶狀把手附壺 | Large jar with band-shaped handles

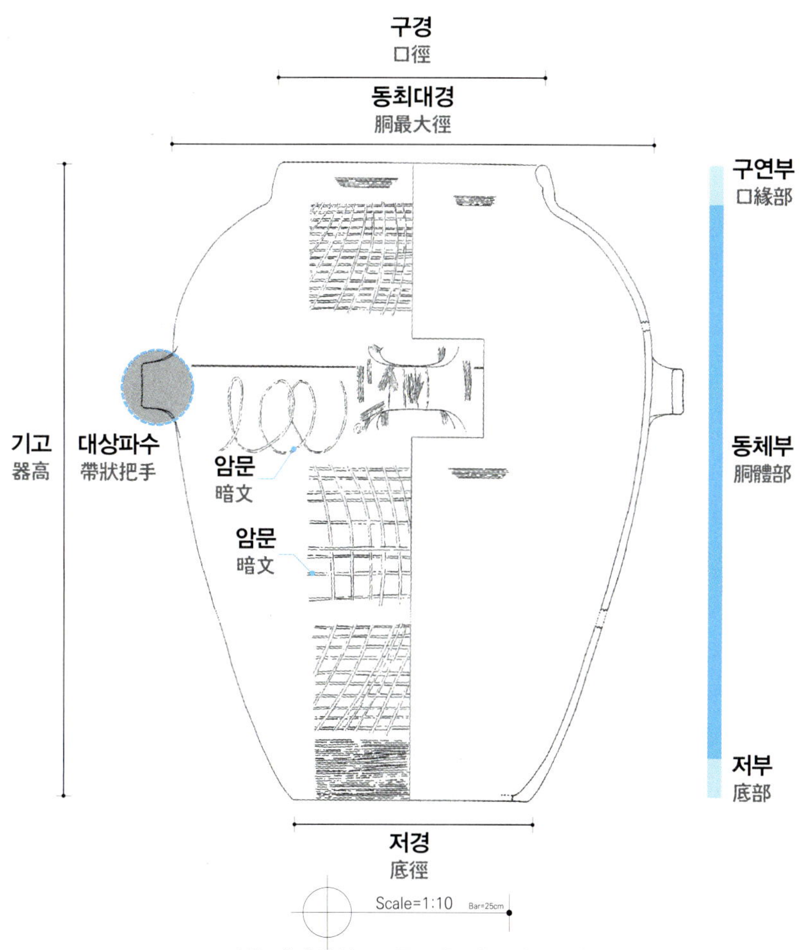

서울 아차산성 4보루 3호 건물지 1호 온돌

* 서울대학교박물관, 2000, 『아차산 제4보루–발굴조사 종합보고서』.

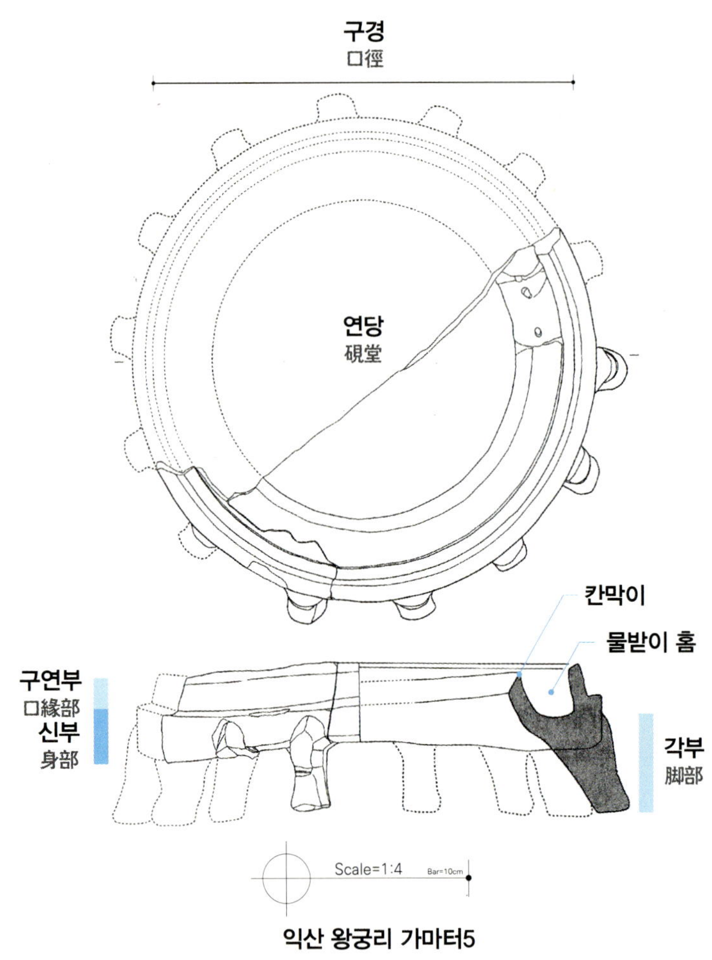

익산 왕궁리 가마터5

* 국립부여문화재연구소, 2008, 『王宮里 Ⅵ』.

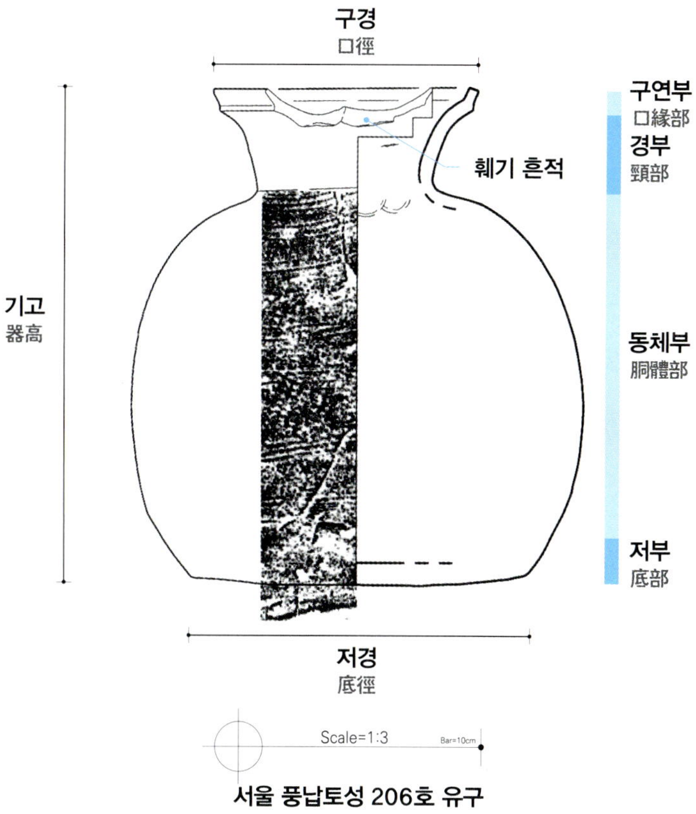

서울 풍납토성 206호 유구

* 한신대학교박물관, 2015, 『風納土城 XVII–慶堂地區 206號 遺構에 대한 報告』.

세발토기 | 三足器 | Tripod pottery

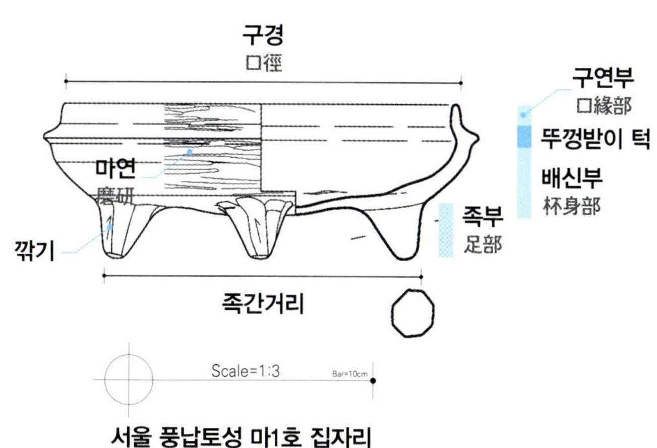

서울 풍납토성 마1호 집자리

* 국립문화재연구소, 2011, 『한성지역 백제토기 분류표준화 방안연구』.
  국립문화재연구소, 2012, 『風納土城 XIV』.

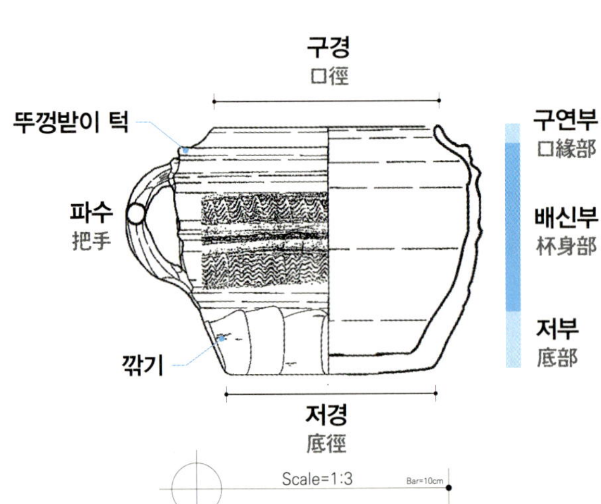

진주 무촌 37호 돌덧널무덤

* 慶南考古學研究所, 2005, 『晋州 武村 Ⅳ-三國時代(2)-』.

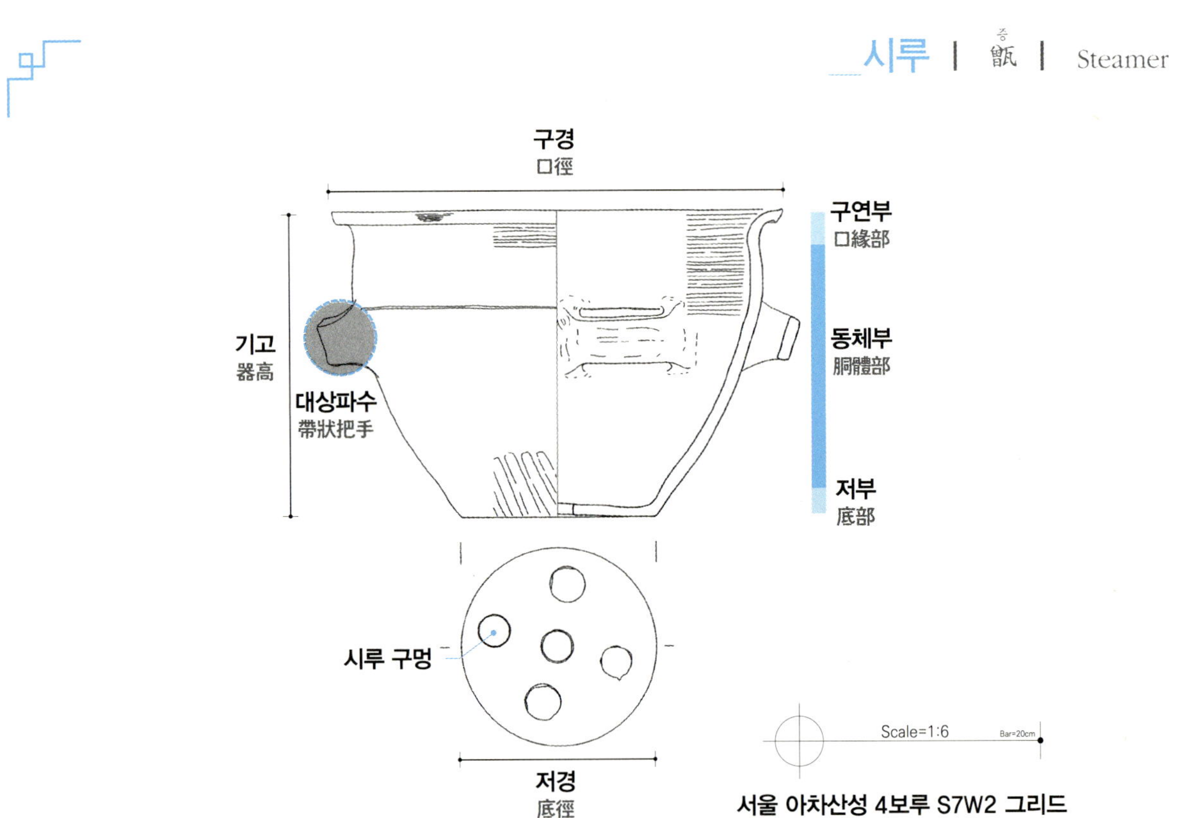

서울 아차산성 4보루 S7W2 그리드

* 서울대학교박물관, 2000, 『아차산 제4보루-발굴조사 종합보고서』.

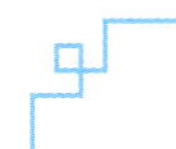

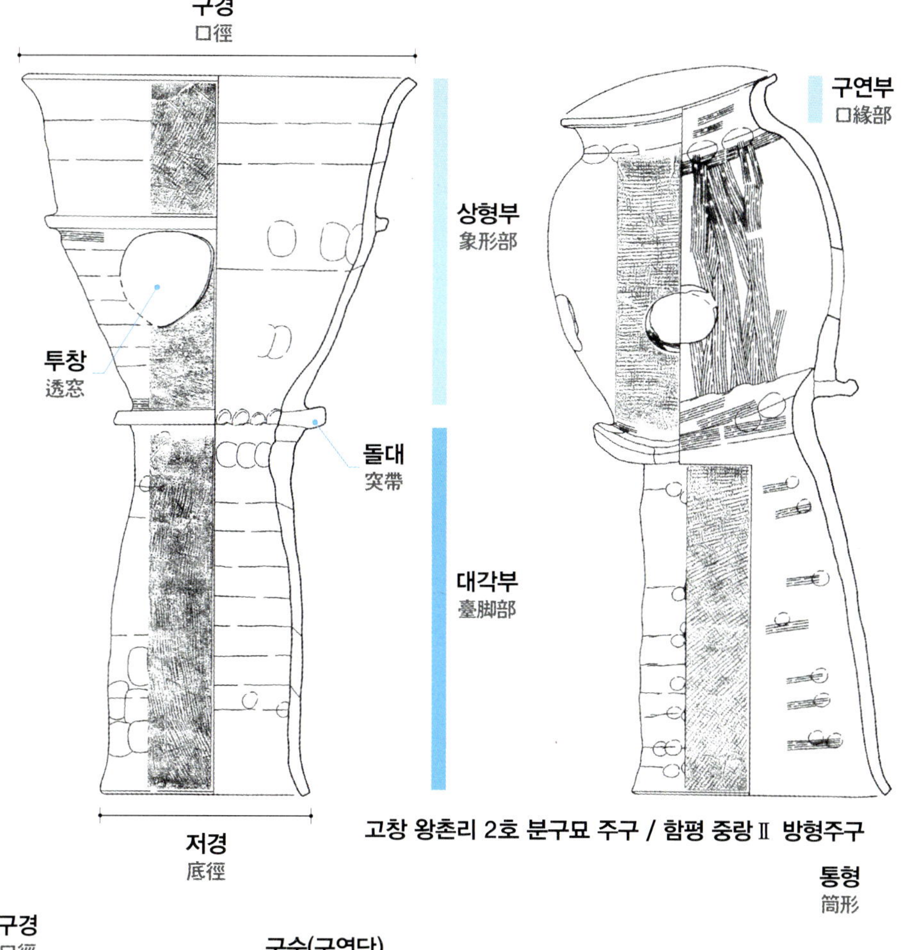

고창 왕촌리 2호 분구묘 주구 / 함평 중랑 Ⅱ 방형주구

통형
筒形

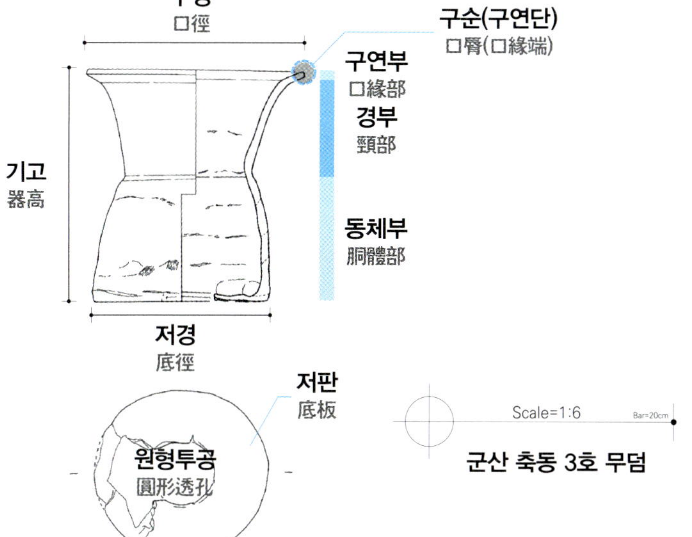

군산 축동 3호 무덤

원통형토기는 주로 호남 지역의 삼국시대 대형 고분에서 발견된다. 고분의 외곽을 따라 배치한 구조로서 일본의 전방후원분 등에서 다수가 발견된다. 일본에서는 일반적으로 하니와(埴輪)란 명칭을 사용하고 있는데 국내에서는 원통형토기, 분구수립토기, 분주토기 등으로 불리운다.

＊ 박순발, 2001, 「영산강유역 전방후원분과 식륜」, 『한일 고대인의 흙과 삶』, 국립전주박물관.

박형열, 2014, 「호남지역 분주토기의 제작방법 변화로 본 편년과 계통성」, 『嶺南考古學』 69, 嶺南考古學會.

禹在柄, 2000, 「영산강유역 前方後圓墳 출토 圓筒形토기에 대한 試論」, 『百濟研究』 31, 충남대학교백제연구소.

林永珍, 2003, 「韓國 墳周土器의 起源과 變遷」, 『湖南考古學報』 17, 湖南考古學會.

목포대학교박물관, 2003, 『함평 중랑유적 Ⅱ』.

전주문화유산연구원, 2015, 『고창 금평리·왕촌리·고성리 유적』.

湖南文化財研究院, 2006, 『群山 築洞遺蹟』.

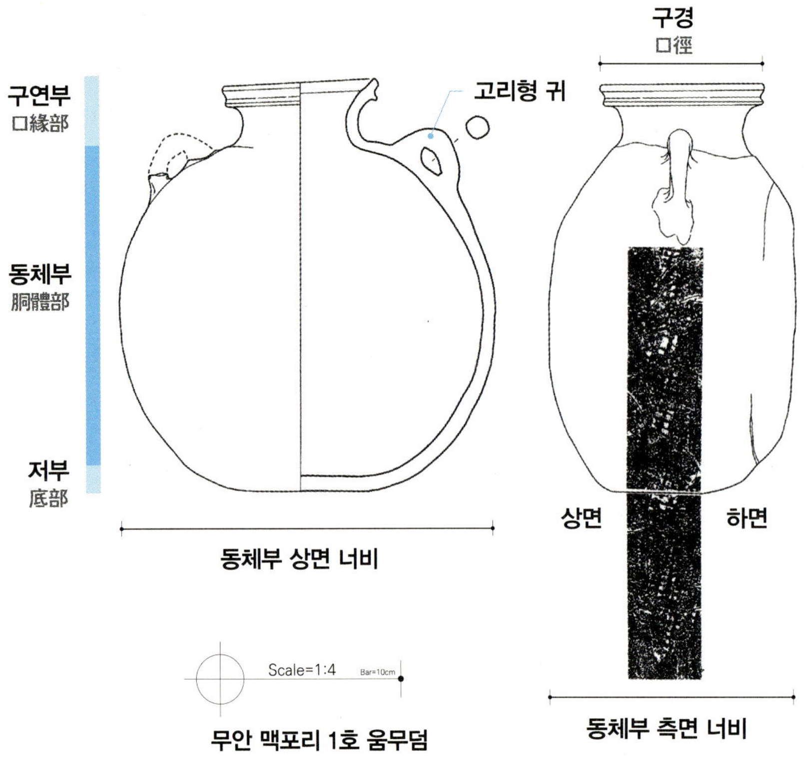

＊ 湖南文化財研究院, 2005, 『務安 麥浦里遺蹟』.

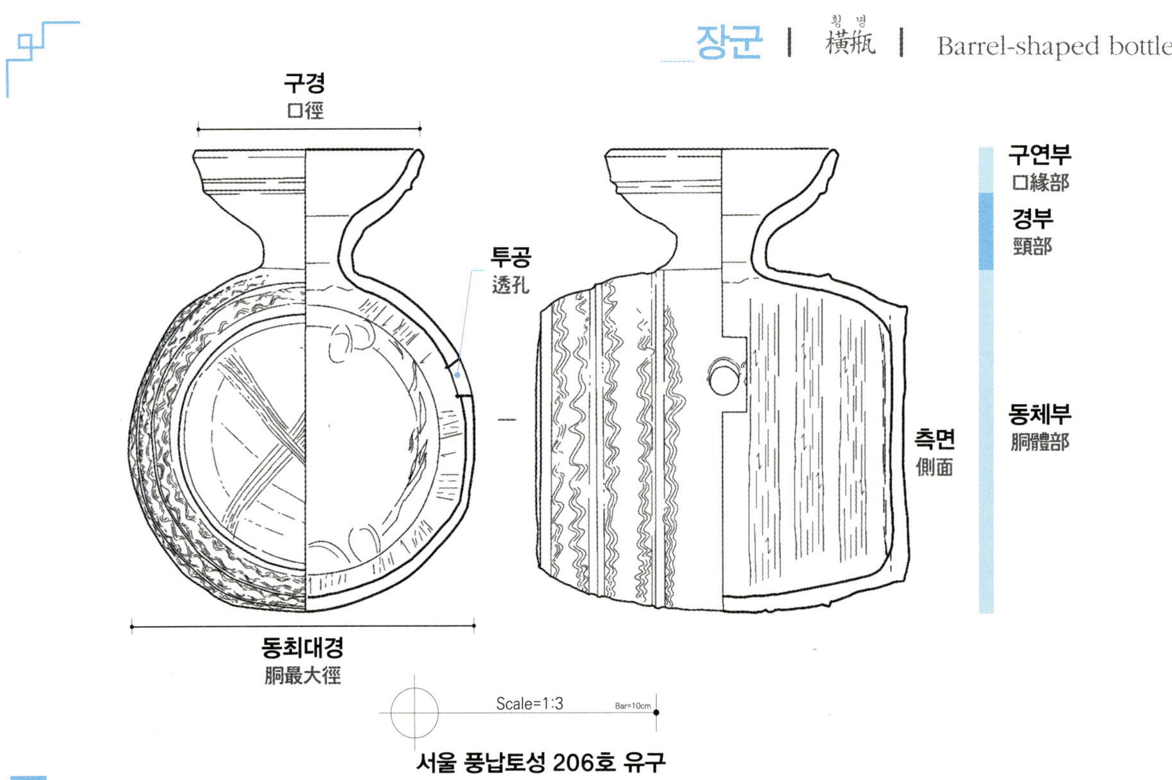

＊ 春日眞實, 2001, 「橫瓶の製作方法」, 『つぼとかめのつくり方』, 北隆古代土器研究會.

　한신대학교박물관, 2015, 『風納土城 XVII-慶堂地區 206號 遺構에 대한 報告』.

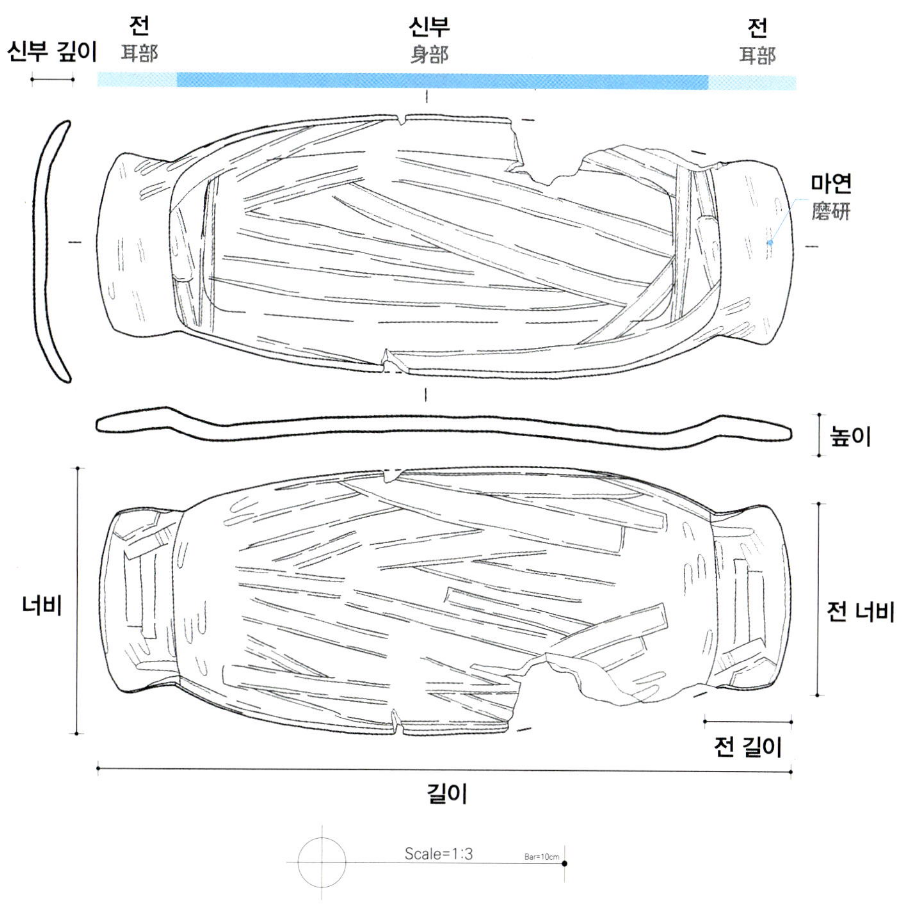

* 국립문화재연구소, 2013, 『風納土城 XV』.

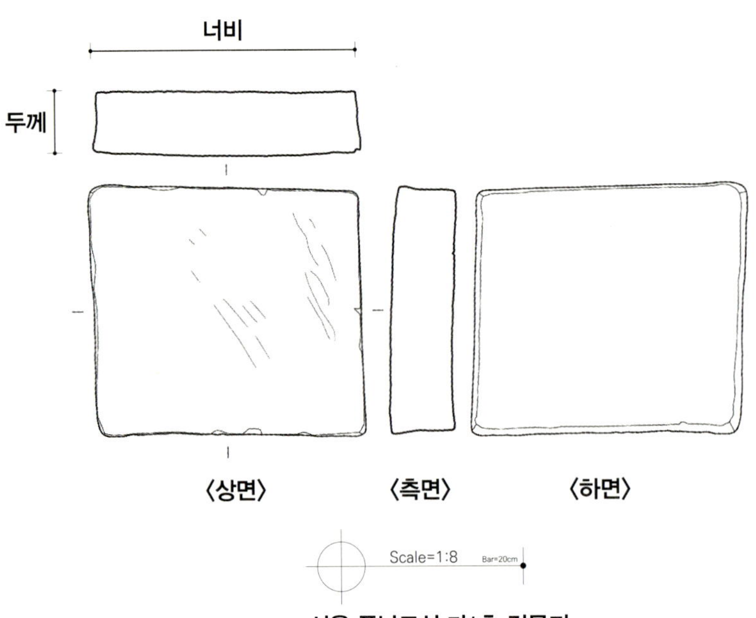

서울 풍납토성 마1호 건물지

* 국립문화재연구소, 2012, 『風納土城 XIV』.

접시 | 皿 | Plate

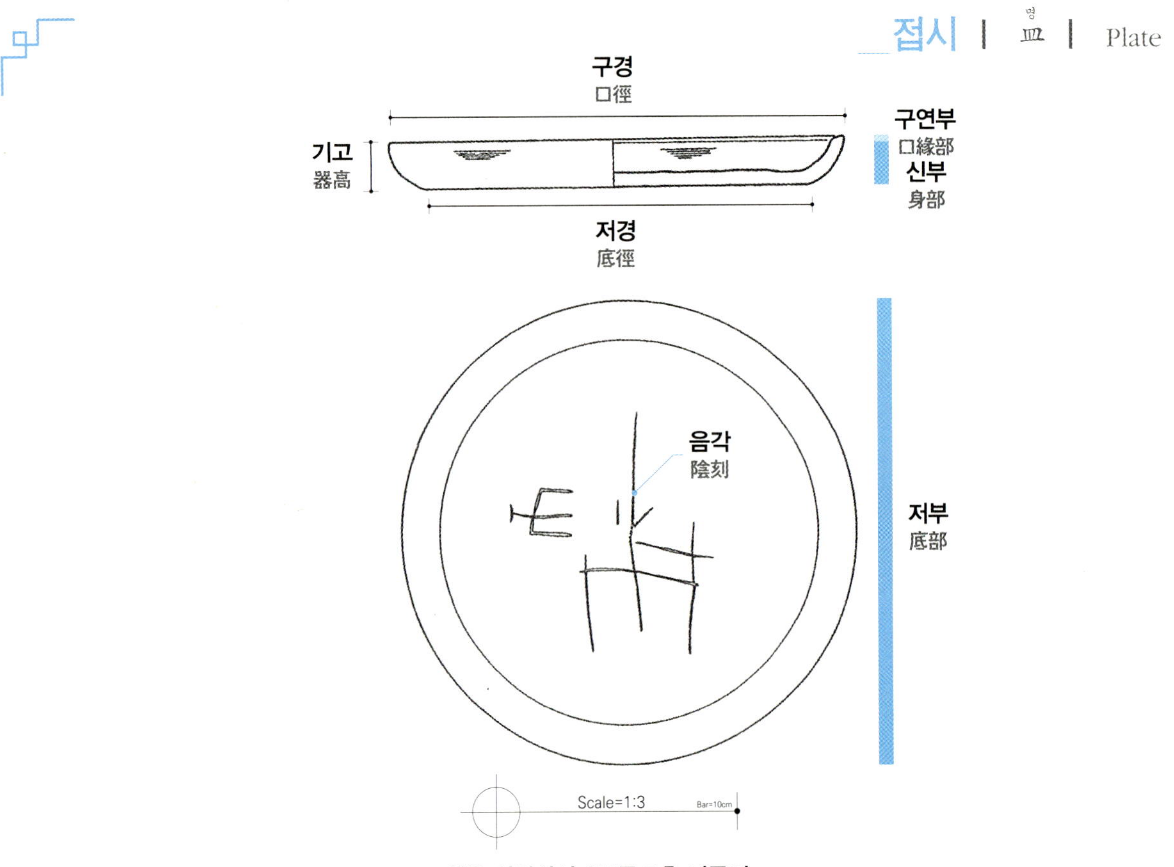

서울 아차산성 4보루 5호 건물지

* 서울대학교박물관, 2000, 『아차산 제4보루-발굴조사 종합보고서』.

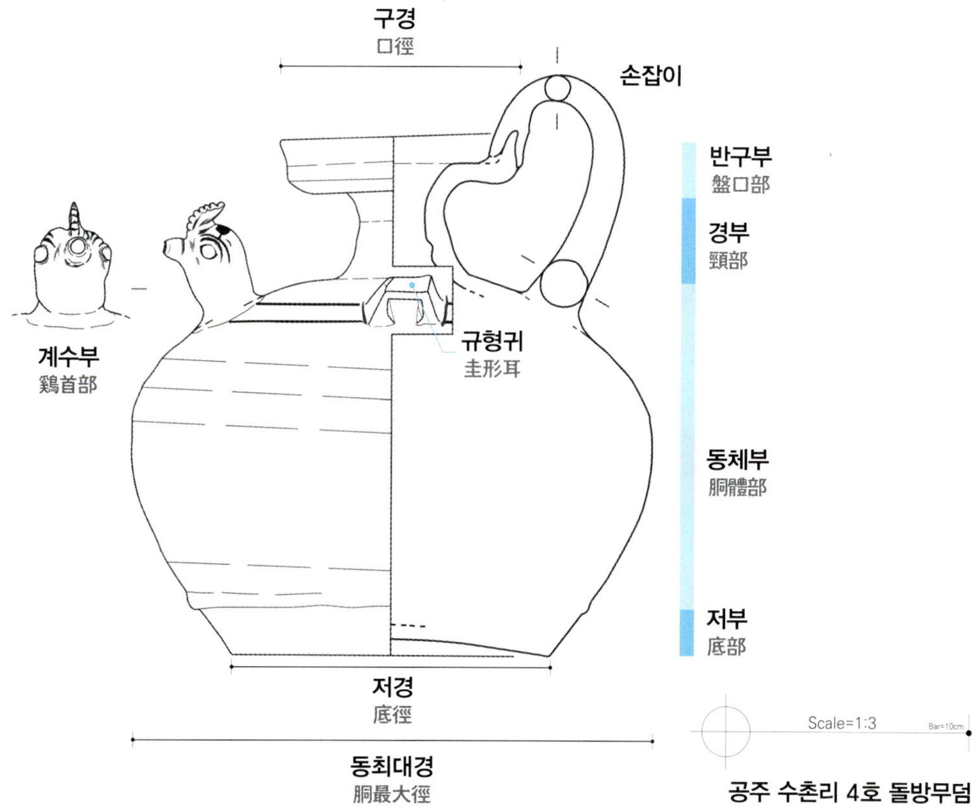

* 忠淸南道歷史文化硏究院, 2007, 『公州 水村里遺蹟』.

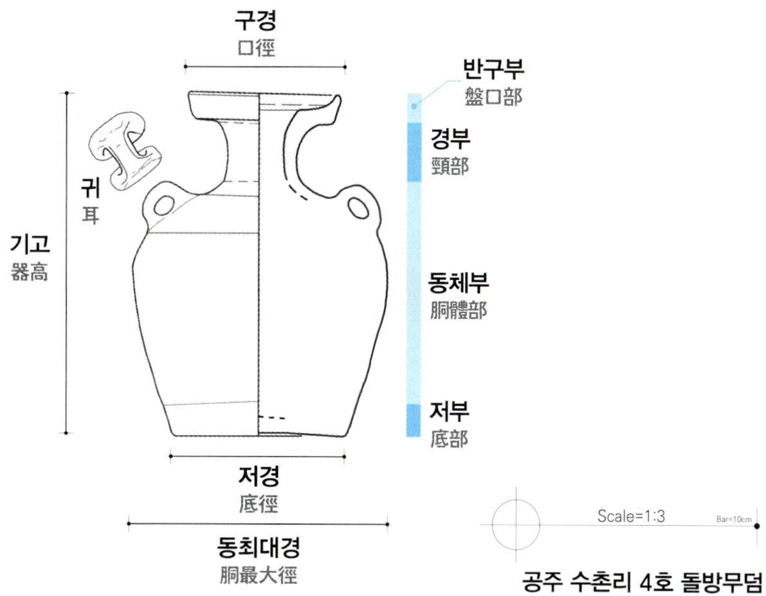

* 忠淸南道歷史文化硏究院, 2007, 『公州 水村里遺蹟』.

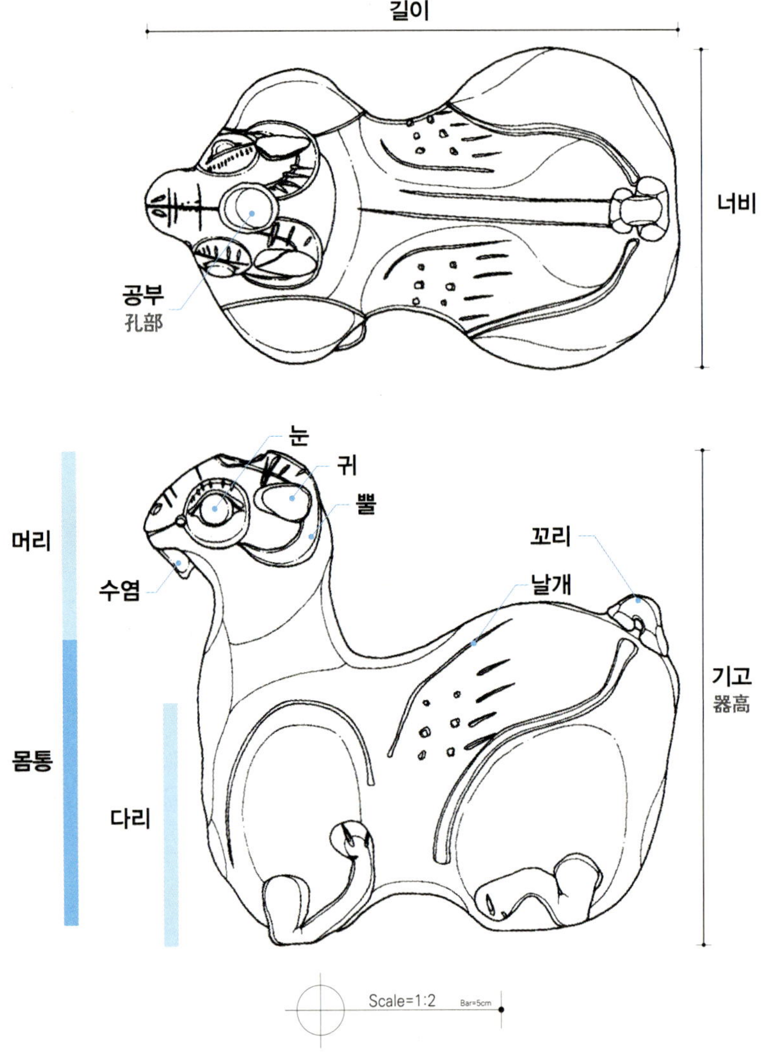

원주 법천리 1호 돌방무덤

* 國立中央博物館, 2000, 『法泉里 Ⅰ』.

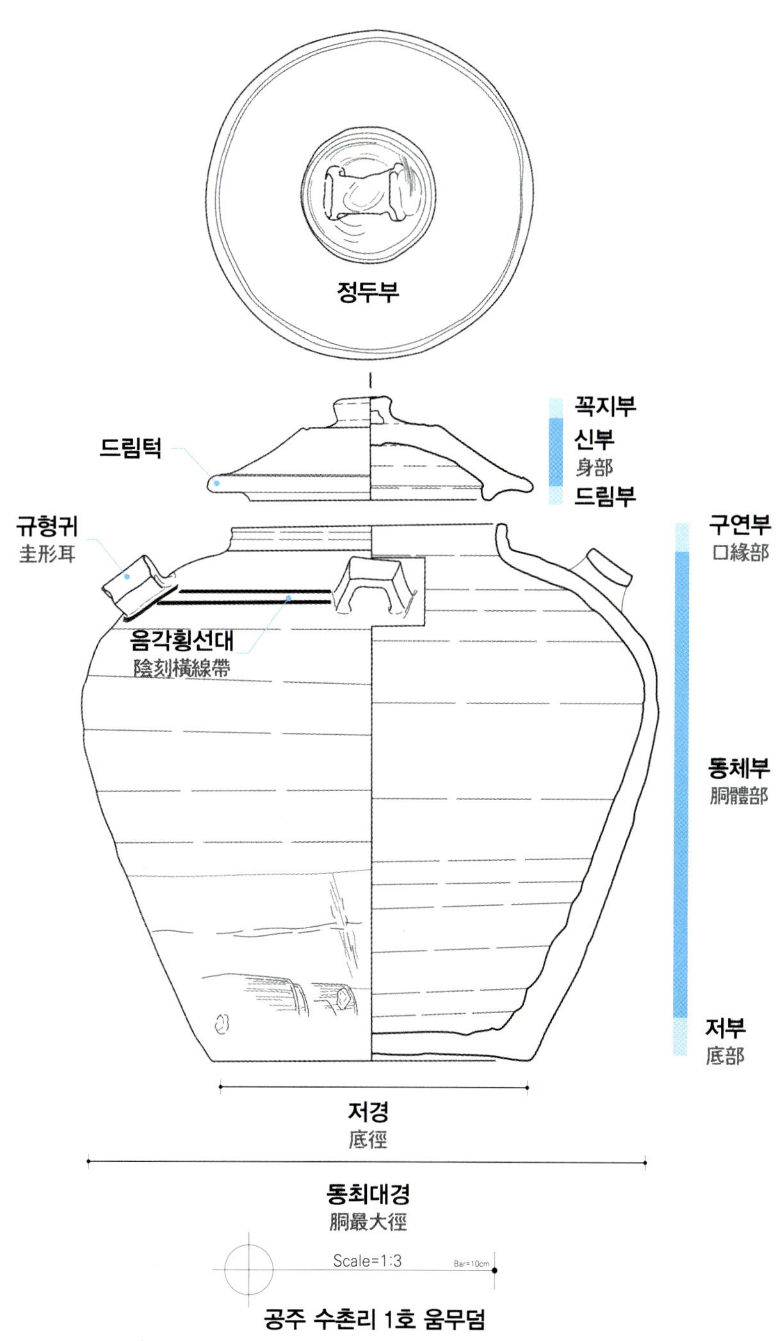

공주 수촌리 1호 움무덤

* 忠淸南道歷史文化硏究院, 2007, 『公州 水村里遺蹟』.

중국도자(전문도기) | 中國陶磁 錢文陶器 | Chinese ceramic jar with coin pattern

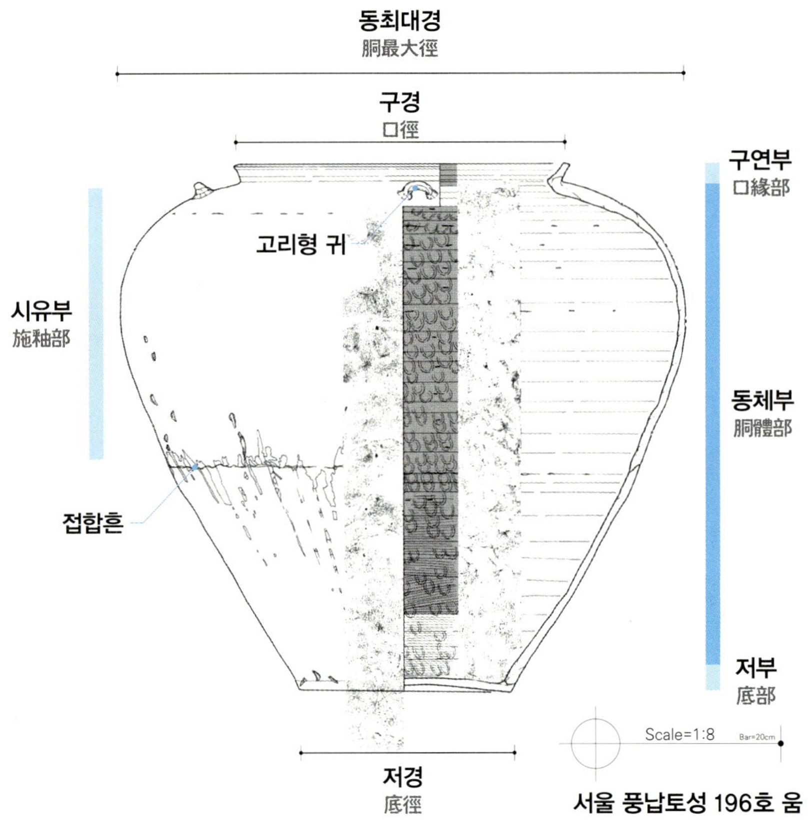

서울 풍납토성 196호 움

* 한신대학교박물관, 2011, 『風納土城 XII』.

중국도자(청자잔) | 中國陶磁 青磁盞 | Chinese celadon cup

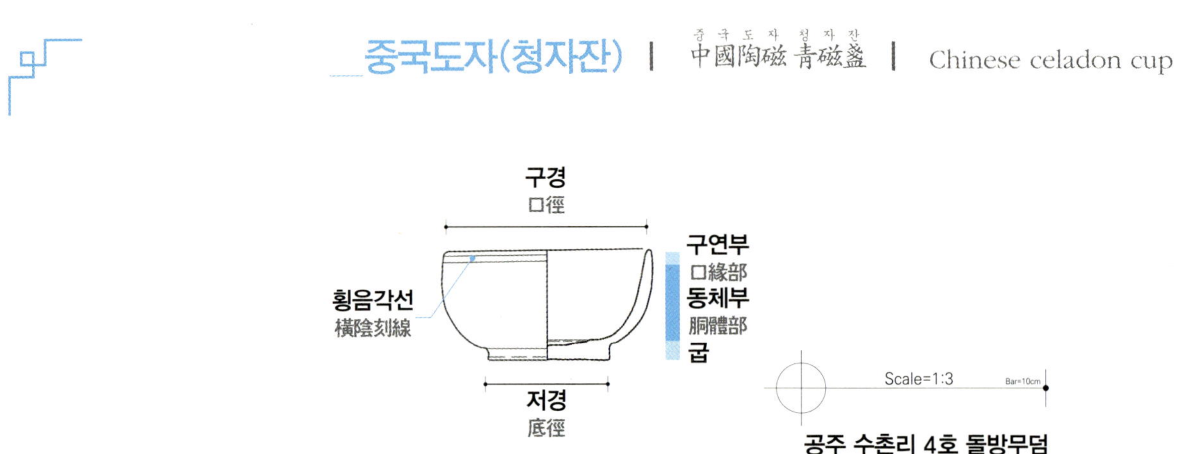

공주 수촌리 4호 돌방무덤

* 忠清南道歷史文化研究院, 2007, 『公州 水村里遺蹟』.

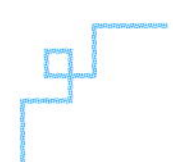

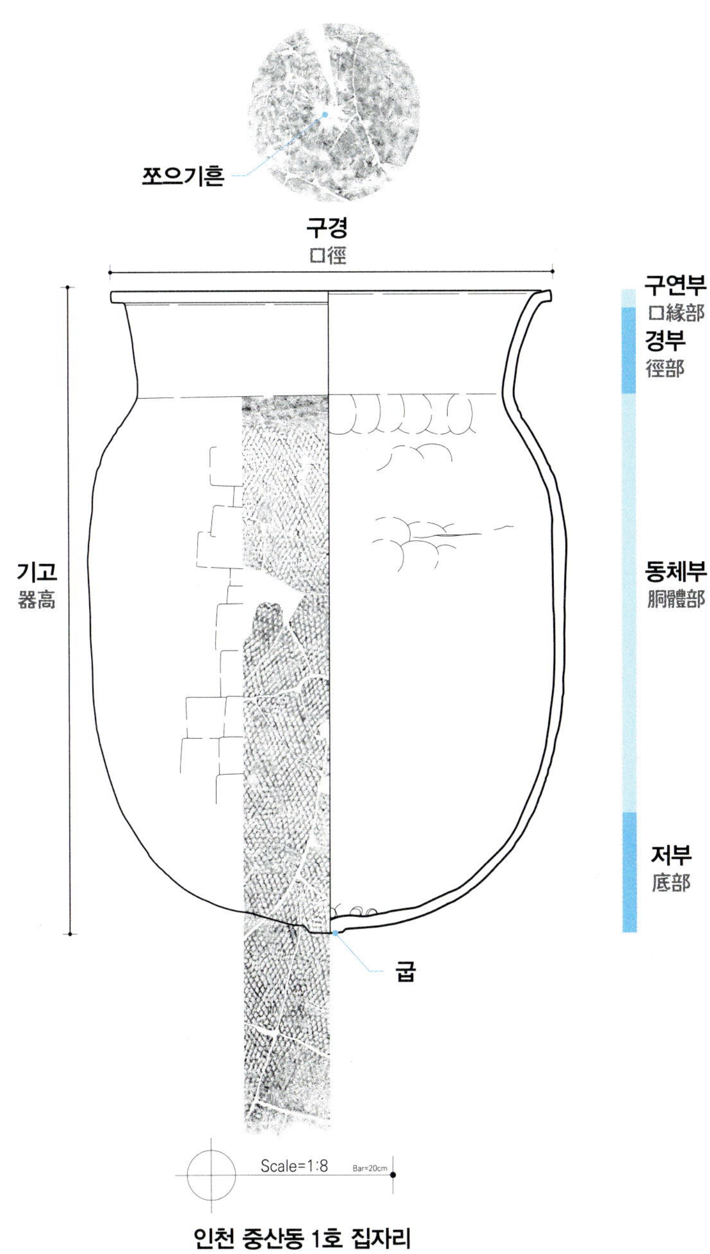

인천 중산동 1호 집자리

＊ 한강문화재연구원, 2012, 『인천 중산동 유적』.

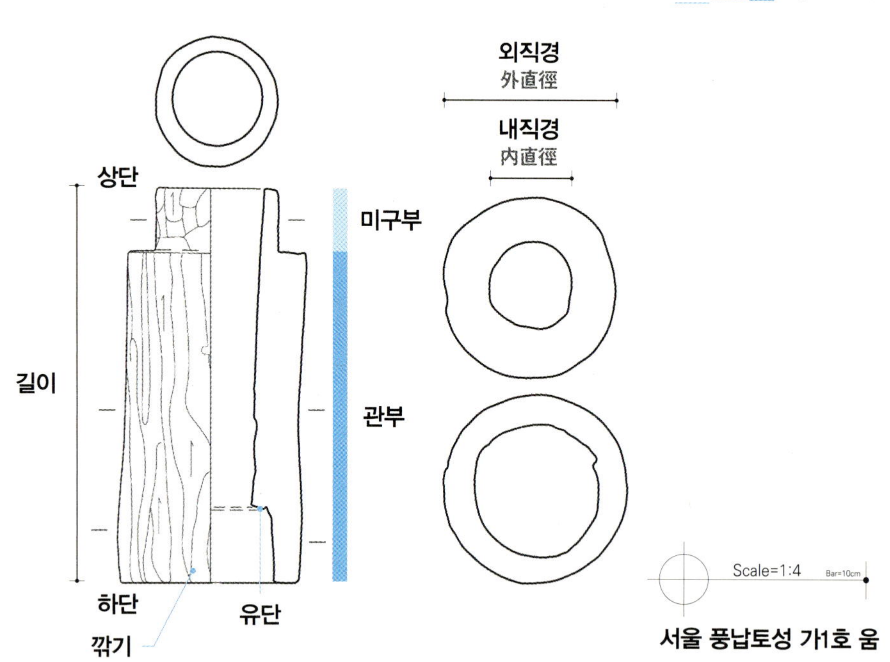

＊ 국립문화재연구소, 2012, 『風納土城 XIV』.

통형세발토기 | 圓筒形三足器 | Cylindrical tripod

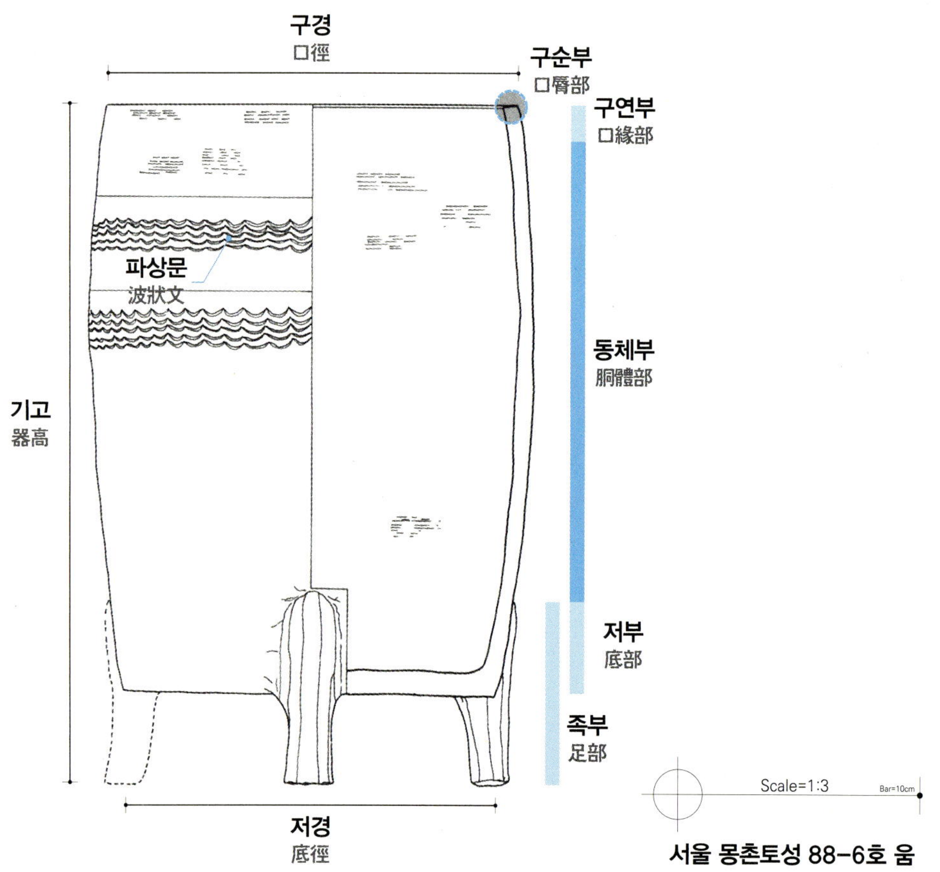

＊ 서울대학교박물관, 1988, 『夢村土城-東南地區發掘調査報告』.

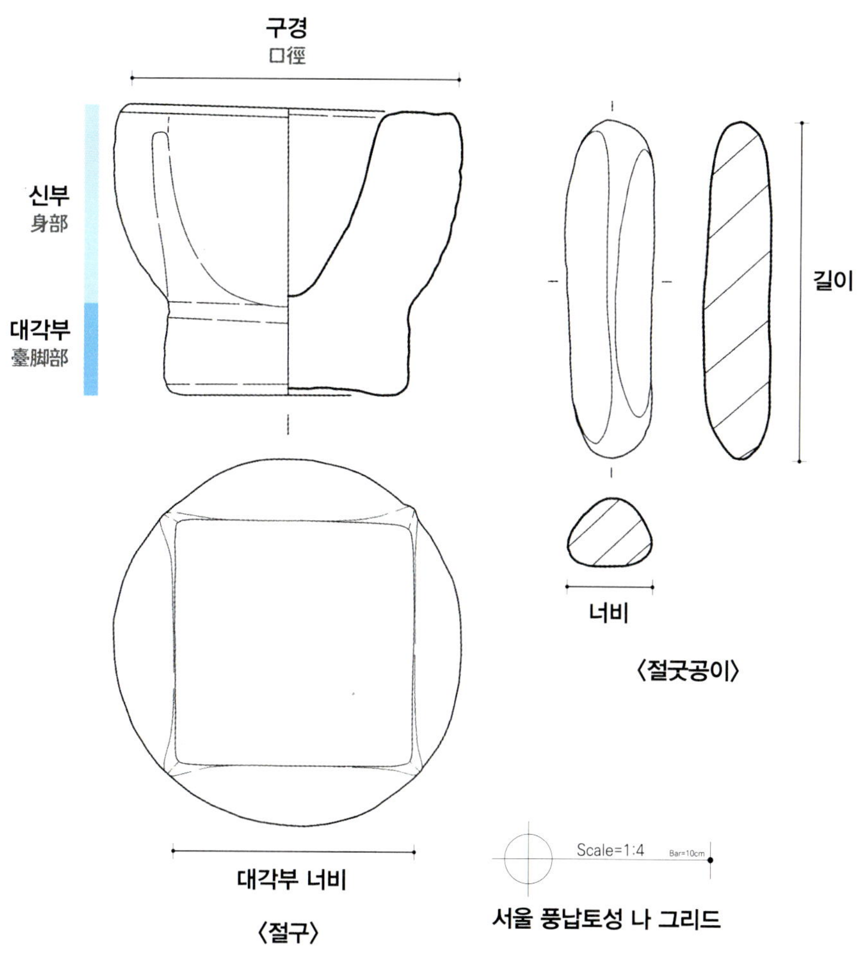

* 국립문화재연구소, 2013, 『風納土城 XV』.

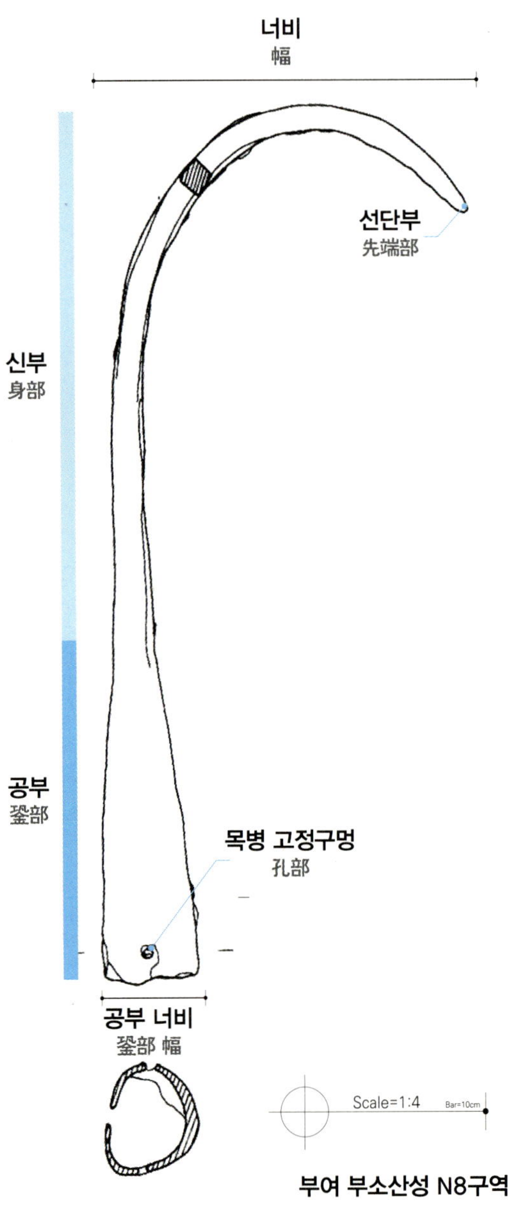

* 부여문화재연구소, 1995, 『扶蘇山城』.

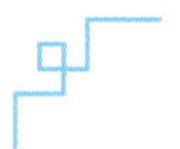

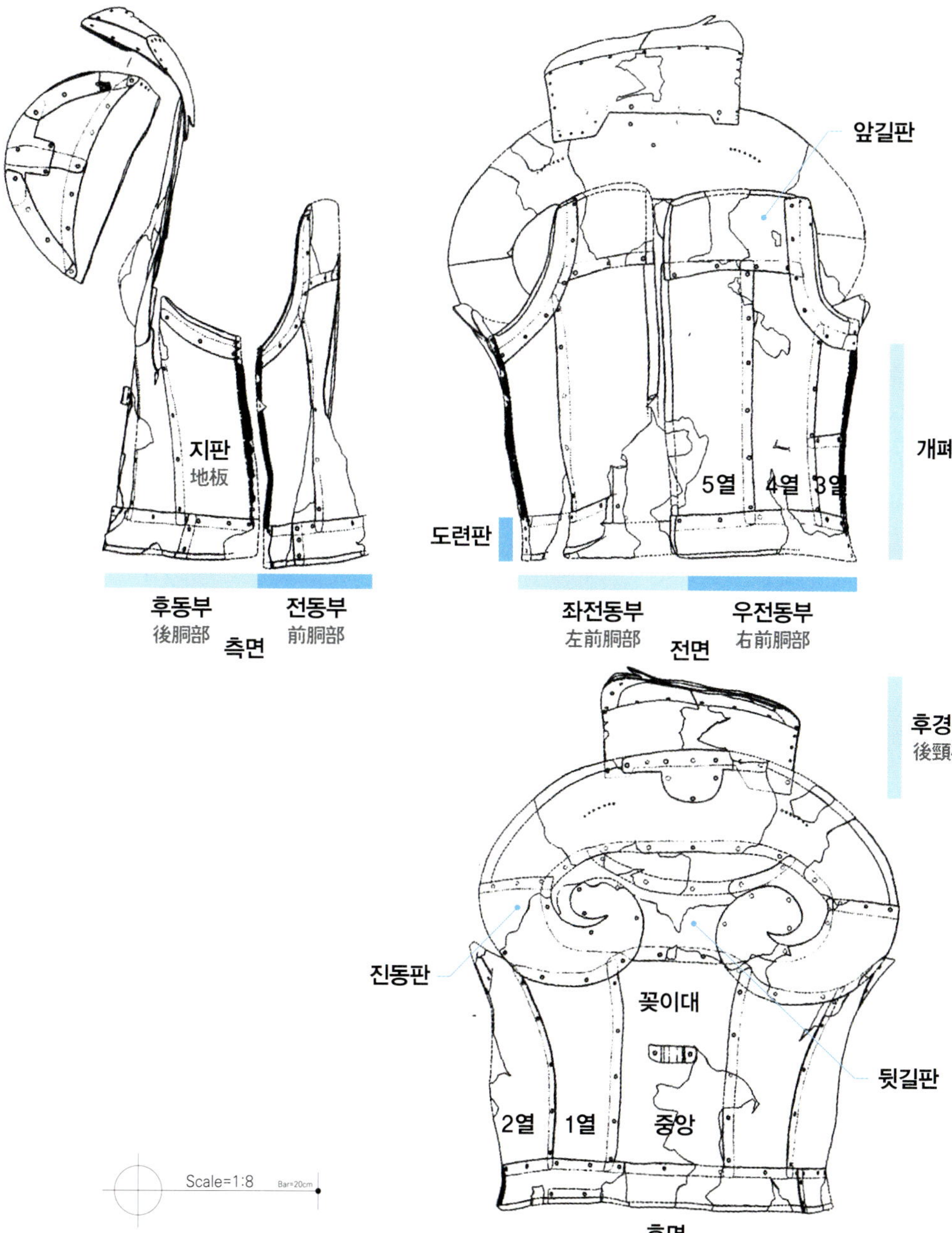

부산 복천동 10호 돌방무덤

세로로 긴 철판을 이용하여 만든 갑옷으로 종장판갑(縱長板甲)이라 불리며 한반도에서 고안한 갑옷 형태이다. 초기에는 소매판을 제작하였으나 점차 생략하였으며 후동장식판도 점차 약해진다. 지판들의 결구 방식은 가죽끈으로 서로 연결하였으나 점차 철못을 이용하는 방식으로 변화한다. 갑옷을 만들 때 이용한 목제틀이 임당유적에서 발견되기도 하였다.

* 국립김해박물관, 2015, 『甲冑, 전사의 상징』.

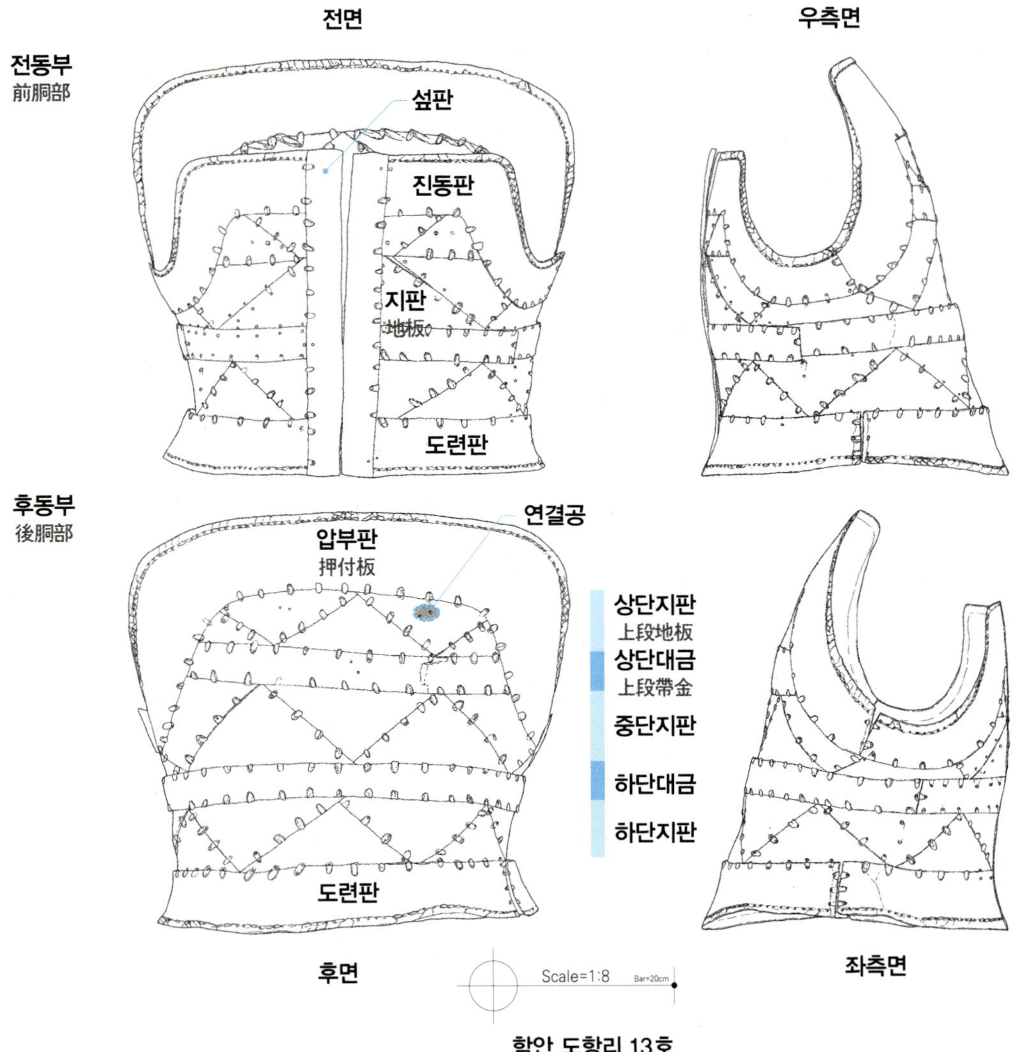

  띠상의 철판을 가로로 이용하여 만든 갑옷이며 대금계(帶金系) 또는 왜계(倭系) 판갑으로 불린다. 지판의 형태에 따라 장방판갑, 삼각판갑, 횡장판갑으로 분류된다. 연결 방식 역시 초기에는 가죽끈을 이용하였으나 점차 철못을 이용하는 방식으로 변화된다.

＊ 국립김해박물관, 2015, 『甲冑, 전사의 상징』.

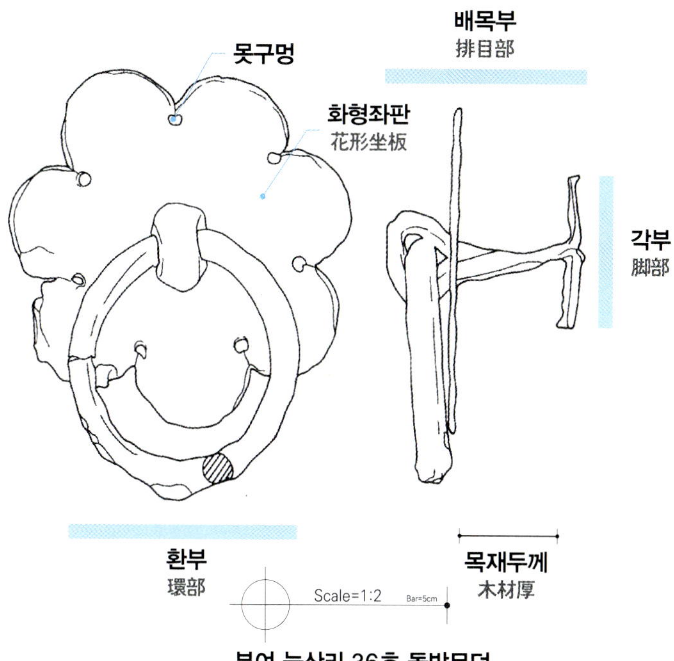

부여 능산리 36호 돌방무덤

　　좌판의 형태는 원형, 화형, 거치문형 등이 있으며, 좌판부터 꺾인 각부까지의 길이가 관으로 사용된 목재
의 두께이다.

　　* 國立夫餘文化財研究所, 1998, 『陵山里』.

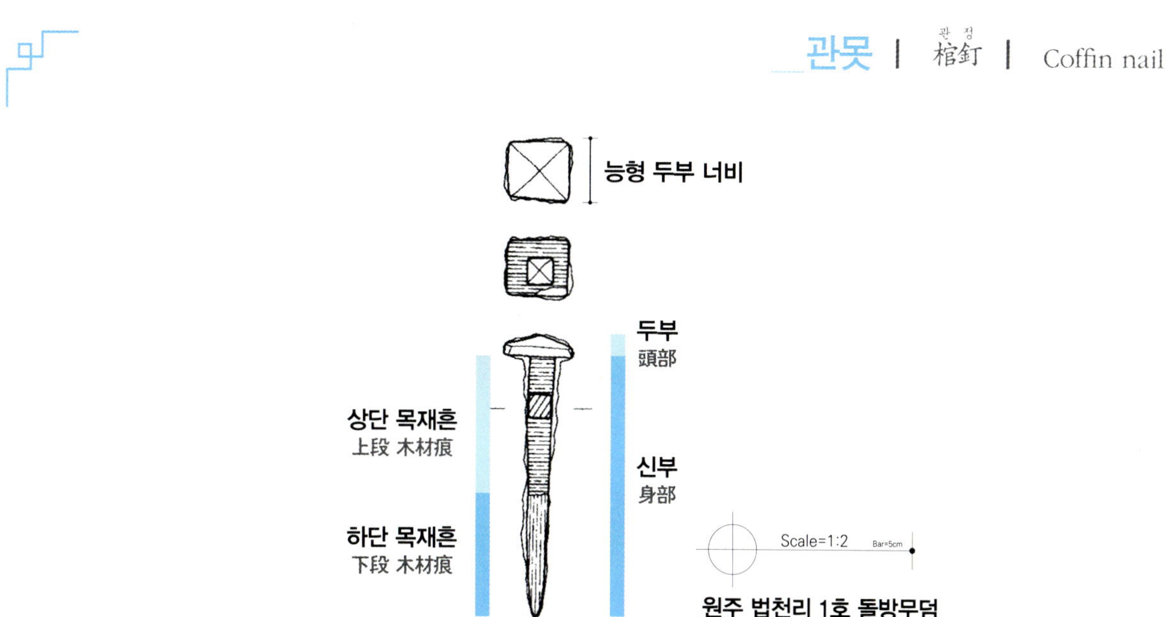

원주 법천리 1호 돌방무덤

　　* 국립중앙박물관, 2000, 『法泉里 Ⅰ』.

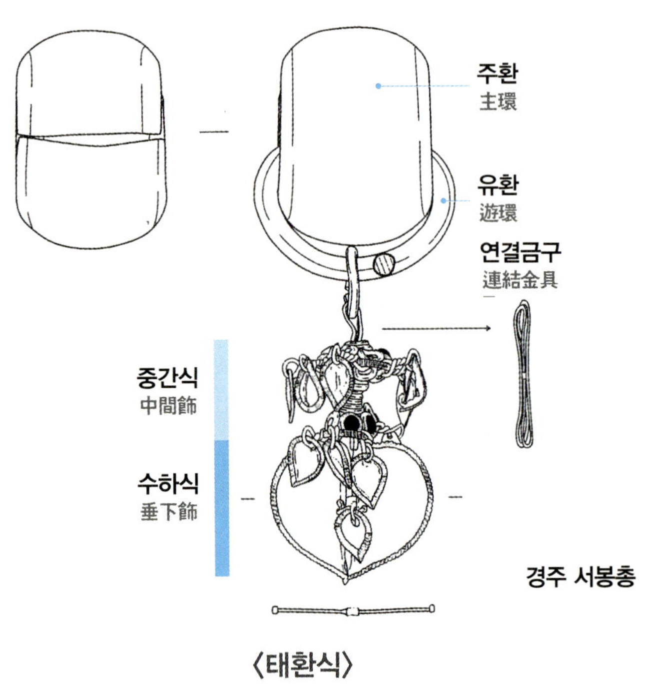

〈태환식〉

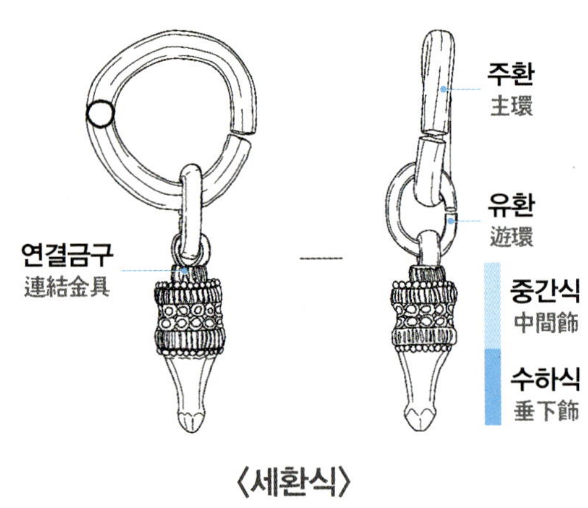

〈세환식〉

경주 쪽샘 B1호 돌무지나무널무덤

* 국립경주문화재연구소, 2013, 『慶州 쪽샘地區 新羅古墳Ⅲ -B1號 發掘調査報告書』.

경주 서봉총

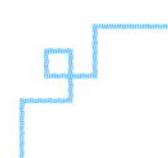

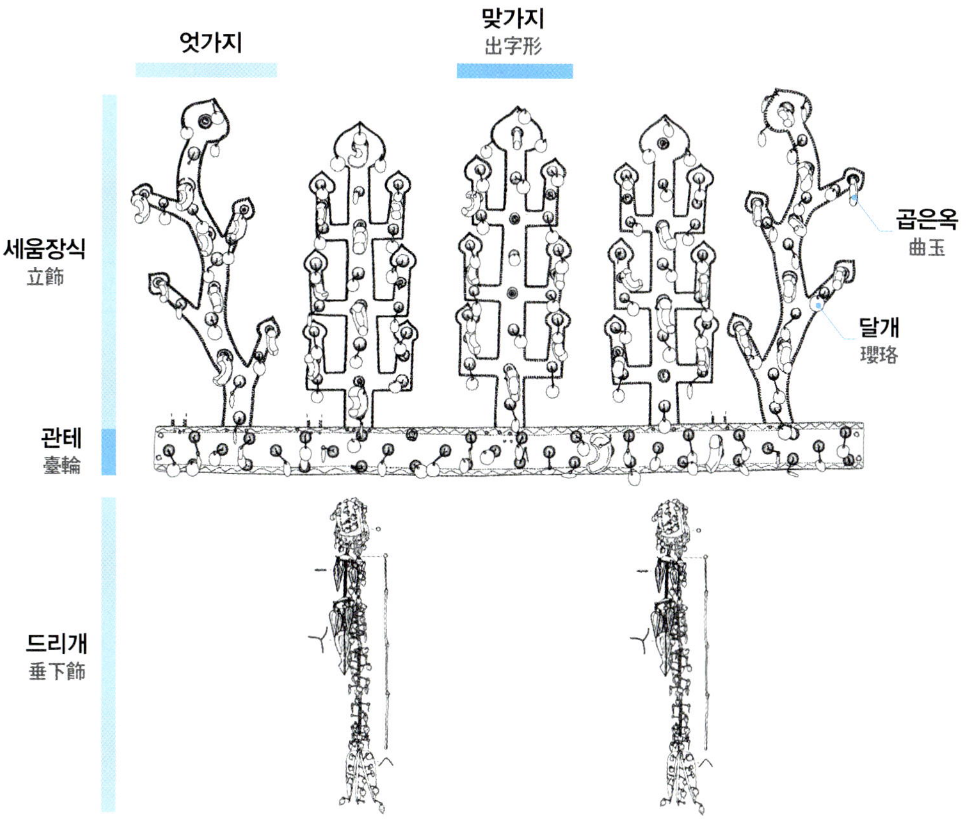

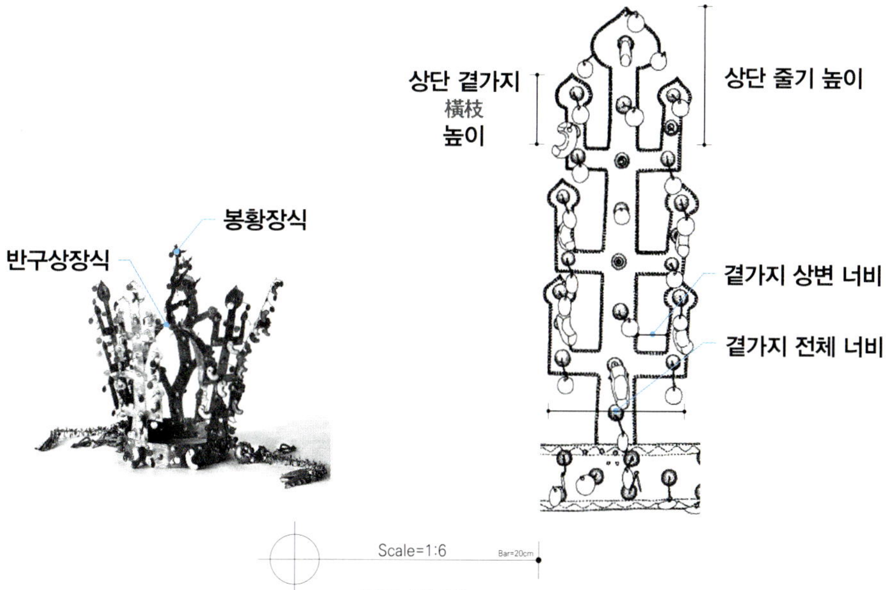

* 이한상, 2004, 『황금의 나라 신라』, 김영사.
국립중앙박물관, 2014, 『慶州 瑞鳳塚 Ⅰ(遺物篇)』.

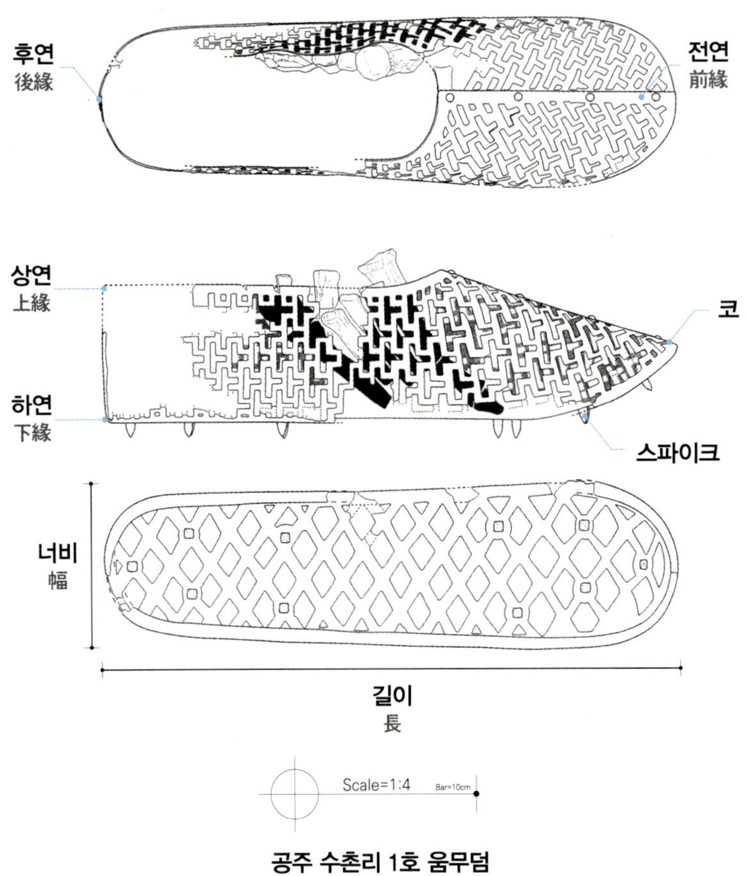

공주 수촌리 1호 움무덤

백제 식리는 양측판이 전후면에서 마무리되는 반면, 신라 식리는 전후판이 양측면에서 마무리된다.

＊ 이문형·유수화, 2015, 「고창 봉덕리1호분 출토 금동신발의 제작방법과 문양-4호석실 출토품을 중심으로」, 『馬韓百濟文化』 25, 마한백제문화연구소.

忠淸南道歷史文化硏究院, 2007, 『公州 水村里遺蹟』.

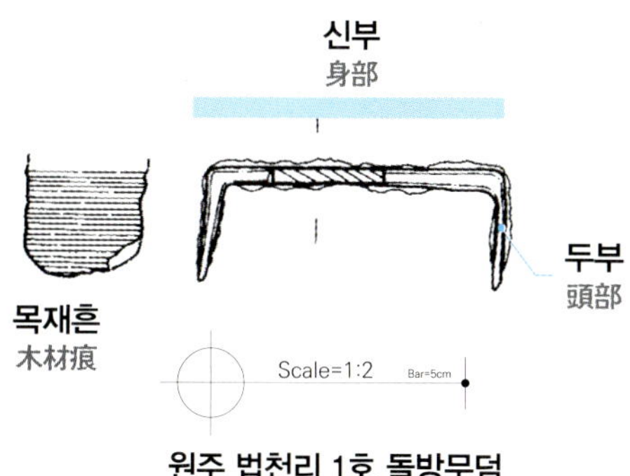

원주 법천리 1호 돌방무덤

* 국립중앙박물관, 2000, 『法泉里Ⅰ』.

__낙지가래 | 蛸鋤 | Narrow spade

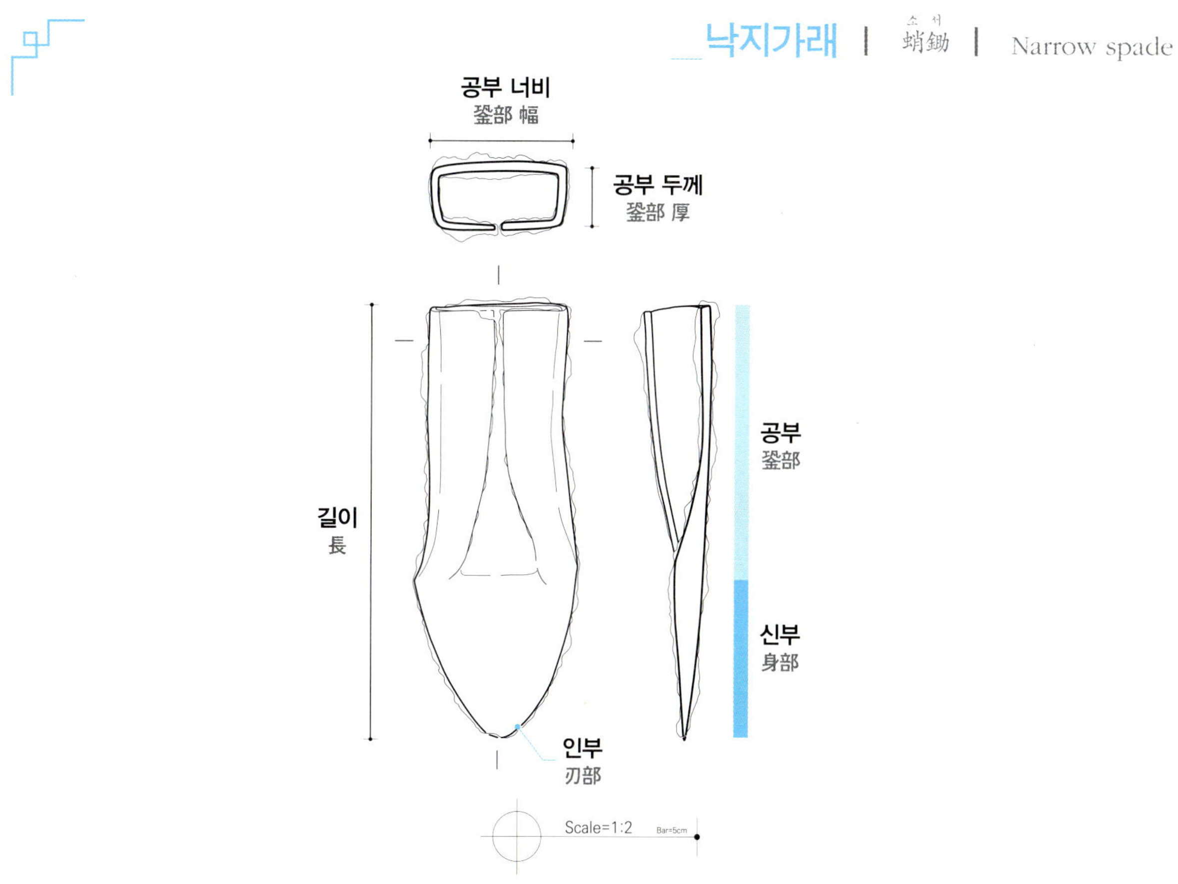

인천 중산동 1호 집자리

　기존에 철서(鐵鋤) 또는 선형철부(扇形鐵斧) 등으로 불리며 農具 또는 工具로 분류되던 유물이다. 출토지가 경기도와 영산강 유역의 해안가에 집중되고 있으며, 갯벌이나 진흙에서 사용하기 편리한 형태이기 때문에 어구로 분류된다.

* 金在弘, 2014, 「三國時代 漁具의 地域性과 階層性」, 『武器·武具와 農工具·漁具-韓日 三國·古墳時代 資料-』, 韓日 交涉의 考古學-三國-古墳時代-研究會.
한강문화재연구원, 2012, 『인천 중산동 유적』.

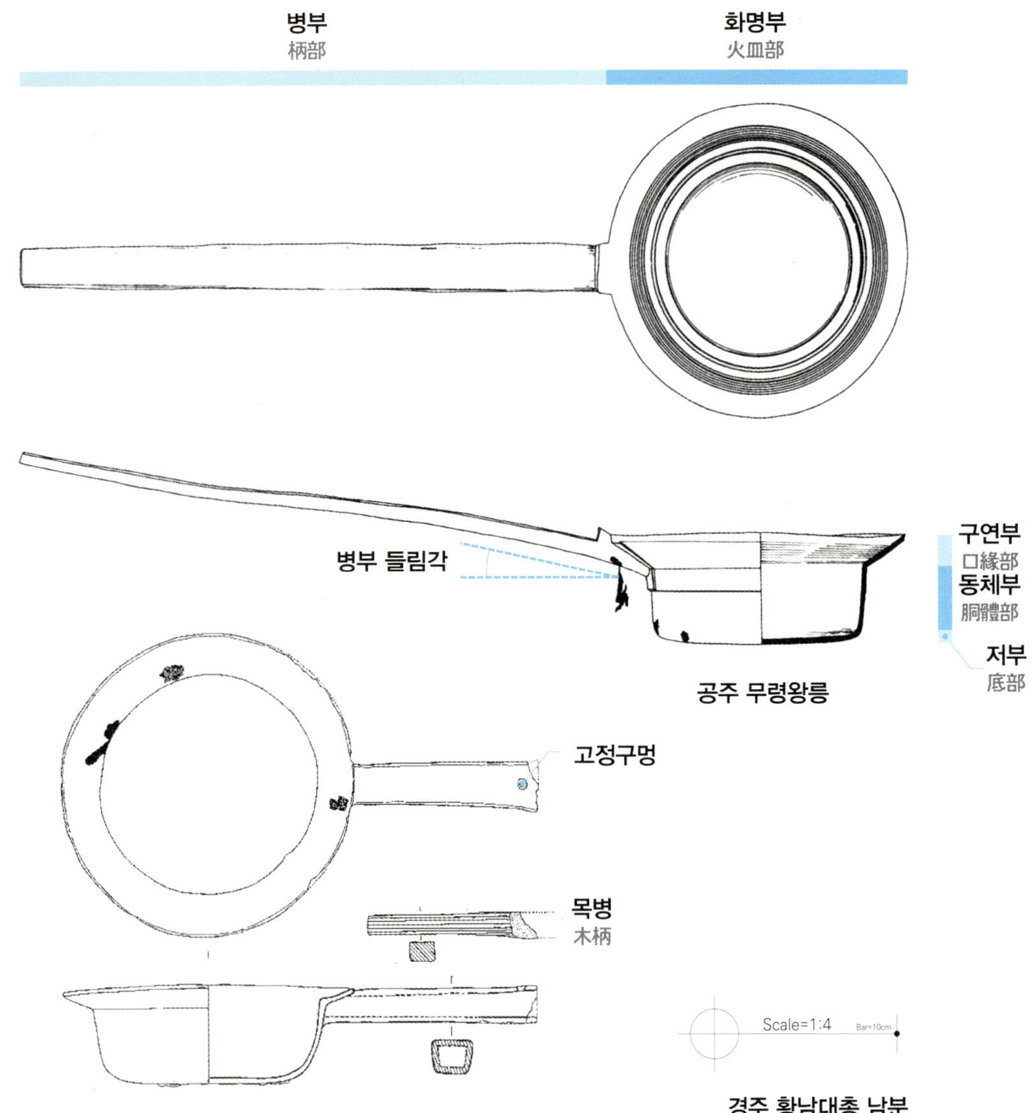

그릇 안에 숯을 넣어 그 열기를 이용해 직물 등을 다리는 용도로 저부의 형태가 편평한 것이 특징이다. 손잡이는 길게 구성되어 있으며 전체가 금속제인 것과 목병을 장착하는 형태 등이 있다. 다만 황오동 16호분 2곽에서 세발솥(鼎) 밑에서 끼워진 채 출토되어 다리미의 용도 외에도 이동식 화로의 용도로도 사용되었을 가능성이 있다.

❋ 李漢祥, 2005,「新羅 熨斗의 副葬方式과 用途」,『東亞考古論壇』, 忠淸文化財硏究院.

文化財管理局, 1973,『武寧王陵』.

文化財管理局 文化財硏究所, 1994,『皇南大塚』.

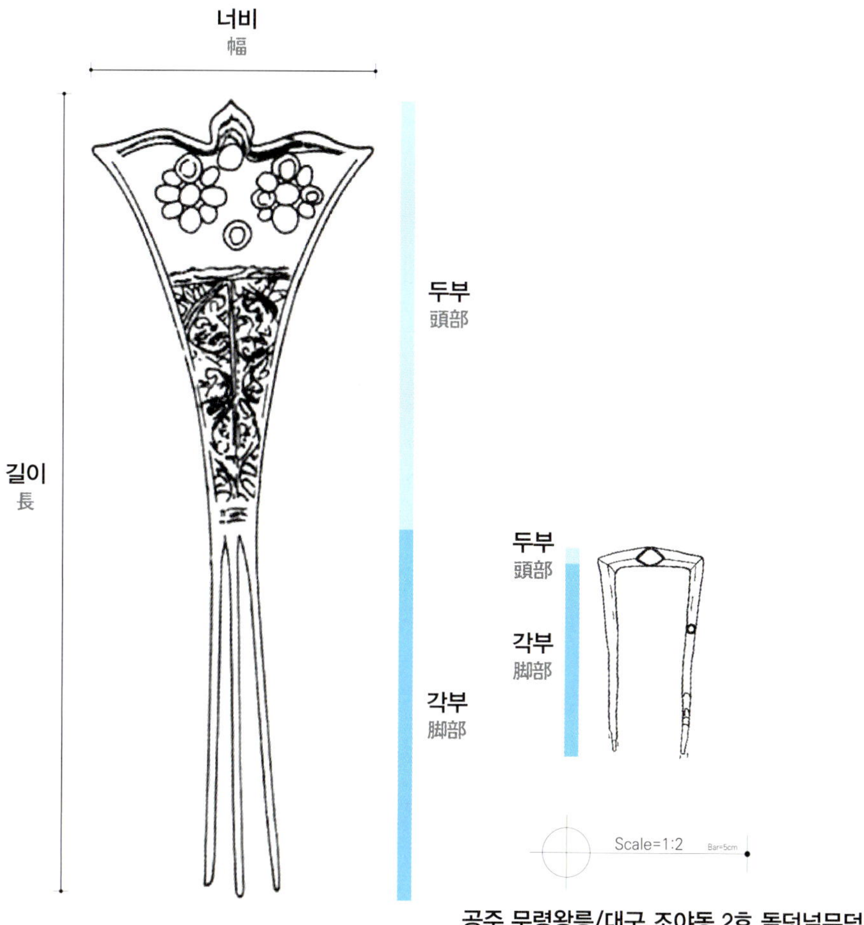

공주 무령왕릉/대구 조야동 2호 돌덧널무덤

李惠瓊, 2005, 「가랑비녀에 대한 小考」, 『錦江考古』 2, 충청문화재연구원.

경상북도문화재연구원, 2001, 『大邱 鳳舞洞 · 助也洞 · 屯山洞遺蹟』.

文化財管理局, 1973, 『武寧王陵』.

__말갖춤(깃발꽂이) | 馬具(蛇行狀鐵器) | Horseback flagpole

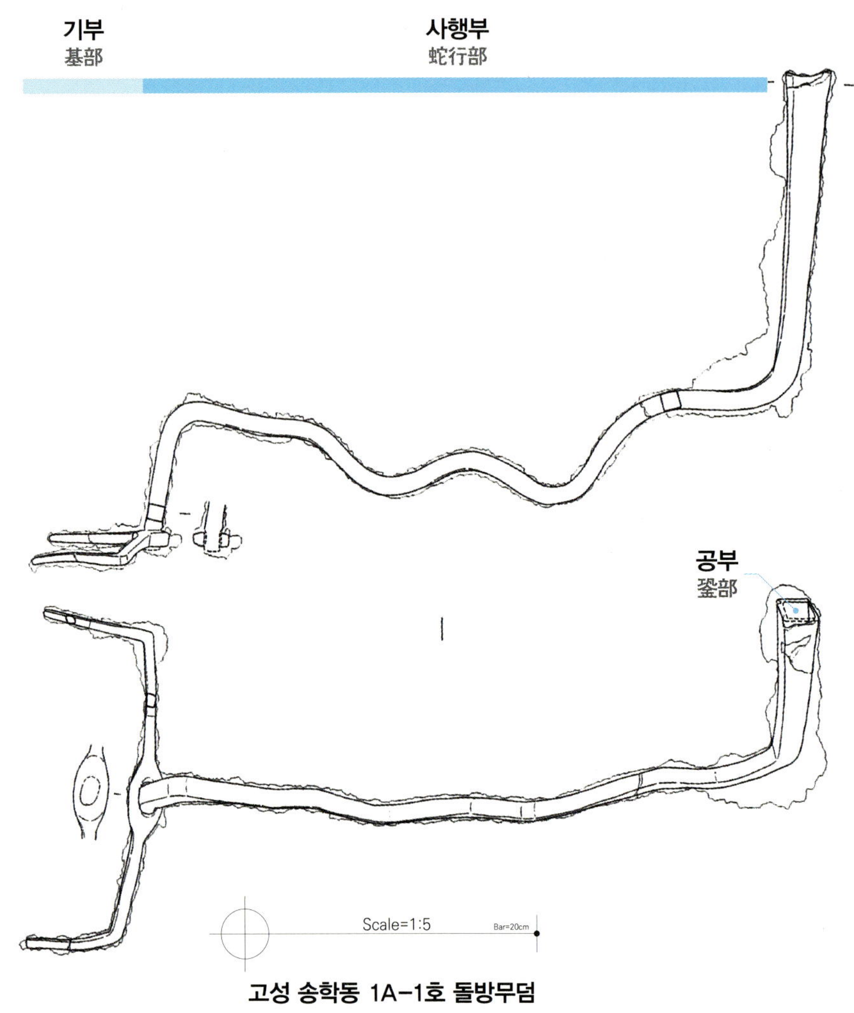

고성 송학동 1A-1호 돌방무덤

말안장 뒤에 부착하여 깃발을 꽂아 말을 장식하면서 기승자의 신분이나 권위를 나타내는 용도이다. 장착 방법은 기부를 안장의 후륜에 부착하거나 사행부의 꺾인 부분을 후륜에 끼워서 장착한 것으로 추정되며, 공부는 1개로 제작된 것이 주를 이루지만 여러 개로 구성된 것도 확인된다.

＊ 복천박물관, 2014, 『가야지역의 마구』.

　東亞大學校博物館, 2005, 『固城 松鶴洞 古墳群』.

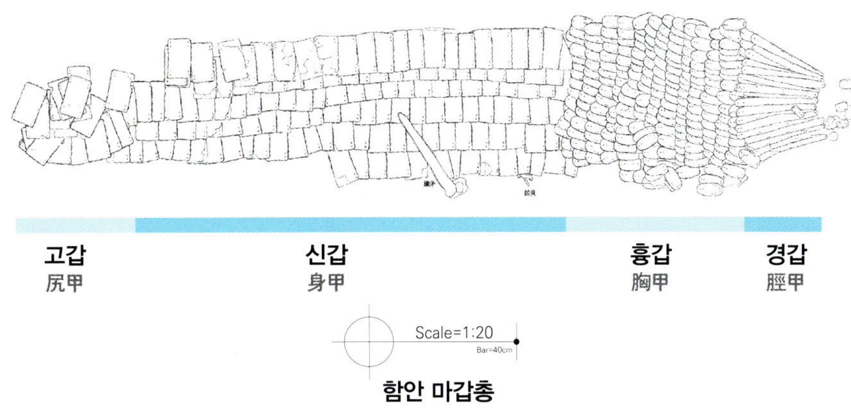

함안 마갑총

함안 마갑총

공주 공산성

삼실총 제1실 전투도

* 국립김해박물관, 2015, 『갑주, 전사의 상징』.

  國立昌原文化財研究所, 2002, 『咸安 馬甲塚』.

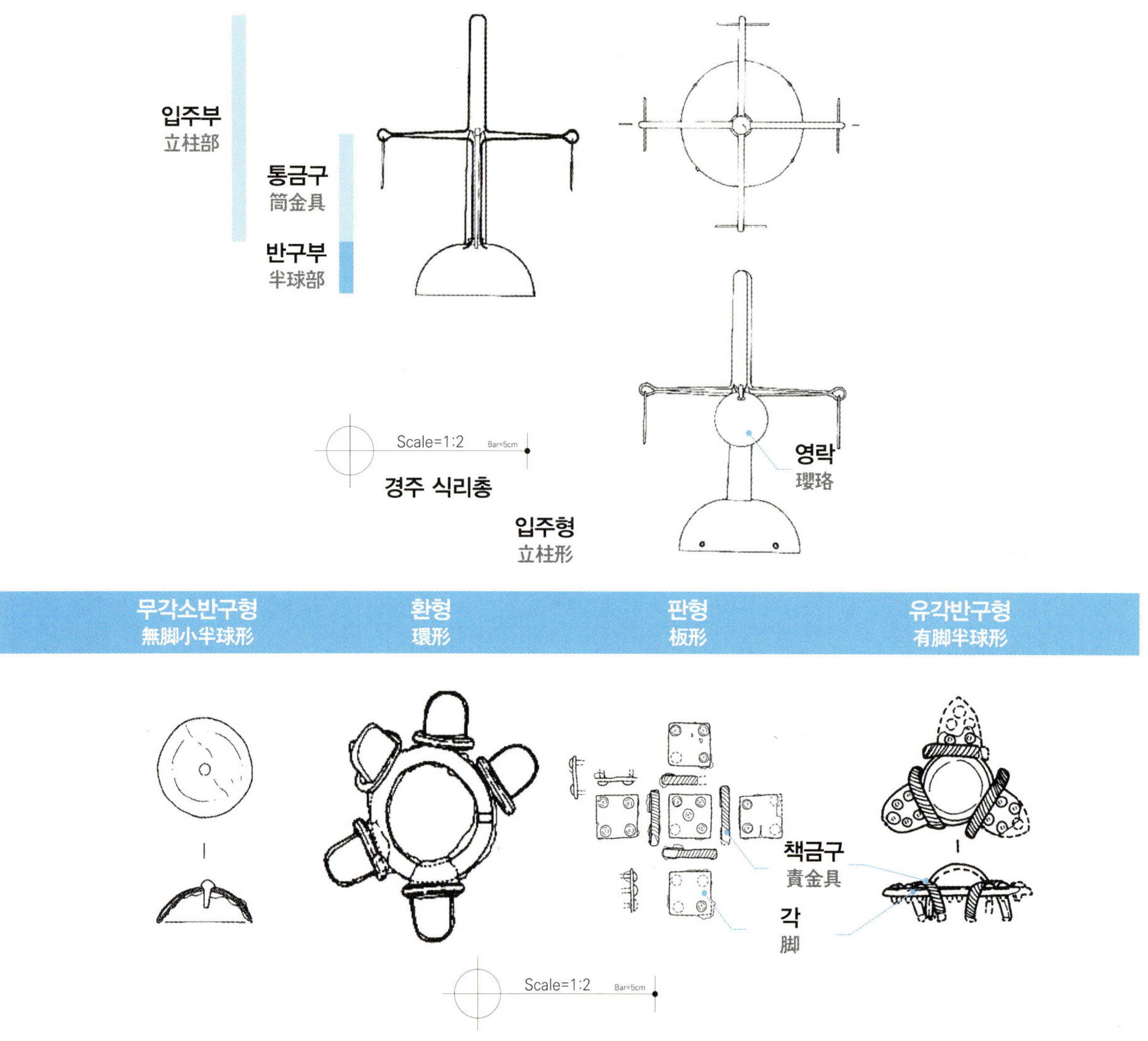

경주 황남대총 남분/고령 지산동 30호 돌덧널무덤/함안 도항리 4호 굴식돌방무덤/합천 옥전 M3호 돌덧널무덤

말띠드리개, 사행상철기, 방울류 등과 함께 말갖춤의 장식구에 해당하며 삼계(三繫) 중 흉계와 고계를 구성하는 가죽끈이 교차되는 곳에 주로 사용된다. 형태에 따라 환형(環形), 판형(板形), 무각소반구형(無脚小半球形), 입주부형(立柱附形), 반구형(半球形) 등이 있다. 반구형과 판형은 철판의 구성에 따라 조합식과 일체식으로 세분된다.

* 이난영 · 김두철, 1999,『韓國의 馬具』.

文化公報部 文化財管理局, 1974,『飾履塚』.

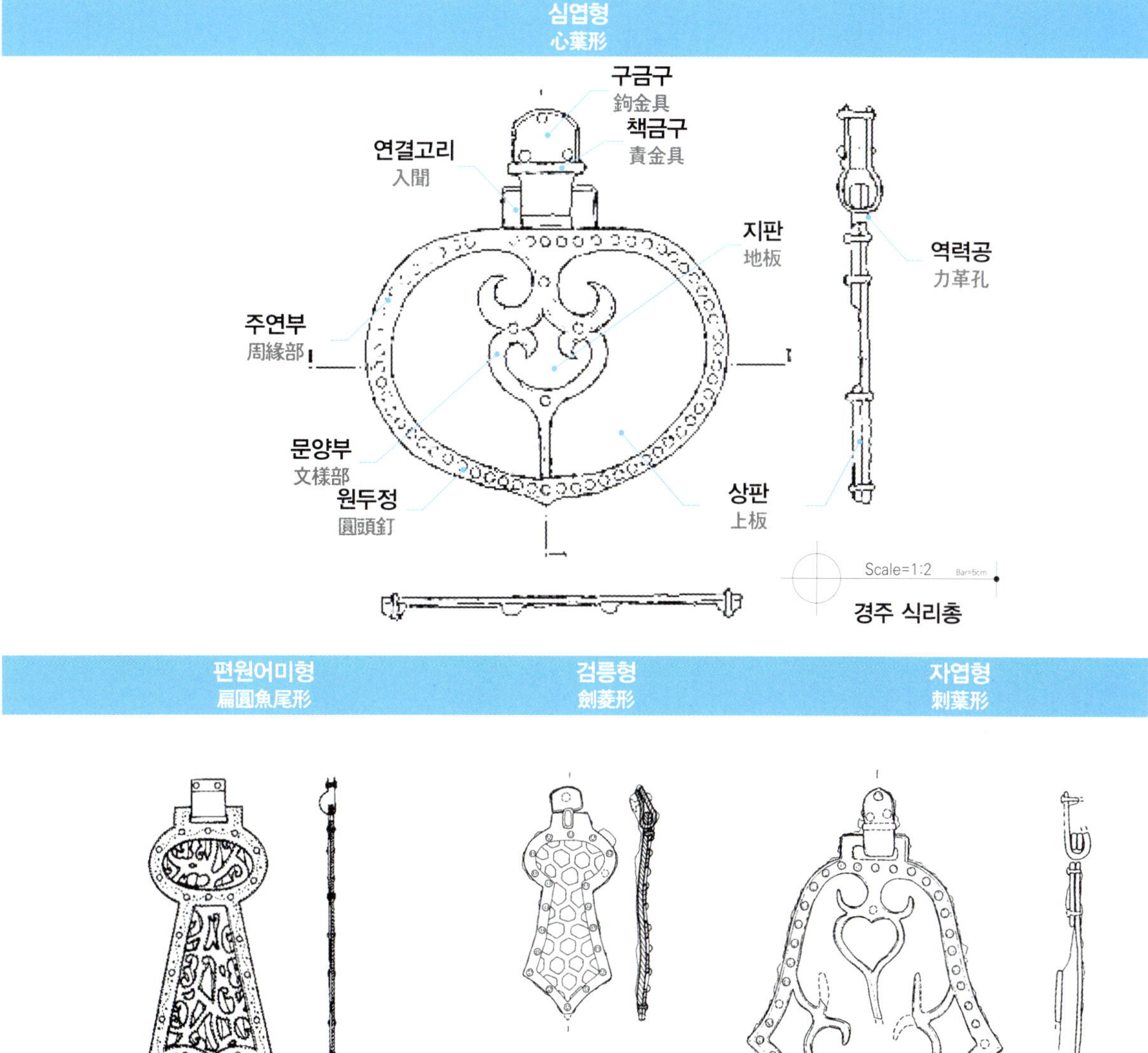

경주 황남대총 북분/합천 옥전 M3호 돌덧널무덤/고성 송학동 1C호 돌방무덤

　　말띠꾸미개, 사행상철기, 방울류 등과 함께 말갖춤의 장식구에 해당하며 삼계(三繫) 중 흉계와 고계에 매달려 사용된다. 형태에 따라 심엽형, 편원어미형, 검릉형, 종형, 이형 등으로 분류된다. 장신구인 만큼 금·은 소재를 많이 이용하였으며 형태가 지역색을 나타내기도 한다.

＊ 이난영·김두철, 1999, 『韓國의 馬具』.
　文化公報部 文化財管理局, 1974, 『飾履塚』.

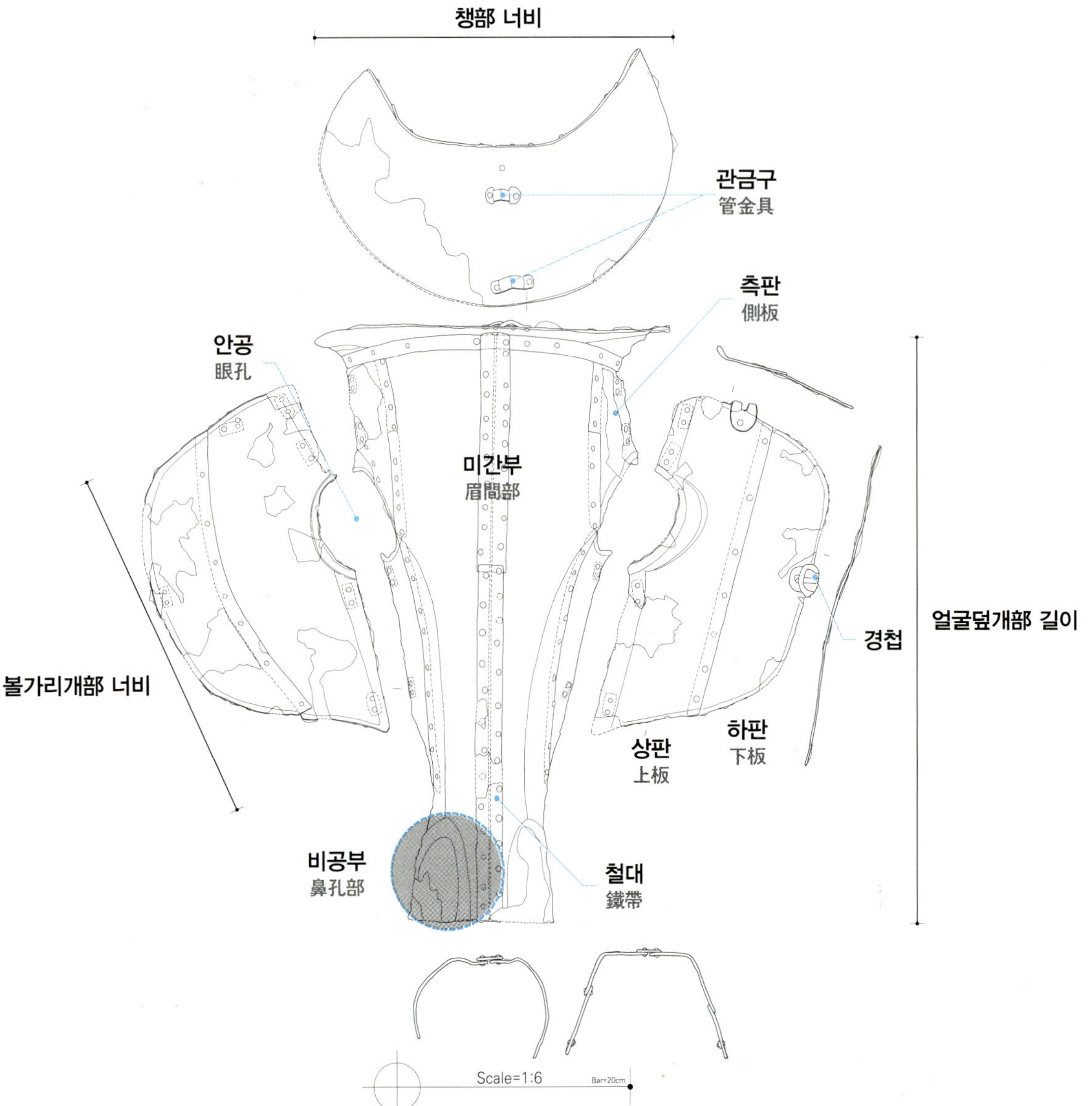

경주 사라리 65호 덧널무덤

전투시 말을 보호하기 위해 사용하는 투구로 상판을 구성하는 철판의 분할 여부에 따라 분류할 수 있다. 분할된 형태는 중국 동북 지방에서, 분할되지 않은 형태는 고구려에서 그 계보를 구하고 있다.

* 李尙律, 2005, 「新馬冑考」, 『嶺南考古學』 37, 영남고고학회.

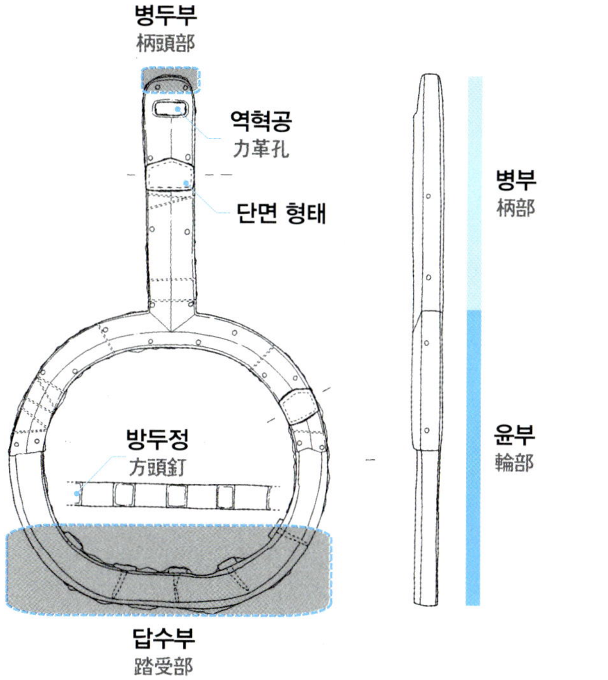

병두부
柄頭部

역혁공
力革孔

단면 형태

병부
柄部

윤부
輪部

방두정
方頭釘

답수부
踏受部

윤등
輪鐙

원주 법천리 1호 돌방무덤

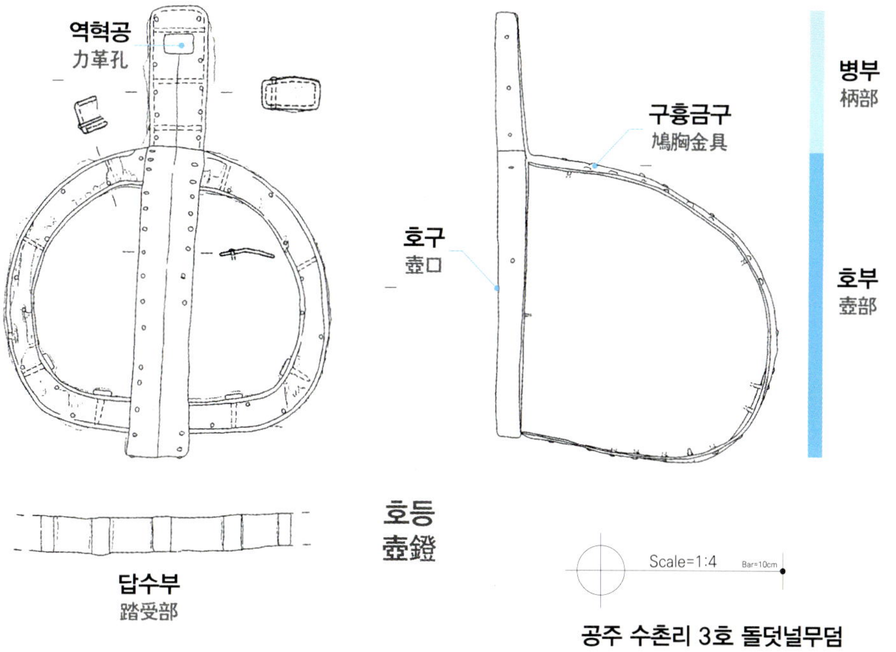

역혁공
力革孔

병부
柄部

구흉금구
鳩胸金具

호구
壺口

호부
壺部

호등
壺鐙

답수부
踏受部

Scale=1:4   Bar=10cm

공주 수촌리 3호 돌덧널무덤

안장과 함께 안정구에 해당한다. 발걸이를 구성하는 재질에 따라 목심철판피등자와 철제등자로 나뉘며, 발을 걸치는 부분의 형태에 따라 윤등과 호등으로 구분된다. 미끄러짐을 방지하기 위해 답수부에 방두정이나 원두정을 채용하며 점차 답수부의 폭이 넓어져 하중을 견디기 좋은 구조로 변화된다.

＊ 國立中央博物館, 2000, 『法泉里 Ⅰ』.
　忠清南道歷史文化研究院, 2007, 『公州 水村里遺蹟』.

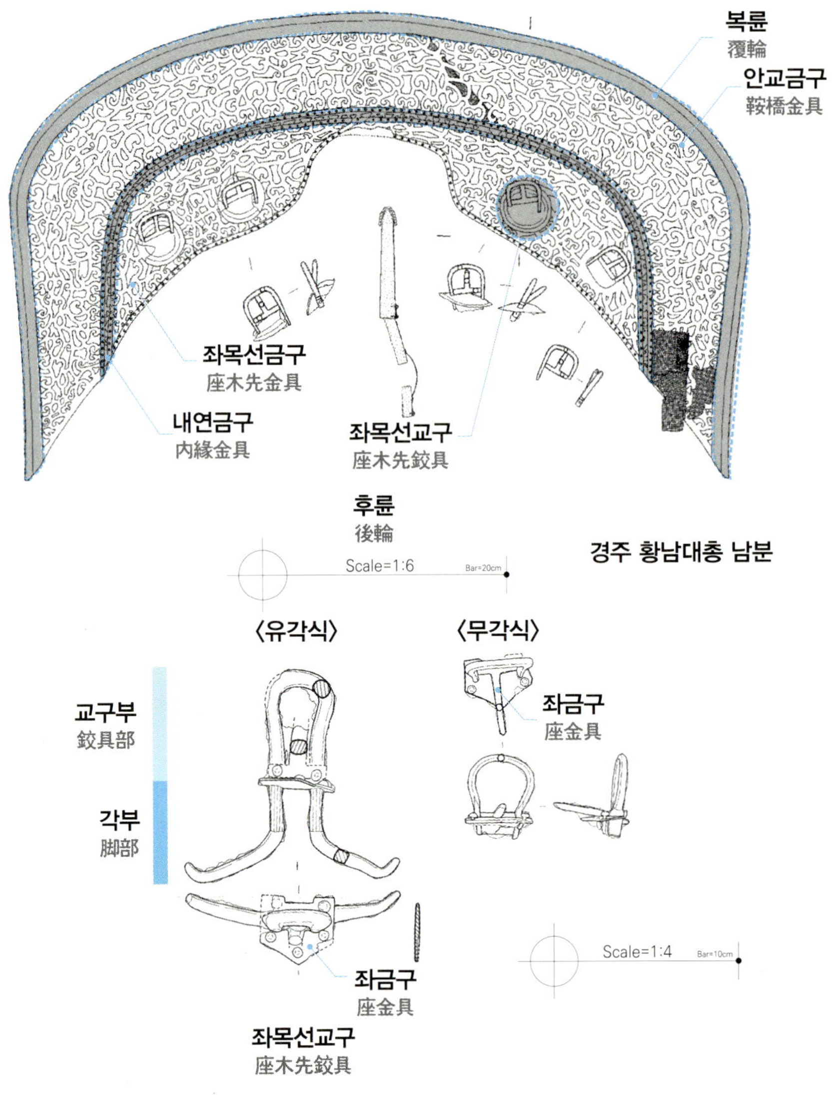

고성 송학동 1A-1호 돌방무덤/합천 옥전M3호 돌덧널무덤

발걸이와 함께 안정구에 해당한다. 안장의 기본틀은 목제로 전륜과 후륜이 사이에 기수가 앉을 수 있는 좌목이 있는 구조이다. 그러나 유적에서 출토된 안장은 금속제의 장식이 덧붙여진 전륜과 후륜의 일부와 장니를 부착했던 부속구만 주로 남아있다. 창녕 송현동과 대전 월평동유적의 목제 안장을 통해 전·후륜을 구성한 목제는 1매로 제작된 것이 아닌 2매의 목제를 조합된 것을 알 수 있다.

❖ 慶尙大學校博物館, 1990, 『陜川玉田古墳群 Ⅱ-M3號墳』.
東亞大學校博物館, 2005, 『固城 松鶴洞 古墳群』.
文化財管理局 文化財研究所, 1994, 『皇南大塚』.

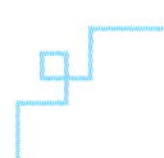

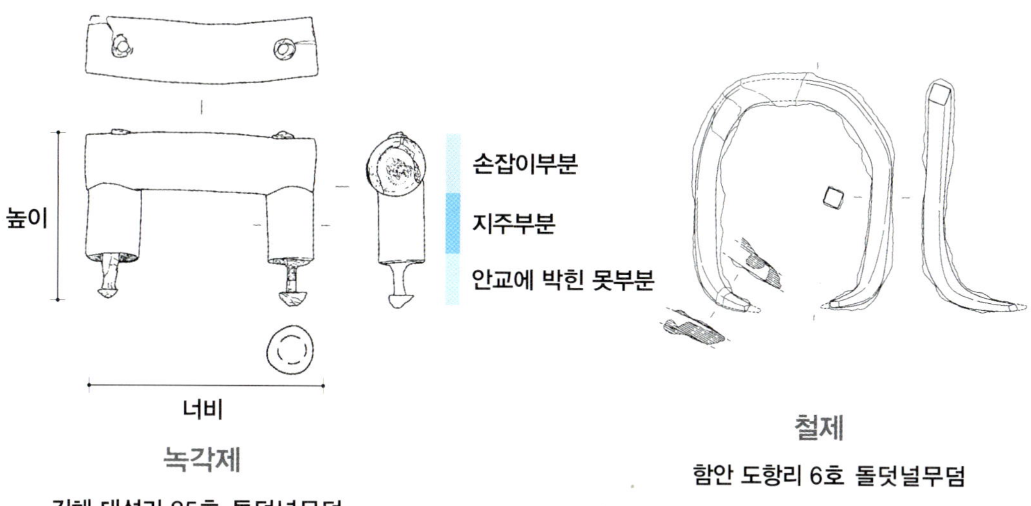

녹각제

김해 대성리 85호 돌덧널무덤

철제

함안 도항리 6호 돌덧널무덤

안장 손잡이

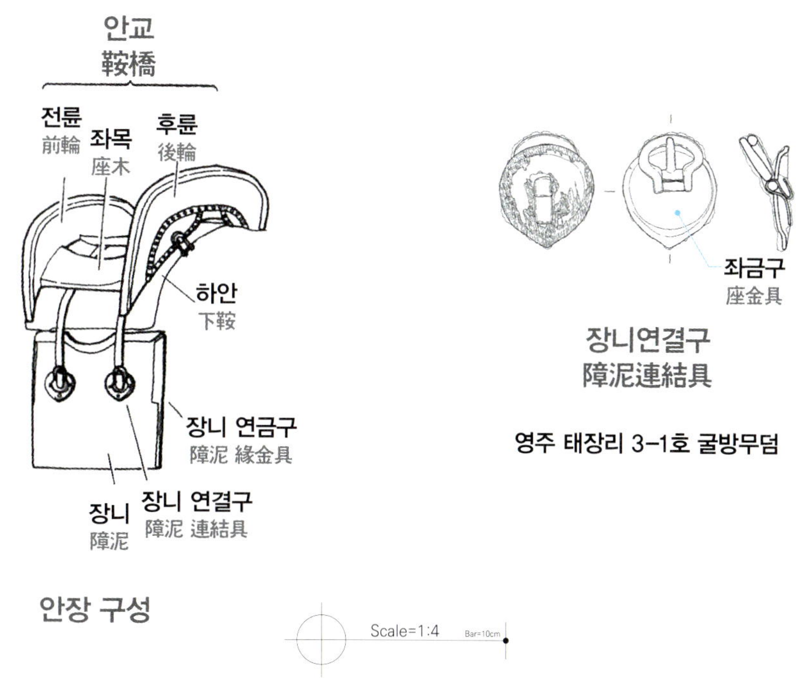

안장 구성

장니연결구
障泥連結具

영주 태장리 3-1호 굴방무덤

◦ 李炫娅, 2007, 「신라고분 출토 안교손잡이 시론」, 『嶺南考古學』 41, 영남고고학회.

대성동고분박물관, 2015, 『金海 大成洞 古墳群-85호분~91호분』.

世宗文化財研究院, 2013, 『榮州 順興 台庄里古墳群 3』.

東亞細亞文化財研究院, 2008, 『咸安 道項里 六號墳』.

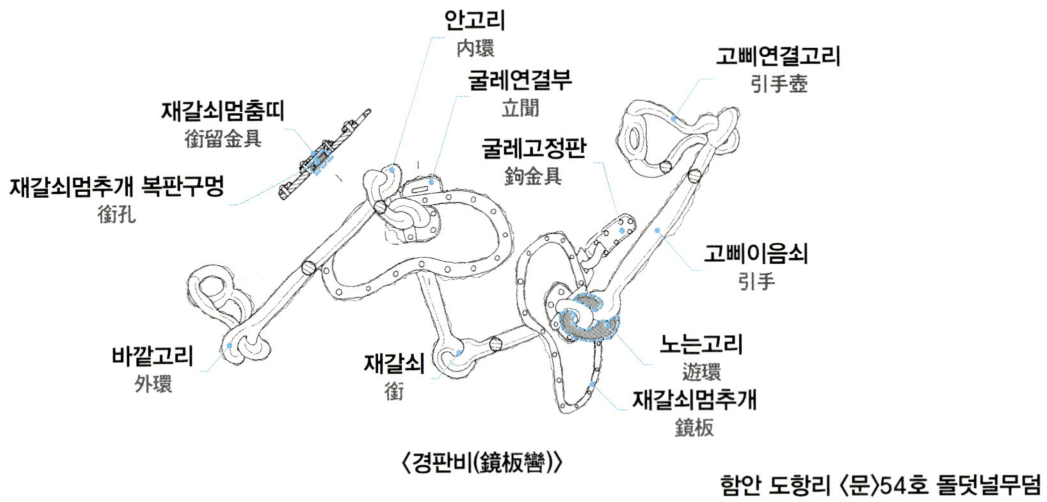

〈경판비(鏡板轡)〉

함안 도항리 〈문〉54호 돌덧널무덤

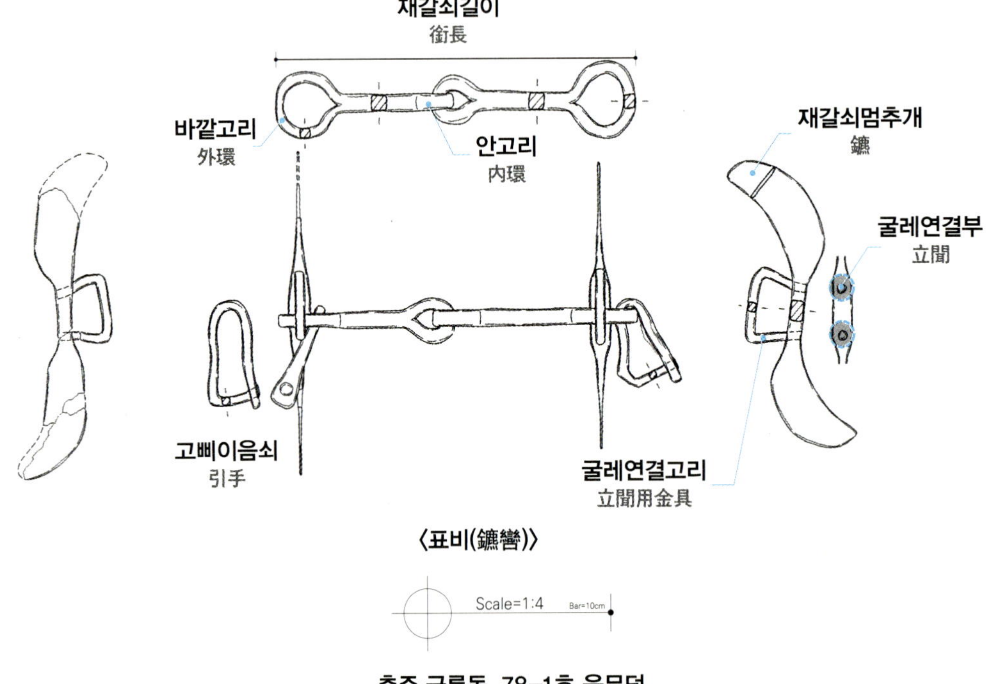

〈표비(鑣轡)〉

충주 금릉동 78-1호 움무덤

제어구인 재갈은 원삼국시대부터 확인되나 삼국시대에 들어서면 고삐이음쇠가 채용되는 것이 가장 큰 특징이다. 재갈멈추개의 형태에 따라 표비(鑣轡), 판비(板轡), 환판비(環板轡), 원판비(圓環轡) 등으로 분류된다. 판비는 그 형태에 따라 원형, 타원형, 내만타원형, 심엽형, f자형 등으로 세분되며, 환판비는 'ㅗ'자형, 'X'자형, 복환형(複環形) 등으로 세분된다.

＊ 國立昌原文化財研究所, 2001, 『咸安道項里古墳群Ⅳ』.
忠北大學校博物館, 2007, 『忠州 金陵洞 遺蹟』.

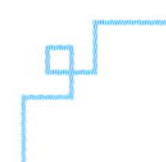

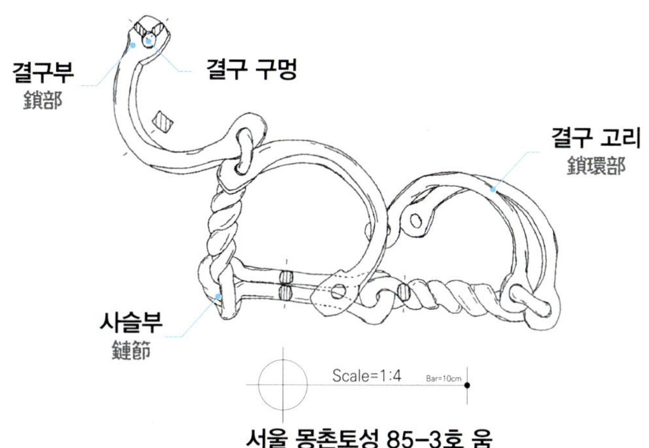

서울 몽촌토성 85-3호 움

* 양시은, 2000, 「夢村土城出土 所謂'馬銜'再考」, 『서울대학교 박물관 연보』 12, 서울대학교박물관.

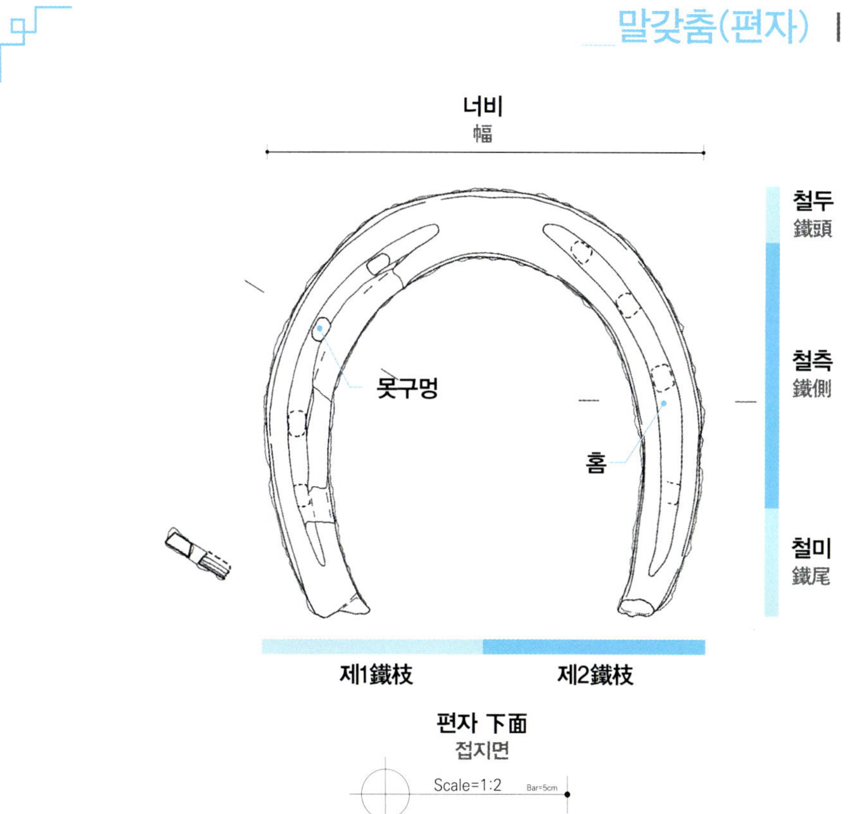

화천 원천리 지표수습

* 諫早直人, 2014, 「高句麗の蹄鐵」, 『コーラシアの考古學』 61.
  예맥문화재연구원, 2013, 『華川 原川里遺蹟』.

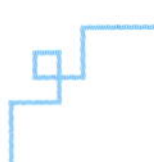

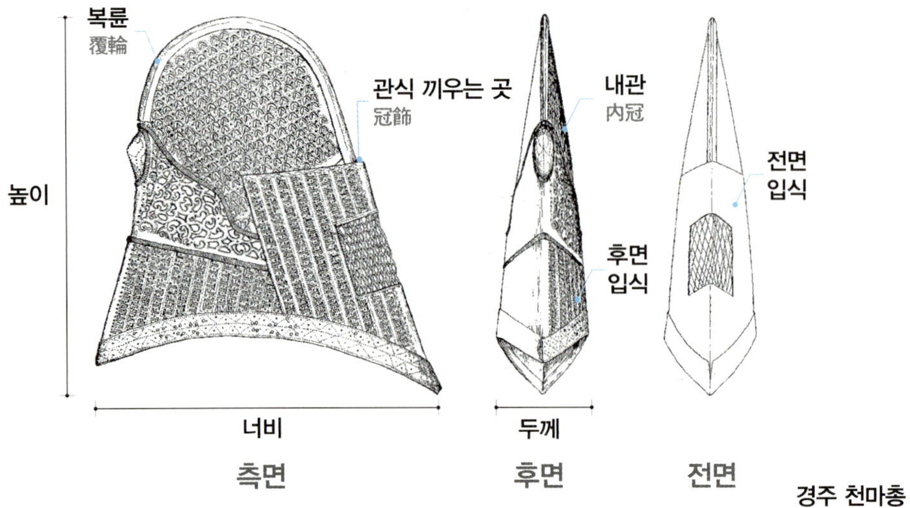

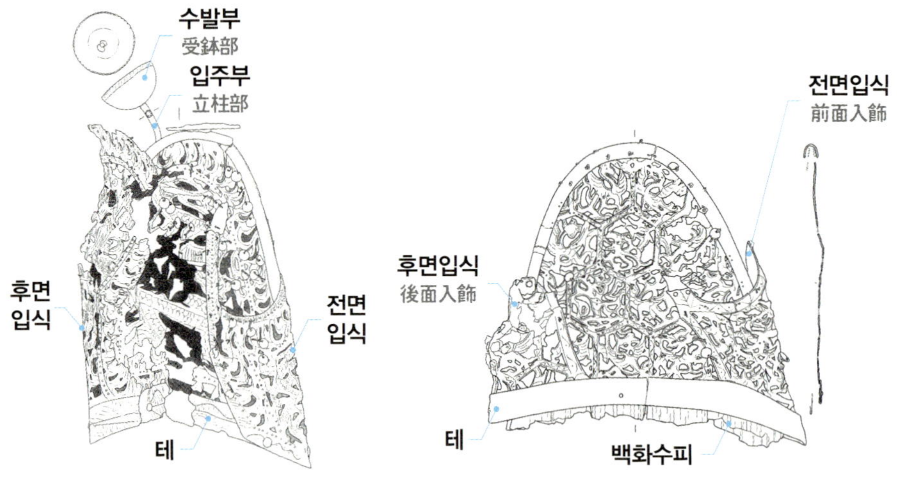

공주 수촌리 4호 돌방무덤/서산 부장리 5호 분구묘

* 文化公報部 文化財管理局, 1974, 『天馬塚』.

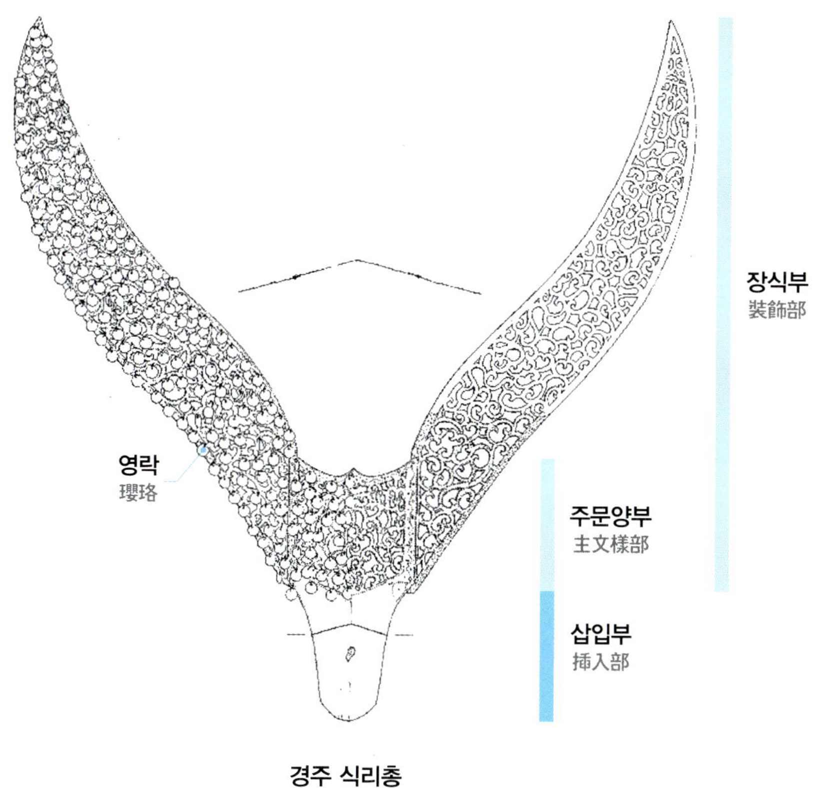

경주 식리총

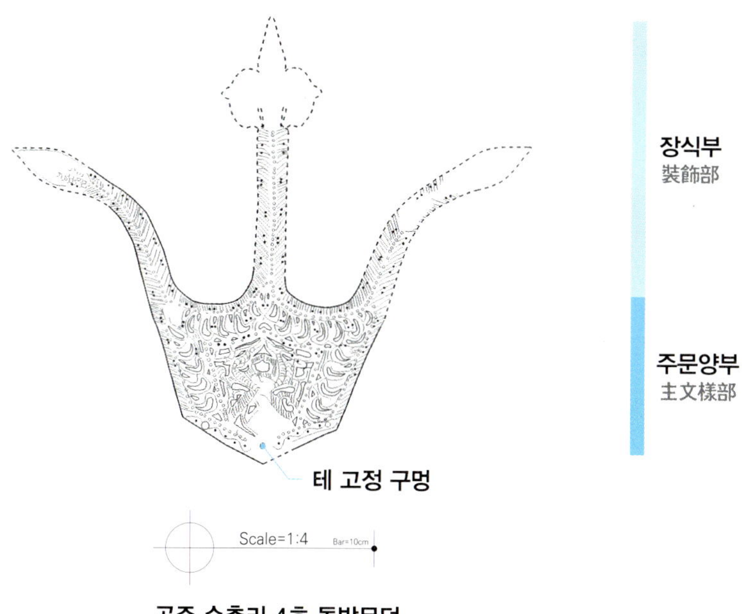

공주 수촌리 4호 돌방무덤

＊ 文化公報部 文化財管理局, 1974, 『飾履塚』.

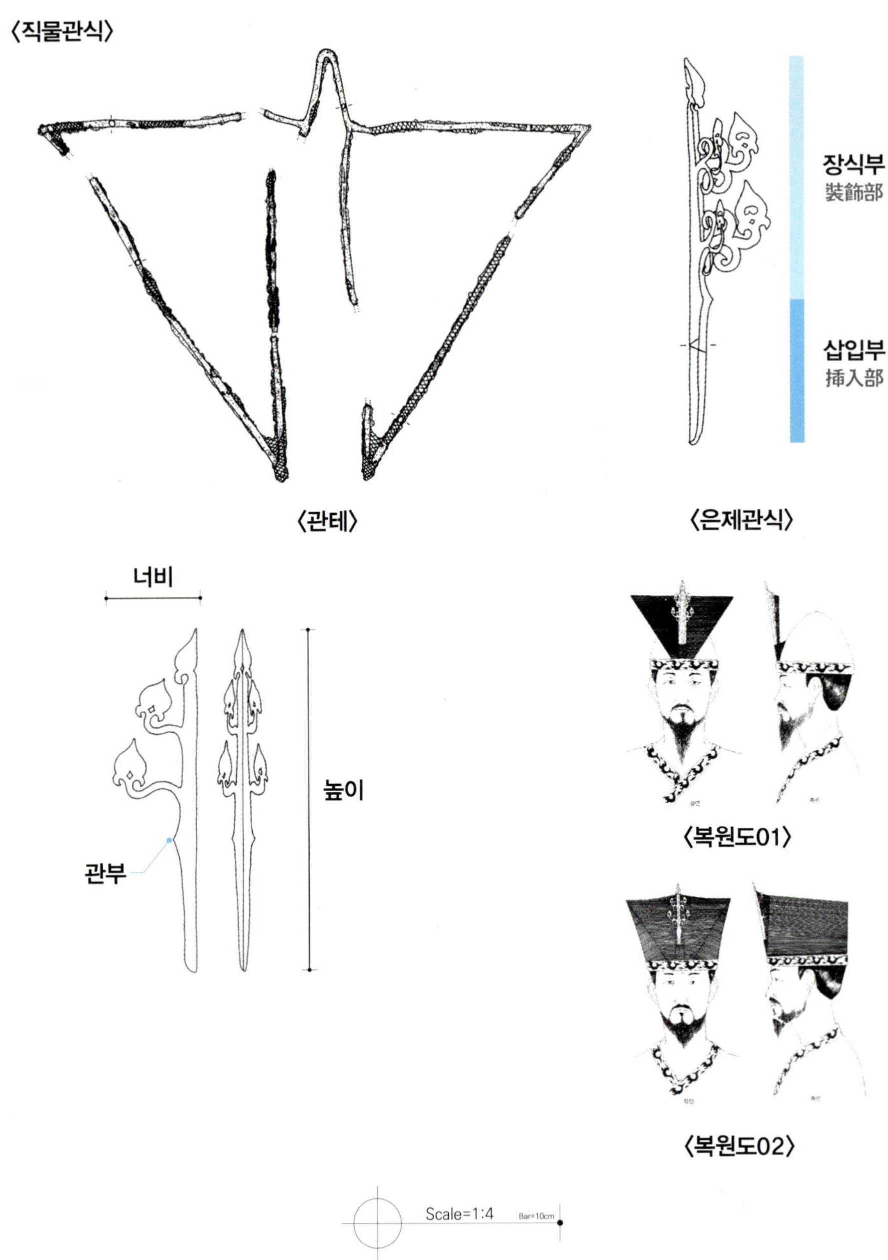

부여 능산리 36호 돌방무덤/논산 육곡리 7호 돌방무덤

* 國立夫餘文化財研究所, 1998, 『陵山里』.

국립부여문화재연구소, 2008, 『考古織物 Ⅱ-백제의 직물』.

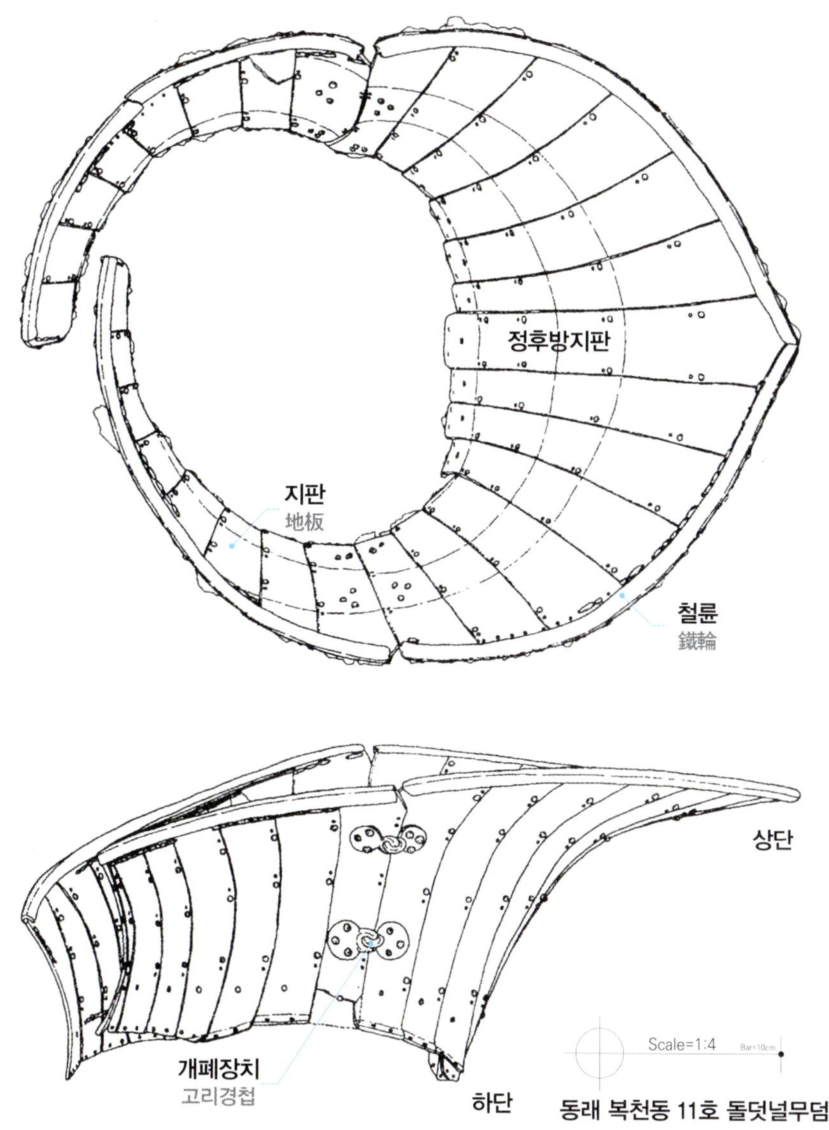

긴 철판으로 구성된 목가리개는 비늘갑옷의 부속구로 가장자리가 나팔상으로 벌어진 형태이다. 초기 복륜의 마무리는 가죽끈을 감아 마무리했지만 점차 별도의 철판을 접어 감싸는 방식으로 변화한다.

황수진, 2001, 「삼국시대 영남 출토 찰갑의 연구」, 『한국고고학보』 78, 한국고고학회.
국립김해박물관, 2015, 『甲冑, 전사의 상징』.
釜山大學校博物館, 1983, 『東萊福泉洞古墳群 Ⅰ』.

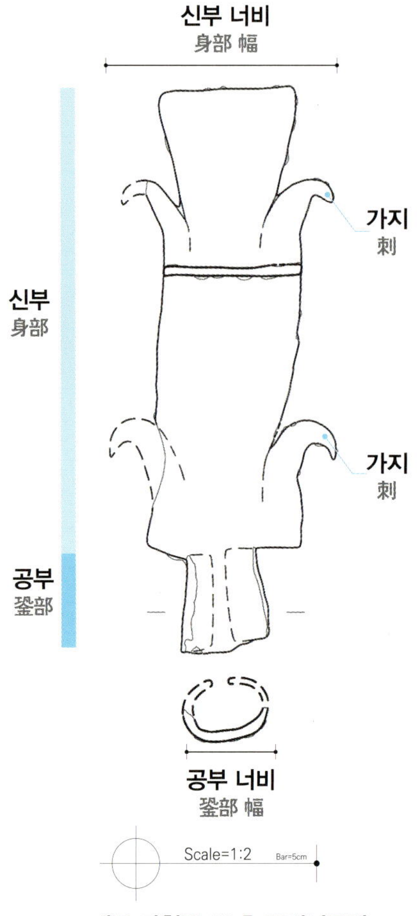

대구 가천동 80호 돌덧널무덤

　　의례용 철기로 하단의 양단을 말아 공부를 형성하였으며 신부에 해당하는 철판의 양측 가장자리를 오려 가지[刺]를 제작한 형태이다. 점차 가지를 길게 구성하여 갈고리형, 궐수형으로 말거나 별도로 새형태의 철판을 단접하는 형태로 변화한다.

＊ 嶺南文化財研究院, 2012, 『大邱 佳川洞古墳群 Ⅱ』.

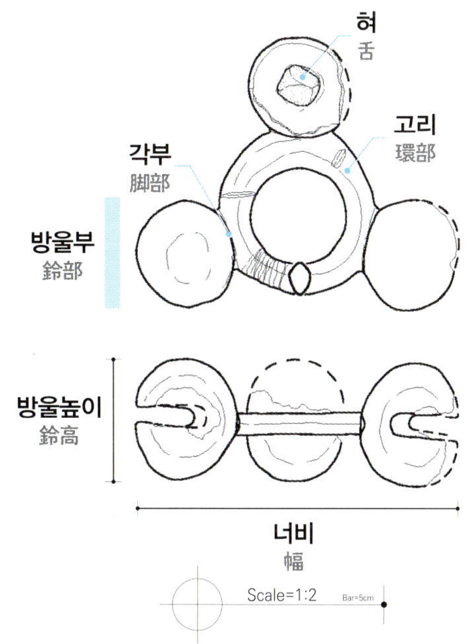

오산 수청동 4지점 5호 주구부널무덤

고리에 방울이 달린 형태로 방울 개수는 1개부터 4개까지 부착되어 있다. 수청동 4지점 5호 주구부널무덤 방울달린고리는 마구와 같이 출토되었으며 그 출토 위치를 통해 가슴걸이[胸繫]에 사용된 것으로 판단되나 마구와 함께 출토되지 않은 예도 많아 그 용도를 마구로 한정하기는 어렵다. 고리와 방울을 연결하는 각부의 길이가 시간을 반영한다.

* 京畿文化財硏究院, 2012, 『烏山 水淸洞 百濟 墳墓群』.
　宇治市敎育委員會, 1991, 『宇治二子山古墳』.

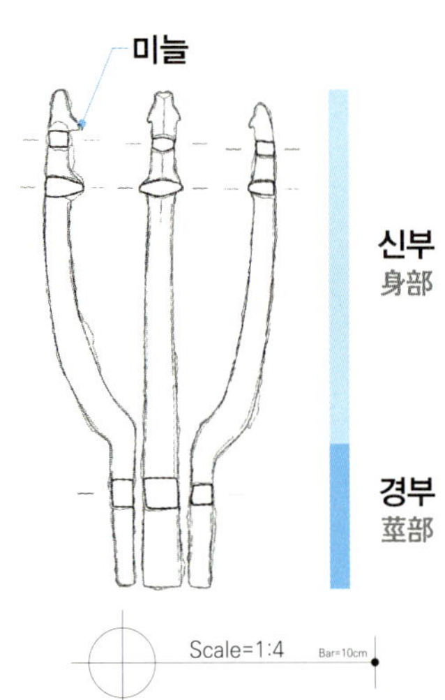

화천 원천리 69호 집자리

신부의 가지가 3개 또는 4개로 구성되며, 가지 끝부분의 미늘[刺]은 한 방향 또는 양 방향으로 1~3개 정도를 형성하고 있다. 경부는 가지를 끈으로 묶은 형식과 가지를 단접한 형식으로 분류할 수 있다.

* 金在弘, 2014,「三國時代 漁具의 地域性과 階層性」,『武器·武具와 農工具·漁具-韓日 三國·古墳時代 資料-』, 韓日交涉의 考古學-三國-古墳時代-研究會.

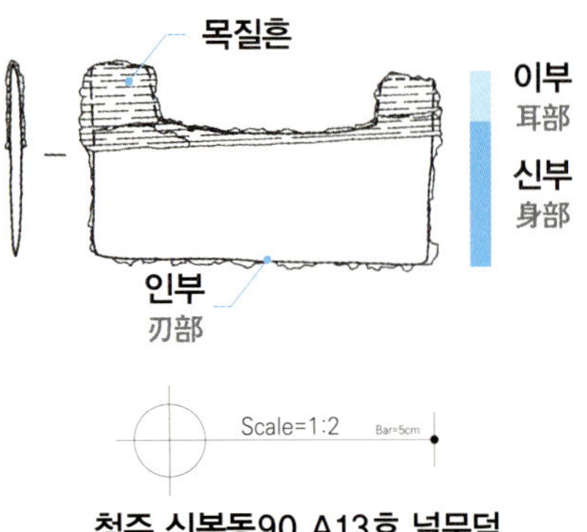

청주 신봉동90 A13호 널무덤

* 忠北大學校博物館, 1990,『淸州 新鳳洞 百濟古墳群 發掘調査報告書-1990年度 調査-』.

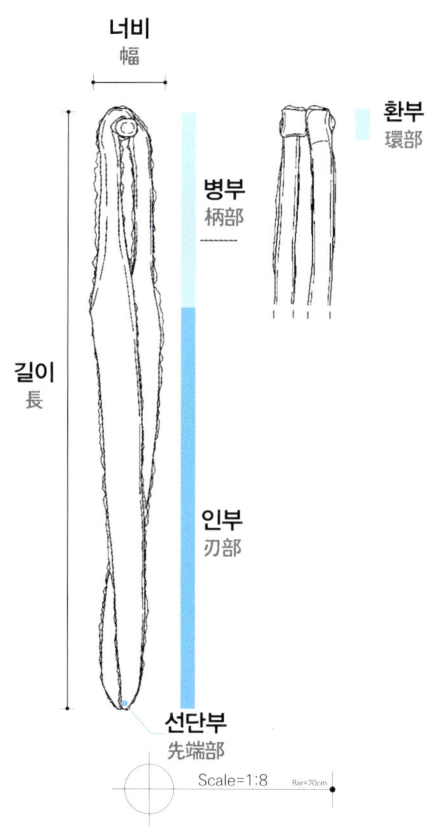

경주 쪽샘 B1호 돌무지나무널무덤

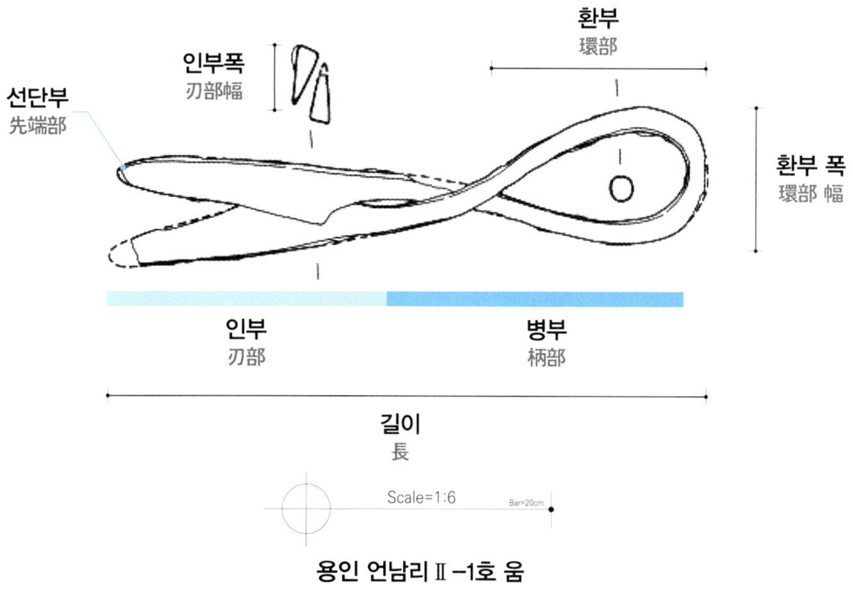

용인 언남리 Ⅱ-1호 움

＊ 국립경주문화재연구소, 2013, 『慶州 쪽샘地區 新羅古墳Ⅲ-B1號 發掘調査報告書』.

　한신대학교박물관, 2007, 『龍仁 彦南里-統一新羅 生活遺蹟』.

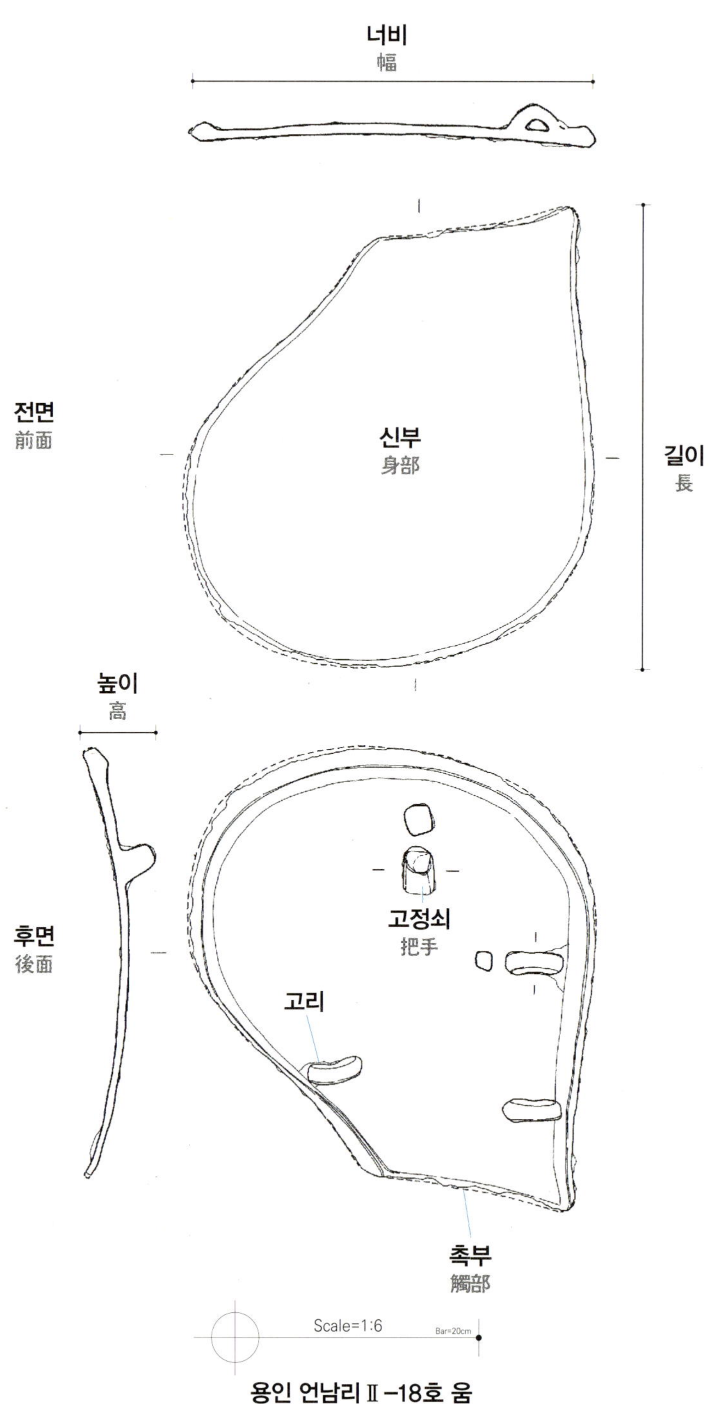

용인 언남리 Ⅱ-18호 움

※ 한신대학교박물관, 2007, 『龍仁 彦南里-統一新羅 生活遺蹟』.

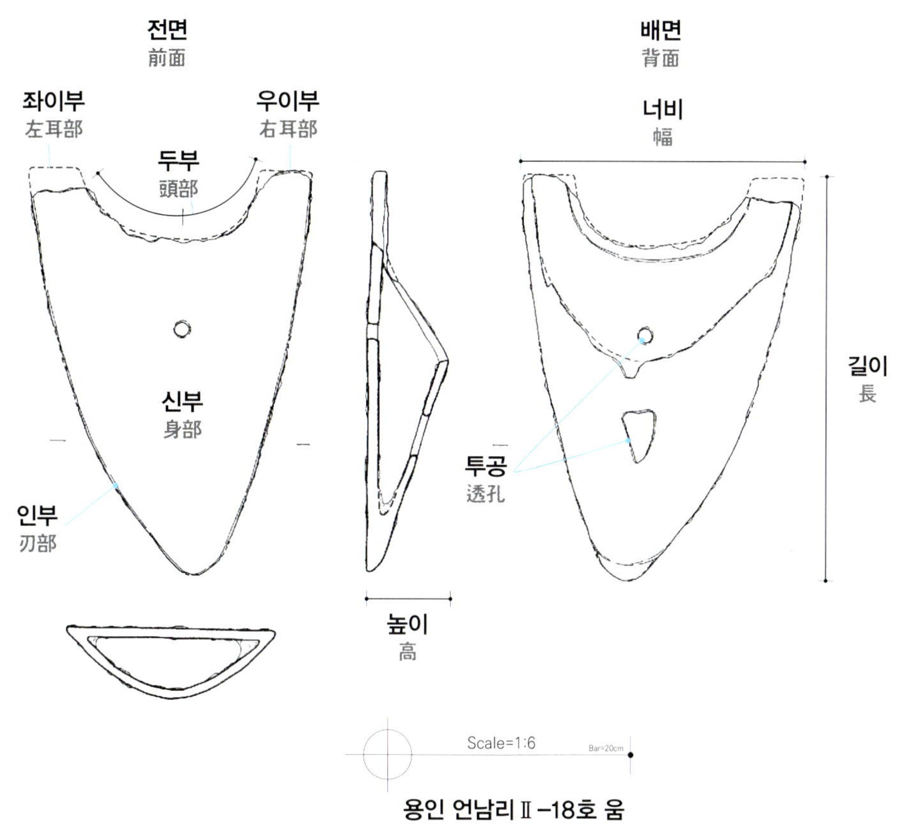

용인 언남리 Ⅱ-18호 움

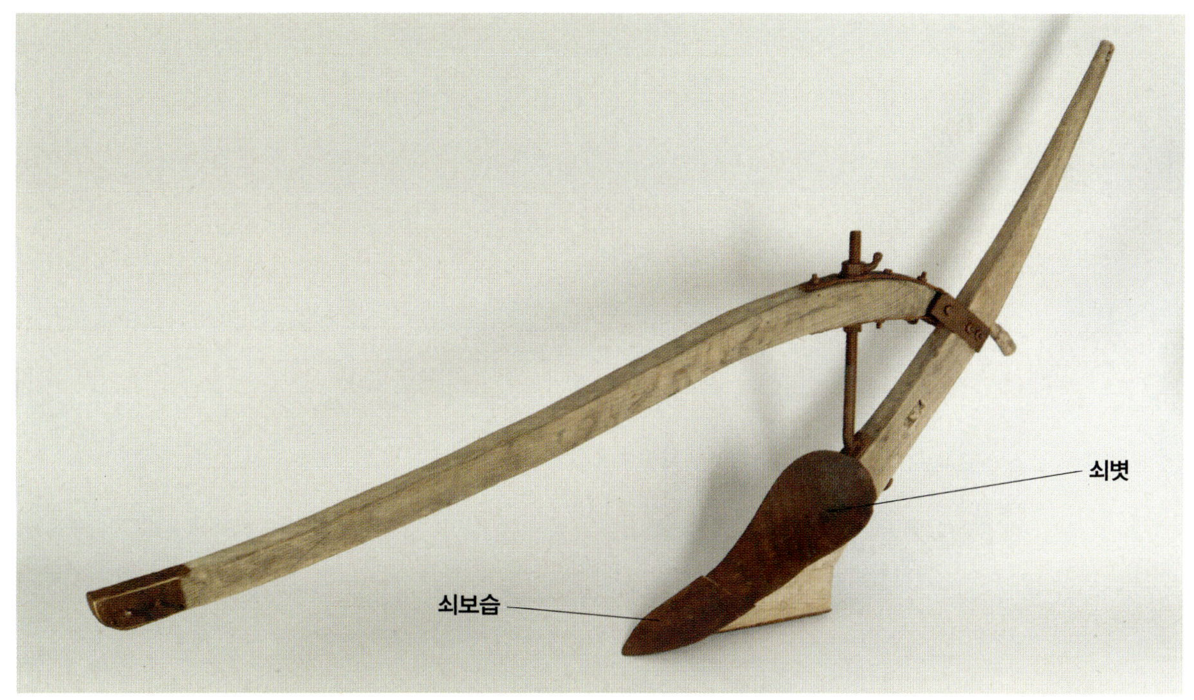

국립민속박물관 소장품(민속 028406)

• 한신대학교박물관, 2007, 『龍仁 彦南里-統一新羅 生活遺蹟』.

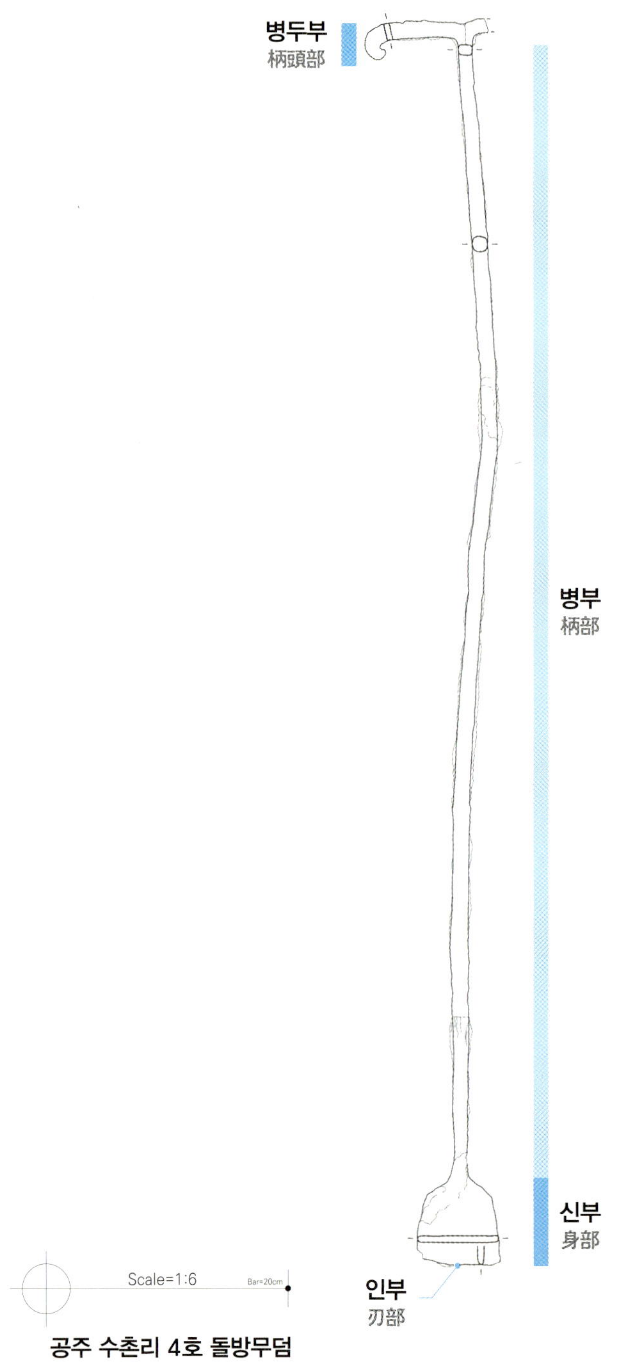

공주 수촌리 4호 돌방무덤

논에 물을 공급하기 위해 물꼬를 트고 막는 데 사용하는 도구이다. 방형의 날에 긴자루가 달린 형태로 자루의 재질은 철제와 목제로 구분되며 철제 자루로 된 살포는 점차 신부가 작아져 그 기능을 할 수 없는 형태로 변형되어 의장적인 성격으로 변화되었음을 알 수 있다.

* 金度憲, 2014,「韓國의 三國時代 農器具」,『武器·武具와 農工具·漁具-韓日 三國·古墳時代 資料-』, 韓日交涉의 考古學-三國-古墳時代-研究會.

忠淸南道歷史.文化硏究院, 2007,『公州 水村里遺蹟』.

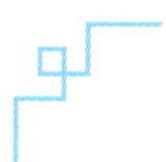

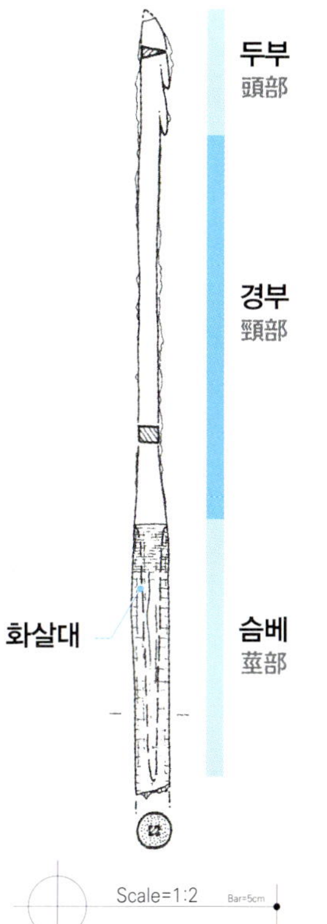

두부
頭部
경부
頸部
화살대
슴베
莖部
Scale=1:2
Bar=5cm

청주 신봉동90 B1호 널무덤

Ⅰ 莖·頸部의 有無
無莖
有莖
有頸
無莖無頸
有莖無頸
有莖有頸
Ⅱ 鏃身의 幅
廣身
細身
鏃身幅≥2.0cm
鏃身幅＜2.0cm
Ⅲ 鏃身의 形態
1. 圭頭形
2. 方頭形
3. 菱形
4. 三角形
Ⅰ. 正·長三角形
Ⅱ. 短三角形
Ⅰ. 鏃先直線
Ⅱ. 鏃先非直線
上方長≥下方長
三角形·長三角形
5. 骨鏃形
6. 錐形
7. 定角形
8. 鑿頭形
斷面逆V字形
類骨鏃,송곳모양
Ⅰ. 無鎬(稜)
Ⅱ. 有鎬(稜)
Ⅰ. 無段平行
Ⅱ. 有段平行
9. 柳葉形
10. 蛇頭形
11. 刀子形
Ⅰ. 廣身鏃類
Ⅱ. 劍身形
Ⅲ. 有頸鏃類
上方長≥下方長
上方長＜下方長
刀身形
Ⅳ 逆刺의 有無·位置
逆刺附
二重逆刺附
別造逆刺附
12. 三翼形
13. 雁股形
14. 鳴鏑
有逆刺(一般形)
二重逆刺
頸部逆刺
有三翼
二支槍形
有孔

(金斗喆 2006)

---

* 金斗喆, 2006,「三國時代 鐵鏃의 硏究」,『百濟硏究』43, 충남대학교 백제연구소.
忠北大學校博物館, 1990,『淸州 新鳳洞 百濟古墳群 發掘調査報告書-1990年度 調査-』.

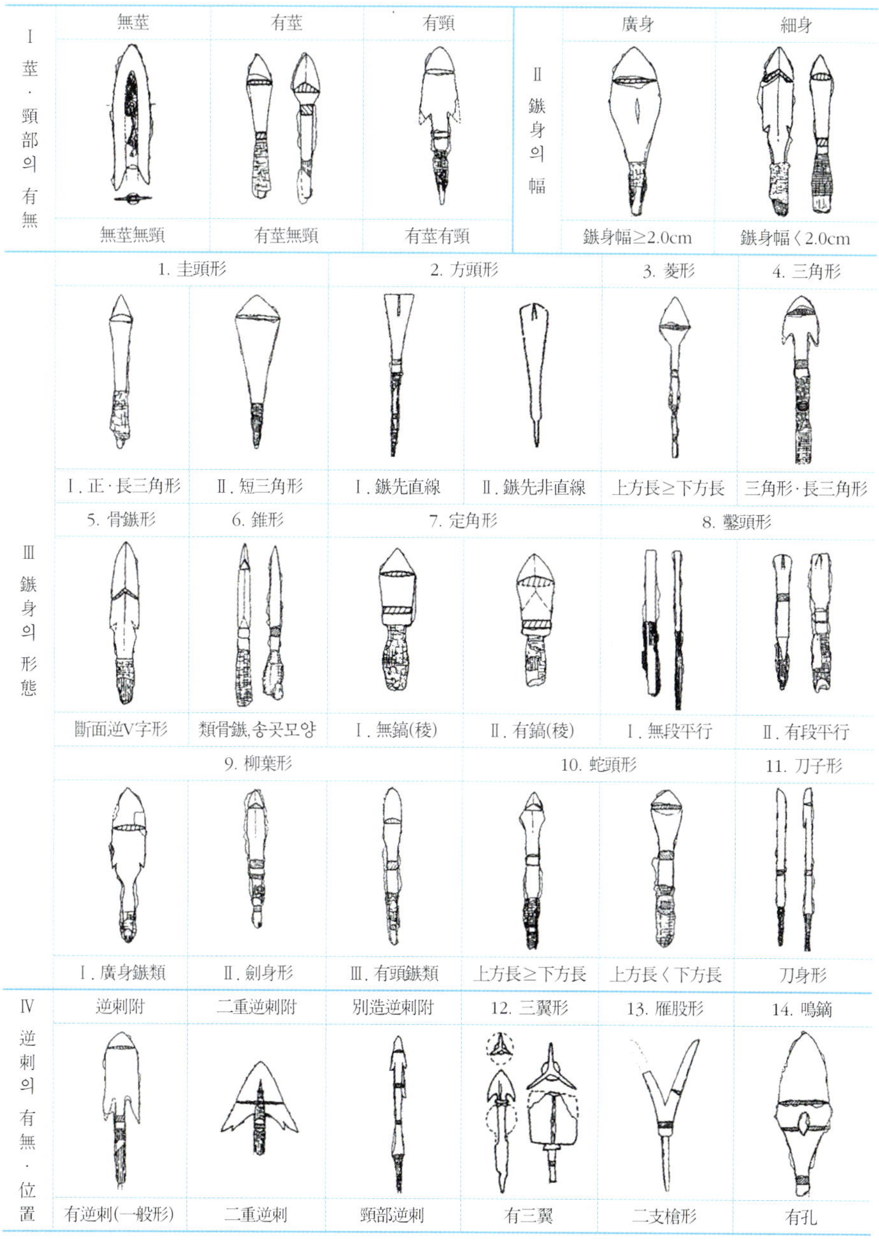

__양지창__ | 兩枝槍 | Double-headed spear

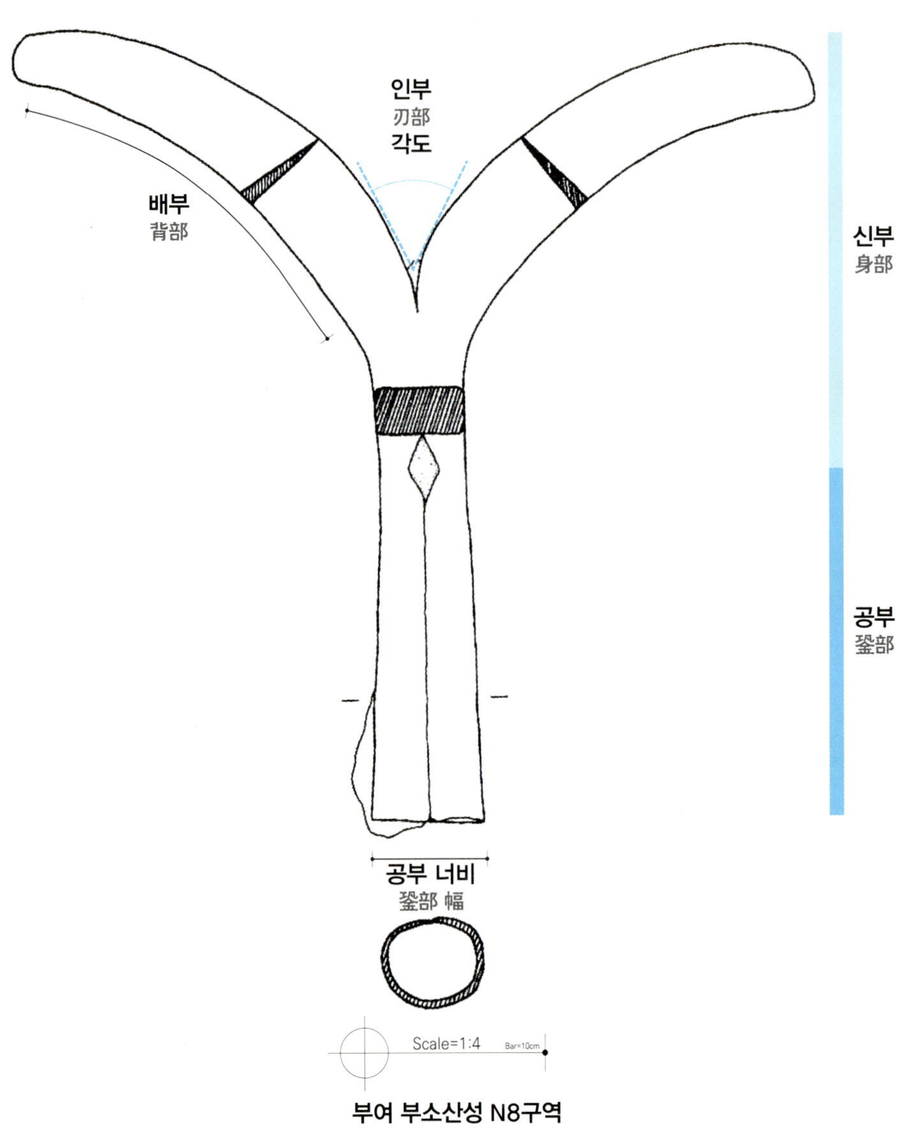

* 부여문화재연구소, 1995, 『扶蘇山城』.

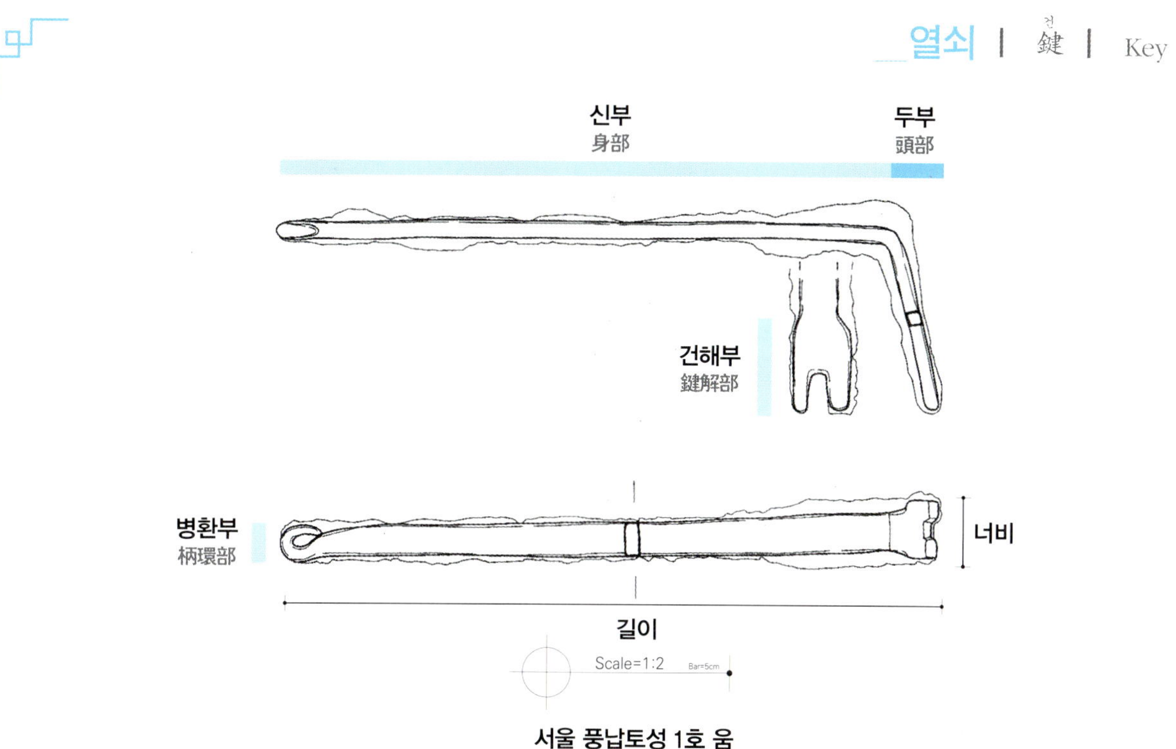

서울 풍납토성 1호 움

※ 李亨源, 2005, 「三國~高麗時代 열쇠ㆍ자물쇠의 變遷 및 性格」, 『百濟研究』 41, 충남대학교 백제연구소.

은제탁잔 | 銀製托盞 | Silver cup with stand

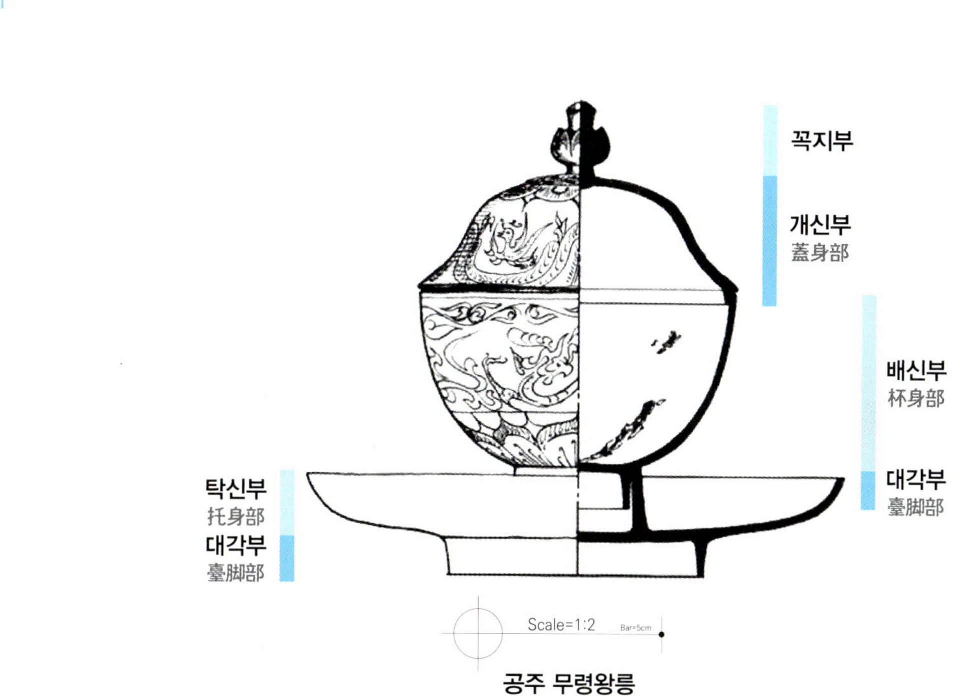

공주 무령왕릉

※ 文化財管理局, 1973, 『武寧王陵』.

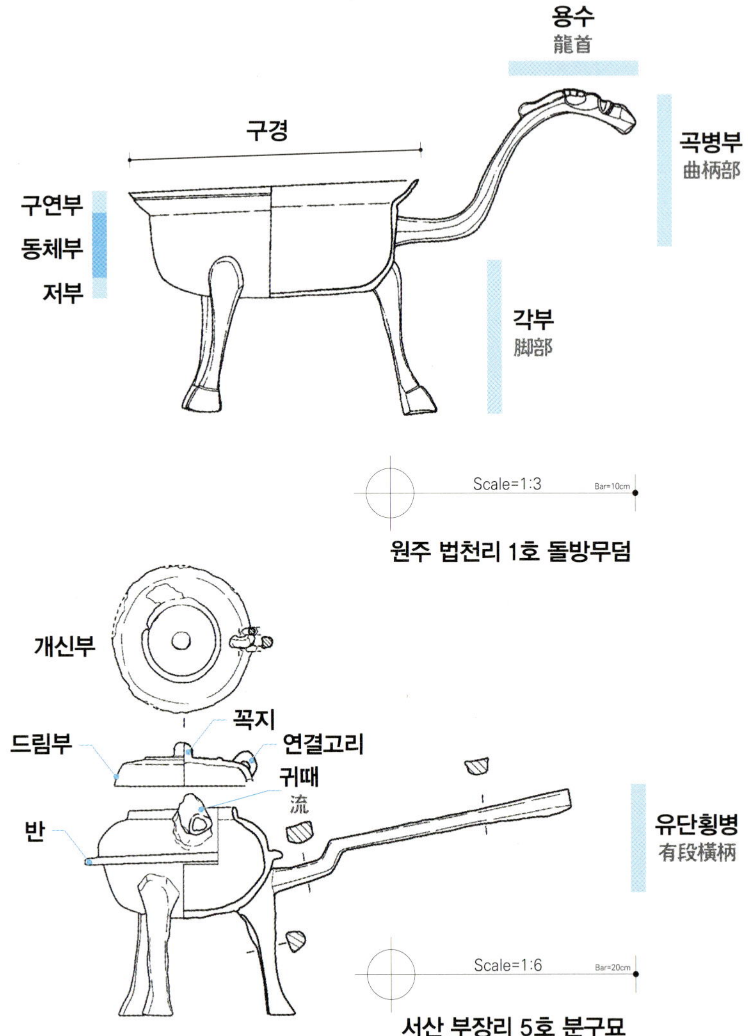

액체를 데우는 용도의 그릇으로 재질은 청동제와 철제로 제작되며 주로 상위계층의 무덤에서 출토되고 있다. 뚜껑이 있는 것과 없는 것에 따라 동체부의 형태가 다르며 다리는 주로 세 개로 동물다리의 형태를 갖는다. 손잡이는 단이 지거나 휘어져 길게 형성되어 있으며 말단부가 동물머리의 형태를 취한 것도 있다.

＊朴淳發, 2005, 「鐎斗考」, 『東亞考古論壇』, 忠淸文化財硏究院.

국립중앙박물관, 2000, 『法泉里 Ⅰ』.

忠淸南道歷史文化硏究院, 2008, 『瑞山 富長里遺蹟』.

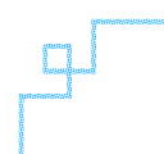

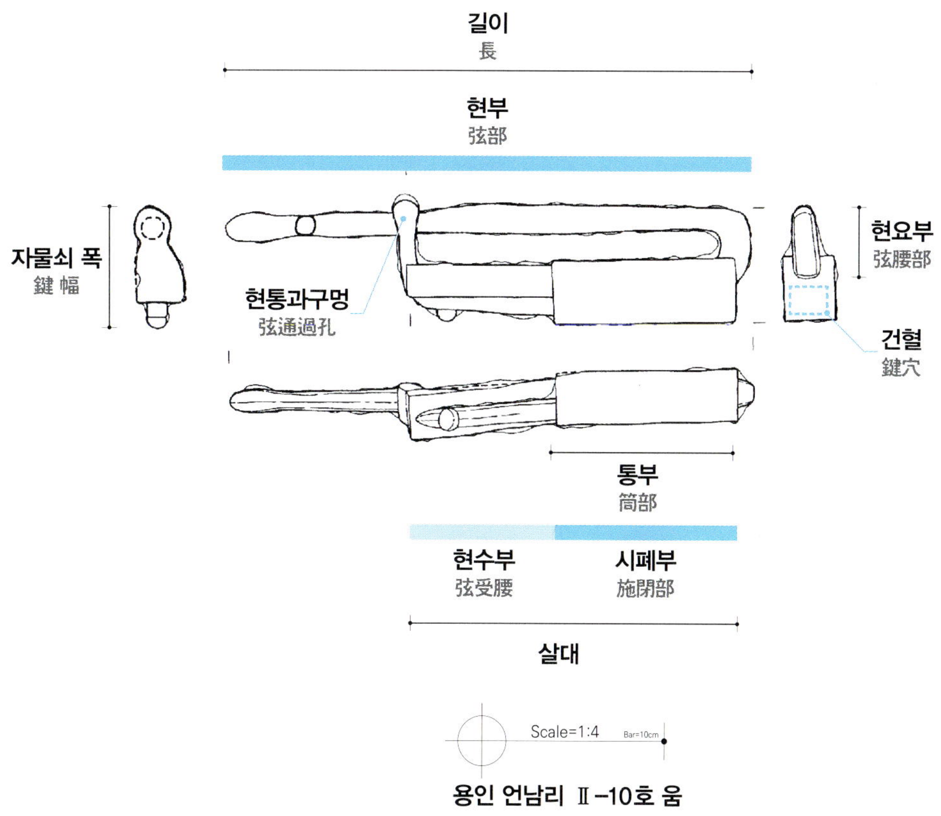

용인 언남리 Ⅱ-10호 움

* 李亨源, 2005, 「三國~高麗時代 열쇠, 자물쇠의 변화 및 性格」, 『百濟研究』 41, 충남대학교 백제연구소.

한신대학교박물관, 2007, 『龍仁 彦南里-統一新羅 生活遺蹟』.

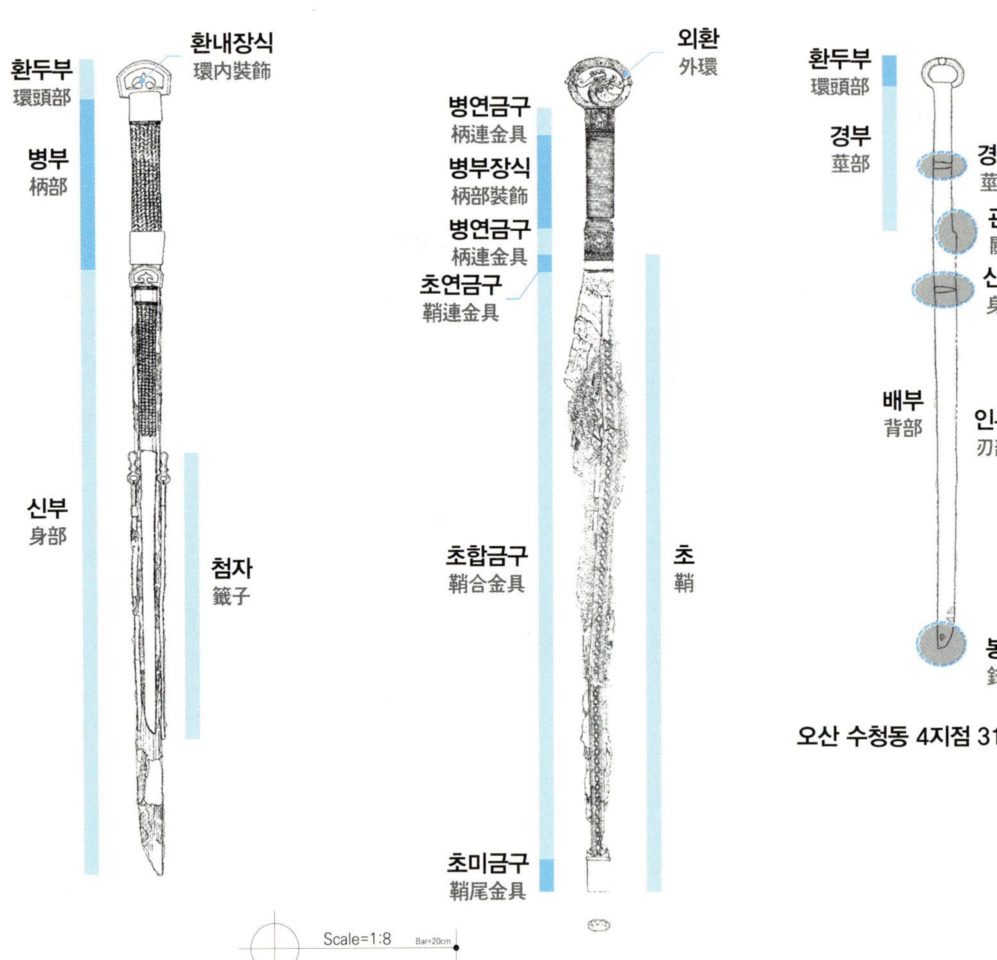

의성 학미리 1호 굴식돌방무덤/공주 무령왕릉

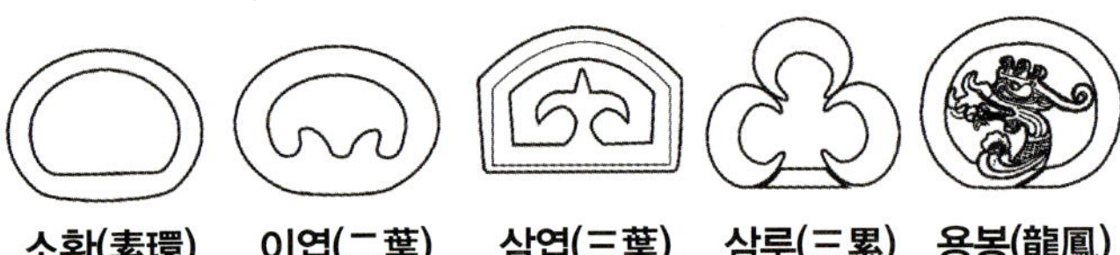

〈병두부 형태에 따른 분류〉

* 禹炳喆, 2015, 「三國時代 裝飾大刀의 製作技術과 地域性」, 『한국고고학보』96, 한국고고학회.

경북대학교, 2002, 『鶴尾里古墳』.

文化財管理局, 1973, 『武寧王陵』.

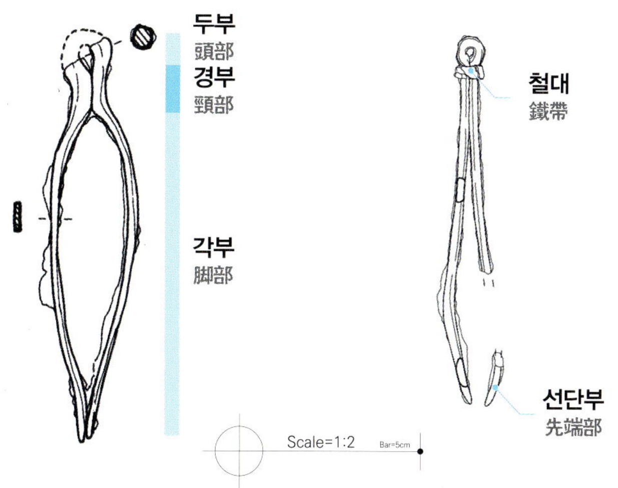

합천 옥전 M3호 돌덧널무덤/경주 쪽샘 B1호 돌무지나무널무덤

* 諫早直人, 2009, 『古代東北アジアにおける騎馬文化の考古學的研究』.

  국립경주문화재연구소, 2013, 『慶州 쪽샘地區 新羅古墳Ⅲ-B1號 發掘調查報告書』.

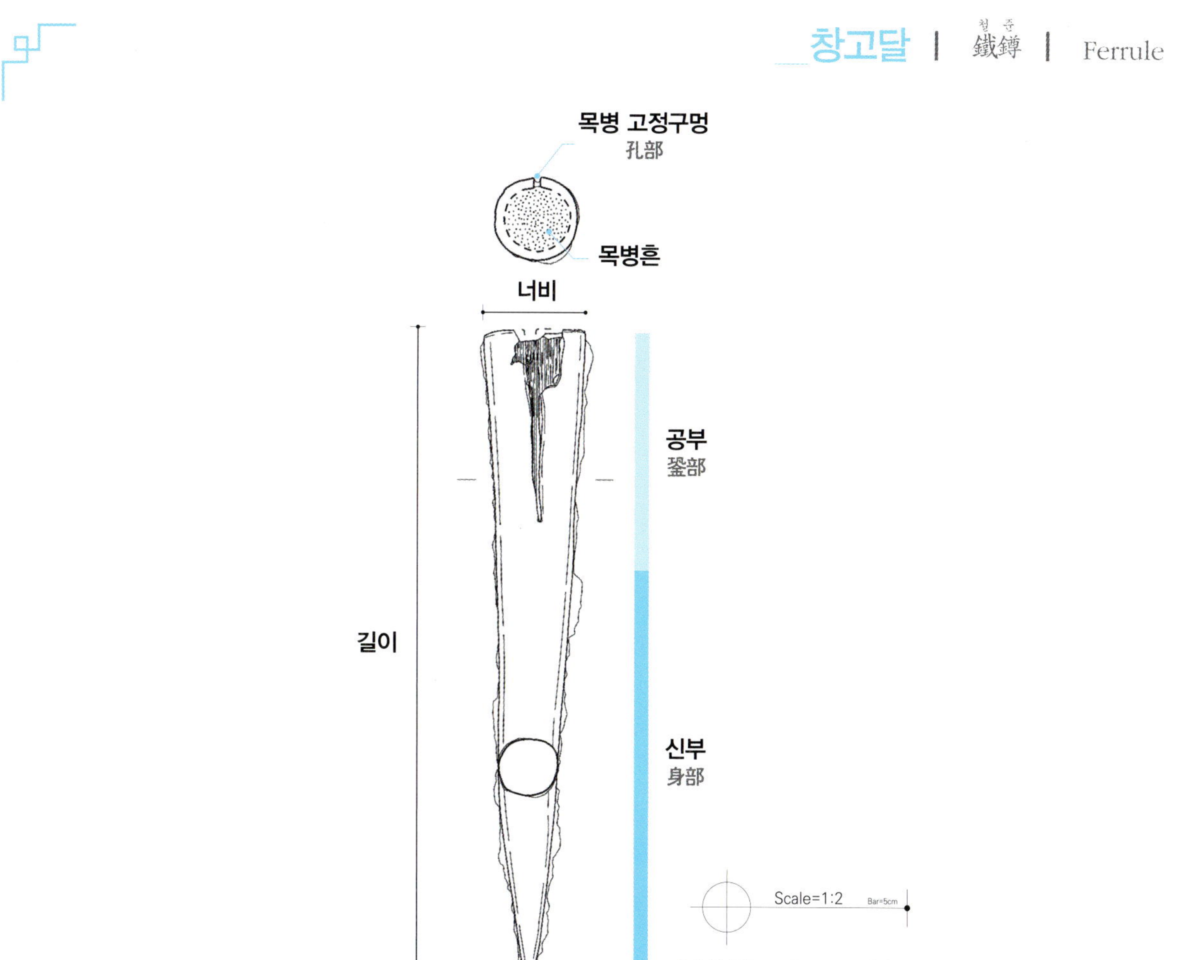

경주 쪽샘 B1호 돌무지나무널무덤

* 국립경주문화재연구소, 2013, 『慶州 쪽샘地區 新羅古墳Ⅲ-B1號 發掘調查報告書』.

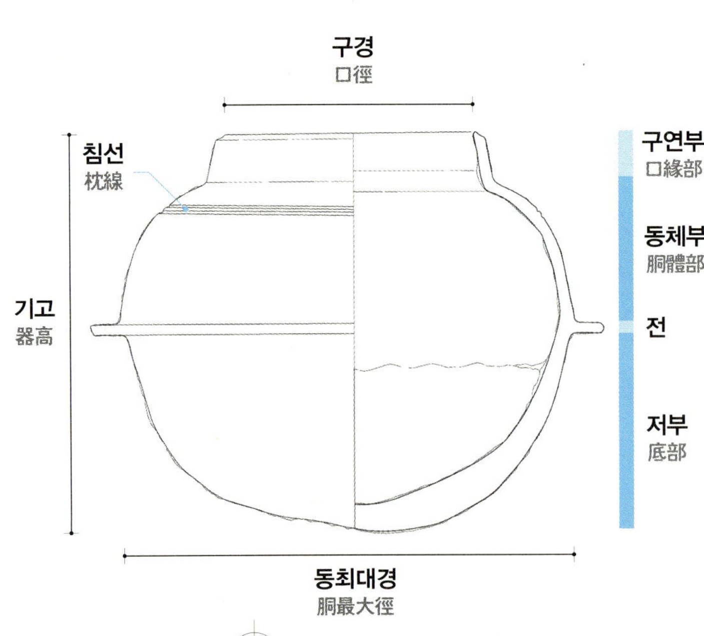

경주 쪽샘 B1호 돌무지나무널무덤

* 국립경주문화재연구소, 2013, 『慶州 쪽샘地區 新羅古墳Ⅲ-B1號 發掘調査報告書』.

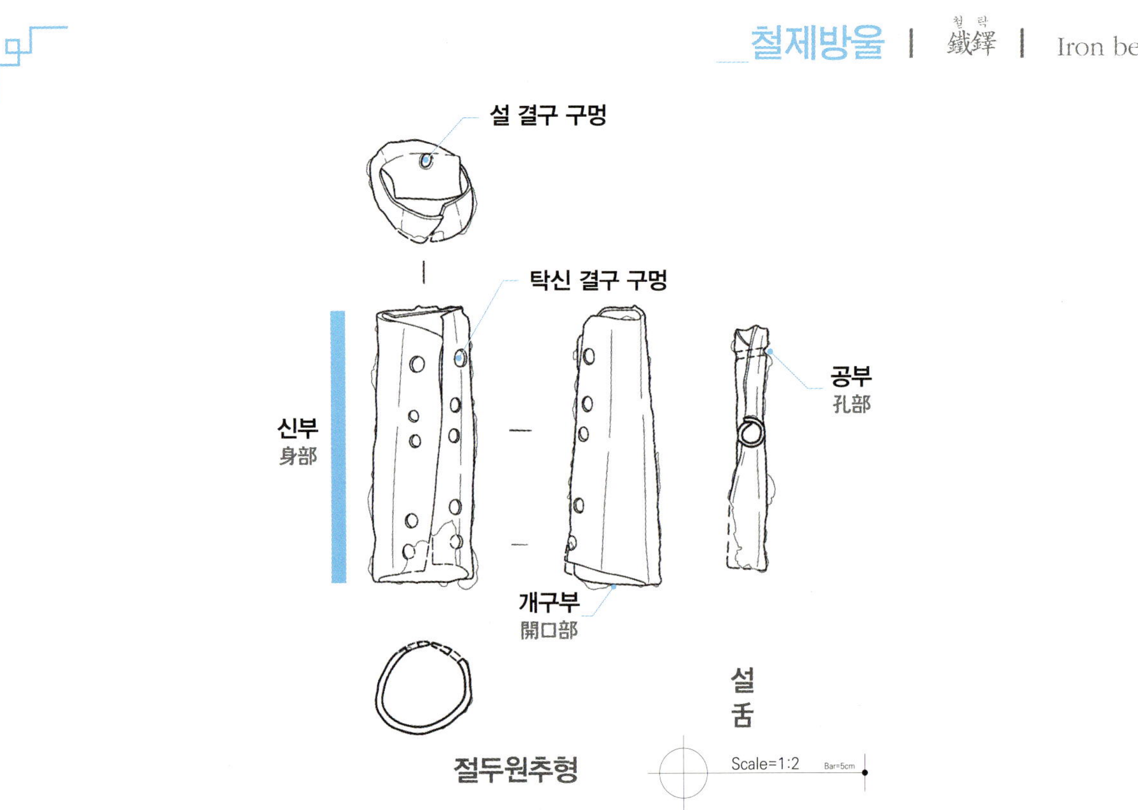

대구 가천동 69호 돌덧널무덤

* 嶺南文化財研究院, 2012, 『大邱 佳川洞古墳群Ⅱ』.

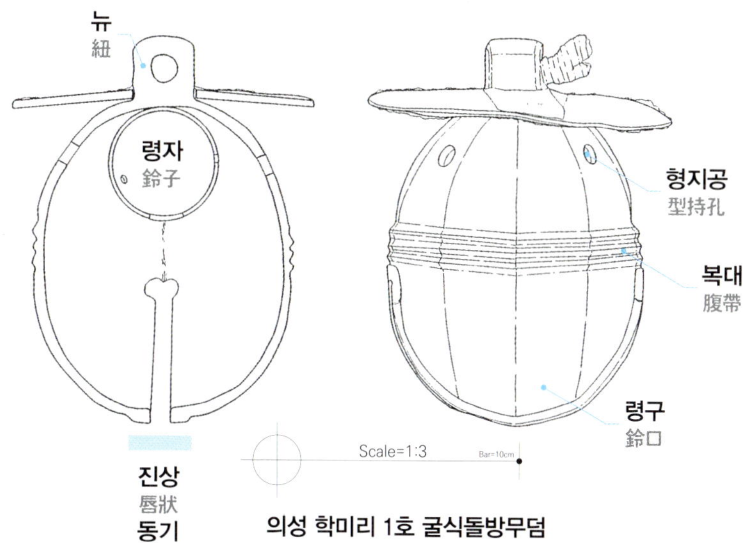

의성 학미리 1호 굴식돌방무덤

주로 말갖춤의 일종으로 분류하나, 말갖춤과 별도의 장소에서 출토된 경우 의례용 제기(祭器) 또는 악기(樂器)로 분류하기도 한다.

* 경북대학교, 2002, 『鶴尾里古墳』.

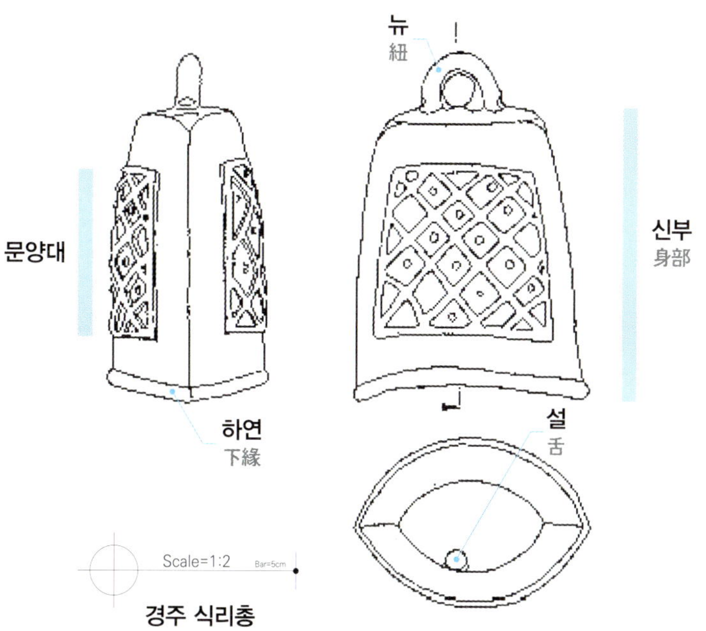

경주 식리총

* 文化公報部 文化財管理局, 1974, 『飾履塚』.

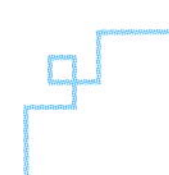

　삼국시대 고분에서 숟가락이 확인되는 예는 매우 드물며, 젓가락까지 발견된 예는 무령왕릉이 유일하다. 고려·조선시대 숟가락에 비해 병부와 술부의 길이 차가 크지 않으며, 병부는 폭이 넓은 병단부까지 직선적으로 넓게 벌어지는 형태이다.

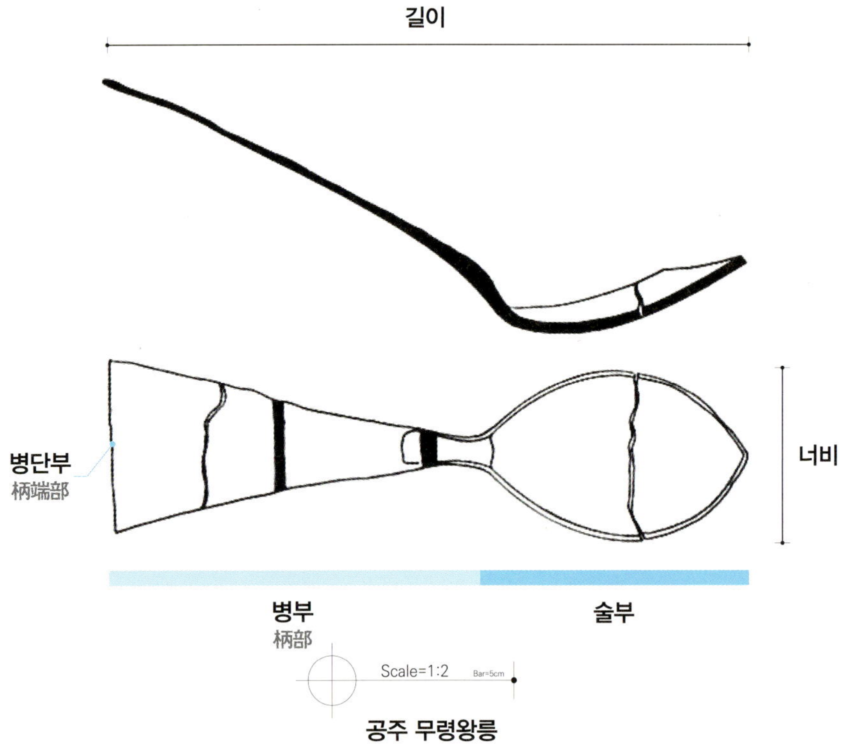

＊ 권오영, 2005, 『고대 동아시아 문명 교류사의 빛 무령왕릉』, 돌베개.
　文化財管理局, 1973, 『武寧王陵』.

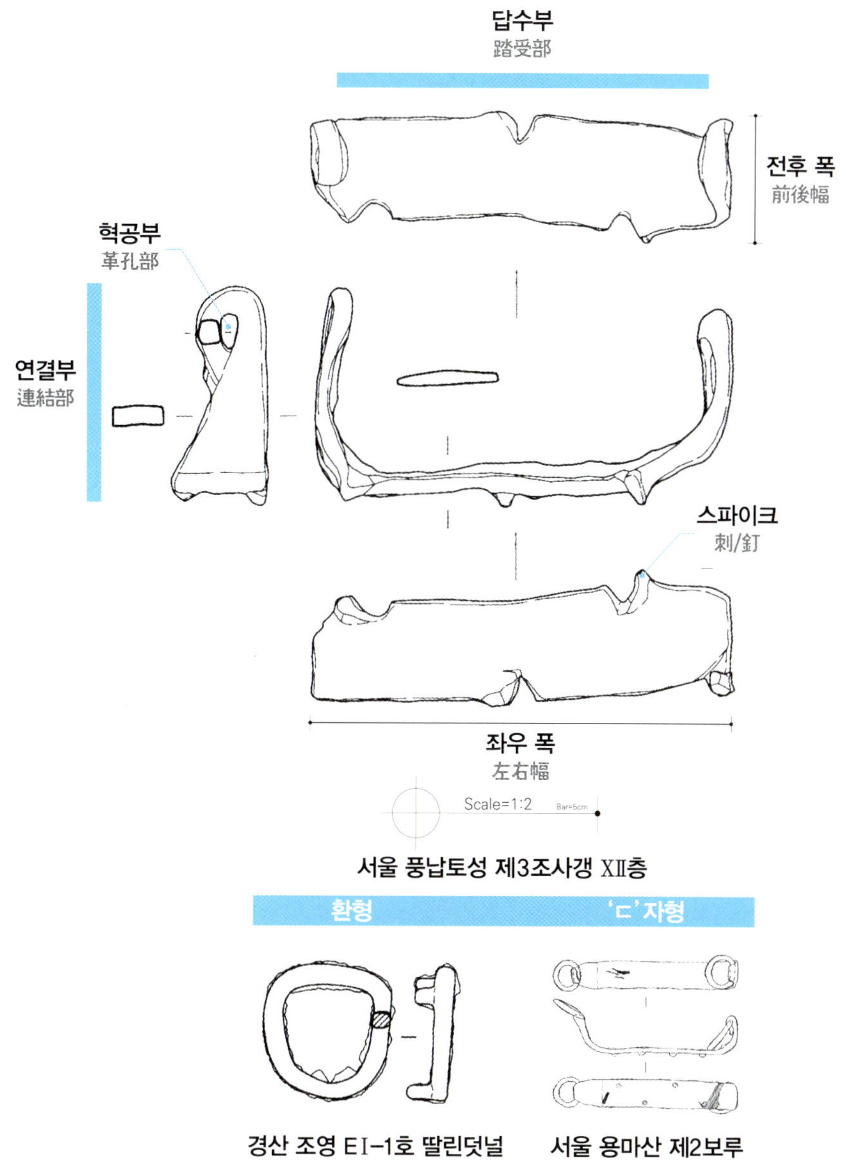

    미끄럼을 방지하는 용도로 보루 등 가파른 언덕을 오를 때 사용하는 탈착식 철제못신이다. 제작 방법에 따라 'ㄷ'자형과 環形으로 나눌 수 있으며 답부병은 돌기형과 자형(刺形)으로 분류된다. 'ㄷ'자형은 혁공 형태에 따라 고리형, 소환형, 소공형으로 세분된다.

＊ 姜廷武, 2010, 「三國時代 脫着式 鐵製 못신 硏究」, 『韓國考古學報』 76, 韓國考古學會.

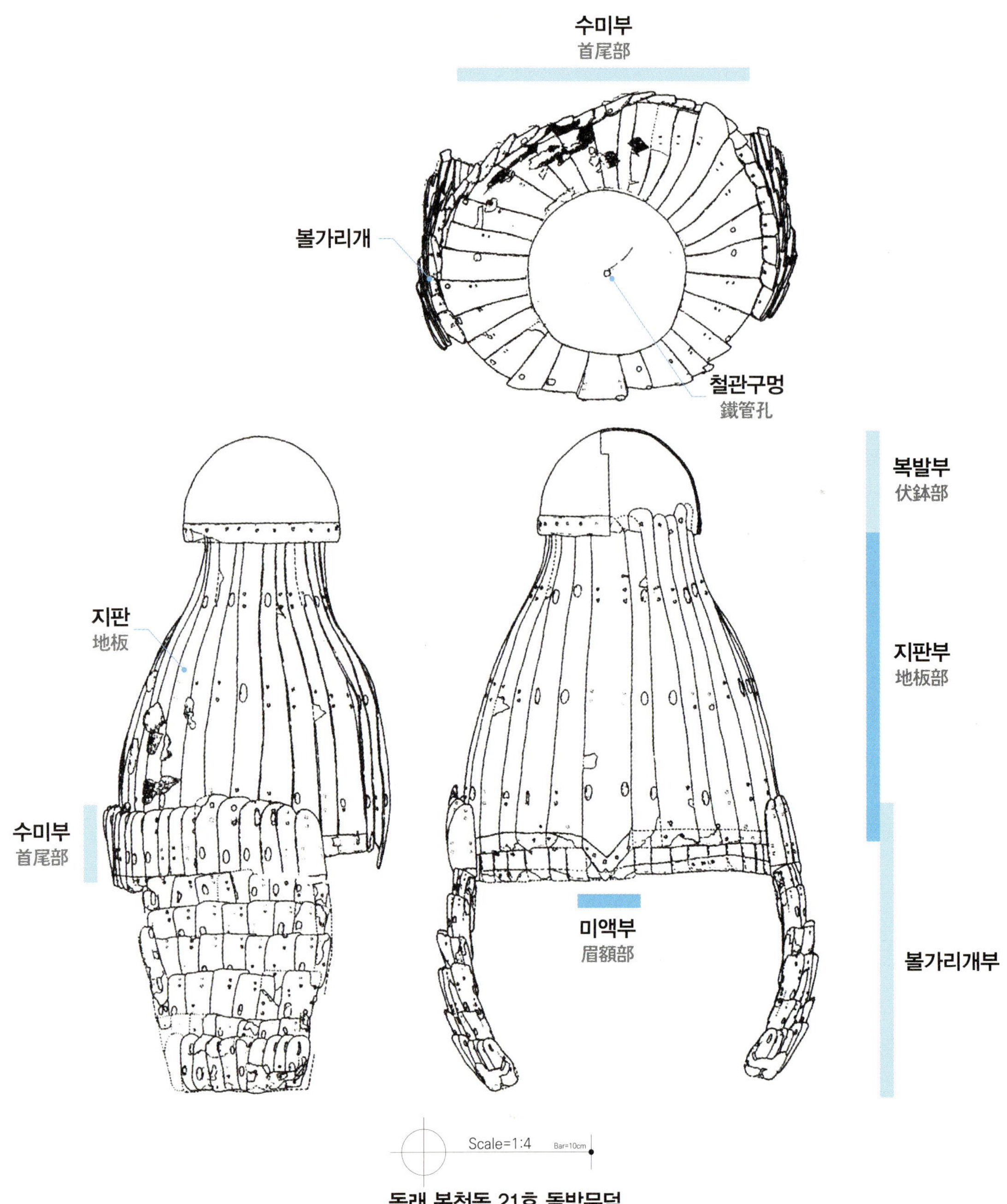

동래 복천동 21호 돌방무덤

만곡된 철판을 이용하여 투구 형태를 잡은 후 반구형의 복발로 마감하는 형태이다. 점차 지판의 폭이 좁아지며 매수가 증가한다.

* 장경숙, 1999, 「영남지역 출토 종장판주에 대한 연구」, 『영남고고학』 25, 영남고고학회.
　국립김해박물관, 2015, 『甲胄, 전사의 상징』.
　釜山大學校博物館, 1990, 『東萊福泉洞古墳群 Ⅱ』.

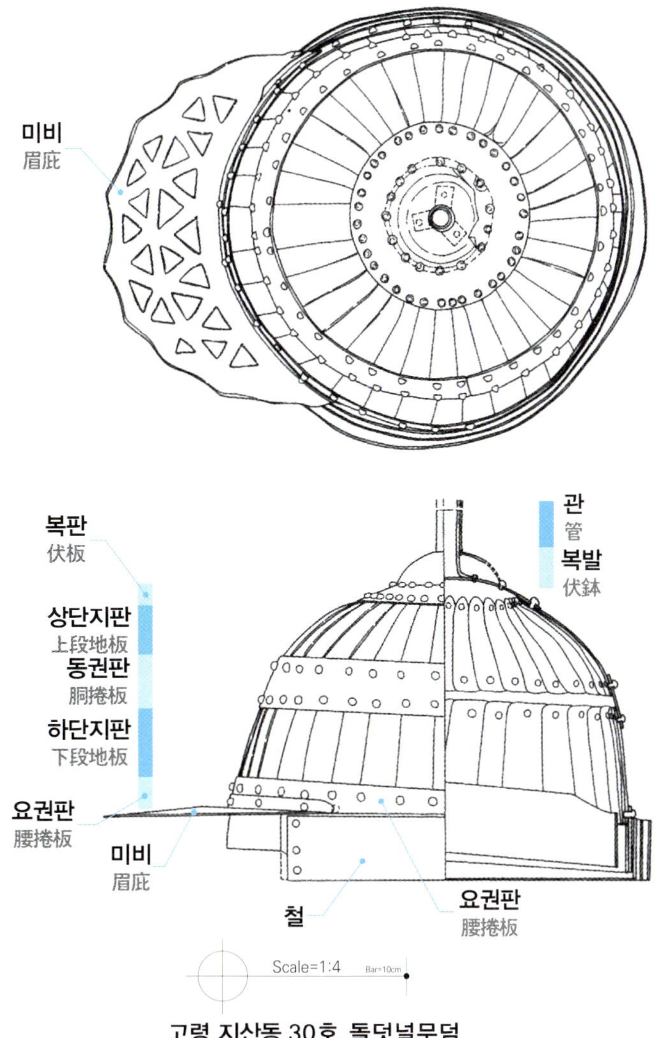

고령 지산동 30호 돌덧널무덤

투구 앞부분에 챙을 부착된 형태로 차양주로 불린다. 정수리에는 술을 부착하기 위해 복발형의 철관이 있으며 미비부에 다양한 형태의 투공이 있어 비교적 장식성이 강한 투구에 속한다.

＊ 국립김해박물관, 2015, 『甲冑, 전사의 상징』.

嶺南文化財研究院, 1998, 『高靈 池山洞 30號墳』.

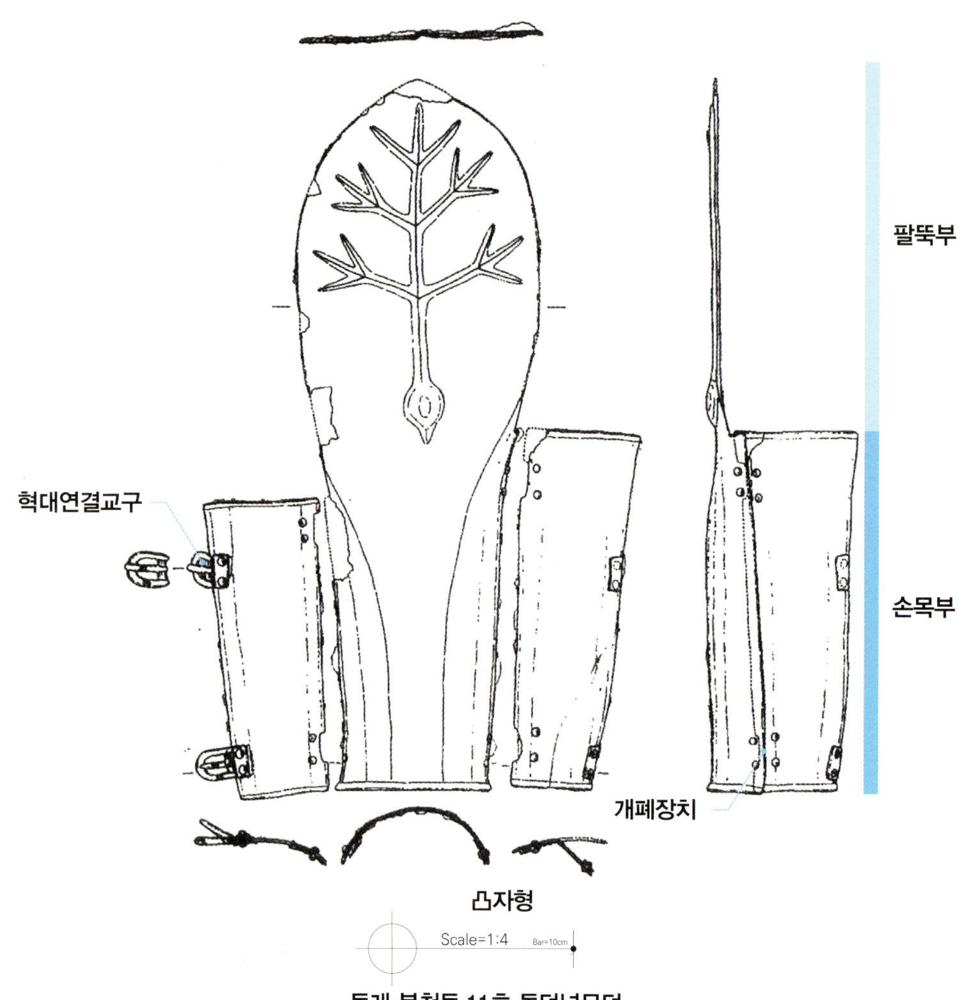

동래 복천동 11호 돌덧널무덤

손목부터 팔꿈치까지를 보호하는 갑옷의 부속구이다. 그러나 다른 갑옷이나 부속구와는 달리 금·은 소재로 제작한 예가 있으며 가지문양이 부조되는 등 장식성이 강해 위세품의 성격으로 사용되었을 것으로 추측된다.

＊ 황수진, 2001, 「삼국시대 영남 출토 찰갑의 연구」, 『한국고고학보』 78, 한국고고학회.
  국립김해박물관, 2015, 『甲冑, 전사의 상징』.

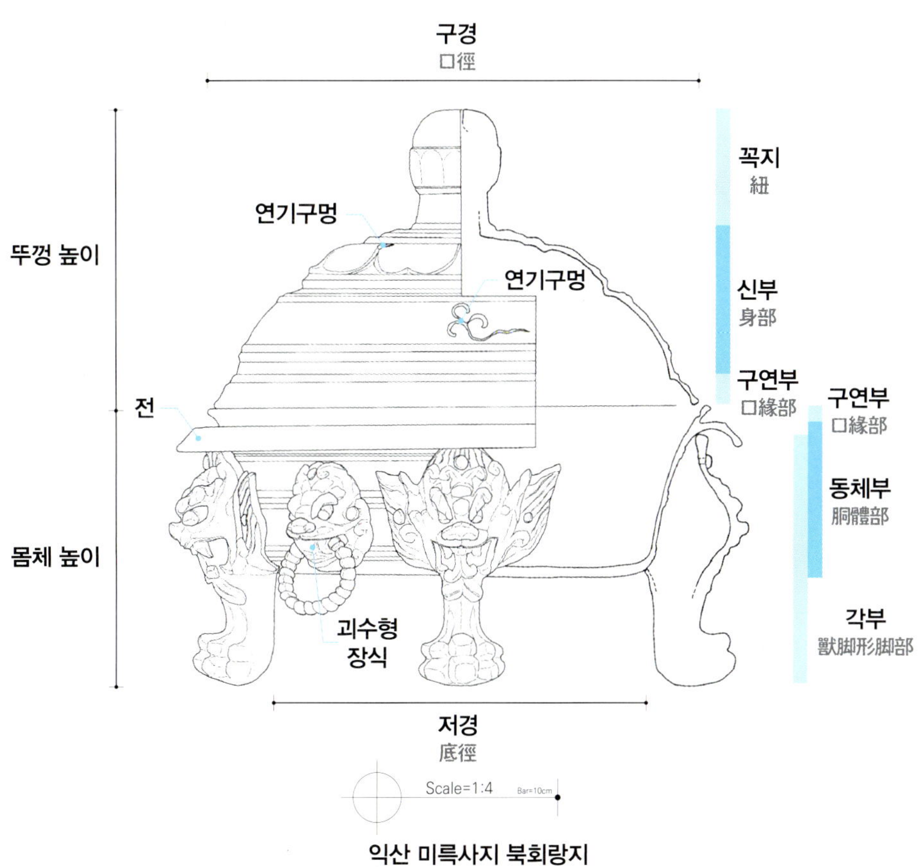

* 국립문화재연구소, 2008, 『미륵사지출토 금동향로』.

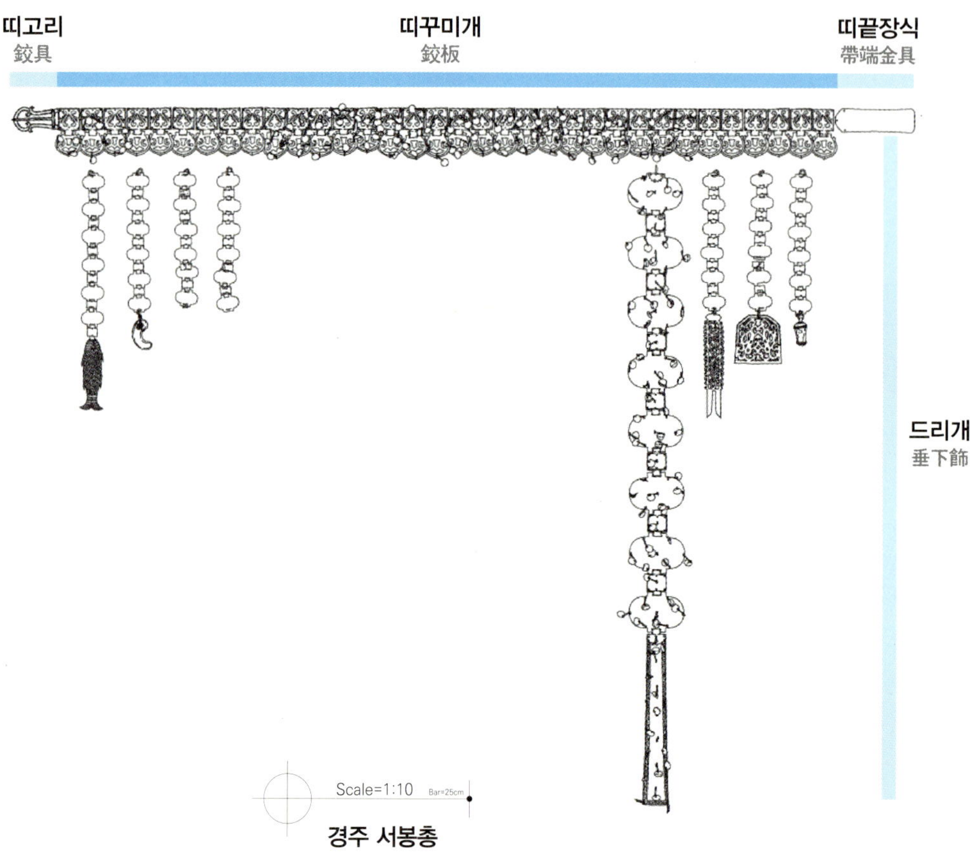

* 이한상, 2004, 『황금의 나라 신라』, 김영사.

  국립중앙박물관, 2014, 『慶州 瑞鳳塚 I (遺物篇)』.

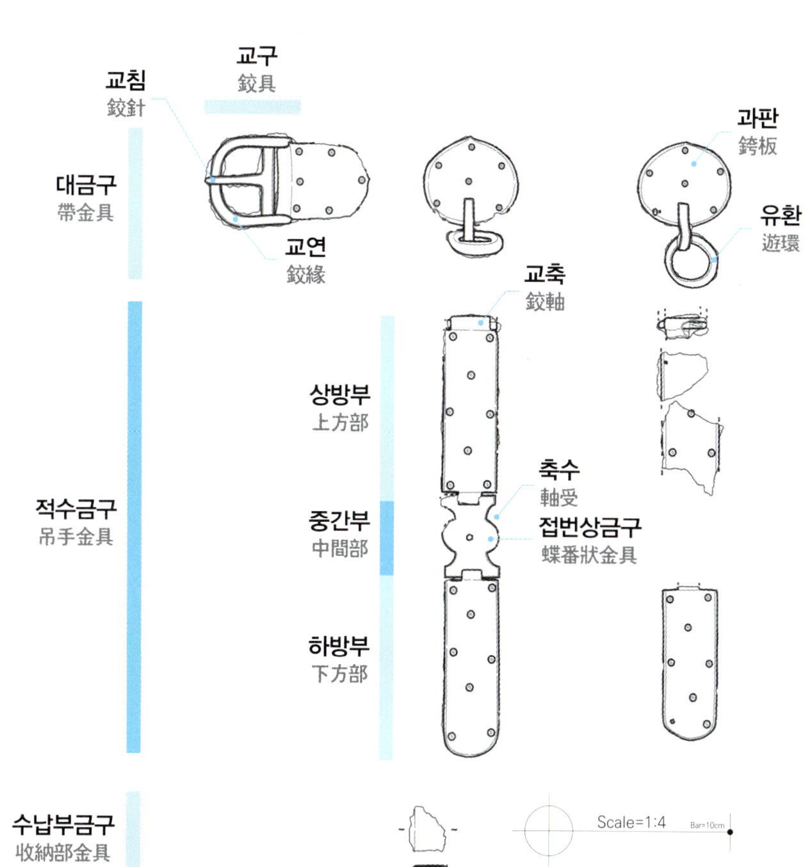

오산 수청동 4지점 14호 덧널무덤

　　대금구는 역심엽형과 방형의 형태가 있는데 역심엽형은 중서부 지역과 낙동강 이서 지역에서 확인되며 방형 대금구는 낙동강 이동·이서 지역에서 확인되어 지역성을 나타내는 요소이다. 적수금구는 3매의 철판으로 구성된 것과 1매의 철판으로 구성된 것이 확인되며, 양측의 길이가 서로 달라 수납부가 경사져 화살을 뽑기 좋은 형태를 취할 수 있도록 구성되어 있다.

＊ 土屋隆史, 2012, 「烏山水淸洞古墳群出土胡籙金具の編年的位置と地域性」, 『烏山 水淸洞 百濟 墳墓群』, 경기문화재연구원.

京畿文化財研究院, 2012, 『烏山 水淸洞 百濟 墳墓群』.

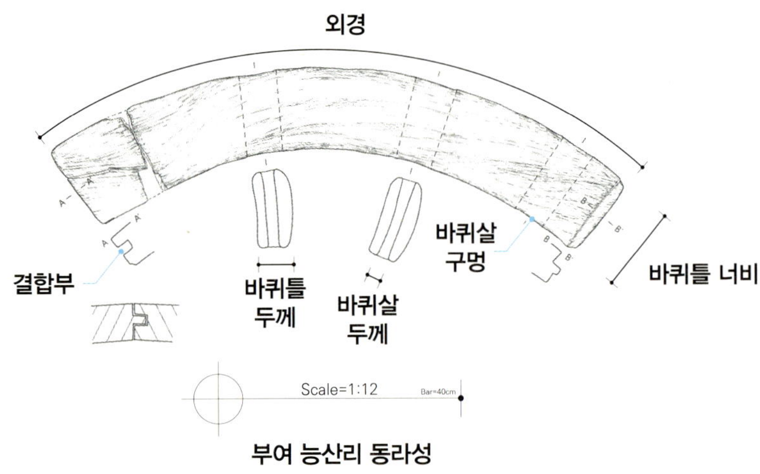

＊ 李阪燮, 2014, 「百濟 수레와 泗沘都城의 道路施設」, 『한국고고학보』 93, 한국고고학회.

한국고고학전문용어집

VII

고려~조선시대

高麗~朝鮮

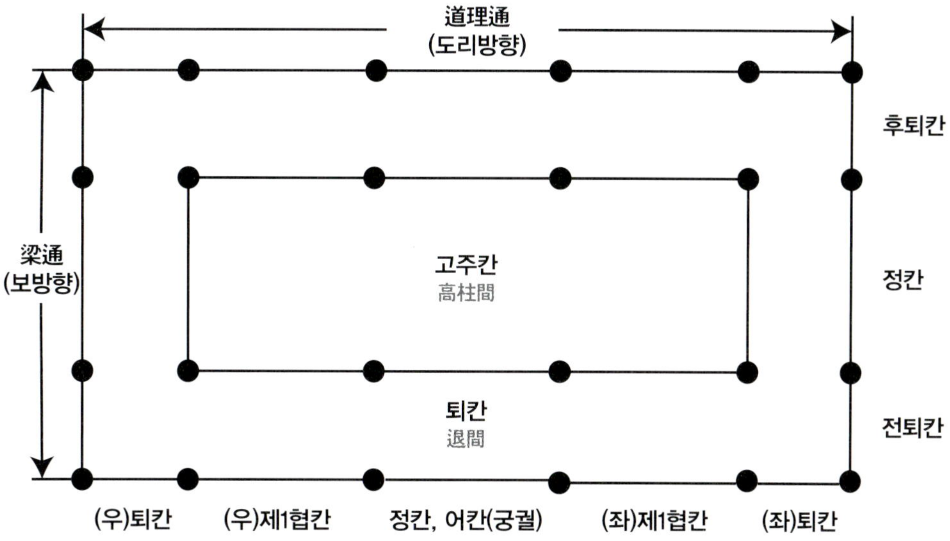

칸(間): 건물지의 규모 표현

주칸(柱間): 기둥과 기둥사이 ex) 정면 3칸, 측면 2칸: 6칸집

고주칸(高柱間): 내부공간

퇴칸(退間): 겨울과 여름을 동시에 나야하고, 동선을 연결하는 등 완충공간
　　　　　외부공간, 퇴칸의 폭은 반칸

좌우는 주인이 건물에 앉아서 내다보는 것을 기준

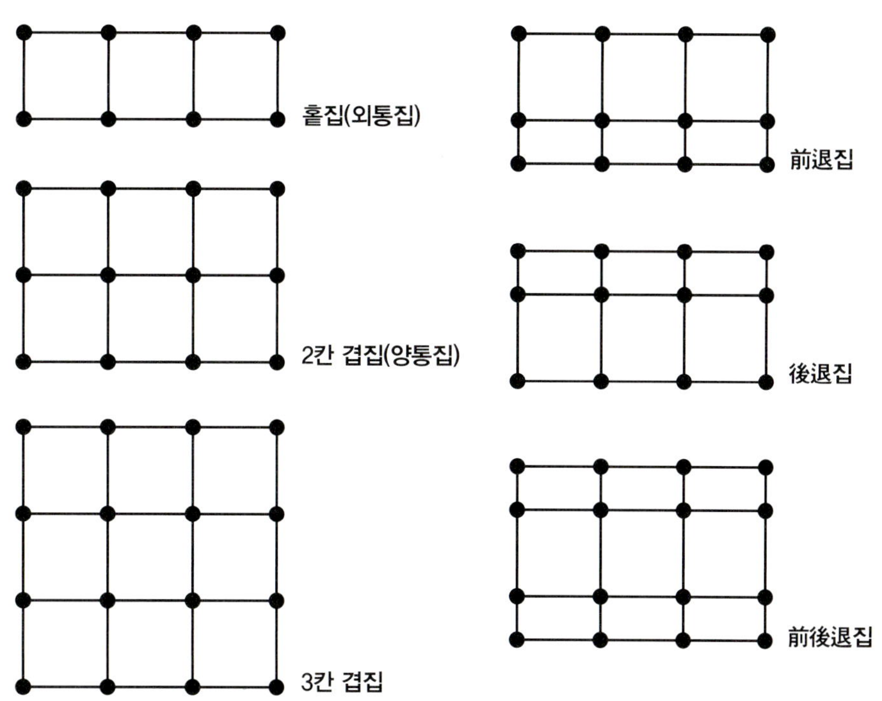

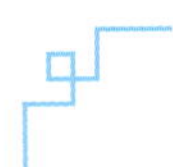

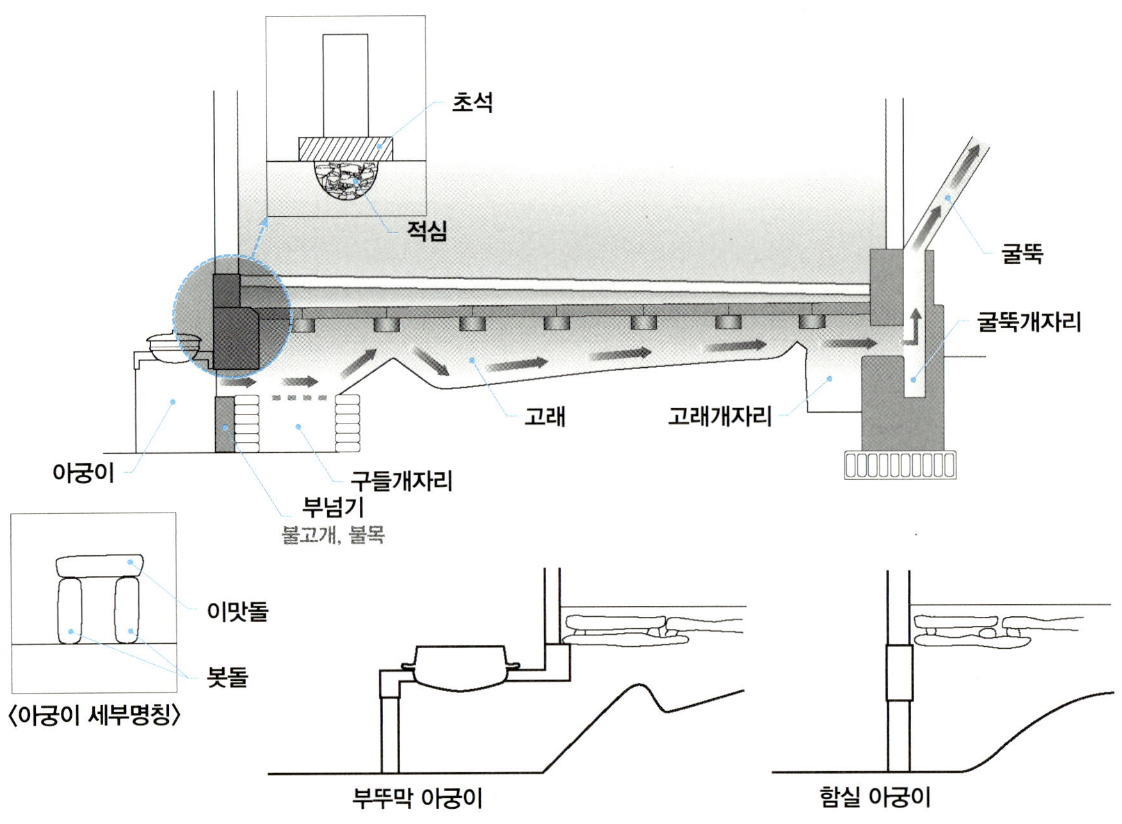

부뚜막 아궁이와 함실 아궁이의 구분은 부뚜막의 설치 유무이기도 하나, 함실 아궁이의 경우 부넘기가 없이 불길이 고래로 바로 들어가는 구조이다.

＊ 여명석 외, 1995, 「전통온돌의 시대적 변천과 형성과정에 관한 연구」, 대한건축학회논문집 제11권 1호 통권 75호.

김남응, 2004, 『(문헌과 유적으로 본) 구들이야기, 온돌이야기』, 단국대학교출판부.

· 기단

- 고려나 조선의 고문헌에서 階(계)나 陛(폐)로 표현
- 기단 내밀기는 보통 처마보다 안쪽으로 둬서 빗물이 기 단 위로 떨어지지 않게 함
- 습기 방지, 일조량 향상
- 지면으로부터 집을 높여주는 역할

· 토축 기단

· 장대석 기단

· 자연석 기단

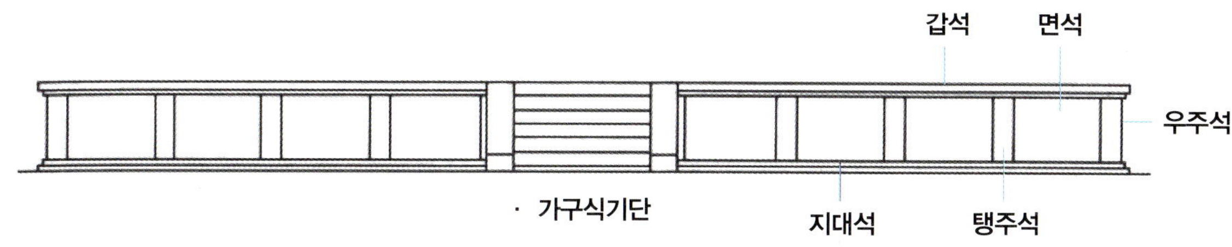

· 월대(月臺)

- 건물의 권위 표현, 기단을 넓게 만들어 행사에 사용

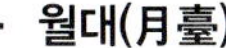

· 월대(月臺)

· 귀틀석

- 기단 모서리 甲石 'ㄱ' 자형
- 시간이 지남에 따라 벌어지는것 방지

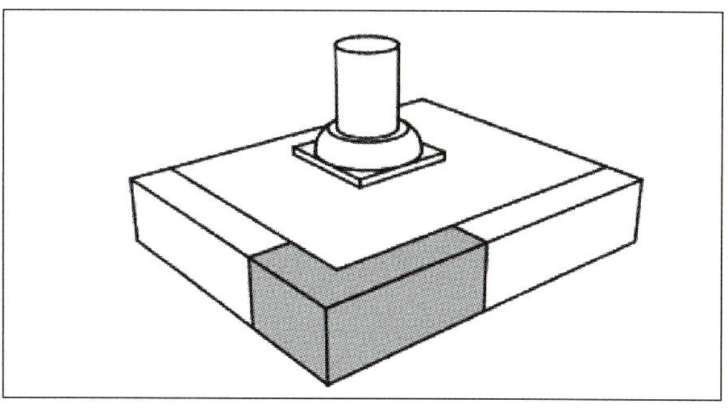

· 귀틀석

---

* 김왕직, 2007, 『알기쉬운 한국건축 용어사전』, 동녘.

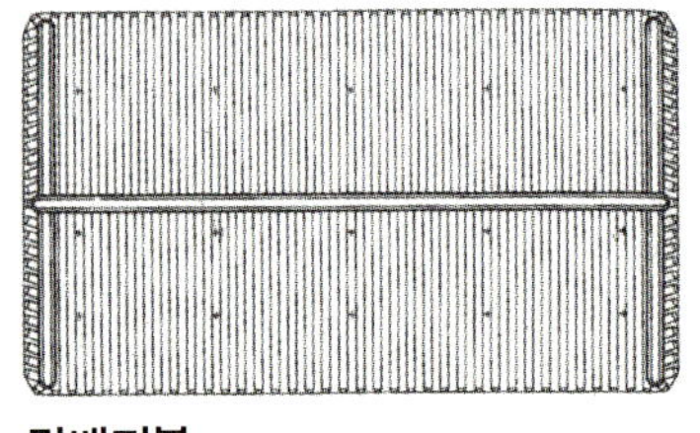

맞배지붕

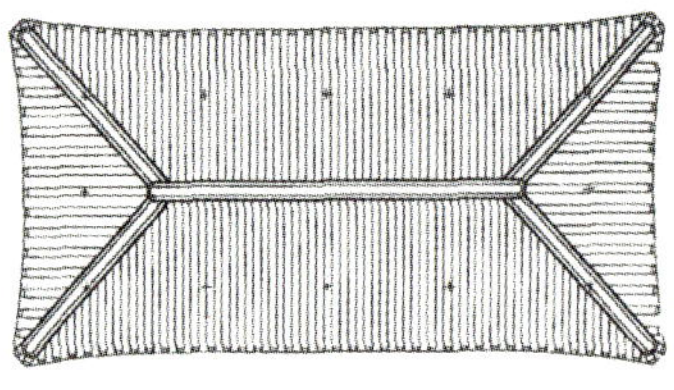

우진각지붕

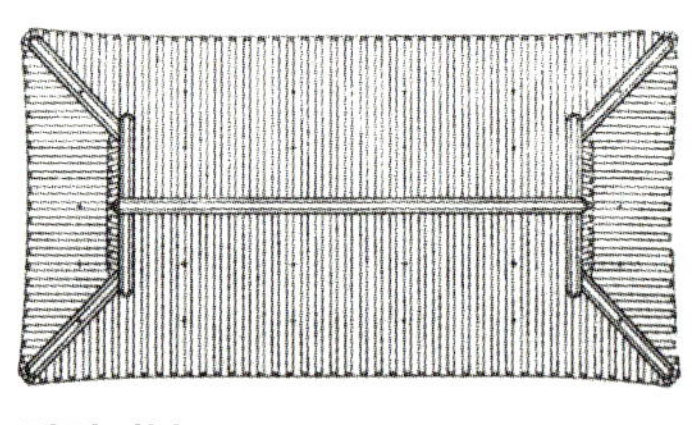

팔작지붕

모임지붕–사모지붕

모임지붕: 용마루없이 추녀마루로만 구성

사모지붕, 육모지붕, 팔모지붕

용마루: 도리 방향으로 길게 만들어지는 마루

내림마루: 팔작지붕에서 합각을 타고 내려오는 마루

추녀마루: 추녀 위 지붕 마루

기본기와 ─ 수키와 ①
         └ 암키와 ②

막새 ─ 수막새 ③
     ─ 암막새 ④
     └ 이형막새 ─ 소형막새
                └ 모서리기와 ⑤

서까래 기와 ─ 연목기와 ⑥
           ─ 부연기와 ⑦
           └ 사래기와 ⑧

마루 기와 ─ 적새 ⑨
         ─ 착고 ⑩
         ─ 부고 ⑪
         └ 치미 ⑫

특수 기와 ─ 기단용 기와
         ─ 장식용 기와
         └ 무덤용 기와

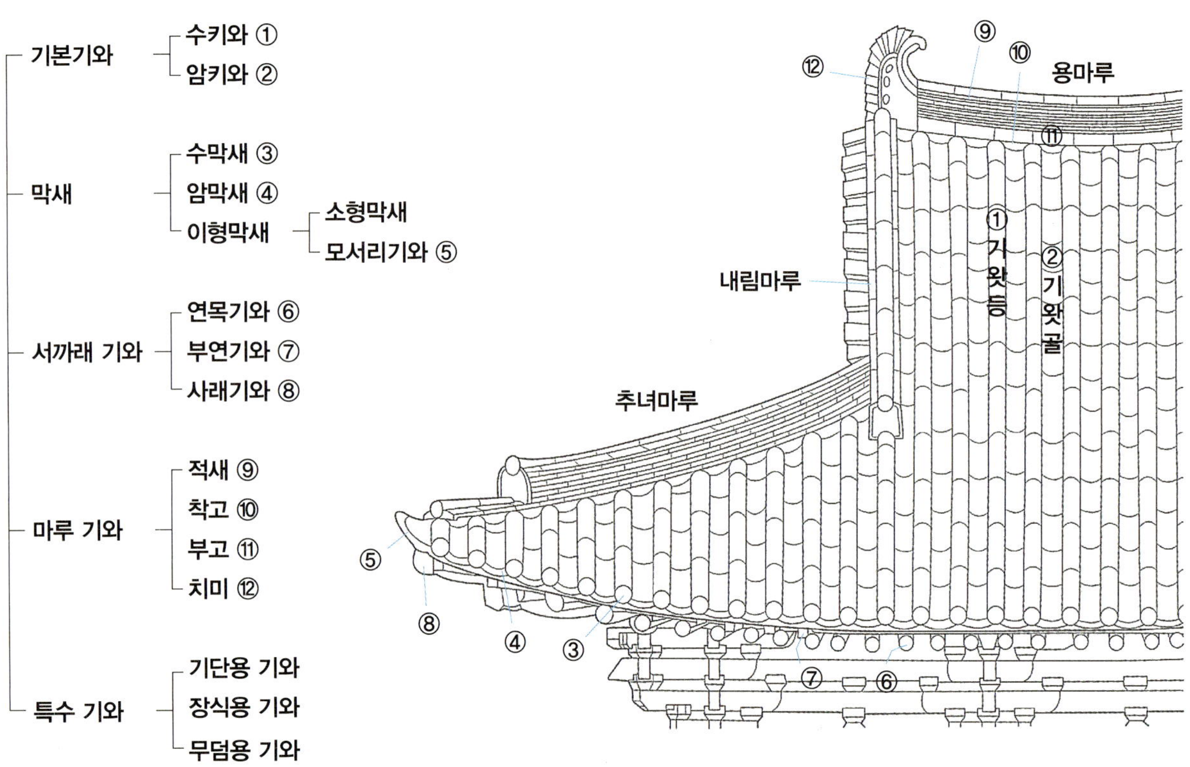

* 김왕직, 2007, 『알기쉬운 한국건축 용어사전』, 동녘.

경기문화재단, 2005, 『화성성역의궤-국역증보판(상)』.

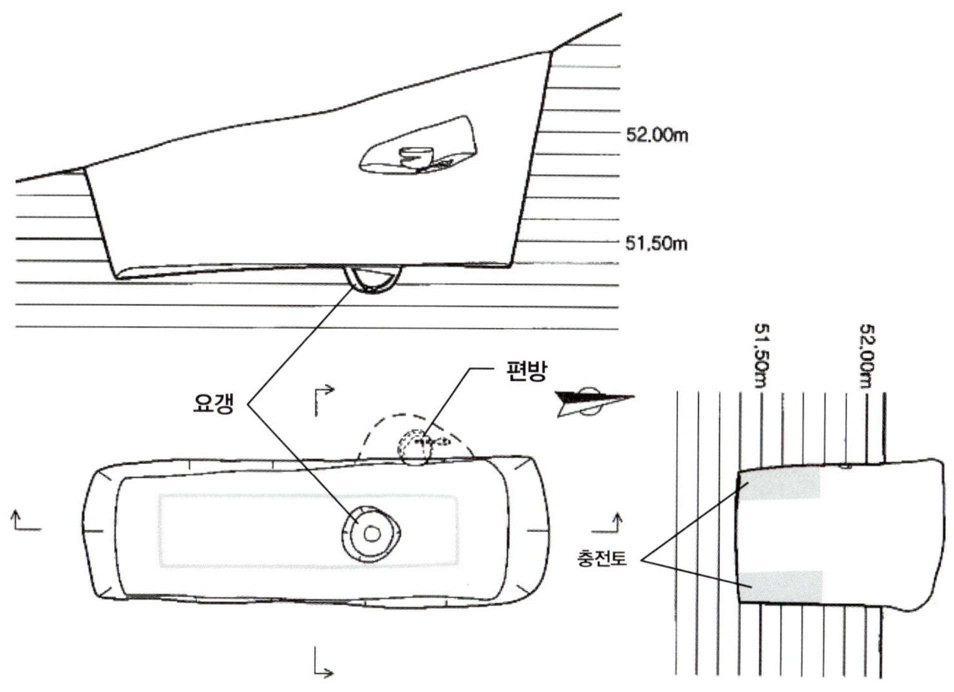

요갱(腰坑)

무덤의 매장시설 아래 또는 무덤 구덩이 바닥에 유물을 매납하기 위하여 피장자의 허리춤, 즉 무덤 구덩이의 한 가운데 쯤에 일정 규모로 마련해 놓은 작은 구덩이를 말한다.

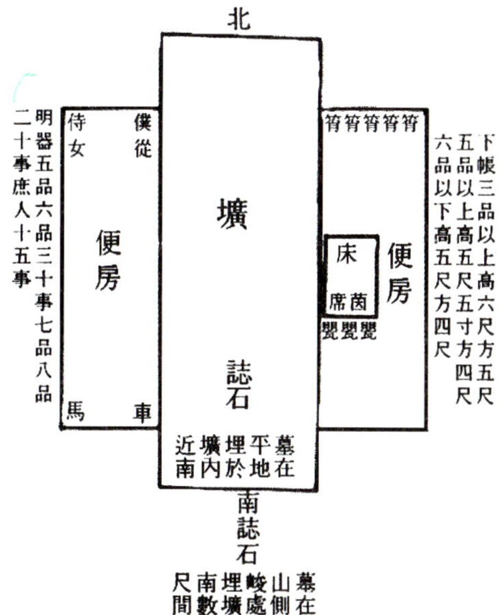

편방(便房)

묘광의 측벽에 유물이 부장되는 공간을 편방, 벽감, 감실, 측실 등으로 혼용하여 부르고 있다.
의미상으로 모두 상통하나 문헌에 기록되어 있는 '편방(偏房)'으로 부르는 것이 타당할 것으로 판단된다.

實土及半, 乃藏明器 下帳苞苴甖甒於便房 以板塞墓門(주자가례 권4 喪禮).
흙을 채우되 절반에 미치면 명기, 하장, 포, 소, 앵을 편방에 넣고 판자로 그 문을 막는다.

* 國立文化財研究所, 2009, 『韓國考古學事典』, 古墳編.

주희(임민혁 역), 1999, 『주자가례』, 예문서원.

중앙문화재연구원, 2013, 『충북 진천 · 음성 혁신도시개발 사업지구 내 중부 신도시 유적』.

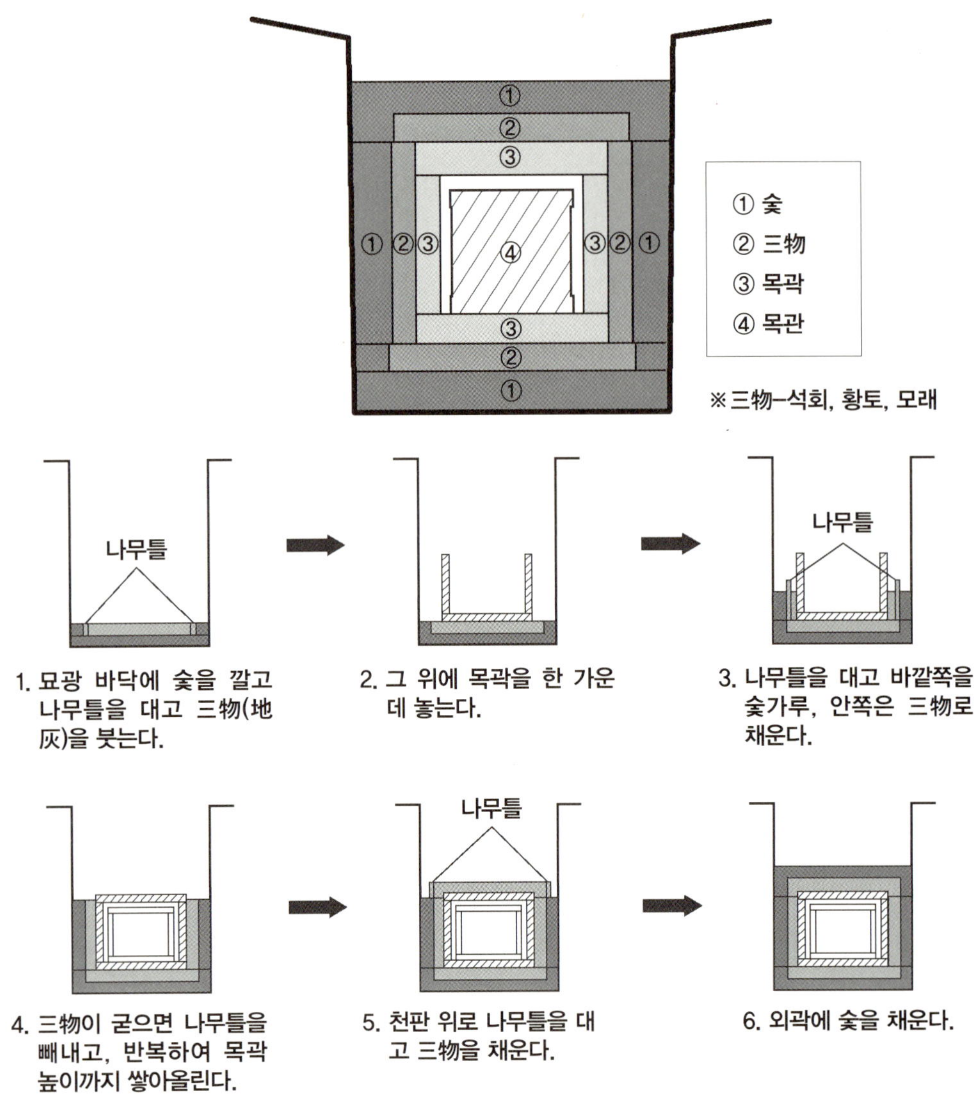

회격무덤이란 '국조오례의(國朝五禮儀)'에서 조성 방식을 언급한 바와 같이 묘광을 파고 목곽을 안치한 후 광중의 벽과 곽 사이의 공간을 삼물로 채우고, 다시 목곽 천판 위를 삼물로 덮은 무덤이다. 조선 전기부터 임진왜란 전후 시기까지 사용되었으며 조선 전기의 회격무덤은 국조오례의가 제시하고 있는 것에서 숯을 제외한 삼물(석회, 모래, 황토)로만 조성된 것이 대부분이다.

* 김우림, 2009, 「國朝五禮儀와 朱子家禮를 통해 본 조선시대 묘제 연구」, 제37회 한국상고사학회 학술발표대회.
홍지윤, 2012, 「조선시대 분묘에 남겨진 상장절차」, 『중앙고고연구』10, 중앙문화재연구원.

__무덤(회덧널무덤) | 灰槨墓 | Lime-soil mixture barrier tomb

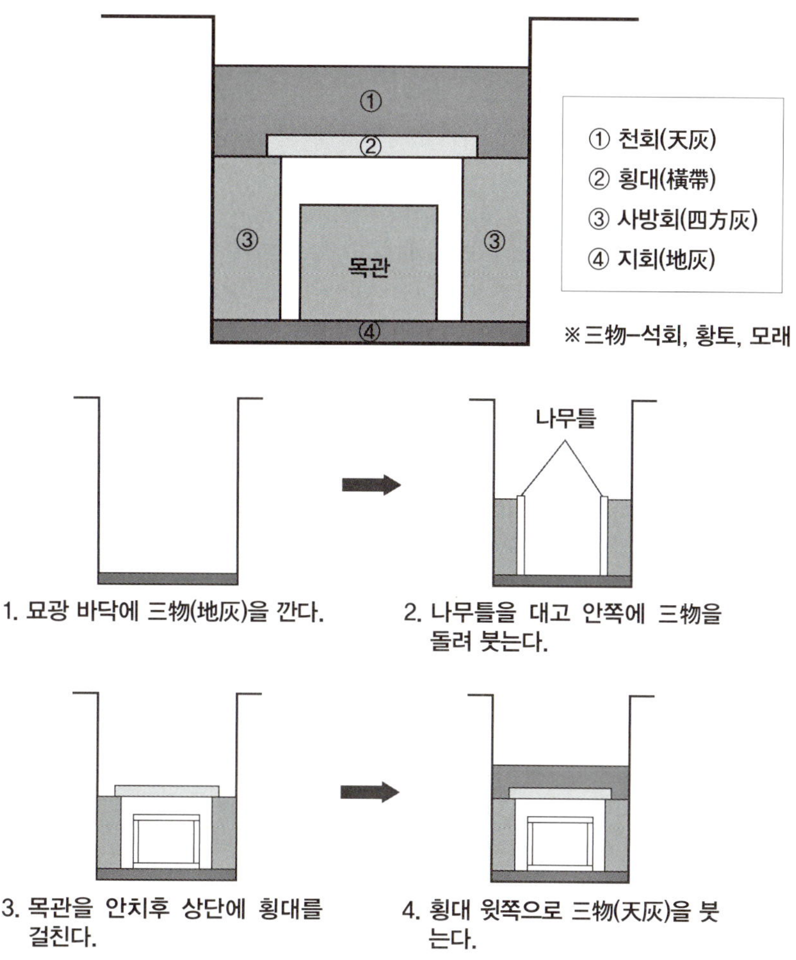

회덧널무덤은 '주자가례(朱子家禮)'에 제시되어 있는 것과 같이 석회를 이용한 삼물(석회, 모래, 황토)로 회곽을 만들어 목관을 안치하는 무덤으로 목곽이 없다. 회덧널무덤 조성 방식이 조선 후기에 이르러 변화하는 원인은 임진왜란 이후의 물자부족과 더불어 무덤을 조성함에 있어 불필요한 공력을 줄이고자 하는 왕실의 지속된 정책이 반영된 것이라 하겠다.

* 김우림, 2009, 「國朝五禮儀와 朱子家禮를 통해 본 조선시대 묘제 연구」, 제37회 한국상고사학회 학술발표대회.
홍지윤, 2012, 「조선시대 분묘에 남겨진 상장절차」, 『중앙고고연구』 10, 중앙문화재연구원.

・ 성곽

- 도시나 마을을 지키기 위한 군사적 또는 행정적 목적으로 쌓은 울타리
- 내성(內城-城)과 외성(外城-郭)이 결합된 말
- 우리나라는 대부분 외곽성의 형태로만 남아 있음
- 성곽의 원초적 형태는 나무울타리[木柵] 주변에 도랑을 두른 형태

・ 환호취락

- 성곽의 원초적인 형태는 나무 울타리[木柵]와 도랑[環濠]을 두른 형태이다. 이러한 모습은 청동기시대부터 보여지는데, 차츰 성벽 재료와 축조술이 발전하면서 토성과 석성이 나타나기 시작한다.

울산 검단리 마을유적(청동기시대 환호취락)

홍성 석택리유적(원삼국시대 환호취락)

・ 성곽의 분류

- 거주 주체 : 도성(都城), 왕성(王城), 읍성(邑城)
- 지형 : 산성(山城), 평지성(平地城), 평산성(平山城)
- 축성 재료 : 목책성(木柵城), 토성(土城), 석성(石城)
- 축성 위치 : 테뫼식 산성, 포곡식 산성, 복합식 산성

서울 풍납토성 – 왕성, 평지성, 토성

금산 진산성 – 포곡식 산성, 석성

서산 해미읍성 – 읍성, 평산성

* 김왕직, 2007, 『알기쉬운 한국건축 용어사전』, 동녘.
  문화재청, 2007, 『한국성곽 용어사전』

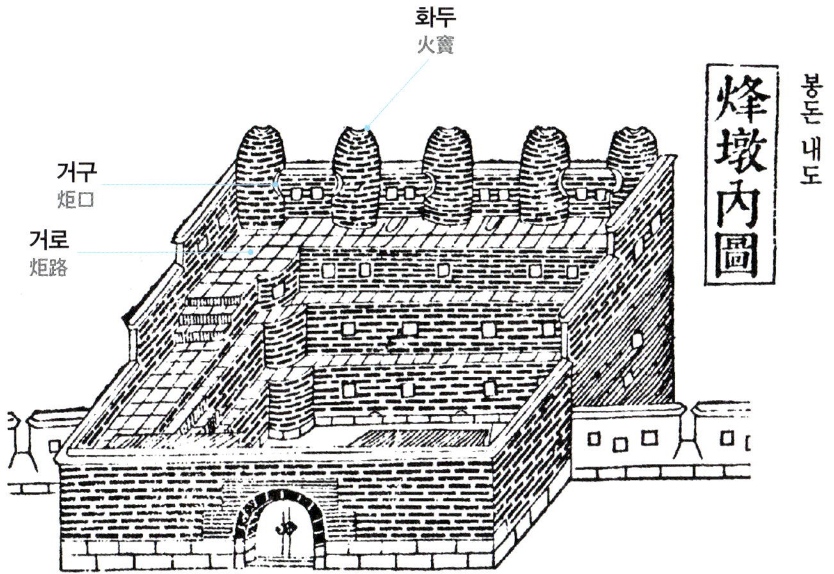

거로(炬路)
봉돈 성벽 내부에 설치한 횃불 이동 통로

거구(炬口)
봉돈에 마련된 횃불을 지피는 아궁이

화두(火竇)
불을 땔때 불꽃을 일으키는 둥근 굴뚝

해자(垓字, 海子)
성곽을 방어하기 위하여 그 바깥으로 둘러 판 도랑이나 못
산성의 경우 대부분 마른 해자이지만, 고려와 조선시대의 읍성에는 물이 있는 해자가 대부분

순천 낙안읍성 해자

고창 무장읍성 해자

❊ 경기문화재단, 2005, 『화성성역의궤-국역증보판(상)』.

　문화재청, 2007, 『한국 성곽 용어사전』.

　국립문화재연구소, 2011, 『한국고고학전문사전-성곽 · 봉수편』.

개거식(開据式)
성벽에 뚫어 놓은 개구부 상부가 열려 있는 것

평거식(平据式)
개구부 양쪽 성벽에 긴 장대석을 가로질러 놓은 것

홍예식(虹霓式)
측벽의 상부를 좁혀 아치 모양을 띄는 것

현문식(懸門式)
개구부가 성벽의 일정 높이에서 시작되는 것

금산 백령산성 남문(현문식)

둔태석(屯太石)
문지도리를 끼워 회전시키기 위하여 구멍을 마련한 돌

문지공(門止孔)
성문의 문짝을 고정시킨 축을 끼워 앞뒤로 돌아가게 낸 구멍

원산석(遠山石)
문지방이 없는 쌍여닫이문의 중간 바닥에 설치하여 닫는 문을 받는 돌

* 국립문화재연구소, 2011, 『한국고고학전문사전-성곽·봉수편』.

　김왕직, 2007, 『알기쉬운 한국건축 용어사전』, 동녘.

　(사)한국문화재조사연구기관협회, 2013, 『성곽조사방법론』.

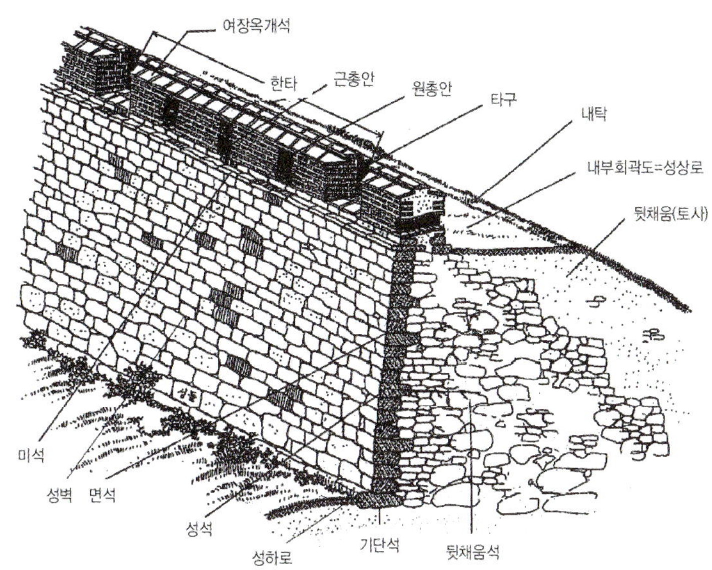

여장(女墻)

체성 위에 설치하는 구조물로 적의 화살이나 총알로부터 몸을 보호하기 위하여 낮게 쌓은 담장

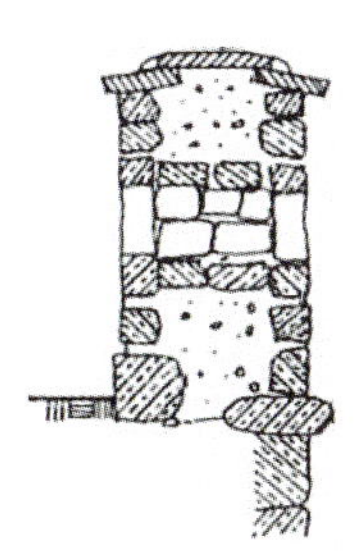

원총안(遠銃眼)

여담 부분에 활이나 총을 쏘기 위해 낸 구멍 중 멀리 쏘기 위해 낸 구멍

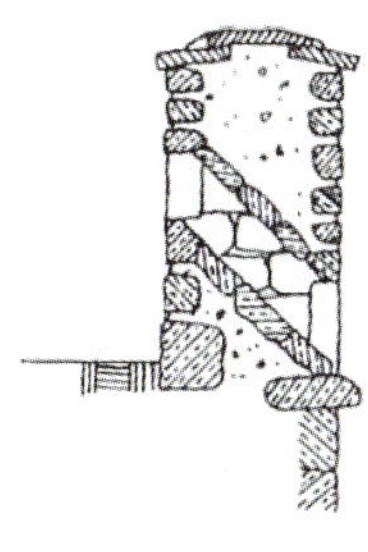

근총안(近銃眼)

여담에 구멍을 내어 가까운 곳을 쏘기 위해 경사지게 뚫어 놓은 구멍

영정주(永定柱)

판축기법에 의한 토성 축조 시 협판을 고정시키기 위하여 세운 나무기둥
영정주 간의 거리는 한 공정의 작업구간이 됨

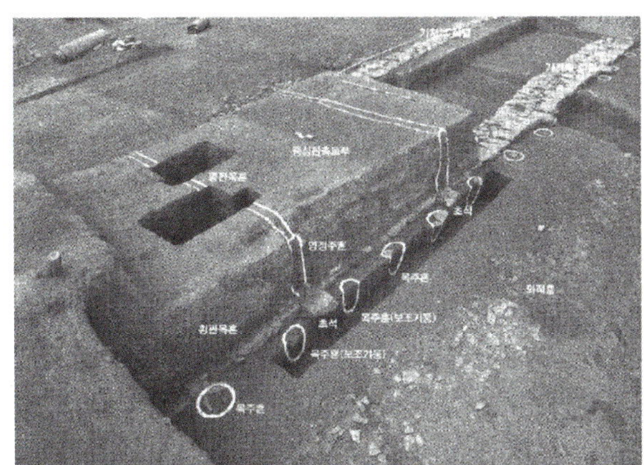

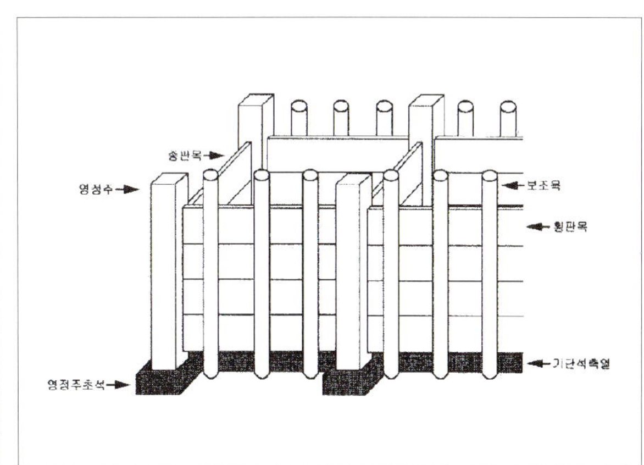

강화 중성 판축구조물 모식도

* (사)한국문화재조사연구기관협회, 2013, 『성곽조사방법론』.

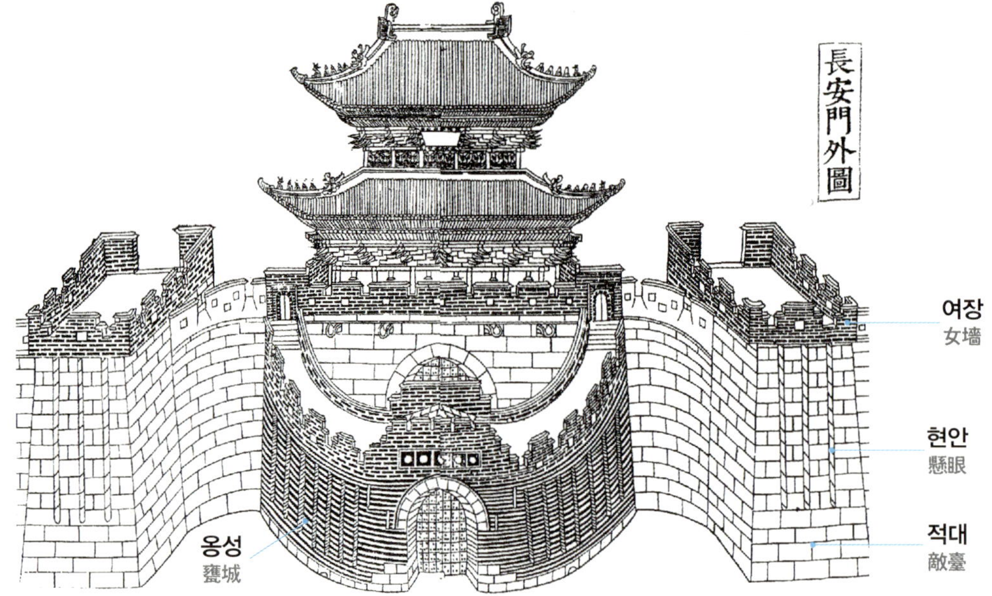

옹성(甕城)
성의 문을 보호하고 성을 튼튼히 지키기 위하여 성문 밖으로 원형이나 방형으로 쌓은 작은 성

적대(敵臺)
성문 좌우에 설치하는 치(雉)

현안(懸眼)
성벽의 외벽면을 수직에 가깝게 뚫어 성벽에 붙은 적을 공격하는 시설

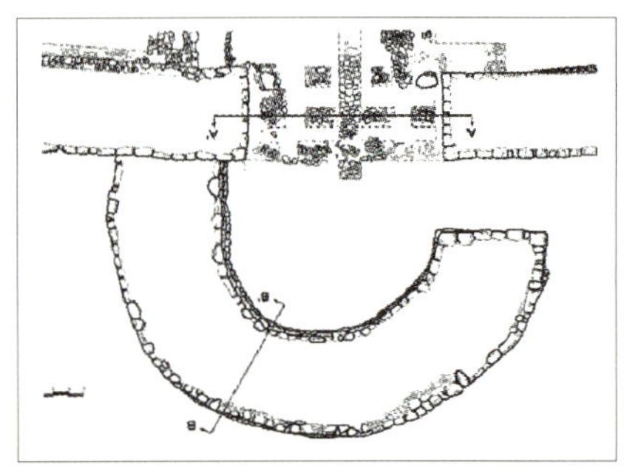

전라 병영성 서문지

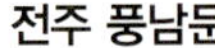

전주 풍남문

화성 팔달문

* 문화재청, 2007, 『한국 성곽 용어사전』.

경기문화재단, 2005, 『화성성역의궤-국역증보판(상)』.

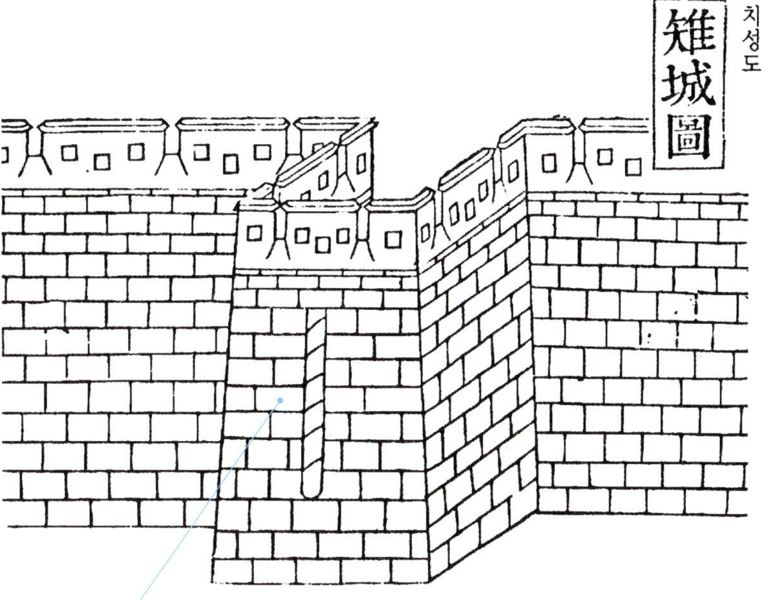

치성(雉城)
성벽에서 돌출시켜서 쌓은 성벽
상부에 집은 없고 여담이 있는 것
각(角)을 이루고 있는 것을 치성, 둥근 모양을 곡성(曲城)이라 함

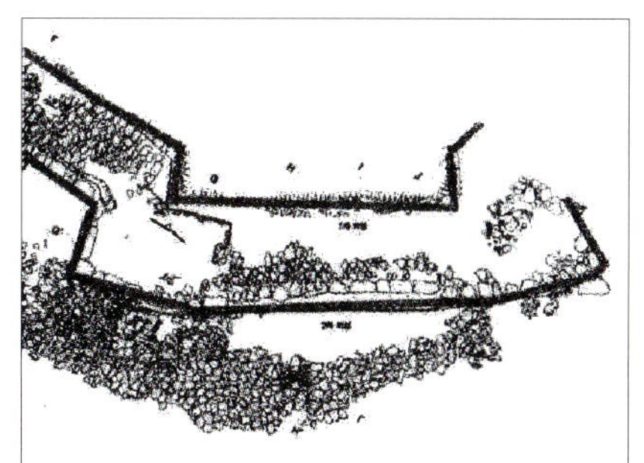

이성산성 치성

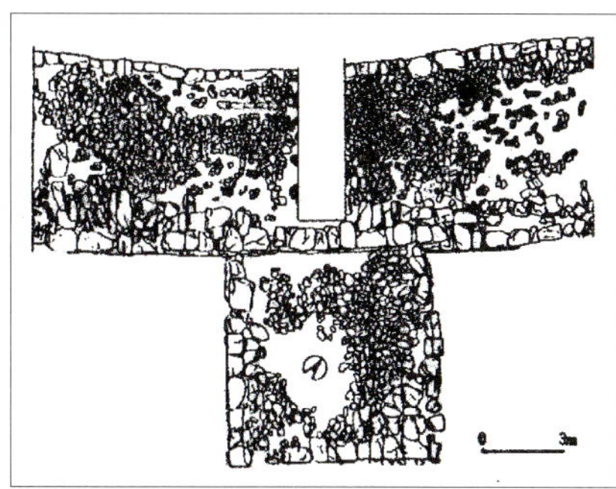

울산 병영성 치성

＊ 문화재청, 2007, 『한국 성곽 용어사전』.

경기문화재단, 2005, 『화성성역의궤-국역증보판(상)』.

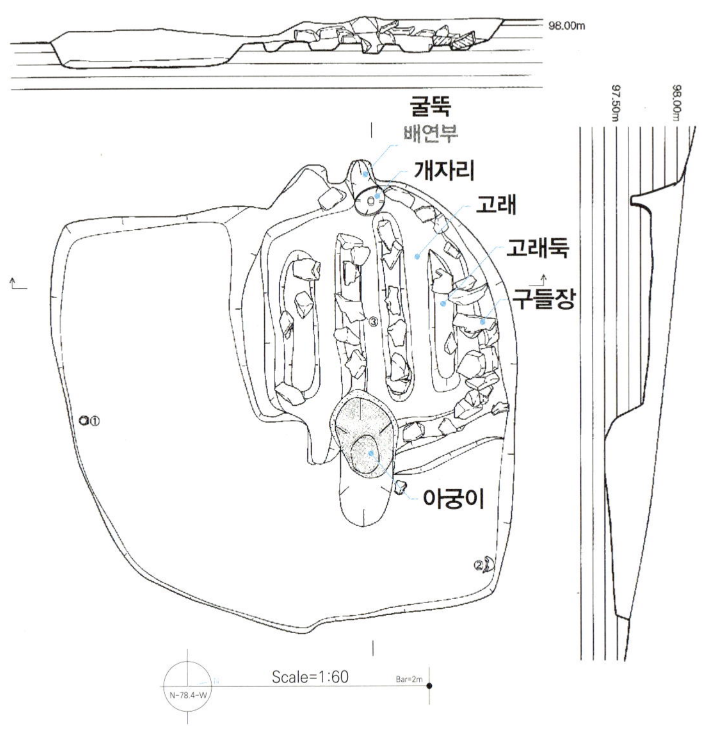

중부 신도시유적–큰말유적 Ⅱ지점 1호 주거지

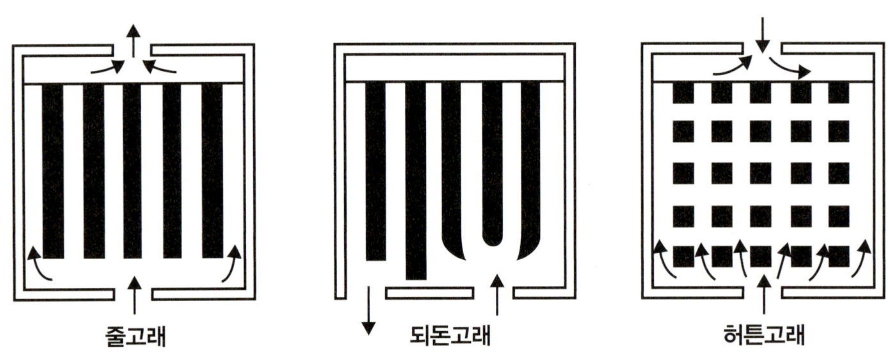

* 중앙문화재연구원, 2013, 『충북 진천·음성 혁신도시개발 사업지구 내 중부 신도시 유적』.

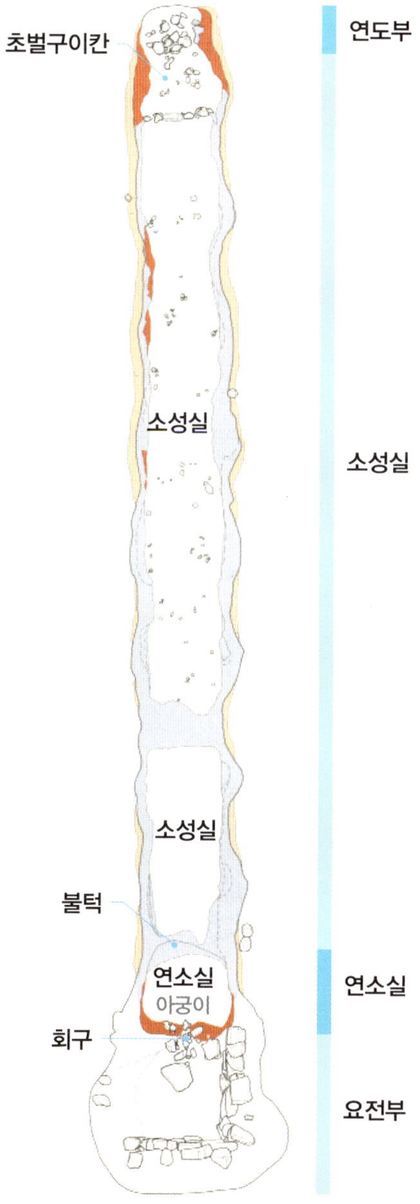

초벌구이칸

연도부

소성실

소성실

소성실

불턱

연소실

연소실
아궁이

회구

요전부

합천 장대리 1호 가마

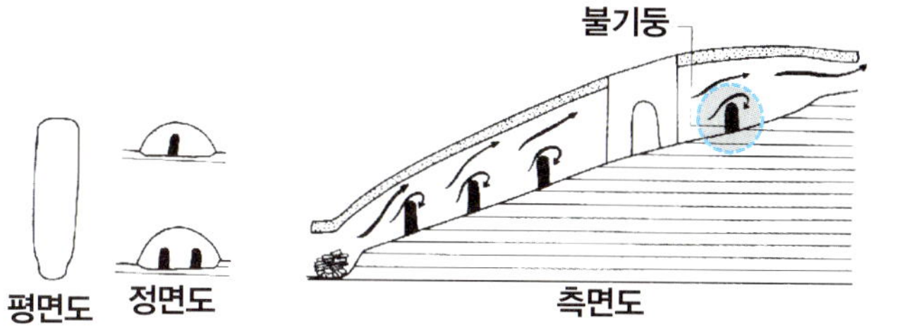

불기둥

평면도　정면도　측면도

불기둥[停焰柱]
천장까지 닿지 않아 불꽃을 효율적으로 유도·보열.
가마 내부 온도 유지.

단실 불기둥 가마의 모식도

격벽　불창기둥

평면도　정면도　측면도

불창기둥
격벽의 설치로 천장까지 닿아 있어, 가마 내부의 온도 상승.
그릇을 골고루 익게 함.

분실 가마의 모식도

＊ 강경숙, 2005, 『한국 도자기 가마터 연구』, 시공사.
　동서문물연구원, 2012, 『합천 장대리 도요지』.

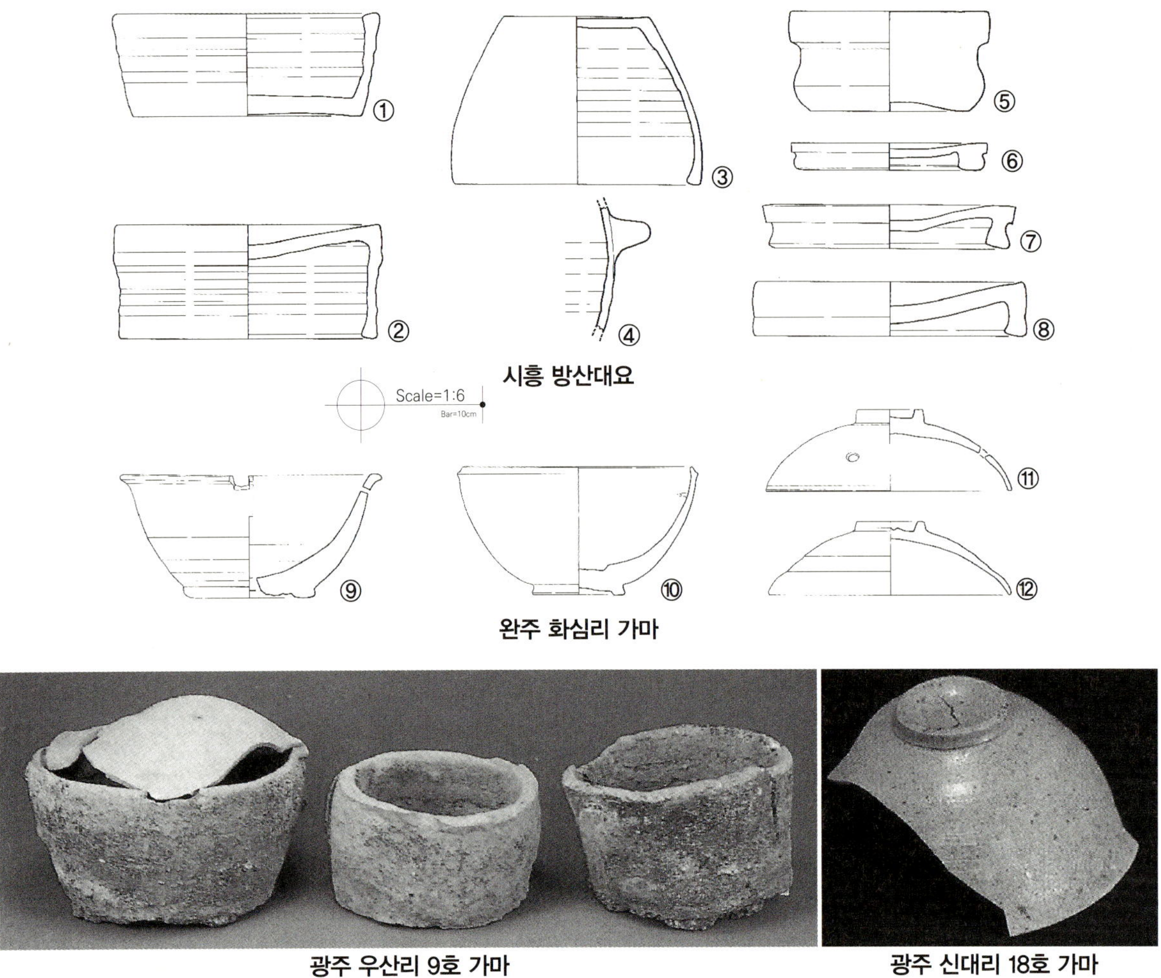

광주 우산리 9호 가마

광주 신대리 18호 가마

　　갑발은 다양한 형태를 보이는데 먼저 고려시대 가마인 방산대요에서는 발형(①), 원통형(②), 복발형(③)을 비롯해 손잡이가 있는 것(④)도 매우 소량 출토되고 있다. 시간이 지나면서 발형과 복발형은 줄고 원통형이 중심이 된다. ⑤~⑧은 갑발 받침과 뚜껑으로 ⑤는 발형 갑발의 받침이고, ⑥~⑧은 갑발 받침이면서 동시에 뚜껑으로도 사용되었다. 조선시대의 갑발은 우산리 9호, 도마리, 번천리 등 조선 전기 관요에서는 원통형 갑발이 사용되었다. 완주 화심리와 같은 조선 전기 지방가마에서는 일상기명인 발과 접시의 형태를 띠는 갑발과 갑발 뚜껑이 출토되었다. 신대리 18호 가마에서는 폐기된 자기를 재사용한 경우도 보인다.

＊ 경기도자박물관, 2008, 『광주 신대리 18호 백자가마터』.

　梨花女子大學校 博物館, 1993, 『朝鮮白磁窯址 發掘調査報告展-附 廣州牛山里9號窯址 發掘調査報告』.

　전북문화재연구원, 2008, 『完州 花心里 遺蹟』.

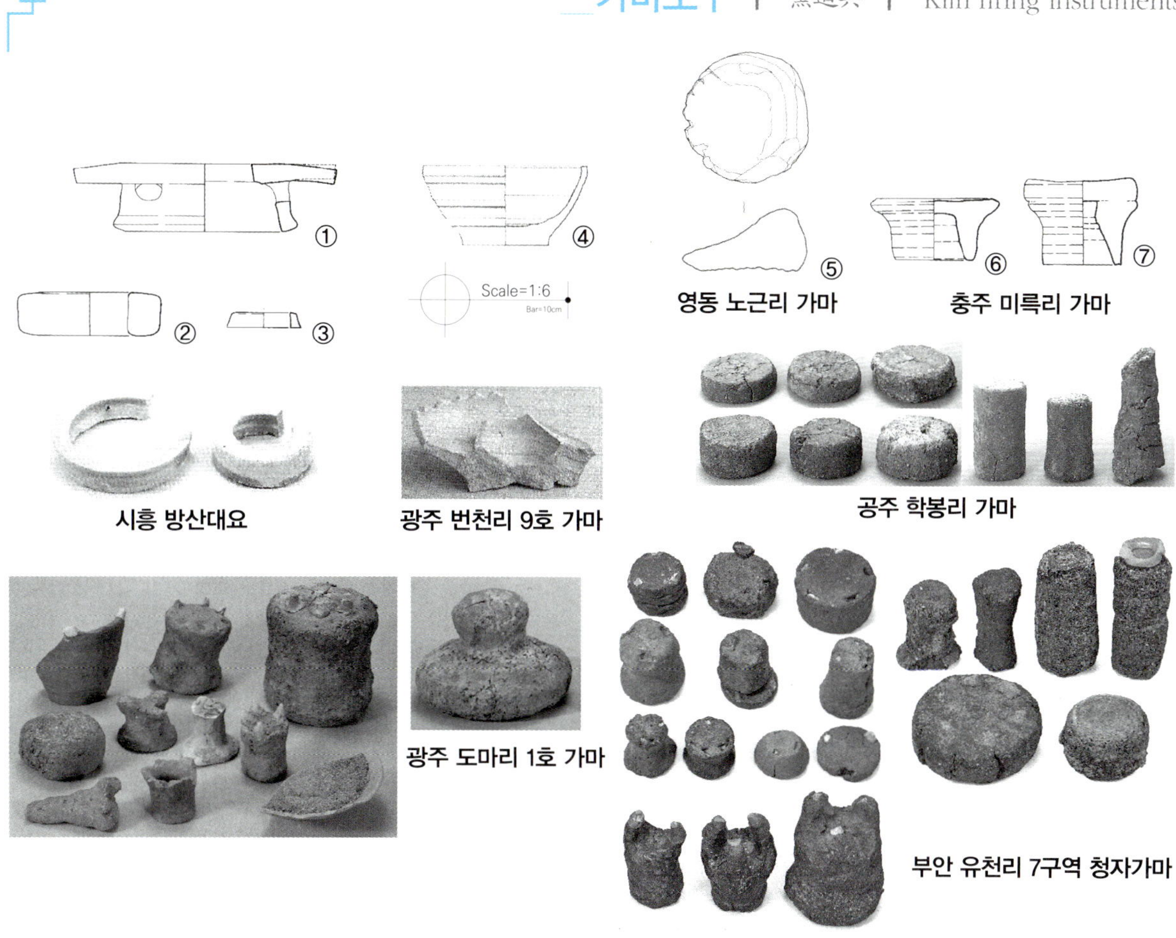

　도지미 또한 갑발과 마찬가지로 다양한 형태를 보인다. 방산대요에서 출토된 도지미 ①은 대형그릇을 구울 때 사용하는 것이고, ②와 ③은 고리형 받침으로 우리나라 자기 제작이 중국 도자의 영향을 직접적으로 받았음을 보여주는 자료이기도 하다. 그 외에 부안 유천리 청자가마에서 볼 수 있는 다양한 도지미의 형태는 조선 전기 가마터인 공주 학봉리, 광주 도마리 · 번천리 등에서도 찾을 수 있다. 번천리 9호 가마에서는 발형이나 거치형 도지미가 존재한다. 이후 영동 노근리 등과 같이 철화백자가 제작되는 지방가마에서 경사진 도지미가 사용되고, 19세기 말에서 근대에 이르면 충주 미륵리 가마에서 출토된 것과 같은 제기형 도지미도 확인된다. 광주 도마리 1호 가마 출토품 중 오른쪽 상단에 박자와 유사한 형태를 띠는 것은 가마 상면에 모래를 깔때 다지는 도구이다.

* 國立中央博物館, 1995, 『廣州郡 道馬里 白磁窯址 發掘調査 報告書-道馬里 1號 窯址』.

國立中央博物館, 2007, 『계룡산 도자기』.

부안군 · 원광대학교박물관, 2011, 『흙으로 빚은 보물 扶安의 高麗靑磁』.

梨花女子大學校 博物館, 2007, 『廣州 樊川里 9號 朝鮮白磁窯址』.

中央文化財研究院, 2003, 『高速道路 第1號線 永同-金泉間 擴張工事 永同 沙夫里 · 老斤里 陶窯址』.

忠北大學校 博物館, 1995, 『충주 미륵리 백자가마터』.

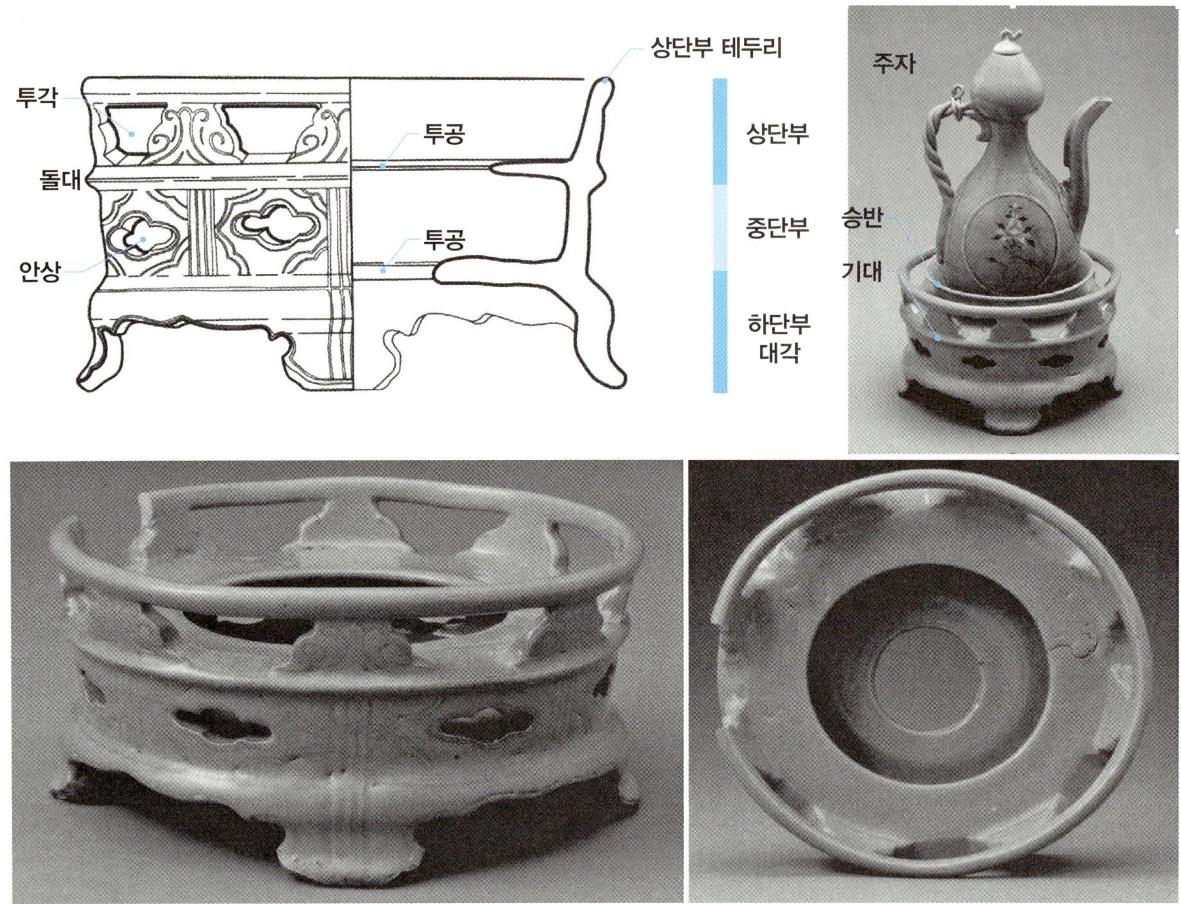

태안 마도 1호선

　도자기에서 기대는 제기 등에서 확인된 예는 있지만 주자의 기대는 없었으나 마도 1호선 발굴 이후 주자의 받침이 승반으로만 구성된 것이 아니라 기대를 포함해서 한 조를 이룬다는 것을 알게 되었다. 마도 1호선 출토 기대는 승반을 받치는 상단에 투각이 있고, 중단부에는 안상(원형이나 장방형의 곡선을 새겨서 우묵하게 파낸 조각의 일종)을 새기고 있다. 하단부는 네 개의 대각이 부착되어 있다. 그리고 상단부와 중단부 중앙에 구멍을 뚫어 승반을 고정하기 유리한 형태로 만들었다.

＊ 국립해양문화재연구소, 2009, 『고려 뱃길로 세금을 걷다』.
　국립해양문화재연구소, 2010, 『태안마도 1호선 수중발굴조사 보고서』.

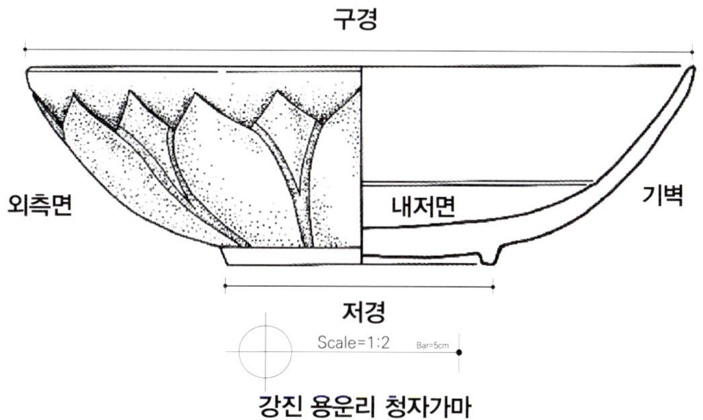

대접은 발에 비하여 구경이 넓고 높이가 상대적으로 낮은 기종을 지칭한다. 보고서마다 조금씩 다른 수치가 적용되고 있어 정확히 계측치로 판단하기는 어렵고, 경우에 따라서는 발과 따로 구분하지 않기도 한다.

* 國立中央博物館, 1996, 『康津龍雲里靑磁窯址發掘調査報告書』 圖版編.
　國立中央博物館, 1997, 『康津龍雲里靑磁窯址發掘調査報告書』 本文編.

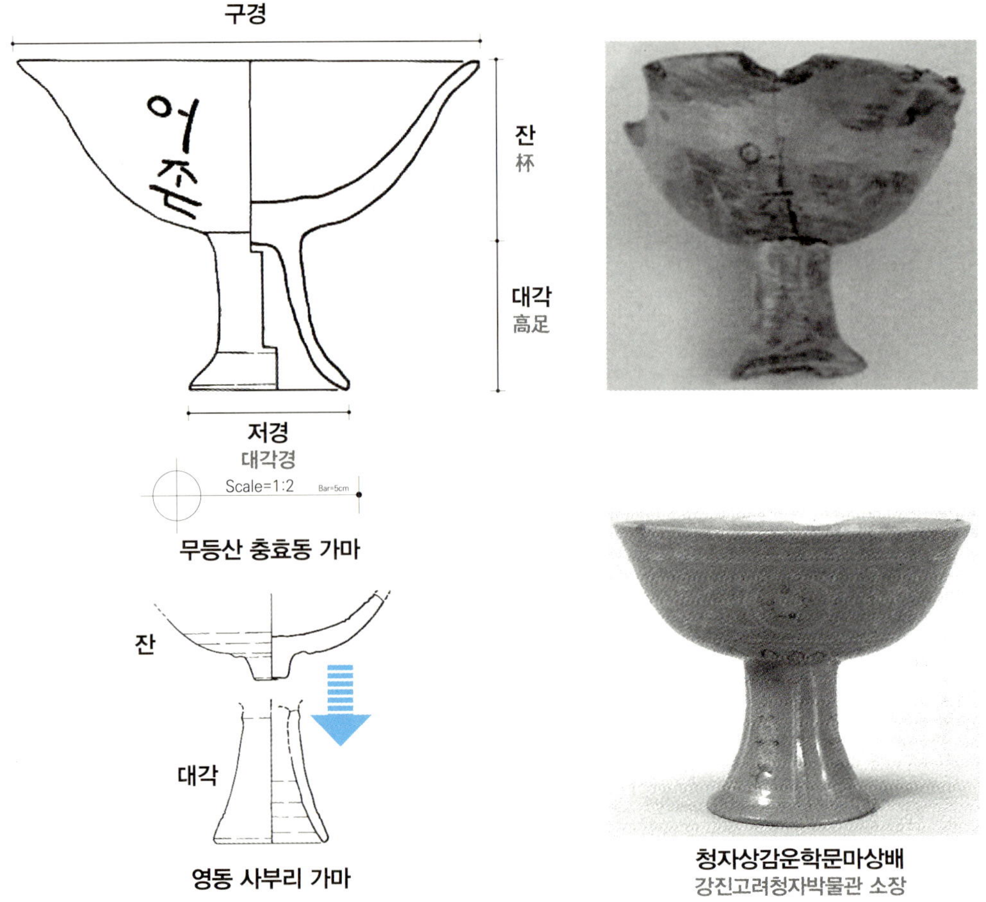

청자상감운학문마상배
강진고려청자박물관 소장

  마상배(馬上杯)는 높이 10cm 내외의 작은 기종으로, 저부 쪽이 나팔상으로 벌어지는 원주형의 대각 즉 고족(高足) 위에 잔이 올려진 형태를 이른다. 마상배는 중국에서도 원대에 들어서 만들어진 것으로 이에 영향을 받은 우리나라는 고려 후기인 14세기 이후에 만들어지기 시작한다. 이후 조선시대에는 분청사기와 백자로 더욱 활발히 제작되었는데, 영동 사부리 가마 출토품에서 볼 수 있는 것처럼 잔의 하단에 짧은 기둥을 세우고, 이 기둥을 대각 상면에 있는 구멍에 끼워 넣고 정리하여 유약으로 붙이는 것이 가장 일반적인 제작 방법이다. 따라서 잔과 대각의 경계부나 깨진 면 등을 자세히 관찰하면 제작 방법을 쉽게 찾아볼 수 있다.

* 김윤정, 2006, 「高麗後期 象嵌靑磁에 보이는 元代 磁器의 영향」, 『美術史學研究』 249, 한국미술사학회.

  강진청자박물관, 2007, 『강진청자박물관 名品圖錄』.

  中央文化財研究院, 2003, 『永同 沙夫里 · 老斤里 陶窯址』.

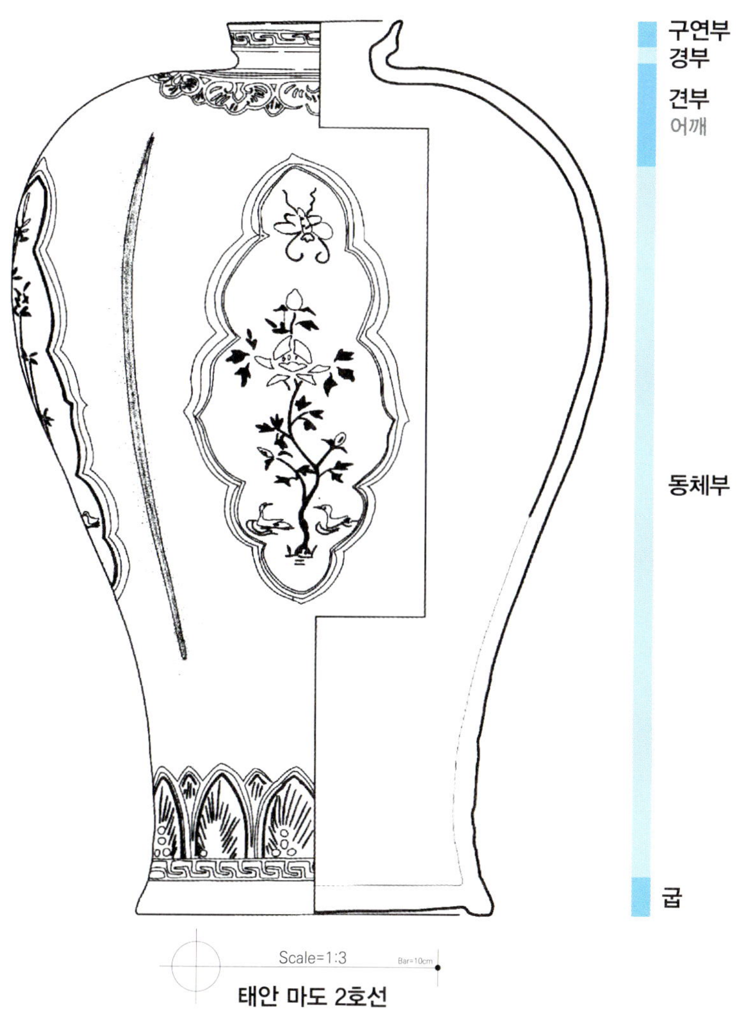

　　매병은 작은 입구에 둥근 어깨를 갖고 있으며 동체 하단부로 내려 가면서 좁아지는 기명을 지칭한다. 매병이란 용어는 청대(淸代) 허지형(許之衡)의 『음류제설자(飮流齋說瓷)』 중 「설병관(說瓶罐)」에서 형태를 상세히 설명하는 내용 중에 처음 등장한다. 그 내용에는 "구경이 작아 겨우 매화의 앙상한 가지를 꽂기에 적합한 까닭에 매병이라고 부른다" 라고 지칭하고 있다. 매병은 중국 당대에 처음 만들어졌으며 차츰 한국과 일본 등으로 확산되어 동아시아를 중심으로 유행했던 기종이다. 매병은 고려시대에 매우 유행하는 기종이나 조선 전기까지 분청사기로 제작된다.

＊ 李鐘玟, 2006, 「고려시대 靑磁 梅瓶 연구」, 『강좌미술사』 27, 한국불교미술사학회.
　문화재청·국립해양문화재연구소, 2011, 『태안마도 2호선 수중발굴조사 보고서』.

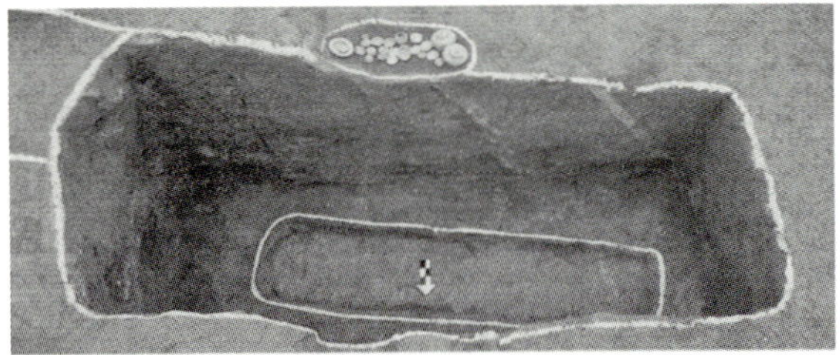 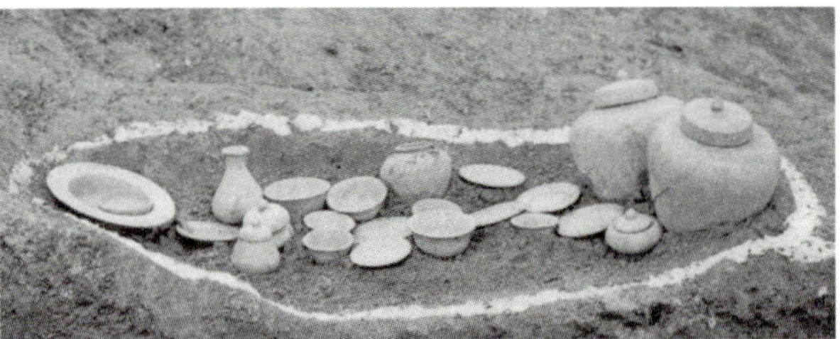

청주 용암

명기(明器)는 무덤에 부장하기 위해 만든 그릇으로 성리학의 보급과 함께 주자가례(朱子嘉禮)의 도입으로 유교적인 상장례의식이 보급되면서 사용되기 시작하였다. 기록에서 명기를 사용한 예는 세종 1년에 행해진 정종(定宗)의 발인에서 명기요여(明器腰輿) 여섯 개를 사용한 것에서 비롯된다(『世宗實錄』 卷6). 그 후 『세종실록(世宗實錄)』 「오례의(五禮儀)」와 『국조오례의(國朝五禮儀)』를 통해 명기제도를 구체화하여 국가의 전례는 이를 따랐다. 무덤 출토품을 통해 볼 때 명기 부장은 16세기에 이르러 시작되고, 본격화 되는 것은 16세기 후반으로 판단된다. 이후 16세기 후반에서 17세기 전반 선조(宣祖) 연간까지 전성기를 이루고 인조(仁祖) 연간인 1630년경에 쇠퇴하는 것으로 이해되기도 하나, 가마터 출토품을 보면 19세기까지도 확인되고 있어 조선 후기까지 지속되었던 것으로 판단된다.

* 李芝賢, 2000, 「朝鮮時代 明器의 研究-白磁明器를 중심으로」, 홍익대학교 대학원 석사학위논문.

韓國文化財保護財團, 2000, 『淸州 龍岩遺蹟Ⅱ』.

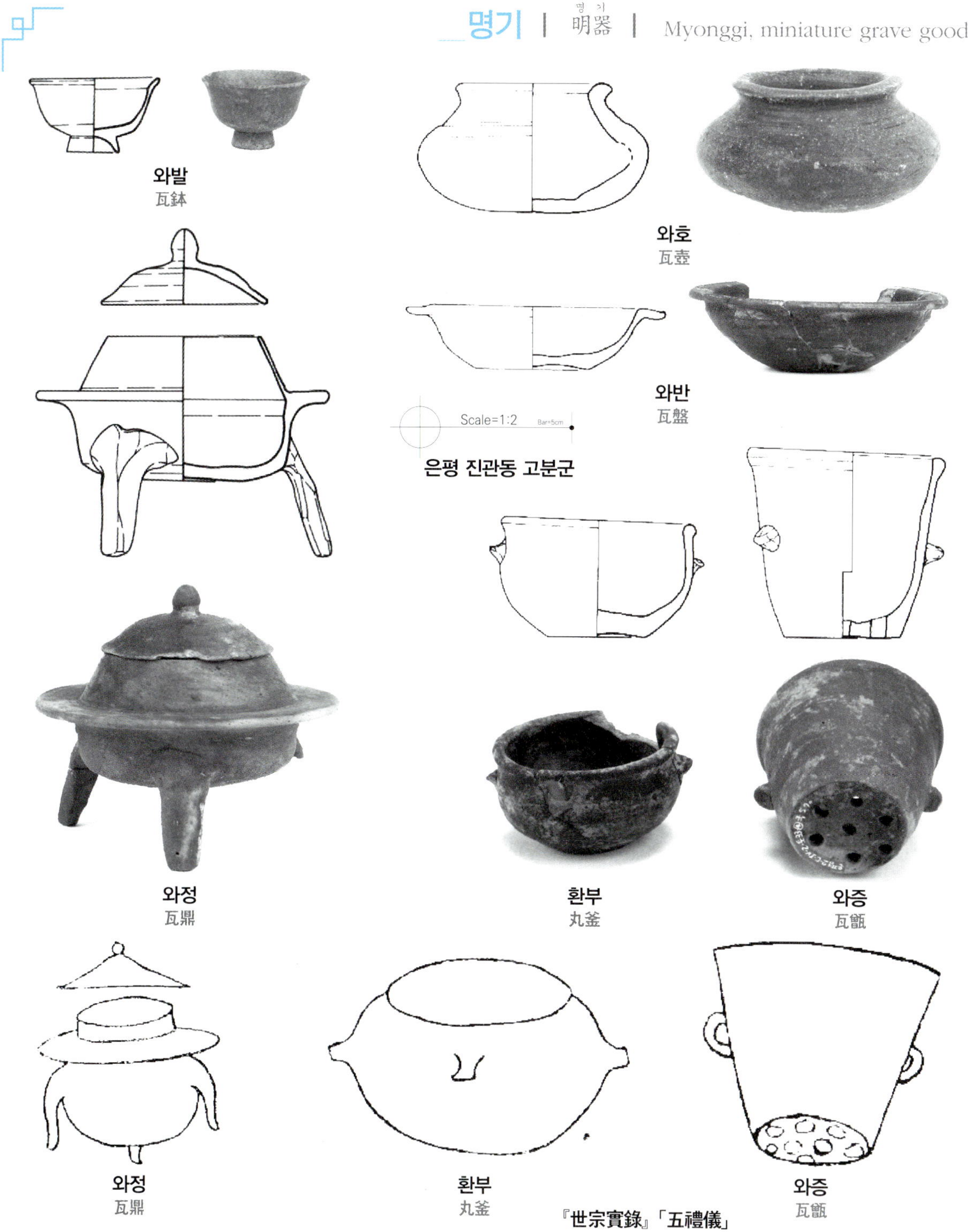

　『세종실록(世宗實錄)』「오례의(五禮儀)」에는 명기에 대한 구체적인 내용이 그림과 함께 제시되고 있다. 그 중에는 와기(瓦器)에 대한 언급이 있는데 뚜껑이 있는 세발달린 솥인 와정(瓦鼎), 시루인 와증(瓦甑), 화덕인 와조(瓦竈), 술단지인 와무(瓦甒) 등이 기록되어 있다. 그리고 발이 없는 솥으로 환부(丸釜)를 제시하고 있는데 자기보다는 와기였을 가능성이 많고, 와기는 출토되는 유물의 특징으로 보아 도기류를 칭했던 것으로 판단된다. 은평 진관동 고분군에서는 비교적 많은 양의 와기 즉 도기 명기가 출토되었다. 『세종실록』「오례의」에서 제시된 것 외에 발(鉢), 호(壺), 반(盤) 등도 확인된다.

* 中央文化財研究院, 2008, 『恩平 津寬洞墳墓群Ⅱ·Ⅳ』.

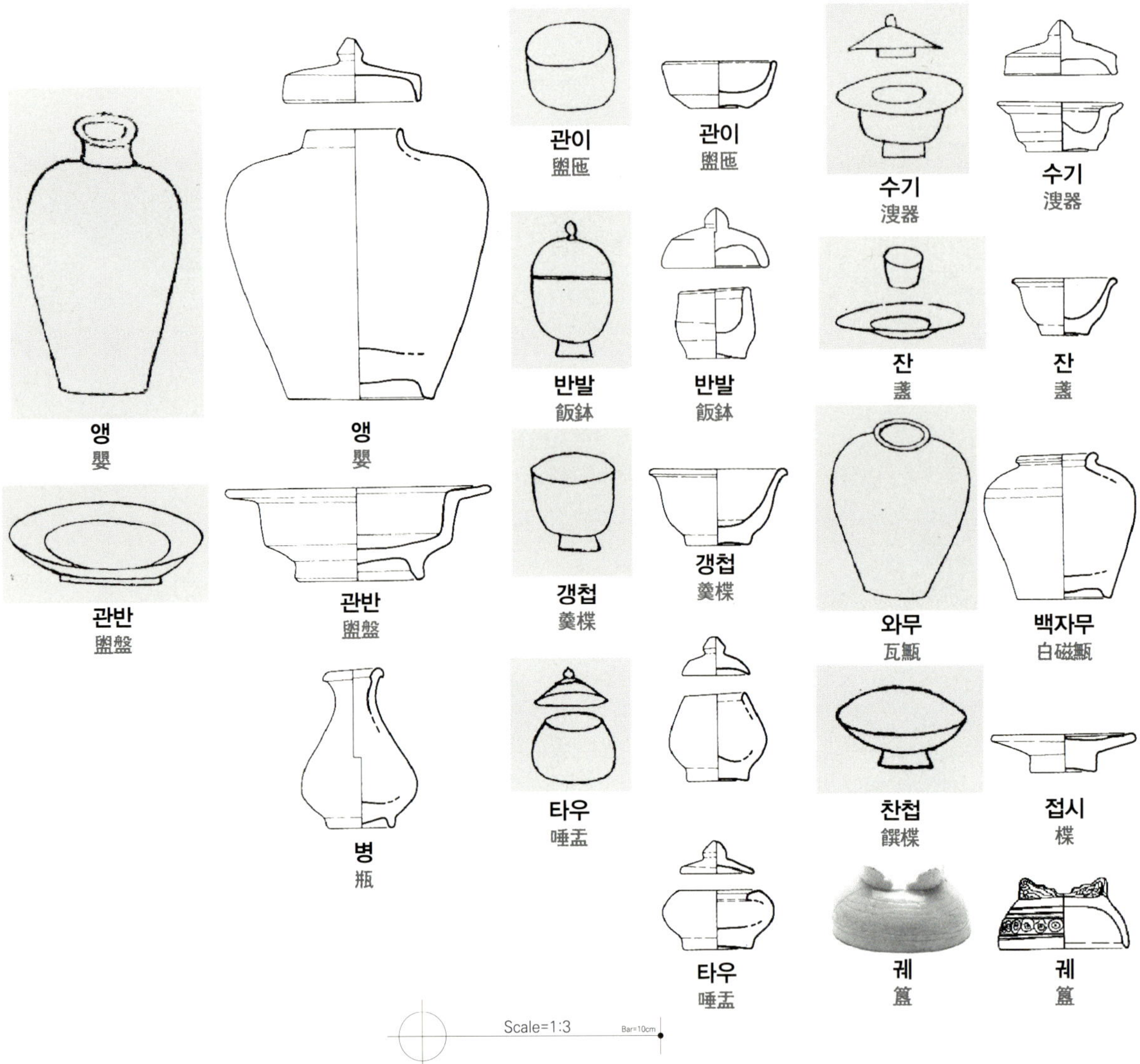

앵
罌

앵
罌

관반
盥盤

관반
盥盤

병
瓶

관이
盥匜

관이
盥匜

반발
飯鉢

반발
飯鉢

갱첩
羹楪

갱첩
羹楪

타우
唾盂

타우
唾盂

수기
溲器

수기
溲器

잔
盞

잔
盞

와무
瓦甒

백자무
白磁甒

찬첩
饌楪

접시
楪

궤
簋

궤
簋

Scale=1:3   Bar=10cm

청주 용암유적, 은평 진관동 고분군   「五禮儀」

＊李芝賢, 2000,「朝鮮時代 明器의 研究-白磁明器를 중심으로」, 홍익대학교 대학원 석사학위논문.

中央文化財研究院, 2008,『恩平 津寬洞 墳墓群Ⅱ·Ⅳ』.

韓國文化財保護財團, 2000,『清州 龍岩遺蹟Ⅱ』.

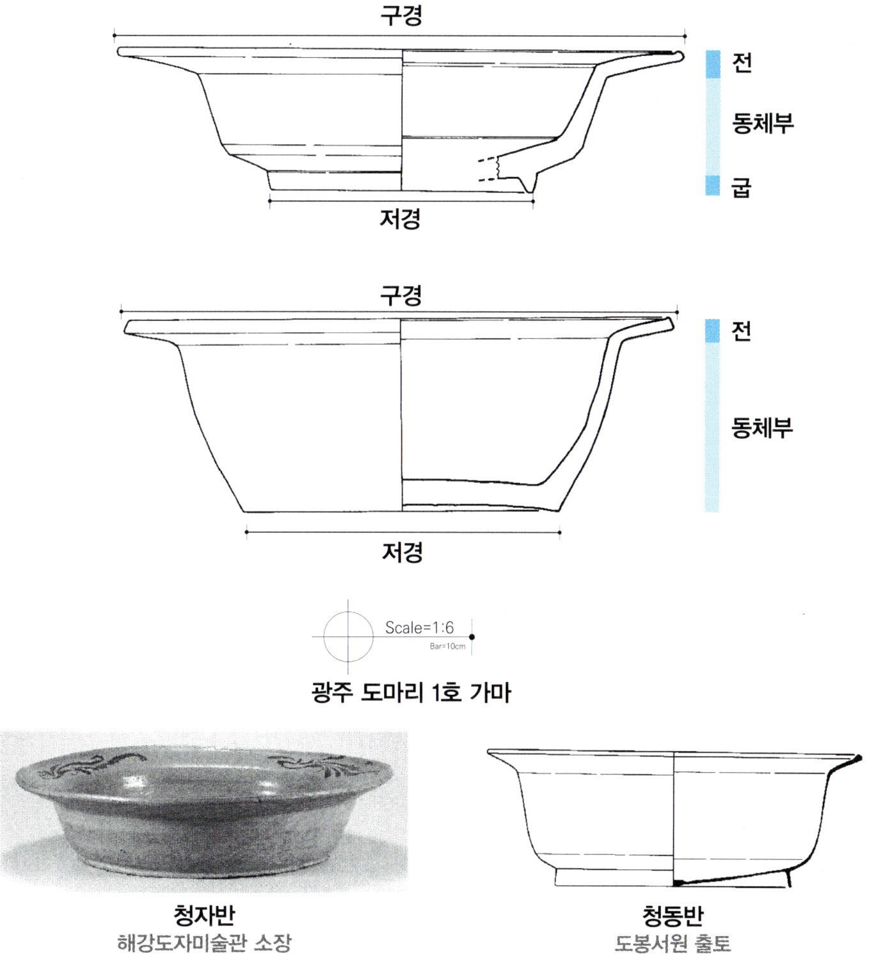

광주 도마리 1호 가마

청자반
해강도자미술관 소장

청동반
도봉서원 출토

　반은 구경이 40cm 내외의 비교적 큰 그릇으로 세숫대야라고 부르기도 한다. 반은 둥근 동체 위에 넓은 전이 있는 형태로, 굽이 있는 것과 굽이 없이 평굽의 형태를 띠는 것도 있다. 다른 유형의 도자기류에서도 볼 수 있는 것처럼 금속기를 모방한 기형인데, 구연단 부분을 둥글게 처리하는 등 매우 충실하게 모방하였다. 그럼에서 불구하고 재료적인 성격 때문에 금속기에 비해 전의 길이가 짧고 경사도가 있다. 도기를 비롯한 청자, 분청사기, 백자 등 매우 다양한 유형으로 제작되었다. 무문의 반이 많이 있지만 청자의 경우 철화문, 분청사기는 당시 시문된 다양한 무늬가 시문되는 경향이 있다.

＊ 국립청주박물관, 2015, 『청주 思惱寺 금속공예 Ⅱ · Ⅲ』.

　서울문화유산연구원, 2014, 『道峯書院』.

　海剛陶磁美術館, 2004, 『高麗陶磁로의 招待』.

　國立中央博物館, 1995, 『廣州郡 道馬里 白磁窯址 發掘調査 報告書-道馬里 1號 窯址』.

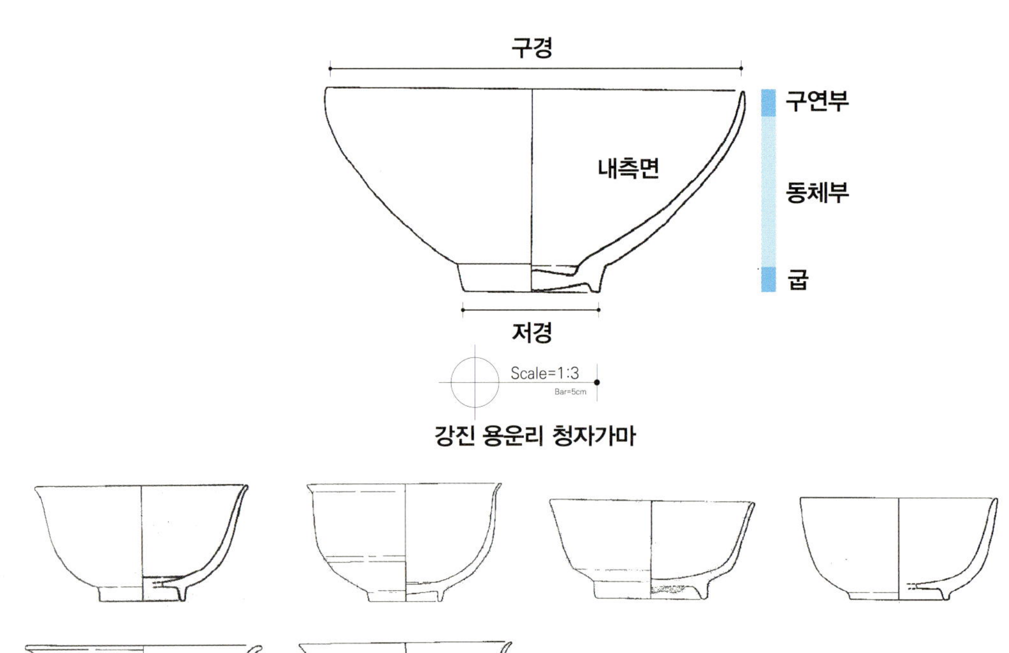

강진 용운리 청자가마

고려청자발은 완보다 큰 기종으로 구경 16~18cm, 높이 6.5~10cm 정도의 입지름이 넓고 높이가 높은 그릇이다. 발은 고려 중기 이후 제작량이 증가하며 완을 대신하여 찻그릇으로 사용되기도 하였다. 고려 후기가 되면 기벽이 두꺼워지고 크기도 대형화 된다. 조선시대 백자발은 조선왕조실록에 대중소로 구분될 뿐만 아니라 실제 유물을 보아도 다양한 크기가 확인된다. 백자발은 일반적으로 구경이 10cm 내외인 종자보다 큰 것을 일컫는다. 백자발의 변화를 모두 설명하기는 어렵지만 관요(官窯) 생산품을 중심으로 볼 때 위와 같이 정리된다. 조선 전기인 15~16세기 발과 중기인 17세기 발의 차이는 양질의 경우 중기가 되면 구경이 좁아지고 높이가 높아져 동체의 곡면도가 좀 더 강해지고, 내저원각이 좁아진다. 조질은 대마디굽이 오목굽으로 바뀌는 특징을 볼 수 있다.

* 김은경, 2011, 「高麗 靑磁 碗·鉢의 기형 변화와 飮茶法」, 충북대학교 대학원 석사학위논문.

國立中央博物館, 1995, 『廣州郡 道馬里 白磁窯址 發掘調査 報告書-道馬里 1號 窯址』.

國立中央博物館, 1996, 『康津龍雲里靑磁窯址發掘調査報告書』圖版編.

國立中央博物館, 1997, 『康津龍雲里靑磁窯址發掘調査報告書』本文編.

國立中央博物館·京畿道博物館, 1998, 『京畿道廣州中央官窯 窯址地表調査報告書』圖板篇.

國立中央博物館·京畿道博物館, 2000, 『京畿道廣州中央官窯 窯址地表調査報告書』解說篇.

海剛陶磁美術館, 1995, 『廣州 牛山里 白磁窯址』.

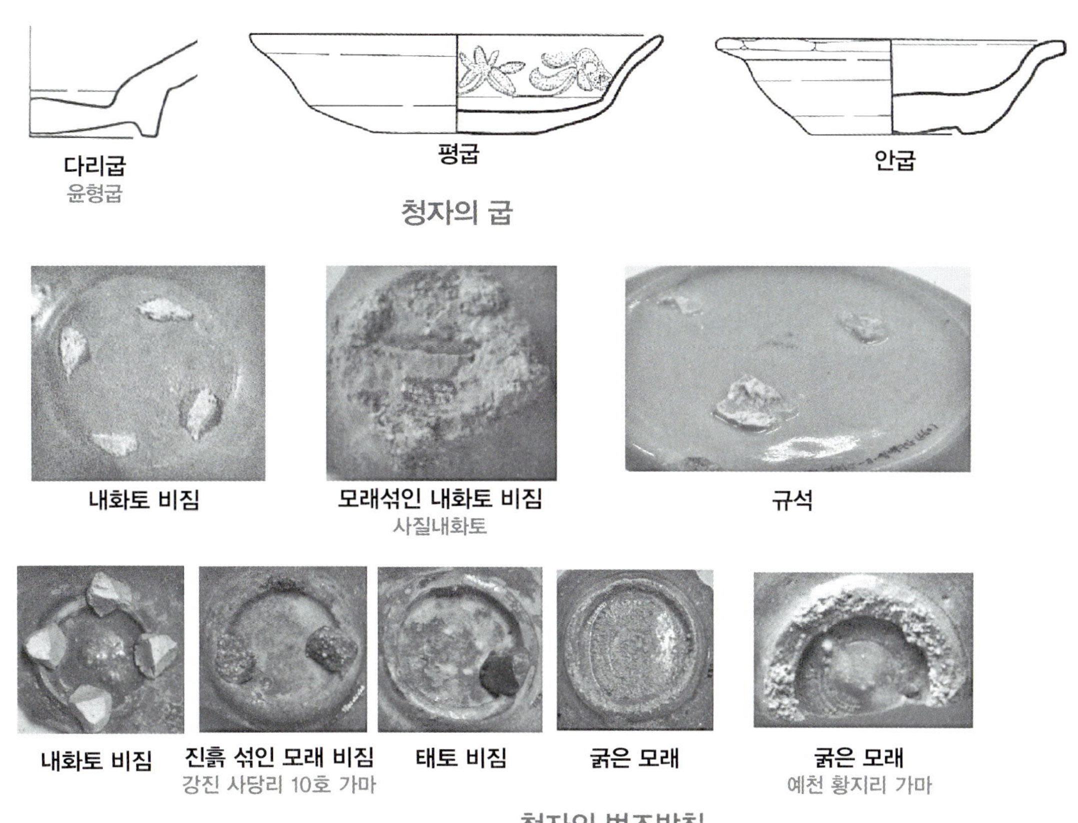

다리굽
윤형굽

평굽

안굽

청자의 굽

내화토 비짐

모래섞인 내화토 비짐
사질내화토

규석

내화토 비짐

진흙 섞인 모래 비짐
강진 사당리 10호 가마

태토 비짐

굵은 모래

굵은 모래
예천 황지리 가마

청자의 번조받침

청자의 굽은 고려 전기를 대표하던 해무리굽이 점점 좁아져 다리굽의 형태를 띤다. 중국에서는 우리가 '다리굽'으로 칭하는 형태를 차바퀴와 유사한 형태를 띤다고 하여 윤형굽으로 부르고 있는데 이를 그대로 사용하기도 한다. 고려 중기 이후 접시 등 소형 기종에서 굽 안을 깎지 않아 편평한 형태를 보이는 것이 있는데, 이를 평굽, 외면은 깎지 않고 내면만 깊게 깎아 안쪽에서만 굽의 형태를 보이는 안굽 등이 있다. 다리굽은 생긴 모양에 따라 'U'자형, 'V'자형, 대마디굽형 등으로 불리며, 고려 후기가 되면 'U'자형이나 대마디굽형의 굽이 증가하며 접지면의 폭이 넓어지는 특징을 보인다. 번조받침은 강진 용운리의 경우 백색 내화토 → 베이지색 내화토 빚음 → 내화토 가마모래빚음 → 규석으로 변화되는 것으로 보고된다. 그러나 지방청자 가마에서는 강진에서와 같은 변화와는 다소 차이를 보이며 규석을 번조받침으로 쓴 예가 드물고, 내화토 비짐과 함께 가마모래비짐을 사용하는 것이 일반적이다. 또한 후기에 접어들면 강진 사당리 10호 가마 수습품에서 볼 수 있는 것처럼 내화토 비짐, 진흙섞인 모래비짐, 태토비짐, 굵은 모래 등이 같이 사용되고, 예천 황지리 가마처럼 양질의 청자가 아니지만 굽에만 굵은 모래를 받쳐 단독번조한 예가 많다.

* 경상북도문화재연구원, 2010, 『醴泉 黃池里 遺蹟 I』.

국립중앙박물관, 1997, 『康津 龍雲里 靑磁窯地 發掘調査 報告書』, 本文編.

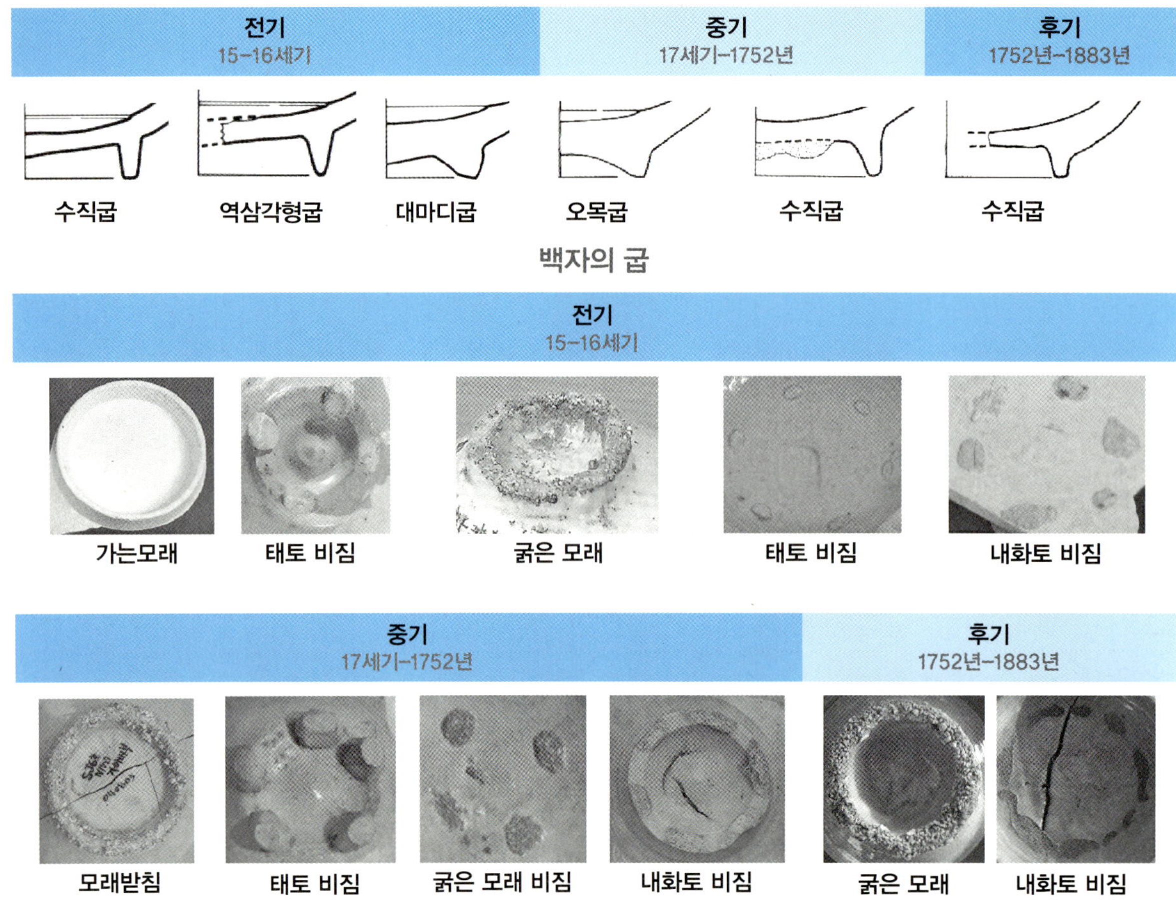

백자의 번조받침

백자의 굽과 번조받침은 경기도 광주에 설치된 관요출토품을 중심으로 편년하는 것이 일반적이다. 관요의 굽과 번조받침 양식은 지방가마에도 영향을 미치고 있으나 절대적인 것은 아니다. 양질백자의 경우 굽은 수직굽과 역삼각형굽[(절두)도립삼각형굽]이 전기에서 후기까지 지속되고, 포개굽기를 하지 않기 때문에 굽에서만 가는모래가 확인된다. 중기는 굽이 오목굽화되고 번조받침은 굵은 모래를 사용하는 것이 일반적이나 장성 추암리 가마와 같이 전라도 지역에서는 여전히 태토비짐이 사용된다. 중기 후반에는 광주 금사리 가마 출토품과 같이 높은 수직굽이 제작된다. 후기 백자 굽의 가장 큰 특징은 굽의 내면을 외면보다 깊게 깎는 것이다. 번조받침은 중기와 같이 굵은 모래를 사용한다. 그러나 중기 후반부터 울산 상삼정·부여 나령리 등 일부 지방 백자 가마에서 많은 수의 내화토 비짐을 사용한 예도 있다.

* 國立中央博物館, 2007, 『계룡산 도자기』.

호남문화재연구원, 2004, 『高敞 龍山里窯址』.

湖南文化財研究院, 2006, 『長成 鷲岩理窯址』.

韓國文化財保護財團, 2008, 『蔚山 대밀·兩水亭·上三亭·三亭里遺蹟』.

백제문화재연구원, 2009, 『扶餘 羅嶺里 遺蹟』.

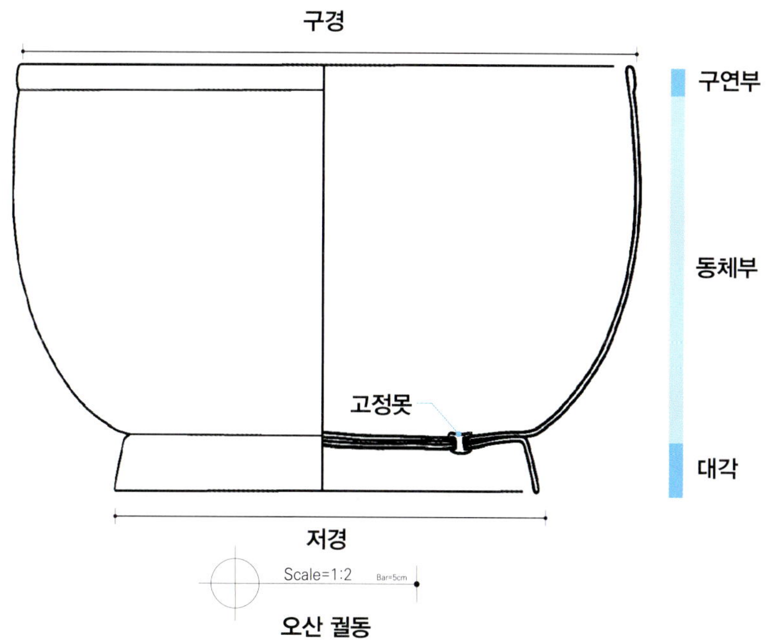

　　청동발은 매우 다양한 형태를 보인다. 대각이 있는 것과 없는 것이 있고, 대각과 동체를 따로 만들어 고정못으로 결합한 경우가 있지만 대각을 동체에 붙여 제작하는 경우도 있다. 대각의 형태도 시기에 따라 높이의 차이가 있을 뿐만 아니라 곧게 세워지는 것과 나팔상으로 벌어지는 등의 특징을 보인다. 구연의 형태도 내만, 외반, 직립하는 등 여러 가지 변화를 볼 수 있다. 일반적으로 고려시대에 제작된 청동발이 조선시대에 제작된 것에 비해 형태적 변화가 다양하다. 조선시대 발은 굽과 동체를 같이 제작하는 경우가 많고, 대각을 붙인 경우 대각의 높이가 높고 형태는 나팔상으로 벌어지는 것이 다수를 차지한다.

* 中央文化財研究院, 2013, 『烏山 闕洞遺蹟』.

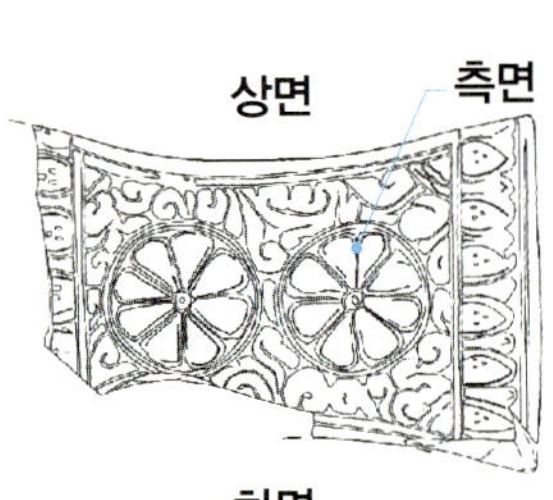

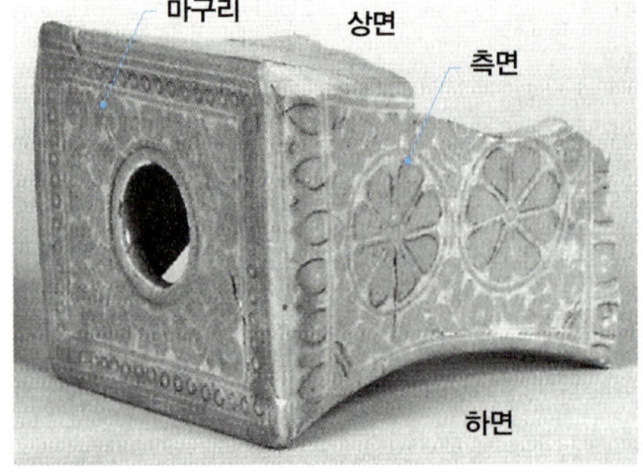

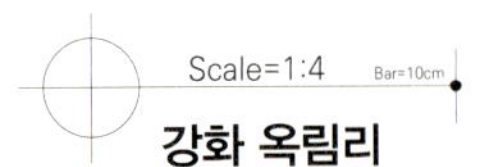

강화 옥림리

마구리

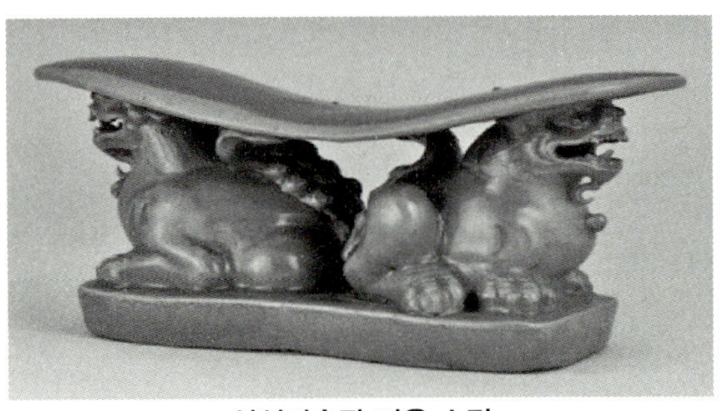

삼성미술관 리움 소장

국립중앙박물관 소장

　베개(枕)는 잠을 잘 때 머리에 받치는 도구로 가장 기본적인 형태는 방형의 양쪽 마구리에서 상·하면과 양측면이 약간 휘며 곡면을 이루는 형태이다. 마구리의 중앙에는 투공이 있는 경우가 많다. 무늬는 간단한 음각문을 비롯해 매우 정교한 상감문이 시문되기도 한다. 강화 옥림리에서 출토된 베개는 국립중앙박물관 소장의 〈청자상감모란운학문침〉과 매우 유사한 형태를 보이는 고급품이다. 베게는 고급기종으로 삼성미술관 리움 소장의 〈청자쌍사자형침〉이나 국립중앙박물관 소장의 〈청자투각모란당초문침〉과 같이 고려를 대표하는 상형청자류와 매우 정교한 투각이 베풀어진 형태 등도 볼 수 있다.

* 國立中央博物館, 2012,『천하제일 비색청자』.
　中原文化財硏究院, 2012,『江華 玉林里 遺蹟-강화중성 및 고려시대 건물지-』.

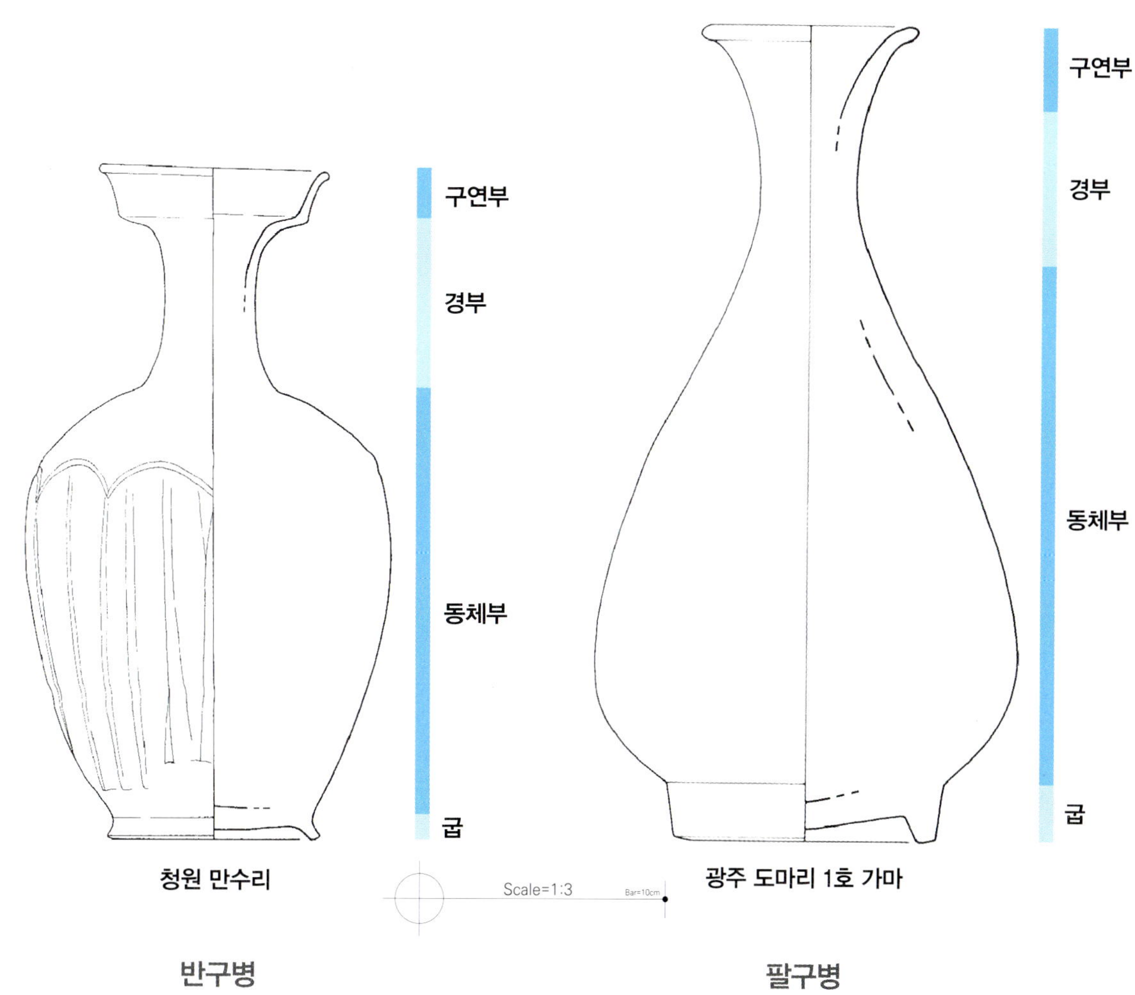

반구병   팔구병

　　도자기병은 반구병과 팔구병 즉 옥호춘병 뿐만 아니라 통일신라시대 동기(銅器)와 토기를 모방한 편병과 편구병이 있고, 장경병, 과형병, 표형병 등 고려시대 기형과 조선시대 분청사기로 제작된 자라병 등 매우 다양하다. 반구병은 고려 전기에서 중기에 유행하는 형태로 동체부 외면에 음각이나 면각의 연판문이나 철화문이 시문되는 예가 많다. 옥호춘병으로 불리는 팔구병은 고려 후기에 본격적으로 제작되기 시작하여 조선시대까지 이어진다. 옥호춘병은 중국 원나라의 영향으로 제작되는 기형인데, 중국에서는 송대(宋代) 이래 비교적 오랜 기간 중국의 남북방 가마에서 제작된 것으로 원대(元代) 이후에 유행한다. 특히 동체 하단에 무게 중심이 있는 전형적인 옥호춘병은 원대 말기에서부터 제작되기 시작한다.

＊ 李鐘玟, 2012,「고려 후기 對元 陶磁流通의 유형과 성격」,『震檀學報』114, 震檀學會.
　冯先铭 · 安金槐 · 安志敏 · 朱伯谦 · 汪庆正, 2004,『中國陶瓷史』, 文物出版社.
　國立中央博物館, 1995,『廣州郡 道馬里 白磁窯址 發掘調査 報告書-道馬里 1號 窯址』.
　中央文化財研究院, 2007,『淸原 萬水里 墳墓遺蹟』.

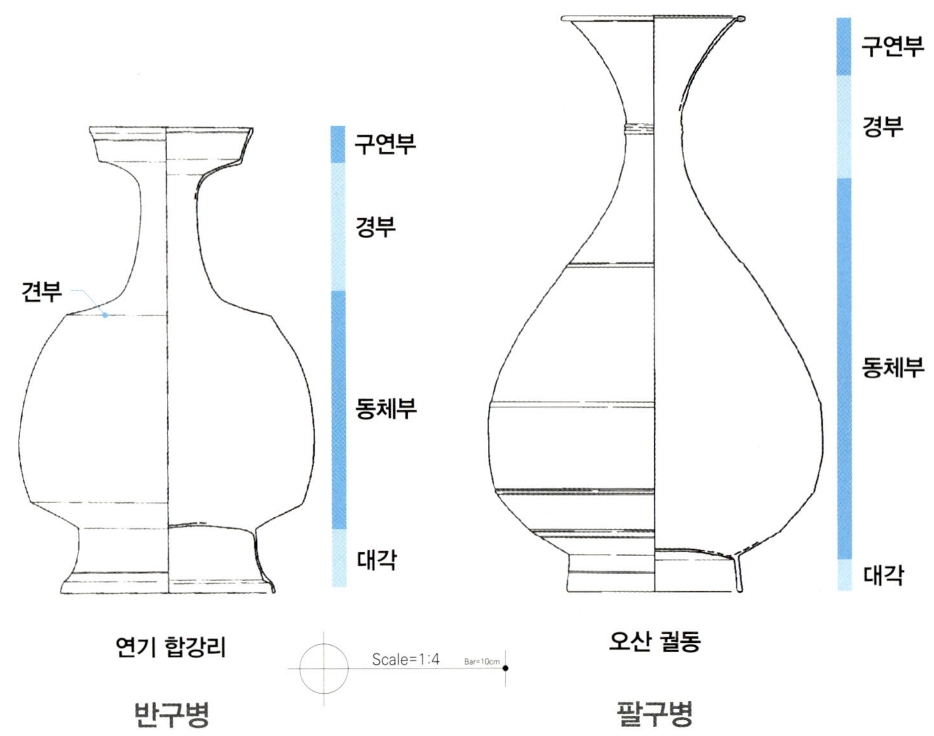

청동병은 구연의 형태에 따라 구연이 넓고 쟁반 형태를 띠는 반구병과 나팔상으로 자연스럽게 외반하는 팔구병(옥호춘병)으로 나눌 수 있다. 반구병은 고려 전기와 중기에 주로 만들어지고, 팔구병은 고려 후기 이후 조선시대까지 제작된다. 청동기의 기형은 자기나 도기류에 직접적인 영향을 미치기 때문에 자기와 도기 병의 기형 변화도 매우 유사한 동시대성을 띠고 있다. 다만 도기는 금속기나 자기에 비해 전통성을 오래 유지하여 형태의 변화가 느리기 때문에 반구형이 조선시대까지 제작되기도 한다. 반구병에서 팔구병으로 형태가 변화하는 것은 중국 원나라의 영향이다.

* 中央文化財硏究院, 2013, 『烏山 闕洞遺蹟』.
　中央文化財硏究院, 2014, 『燕岐 龍湖里 龍山·合江里遺蹟』.

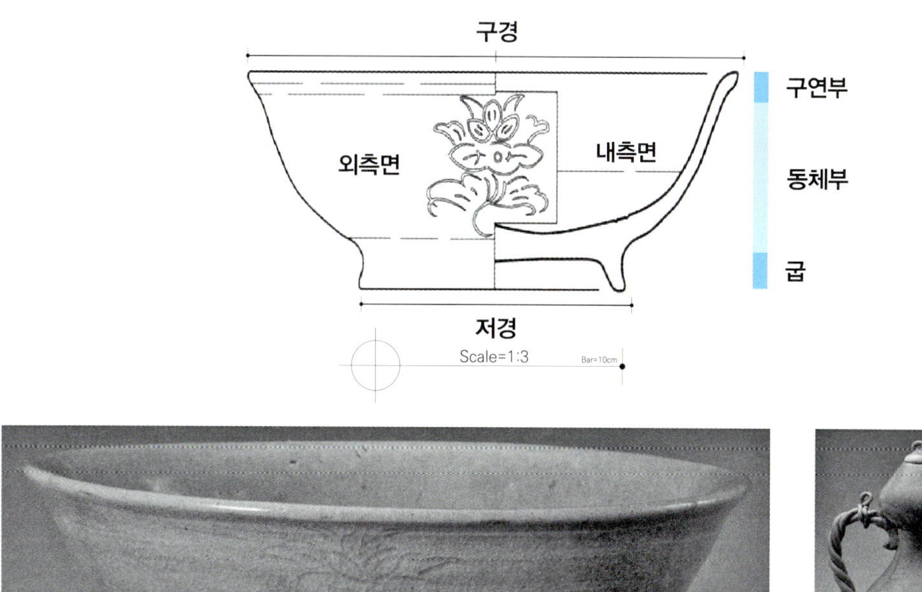

태안 마도 1호선

승반은 주자 등과 같은 그릇의 하단에 받침으로 사용하는 접시나 발(鉢) 형태의 그릇이다. 형태적인 측면에서는 금속기를 모방한 예도 확인된다. 마도 1호선에서 출토된 승반은 곡면을 이루는 동체부와 외반하는 구연이 있다. 내면 중앙에 이중의 음각 선문을 두고, 내측면과 외측면 모두에 음각연화절지문이 시문되었다. 주자에 시문된 무늬에 따라 승반의 무늬도 다양한 기법으로 시문되는데 흑백화, 철화, 상감 등이 모두 확인된다

※ 국립해양문화재연구소, 2010, 『태안마도 1호선 수중발굴조사 보고서』.

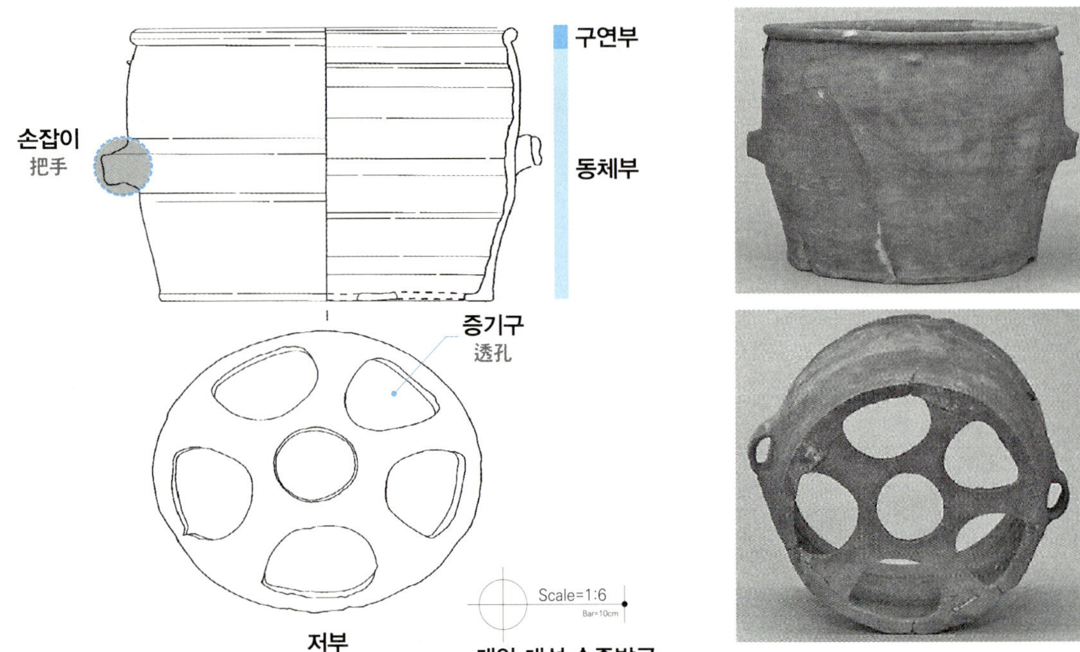

시루는 떡·쌀 등을 찌는데 쓰이는 그릇으로 김이 통하도록 바닥에 증기공을 여러 개 뚫어 놓는다. 증기공은 중앙에 있는 원형 투공 주변으로 한 열의 반원형 투공을 한 열 더 돌리는 것이 가장 일반적인다. 동체 측면에는 이동하기 편하게 넓은 형태의 손잡이[把手]가 붙는 경우가 대부분이다. 고려·조선시대 유적에서 시루가 출토되는 유구는 주거지를 비롯한 생활유구 등이나 수중발굴을 통해서도 확인된다.

* 한국정신문화연구원, 1994, 『한국민족문화대백과사전』 13.

국립해양문화재연구소, 2009, 『高麗靑磁 寶物船 태안 대섬 수중발굴 조사보고서』.

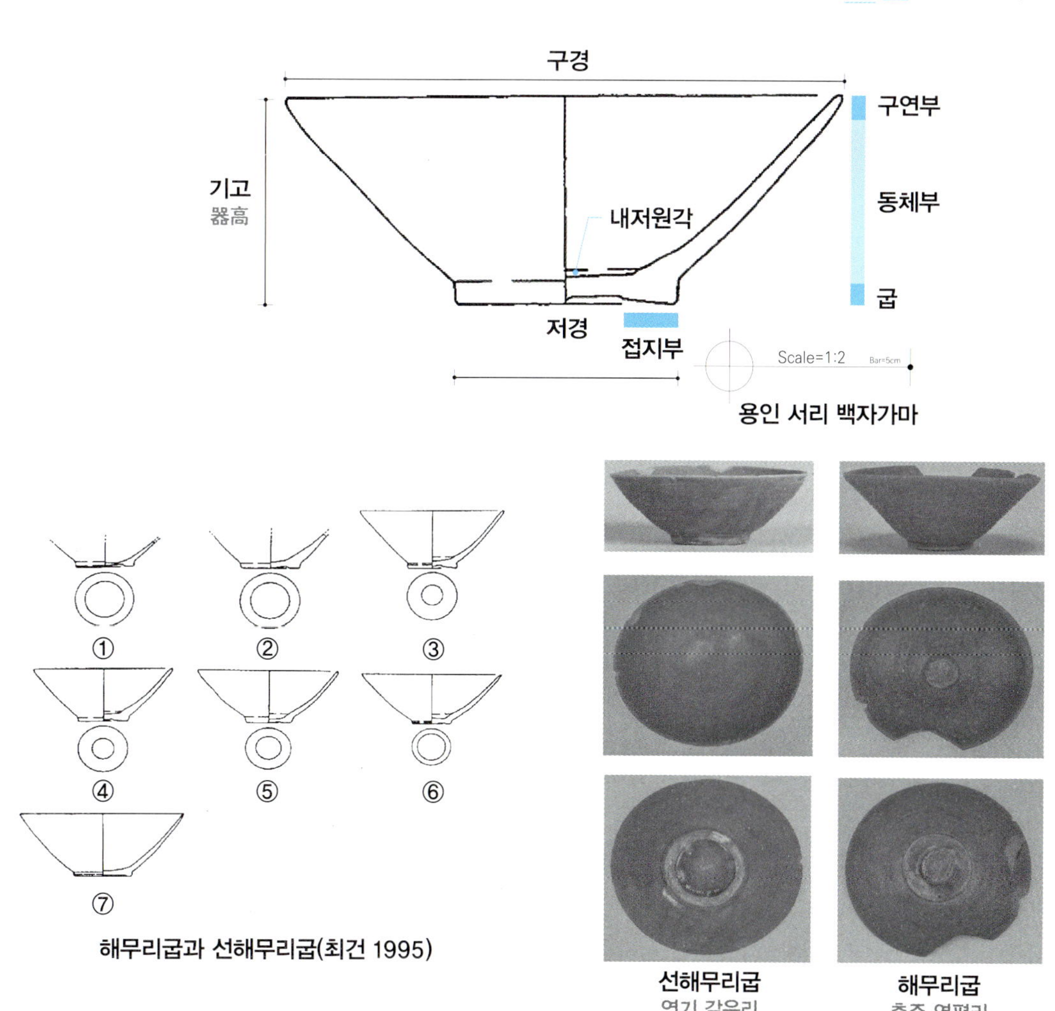

완은 찻그릇으로 비교적 작은 그릇이다. 완의 크기를 규정하는 기준은 정확하지 않지만 보고서를 종합해 본 결과 입지름 13~16cm, 높이 4~6cm 정도로 확인된다. 완은 고려 전기에 제작되는 수가 많고, 중기 이후에는 발과 같은 기종이 찻그릇을 대체하면서 그 수도 줄어든다. 특히 고려 전기에는 소위 해무리굽완과 해무리굽완보다 선행하는 선해무리굽완 등의 특징적인 형태가 보이기도 한다. 해무리굽완은 접지부의 너비가 1.5~0.5cm로 비교적 넓은 것이다. ①, ②는 중국식 해무리굽으로 접지부의 너비는 1.5~1.0cm이고 내저원각이 없다. ③~⑥은 한국식 해무리굽으로 접지부의 너비는 1.2~0.5cm로 시간이 지나면서 점점 좁아지고, 가장 큰 특징은 내저원각이 있는 것이다. 선해무리굽완은 해무리굽완보다 먼저 만들어졌기 때문에 붙여진 이름으로 해무리굽완과는 달리 접지면의 폭이 좁고, 내저원각도 없다.

* 김은경, 2011, 「高麗 靑磁 碗·鉢의 기형 변화와 飮茶法」, 충북대학교 대학원 석사학위논문.
장남원, 2007, 「고려시대 茶文化와 靑瓷-청자 茶具를 중심으로」, 『美術史論壇』24, 韓國美術研究所.
최건, 1995, 「고려청자의 발생문제, 고려청자는 언제 어떻게 만들어졌나」, 『美術史論壇』1, 韓國美術研究所.
中央文化財研究院, 2009, 『忠州尖端地方産業團地 造成事業敷地內 忠州 本里·永平里·完五里遺蹟』.
中央文化財研究院, 2011, 『行政中心複合都市敷地 1-6地點 燕岐 葛雲里遺蹟』.
湖巖美術館, 1987, 『龍仁西里 高麗白磁窯 發掘調査報告書Ⅰ』.

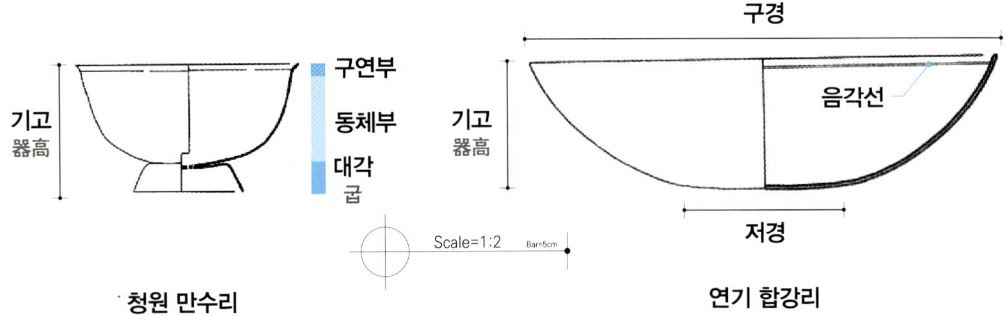

청동완은 일상용기 중 비교적 작은 것으로 구경 10cm 내외에서 좀 더 작은 것을 칭한다. 완은 굽이 없는 것이 보통이나 대각이 부착된 경우가 있는데, 대각이 붙은 것은 대부완이라 부르기도 한다. 청자완에서 볼 수 있었던 것처럼 고려 후기로 가면서 무덤을 비롯한 발굴유적에서 출토되는 빈도가 많이 줄어든다. 청동완의 분명한 용도는 알 수 없으나 청자완과 같이 찻그릇으로 사용되거나 기타 다른 액체를 담는 용도로 사용되었던 것으로 판단된다.

＊ 中央文化財研究院, 2007, 『淸原 萬水里 墳墓遺蹟』.

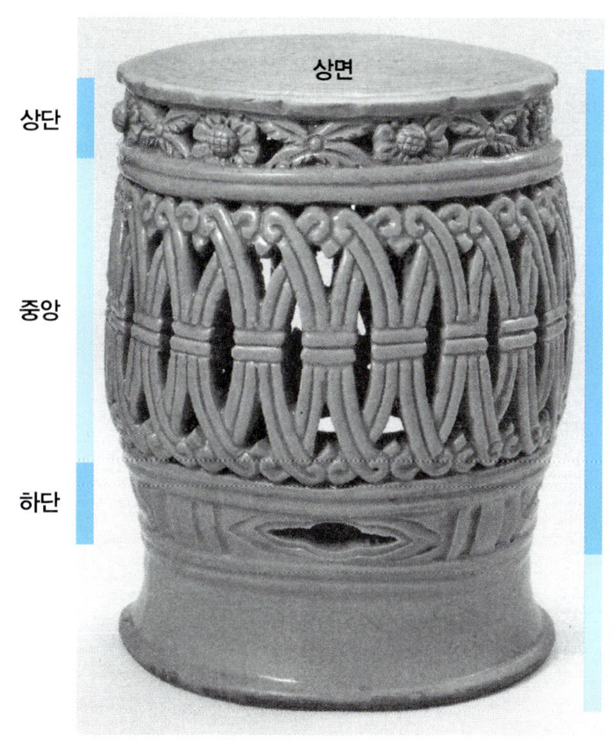

국립중앙박물관 소장

강진 사당리 가마

부안 유천리 가마

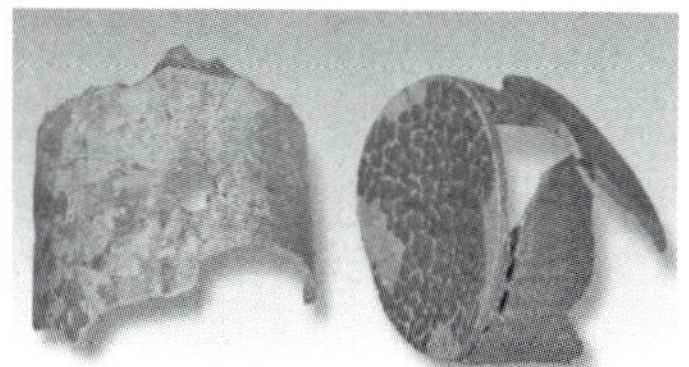
용인 보정동 청자가마

의자[墩]는 고급 기종으로 상류층에서 사용했던 것으로 판단된다. 의자는 상면, 몸체, 대각으로 구성되어 있으며 상면이 편평하여 화분 받침으로 사용되었을 가능성도 있다. 의자의 무늬는 투각이 가장 일반적인 것으로 판단된다. 국립중앙박물관 소장의 〈청자투각문 의자〉도 몸체 상단에 국화문, 중앙에는 긴 고리모양의 타원형을 세로로 어긋나게 엮은 형태, 하단에는 안상을 각각 투각하였다. 이와 비슷한 형태의 모양은 부안 유천리 가마 출토품에서 확인되고, 좀 더 화려한 형태의 투각문이 강진 일대 가마에서 출토된다. 그리고 용인 보정동과 같이 지방 조질청자 가마에서도 출토된 예가 있는데 원통형으로 매우 단순한 형태를 띠고, 투각문이 있으나 부분적으로 몇 개가 시문되는데 그친다.

* 國立中央博物館, 2012, 『천하제일 비색청자』.
京畿文化財研究院, 2006, 『龍仁 寶亭里 靑磁窯址』.
國立中央博物館, 2011, 『부안 유천리 도요지 발굴조사 보고서』.
國立中央博物館, 2015, 『강진 사당리 도요지 발굴조사 보고서』.

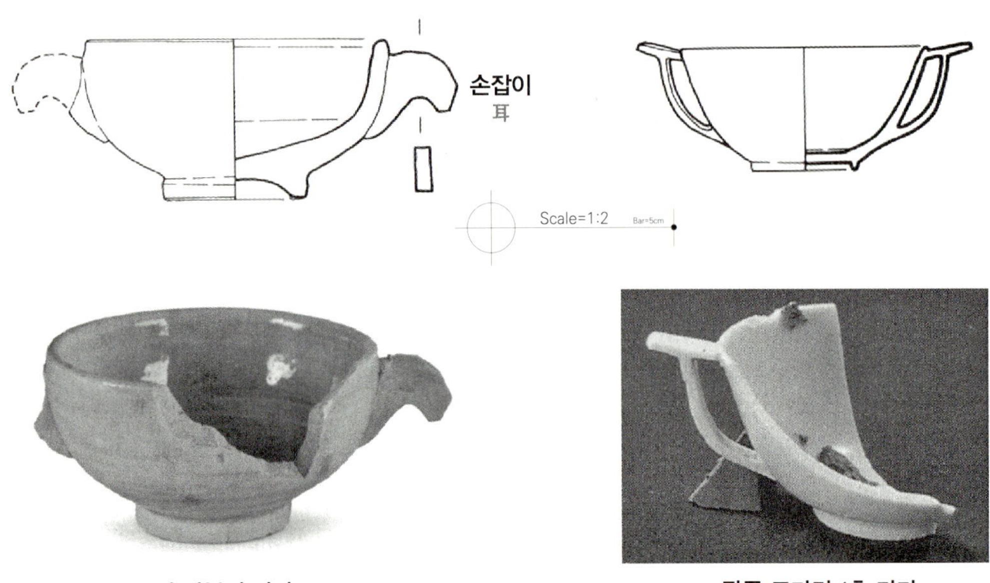

고령 사부리 가마

광주 도마리 1호 가마

　이배는 구경이 6cm 내외의 잔 외면에 손잡이가 두 개 부착된 것으로, 이 손잡이가 마치 귀와 같은 형태를 보여 이배(二杯)라고 부른다. 이배는 조선 전기를 대표하는 기종으로 분청사기로 제작된 예가 있지만 백자로 제작된 경우가 대부분이다. 손잡이의 형태는 고령 사부리 가마에서 출토된 것과 같이 넓고 편평한 것과 광주 도마리 1호 백자가마 출토품과 같이 '丁'자형으로 부착된 것이 있다. 선후관계를 보면 넓고 편평한 것이 '丁'자형보다 선행하는 것으로 분석된다.

* 國立中央博物館, 1995, 『廣州郡 道馬里 白磁窯址 發掘調查 報告書-道馬里 1號 窯址』.
　大東文化財硏究院, 2012, 『高靈 沙鳧里窯址-高靈 88올림픽高速道路 擴張區間(第14工區)內 遺蹟 試·發掘調查報告書(第Ⅱ區域)』.

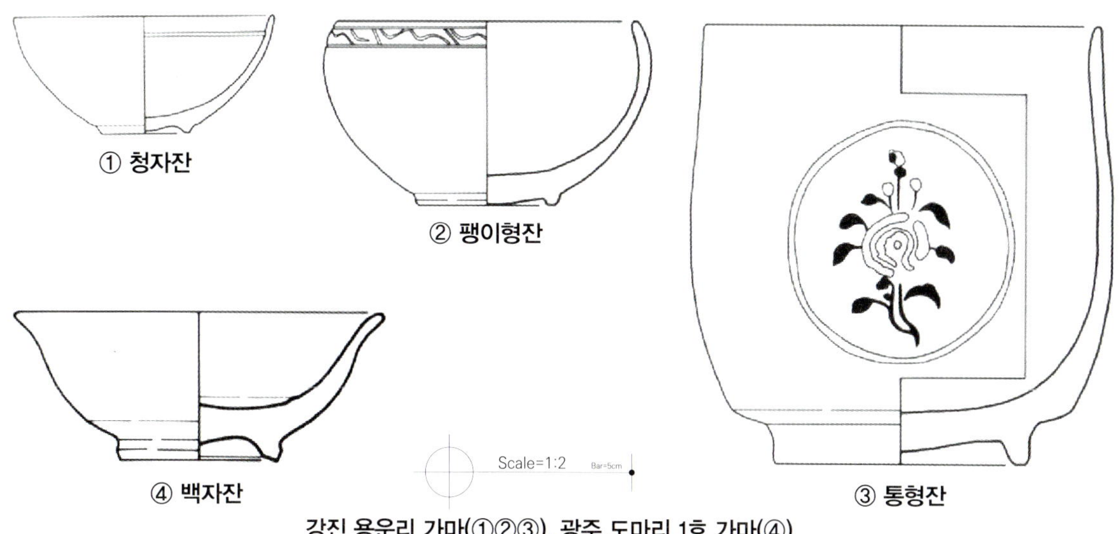

① 청자잔

② 팽이형잔

④ 백자잔

③ 통형잔

Scale=1:2 Bar=5cm

강진 용운리 가마(①②③), 광주 도마리 1호 가마(④)

　　잔은 청자의 경우 발보다 작은 크기의 그릇, 백자는 종자보다 작은 크기의 그릇으로 구경이 좁고 깊이가 깊은 것을 지칭한다. 따라서 잔은 구경이 10cm보다 작은 소형의 기종이다. 그러나 통형잔은 예외적으로 비교적 큰 형태까지를 포함한다. 잔의 형태는 매우 다양한데 고려 중기에 팽이형잔이나 통형잔이 유행하고, 조선시대 잔은 형태적으로는 발이나 종자의 축소형이라고 이야기할 수 있을 만큼 비슷한 형태를 띤다.

＊ 國立中央博物館, 1995, 『廣州郡 道馬里 白磁窯址 發掘調査 報告書－道馬里 1號 窯址』.

國立中央博物館, 1996, 『康津龍雲里靑磁窯址發掘調査報告書』 圖版編.

國立中央博物館, 1997, 『康津龍雲里靑磁窯址發掘調査報告書』 本文編.

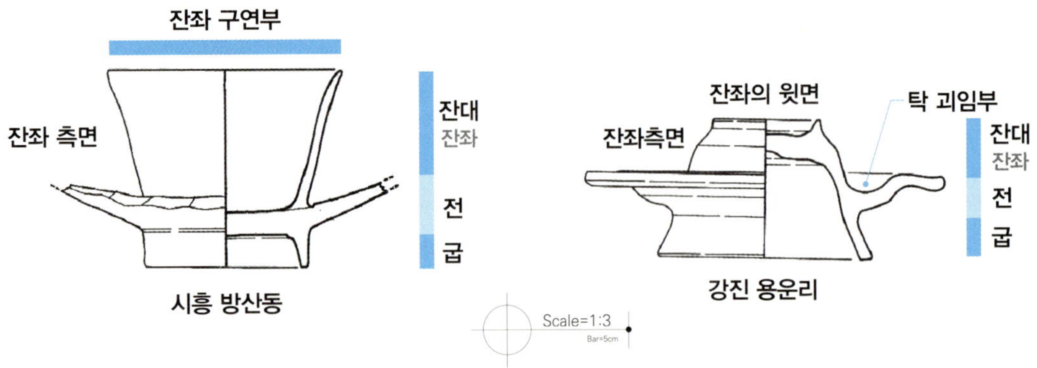

잔탁(盞托)은 잔을 올려놓을 수 있는 받침대를 일컫는 말로, 굽 위에 넓은 전이 있고, 상단으로 잔좌 또는 잔대가 올라가 있는 형태이다. 잔탁이 잔과 함께 한 벌을 이룰 때에는 탁잔(托盞)이라고 불린다. 잔탁은 잔대(盞臺) 또는 잔좌(盞座)의 형태에 따라 구분할 수 있는데, 시흥 방산동에서 출토된 것과 같이 잔대가 컵과 같이 생긴 것이 있는데, 구연이 외반하는 경우와 내만하는 경우가 모두 확인된다. 가장 일반적으로 알고 있는 잔탁은 강진 용운리에서 출토된 것과 같은 형태로 약간 돌출된 잔좌부가 있는 것이다. 잔탁은 잔대 또는 잔좌부, 잔좌부를 받치고 있는 전, 굽으로 구성된다. 강진 용운리에서 출토된 잔탁 전 안쪽의 오목하게 파인 부분은 탁 괴임부로 명명한다.

* 강경숙 · 김세진, 2015, 『유적출토 도자기 바로 보기』, 진인진.

國立中央博物館, 1996, 『康津龍雲里靑磁窯址發掘調査報告書』 圖版編.

國立中央博物館, 1997, 『康津龍雲里靑磁窯址發掘調査報告書』 本文編.

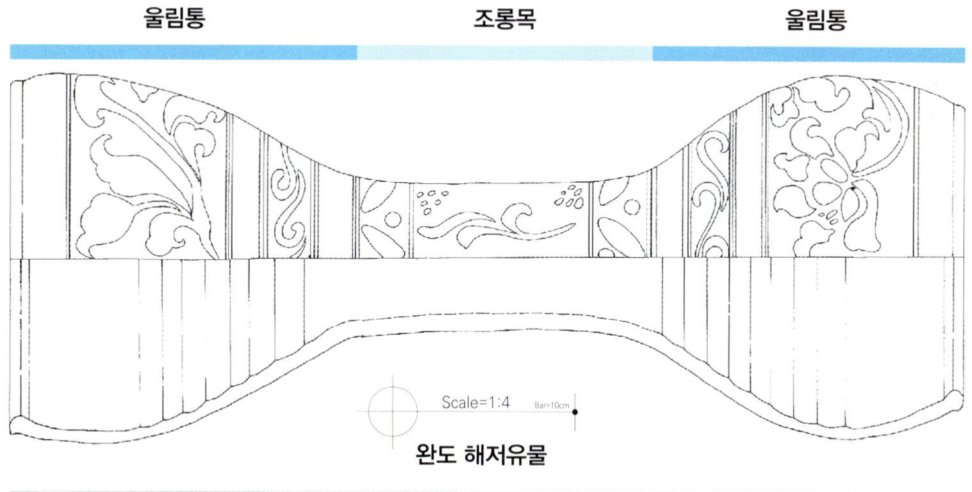

완도 해저유물

　　장고(杖鼓)는 일종의 양면고(兩面鼓)로, 한 면은 채[杖]를 들고 치고 다른 한 면은 손으로 북[鼓]을 친다고 하여 장고(杖鼓)라고 하고, 양쪽의 북과 가운데 좁고 잘록한 형태적 특징 때문에 요고(腰鼓), 세요고(細腰鼓)라고도 불린다. 기본적으로 양쪽에 울림통이 있으며, 이 울림통을 연결하는 조롱목으로 구성되어 있다. 울림통의 형태, 울림통과 조롱목의 연결방식에 따라 형태가 달라진다. 울림통의 형태는 북편과 채편이 다소 차이를 보인다. 북편이 완만한 곡선을 이루며 벌어지는 형태라면 채편은 끝이 오므라져 좀 더 내만하는 형태를 보인다. 따라서 장고의 경우 다른 유물들과 같이 일부 편을 가지고 반전 복원이나 도면 복원하는 것은 사실상 불가능하다. 장고는 고려시대 이전에 이미 토기로 제작되기도 하였지만 고려시대 청자나 백자로 제작되는 예가 가장 많았고, 조선시대에는 거의 제작되지 않았으나 분청사기에서 일부 확인되기도 한다. 장고의 외면에는 철화나 백화문이 시문되는 예가 가장 많다.

---

* 박지영, 2008, 「고려시대 도자기 장고 연구, 완도 해저출토 청자장고를 중심으로」, 『해양문화재』 1, 국립해양문화재연구소.

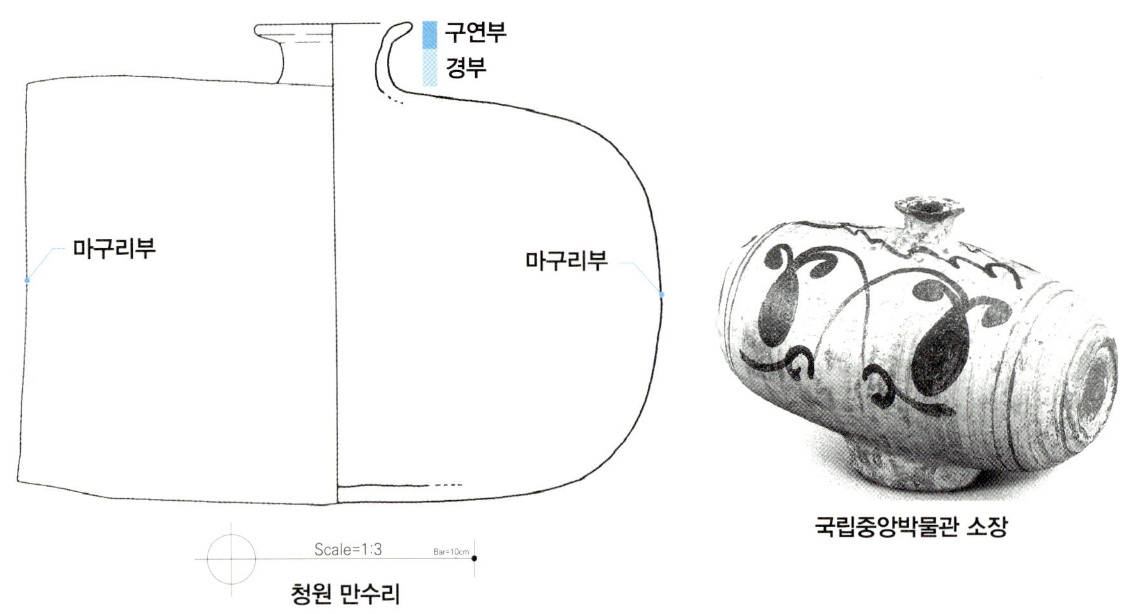

　　장군은 장본으로 불리는 것으로 수평으로 긴 동체부 중앙 상면에 구연부가 있고, 동체부 양쪽 측면은 각기 다른 모양의 마구리 부분이 있는 그릇이다. 세종 7년 2월 15일 기사에 보면 명나라에 바칠 그릇 목록 중 장본이 기록되고 있는데 장본을 설명한 부분이 있어 주목된다. "……大中小獐本【獐本 酒器 形如鼕皷 腹有口 俗號獐本】十事可也……(대중소장본이 10사이면 된다. ; 장본은 술그릇이다. 형상이 도고(鼕鼓)와 같고 배에 주둥이가 있는 것을 장본이라고 한다"라고 하고 있어 형태와 용도를 잘 기술하고 있다(『世宗實錄』卷27). 그러나 경우에 따라서는 양쪽 마구리의 형태가 동일한 예가 있고, 국립중앙박물관 소장의 〈분청철화삼엽문 장군〉의 예와 같이 마구리의 한쪽 면이 굽과 같은 형태를 보이는 경우는 종종 있다. 그리고 동체 중앙에 굽을 붙여 수평으로 세우기 편리한 예도 보인다. 간혹 편평한 마구리를 굽으로 하여 형태를 보는 경우도 있는데 이것은 장군이 술병이라는 측면에서 보면 매우 비효율적인 것으로 판단된다. 따라서 일부 잔존하는 편을 가지고 전체를 복원하는 것은 오류를 범할 수 있는 부분이기도 하다.

＊ 國立中央博物館, 2007, 『계룡산 도자기』.
　中央文化財研究院, 2007, 『五松生命科學團地 造成事業敷地內 淸原 萬水里 墳墓遺蹟』.

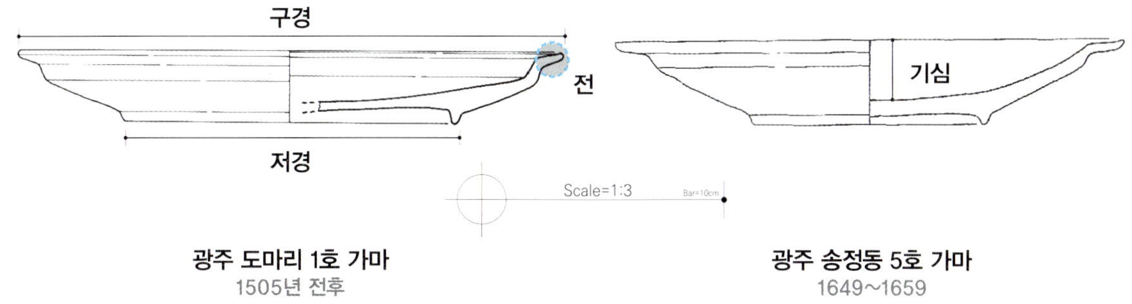

광주 도마리 1호 가마
1505년 전후

광주 송정동 5호 가마
1649~1659

전접시는 전이 달린 접시이다. '전'이란 순수한 우리말로 '물건의 위쪽 가장 자리가 조금 넓적하게 된 부분'을 이르는 말이다. 전접시는 고려시대에도 화형을 이루는 소형의 접시에서 찾을 수 있으나 전형적인 전접시는 조선시대에 제작된 것을 이른다. 분청사기로 제작된 전접시는 제기로 사용되었던 것으로 추정된다. 일반적으로 백자 전접시는 조선 전기에 가장 많이 제작되고 중기까지 이어지나 17세기 이후에는 거의 제작되지 않은 것으로 판단된다. 형태적인 면을 보면 조선 전기에 제작된 것은 내저면이 넓고 기심이 낮은 반면, 중기에는 기심이 깊어지고 내저면도 곡면을 이루는 형태로 변화된다.

---

* 國立中央博物館, 1995, 『廣州郡 道馬里 白磁窯址 發掘調査 報告書-道馬里 1號 窯址』.
　조선관요박물관, 2008, 『광주 송정리 5·6호 백자가마터』.

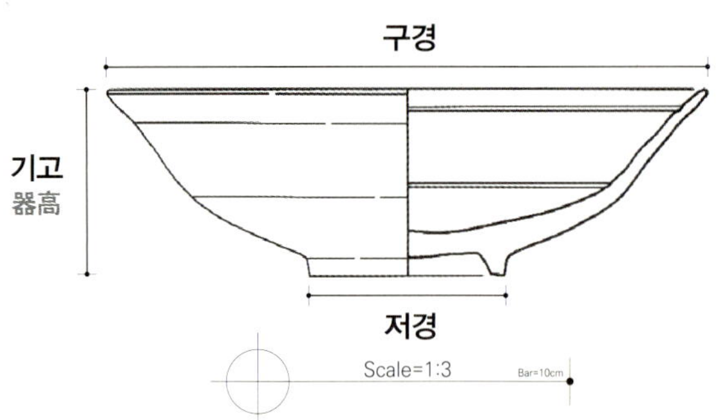

강진 용운리 10호 가마 Ⅱ층 출토 청자

접시는 발이나 대접에 비해 높이가 낮고 구경이 넓은 것으로 청자의 경우 매우 다양한 형태 변화를 보이고 크기도 다양하다. 특히 고려 중기에는 구경이 10cm 내외인 소형의 접시가 비교적 많이 제작된다. 청자에 비해 조선시대 분청사기나 백자 접시는 형태 변화가 크지 않다.

* 國立中央博物館, 1996, 『康津龍雲里靑磁窯址發掘調査報告書』 圖版編.

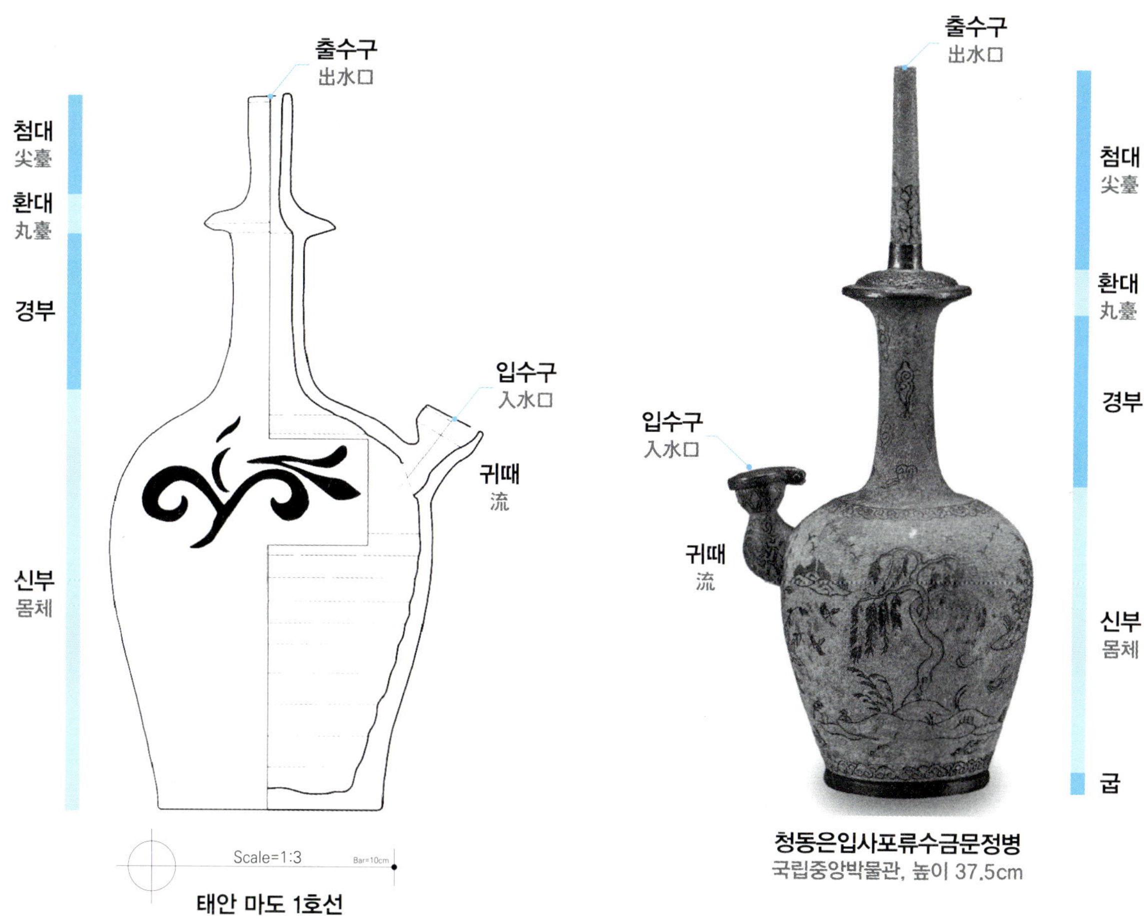

청동은입사포류수금문정병
국립중앙박물관, 높이 37.5cm

　　정병은 범어(梵語)로 쿤디카(Kundica)이며 물병이란 뜻이고, 보통 우리나라에서는 '두 개의 주구를 가진 장경병'의 모양에 한정하여 사용한다. 정병은 승려들이 사용하는 정수를 담는 병으로서 대승비구(大乘比丘)가 항상 몸에 지니는 물건 중의 하나이면서 불전에 정수를 공양하는 공양구(供養具)이다. 또 정병은 법수(法水)의 상징으로서 관음보살이 중생의 고통을 구제해 주는 감로수가 담긴 병이라고 하여 감로병(甘露瓶), 보병(寶瓶)이라고도 한다.

＊ 周炅美, 2005, 「淨瓶의 起源과 傳來에 대한 一考察」, 『中央아시아 硏究』10, 중앙아시아학회.
국립해양문화재연구소, 2010, 『태안마도 1호선 수중발굴조사 보고서』.

두_豆

배천군 원산리 가마

내원외방, 내방외원형 제기

용인 서리 가마

'정릉'명 청자발

국립중앙박물관 소장

보_簠

『世宗實錄』「五禮儀」

광주 무등산 충효동 가마

궤_簋

『世宗實錄』「五禮儀」

광주 무등산 충효동 가마

작_爵

『世宗實錄』「五禮儀」

공주 학봉리 가마

무주 사천리 가마

＊ 국립광주박물관, 2013, 『무등산 분청사기』.

國立中央博物館, 2012, 『천하제일 비색청자』.

조선 유적유물도감 편찬위원회, 1992, 『조선 유적유물도감』 12.

『世宗實錄』「五禮儀」.

전북문화재연구원, 2007, 『茂朱 斜川里 白磁窯址』.

상준
象尊

『世宗實錄』「五禮儀」

삼성미술관 리움 소장

희준
犧尊

『世宗實錄』「五禮儀」　광주 무등산 충효동 가마

산준
山尊

광주 무등산 충효동 가마

광주 선동리 가마

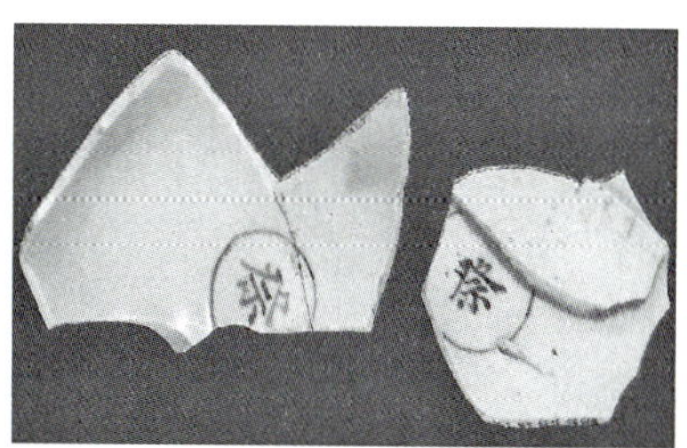

광주 선동리 가마

연기 달전리 가마

　　제기는 시기에 따라 다양한 형태를 보인다. 고려 전기에 볼 수 있는 두(豆), 용인 서리백자가마터에서 출토된 것과 같이 내외면의 형태가 방형과 원형의 상반된 모양을 보이는 제기류가 확인된다. 그리고 고려 말 노국공주의 무덤에서 출토된 정릉(正陵)명 청자류는 일상기명이 제기로 사용된 것으로 파악된다. 조선시대는 유교사회인 만큼 예제가 정비되어 다양한 제기류를 다수 볼 수 있다. 조선 전기로 편년되는 것이 비교적 많은데 분청사기나 백자로 제작된 보(盙), 궤(簋), 작(爵), 상준(象尊), 희준(犧尊), 산준(山尊) 등이 있다. 조선 중기 이후에는 광주 선동리 가마에서 제작된 것과 같은 청자와 실용기의 백자에 제(祭)와 같은 명문을 표기하여 사용하였다. 이후 연기 달전리 백자가마 출토품과 같이 오늘날 사용하는 제기와 유사한 형태를 보이는 것이 19세기부터 제작된다.

* 국립광주박물관, 2013, 『무등산 분청사기』.
　호암갤러리, 1993, 『粉靑沙器名品展』.
　『世宗實錄』「五禮儀」.
　梨花女子大學校 博物館, 1993, 『朝鮮白磁窯址 發掘調査報告展-附 廣州牛山里9號窯址 發掘調査報告』.
　中央文化財研究院, 2012, 『燕岐 세종골프장 造成敷地內 燕岐 達田里遺蹟』.

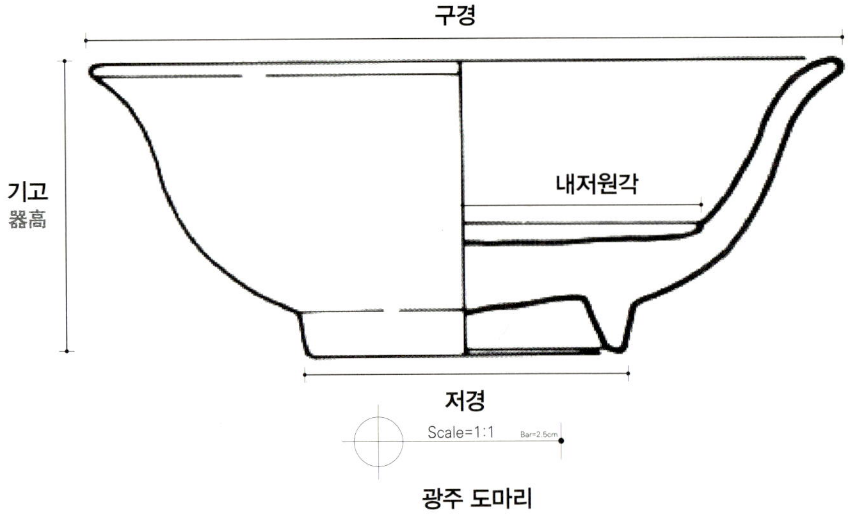

鍾子(종자)가 구경이 10cm 내외의 그릇으로 소형발보다 작은 것이다. 종자라는 개념은 고려시대 청자에는 잘 적용되지 않고 조선시대 도자기에 주로 적용되는 용어이다. 종자는 종지로도 불리나 조선시대 왕조실록에는 종자로 기록되고 있다.

* 國立中央博物館, 1995, 『廣州郡 道馬里 白磁窯址 發掘調査 報告書-道馬里 1號 窯址』.

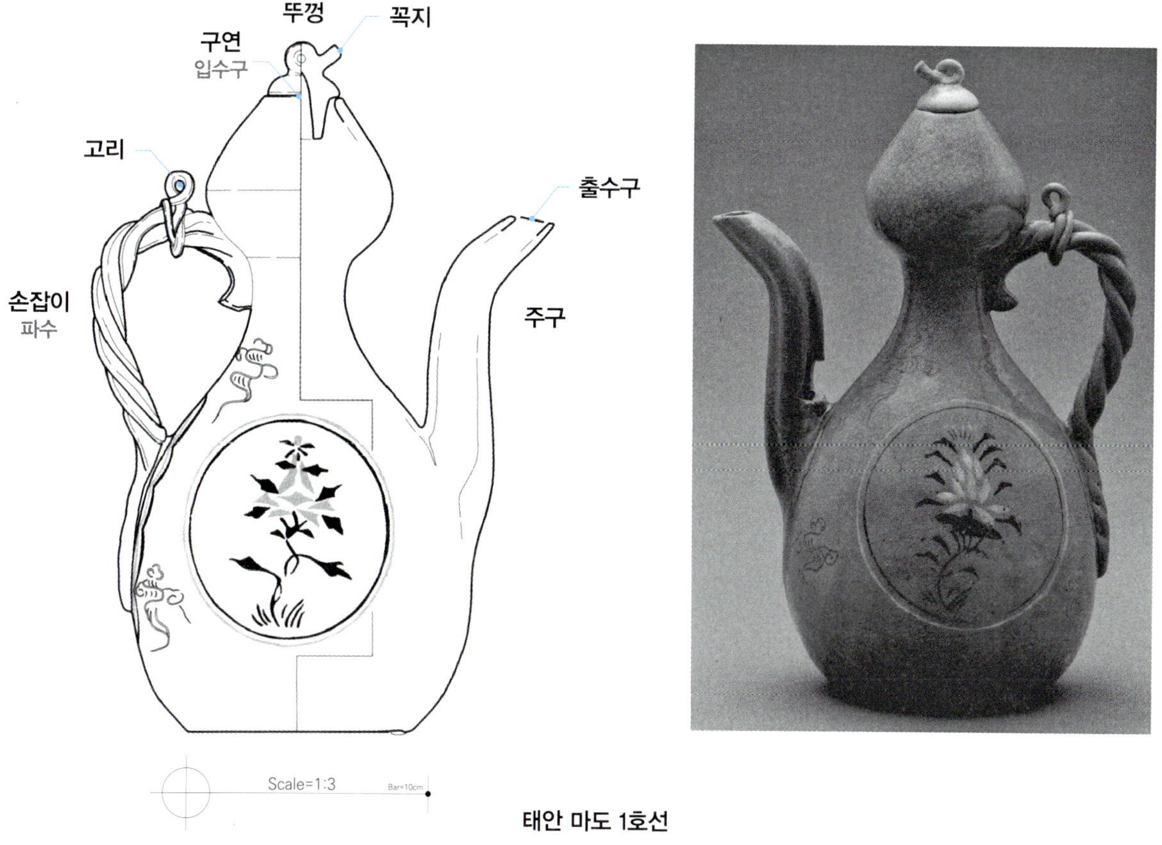

태안 마도 1호선

　주자는 구연, 주구, 동체, 손잡이, 굽으로 구분된다. 특히 도자기로 만든 주자는 직접적으로 불에 끓이는 도구가 아니기 때문에 '끓일 전(煎)'이 들어가 있는 주전자라고 하지 않고 주자라고 표현하였다. 형태에 따라 뚜껑이 있는 경우에는 손잡이의 윗부분에 고리가 달려 있는 것이 일반적이고, 굽은 일반적으로 약간의 높이가 있는 것, 안굽 혹은 평굽의 형태 등 다양하게 보인다. 주자의 동체는 일반적으로 팔구병 즉 옥호춘병의 형태를 띠는 것이 가장 많지만 표형(瓢形)이나 과형(瓜形)을 띠는 경우도 많다.

* 강경숙·김세진, 2015, 『유적출토 도자기 바로 보기』, 진인진.
　국립해양문화재연구소, 2010, 『태안마도 1호선 수중발굴조사 보고서』.

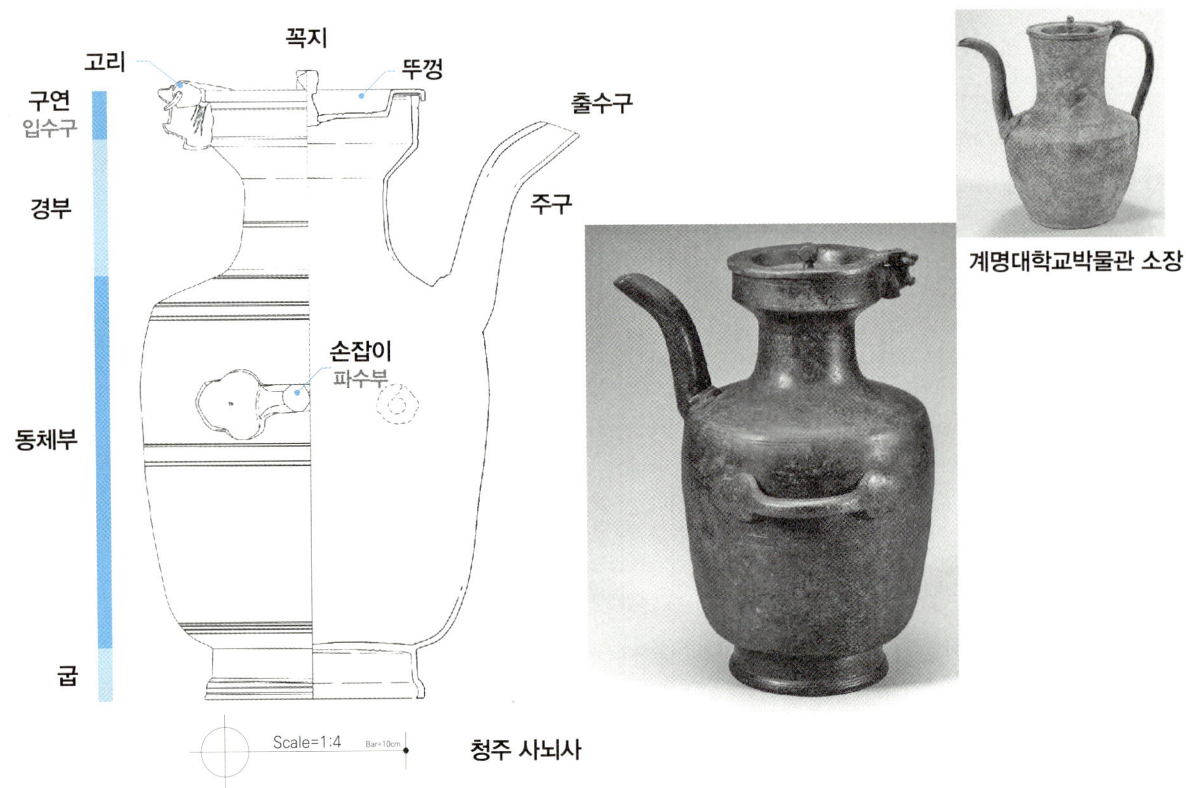

청동주전자는 둥근 동체와 손잡이, 주구, 뚜껑 등으로 이루어진 용기이다. 주전자의 용도는 술이나 차(茶)를 따르는 데 사용된다. 금속이나 도자기로 만든 것이 주로 사용되며, 금속재로 만든 것은 술을 데우는 데 쓰였을 것으로 본다. 통일신라시대부터 청동으로 만든 주전자가 사용된 예가 보이며, 고려시대에는 청동주전자 외에 다양한 형태의 도자기 주자가 만들어졌다. 주전자는 생활용구로서 조선시대까지 꾸준히 사용된 기물이며, 청동제품이 일반적으로 많이 사용되었다. 주전자의 가장 일반적인 형태는 계명대학교 박물관 소장품과 같이 구연부와 동체를 잇는 하나의 손잡이가 있는 것이나 청주 사뇌사에서 출토된 것과 같이 동체 양쪽으로 파수를 부착한 예도 있다. 이러한 형태는 동시대에 만들어지 청동항아리의 형태와 매우 유사한 특징을 보인다.

* 국립청주박물관, 2015, 『청주 思惱寺 금속공예 Ⅱ·Ⅲ』.

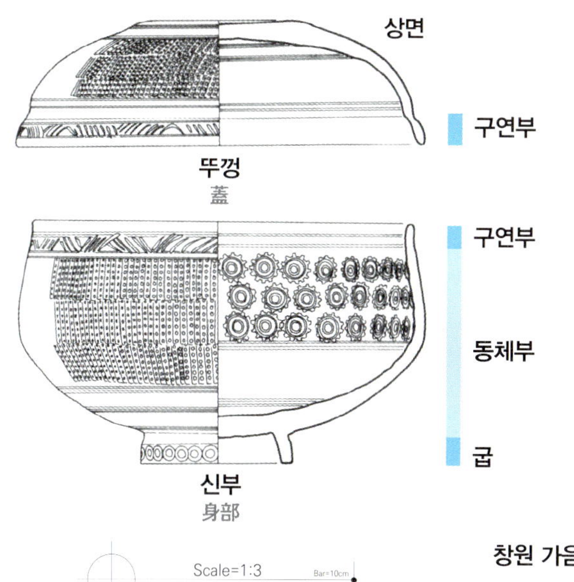

창원 가음정

합은 뚜껑과 신부로 구성되어 있는 그릇으로 신부 형태는 발의 형태
와 유사하다. 뚜껑 상면에는 작은 보주형, 원형, 동물모양, 굽과 유사한
형태의 손잡이 등이 부착되기도 하고, 손잡이가 없는 경우도 있다. 상면
은 자연스러운 곡면이나 약간의 각을 이루기도 한다. 도자기로 제작된
합은 청동합 등 금속기를 모방한 것으로 금속기의 변화를 매우 잘 반영
한다. 경우에 따라서는 고려청자박물관 소장품에서 볼 수 있는 것처럼
받침이 있는 예도 확인된다.

고려청자박물관 소장

◦ 강진청자박물관, 2007, 『강진청자박물관 名品圖錄』.

東亞細亞文化財研究院, 2009, 『昌原 加音丁 複合遺蹟 高麗時代-朝鮮時代』(下).

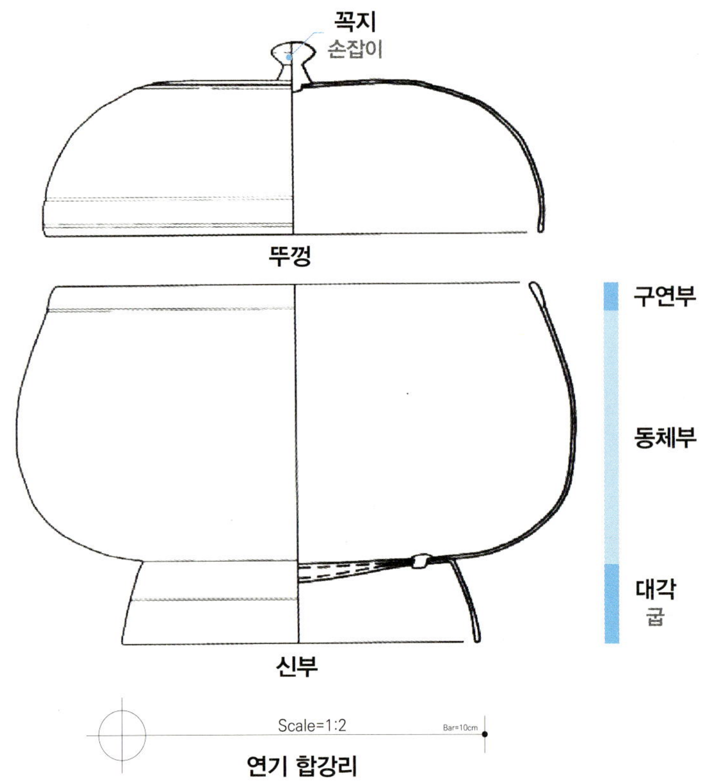

　청동합은 뚜껑과 신부로 구성되어 있는 그릇으로 신부 형태는 발의 형태와 유사하다. 뚜껑 상면에는 손잡이가 있기도 한데 중앙에 작은 꼭지 또는 대각 형태를 띠는 것도 있다. 상면은 자연스러운 곡면을 이루거나 편평한 면을 만들기도 하여 몇 번의 각이 형성된 것도 있다. 신부는 대각이 있는 것과 없는 것이 공존하고, 고려시대에 제작된 것은 동체 하단의 곡면도가 약한데 비해 조선시대에 제작된 것은 곡면도가 심하다. 대각은 동체와 같이 주조된 경우와 따로 만들어 못으로 고정시킨 예가 있다. 대각의 형태는 고려시대의 것이 높이가 낮고 곧게 세워지는 반면, 조선시대에 제작된 것은 높고 나팔상으로 벌어지는 경우가 많다.

＊ 中央文化財研究院, 2014, 『燕岐 龍湖里 龍山·合江里遺蹟』.

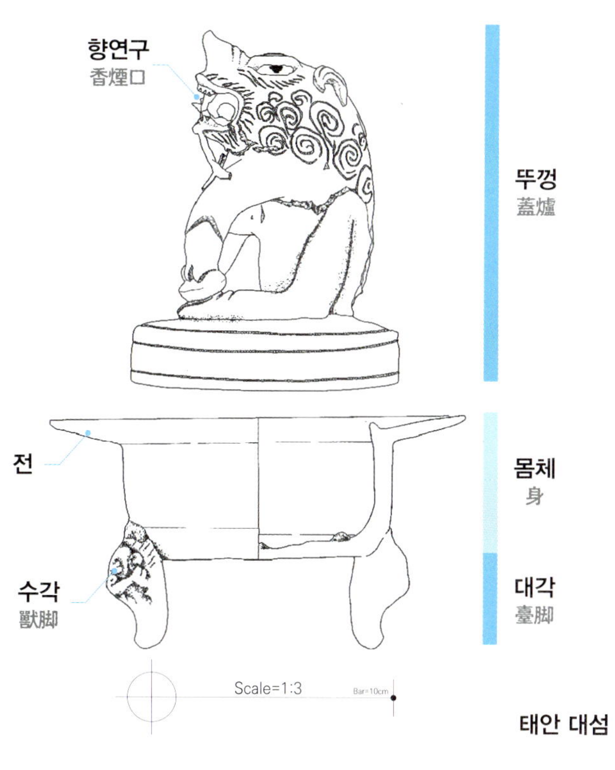

태안 대섬

향로는 뚜껑과 노신부로 구성되어 있다. 뚜껑의 상면에는 사자뿐만 아니라 원앙, 기린, 귀룡 등 다양한 동물이 표현된다. 청자향로 가운데 가장 대표적인 작품에는 국립중앙박물관 소장의 〈청자투각칠보문향로〉나 〈청자양각연꽃문향로〉 등이 있다. 뿐만 아니라 고동기(古銅器)를 모방하여 방형을 이루는 향로도 다수 확인된다. 이후 조선시대까지 형태는 단순화되나 지속적으로 제작된다.

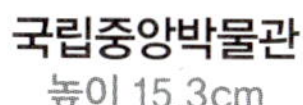

국립중앙박물관
높이 15.3cm

국립중앙박물관
높이 15.2cm

* 國立中央博物館, 2012, 『천하제일 비색청자』.
국립해양문화재연구소, 2009, 『高麗靑磁 寶物船 태안 대섬 수중발굴 조사보고서』.

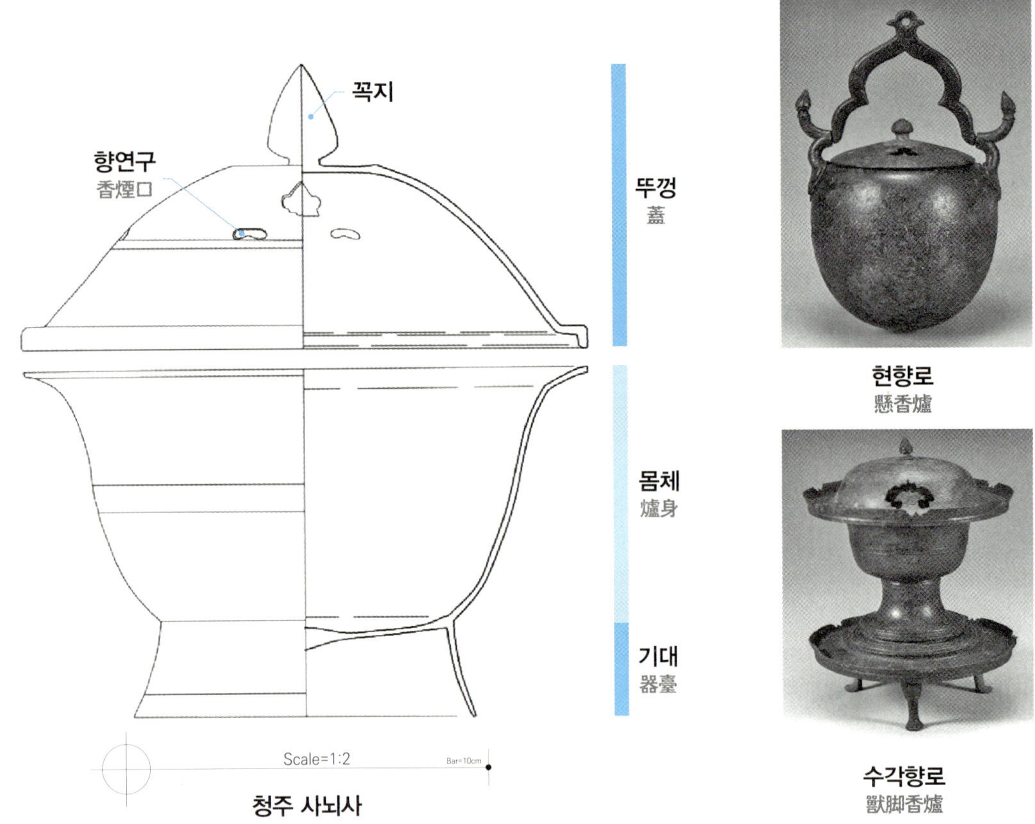

청동향로는 불단에 안치해 놓고 향을 피워 공양하기 위해 사용하는 기명이다. 기본형 이외에 어딘가에 걸 수 있는 형태로 만들어진 현향로(懸香爐)와 동물모양의 다리 받침이 있는 수각향로(獸脚香爐) 등이 있다. 청동향로는 향완의 형태 변화와 유사한 특징을 보인다. 하단의 기대와 상단의 노신부가 있는 완의 상단에 뚜껑이 있는 형태로 뚜껑 상단에는 연기가 빠져나갈 수 있는 향연구가 뚫려 있다.

* 국립청주박물관, 2015, 『청주 思惱寺 금속공예 Ⅱ·Ⅲ』.

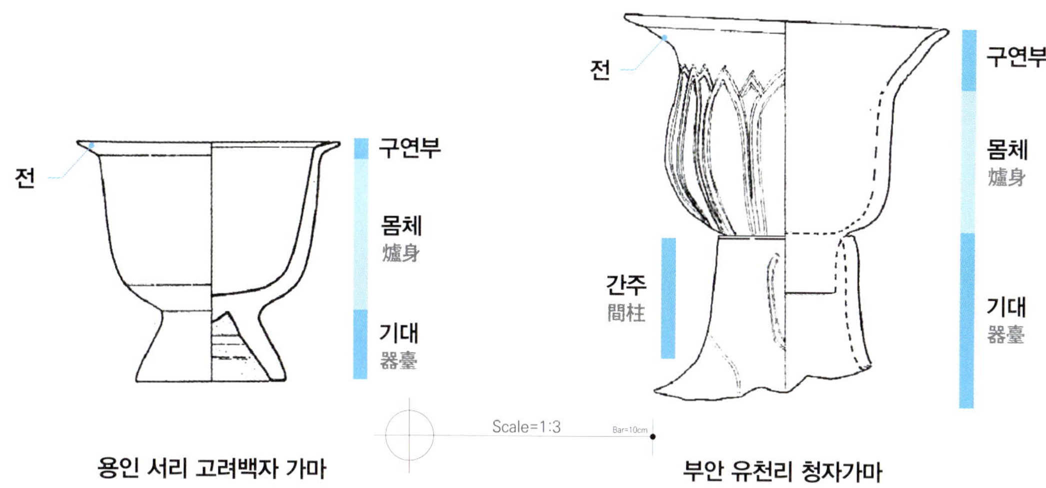

고려시대의 향완은 대부분 불단에 안치해 놓고 향을 피워 공양하기 위해 사용된다. 향로 중에서도 특히 기대(器臺)와 완형(碗形) 몸체[爐身]를 가진 고배(高杯) 형태의 향로들을 향완이라고 일컫는다. '향완'이라는 명칭은 문헌이나 다른 나라에서는 거의 찾아보기 어렵지만, 현존하는 고배형 향로에 새겨진 명문에서 고려시대 이후에 우리나라에서 독특하게 사용된 것을 알 수 있다. 청자향완은 용인 서리 백자 가마에서 10세기경부터 제작되기 시작한다. 형태는 원통형의 몸체와 나팔상으로 벌어지는 기본형이다. 고려 중기로 편년되는 부안 유천리 청자가마에서 출토된 향완은 노신부와 기대 부분을 따로 만들어 부착한 것을 볼 수 있다. 노신부의 외측면에는 부안 유천리 청자가마 출토품처럼 음각, 국립중앙박물관 소장품과 같이 양각의 연판문이 시문되는 예가 있다. 도자기로 제작된 향완은 청동향로를 모방하여 제작된 것이나 재료적인 특징 때문인지 금속으로 제작된 향완에 비해서는 형태의 변화나 세부적인 변화는 좀 더 단순하다.

※ 周炅美, 2002, 「高麗時代 香垸의 起源」, 『美術資料』 68, 국립중앙박물관.
부안군·원광대학교박물관, 2011, 『흙으로 빚은 보물 扶安의 高麗靑磁』.
湖巖美術館, 1987, 『龍仁西里 高麗白磁窯 發掘調査報告書 I 』.

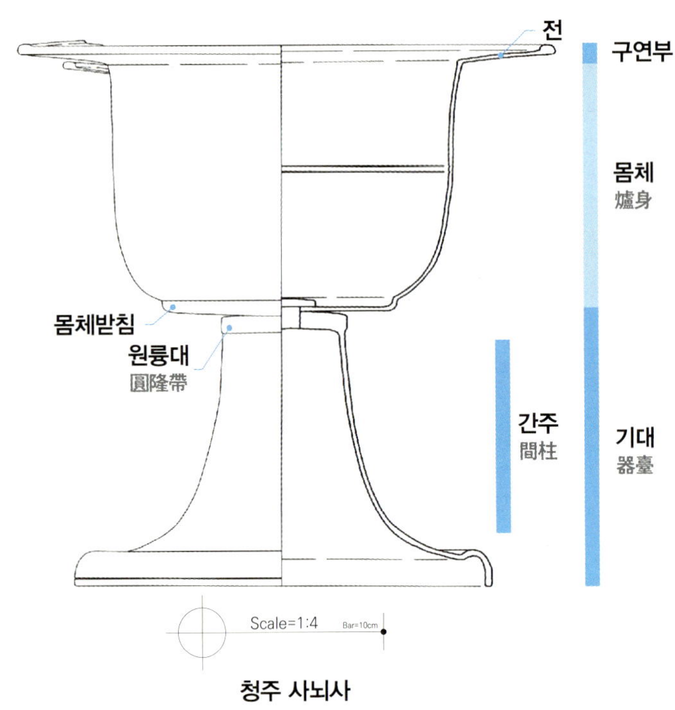

청주 사뇌사

청동향완은 기본형과 이형으로 구분된다. 기본형 향완은 원통형의 노신부에 나팔상으로 벌어지는 대각이 부착된 것이고, 이형 향완은 원통형의 각진 노신부에 다단형의 층단식 기대가 부착된 것을 기본형으로 하고, 몸체가 둥글어지는 것, 몸체가 둥글어지고 대각의 단이 줄어들어 일반형 향완으로 가는 것, 대각이 짧은 나팔상으로 벌어지는 것 등으로 구분된다.

＊ 周炅美, 2002, 「高麗時代 香垸의 起源」, 『美術資料』 68, 국립중앙박물관.
　국립청주박물관, 2015, 『청주 思惱寺 금속공예 Ⅱ·Ⅲ』.

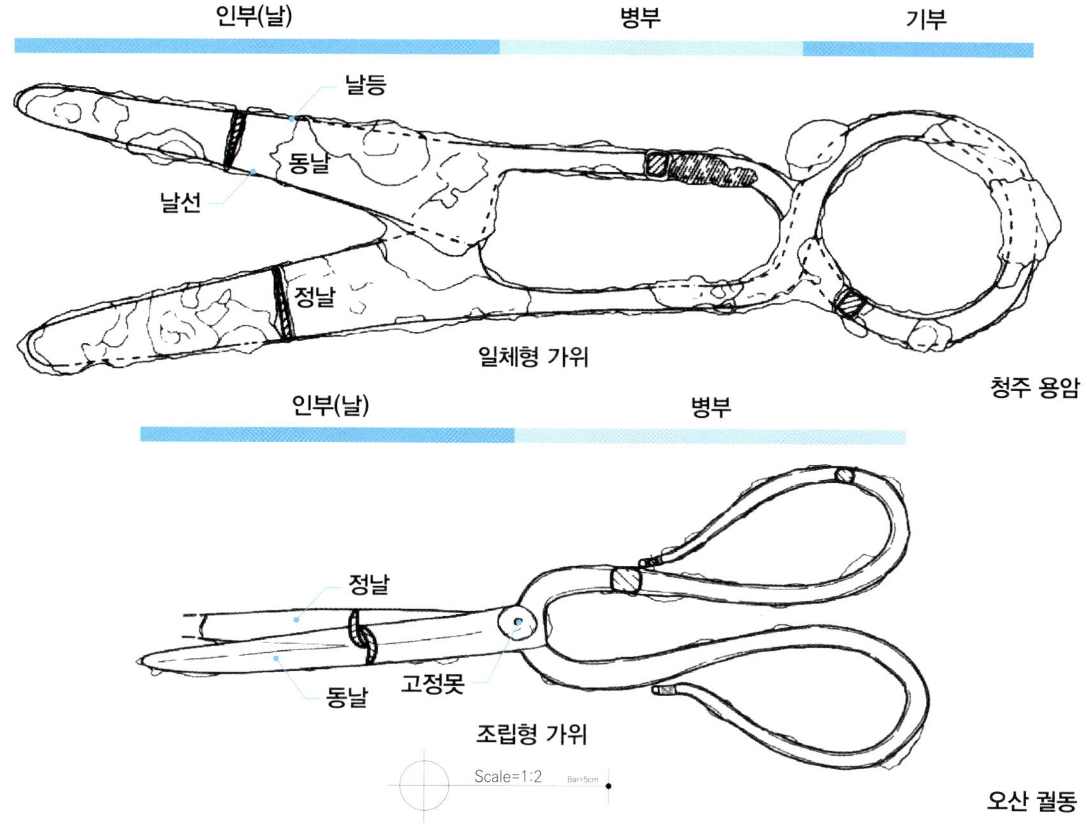

　　가위는 기본적으로 인부와 병부로 구성되어 있고, 기부가 추가되기도 한다. 가위는 하나의 판을 기부를 중심으로 구부려 만든 일체형과 병부와 인부로 구성된 두 개의 판을 고정못으로 결합시킨 조립형이 있다. 일체형과 조립형은 'X'자형과 '8'자형으로 구분하기도 하나 보는 시각에 따라 일치하지 않고 있어 일체형과 조립형으로 구분하는 것이 좋으리라 판단된다. 일체형이 조립형으로 전환되는 시점은 13세기 후반경으로 추정된다.

* 정의도, 2007, 「고려시대 철제 가위(鐵鋏) 연구」, 『慶文論叢』 창간호, 경남문화재연구원.
　서울시립대학교 박물관, 2008, 『丹陽 玄谷里 高麗古墳群』.
　中央文化財研究院, 2013, 『烏山 闕洞遺蹟』.
　韓國文化財保護財團, 2000, 『淸州 龍岩遺蹟Ⅱ』.

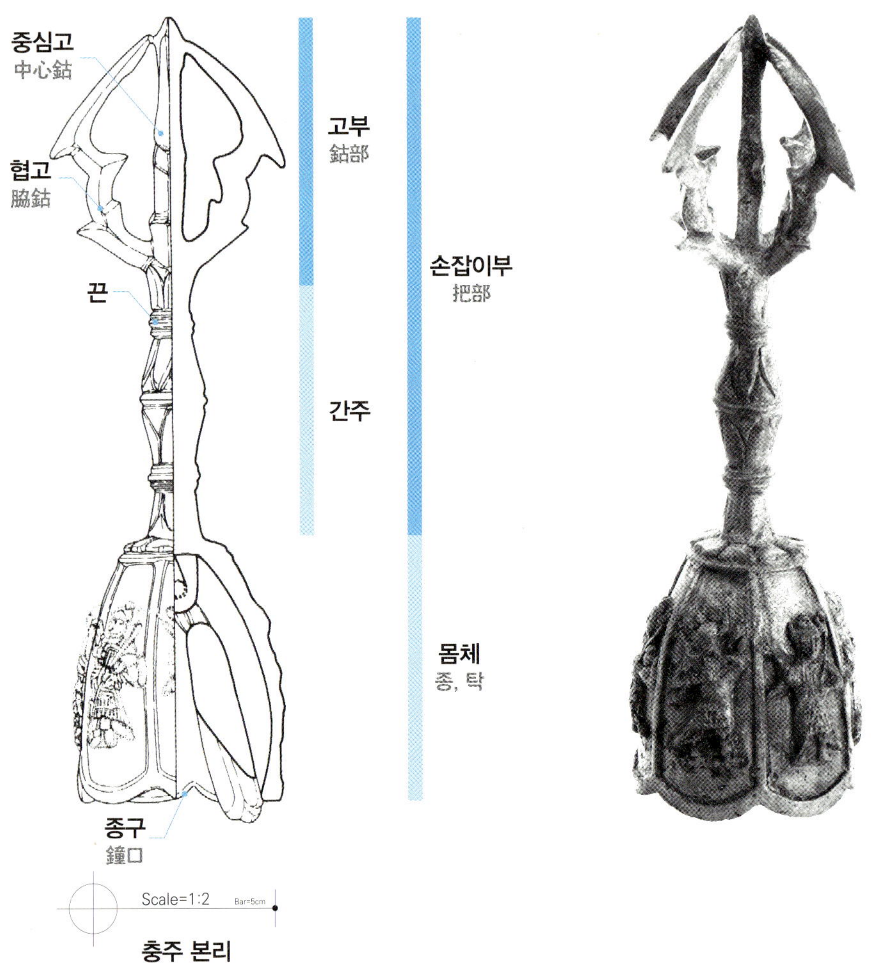

금강령은 불교 의식구의 하나로 금강저와 함께 밀교에서 사용되는 법구이나 우리나라에 수용되어 불교 의식에 사용되고 있다. 금강령은 고(鈷)를 붙인 손잡이 부분에 종이나 탁 형태의 몸체로 구성되었고, 손잡이 끝인 고의 형태에 따라 독고령(獨鈷鈴), 삼고령(三鈷鈴), 오고령(五鈷鈴)으로 구분한다. 고려시대 금강령은 몸체인 종의 외면에 불, 보살상이나 신장상, 사천왕상을 4면 또는 6면에 배치하는 것을 기본으로 하나 조선시대에 이르면 고의 형태가 줄어들고 몸체는 단순한 원형을 이루기도 한다. 2012년 서울 도봉구 도봉서원터에서는 많은 양의 금강령이 불교용구와 같이 출토되었다. 특히 금강령 몸체의 외면에는 오대명왕상과 사천왕상이 함께 시문되어 주목된다.

* 李淑姬, 1990, 「高麗時代 金剛鈴의 圖像的 硏究」, 『考古美術』186, 한국미술사학회.
서울문화유산연구원, 2014, 『道峯書院』.
中央文化財硏究院, 2009, 『忠州 本里·永平里·完五里遺蹟』.

금강저 | 金剛杵 | Buddhist ritual implement

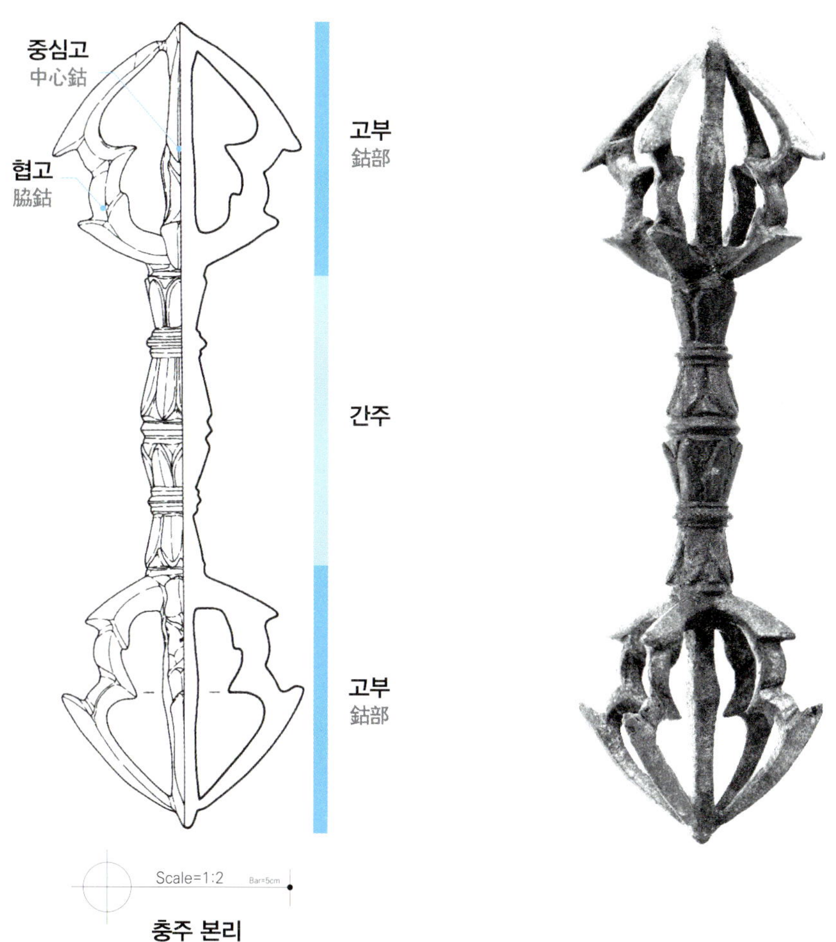

금강저는 인도의 무기 중 하나였던 것을 밀교에서 법구로 사용한 것이다. 손잡이의 양쪽 끝에 고(鈷)를 붙인 형태를 기본으로 한다. 고의 모양에 따라 형태를 구분하는데 손잡이 양쪽이 뾰족한 독고저(獨鈷杵), 양끝이 2, 3, 4, 5, 9갈래로 갈라진 이고저(二鈷杵), 삼고저(三鈷杵), 사고저(四鈷杵), 오고저(五鈷杵), 구고저(九鈷杵) 등으로 나뉘고, 간주의 모양에 따라 귀면저(鬼面杵), 귀목저(鬼木杵) 등이 있다. 특수한 형태는 탑저(塔杵), 보주저(寶珠杵), 구두룡저(九頭龍杵), 인형저(人形杵) 등이 있다. 금강저는 고려시대에 주로 제작되었으나, 조선시대 들어서는 완전히 자취를 감춘 것으로 보고된다.

* 한국정신문화연구원, 1994, 『한국민족문화대백과사전』 4.
　中央文化財研究院, 2009, 『忠州 本里 · 永平里 · 完五里遺蹟』.

경주 녹동리

경주 물천리

Scale=1:2 Bar=5cm

충주 직동(左), 옥천 적하리(中), 충주 장천리(右)
왼쪽 높이 4.3cm

충주 가흥리
행군만호명청동인장, 높이 5.5cm

안산 대부도 육곡 고분군

　인장(印章)은 날인 면과 뉴로 구성되어 있다. 날인면의 형태는 원형과 방형이고, 뉴는 사자나 해태와 같은 동물의 형상이 조각된 것이 가장 많은데 옥천 적하리 출토품과 같이 쌍사자가 있는 경우도 있고, 행군만호(行軍萬戶)명 인장과 같이 매우 단순한 것도 있다. 날인면에 새겨진 내용은 경주 물천리의 경우 '○ ○氏卍印', 충주 직동 출토품은 '寶壽', 충주 가흥리 출토품에는 '行軍萬戶傍字之印', 대부도 육곡 출토품에는 '頓首懷封'이라 적고 있다. 무늬가 새겨진 것은 봉함인으로 사용된 것으로 추정되고, 행군만호 즉 고려시대 군사 지휘관의 도장, 대부도 육곡 출토품은 '돈수(頓首)' 즉 '머리를 조아려 인사함', '소봉(懷封)'의 의미는 '정성들여 봉함'으로 문서나 서신 혹은 물목 등을 봉하는데 사용된 인장으로 피장자의 신분을 추정하게 한다.

＊ 국립청주박물관, 1999, 『고려공예전』.

　聖林文化財研究院, 2007, 『慶州 勿川里 高麗墓群 遺蹟』.

　中央文化財研究院, 2013, 『蔚山 斗山里, 慶州 鹿洞里遺蹟』.

　한양대학교박물관, 2002, 『安山 大阜島 六谷 高麗 古墳群 發掘調査 報告書』.

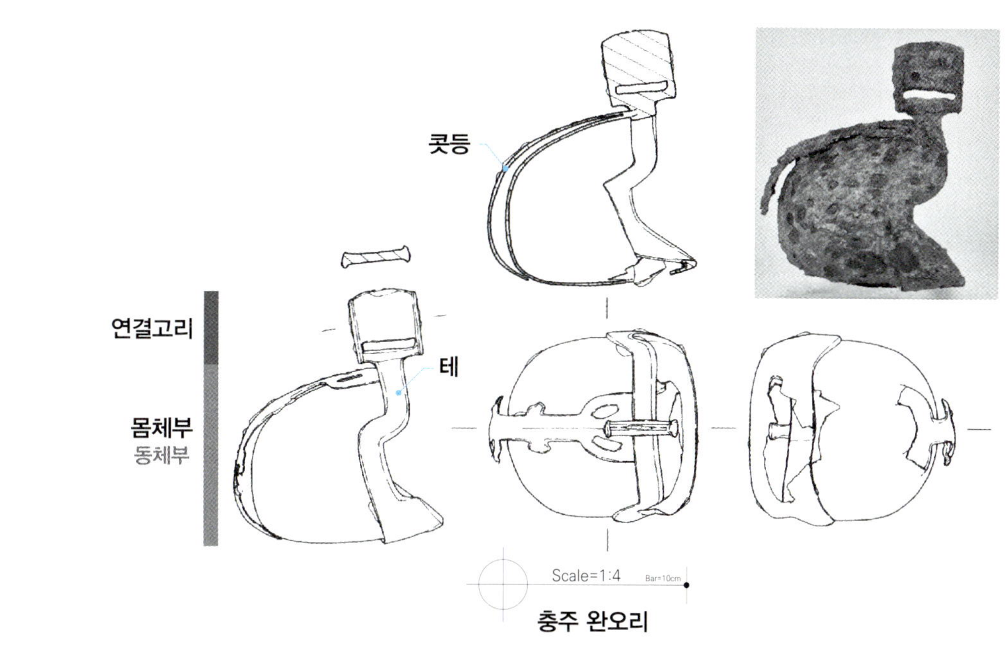

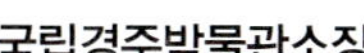

국립경주박물관소장

국립중앙박물관소장

　　호등(壺鐙)은 말 안장의 일부로 말에 올라 타거나 달릴 때 발을 디디는 등자(鐙子)이다. 등자(鐙子)는 초기에는 잘 알려진 것처럼 테로 이루어진 윤등(輪鐙)이었다가 충주 완오리 출토품과 같이 앞에 덮개를 덮은 호등(壺鐙)으로 발전한다. 호등은 동체부 위에 등단(鐙靶)과 연결되는 구멍이 뚫린 병부가 있고, 동체부 상면은 콧등으로 지칭한다. 병부 아래의 입구부 쪽에는 테를 돌리는 것이 일반적이다. 콧등 상면에서 콧등 아래로 이어지는 부분에는 도드라진 엽문을 좌우로 새기기도 하였다. 국립경주박물관 소장의 호등은 통일신라시대에 제작된 것으로 호등의 초기적인 모습으로 통일신라시대 금속공예의 정교함을 잘 보여주고 있다. 국립중앙박물관 소장의 금은입사호등은 천마(天馬)무늬를 새겨넣은 것으로 고려시대 나전기법이나 상감기법의 기초가 된 것으로 통일신라시대 금속공예의 절정을 이룬다.

※ 國立中央博物館, 2006, 『나전칠기-천년을 이어 온 빛』.
　中央文化財研究院, 2009, 『忠州 本里·永平里·完五里遺蹟』.

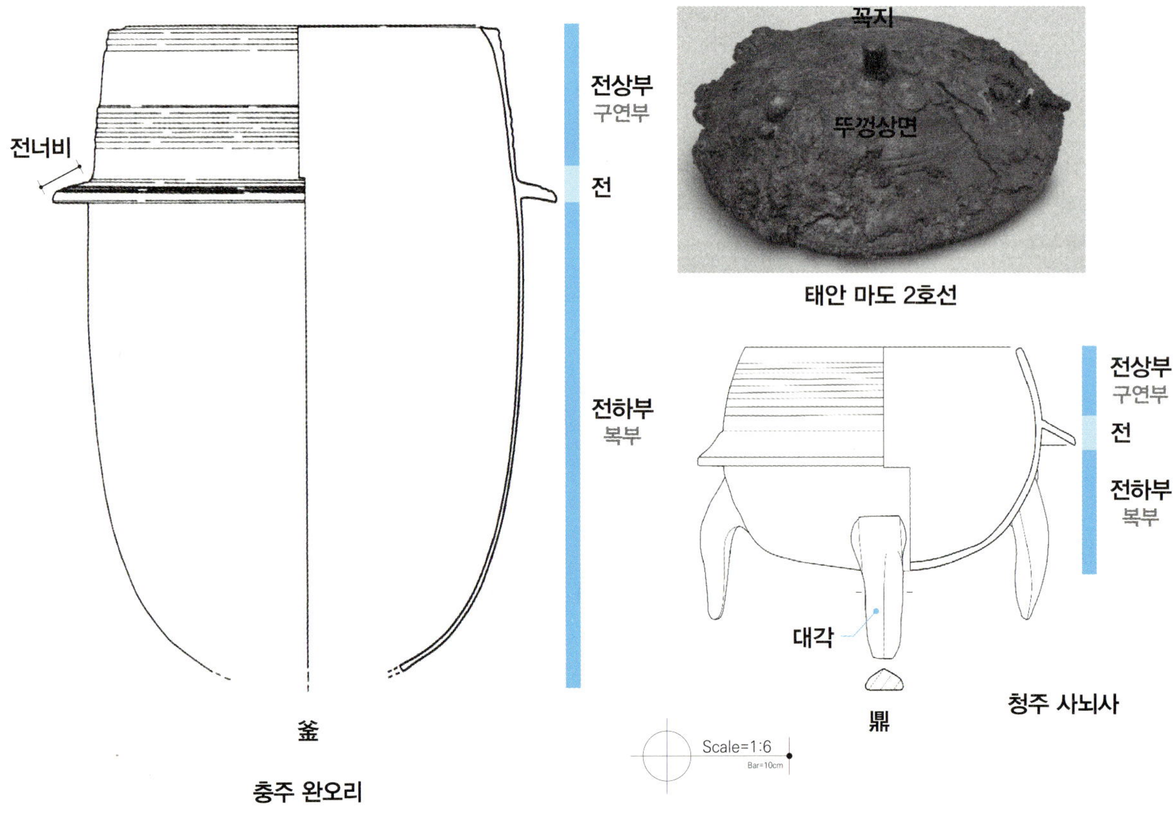

충주 완오리

　　철제솥은 다리가 세 개 달리고 구연부 아래쪽으로 전이 형성되어 있는 삼족기(三足器)형태의 "정(鼎)" 형식이 있으며, 다른 하나는 다리가 없고 구연부 아래쪽에 전이 형성되어 있으면서 바닥인 복부가 깊은 "부(釜)"형식이 있다. 부(釜)는 화덕시설이 갖춰진 곳에서 사용할 수 있고, 정(鼎)은 대각이 있어 화덕시설 없이 사용할 수 있기 때문에 해저유물 등 선상에서 사용하는 용도, 즉 휴대할 수 있는 용도로도 많이 사용되었다. 솥은 일반적으로 뚜껑이 있는 그릇이나 유적지에서 출토되는 경우 뚜껑이 없는 예가 많다. 뚜껑은 곡면을 이루는 상면 중앙에 꼭지가 있고, 신부는 전을 기준으로 상부는 구연부로, 하부는 복부로 명명한다. 부(釜)와 정(鼎)과 같은 이분화된 형태적 특징은 통일신라시대에 이미 나타나는 현상이고, 이러한 형태적 특징은 고려 이후 지속된다.

＊ 周炅美, 2014, 「수중발굴을 통해 본 고려시대 금속제 생활용품」, 『해양문화재』7, 국립해양문화재연구소.
　국립청주박물관, 2015, 『청주 思惱寺 금속공예 Ⅱ · Ⅲ』.
　국립해양문화재연구소, 2011, 『태안마도 2호선 수중발굴조사 보고서』.
　中央文化財研究院, 2009, 『忠州 本里 · 永平里 · 完五里遺蹟』.

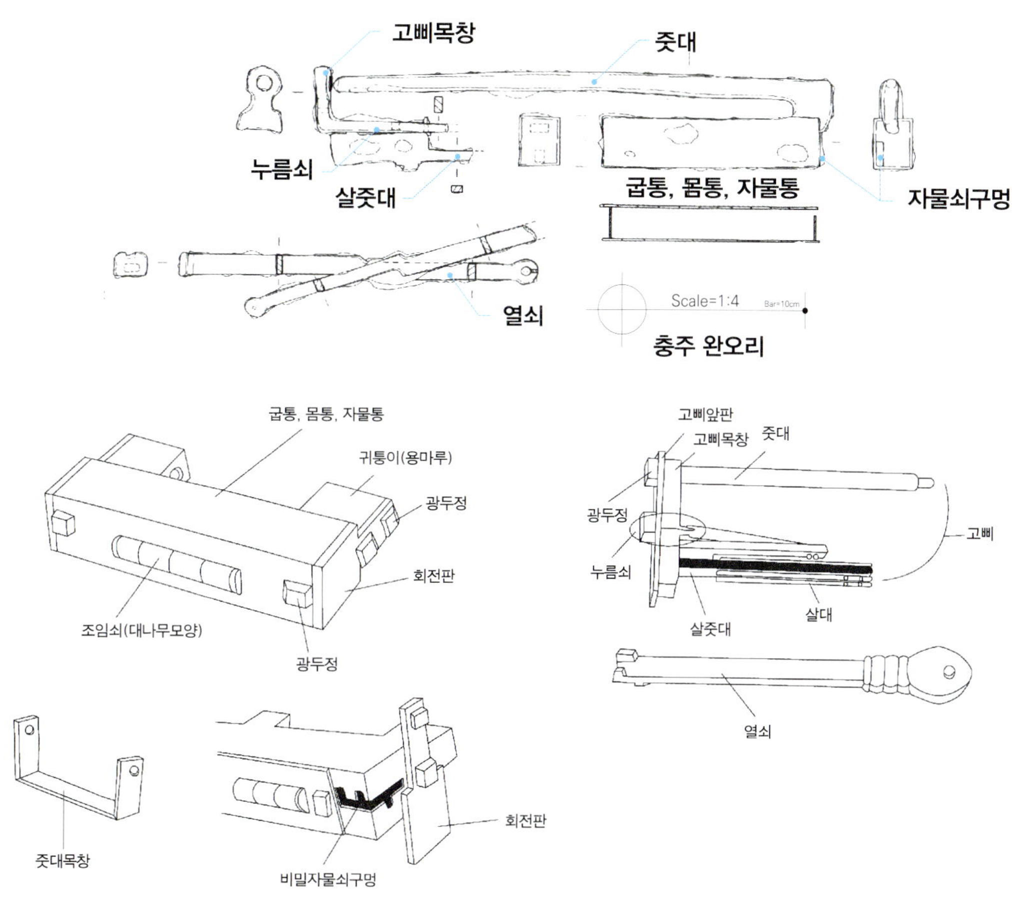

백동8단비밀자물쇠 세부 명칭(윤용현 2014)

자물쇠는 '잠그다'라는 뜻의 '자므다'에서 유래한 것으로 사전적 정의는 '여닫게 된 물건을 잠그는 장치'이다. 일반적인 자물쇠의 기능은 귀중품의 보관이나, 가구나 문 등의 장식성을 보충하기 위한 실용공예품이기도 했고, 갖가지 문양을 새겨 넣어 복을 기원하는 상징적인 물품이기도 하다.

* 윤용현, 2014, 『첨단 도난방지 시스템인 '비밀자물쇠'』, 『월간문화재』 353, 한국문화재보호재단.
  中央文化財研究院, 2009, 『忠州 本里·永平里·完五里遺蹟』.

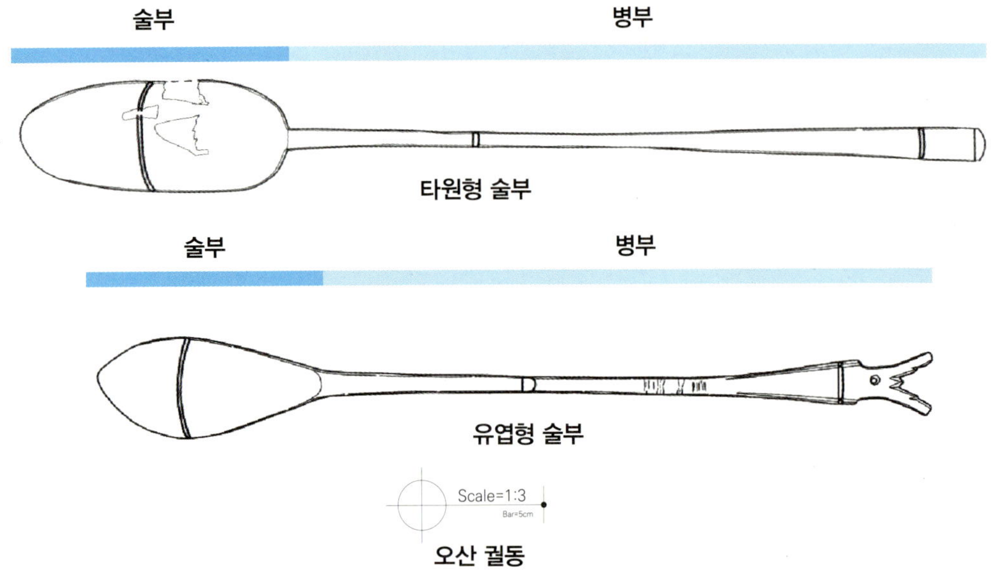

  청동숟가락은 술부와 병부로 구분되고, 병부의 끝은 병단부로 지칭한다. 일반적으로 청동숟가락은 술부의 형태에 따라 타원형과 유엽형으로 구분한다. 병단부는 형태에 따라 제형, 방형, 반원형, 연미형, 연봉형, 약시형 등으로 구분할 수 있다. 고려시대에 매우 많이 제작되었던 연미형은 조선시대로 가면서 매우 간략한 형태로 바뀌고, 연봉형과 약술형의 병단부는 조선시대에 주로 제작된다.

* 中央文化財研究院, 2013, 『烏山 闕洞遺蹟』.

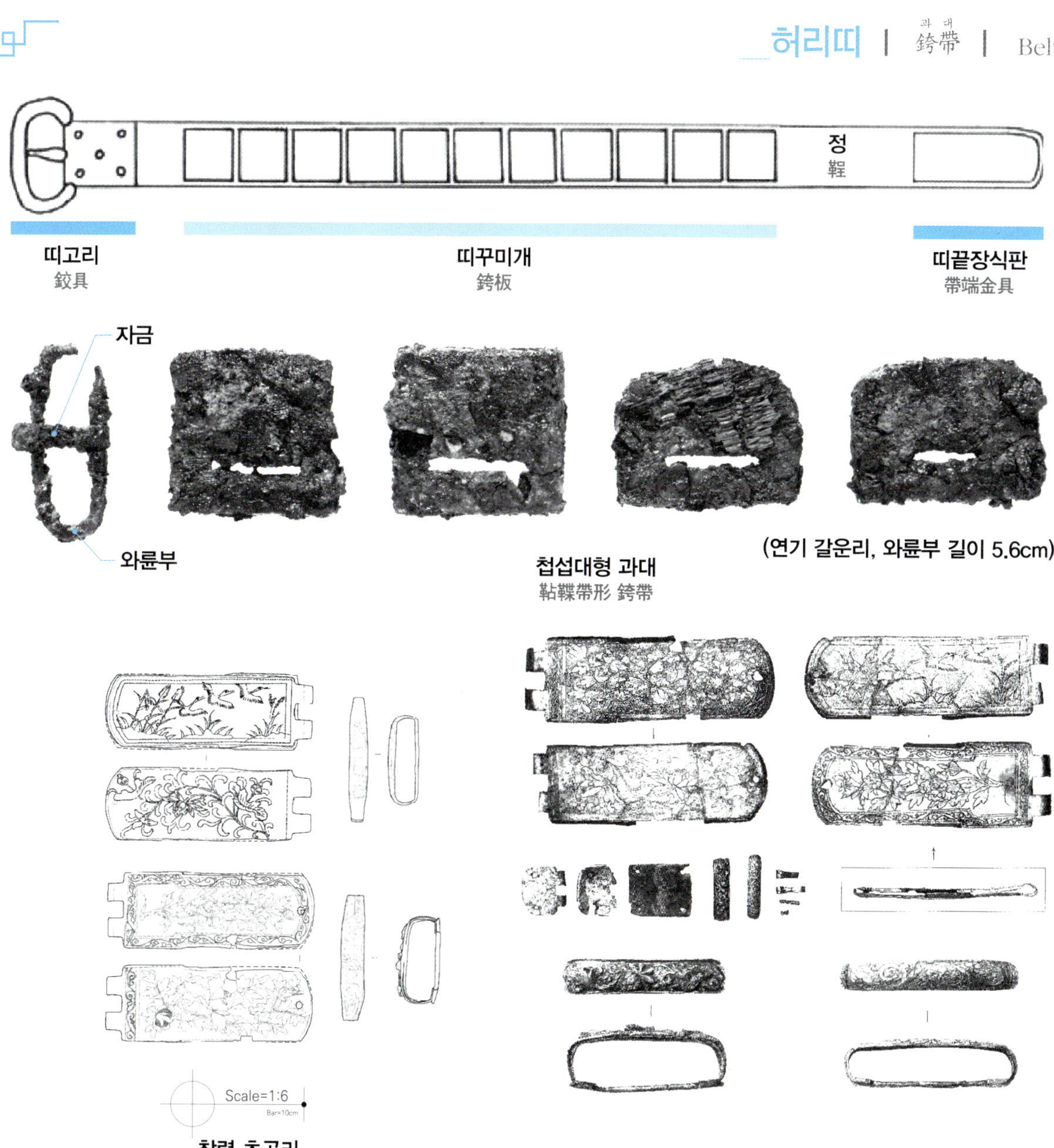

　　과대(銙帶)는 여러 부분의 조합을 통해 하나의 형태를 이루며, 보통 4부분으로 구성된다. 띠고리인 교구(鉸具), 띠꾸미개인 과판(銙板), 띠끝장식인 대단금구(帶端金具)와 허리를 두르는 부분, 즉 허리띠인 정(鞓)으로 구성된다. 정은 장식판이 부착되어 있지 않은 가죽대 자체를 의미하기도 하며, 과대에서 장식판을 부착하는 기본 허리띠를 지칭한다. 과대의 구조는 과판 하단에 있는 장방형 구멍의 유무에 따라 일반형과 첩섭대형으로 나뉜다. 일반형은 다시 교구와 대단금구의 구성차이로 일자형과 결합형으로 나뉜다. 첩섭대형은 과판 하단 부분에 구멍이 있어 그곳에 가죽 끈을 걸어 장식하는 형태이다. 과대 유물에 시문된 무늬는 여지문, 보상화문, 모란 · 모란넝쿨 · 국화문, 괴수문, 용문, 동자문, 물고기, 공작문, 물가풍경문, 불상문 등 매우 다양하다.

＊ 설유경, 2011, 「고려시대 과대(銙帶)에 관한 연구」, 이화여자대학교 대학원 석사학위논문.
　우리文化財硏究院, 2010, 『昌寧 草谷里 遺蹟』.
　中央文化財硏究院, 2011, 『燕岐 葛雲里遺蹟』.

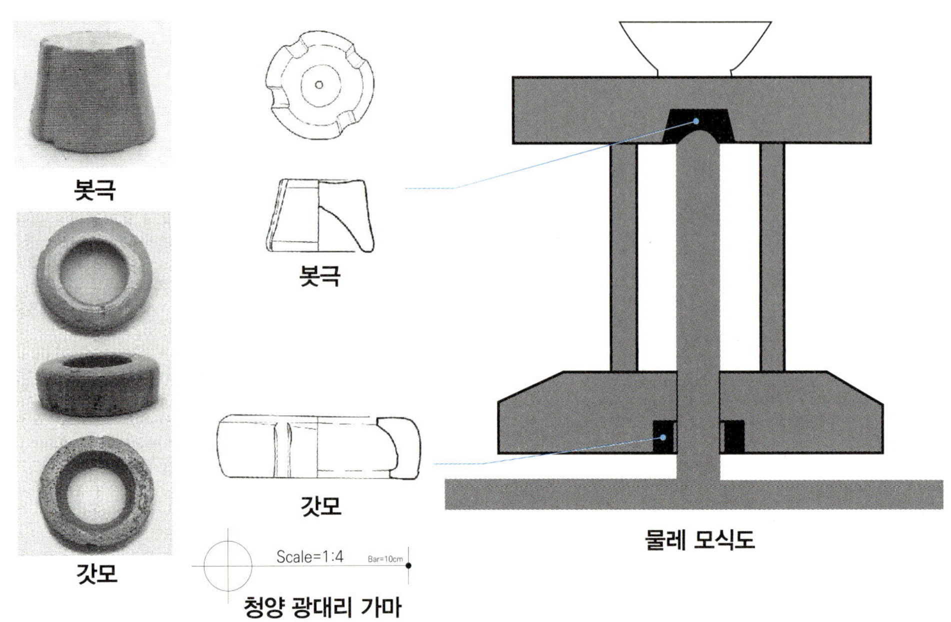

전통 물레는 상판과 하판 사이에 물레축과 보조축을 세워 고정시킨 형태를 하고 있다. 물레의 회전은 물레축이 중심이 되는데 봇극과 갓모는 물레축의 위아래에 위치하여 물레가 잘 돌아가도록 역할한다. 오늘날 기계로 비교하자면 회전체 안에서 윤활의 역할을 하는 베어링과 같은 일을 담당한다. 봇극은 회전판 바로 밑에 들어가는 물레축과 회전판이 마모되는 것을 막기 위해 사용하는 물레 부속구이다. 갓모는 물레축의 하단부를 고정하는데 사용하는 부속구로 아래판을 발로 돌리는 과정에서 물레의 중심이 움직이거나 흔들리지 않게 잡아주는 역할을 한다. 봇극과 갓모의 형태는 각각의 위치와 역할이 결정해 주는 것으로, 봇극은 상면이 막혀있고 하단이 깊게 깎인 형태로 측면에 홈이 있는 경우와 없는 경우가 모두 확인된다. 갓모는 상하단이 모두 뚫린 형태로 측면에는 봇극과 같이 홈이 있는 경우와 없는 경우가 모두 확인된다 .

＊ 강경숙 · 김세진, 2015, 『유적출토 도자기 바로 보기』, 진인진.

　公州大學校博物館, 2009, 『靑陽 光大里 白磁生産 遺蹟』.

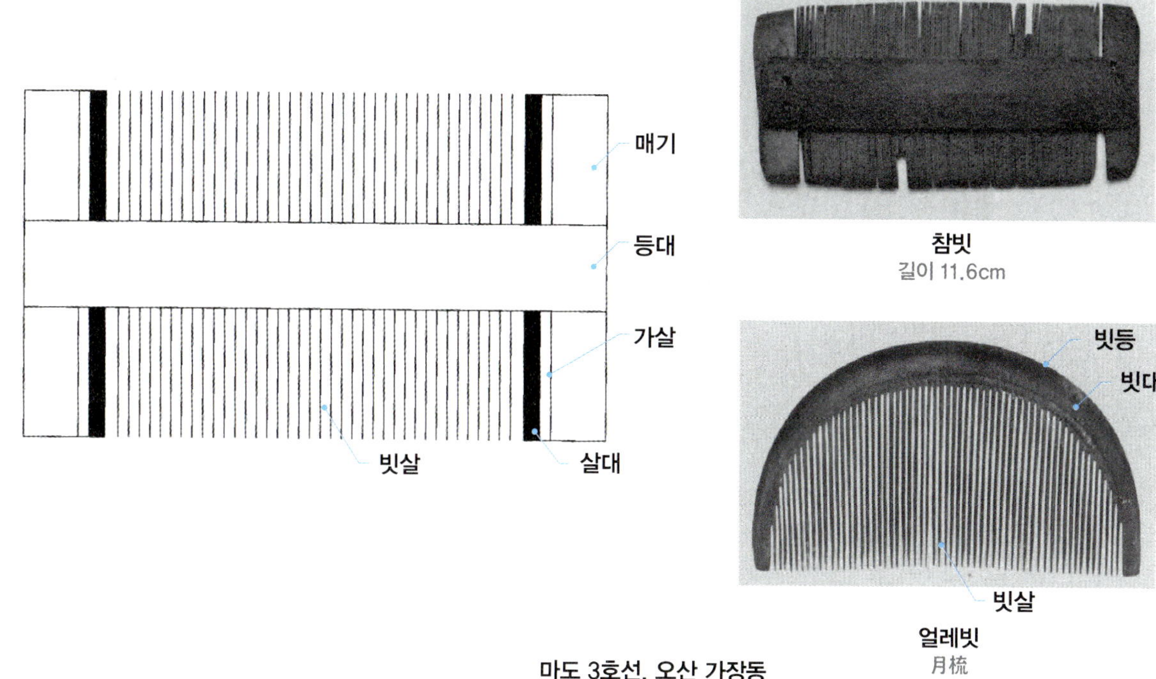

마도 3호선, 오산 가장동

빗은 얼레빗과 참빗이 있다. 얼레빗은 빗살이 굵고 성근 빗이고, 참빗은 빗살이 아주 가늘고 촘촘한 빗이다. 머리카락을 정리할 때는 먼저 성긴 얼레빗으로 엉킨 머리를 가지런히 한 뒤 이차적으로 빗살이 촘촘한 참빗으로 정리한다. 빗의 형태는 반달형과 직사각형의 모양을 보인다. 얼레빗은 반달형으로 빗살이 한쪽에만 굵고 성글게 나 있는 형태이다. 이러한 형태적 특성 때문에 '월소(月梳)'라고 불린다. 월소는 반달 모양의 빗대와 빗살로 구성되어 있고, 빗대의 상면은 빗등이라고 불린다. 참빗과 같은 직사각형의 빗은 매기, 가살, 살대, 빗살 등을 등대로 고정시켜 완성한다. 등대를 고정하기 위해 못을 사용하거나 참빗의 빗살을 고정하기 위해 실을 사용한 예가 확인된다. 경우에 따라서는 얼레빗과 참빗이 하나의 빗으로 동시에 제작되기도 한다.

※ 국립해양문화재연구소, 2012, 『태안마도 3호선 수중발굴조사 보고서』.
서경문화재연구원, 2013, 『오산 가장2 일반산업단지 조성부지 내 오산 가장동 유적』.